감염병과 사회

페스트에서 코로나19까지

페스트에서 코로나19까지

감염병과 사회

EPIDEMICS & SOCIETY

프랭크 M. 스노든 지음

이미경·홍수연 옮김

노동욱 감수

문학사상

차례

추천의 말

우리는 감염병을 역사적 맥락에서 이해할 필요가 있다. 그 이유는 코로나19와 같은 감염병이 우연히 혹은 뜬금없이 찾아온 현상이 아니기 때문이다. 감염병은 우리 주변 환경, 다른 종, 그리고 다른 사람들과의 관계 속에서 형성한 취약한 구석을 파고들어 우리를 괴롭힌다. 사실 페스트에서 에볼라까지 감염병의 원인균은 세균에서 바이러스에 이르기까지 다양하고 질병의 양상도 각기 다르다. 그러나 사회가 조성되면서 형성된 약한 고리를 타깃으로 한다는 측면에서 공통점이 있다고 할 수 있다. 이러한 측면에서 이 책은 감염병의 본질을 이해하고 코로나19뿐 아니라 앞으로도 계속해서 출현할 감염병에 대한 대응전략을 수립하는데 중요한 시각을 제공한다.

80억에 달하는 세계 인구, 그리고 세계화로 인해 밀접하게 연결된 세계는 감염병 특히 호흡기를 통해 전파되는 바이러스 질환에는 더없이 좋은 기회를 제공한다. 스노든은 동물들의 서식지를 침범하고 파괴해 그 자리에 도시를 확장해나가는 개발 전략이 앞으로도 새로운 바이러스를 출현시킨다고 경고한다. 특히 바이러스의 중요한 병원소인 박쥐와의 접촉이 늘어나면서 이러한 위협은 더욱 현실화될 가능성이 높다. 21세기에 들어서만 해도 사스와 신종플루, 메르스를 겪었지만 코로나19와 같은 새로운 감염병이 폭발적으로 전파되어 급기야는 팬데믹을 이루는 현상을 보면서 실로 우리는 과거의 경험에서 무슨 교훈을 얻고 있는 것인가 하는 자괴감이 든다. 코로나19가 수그러진다 하더라도 우리는 또 다른 감염병을 공포와 혼란 속에서 다시 맞아야 할지 모른다는 불안감이 드는 것도 사실이다.

이제는 역사에서 교훈을 얻고 감염병이라는 상대, 아니 그보다 더 확장해 생태계와 인류의 공존에 대해서 지속적이면서 장기적인 전략을 마련해야 할 때다. 그간에 과학적 성과가 상당한 역할을 했지만 과학만으로 감염병을 해결할 수 없다는 것도 분명해졌다. 의료의 기반이 제대로 갖추어져야 하고 국제사회가 신뢰와 협력을 바탕으로 뭉쳐야 한다. 바이러스와 같은 감염원은 국경이 없기 때문이다.

사실 감염병이란 특정한 전문가나 관료가 해결해야 하는 문제가 아니라 모든 사람의 삶의 문제고 크게 보면 인류 생존의 문제다. 그리고 코로나19에서 보는 것처럼 감염병이 크게 돌면 사회와 경제가 모두 멈추는 엄청난 결과를 초래한다. 그뿐만이 아니다. 생명을 넘어서 종교, 예술, 문학과 같은 문화적 흐름에도 큰 영향을 준다. 이 책만큼 페스트 이후의 르네상스가 가져왔던 변화의 동력과 산업혁명을 거치고 나타난 현대화의 물결에 콜레라와 같은 감염병이 얼마나 중요한 역할을 했는지를 잘 설명한 책은 찾기가 어렵다.

이 책은 감염학 전문서가 아니다. 스노든은 학제를 뛰어넘어 인간사회의 발전을 감염병의 시각으로 조망하고자 했다. 감염병의 증상이나 원인에 있어 상당히 구체적으로 기술하고 있어서 누구나 그 질병의 유래나 원인, 전파 경로, 인체에서의 경과를 어느 정도 이해하는 데 전혀 무리가 없다. 물론 의학도가 읽어도 상당히 도움이 될 만한 내용 역시 수두룩하다. 사실 감염병에 대해서는 어느 정도의 의학적·생물학적 지식이 있어야 질병을 제대로 이해할 수 있다. 그런 의미에서 이 책은 감염병의 발생과 그 영향을 이해하는 데 아주 훌륭한 지침서이기도 하다. 감염병이 인류의 생존에 가하는 위협과 이에 대응해나갔던 방식에 대해서 생생하게 묘사하고 있어 독자들은 마치 그림이나 영화를 관람하는 관객처럼 시간 가는 줄 모르고 읽을 수 있다.

감염병이 공동체에 퍼질 때 공포와 위기의식을 느낀 대중들은 광기와 같은 심리를 나타내는 경우가 많다. 페스트는 오랜 기간 유럽을 공포의 도가니로 몰아넣으면서 마녀사냥과 같은 희생양 삼기, 집단 히스테리, 광적인 행동 등을 표출시켰다. 팬데믹과 같은 상황에서는 이러한 광기가 나타날 수 있고, 코로나19를 겪고 있는 오늘날에도 이러한 현상은 나타날 수 있다. 특히 사회 구성원 중 취약한 사람들이 피해의 대상이 될 수 있기 때문에 경계해야 할 부분이다. 저자는 독자들에게 감염병이 가져오는 광기 현상에 대해서도 짚어가며 교훈을 주고 있다.

저자는 또한 감염병이 세균이나 바이러스가 갑자기 사람을 감염시켜서 전염병을 만들고 사회에 일방적으로 피해를 주는 게 아니라 사회의 취약한 부분을 드러내서 해결하게 하는 메신저 역할을 한다는 점을 강조한다. 감염병은 그 시기의 생활습관이나 사회적 문제의 취약성을 공격해왔고 그것을 해결하도록 강한 압력을 주었다는 것이다. 어떤 의미에서는 인류가 감염병에 대응하면서 그 취약성들을 해결해야 한다는 사명을 안게 되었다고 할 수 있다. 그렇게 보면 감염병은 인류 문명을 발전시키는 하나의 동력인 것이다.

특히 페스트와 같은 감염병은 오늘날에도 적용하는 검역과 같은 공중보건 전략을 마련하는 계기가 되기도 했다. 환자 및 감염자의 격리, 도시나 국가의 봉쇄, 권한이 강화된 보건 당국 등은 페스트와 같은 감염병에 대한 대응전략으로 코로나19에도 적용되고 있다. 더불어 이러한 전략이 갖는 부작용과 시민들의 저항에 대해서도 상세히 기술함으로써 오늘날 사용되는 공중보건 대책의 문제점에 대해서도 생각해볼 수 있는 기회를 준다.

이 책은 감염병 병인론의 변천에 대해서도 상세히 기술한다. 세균이나 바이러스에 대한 개념은 19세기 후반부에 들어서야 생기기 시작했기 때문에 오랜 기간 질병의 원인에 대해서 제대로 밝혀지지 않았었다. 그 이전에는 신으로부터 비롯되었다고 보는 신성론이나 인체의 체액이 불균형을 이루면서 생긴다는 체액 이론이 질병의 원인으로 이해되었다. 또한 현대 의학의 분류처럼 장티푸스, 암, 폐렴, 인플루엔자 같은 개별 질병을 별도의 개체로 여기는 개념도 없었다. 예를 들어 히포크라테스에게는 불균형의 속성과 범위에 따라 다양한 형태와 정도로 발현되는 단 하나의 질병만 있었던 것이다. 질병을 일으키는 또 다른 원인은 오염된 공기였다. 그러므로 향신료나 약초를 넣은 유리병을 목에 걸고 다니거나 작은 식초병을 지니고 다니며 시시때때로 냄새를 맡는 게 이상한 일이 아니었다. 이 책은 이러한 역사적 사실과 함께 19세기 중반 이후 과학적 의학의 역사가 시작되고 현대의 생의학 패러다임을 형성하는 모습을 잘 기술하고 있다.

또한 채드윅식 구빈법 개혁과 연이은 위생개혁운동을 소개하면서 도시 근대화의 문제를 해결하는 데 있어서 건강과 위생이 중심 역할을 했다는 점을 강조한다. 채드윅을 통해 사회 안정과 도시 환경 개선, 건강한 노동력으로 굳건해진 경제가 사회 발전의 발판이 된다는 점을 주장하는 셈이다. 코로나19와 같은 팬데믹을 겪으면서 되새겨봐야 하는 교훈이 아닐 수 없다.

이 책은 두꺼운 분량에도 불구하고 흥미의 끈이 풀어지지 않도록 적절하고 생생한 묘사와 함께 감염병의 역사를 담고 있다. 또한 병원균에 의한 질병의 역사를 독자들이 읽을 수 있도록 쉽게 서술하면서도 의학 분야 더 나아가 감염질환 전문가들에게도 매우 유용한 정보들이 가득 차 있다. 역사서는 대개 지루하다고 느껴지기 쉽고 특히 의학역사는 전문가가 아니면 쉽게 접하기 어렵지만 예일대 교수인 프랭크 M. 스노든이 쓴 《감염병과 사회: 페스트에서 코로나19까지》는 그러한 통념을 깬다. 이 책은 과거에서부터 현재까지 감염병의 역사를 상세하게 훑어보면서 동시에 재미있고 유익한 정보를 제공하고 있다. 일반적인 역사서가 정치, 경제 혹은 전쟁사를 중심에 놓고 풀어나가는 반면, 이 책은 페스트에서 시작해 감염병이 어떠한 영향을 미쳤고 또 이에 대한 인류의 대응은 어떠했었는지를 거시적이고 구체적으로 기술하고 있다.

이 책의 마지막 부분에서는 신종 질병의 출현과 기존 질병의 재유행 여부에 관한 문제를 언급한다. "20세기의 가장 큰 오류가 감염병 종식이 머지않았다는 믿음"이었음을 경고하는 문장에서는 놀라운 역사학자의 시선이 느껴진다. 저자는 그런 믿음에서 비롯된 안일함이 사실상 위험을 키워왔다고 말한다. 오늘날 코로나19로 온 세상이 혼란에 빠지게 될 것임을 경고하는 셈이다. 앞으로도 이 말은 유효할 것이다. 스노든은 이 책에서 역사를 통해 배워야 하는 미래의 위기를 경고하고 있다. 감염병 위기의 시기에 우리는 반드시 이 책을 읽어야 한다.

서울대학교 의과대학 교수 홍윤철

머리말

이 책은 예일대학교 학부 강의에서 출발했다. 원래는 예일대 학부 강의에서는 다루어본 적이 없었지만 당시 주요 관심사로 떠오른 사스나 조류인플루엔자, 에볼라 같은 신종 질환 문제를 다루려는 취지였다. 물론 과학 계열 대학원생이나 의대생을 대상으로 과학 및 공중보건의 관점에서 이런 질병들을 다루는 전공 수업은 있었다. 그러나 감염병을 사회적 맥락이나, 감염병과 정치적·예술적·역사적 변화와의 관계 속에서 살펴보는 수업은 아니었다. 좀 더 광범위하게 표현하자면, 미국 대학의 학부 과정에서는 일반적으로 감염병의 역사와 영향을 다루지 않는 것 같았다. 따라서 학제 간 관점을 바탕으로, 감염병이 어떻게 인간 사회 형성에 지대한 역할을 해왔고, 지금도 지속적으로 인류의 생존에 위협을 가하고 있는지에 관해 다루려는 시도가 바로 이 강좌였다.

나는 수업 내용을 책으로 만들면서 수업의 바탕이 되었던 원래의 의도 중 상당수는 폭이 좀 더 넓되 수준은 비슷한 외부 독자에게 다가서기 위해 그대로 유지했다. 다시 말해, 이 책의 목적은 관련 분야의 전문가들에게 다가가는 것이 아니라, 감염병의 역사와 우리 사회가 신종 미생물의 도전에 준비되어 있는지의 여부에 관심이 있는 일반 독자와 학생들의 토론을 활성화하는 데 있다.

그러한 목적에 따라 이 책을 구성하고 집필했다. 학부 강의에서와 마찬가지로 이 책에서도 독자들이 역사나 감염병학에 대한 지식이 없다는 전제하에 내용을 쉽게 파악할 수 있도록 했다. 이 책에 나오는 문제에 관심 있는 독자들을 위해 내용을 주제별로 다루려고 했다. 인문학과 과학의 접목에 관심 있는 학생들의 학부 강의라는 맥락에서 이 책은 읽기 자료로 활용될 수도 있다. 그러한 이유로 실려 있는 주장들의 출처가 궁금하거나 알고 싶은 독자들이 추가로 읽어볼 수 있도록 참고문헌도 추가했으며, 주석이라는 전문적인 장치는 직접 인용을 나타내는 출처에만 사용했다. 주제를 독창적으로 다루기보다는 기존의 지식을 해석이라는 넓은 맥락에서 바라보는 데 주안점을 두었다.

하지만 이 책은 교과서가 아니다. 나는 이 책에서 해당 분야의 내용을 종합해 개괄적으로 전달하는 것이 아니라, 오히려 사회에 가장 깊고 치명적인 영향을 끼친 주요 사안과 감염병만을 선택해서 집중적으로 다루려 한다. 더욱이 이 책은 교과서와는 달리 주로 출처 자료를 바탕으로 한 장章들이 포함되어 있는데, 그런 장들은 특히 내 견해가 기존의 견해와는 다르다고 느껴지거나, 기존의 문헌에 비어 있는 틈을 메워 도움이 되면 좋겠다고 생각했던 것들이다. 전문 분야에서 연구하며 운 좋게 예일대 학생들처럼 관심 많고 생각 깊은 일반 독자들의 의견과 질문에서 배울 기회가 많았던 일개 학자의 정보에 입각한 견해가 다양한 장을 통해 전달되기를 바라마지않는다.

| 제1장 | 들어가는 말

이 책은 예일대학교 학부 강의에서 시작되었다. 그 당시는 21세기 초부터 연달아 발생한 사스와 조류인플루엔자, 에볼라 등 공중보건 비상사태의 직접적인 여파에 시달리던 시절로, 현대 사회가 급작스러운 감염병 발병에 취약하다는 뜻밖의 사실과 관련한 문제들이 제기된 상황이었다. 나는 사학자로서의 관점을 활용하고 의학사 관련 전문 지식은 물론 콜레라와 말라리아에 대한 내 나름의 연구 결과를 적용하며 사회가 질병과 세계적 유행병에 취약한 사실과 관련한 문제들을 주제로 강의를 진행했다. 학생들에게는 낯설기도 하고 학부 강의계획서에 포함된 적도 거의 없는, 그러다 갑자기 학생들의 관심을 끌게 된 주제를 그들과 함께 고찰하고 연구하려는 취지였다.

《감염병과 사회》는 토론 수업이라는 점을 감안해 매년 몇 차례씩 수정된 후 마지막 강좌를 끝으로 탄생했다. 이 책은 의학사 학자나 공중보건 종사자들을 대상으로 한 논문이 아니다. 내가 독자적으로 진행한 연구 결과를 주요 근거로 삼은 장이 일부 있지만, 그것은 거의 우연히 그렇게 된 것뿐이다. 이 책은 새로운 정보의 제공이 아니라 기존 자료에서 맥락을 파악하고 이를 바탕으로 보편적 결론을 도출해 일반 독자들도 주제를 이해할 수 있게 하는 것이 주요 목표다. 예일대에서 이 강좌를 온라인으로도 개설했었기에 이 책에는 온라인 강좌를 시청하고 자신의 관점과 의견을 공유해준 수많은 수강생의 피드백이 반영되어 있다. 내가 이 사람들을 직접 만나본 건 아니지만, 학교 학생들은 물론 그들에게도 의견을 내준 것에 감사드린다.

《감염병과 사회》의 전반적인 주제 중 하나는 서로 다른 질병은 여러 사회에서 오랜 연구 과정을 거쳐 검토해야 한다는 지적 가설이다. 이 가설에 따르면, 감염병이란 감염병 관련 전문가들이 다루는 난해한 하위 분야가 아니라 역사의 변화와 발전이라는 '큰 그림'에 해당하는 주요 분야다. 다시 말해, 사회 발전을 이해하는 데는 감염병이 경제 위기, 전쟁, 혁명, 인구 변화만큼이나 중요하다는 뜻이다. 이러한 개념을 감염병이 남녀 개개인의 생명뿐 아니라, 종교와 예술, 현대 의학과 공중보건의 등장, 지성의 역사에 미치는 영향을 고려해 살펴본다.

이 책은 서유럽과 북미에 영향을 미치거나 전파될 위험이 높은 감염병만을 다룬다. 암, 심장병, 당뇨병, 천식, 비만 등 만성 질환은 제외한다. 탄폐증이나 석면증과 규폐증, 납중독 같은 직업병, 혈우병과 겸상적혈구빈혈과 낭포성섬유증 등의 유전 질환도 다루지 않는다. 수면병(트리파노소마증), 샤가스병, 기니벌레병처럼 서구 산업 사회에 별다른 영향을 미치지 않은 각종 열대성 질환도 다루지 않는다. 이들 다른 범주에 속하는 질병도 다 중요하고, 그 자체만으로도 충분히 연구할 가치가 있지만, 모두 다루기는 버거운 데다 하나로 통합할 경우 지적 일관성과 근거가 훼손되고 말 것이다. 따라서 이 책에서는 감염병만을 집중 조명한다.

그렇게 하는 이유는 세 가지다. 첫째, 감염병은 역사적으로 분석해볼 필요가 있는 독특한 범주다. 감염병은 만성 질환과는 걸리는 방식이 달라 특유의 공포와 우려를 촉발했다. 가령, 중증 심장병에 걸린다는 것은 두렵고, 목숨마저 잃을 수 있는 개별적 체험이지만, 후천성면역결핍증AIDS이라는 진단을 받거나 천연두, 폴리오 또는 아시아 콜레라에 걸린 다는 것은 질적으로 다른 차원의 이야기다. 마찬가지로, 암과 같은 주요 만성 질환은 의료보험제도와 경제, 수많은 사람의 삶에 끔찍한 영향을 미치지만, 심장병과 암은 일부 감염병과는 달리 '희생양 삼기', '집단 히스테리', '광적 신앙의 분출'을 야기하는 것도 아니고, 문학과 예술에서 광범위하게 다루어지는 소재도 아니다. 달리 말해서, 질병이란 그저 병에 걸리게도 하고 죽음에도 이르게 하는 원인인 것만은 아니다. 감염병은 지나간 자리에 특별한 유산을 남겼다. 바로 그 특이성에 주목할 필요가 있다.

감염병에 주목하는 두 번째 이유는 역사적 의미다. 이 책의 관심은 역사에 있기에, 20세기까지 인류 역사상 감염병이 어떤 다른 범주의 질병보다도 훨씬 더 참혹한 영향을 미쳤다는 사실을 강조하는 것이 중요하다. 실제로 아직까지 전 세계적으로 고통과 죽음을 초래하는 주된 원인은 감염병이다. 인류를 덮쳤던 질병을 이렇게 역사적 측면에서 설명하는 것도 《감염병과 사회》에서 다루는 목표에 속한다.

마지막이자 아마 가장 설득력 있는 이유는 감염병의 역사가 종식되었다고는 보기 어렵기 때문이다. 사스와 에볼라, 지카 등의 신종 감염병 출현은 여전히 감염병에 걸리기 쉬운 상황임을 일깨워준다. 우리는 지금도 에이즈의 줄기찬 공격에 시달리고 있으며, 뎅기열, 말라리아, 결핵처럼 근절될 수 있다고 여겼던 과거의 질병들도 커다란 위협으로 다시 다가왔다. 산업화를 이룬 서구 사회도 여전히 위험에 노출된 상태고, 기후 변화에 따라 재난이 발생할 가능성도 커지고 있다. 이렇게 세균이 가하는 위협은 실재한다. 얼마나 심각할까? 막아낼 방법은 있나? 취약성을 악화시키는 요인은 무엇일까? 우리는 이런 도전에 맞설 준비가 얼마나 되어 있을까? 이런 문제들을 처리하는 국제 사회의 능력이 아마

우리 사회의 생존, 어쩌면 인류의 생존까지 결정하는 중요한 요인이 될 것이다.

이 책은 지리적으로는 산업화를 이룬 유럽과 북미 지역을 중심으로 다룬다. 그 정도까지만 다루는 게 편리해서다. 전 세계를 체계적으로 적절하게 다루는 책이라면 몇 배는 더 길고, 열대 지역의 주요 질병도 상당수 추가해야 할 것이다. 이 책이 서구 사회를 주로 다루고는 있지만, 20세기 말과 21세기 초를 논할 때는 지리적 범위를 더 확대하기도 했다. 예컨대 에이즈, 폴리오 퇴치운동, 림프절 페스트의 3차 팬데믹, 현대 콜레라, 에볼라를 논하면서 그 발원지와 진원지, 그런 질병들이 아직도 고통과 죽음이라는 엄청난 부담을 초래하고 있는 국가들을 고려하지 않는다면 사실을 왜곡하는 꼴이 될 것이다. 우리는 모두 세균과 세균을 옮기는 매개체가 정치적 국경을 인정하지 않는 지구촌의 일원이라는 어쩔 수 없는 사실도 고려해야 한다. 따라서 남아프리카, 서아프리카, 아이티, 페루에 초점을 맞춘 장들을 포함한다.

연대순으로는 감염병에 관한 한 모두가 최악의 시나리오라고 생각하는 림프절 페스트(14세기 유럽에서 절정에 달함)로 시작해서 오늘날 최근 나타난 위협으로 여겨지는 에볼라로 끝을 맺는다. 역사와 오늘 자 신문에 실린 감염병 사태들을 연결하고, 그런 감염병들을 역사적인 체험이라는 관점에서 바라봄으로써 독자들이 작금의 공중보건 사태에 맞설 수단을 더 많은 정보에 근거해 생산적으로 얻길 바란다.

검토할 질병들을 선택한 가장 중요한 네 가지 기준이 있다. 첫째, 사회적·과학적·문화적 파장이 가장 컸던 감염병들을 선택한다. 그런 이유에서 결핵은 포함하지만, 분량을 줄이는 차원에서 장티푸스는 제외한다.

둘째, 주요 공중보건 방역 전략의 개발을 촉진했던 질병을 선택한다.

《감염병과 사회》는 감염병 자체뿐 아니라 사회에서 감염병을 퇴치·예방·치료·박멸하려고 다양한 시기에 활용했던 전략을 살펴보는 데도 역점을 둔다. 따라서 사회에서 다양한 조직적 대응을 하도록 촉발했던 감염병을 우선 선택한다. 그런 대응이 실패한 경우도 많았지만, 그렇게 대응하게 했던 개념들은 지금도 세균의 공격에 맞서는 공중보건 방역 대책의 근간이 되고 있다.

셋째, 생물의 다양성을 보여주는 감염병을 선택한다. 주요 감염병 중에는 박테리아를 통해 전파되는 감염병도 있고, 바이러스나 기생충에 의해 전파되는 감염병도 있다. 전파 경로도 공기, 성 접촉, 오염된 식품, 더러운 물, 배설물, 모기와 이, 벼룩 같은 매개체를 통해 전파되는 등 다양하다. 이 각각의 범주에서 사례를 선별한다.

마지막으로, 감염병의 사회적 파장을 감염병으로 인한 사망과 단순하게 연관 지을 수는 없지만, 과거 수백 년 동안 1세기 주기로 높은 치사율을 나타낸 감염병을 고려할 필요는 있다. 초기 현대 사회와 감염병 사망률의 관계를 이해하려면, 에이즈가 20세기와 21세기 질병 연구의 중심을 차지할 수밖에 없었듯이 림프절 페스트도 그렇게 살펴봐야 한다.

이런 기준들을 고려해 페스트, 콜레라, 천연두, 결핵, 폴리오, 발진티푸스, 이질, 황열, 에이즈, 에볼라를 주의 깊게 살펴본다. 이 목록은 결코 표준도 아니고, 포괄적인 것도 아니다. 가령 누군가 장티푸스, 유행성감기, 매독을 포함해야 한다며 훌륭한 근거를 보여줄 수도 있다. 질병 선택은 대표성을 나타낼 뿐, 거기에 모든 질병을 담아내려는 건 아니다. 여기에서는 시대와 지역을 다루면서 사학자 입장에서 살펴볼 필요가 있는 최소한의 질병들을 선별했을 뿐이며, 이는 어쩌면 한 권의 책으로 담아낼 수 있는 최대의 질병들일 수도 있다.

《감염병과 사회》는 역사책이지 생물 교과서가 아니다. 하지만 감염병은 누가 뭐래도 생물학적 사건이다. 그러므로 질병을 하나씩 분석해 나갈 때 독자 입장에서 그 질병의 유래나 원인, 전파 경로, 인체에서의 경과를 어느 정도는 이해할 수 있어야 한다. 질병에 관한 의학적·생물학적 기초 지식 없이는 질병을 이해할 수 없다. 게다가 주요 감염병들이 의철학醫哲學에서 중요한 변화를 끌어낸 방식을 살펴보는 것도 이 책의 핵심 사안이다. 그러나 생물학은 배경지식으로만 훑고, 대신 질병이 사회, 역사, 문화에 미치는 영향을 위주로 다루기로 한다.

이 책은 일련의 참혹한 생물학적 재난을 검토하는 수준에 그치지 않고, 그런 재난들이 오랫동안 연속해서 전개된 과정에 주안점을 둔다. 그 중에서도 다음 내용이 가장 중요하다.

• 공중보건 전략

여기에는 백신 접종, 격리 및 방역선 설정, 도시 소독, 요양 시설과 퀴닌(말라리아 치료제_옮긴이)·수은·페니실린·스트렙토마이신(결핵 치료용 항생 물질_옮긴이) 등 '마법의 탄알(특정 질병에 탁월한 효과를 보이는 치료법_옮긴이)'이 포함된다. 또한 중국에서 사스가 발병했을 때나 예전부터 그 외 국가의 정부나 도시에서도 그랬듯이 발병 자체를 부인하는 은폐 정책도 빼놓을 수 없다.

• 지성의 역사

감염병은 현대 사회의 질병에 대한 생의학적 패러다임, 세균론, 열대의학(열대 및 아열대 지방에서 발생하는 질환에 적용되는 의학_옮긴이)과 같은 분야의 발전을 주도했다. 더 나아가 의학 사상은 단순히 과학적 이유뿐만 아니라 이러한 사상이 지향하는 사회 유형 때문에, 또는 국가 및 국가 내에 전략적으로 배치된 엘리트들에게 힘을 실어주기 때문에 지지를 받곤 했다.

• 대중의 즉각적인 반응

감염병이 공동체에 퍼지는 특수한 상황에서는 위기의식을 느낀 사람들 사이에서 대중 심리가 광범위하게 표출되기도 한다. 낙인찍기, 희생양 삼기, 도주 및 집단 히스테리, 폭동, 광적 신앙의 분출 등이 이에 해당한다. 이 같은 사태를 계기로 감염된 사회와 사회의 구성 방식, 즉 인간과 인간의 관계, 정치 및 종교 지도자들의 도덕적 우선순위, 인간과 자연 및 구축된 환경과의 관계, 평상시에는 무시되었던 낙후된 생활 수준 등을 낱낱이 들여다볼 수 있게 된다.

• 전쟁과 질병

프랑스 혁명과 나폴레옹 보나파르트Napoleon Bonaparte 재위기 대규모 징병제 도입으로 막을 연 '총력전' 시대에 무력 분쟁은 각양각색의 민족이 총출동하는 전례 없는 규모의 군사력 충돌을 수반했다. 대규모 전쟁은 발진티푸스, 이질, 장티푸스, 말라리아, 매독 같은 감염병이 걷잡을 수 없이 퍼져나가기 좋은 여건을 조성했다. 이런 질병에 군인은 물론 군사적 충돌과는 거리가 먼 일반 시민들도 피해를 입었다. 결국 질병은 군사 작전 수행에 결정타를 가하는 경우가 많았고, 국제 정치와 정치 체제의 운명도 좌우했다.

전쟁과 감염병의 관계를 기술하기 위해 나폴레옹 시대에 두 반구에서 제각기 일어난 무력 충돌 사례 두 건을 조사했다. 첫 번째는 나폴레옹이 1802~1803년 카리브해의 식민지 생도맹그섬에 노예제를 복원하고 프랑스의 지배를 굳건히 하고자 대규모 군대를 급파한 사례다. 그러나 전염성 강한 황열이 나폴레옹 군을 초토화했고, 이어 아이티 독립과 루이지애나주 매각이라는 연쇄 사건을 끌어냈다.

두 번째 사례는 나폴레옹이 1812년에 사상 초유의 대규모 원정대를 이끌고 러시아 제국을 침공한 사건이다. 동유럽에서 벌어진 이 대격돌은 지금까지도 전시 감염병의 고전이라 할 수 있는 이질과 발진티푸스의 위력이 가히 어느 정도인지 가늠해볼 수 있게 한다. 두 질병은 프랑스 대군을 전멸시켰고, 황제 본인의 파멸과 지정학적 힘의 판도를 바꾸는 데 결정적인 역할을 했다.

사회와 감염병의 상호 관계가 과거에는 어땠는지 살펴보면 사스, 조류인플루엔자, 에볼라가 판치는 최근에 일반인들이 제기하는 여러 의문에 답하는 데 필요한 배경지식을 얻을 수 있다. 치명적인 감염병이 재발하던 지난 4세기 동안의 경험을 통해 인류는 무엇을 배웠는가? 1969년에 미국 공중위생국장은 과학과 공중보건의 힘으로 세균 퇴치가 가능하다는 섣부른 낙관론에 휩싸여 감염병 시대의 종식을 선언했다. 자신감이 차오르던 당시, 국제 공중보건 당국은 20세기 말이면 말라리아와 천연두를 시작으로 위협적인 세균들을 차례차례 근절할 수 있을 것이라고 공표했다. 승기를 잡은 이런 분위기에 편승해 예일대나 하버드대 등의 의대에서는 감염병학부를 폐지했다. 특히 선진국에서는 사회 전반적으로 페스트가 다시 온다고 해도 끄떡없을 것이라는 분위기가 팽배했던 것으로 보인다.

이러한 기대는 안타깝게도 세상이 다 알다시피 보란 듯이 빗나갔다. 21세기가 시작된 지 한참이 지난 지금까지도 박멸에 성공한 질병은 천연두가 유일하다. 전 세계적으로도 감염병은 여전히 주요 사망 원인이며, 경제 발전과 정치 안정에 크나큰 걸림돌이다. 결핵이나 말라리아 같은 기존 질병은 약제 내성이 생겨 더욱 위협적인 형태로 재등장하고, 에볼라, 라사열, 웨스트나일 바이러스, 조류인플루엔자, 지카, 뎅기열 같은 신종 질병도 속속 맹위를 떨치고 있다. 공중보건 당국은 이 중에서도 1918~1919년에 전 세계를 휩쓸었던 '스페인 인플루엔자Spanish Lady' 같은 인플루엔자가 다시금 세계를 강타하며 재앙을 몰고 올 수 있다는 위험성에 특히 주목해왔다.

사실 현대 지구촌 사회의 주요 특징들로 인해 전 세계는 감염병의 팬데믹에 극도로 취약해지고 있다. 새로운 세기의 '예행연습' 격인 사스와 에볼라의 유행은 공중보건과 생의학 방어 전선에 얼마나 구멍이 많은지 뼈저리게 일깨워준다. 인구 증가, 기후 변화, 빠른 교통수단, 도시 기반 시설이 미비한 초대형 도시의 급증, 전쟁, 가난의 대물림, 사회 불평등 확대 등 현대 사회의 특징들 속에 위험은 늘 도사리고 있다. 불행히도 이 중 어느 하나도 가까운 미래에 해결될 성싶지 않다.

《감염병과 사회》 마지막 주요 주제는 감염병이 언제 어디서든 아무런 예고 없이 닥치는 대로 사회에 피해를 주는 예측 불허의 사건이 아니라는 점이다. 오히려 사회가 하나같이 특유의 취약성을 조장하고 있다. 이런 취약성을 파고들다 보면 사회 구조, 사회의 생활 수준, 정치적인 우선순위를 파악할 수 있다. 그런 의미에서 감염병은 늘 기표 역할을 해왔고, 기표 안에 새겨진 의미를 해석하는 것이 바로 의학사의 과제다.

이 책은 서로 중복되는 부분도 있지만, 주제와 관련된 장들과 개별 감염병들을 다룬 장들로 크게 나뉜다. 각 장은 독자적인 내용을 담고 있어서 개별적으로 읽어도 무방하지만, 주제와 관련된 장들은 각각의 감염병이 유행했던 당시의 정황을 보여준다. 림프절 페스트를 예로 들어보자. 17세기의 림프절 페스트에 대한 유럽인의 반응을 이해하려면 고대 그리스 히포크라테스(Hippocrates, 서기전 460~서기전 377?)와 갈레노스(Claudius Galenus, 129?~210)로부터 전해져 내려왔지만 17세기 의료계도 주도했던 체액주의humoralism를 염두에 두어야 한다. '과학적 의학'으로 명명될 법한 것을 최초로 구현한 체액 이론은 17세기 질병에 대한 지배적인 의학 패러다임이었으며, 의사, 정치인, 식자층이 림프절 페스트의 전염을 경험하고 해석하는 틀을 제공했다.

이런 이유로 2장에서는 의학의 역사에서 가장 영향력 있는 두 인물의 유산을 자세히 살펴본다. 둘 다 그리스 출신으로, 히포크라테스는 서기전 5세기, 갈레노스는 2세기 사람이다. 이들의 의철학을 분석하면 페스트가 창궐하던 시기를 살아낸 사람들의 지성적 충격을 가늠할 수 있다. 페스트가 돌던 시기는 죽음과 고통의 시기였을 뿐만 아니라 지성도 갈피를 못 잡던 시기였다. 림프절 페스트는 당대 질병에 대한 이해를 송두리째 흔들어댔기에 사람들은 이내 혼란과 두려움에 빠져들었다. 그러므로 페스트의 참화는 인간의 지성과 정신에 도전장을 던진 생물학적 사건이었다.

3장에서 5장까지는 체액 이론에 대한 배경지식과 더불어 림프절 페스트를 구체적인 감염병의 첫 사례 연구 대상으로 삼았다. 모든 사람이 감염병에 대한 최악의 시나리오로 페스트를 꼽기 때문이다. '페스트'란 단어는 사실상 공포와 동의어나 다름없었다. 페스트는 걷잡을 수 없이 빠르게 전파되었고, 잔인하게 생명을 앗아갔으며, 그 증상은 차마 사람으로서 겪기 어려우리만치 참혹했다. 게다가 효과적인 치료제도 없어서 감염자 상당수가 사망했기에 이러다 런던이나 파리 같은 대도시 인구가 몰살당하는 건 아닌지 동시대인들이 공포에 휩싸인 것도 무리는 아니었다. 페스트가 이렇게 끔찍하다 보니 '사자死者들을 매장할 극소수만 살아남았다'라는 해묵은 표현도 나오게 된 것이다.

페스트에 대한 논의도 이 책에서 다루는 다른 감염병과 마찬가지로 개인의 신체에 미치는 영향을 먼저 살펴본 다음, 사회 전반에 대한 영향으로 옮겨간다. 각 질병의 임상적 징후는 페스트가 발생했을 때 나타난 도주, 마녀사냥, 성인聖人 숭배, 폭력 등 의료 위기 시 사람들의 사회적 반응을 해석하는 작업에 꼭 필요하다.

그러나 동시에 페스트는 감염병 퇴치를 위한 최우선적 공중보건 전략을 마련하는 계기가 되기도 했다. 말하자면 인지된 위험 수위가 높을수록 엄정한 정책을 집행하는 경우가 많았는데, 비상 상황에서 무소불위에 가까운 권한을 행사하는 보건국 설치, 환자의 격리 및 강제 수용, 도시 전체나 심지어 국가를 고립시키고자 육·해상로를 봉쇄하는 방역선 설치, 감염자와 중증 환자만을 격리 수용하기 위한 격리 병원 지정 등이 이에 해당한다.

이 책에서 살펴볼 그 밖의 질병들 역시 같은 방식으로 다룰 것이다. 즉 해당 질병의 원인, 임상적 징후, 사회적·문화적 영향, 질병 통제를 위해 실시한 의료 정책 및 공중보건 정책 등을 충분히 논한 다음, 질병을 둘러싼 지성적 맥락에서 살펴볼 것이다. 이렇게 함으로써 독자들이 감염병에 대한 다양한 개인적·사회적 반응을 이해하고, 감염병의 의학사·사회사·지성사 연구에 첫발을 내딛게 하고자 한다.

| 제2장 | 체액 의학
― 히포크라테스와 갈레노스의 유산

이 책의 목표는 다양하게 사용되어온 '과학적 의학'이라는 용어의 의미를 탐구하는 데 있다. 먼저 이성에 근거한 의학이 처음 등장한 고대부터 시작한다. '이성 의학'은 서기전 5세기에서 18세기 말까지 독점적이지는 않더라도 지배적인 의학 패러다임으로 유지되었다. 이성 의학은 그리스에서 유래했고, 의학의 아버지로 명명된 히포크라테스와 관련이 있다. 수많은 손을 거쳐 작성된 게 거의 확실한 그의 60여 권에 달하는 저서인 《히포크라테스 전집 Corpus Hippocraticum》을 통해 근본적으로 새로운 의학 사상이 세상에 알려졌다.

이 가운데 특히 잘 알려진 저술로는 '히포크라테스 선서'를 비롯해 《신성한 질병에 관하여 On the Sacred Disease》, 《인간의 본성에 관하여 On Human Nature》, 《전염병 Epidemics》, 《공기, 물, 장소에 관하여 On Airs, Waters, Places》 등이 있다. 이 책들은 무엇보다 내용이 다양하다. 잠언집, 병력 기록서, 강의록, 메모장을 비롯해 수술, 산파술, 식이요법, 주위 환경, 치료 등 당대의 모든 의료 행위에 관한 기록까지 다양한 글이 《히포크라테스 전집》을 채우고 있다. 하지만 히포크라테스의 모든 저술이 말하고자 하는 핵심은 바로 질병이 세속적인 원인으로만 설명되고, 이성적인 수단으로만 치료될 수 있는 자연 현상일 뿐이라는 점이다. 히포크라테스는 우주라는 대우주와 인체라는 소우주 모두 자연법칙에 의해서만 지배받는다고 단언한 의철학을 신봉했다.

히포크라테스는 선대나 자신이 의술을 펼치던 시대는 물론 오늘날까지 이어져 내려온 또 다른 질병관은 받아들이지 않았다. 질병이 신이나 악마에게서 비롯된다고 보는 초자연적 해석이 그것이다.

질병의 신성론

질병이 신에게서 비롯되었다고 보는 신성론에 따르면, 병이란 신이 인간의 불복종이나 죄악에 분노해 응징의 의미로 내린 벌이다. 신성론을 서로 다른 시대에서 네 가지 사례를 선택해 살펴보면 이런 해석이 서구 문화에 얼마나 지대한 영향을 미쳤는지 알 수 있다.

성경

창세기는 최초의 인간인 아담과 이브의 이야기를 전한다. 두 사람은 질병도, 고통도, 일할 필요도 없이 동산에서 살던 불멸의 존재였다. 그러나 뱀의 감언에 넘어간 순간 모든 게 달라졌다. 하나님의 명을 어기고 선악과나무에서 금단의 열매를 따 먹었던 것이다. 이 죄로 인간은 품위와 순수성을 잃고 타락한 존재가 되었다. 하나님은 아담과 이브가 자신의 명령을 어긴 것에 분노해 두 사람을 에덴동산에서 영원히 추방하고, 형벌의 의미로 그들에게 질병, 고된 노동, 산통, 죽음이라는 운명을 짊어지게 했다. 다시 말해, 질병은 '죗값'이었다.(그림 2-1)

감염병과 특히 관계가 깊은 출애굽기에는 창세기와 완벽하게 들어맞는 해석이 실려 있다. 아담과 이브가 타락하고 오랜 세월이 흐른 뒤, 하나님이 선택한 민족인 이스라엘 민족은 이집트에서 노예 생활을 하고

그림 2-1 창세기에서 하나님은 아담과 이브를 에덴동산에서 내쫓고 금단의 열매를 먹은 죄에 대한 벌로 병을 앓으리라 명한다. 미켈란젤로, 〈인간의 타락과 에덴동산에서의 추방(The Fall of Man and Expulsion from the Garden)〉(1509~1510), 바티칸 시국의 시스티나 성당 천장화

있었다. 하나님이 모세와 아론을 통해 이집트의 파라오에게 이스라엘 민족을 풀어주라고 말하지만, 파라오는 이를 거절했다. 그러자 하나님은 이집트인들에게 끔찍한 역병을 연속으로 가해 응징했다. 다시 말해, 역병은 하나님의 뜻을 어긴 죄에 대한 신의 형벌이었다.

감염병에 대한 이런 견해를 담은 중요한 성경 구절인 시편 91장도 역병은 신이 분노해 인간에게 내리는 징벌이라는 개념을 거듭 밝히고 있다. 시편의 이 장은 감염병이 발생할 때마다 기독교 설교단이 유럽 전역에서 읽어주던 대역병의 교재가 되었기에 특히 역사적인 의미가 깊다. 시편은 재앙이 닥친 연유를 밝히는 동시에 희망도 제시했다.

너는 밤에 찾아오는 공포와 낮에 날아드는 화살과
어두울 때 퍼지는 전염병과 밝을 때 닥쳐오는 재앙을 두려워하지 아니하리로다.

천 명이 네 왼쪽에서, 만 명이 네 오른쪽에서 엎드러지나 이 재앙이 네게 가까이 하지 못하리로다.

오직 너는 똑똑히 보리니 악인들의 보응을 네가 보리로다.

네가 말하기를 여호와는 나의 피난처시라 하고 지존자를 너의 거처로 삼았으므로

화가 네게 미치지 못하며 재앙이 네 장막에 가까이 오지 못하리니

그가 너를 위하여 그의 천사들을 명령하사 네 모든 길에서 너를 지키게 하심이라.(시편 91장 5~11절)

이 글이 의미하는 바는 아주 분명하다. 즉 죄를 짓지 않고 주를 믿으면, 사악한 자들만 골라 괴롭히는 역병을 두려워할 이유가 없다는 것이다.

호메로스의 《일리아드》

서양 문화에서 질병이 신에게서 비롯되었다는 해석을 보여주는 또 다른 문장은 절정에 달한 트로이 전쟁 이야기를 들려주는 호메로스의 대서사시 《일리아드Iliad》의 시작 장면이다. 《일리아드》는 그리스 왕 아가멤논에게 애첩을 빼앗긴 그리스 최고의 전사 아킬레우스의 분노로 시작한다. 아킬레우스는 화를 이기지 못한 채 전투에서 물러나 막사에서 분을 삭이고 있었다. 그의 친구인 아폴로의 사제는 아가멤논에게 잘못된 일을 바로잡고 아킬레우스의 연인을 돌려줄 것을 간청하며 중재에 나섰다. 그러나 아가멤논은 아폴로 사제의 간원을 단칼에 거절하고, 오히려 그를 조롱하고 협박했다. 이어 무시무시한 역병 장면이 등장한다. 《일리아드》의 전반부가 전하고 있듯이, 아폴로의 사제는 그리스군 총사령관 아가멤논에게 쫓겨 나온 뒤 아폴로에게 복수를 간구하는 기도를 올렸다.

"제 기도를 들어주소서." 그가 울부짖었다. "아, 은빛 활의 신이시여 ……
제가 당신 신전을 화환으로 장식해드리거나, 살찐 황소들이며 염소들의
넙다리뼈를 태워 바친 적이 있다면 제 기도를 들어주시고, 부디 당신 화
살로 다나안인(다나우스의 백성.《일리아드》에서는 일반적으로 그리스인들을
지칭하는 말로 사용_옮긴이)들이 제 눈물 값을 치르게 하소서."

이렇게 사제는 기도했고, 아폴로는 그의 기도를 들었다. 아폴로는 활
과 화살통을 어깨에 둘러메고는 불같이 화를 내며 올림퍼스 정상에서
내려왔고, 마음속 격렬한 분노로 화살은 그의 등에서 덜커덕거렸다. 아
폴로는 밤처럼 어두운 낯빛을 하고 배에서 멀찌감치 떨어져 앉았고, 그
가 배들 한가운데서 화살을 쏘자 활에서 죽음이 울려 퍼졌다. 먼저 그들
의 노새와 사냥개들을 맞혔다. 하지만 이내 화살대를 사람들에게 겨냥
했고, 온종일 죽은 자들을 화장할 장작더미가 불타올랐다.[1]

이렇게 아폴로 신은 자신이 보낸 사제의 충고를 새겨듣지 않았다는
이유로 그리스인들에게 역병이라는 고통을 안겨주었다.

완벽주의자들

세 번째 사례는 좀 더 최근인 19세기의 신학생 존 험프리 노이스(John
Humphrey Noyes, 1811~1886)다. 1830년대에 예일 신학대를 다니던 노
이스는 질병이 죄의 대가라면 치료제도 실제로 존재한다는 논리를 내
세웠다. 노이스와 그의 친구들은 죄를 일절 짓지 않는다면 영생을 얻고
병에 걸리지 않을 수 있다고 주장했다. 그들은 자칭 '완벽주의자'라는
이름을 내걸고 버몬트주 퍼트니를 시작으로, 이후 뉴욕주 오나이다에
죄가 존재하지 않는 공동체를 세웠다. 영생을 갈망한 그들의 생활 방식
은 물론, 서로 감시를 게을리 하지 않고 도덕적 타락을 가감 없이 질책

하는 일명 '복합결혼complex marriage'과 상호 비판 등의 특이한 사회생활도 미국의 유토피아 공동체 역사에 뚜렷한 족적을 남겼다.

오나이다 공동체는 사회주의 원칙을 바탕으로 1848년에 세워졌다. 1890년대 무렵 쇠락을 면치 못하다 합자회사로 재정비한 이후 도기와 은식기류를 생산하며 지금까지 명맥을 유지하곤 있지만, 도덕적 청렴을 더는 특별히 내세우지 않는다. 그들의 소망과는 달리 창립 회원 누구도 영생에 도달하지 못했으며, 1950년에는 마지막 창립 회원도 사망했다. 완벽주의자들이 자신들의 기준을 낮췄을지도 모를 일이고, 어쩌면 처음부터 잘못된 신념에서 출발한 것일 수도 있다.

노이스의 오나이다 실험은 질병은 죄에 대한 대가로 신이 내린 형벌이라는 개념을 바탕으로 삼은 게 분명했다. 그의 질병관에는 우주는 법이 지배한다는 의미가 숨어 있다. 노이스는 질병은 이해할 수 있는 원인 때문에 존재하며, 따라서 그의 신념대로 회개와 올바른 행동이라는 질병에 상응하는 치료법도 존재한다는 논리를 일관되게 펼쳤다.

제리 폴웰 현상

질병이 신에게서 비롯되었다는 해석을 지지하는 가장 최근의 인물로는 제리 폴웰Jerry Falwell이 있다. 버지니아 출신의 남부 침례교 복음주의 전도사 폴웰은 거대 교회 현상의 선도자이자 반동성애, 기독교 근본주의를 추구하던 '도덕적 다수Moral Majority' 운동의 창시자였다. 폴웰은 에이즈는 동성애라는 죄악에 대한 하나님의 징벌이라는 열변을 토하며 에이즈 발병에 맞섰다. 그러나 그는 하나님의 노여움을 사 응징의 대상이 된 것은 동성애자뿐 아니라 이런 병이 한창인 와중에도 그들에게 관용을 베푸는 죄를 지은 사회 전체도 포함된다고 역설했다. 증오에 찬 말을 쏟아내는 것으로는 타의 추종을 불허한 폴웰은 "에이즈는 동성애자들에 대한 하나님의 징벌일 뿐만 아니라, 동성애자들을 용인한 사회에 하나님이 내린 벌이다"라고 말했다.[2]

질병의 악마론

질병을 신의 응징으로 보는 해석은 마법 같은 생각이긴 해도 질병의 초자연적 전제에서 출발한 논리에는 충실하다. 그러나 이보다 더 변덕스럽고 독단적이며 예측 불가능한 초자연적 질병관이 하나 더 있다. 일각에서 이른바 '질병의 악마론'이라고 부르는 해석이다. 이렇게 해석하는 근거는 세상에는 해로운 영향을 발산해 질병을 일으키는 강력하고, 제멋대로이며, 사악한 영혼들이 살고 있다고 믿는 신념이다. 이 영혼들은 마녀나 독살범과 같은 사악한 인간들일 수도 있고, 살아있는 사람들의 곁을 떠나지 못하고 되돌아온 죽은 자들의 육신 없는 영혼일 수도 있으며, 초인적 존재나 더 나아가 악마 자신일 수도 있다. 감염병은 자연적이거나 논리적인 사건이 아니라 오히려 사악한 음모라는 이러한 견해는 이 책 전반에 걸쳐 재차 등장할 것이다. 잘 알려져 있듯이 17세기에 대서양 양편에서는 그런 불가사의한 죄악은 마녀의 소행이라는 신념이 죄인들을 잡아들여 엄벌에 처하는 희생양 삼기와 마녀사냥이 발발한 계기가 되었다. 아서 밀러Arthur Miller가 그의 희곡 《시련The Crucible》에서 생생하게 묘사한 것처럼 미국에서는 그런 시각이 1690년대 매사추세츠주 세일럼에서 위세를 떨쳤다. 유럽에서는 1500년대에 "나는 마녀들을 추호도 동정하지 않겠다. 나라면 모조리 불태워버릴 것이다"라고 선언한 마틴 루터Martin Luther의 말 속에 선명하게 드러나 있다.[3]

죄 없는 사람도 일시적으로 악령에 '홀리기도' 한다는 또 다른 해석도 있다. 이런 경우에는 귀신을 몰아내는 퇴마 의식을 통해 악마를 쫓아내는 게 치료법이었다. 치료사들은 이런 논리에 따라 약물이나 성가, 제식이나 주문에 기대어 마술이나 주술을 활용하곤 했다. 유럽 역사에서는 이런 해석을 '왕이 어루만지면 병이 낫는다'는 개념에서 찾아볼 수 있다. 가령, 잉글랜드의 왕 찰스 2세Charles II는 1600년대 중반에 10만 명에 가까운 백성들을 어루만지는 행위를 베풀었다. 왕보다 효험이 떨어지는 치료사들은 악령을 퇴치하기 위해 주문을 외우거나 희생양을 바쳐보라거나 마법의 부적을 쥐여주었다. 아니면 질병이 덮친 마을에서 달아나라고 하거나, 성모 마리아나 기독교 성인들처럼 영향력이 막강한 인물들에게 도움을 구하는 게 좋겠다는 말을 건넸다.

히포크라테스의 획기적인 해석

5세기 그리스에서 등장한 히포크라테스의 획기적인 해석은 질병을 신과 악마와 관련된 초자연적 현상으로 바라본 두 해석과 크게 대비된다. 이 자연주의적·세속적 해석은 페리클레스(Pericles, 서기전 495?~서기전 429. 아테네의 장군이자 정치가_옮긴이)가 살던 세기에 널리 적용되었다. 투키디데스(Thucydides, 서기전 460~서기전 400. 그리스의 사학자_옮긴이)의 유명한 《펠로폰네소스 전쟁사History of the Peloponnesian War》에서 그런 해석을 엿볼 수 있는데, 투키디데스는 이 책에서 최근의 DNA 연구 결과 장티푸스에서 기인한 것으로 추정되는 '아테네 역병'을 자세히 설명하고 있다. 투키디데스는 감염병을 불가사의하고, 초자연적이고, 신성한 힘이 일절 개입되지 않은 전적으로 자연적인 사건일 뿐이라고 묘사한다.

히포크라테스가 '성스러운 병'이라고 일컬었고, 현대 의학자들이 간질로 진단할지도 모를 이 질병, 어떤 다른 질병보다 악마에 홀린 것 같았을 이 질병에 대한 논의가 가장 인상적이다. 그러나 히포크라테스는 이른바 성스럽다는 이 병도 원인은 전적으로 자연적인 것임을 강조한다.

이 병이 내게는 다른 병보다 신성하지도 성스럽게도 보이지 않고, 다른 질환과 마찬가지로 …… 자연적인 원인에서 기인한다. 인간은 무지와 경이에서 질병의 성질과 원인을 신과 관련짓는다. 질병의 신성이라는 이러한 개념은 질병을 이해하지 못하는 인간의 무능과 병이란 저절로 치유된다는 단순한 생각에 빌붙어 유지된다. …… 내게는 이 병보다 매일, 사흘이나 나흘에 한 번씩 일어나는 열병이 그 근원에서 성스럽고 신성한 정도가 떨어지는 것 같지는 않다. 열병이 그다지 불가사의해 보이지는 않아도 말이다. ……

이 간질병을 신들과 처음으로 연결시킨 사람들이 예전에는 내게 마술사나 영혼을 맑게 해준다는 정화사, 사기꾼이나 돌팔이처럼 보였을 뿐인데, 이제는 자신의 신앙심이 깊다거나 다른 사람들보다 지식이 많은 것처럼 과시하는 인간들로 보인다. 그런데 그런 사람들은 질병의 신성을 …… 도움을 주지 못하는 자신들의 무능을 감추는 핑계와 가리개로 활용해 간질은 성스러운 병이라고 주장해왔다. 이런 의견에 적합한 근거들을 덧붙이며 그들은 자신들에게 안전한 치료법을 실시하는데, 말하자면 정화 의식을 행하거나 주문을 걸고, 목욕이나 병에 걸린 사람들에게 좋지 않은 여러 음식을 금하도록 한다. …… 그들은 검은색은 죽음을 상징하니 검은색 옷을 입지 말고, 염소 가죽은 깔고 자거나 입지 말고, 한쪽 발로 다른 쪽 발을 딛거나 한쪽 손을 다른 쪽 손에 포개 놓지 못하게 금하는데, 이 모든 행위가 치료에 방해가 된다는 것이다. 그들은 질병의 신성과 관련해 지식이 더 많은 것처럼 굴며, 이런저런 원인들을 미리 전달해 병에서 회복되면 공로와 인정은 그들 몫으로 챙기고, 환자가 죽으면 비난은 그들이 아닌 신들이 받아야 하는 것처럼 자기방어에 나설 게 분명하다.[4]

이러한 관점은 개념의 변화를 몰고온 획기적인 해석이 되었다. 즉 과학적 의학을 구축하게 된 인지적 바탕이 마련된 것이다. 이 해석의 자연주의 개념에 영향을 받은 치유자들은 주술과 주문, 제물을 포기하고, 악령을 쫓는 의식을 없앴으며, 신들을 달래는 의식도 그만두었다. 지성의 역사와 의식에서 나타난 이런 획기적인 도약은 1940년대에 전염병학자 찰스 에드워드 윈즐로Charles-Edward Winslow로부터 인상 깊은 사건으로 평가되었다. "신이나 악마가 질병을 일으킨다는 주장을 사실로 받아들인다면 과학적 진보란 불가능하다. 질병이 체액 때문이라는 가설을 세웠다면 그런 이론은 검증되고 개선될 수도 있다. 자연주의 인과 관계 개념은 없어서는 안 될 첫 단계다. 이 개념은 인류의 지성사에서 단연코 가장 획기적인 진전이다."[5]

히포크라테스의 전통적인 견해를 명확하게 표현한 윈즐로의 발언이 약간 과장된 것은 분명하다.《히포크라테스 전집》은 통일성과는 거리가 멀고, 잔존한 60권의 저술을 집필한 다양한 저자들 간에도 서로 다른 의견이 존재했다. 게다가 학자들도 승기를 잡은 유일한 이성 의학에 대한 윈즐로의 의견을 각양각색으로 해석했다. 의사-치유사(이아트로이, iatroi)로 알려진 히포크라테스주의 의사들은 의료 시장에서 경쟁하던 많고 많은 유형의 의료인들 가운데 하나였다. 다양한 의료 파벌이 서로 다른 의철학을 주장했고, 일부 치유사들은 어떤 철학적 근거도 없이 자신들의 기술을 선보였다. 사학자 비비안 뉴튼Vivian Nutton의 표현을 빌리자면, 고대 그리스에는 "상처-외과의, 접골사, 약초 전문가, 산파, 체조 전문가, 여자 의사, 구마사 등이 있었다."[6]

이렇듯 고대 그리스는 건강과 질병에 대한 서로 다른 주장과 접근법이 존재하는 각축장이었으며, 따라서 환자들은 선택의 폭이 다양했다. 그러므로 《히포크라테스 전집》은 의학적 합의라는 권위로서가 아니라, 관심을 끌고 고객도 확보하기 위해 자신의 입장과 주장을 표명하는 의학의 어느 한 유형이 내는 목소리로 읽힐 수도 있다. 전집에 환자의 신뢰를 얻으라거나, 지침으로 삼을 어떤 신조도 없이 의료 행위를 하는 돌팔이들을 폭로할 필요가 있다는 조언을 실은 것도 우연은 아니다. 그러나 윈즐로는 더 넓은 맥락은 무시한 채, 자신이 표명한 전통적인 고대 의학론에 따라 히포크라테스 의학에 관한 중요하면서도 결정적인 주장을 한다. 게다가 여러 경쟁 의학들의 본질이 무엇이든, 히포크라테스 의학은 부분적으로는 그리스의 의사 갈레노스가 사후에까지 미친 큰 영향에 힘입어 이후의 의학 사상에 압도적인 영향을 미쳤다.

히포크라테스 신조에 대한 갈레노스의 '치명적 포용'은 사학자 뉴튼이 갈레노스의 영향력을 묘사한 대로, 히포크라테스 사상을 다양하게 왜곡했다. 갈레노스는 히포크라테스와 그를 둘러싼 정황을 분리하고, 그리스 의사들의 복잡하고 서로 상충되는 의료 행위를 지나치게 단순화했으며, 이론이 그들의 일에서 차지하는 기능을 과장했다. 반면에 뉴튼의 설명처럼, 히포크라테스 사상에 대한 갈레노스의 해석이 비잔티움에서, 이슬람 세계를 넘어 이후 라틴 서부(서유럽 문화권)에서 수 세기 동안 탁월한 해석으로 자리매김하는 데는 갈레노스의 권위가 결정적인 역할을 했다.

당연히 한 가지 의문이 생긴다. 왜 5세기 그리스에서 세속적인 자연주의 의학으로 넘어가게 된 돌파구가 마련되었는가? 대개는 히포크라테스와 그의 동료들 모두의 영감과 같은 가늠하기 힘든 요소들 때문이라는 게 답이다. 사슬처럼 이어진 역사적 인과 관계에서는 개별적이고 우발적인 요소들이 늘 중요하기 마련이다. 그러나 다른 요소들 또한 작용했음이 분명했다. 그중 하나는 이교도를 규정하고 처벌하는 권한을 지닌 사제 관료제의 부재였다. 그 밖의 요소로는 그리스 도시 국가의 분권화, 그리스 자연철학의 유산, 특히 아리스토텔레스의 영향, 개인주의 위주의 문화 등이 있었다.

그리스 사회에서 히포크라테스주의 의사들의 위치와 업계에서 그들의 특별한 역할을 명심하는 것도 중요하다. 그들이 가난한 자들과 노예를 치료했다고는 해도, 일반 대중은 전반적으로 그들의 치료를 받기 어려웠다. 그리스와 이후 로마에서도 그들의 주요 고객은 식자층과 부유층이었다. '체액주의'는 환자와 의사의 교육적 배경이 동일하다는 전제하에 확립된 의철학이었다. 그들 모두 자연철학의 언어를 사용했으며, 특별식이나 휴식처럼 의사가 제안하는 방법은 안락한 생활을 누리는 교육 수준이 높은 계층이나 이해하고 누릴 형편이 되는 치료법들이었다.

체액 의철학

체액주의라는 의철학의 바탕은 대우주인 우주와 소우주인 인체가 서로 상응한다는 가정이다. 대우주와 소우주 둘 다 같은 요소로 구성되며, 자연주의 법칙의 영향을 똑같이 받기에 하나가 병이 들면 나머지 하나도 병에 걸린다는 것이다.

아리스토텔레스와 그리스 자연철학에 따르면, 대우주는 흙, 물, 공기,

불, 이렇게 4대 원소로 구성된다. 그리고 각 원소는 건乾, 습濕, 열熱, 냉슈이라는 네 가지 특성 중 두 가지와 연결된다. 이렇게 4라는 수에 매혹된 아리스토텔레스학파 자연철학자들은 이후 수 세기에 걸쳐 4계절, 4풍, 4대 기본 방위(동서남북), 그리고 특히 기독교인들을 위해 복음주의자 4인을 추가했다.

의학이라는 측면에서, 인체라는 소우주는 대우주의 본질적 특징들을 축소해놓은 대상이다. 소우주 역시 흑담즙(흙), 점액(물), 혈액(공기), 황담즙(불), 이렇게 '체액'이라는 4대 요소로 구성된다. 4대 원소와 마찬가지로 각각의 체액에도 건, 습, 열, 냉이라는 특징이 있다. 4대 체액 모두 정맥을 통해 인체를 순환하고, 각각의 체액은 그에 상응한 특징과 기능과 관련이 있다.

1. 혈액은 습하고 뜨거우며, 신체 조직에 영양을 공급하고, 열을 전달하고, 다른 체액을 몸 전체로 운반한다. 나이와 계절에 따라 간에서 더 많게 혹은 더 적게 생성된다.
2. 점액은 냉하고 습하다. 뇌에 영양을 공급하며, 혈액의 열을 떨어뜨린다. 또한 담의 미끈거리는 성질이 관절을 유연하게 해서 몸을 움직일 수 있게 한다.
3. 황담즙 또는 담즙은 뜨겁고 건조한 체액이다. 쓸개에 모여 소화관의 배출 운동을 돕는다.
4. 흑담즙은 건조하고 냉하다. 식욕을 증진하고, 뼈와 비장에 영양을 공급한다.

이런 체액들이 몸에 존재하는 비율에 따라 네 가지 기질을 규정하고 사람의 성격이 우울한지, 냉정한지, 화를 잘 내는지, 낙관적인지 결정한다. 이 체액들은 '인간의 4대 시기(아동기, 청년기, 장년기, 노년기)'와 '4대 주요 기관(비장, 뇌, 쓸개, 심장)'과도 부합한다.(그림 2-2)

이 같은 체액 의학의 패러다임은 우리가 의학은 물론 예술과 문학을 이해하는 데도 도움이 된다. 주요 등장인물들이 때로는 노골적으로 체액 기질설에 바탕을 두고 있던 윌리엄 셰익스피어William Shakespeare의 희곡들이 대표적인 사례다. 가령,《햄릿Hamlet》의 오필리아는 냉하고 건조한 흑담즙이 과도해 성격이 우울한 교과서적인 인물이다. 마찬가지로,《베니스의 상인The Merchant of Venice》의 침착한 샤일록은 늙고, 차갑고, 뭐든 다 담아두고, 따라서 용서를 모르는 인물이다. 그에 반해,《말괄량이 길들이기The Taming of the Shrew》의 케이트는 걸핏하면 화를 내

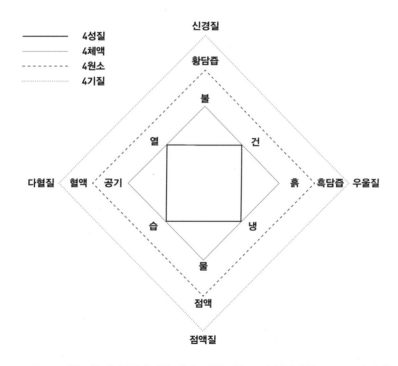

그림 2-2 체액 의학 패러다임에 따른 4성질, 4체액, 4원소, 4기질 [빌 넬슨(Bill Nelson) 편집]

는 성격이다. 그녀를 '길들이는 방법'에는 고기가 들어가지 않은 식사를 하게 하는 히포크라테스의 원칙도 있었는데, 고기는 열과 건의 물질이라 "담즙을 나오게 하고, 분노를 유발해" 그녀의 불같은 성격을 더 후끈 달아오르게 만들기 때문이다.

체액주의는 자명한 이치에 해당하는 이론이자 여러 기본 원리에서 비롯된 연역적 추리에 근거한다. 체액주의에 해당하는 모든 신조의 중심에는 지중해성 기후가 자리 잡고 있었다. 지중해성 기후는 사계절이 있기에 사색을 독려했고, 이곳의 특정 환자 집단에서는 오늘날이라면 말라리아와 폐렴이라고 진단되었을 질환들이 두드러지게 나타났다. 이렇게 4체액과 그 특징들로 이루어진 기관계가 히포크라테스 문서의 가장 중요한 특징이며, 그것이 바로 갈레노스와 그의 추종자들의 교리로 스며들어간 개념이었다. 그러나 《히포크라테스 전집》을 보면 체액에 대한 다소 다양한 견해도 들어있고, 고대 그리스와 로마에는 4 이외의 수를 신봉하거나 체액을 액체보다는 기체로 바라보는 의술인들도 있었다.

하지만 모든 히포크라테스주의 의사들에게 건강의 근간은 체액 및 체액과 상응하는 성질이 안정적인 평형 상태를 이루는 '유크라시아eucrasia'였다. 특정 한계치에 도달할 때까지는 계절, 나이, 생활 방식, 성별에 따라 개인 간에, 심지어는 한 개인 안에서도 균형에 편차는 있었다. 하지만 특정 한계치를 넘어서면 하나의 체액이 남아돌거나 모자라 전체적인 균형이 깨질 수 있었다. 이와 같은 체액 불균형을 '디스크라시아dyscrasia'라고 했고, 이 상태가 병에 해당했다. 그러므로 히포크라테스에게 병은 하나 혹은 그 이상의 체액이 과도하거나 부족해 나타나는 체액 불균형 상태를 의미했다. 게다가 체액이 변질되었을 수도 있고, 이로 인해 신체가 썩거나 오염될 수 있었다.

체액 이론의 이런 틀에는 현대 의학의 분류처럼 장티푸스, 암, 폐렴, 인플루엔자 같은 개별 질병을 별도의 개체로 여기는 개념은 없다. 고대인들은 질병을 신체적인 균형 상태에 따른 전인적 현상으로 보았다. 히포크라테스에게는 어떤 의미에서 불균형의 속성과 범위에 따라 다양한 형태와 정도로 발현되는 단 하나의 질병만 있었다. 더군다나 체액은 고정적인 것이 아니었고, 각각의 체액은 다른 체액으로 바뀔 수도 있었다. 결과적으로 질병은 고정된 개체가 아니었다. 오히려 한 질병이 다른 종류의 질병으로 변이될 수도 있었다. 인플루엔자가 이질로 둔갑하기도 하는 격이었다.

히포크라테스가 질병을 이해한 방식이 그렇다면 병의 원인은 어떨까? 병을 단일 개체로 이해했을지라도 병의 원인은 다양했다. 병은 현대어로 '환경 훼손'이라 할 만한 것과, 갈레노스가 명문화했던 여섯 개의 '비자연적인 것'에서 비롯되었다. 인간의 몸이 접할 수 있던 첫 번째 비자연적인 것은 오염된 공기, 체액 용어로는 '독기miasma'였다. 유독한 공기가 체액의 균형 상태를 무너뜨렸을 수도 있다. 두 번째 비자연적인 것은 오늘날 운동(혹은 운동 부족)으로 부를 수 있었을 움직임이었다. 그밖의 비자연적인 것들로는 수면(혹은 각성), 배설(혹은 배뇨 정체), 음식과 음료, 영혼의 정념 등이 있었다.

치료 전략은 자연에 바탕을 두고 있었다. 다시 말해, '*자연의 치유력*vis medicatrix naturae'이라는 구절로 표현되듯, 히포크라테스는 신체가 본래 타고난 목적에 따라 움직인다고 믿었다. 그가 이해한 목적론에 따르면, 신체는 체온 조절이나 땀 빼기, 콧물 흘리기, 설사, 구토, 배뇨 등 '과다한' 혹은 '병든' 체액을 내보내는 방법을 통해 어떻게 해서든 항상성을 유지하거나 회복하기 위해 애쓴다. 그러므로 의학 전략은 질병과의 전쟁에서 신체를 지원한다는 평범한 전략이었다.

이를 위해 의사들이 해야 할 첫 번째 임무는 기저 질환의 진행을 시사하는 신호나 증상을 해석하고 병력을 살펴보는 것이었다. 불균형의 속성을 구체적으로 살펴보기 위해 히포크라테스주의 치료사들은 맥박을 재고, 흉부를 압박하고, 심박동 소리를 듣고, 혀를 살펴보고, 피부 온도를 재고, 소변을 검사하는 등 환자의 신체를 면밀히 관찰했다. 특히 소변은 주의해서 관찰할 필요가 있었기에 히포크라테스는 소변의 색, 농도, 냄새, 맛과 소변에 피나 거품이 섞여 있는지 등을 꼼꼼히 살펴보았다. 이 모든 단서가 건강의 바탕이 되는 환자의 체액 상태를 말해줄 수 있었다. 단일 증상을 치료하기 위해서가 아니라 전인적으로 환자의 전반적인 상태를 평가하기 위해서였다. 더 나아가 환자 개인의 특이성을 고려해 처치를 결정했다. 치료법은 개개인의 고유한 상태에 중점을 두었다. 병은 그 자체로 독립된 어떤 존재가 아니라 변화무쌍하고 개별적으로 전개되는 하나의 과정이었다.

그래서 체액 의학은 진단 자체에 비교적 무관심했다. 대신 "선생님, 차도가 좀 있을까요?"라는 환자들의 변함없는 질문에 답하는 데 중점을 두었다. 치료 후 예후가 히포크라테스주의 의사들의 마음속에는 가장 중요하게 자리 잡고 있었다.

환자 상태의 속성과 중증도를 확인하고 나서 의사는 정반대의 속성으로 다스리는 것이 최선이라는 치료 원칙을 따랐다. 환자가 냉·건 속성의 체액인 흑담즙이 과하다 싶으면 열·습 속성의 음식이나 약초를 섭취하라고 권하는 식이었다. 이때 열 속성은 매운 음식을 먹고 '입에 불난다' 라고 표현하듯이 꼭 만졌을 때 따뜻하다는 것만을 의미하지는 않는다.

모든 음식에는 인체에 부족하거나 과다한 것을 정반대로 균형 잡을 수 있는 냉·열·건·습의 성질이 있다고 생각되었기에 식이요법 역시 의사들이 다룰 수 있는 주요 수단 중 하나였다. 다른 치료적 처치도 가능했다. 그중 하나는 운동이나 휴식 처방이었다. 현대 의사들로 보자면, 건강관리 시설이나 요양원을 추천하는 것에 견줄 수 있다. 다른 치료법으로는 주변 환경 변화, 적당한 성생활, 감정 진정 등이 있다. 히포크라테스주의 의사들이 내과 의료에 열심이었던 만큼 의사들이 약제에 의존했을 수도 있다. 예를 들어 구토제, 설사제, 발한제, 이뇨제를 투여해 잉여 체액의 배출을 촉진하는 것이 일반적인 의료였다. 한편, 피가 체액 자체이자 다른 체액들도 포함하고 있기에 피를 방출하는 방혈放血이라는 초강수도 있었고, 이 방법은 히포크라테스주의 의사의 전형적인 치료법이자 적어도 19세기 말까지 2,000년 이상 주축이 되는 의료 행위로 지속되었다. 체액 치료는 무엇보다도 더하고 빼는 과정이었다. 의사들은 부족한 것은 더하고 과한 것은 빼내고자 했다.

현대 독자에게는 방혈이 아무래도 미심쩍어 보일 테지만, 히포크라테스주의 의사들은 방혈에 중요한 이점이 있다고 보았다는 것을 기억할 필요가 있다. 질병이 그렇듯이 방혈도 전신에 영향을 준다. 효과는 곧바로 나타났고, 의사는 그러한 효과를 조절할 수도 있었다. 게다가 한계도 숙련의에게는 확실히 보였다. 환자의 맥박이 약하거나 혈색이 갑자기 변하거나 창백해지면 의사는 즉시 피 뽑기를 중단했다. 마지막으로 노령, 혈액 부족, 여름철 더위 등으로 이미 충분히 체액을 방출한 경우 의사의 방혈 처치를 전적으로 금하는 표준 금지 사항도 있었다. 이처럼 방혈의 장점과 한계를 제대로 이해해 조심스럽게

그림 2-3 에드워드 제너(Edward Jenner, 1749~1823)의 랜싯(1720~1800년 생산). 방혈과 초기 백신 접종에 사용되었다.(런던 과학 박물관, CC BY 4.0)

접근했기에 방혈과 방혈 도구 랜싯은 정통 의술의 핵심으로 자리 잡게 되었다.(그림 2-3)

갈레노스와 문서 우선주의

《히포크라테스 전집》이 체액주의를 '과학적 의학'으로 최초로 구체화했다지만, 그 후 상당한 개정이 '의학의 두 번째 아버지'의 손에서 이루어졌다. 이 두 번째 아버지가 바로 로마에서 주로 활약한 그리스 페르가몬(현재의 터키 영토) 출신의 의사 갈레노스였다.

갈레노스주의가 하나의 사상으로 출현해 유지된 현상을 이해하기 위해서는 히포크라테스와는 또 다른 갈레노스의 개인적 자질을 고려해야 한다. 역사적인 인물인 히포크라테스에 대해서 알려진 것이 거의 없어서 갈레노스가 펴낸《히포크라테스 전집》은 여러 저자들이 작성한《히포크라테스 전집》을 정리해서 통합해놓은 종합판이라는 것을 알아둘 필요가 있다. 종합판 여기저기에 등장하는 히포크라테스는 위대한 관찰자이자 경험주의자였다. 이와는 대조적으로 갈레노스는 히포크라테스의 저서들을 섭렵하고 철학적 원칙들로부터 결론을 도출해내는 일에 무게를 두었다. 갈레노스는 사실상 그의 스승 히포크라테스를 신격화했고, 그의 모든 말을 구체화했다. 그러면서 갈레노스는 히포크라테스의 가르침을 교리로 바꾸어놓고 이 교리를 해석하는 공인이자 대주교로 자임하고 나섰다. 르네상스 시대의 한 시는 다음과 같이 오만함을 표출하는 갈레노스를 비꼬았다.

히포크라테스부터 치워라. 그럼 내가 1인자가 될지니.

나 그에게 진 빚이 많다만, 그 또한 내게 많은 빚을 졌도다.

그가 쓰다 만 미완의 모호한 글들은 내가 완성해놓으니

명명백백하고 말끔한 글로 다시 태어나 천 권의 책이 되었구나.

작은 섬이 그를 품었고, 아시아의 강성국이 나를 품었으니

그는 겨우 몇 가지를, 나는 무수한 것들을 펜으로 남겼다.

그가 우리에게 벽돌을 주었을 뿐, 그 벽돌로 나는 의학의 요새를 쌓았으니

태양신 아폴로의 비호 아래 굳건하구나.[7]

그러나 동시에 갈레노스는 로마 공화국 전역에서 라틴어를 사용하는 독자에게 히포크라테스의 저서를 알리고자 이를 로마어로 표기하는 중요한 역할을 했다.

갈레노스는 명문가에서 태어나 우수한 교육을 받고 재산도 많았다. 페르가몬에서 검투사들의 의사로 활동하면서부터 유명세를 떨치기 시작했고, 162년에 로마로 옮기고 나서도 줄곧 출세 가도를 달렸다. 급기야 황제의 주치의로 임명되었으니, 그의 영향력이 얼마나 막강했는지 가히 짐작할 만하다. 자만심에 가득 찬 갈레노스는 자신이 이상적인 의사이자 철학가, 언어학자, 과학자를 모두 겸한 박학다식한 사람이며, 히포크라테스의 유일한 적통 계승자라고 선언하기에 이르렀다. 그러면서 비평가와 동료들에게 경멸 어린 시선을 보내며 그들을 히포크라테스 지혜에 눈뜨지 못한 비전문가들로 치부했다. 특히 그가 경험론자와 방법론자라고 칭했던 두 경쟁 학파에 대한 적대감을 노골적으로 드러냈다.

또한 갈레노스는 방대한 지식을 보유했다. 그가 당대에 존재했던 모든 학문에 정통해 백과사전적 지식을 갖추고 있었다는 것만 기억하더라도 그의 영향력이 가히 어떠했는지 알만하다. 게다가 그는 여든을 넘

어서도 서기에게 책을 받아쓰게 할 만큼 저술 활동도 계속했다. 하지만 살아생전에도 192년 화재로 개인 서재가 불타는 등 저작의 소실이 시작되었고, 현재는 저서의 절반만 남아있을 뿐이다. 그래도 현존하는 저서만 각각 천 페이지가 넘는 두꺼운 책이 열두 권은 족히 된다. 이처럼 왕성한 집필 활동과 더불어 장수도 그의 지성적 위상을 높이는 데 중요한역할을 했다. 비비안 뉴튼은 역사에서 갈레노스의 위상을 이렇게 묘사한다.

> 수 세기에 걸쳐 진행된 갈레노스의 성쇠를 묘사하는 것은 의학사를 그가
> 죽은 이후부터 쓰는 것과 다름없다. 그의 사상이 적어도 17세기까지, 논
> 란은 있겠으나 길게 잡으면 19세기까지도 유럽에서 통용되었던 정규 의
> 학의 토대가 되었고 …… 심지어 현대 이슬람 세계에서도 주요 의학 전
> 통에 해당한다. …… 히포크라테스와 히포크라테스 의학을 재해석한 갈
> 레노스주의가 최근까지도 그들의 의학사에 대한 사학자의 접근법의 주
> 류였을 뿐 아니라 세부적으로는 의학이 무엇이고 의료 행위는 어떻게 해
> 야 하는지에 대한 현대 인식에도 계속 영향을 주고 있다.[8]

그럼에도 갈레노스는 최근 사람들이 이해하는 것과는 다른 과학적 지식과 과학적 진보에 관한 생각을 품고 있었다. 갈레노스에게 히포크라테스는 마르지 않는 의과학의 샘이었고, 히포크라테스 교리의 주요 신조는 절대불변이었다. 갈레노스의 체계에는 새로운 패러다임을 채택할 여지가 없었다. 그는 히포크라테스와 자신의 글들이 언제까지나 보편타당할 것으로 보았다. 그 책들은 그저 시대에 맞게 다듬어질 수는 있어도 내용은 바뀔 수 없는, 갈레노스가 스스로 공인한 평생의 업적이었다.

바로 이런 융통성 없는 교리가 갈레노스주의의 정수에 해당한다. 갈

레노스의 손을 거친 히포크라테스는 우상으로 거듭나 급기야 경외와 숭배의 대상이 되었다. 역사적인 의학서를 제외하고는 그다지 알려진 것이 없는 사람을 소환해 진위가 불분명한 갖가지 미덕을 부여했다는 것이 아이러니하다. 갈레노스는 히포크라테스를 지혜, 용기, 절제, 동정심, 정직성을 두루 갖춘 모범으로 묘사했다. 종교적인 경건함, 영웅주의, 근면에 대한 전설도 돌았다. 히포크라테스의 선조를 찾아 거슬러 올라가다 보면 부계로는 그리스 의학의 신인 아스클레피오스, 모계로는 헤라클레스가 나온다는 신화마저 생겨났다. 히포크라테스는 아테네인들을 페스트로부터 구한 위대한 애국자이자 돈과 명성을 하찮게 여기는 강직함과 지혜를 지닌 영웅이 되었다. 히포크라테스는 소크라테스, 플라톤, 아리스토텔레스 같은 고대 지성의 우상 반열에 올랐다. 하지만 그 과정에서 《히포크라테스 전집》의 기본 토대가 되었던, 침상에서 직접 관찰하고 기록해야 한다는 생각이 이제는 히포크라테스의 저서와 그의 권위 있는 해석가 갈레노스의 저서들을 다 읽고 통달해야 한다는 생각으로 바뀌었다. 이렇게 '침상 의학bedside medicine'은 '도서관 의학library medicine'으로 변질되었다. 의학적 지식의 원천은 더 이상 환자의 몸이 아닌 텍스트의 권위에 있었다.

체액 의학의 유산

체액 의학의 효용성에 대해서는 불가피하게 의문이 제기될 수밖에 없다. 가령 체액 의학의 이론이 이해된다 하더라도 '과연 효과는 있었을까?'라는 궁금증이 생기게 마련이다. 의철학이 치료 면에서 성공을 거두었던 것이 아니라면 어떻게 수천 년 동안 살아남을 수 있었을까?

첫째, 체액주의 의사들은 병에 관한 상담만 해준 것이 아니었다. 갈레노스가 이해한 '치료법theraphy'은 건강 유지를 아우른 개념이었다. 사실 갈레노스의 주요 저작 중에는 위생을 다룬 《건강 유지에 관하여On the Preservation of Health》가 있다. 갈레노스의 원칙을 따랐던 체액주의 의사들은 오늘날 생활 습관의 문제들이라 부를 만한 내용으로 환자들과 상담하는 데 진료의 상당 시간을 할애했다. 고대 의학사에서 그들은 질병 예방에 지대한 영향을 미쳤다고 생각된다. 갈레노스의 책에서 길게 다루는 문제들로는 수면, 운동, 식사, 성생활, 목욕, 발성 연습, 도덕적·심리학적 조언 등이 있다. 이러한 조언들 모두 감정은 물론 개인의 전반적인 균형이나 건강에도 영향을 미쳤을 것으로 생각되었다. 그리스나 로마 의사들을 판단하는 기준이 치료 성과에만 있었던 것은 아니었다. 그들의 의료 활동 중 상당 부분은 오늘날 트레이너, 심리 상담가, 식이 요법가 등이 할 법한 활동이었다.

둘째, 체액주의가 치료 전략의 기초를 다질 무렵 체액주의에는 인상적인 강점들이 많았다. 체액 의학은 주술적 사고와는 차원이 다른 진전을 이루어냈다. 또한 체액 의학의 가르침이 자연철학과 맥을 같이했기에 당대 사람들의 공감을 사기도 했다. 더 나아가 히포크라테스와 갈레노스의 사상을 추종하는 의사들은 치료에 관한 한 신중한 태도를 지향했다. 예를 들어 그들은 뼈를 맞추거나 종기를 제거하거나 방혈을 위해 정맥을 절개하는 경우가 아니라면 함부로 수술하지 않았다. 신체 내부 공간을 금지 구역으로 이해했다.

심지어 오늘날에도 1차 진료소에 가보면 환자 대다수가 자가회복질환이나 심신증을 앓고 있다. 무엇보다 그들에게 필요한 것은 회복되리라는 믿음이다. 체액 의학의 주요 강점 중 하나는 환자를 진찰하고 치료하는 데 경험이 풍부한 숙련의라면 예후를 살피는 데도, 환자를 안심시키는 데도 점점 실력이 붙을 것이라는 점이었다. 또한 히포크라테스주의 의사들은 그들이 보기에 희망이 없다고 판단되는 환자의 치료를 거부했고, 그들의 의술을 뛰어넘는 중증 사례에 대해 환자 회송 절차도 갖추고 있었다.

그러나 특히 갈레노스식 체액주의는 약점도 많았다. 체액주의는 폐쇄적인 체계에 해당했다. 체액주의는 연역적 추론을 바탕으로 삼았는데, 종국에는 히포크라테스식 경험주의는 점차 사라지고, 갈레노스 숭배, 갈레노스를 통한 히포크라테스 숭배 같은 개인숭배를 채택했다. 이런 방식으로 체액주의는 고대 인물의 우상화로 진화했던 반면, 그 안에 담긴 지식은 인간이 발전시킨 게 아니라 신이 준 계시라는 식으로 굳어버리고 말았다. 갈레노스주의는 권위와 전통을 강조했고, 무엇보다도 고전 의학 연구에 몸담은 대학 교육을 받은 의사들로 구성된 엘리트 의학을 시의적절하게 탄생시켰다. 의사들이 어떤 훈련을 받는지 묻는 질문에 히포크라테스와 갈레노스 의학서를 원서로 읽어야 한다는 답변이 돌아왔다.

신전 의학

고대 그리스에서 세속적·자연주의적 의철학으로 넘어가게 된 돌파구의 중요성을 강조하고 있지만, 자연주의와 종교주의가 서로 마찰을 일으킬 수도 있다는 것도 무시할 수는 없다. 히포크라테스와 갈레노스는 신의 세계와 신전에 살았고, 둘 다 신실한 신앙인이었다. 신들은 그리스로마 사회에 상당히 중요한 존재였으며, 특히 고대 치료사에게 그리스 의술의 신 아스클레피오스가 중요했다.

아스클레피오스는 아폴로와 인간 여인 사이에서 나온 아들로 위대한 치료사였고, 그의 이름과 신전을 둘러싼 숭배가 대중들 사이에서 고조되었다. 고대 사회에서 의사들은 스스로를 아스클레피오스의 자손이라는 의미에서 '아스클레피아드Asclepiads'라고 불렸으며, 아스클레피오스를 의술의 '수호성인'으로 여겼다. 알렉산더 대왕 재위 무렵에는 아스클레피에이아Asclepieia라는 치유 신전이 그리스 전역에 300~400개 정도 세워져 아스클레피오스에 봉헌되었다. 이 중 가장 성대하고 유명한 신전은 아테네, 코스, 에피다우로스, 트리칼라, 페르가몬에 위치하고 있었다.

아스클레피오스와 고대 의학의 관계를 이해하는 핵심은 그가 결코 마법을 부리지는 않았다는 점이다. 그는 그저 숙련의로서 자신의 추종자들인 아스클레피아드들도 믿고 의지하는 의료 원칙들과 동일한 원칙들을 활용하는 의사였다. 아스클레피오스에 대한 숭배가 수 세기 동안 기독교 신앙과 사실상 주요 경쟁 관계에 있었던 만큼 이런 이야기들이 예수의 이야기와 유사성이 많다고 지적하는 사람들도 있다.

많은 그리스 로마 의사들처럼 순회 치료사들 입장에서도 아스클레피오스는 그들에게 의사 신분을 보장하고, 의사의 권위와 의사 집단의 영향력을 부여했기에 매우 유용했다. 히포크라테스주의 의사들은 같은 '길드'의 조직원으로 인정받았다. 의사들이 환자의 요청으로 종종 왕진하던 상황에서 아스클레피오스라는 명함은 의사들의 도덕적 행실을 보증했다. 그런 치료사들은 자신들을 보증해줄 권위가 필요했다. 아스클레피오스는 그들이 자격을 갖추었고, 정직하며, 치료비를 낼 형편이 안 되는 가난한 이들도 세심히 진료하는 의사임을 보증할 수 있었다.

어떤 면에서 아스클레피오스의 신전은 건강관리 시설, 요양원, 병원의 전신이었다. 신전은 빈자와 중환자들이 보살핌을 받을 수 있는 곳이었다. 환자들은 준비 기간을 거친 뒤 신전 경내로 들어가서 목욕재계하고, 금식하고, 기도하고, 제사를 지냈다. 그런 다음 신전에서 잠을 청하면, 아스클레피오스가 꿈속에 나타나 그들이 따라야 할 처방 비책(이를 '수면의식incubation'이라고 했다)을 알려주었을 것이다. 하지만 이런 치료 전략은 숙련된 체액주의 의사들이 처방했을 법한 내용만 담고 있었을 뿐, 수면의식은 후속 조치인 자연 치료법에 지장을 주지 않았다. 아스클레피오스는 결코 마법을 부려 처방을 한 것도, 기적을 행한 것도, 일반 의사들이 범접할 수 없는 치료 행위에 관여했던 것도 아니었다.

결론 : 유럽에서 19세기까지 팽배했던 여러 의철학

우리가 이번 장에서 살펴보았던, 질병을 신, 악마, 체액주의 중심으로 바라본 다양한 해석들은 시간상 순차적으로 등장한 것은 아니었다. 또한 '과학적' 의철학이 확립되었다고 그것이 악마 중심 해석과 신 중심 해석을 대신한 것도 아니었다. 세 가지 해석 모두 수천 년 동안 나란히 지속되었고, 때로는 사상가 개개인의 정신에서도 공존했다. 세 가지 관점 모두 문화유산의 일부로서 오늘날까지도 남아있다. 사실 인도 아대륙에서는 유나니Unani 의학(고대 그리스와 로마 의학을 기반으로 발전해 아라비아를 거쳐 인도로 전파된 의학_옮긴이) 치료사들에 의해 체액주의 원칙에 따라 치료받는 것이 아직도 가능하다.

유럽에서 19세기까지 팽배했던 여러 의철학에 대한 이번 연구는 특히 림프절 페스트를 탐구하기 위한 사전 작업이나 마찬가지다. 페스트에 시달린 사회는 대대로 전수되어온 질병에 관한 생각들에 따라 재앙을 이해했다. 병을 체험하고 병의 의미를 전달했던 지식 체계를 고려하지 않고 페스트의 역사를 이해한다는 것은 불가능하다.

제3장 3대 페스트 팬데믹의 개요
— 541년에서 1950년경

림프절 페스트는 감염병과 감염병이 사회에 미치는 영향을 논할 때 간과할 수 없는 기준점이다. 여러 면에서 페스트는 상상하기 힘든 최악의 참사임을 상징하기에 그에 따라 다른 감염병을 판단하는 기준이 정해졌다. 최근 몇 백 년 동안 잘 알지 못하는 새로운 질병이 발생할 때마다 각 사회는 질병의 파괴력이 페스트에 필적할 수준인지 근심스럽게 지켜보았다. 특히 19세기의 콜레라, 20세기의 스페인 인플루엔자와 에이즈 같은 무서운 질병을 두고 '페스트의 귀환'이라 말하는 사람들도 있었다. 이와 유사하게 19세기 주요 사망 원인으로 부상한 결핵을 가리켜 '백사병white plague'이라고 부르기도 했다. 사실 '페스트'라는 용어는 '페스트급 사고' 또는 '페스트처럼 만연한 은행 강도 사건' 같은 문구에서처럼 감염과는 무관한 위기에도 두루 쓰이며 사회적 재앙을 비유적으로 나타내는 대명사가 되었다.

림프절 페스트의 특징과 이에 대한 공동체의 반응이 어땠기에 림프절 페스트가 그토록 특별하고 두려운 질병이 되었을까? 페스트의 가장 두드러진 특징은 유독 독성이 강하다는 것이다. 독성은 질병이 인체에 해를 입히고 병리학적인 증상을 발현하게 하는 역량을 말한다. 즉 독성이란 병원균이 인체의 방어력을 뛰어넘어 질병, 고통, 죽음 등을 유발할 수 있는 능력을 측정한 것이다. 페스트는 그와 같은 의미에서 독성이 매우 강하다. 페스트는 급속도로 발병하고, 매우 고통스럽고 비참한 증상을 일으키며, 치료가 적절히 이루어지지 않을 경우 병원균의 치사율, 즉 단순히 질병 대비 사망자 수의 비율을 뜻하는 사례치명률case fatality rate, CFR이 예외 없이 매우 높다. 항생제가 발견되기 이전 시대에는 페스트에 감염된 사람의 절반 이상이 목숨을 잃어서 사례치명률이 50%를 넘었는데, 그 정도의 치명률을 보이는 질병은 찾아보기 어려웠다. 게다가 인체 내 진행 속도도 섬뜩하리만치 빨랐다. 결과적으로 페스트는 증상이 발현한 시점부터 수일 내에, 때로는 수일도 지나지 않아 사망에 이르게 했다.

페스트의 또 다른 섬뜩한 특징은 희생자의 연령과 계층의 면면에 있었다. 잘 알려진 감염병들은 어린이와 노인을 주공격 대상으로 삼는다. 볼거리, 홍역, 천연두, 폴리오와 같은 감염병에 걸린 집단만 보더라도 이는 일반적인 현상이다. 그러나 페스트는 달랐다. 페스트는 유독 한창때의 남녀를 표적으로 삼았다. 이런 양상 때문에 페스트는 뭔가 비정상적이고 초자연적인 사건처럼 보였다. 또한 페스트는 경제적·인구학적·사회적 혼란을 더욱 부추겼다. 다시 말해, 페스트는 부모와 남편을 앗아갔으며, 고아와 과부가 된 이들의 생계는 더욱 막막할 수밖에 없었다. 게다가 대부분의 감염병과는 달리 페스트는 딱히 가난한 사람들만 편애하지도 않았다. 페스트가 대상을 가리지 않고 공격했기에 다시금 신이 노해 최후의 심판일이 도래한 게 아니냐는 생각이 들게끔 했다.

페스트만의 또 다른 특징은 그것이 몰고 오는 공포다. 페스트가 덮친 공동체에서는 사람들이 신의 노여움을 풀려고 애쓰듯이 집단 히스테리를 부리거나 폭력을 휘두르거나 부흥운동을 전개했다. 또한 사람들도 자신들 중에 그런 끔찍한 재앙을 일으킨 장본인이 있는지 불안하게 주위를 두리번거렸다. 페스트를 신의 응징으로 보는 사람들에게 그러한

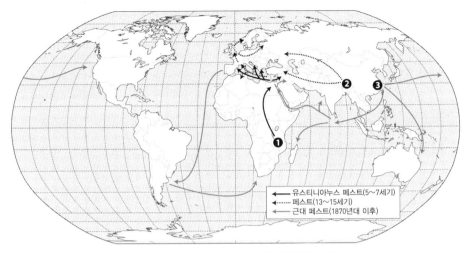

유스티니아누스 페스트(5~7세기)
페스트(13~15세기)
근대 페스트(1870년대 이후)

그림 3-1 림프절 페스트의 3대 팬데믹(빌 넬슨 그림)

장본인들이 곧 죄인이었다. 따라서 희생양 삼기와 마녀사냥이 반복되었다. 그와 반대로 질병을 악마의 소관이라고 보려는 사람들에게 재앙을 일으킨 장본인들은 악마가 고용한 살인 청부업자들이었다. 이에 자경단원들은 외국인과 유대인을 끈질기게 찾아다니며 마녀와 독살범 색출에 여념이 없었다.

이 장에서는 페스트 퇴치를 위한 공중보건 정책과 페스트의 전반적인 영향, 1500년 동안 발생한 3대 주요 페스트 팬데믹(그림 3-1) 등을 중심으로 질병으로서 페스트를 개괄적으로 살펴보고자 한다.

페스트와 공중보건

페스트는 공중보건의 발전이라는 매우 중요한 사회적 반응을 이끌어냈기 때문에 의미가 있었다. 림프절 페스트는 끔찍한 질병으로부터 사람들을 보호하고 그 확산을 방지하고자 초기에 마련된 엄중한 공중보건 정책인 환자 격리 정책에 힘을 실어주었다.(여기서 우리는 한센병 환자 수용소가 치료 시설이 아닌 데다 공중보건 전략의 발전에도 보탬이 되지 않았기 때문에 한센병과, 한센병 환자들을 수용소에 강제 입소시킨 사례는 제외한다.) 공중보건 방역 조치들을 이행하기 위해 군에 의존하기도 했다. 우선 사람들과 물자 이동을 금지해 주민들을 격리하고자 마련한 군사선인 위생 방역선도 강제할 수 있었다. 이와 더불어 페스트 방어 전략에는 라자레토lazaretto로 알려진 페스트 병원과 격리 조치도 포함되었고, 보건행정국, 보건국 등으로 다양하게 알려진 보건 당국은 페스트 법령 시행을 위한 비상 권한을 부여받았다. 일부 지역에서는 이러한 보건 기관들의 권한을 상기시키고자 죄수의 발목에 채우던 차꼬와 교수대를 설치하기도 했다.

르네상스 시대 이탈리아의 도시 국가들은 이런 페스트 방역 대책 마련의 선구자로서 특별한 역할을 했다. 이들 국가는 지중해 무역 항로의 중심에 위치해 중동과 북아프리카로부터 승객과 물자, 그리고 밀항한 쥐들을 받아들일 수밖에 없는 취약한 입지 탓에 어쩔 수 없이 선봉에 서야 했다. 피렌체와 베네치아, 제노바, 나폴리 같은 항구 도시들은 이런 방역 정책 개발에 늘 앞장섰고, 다른 도시들도 이러한 정책을 앞 다투어 모방했다.

최근 몇 백 년 동안에는 또 다른 양상이 나타났다. 콜레라, 황열, 에이즈 같은 치명적인 신종 질병이 출현했을 때 보건 당국의 첫 번째 대응은 페스트 방역 조치를 재가동해보는 것이었다. 이는 군 장성들이 마지막 전쟁을 다시 시작함으로써 구시대 전략으로 새로운 적군에게 부적절하게 대적하는 꼴이었다. 수 세기를 거치며 공중보건 당국이 한 일도 딱히 다를 바 없었다. 페스트 방역 정책의 전략들이 강력하고 열심히 대응한다는 인상을 주고, 일부 국민들에게는 보호받고 있다는 기분이 들게 하기 때문에 이런 식의 정책을 반복하고픈 유혹은 더욱 커지게 마련이다.

페스트의 영향

질병으로서 페스트의 대표적인 특징은 사회에 막대한 영향을 미친다는 점이다. 림프절 페스트만 보더라도 감염병을 협소하고 전문적인 관심 분야로만 볼 게 아니라는 것을 명백히 알 수 있다. 페스트는 감염 시기의 역사를 이해하는 데 전쟁, 종교, 경제, 상위 문화 연구만큼이나 필수적인 '큰 그림'의 일부였다. 물론 핵심은 질병 결정론이나 '미생물 마르크시즘(보이지 않는 미생물이 정치와 같은 상부 구조를 결정한다는 사상_옮긴이)'이라는 생각에 동조하려는 게 아니다. 그보다는 단순하게 특정 질병들이 사회를 변화시키는 데 영향을 미치고, 페스트도 그중 하나임을 주장하려는 것이다. 인플루엔자나 폴리오 같은 많은 사상자를 낸 감염병을 비롯한 대부분의 다른 질병들도 페스트만큼 영향을 주지는 않았다. 우리는 페스트를 탐구하면서 감염병들 사이에 왜 그토록 큰 차이를 보이는지, 왜 어떤 병은 문화, 정치, 사회에 뚜렷한 흔적을 남기는데 다른 병은 그러지 않았는지를 눈여겨보고자 한다.

림프절 페스트는 하나의 질병이 사회 전반에 영향을 미친 사례에 가장 부합한다. 그것은 근대 초기 유럽의 인구 분포도 완전히 바꾸어놓았다. 페스트가 재발해 매번 유행병으로 번지는 시기는 14세기부터 18세기 사이에 인구 증가에 큰 제동이 걸린 시기에 해당했다. 물론 경제생활과 경제 발전에도 끔찍한 영향을 미쳤다. 종교와 대중문화에도 상당한 영향을 미쳐 새로운 신앙, 페스트 성인 숭배 풍조, 예수 수난극 등이 생겨났다. 림프절 페스트는 또한 인간과 그들의 운명과의 관계, 사실상 신과의 관계에도 큰 영향을 미쳤다.

유럽에서 페스트가 발병하면서 악과 고통에 맞서는 전지전능한 신의 의로움을 옹호하는 신정론神正論을 주제로 하는 설교와 종교 팸플릿이 넘쳐났다. 신이 노했을 수 있다든지, 신을 등지거나 신의 계명에 불복종하는 이들을 응징할 것이라든지 하는 말들은 차라리 받아들이기 쉬웠다. 그러나 죄 없는 사람들, 특히 아이들마저 무시무시한 고통을 겪고 떼죽음 당하는 것을 어떻게 설명할 수 있었을까? 페스트가 신앙심을 끌어올린 것도 사실이지만, 반대로 끌어내리는 저류 또한 만만치 않게 형성되었음을 간과할 수 없다. 림프절 페스트를 직간접적으로 겪어본 사람들 중에는 신이 없을지도 모른다는 무시무시한 결론에 이른 사람들도 있었다. 사랑의 화신이자 전지전능한 존재라면 남자와 여자, 아이들을 무차별적으로 학살하며 대도시 인구 절반의 목숨을 앗아가지는 않았을 터였다. 참담한 결과에 사람들은 무신론이라기보다는 좀처럼 설명하기 힘든 무언의 절망에 빠져들었다. 과거를 돌아보고 시대착오적 망상에 사로잡히는 외상후 스트레스라고 부를 수 있는 정신적 충격에서 헤어나오지 못했다.

페스트는 예술과 문화에도 큰 영향을 끼쳤다. 문학에서는 조반니 보카치오Giovanni Boccaccio와 대니얼 디포Daniel Defoe, 알레산드로 만초니Alessandro Manzoni, 알베르 카뮈Albert Camus의 저서를 아우르는 페스트 문학이란 장르가 따로 생겨날 정도였다. 유럽 회화와 조각의 도상(圖像, 미술 작품에서 종교나 신화적 주제를 표현한 인물 또는 형상_옮긴이)도 바꾸어 놓았고, 구세주 예수 그리스도와 성모 마리아, 페스트 성인인 성 세바스찬St. Sebastiano과 성 로크St. Roch에게 봉헌하기 위한 대성당 및 교회가 건설되는 등 건축에도 깊은 영향을 미쳤다. 페스트 종식을 기념하기 위한 페스트 기념비가 빈과 중앙 유럽 전역의 도시에 세워져 신의 자비를 상기시켰다.

페스트는 1957년 잉마르 베리만Ingmar Bergman이 연출한 영화 〈제7의 봉인The Seventh Seal〉에도 영감을 주었다. 냉전이 정점에 이르렀을 때 베리만은 핵전쟁 가능성을 심히 우려했다. 대종말을 형상화하는 방편으로 림프절 페스트가 인류 대참사의 궁극적 경험을 자연스레 보여주었기에 핵전쟁으로 인한 파국의 은유로 사용되었다.

독일 바이에른주의 도시 오버라머가우에서는 17세기 페스트의 경험에 영감을 받아 전통적인 행사로 예수 수난극을 상연하기 시작했다. 1630년에 페스트에서 살아남은 마을 사람들과 시 의회는 마을 사람들이 죽음을 면하게 된다면 주민 모두 직접 참여하는 예수 수난극을 영원히 정기적으로 무대에 올릴 것이라고 약속했다. 이 약속에 따라 예수의 수난을 재연하고 가끔은 관람객들에게 반유대인 폭력을 선동하는 논란 많은 연극 시리즈가 계속해서 만들어졌다.

페스트는 질병을 체액주의로 설명하려는 이론적 틀을 심도 있게 재확인함으로써 질병에 대한 의학 패러다임에도 상당한 영향을 미쳤다. 히포크라테스와 갈레노스의 교리로는 림프절 페스트의 감염 경로를 제대로 설명하기가 쉽지 않았다. 그렇게 많은 사람이 거의 동시에 같은 종류의 체액 불균형을 겪는다는 게 가당키나 할까? 히포크라테스와 그의 추종자들은 요즘 말로 환경 훼손이라고 부를만한 것 때문일 수 있다는 가능성을 들먹였다. 그들이 내놓은 통설은 해당 지역의 대기가 '오염'되면서 '감염 체질'을 만들었다는 것이다. 오염의 주범은 토양 또는 인근 늪이나 습지에서 유기물이 부패하면서 나온 유독한 발효가스였다. 이 같은 유독한 가스 방출이 공기를 오염시켰고, 수많은 취약한 사람들이 유독 가스를 들이마시거나 피부로 흡수하면서 질병에 걸렸다는 것이었다.

중세에도 점성술사들이 이와 같은 견해를 내세우며 페스트나 다른 감염병을 촉발한 도화선이 별과 행성의 위험한 배열이라고 주장했다. 우주의 무질서가 인체라는 소우주의 무질서로 나타났다는 것이었다. 혜성의 출현이나 행성의 합을 감염병의 직접적인 원인으로 보지 않았던 사람들조차도 그 같은 천체 현상을 전조라고 믿곤 했다. 이와 유사하게 지진, 홍수, 화재 등 보기 드문 기후 현상도 공중보건에서 위기의 전조가 될 수 있었다.

16세기 이탈리아 의사인 지롤라모 프라카스토로Girolamo Fracastoro는 근본적으로 다른 방식으로 감염병을 설명해보고자 했다. 그는 체액들 간의 조율이 필요하다는 설명은 완전히 무시하고, 감염병이 독성 화학 물질에 의해 유발된다고 주장했다. 전이 경로는 미처 파악하지 못했지만, 이 독성 물질이 한 사람에게서 다른 사람으로 감염병을 전이시킨다는 것이었다. 17세기 독일 예수회 수사 아타나시우스 키르허Athanasius Kircher는 이 생각을 좀 더 발전시켜 페스트는 이른바 '미소微小동물'이 감염 환자한테서 건강한 사람으로 이동하면서 퍼졌다고 주장했다. 이렇듯 프라카스토로와 키르허는 전염이라는 개념을 발전시킨 선구자들이었다.

전염이라는 개념이 처음 등장했을 때는 대중들의 상상력만 자극했을 뿐, 그런 주장을 들어본 적이 없던 엘리트나 대학 교육을 받은 의사들은 이를 이성적으로 받아들이지 못했다. 그러다 19세기 말이 되어서야 비로소 미생물학이 루이 파스퇴르(Louis Pasteur, 1822~1895)와 로베르트 코흐(Robert Koch, 1843~1910)의 연구를 통해 당시의 정설에서 벗어난 프라카스토로와 키르허의 병인론이 사실임이 입증되었다.

3대 페스트 팬데믹의 역사

서로 긴밀하게 관련된 세 가지 용어의 차이를 구별하는 것이 중요하다. 감염병은 일정한 수의 환자와 지리적인 범위에서 중증도가 비슷한 증상이 대개 연속적으로 나타난다. '발병outbreak'은 감염병의 지역적 급증을 의미하지만, 환자의 수는 제한적이다. 이와는 달리 '유행성 감염병epidemic'은 일반적으로 상당히 넓은 지역과 많은 희생자에게 영향을 주는 전염성 있는 질병을 가리킨다. 마지막으로 '팬데믹pandemic'은 국경을 초월해 모든 대륙에 영향을 주고, 방대한 수의 사람들을 살상하는 감염병이다. 그러나 이 세 가지 용어는 대충 규정해놓은 정의고, 용어별 경계도 부정확하며, 때로 주관적이다. 사실 한 지역에만 국한되는 감염병이라도 지역 내 거의 모든 사람에게 영향을 미칠 만큼 전염력이 막강한 질병에는 종종 팬데믹이란 용어를 붙이기도 한다.

이러한 용어 정의에 따르면, 인류는 지금까지 림프절 페스트 팬데믹을 세 차례 겪었다. 각각의 팬데믹은 감염 유행이나 감염 발생이 몇 세대, 심지어 몇 세기마다 재현되었다. 페스트 감염이 반복적으로 재발하다 보니 작가들은 이야기의 줄거리를 앞으로 끌고 나갈 논리적이고 확실한 장치를 얻게 되었다. 이탈리아의 도시 베로나에서 페스트 발병을 배경으로 펼쳐진 셰익스피어의 비극《로미오와 줄리엣Romeo and Juliet》이 대표적인 예다. 페스트 발병으로 베로나와 만토바 사이에 연락이 두절되면서 이야기는 비극적 대단원에 이른다. 존 신부는 만토바로 추방된 로미오에게 줄리엣의 중요한 편지를 전달하려고 했지만 억류되고 만다. "마을 수색자들이 혹여 우리가 …… 페스트 환자 집에서 있었던 게 아니냐며 밖에서 문을 걸어 잠그지 뭡니까. 만토바로 급히 가야 하는데 꼼짝없이 갇혀 있는 수밖에요. …… 그렇게도 페스트가 무서웠나

봅니다."(5막 2장 8~12, 17행) 림프절 페스트는 비운의 연인이 둘 다 자살에 이르는 이야기 구성에 아주 그럴듯한 빌미를 제공했다. 셰익스피어의 청중들도 잘 알고 있었듯이 근대 초기 유럽의 페스트는 경고도 없이 언제고 들이닥칠 수 있는 상존하는 위험이었다.

페스트의 주기적인 패턴을 보면 계절에 따라 확연히 변화를 보이는 특징이 있었다. 페스트는 대개 봄이나 여름철에 돌기 시작하다가 날씨가 추워질 무렵 사라졌다. 특히 유독 따뜻한 봄이 지나고 찾아오는 습하고 더운 여름철을 가장 선호했다. 페스트의 이러한 계절적 선호도를 두고 요즘은 페스트가 쥐벼룩을 매개체로 하고, 쥐벼룩의 알이 부화해 자라는 데는 덥고 습한 환경이 필요하며, 춥고 건조한 환경에서는 쥐벼룩의 활동성이 저하되기 때문이라고 해석하고 있다. 이러한 주기적인 패턴이 대부분 들어맞는다 해도 페스트는 한겨울에 모스크바, 아이슬란드, 스칸디나비아에서도 이례적으로 발생했던 것으로 알려졌다. 이처럼 페스트의 비전형적인 발생이 감염병학계를 당혹스럽게 했다.

1차 팬데믹 — 유스티니아누스 페스트

세계사에 첫 등장한 림프절 페스트는 비잔티움 제국의 황제 유스티니아누스 1세Justinian I 재위기에 첫 출현해 그의 이름을 딴 일명 '유스티니아누스 페스트'였다. 사학자 프로코피우스에 따르면, 일부에서 황제의 악행이 신의 분노를 샀다고 주장했다. 그러나 현대 유전학자들은 유스티니아누스 페스트는 동물원성 감염증, 다시 말해 아프리카 풍토병 '진원지(또는 감염 지역)'에서 동물에서 인간으로 전염되기도 하는 감염병에서 기인했을 것으로 생각한다. 유스티니아누스 페스트는 541년에 나일강 삼각주 펠루시움에서 인간이 걸리는 질병으로 처음 발병했다. 이후 등장했을 때만큼이나 갑작스럽고 불가사의하게 사라져버린 755년까지 200년간 18차례 연속해서 유행하며 생명력을 유지했다.

이렇게 1차 때는 아시아, 아프리카, 유럽을 강타했고, 끔찍하지만 셀 수 없을 정도의 사망자 수라는 상처를 남겼다. 이 참사를 직접적으로 언급한 이야기는 전해지는 게 거의 없지만, 현존하는 투르의 그레고리우스Grégoire de Tours, 에베소의 사도 요한John, 성 베다(St. Bede, 잉글랜드 역사의 아버지로 통하는 사제 학자_옮긴이), 동로마 제국의 역사가 프로코피우스 같은 목격자들의 보고서는 하나같이 이 재앙의 위력이 가히 어마어마했다고 전하고 있다. 프로코피우스의 말을 빌리자면, 이것은 "전 인류를 말살할 정도의 악성 감염병"이었다.[1] 최근에 발행된 평가서들에 따르면, 사망자가 총 2,000~5,000만 명에 달했던 것으로 보인다.

이렇듯 대규모 사망자가 발생했고, 겨드랑이나 사타구니 또는 목에 단단한 명울이 잡히는 등 림프절 페스트의 전형적인 증상을 묘사하고 있는 것으로 보아 6세기를 강타한 것은 확실한 림프절 페스트다. 게다가 최근 몇 년 동안 고생물병리학자들이 후기 고대 공동묘지에서 사체를 발굴해 치아 속질에서 DNA를 추출하고, 림프절 페스트를 일으키는 박테리아인 *예르시니아 페스티스*Yersinia pestis의 존재를 확인하는 작업을 진행했다. 예

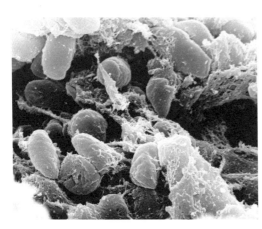

그림 3-2 벼룩 앞창자에서 림프절 페스트를 일으키는 예르시니아 페스티스 덩어리를 전자 현미경으로 살펴본 사진.[록키마운틴연구소, 미국 국립 알레르기·감염병 연구소(NIAID), 미국 국립보건원(NIH)]

를 들어, 2005년에는 독일 바이에른의 과학자들이 아슈하임의 6세기 공동묘지에서 나온 유골 속에서 페스트균을 확인함으로써 종래의 림프절 페스트의 진단법이 정확했다는 사실을 시사했다.(그림 3-2)

2차 팬데믹 — 페스트

2차 페스트 팬데믹은 1330년대 중앙아시아에서 발병해 1347년에 서구 사회로 전파된 후 1830년대에 종식될 때까지 500년간 지속되었다. 1347년부터 1353년까지 유럽에서 처음으로 유행한 이 페스트를 오늘날에는 대개 '흑사병Black Death'으로 부르는데, 사실 흑사병이라는 좁은 의미의 용어는 18세기가 되어서야 생겨났다. 흑사병 말고도 이 재앙을 '대역병great pestilence', '피렌체의 페스트plague of Florence', '필사mortality', '페스트'로 일컫는 14세기 이야기들이 다양하게 존재한다. 일부는 이런 이유에서, 일부는 페스트의 증상인 검은 가래톳과 괴저 때문에 아직도 많은 학자들이 2차 팬데믹을 총체적으로 가리킬 때 흑사병이 지닌 원래의 의미에 덧붙여 보다 광범위한 의미를 골고루 활용하고 있다.

2차 팬데믹은 으레 1347년 여름에 흑해에서 출발해 시칠리아 메시나에 정박한 제노바 갤리선(고대 그리스나 로마 시대 때 주로 노예들에게 노를 젓게 한 배_옮긴이)을 통해 전파된 것으로 여겨진다. 그 후 시칠리아섬의 나머지 지역과 곧이어 사르데냐와 코르시카로 급속히 퍼져 나갔고, 이후 속도를 늦춰 이탈리아 본토로 넘어갔다. 본토에서의 유행은 페스트를 싣고 제노바에 정박한 배들이 가져온 결과였다. 이탈리아 본토와 유럽 본토 전역이 페스트 유행이 휘몰아친 대학살의 현장이 되었다. 이탈리아 도시들이 유럽에서 페스트의 첫 희생양이 된 것은 결코 우연이 아니었다. 이들 도시가 먼저 참변을 당했다는 것은 지중해 무역의 중심이라는 이탈리아의 지리적 위치가 오히려 페스트에 대한 취약성으로 작용했다는 방증이었다.

흑사병이 도래했을 당시 유럽은 사회적·경제적 어려움이 장기화하면서 그에 따른 고통에 시달리고 있었는데, 이런 난국이 페스트의 전파에 유리한 여건으로 작용했다. 13세기는 경기 호황, 인구 증가, 도시화의 시기였는데, 1100년에서 1300년 사이에는 유럽의 인구가 두 배나 늘었다. 인구 1만 5,000명을 넘는 대도시 수가 곱절로 늘어났고, 그런 지역에서 여럿이 다닥다닥 붙어 사는 비위생적인 주거 시설이 심각한 도시 문제로 떠올랐다. 그러더니 1270년경 이후에는 생산량이 지지부진해지며 경기 침체가 본격화되었고, 결국 임금 하락으로 이어지며 빈곤이 심화되었다. 농산물 생산이 곤두박질치며, 인구 증가가 생산량을 앞지르면 결국은 기근이 발생한다는 전형적인 맬서스의 위기로 이어졌다.

당시 사상 유례없이 나쁜 날씨가 지속된 상황도 이미 시동이 꺼지기 시작한 체제에 치명타를 가했다. 몇 년씩 연속해서 경작 생산의 중요 시기에 하염없이 쏟아진 폭우와 계절에 맞지 않은 냉해로 나빠질 대로 나빠진 농업 생산 위기는 재앙 같은 흉년이 잇따르며 최고조에 달했다. 엎친 데 덮친 격으로 여기에 대규모 홍수, 폭풍, 혹독한 겨울 날씨까지 가세해 "모판은 흠뻑 젖고, 작물과 방목지는 물에 잠기고, 곡물은 썩고, 물고기 덫은 파손되고, 도랑은 유실되고, 목초지는 축 젖어 깎지도 못하고, 잔디는 지나치게 질척해서 베어내지도 못하고, 채석장은 물이 범람해 돌이나 석회석 채굴은 엄두도 내지 못하는 일이 벌어졌다."[2] 당시 사람들은 노아의 방주를 또다시 준비해야 하는 것은 아닌지 두려움에 떨었다.

창세기에서 요셉이 예언한 이집트의 기근에 비할만하지만, 파라오의 저장 시설도 현대식 유통망도 없던 중세 후기의 이 '대기근'은 위세를 더해가며 1315년에서 1322년까지 지속되었다. 대기근은 수백만 명의 목숨을 앗아가며 알프스산맥 북부의 유럽 대륙 전체를 덮쳤고, 이후에도 1345년에서 1348년까지 심각한 물자 부족과 물가 상승이 몇 년은 더 기승을 부렸다. 게다가 1319~1320년에는 우역牛疫이라는 피해 막급한 감염병이 돌아 유럽 북부 전역에서 소의 씨를 말린 탓에 대다수의 사람들이 고기나 우유를 구경조차 하기 힘들었고, 수레를 끌만한 동물도 없고 비료를 만들 동물 배설물도 구하기 힘들어 생산에도 차질이 빚어졌다. 거듭된 흉년에 대규모 우역까지 겹치면서 인간의 영양과 성장, 발달에 지장을 초래했다.

중세 후기 사회의 불평등한 권력 관계로 경기 침체는 더욱 심화되었고, 빈곤은 더욱더 악화되었다. 고생태학자 페르 라게로스Per Lagerås는 특별히 스웨덴과 관련된 것이기는 하지만 서유럽 전체에도 해당된다며 이렇게 강력히 주장한다.

> 사람들이 겪는 빈곤은 중세 사회의 불평등 탓이기도 했다. 정상적인 상황에서도 세금, 임차료, 십일조, 노동의 의무라는 무거운 짐을 짊어진 탓에 평민들은 손에 남는 게 거의 없었다. 상류층과 권력층의 최우선 관심사는 자신들의 방탕한 소비와 사치스러운 생활 방식을 유지하는 데 있었으니 농업 생산에 투입될 재원은 거의 고갈된 상태였다. 그들은 작물 수확이 바닥을 치자 당장 세금과 임차료를 인상해 손해 본 수입을 메꾸었다. 지지부진한 경제와 지속 가능하지 않은 농업 체계도 이런 역효과를 낳는 데 한몫했다. 위에서 언급한 이유들로 인해 사람들은 기아선상에서 허덕이게 되었다.[3]

결국은 1315년 이후 출생한 사람들의 질병 저항력이 크게 떨어졌다. 이들이 영양실조에 걸려 성장기를 보냈기 때문에 제노바 배들이 페스트를 싣고 메시나에 정박했을 무렵 성인이 되었을 땐 면역력이 약화된 상태였다.

흑사병은 시칠리아에서 유럽 전역을 무자비하게 휩쓸며 대기근 사태를 압도하는 영향을 미쳤다. 1347년에서 1353년 사이에 처음 유행한 흑사병으로 무려 유럽 대륙의 인구 절반이 사라졌고, 라게로스가 "유럽을 강타한 최악의 재앙"이라고 명명한 상황이 연출되었다.[4] 유럽에서 일어난 가장 잘 알려진 참극 중 하나는 1348년에 피렌체를 초토화한 흑사병이었으며, 이 참사는 조반니 보카치오의 《데카메론*Decameron*》에 생생하게 묘사되어 있다. 알레산드로 만초니의 손에서 페스트 문학의 두 걸작 《치욕의 기둥*The Column of Infamy*》과 《약혼자들*The Betrothed*》로 재탄생한 1630년의 밀라노 흑사병과 1656년의 나폴리 흑사병, 대니얼 디포가 자신의 유명한 《전염병 연대기*A Journal of the Plague Year*》에서 주제로 삼고 있는 1665~1666년의 런던 '대역병' 등도 그 밖의 악명 높은 감염병들이다.

그 후, 현재도 상당한 논의가 지속되고 제4장에서도 거론되는 여러 가지 이유들 때문에 림프절 페스트는 17세기 말과 18세기 중엽 사이에 서유럽에서 사라졌다. 1640년에는 스코틀랜드, 1665~1666년에는 잉글랜드, 1710년에는 네덜란드, 1720~1722년에는 프랑스, 1743년에는 이탈리아를 마지막으로 강타했다. 흥미롭게도 메시나에서 발병한 흑사병들이 2차 팬데믹의 처음과 끝을 장식했는데, 1347년에는 서양에서 처음으로, 1743년에는 마지막으로 흑사병이 발생한 지역이 바로 그곳이었다.

2차 팬데믹 초기에 당대 저술가와 사학자들이 지독히도 생생하게 묘사해놓은 인구학적 대참사가 당연히 사람들의 상상력을 사로잡기는 했지만, 흑사병의 독성이 수 세기를 지나도 완화되지 않았다는 사실은 명확히 알아두는 게 좋다. 2차 팬데믹의 마지막 감염 사태 중에서도 가장 참혹하고 극적이라고 할 수 있는 흑사병은 1665~1666년의 런던 대역병과 1720~1722년의 마르세유 흑사병 등이 있다. 이런 마지막 흑사병 공격들은 1차 때와는 달리 유럽 대륙 전역에 영향을 미치지 못한 국지적 사태였다.

3차 팬데믹 ─ 현대 페스트

세 번째이자 마지막으로 발생한 림프절 페스트 팬데믹은 2차 때와 마찬가지로 중앙아시아를 진원지로 해 1855년에 중국에서 사회 소요 사태와 전쟁이 끝나고 난 후에 발생했다. 페스트가 1894년에 중국의 광둥성에 이어 홍콩을 덮치고 나중에는 부에노스아이레스와 호놀룰루, 시드니, 케이프타운, 나폴리, 오포르투, 샌프란시스코 등의 국제 무역의 거점 도시로까지 전파되면서 전 세계의 관심을 불러일으켰다. 휩쓸고 지나간 거의 모든 지역을 초토화했던 과거 팬데믹 때와는 달리, 3차 팬데믹은 불평등과 빈곤, 방치라는 국제 단층선을 따라 굉장히 불공평하게 영향력을 미쳤다.

림프절 페스트는 3차 팬데믹 시기에 특히 제3세계 국가들을 초토화한 반면, 유럽과 북미의 산업 국가들은 거의 그냥 지나갔다. 무엇보다 이 3차 페스트는 인도에서 1898년부터 1910년까지 무려 1,300~1,500만 명의 목숨을 앗아갔다. 마지막으로 물러나기 전까지 적게 잡아도 약 2,000만 명의 목숨을 앗아갔고, 5대륙에 전파되었지만, 그래도 산업화를 이룬 서구 사회는 대체로 무사했다. 게다가 인도와 중국에서는 2차 팬데믹 때처럼 계층에 상관없이 널리 퍼지지도 않았다. 인도에서는 봄베이(현재의 뭄바이)의 악명 높은 공동주택 *차*올과 캘커타(현재의 콜카타)의 가축우리 같은 집 *바스티스*가 페스트의 온상이었지만, 유럽인들이나 부유층은 거의 피해가 없었다.

페스트는 1899년에 유럽의 나폴리, 오포르투, 글래스고에서 잠시나마 불쑥 출현하기도 했지만, 1899년 이후 반세기 동안 총 7,000명의 목숨을 앗아갔을 뿐이다. 중남미는 3차 팬데믹 시기에 3만 명이 목숨을 잃었다. 미국은 샌프란시스코와 뉴올리언스, 로스앤젤레스에서 소규모로 발병한 페스트로 인해 500명가량의 피해자가 발생했다.

남북미에서는 3차 팬데믹이 인간에게 미친 영향이 제한적이기는 했지만, 미국 남서부, 브라질 북동부, 아르헨티나 남부의 야생 설치류 속에 안정적인 감염 병원소를 확보함으로써 환경에 커다란 흔적을 남겼다. 그곳에서는 주기적으로 설치류가 대규모로 자연 소멸하고, 애완동물이 얼룩다람쥐나 게르빌루스한테서 벼룩을 옮아오는 사람들에게 림프절 페스트가 끊임없이 발생하는 가운데 페스트는 현재까지 끈질기게 살아있다. 미국 질병통제예방센터Centers for Disease Control and Prevention, CDC는 1900년에서 2016년 사이에 미국의 뉴멕시코, 애리조나, 콜로라도, 캘리포니아에서 주로 사냥꾼과 야영객들 사이에서 천여 명의 페스트 환자가 발생했다고 밝혔다.

이렇게 남북미 병원소들도 기존에 존재하던 그 외 모든 대륙의 페스트 병원소에 추가되었다. 세계보건기구WHO는 2010~2015년 4대륙에 걸쳐 3,248명의 페스트 환자가 발생해 그중 584명이 사망했지만, 이 수치는 콩고민주공화국, 마다가스카르, 페루에 집중되었다고 발표했다. 그러나 이 공식 통계는 진단 오류, 지역 사회 및 정부의 은폐, 여러 지역의 연구 시설 부재 등으로 미루어 볼 때 상당히 축소되어 추산된 게 분명하다.

가장 중요한 점은 3차 팬데믹이 페스트의 원인이 설치류, 벼룩, 인간과의 상호 작용 때문이라는 사실이 밝혀진 시기에 등장했다는 데 있다.

결국 이런 병인론을 바탕으로 20세기 초부터 새로운 공중보건 정책이 시행되었다. 정책 당국은 2차 팬데믹과 3차 팬데믹 초기의 특징이라고 할 수 있는 엄격한 방역 대책 대신 살충제와 덫, 독약으로 벼룩과 쥐를 잡는 소탕 작전을 펼쳤다.

제4장

질병으로 본 페스트

페스트의 병인학

'병인학'이란 질병의 발병 원인을 규명하는 학문으로, 질병이 인간에게 해를 입히기까지 거치는 과정을 탐구하는 것을 의미한다. 페스트는 네 개의 주범이 연루되어 병인학이 복잡하다. 첫 번째 주범은 페스트균이라고도 하는 타원형 박테리아로, 처음에는 *파스퇴렐라 페스티스*Pasteurella pestis라는 이름으로 불리다가 이제는 *예르시니아 페스티스*라는 명칭으로 통일되었다. *예르시니아 페스티스*는 파스퇴르의 제자인 스위스 출생 알렉상드르 예르생(Alexandre Yersin, 1863~1943)과 파스퇴르의 경쟁자 로베르트 코흐의 문하생인 일본 의사 기타사토 시바사부로(北里柴三郎, 1853~1931)에 의해 1894년에 홍콩에서 동시에 발견되었다.

1898년 무렵 폴루이 시몽Paul-Louis Simond은 페스트균 외에도 두 개의 매개체가 인간에게 페스트를 옮긴다는 사실을 밝혀냈다. 이들은 공생 관계의 설치류, 특히 쥐와 쥐 몸에 짐짝처럼 붙어 다니는 쥐벼룩이었다. 시몽이 밝혀낸 사실은 거의 무시당하다가 10년이 지나서야, 이 책 제16장에서 다루고 있듯이, 인도 페스트위원회Indian Plague Commission에서 병의 역학 관계를 끈질기게 추적 조사한 끝에 확인되었다. 그 결과, 이 두 매개체가 인도 반도를 강타한 3차 팬데믹의 원인인 것은 분명했지만, 시몽과 인도 페스트위원회 양측은 이전 시기의 페스트 팬데믹의 전파 경로도 모두 3차 팬데믹의 지배적인 전파 경로와 동일하다고 추정하는 실수를 저지르고 말았다. 이러한 시각이 페스트를 이해하는 정통적인 시각이 되어버림에 따라 흑사병에 대한 오해가 생겨났다. 2차 팬데믹 역학의 상당 부분이 쥐와 벼룩으로는 설명이 불가능했기에, 뒤에서 다루겠지만, 1347년부터 400년 동안 유럽을 휩쓴 재앙이 페스트였다는 사실조차 의구심을 품게 하고 말았다.

그러나 페스트 감염병이 페스트의 영구적인 동물병원소에서 부지불식간에 퍼져 나간 '동물감염병epizootics'에서 비롯되었다는 데는 이견이 없다. 특히 주목해야 할 동물들은 땅굴에 서식하는 마멋, 프레리도그, 얼룩다람쥐, 다람쥐와 같은 야생 설치류였다. 땅굴 지하세계가 사람이 미처 눈치 채지 못한 재앙의 발생 현장이었던 셈이다. 따라서 페스트는 사람이 어쩌다가 또는 재수 없이 걸린 동물감염병이라고 볼 수 있다. 가령 인간 감염은 사냥꾼이 동물병원소를 침입해서 사냥감의 가죽을 벗기는 과정에서 벤 부위나 다른 상처를 통해 세균이 혈류로 침투하면서 바로 병에 걸려 시작될 수 있다. 전쟁, 생태계의 재난, 기근으로 보금자리를 빼앗긴 사람들이 설치류의 서식지로 들어가는 사례가 점점 늘 수도 있다. 아니면 홍수, 가뭄 등 서식 환경의 격변으로 설치류들이 먼 길을 달려 민가에 기어들어오거나, 무엇보다도 민가 주변에 널린 집쥐들과 밀접 접촉을 할 수도 있다. 페스트 2차 팬데믹의 중심에는 인간과 가까이 지내며 인간이 즐겨 먹는 것을 나누어 먹던 검은쥐나 '선박 쥐'라는 별명이 붙은 라투스 라투스Rattus rattus가 자리 잡고 있었다.

야생 설치류에서 집쥐로, 쥐에서 쥐로, 쥐에서 인간으로 박테리아를 주고받을 수 있도록 중재한 페스트 전파의 마지막 주범은 바로 벼룩이다. 그중에서도 두 개의 종이 핵심 역할을 하는 것으로 알려져 있다. 우선 일명 '동양쥐벼룩'이라는 *제놉실라 체오피스*Xenopsylla cheopis는 온혈 동물에 자연스럽게 기생하는 림프절 페스트의 매우 효율적인 매개체로서 페스트가 설치류에서 호모 *사피*엔스로 종간의 벽을 넘나드는 것을 가능하게 했다. 다른 하나는 널리 퍼져 있는 '사람벼룩' 풀렉스 *이리탄스*Pulex irritans로, 설치류가 아닌 사람만 숙주로 삼기에 사람 간에 감염병을 퍼뜨렸다.

이 두 종의 벼룩은 한 번 피를 빨 때 자신의 체중과 맞먹는 양을 흡혈하며, 거기에는 수백만 마리의 박테리아가 득실댄다. 일단 *예르시니아 페스티스*가 피와 섞여 울혈이 생기면 감염된 벼룩은 살아남지 못한다. 페스트균이 음식물을 벼룩의 위로 보내는 조절 밸브를 막아버리기 때문에 벼룩은 굶주림과 탈수로 서서히 죽게 된다. 이처럼 벼룩의 앞창자가 폐색되면 벼룩의 생명이 위태로워질 뿐만 아니라 인간도 병에 감염될 수 있는 확률이 높아진다. 폐색이 일어나면 벼룩은 페스트균과 섞인 피를 게워내기 때문에 벼룩이 물 때마다 인간은 감염될 수밖에 없다. 또한 벼룩은 끝없는 허기로 살기 위해 피를 빨고 또 빨게 된다. 감염된 벼룩은 죽을 때까지 치명적인 병을 옮기는 효율적인 매개체다.

더욱이 감염된 벼룩은 쥐 털에 붙어있다가 쥐가 병들어 죽으면 설치류든 사람이든 또 다른 포유류의 따뜻한 체온을 찾아 뛰어 이동한다. 벼룩의 감지기는 온기, 진동, 이산화탄소에 상당히 민감해서 새로운 숙주의 위치를 금세 찾아낼 수 있고, 다 알다시피 점프력 또한 워낙 뛰어나 이동 성공률도 높다. 또 감염되지 않았을 때는 한 차례 흡혈로 6주나 버틸 수 있기 때문에 감염병이 도는 동안 감염 사례가 불규칙적으로 발생하는 원인이 되기도 한다.

쥐벼룩 *제놉실라 체오피스*는 쥐를 각별히 선호하므로 살아있는 설치류가 없는 경우에만 인간으로 이동한다. 따라서 쥐 군집이 집단으로 폐사하면 선호하는 먹잇감이 사라진 굶주린 쥐벼룩 떼가 갑자기 인간을 숙주로 이용하게 되는 것이다. 이러한 쥐벼룩의 행동 특성이 페스트 감염이 폭증한 배경이다. 감염병 대부분의 이환율과 사망률 그래프가 대개 종형인 데 반해 페스트의 경우 발병 단계부터 가파른 상승선을 보인다.

일단 쥐와 인간 사이에 가로막힌 종간의 장벽을 넘고 나면 이제 감염된 남녀가 언제 벼룩과 페스트균을 가족과 이웃에 전파시킬지에 초점이 맞춰진다. 그러고 나면 페스트는 고립된 개인들의 질병이 아닌 가정, 도시 내 이웃, 시골 마을 전체가 겪는 질병으로 거듭난다. 생활 여건, 특히 인구 밀도 및 위생이 결정적이다. 많은 사람이 한방에서 몸을 부대끼고, 어쩌면 가족 전체가 한 침대를 쓰는 그런 조밀한 주거 환경이 벼룩의 이동을 더욱 용이하게 한다. 페스트가 퍼지면서 특히 위험한 순간은 바로 장례를 위해 시신을 염하고 마지막으로 애도를 표하는 순간이다. 시신이 차갑게 굳으면서 죽은 자를 감염시킨 벼룩들이 필사적으로 온기를 찾아 다음 몸으로 탈출하기 때문이다.

감염병이 돌려면 아프리카와 중앙아시아를 넘어 접촉, 교역, 종교적 신앙, 상업을 아우르는 좀 더 넓은 네트워크와 연결되어야 했다. 이러한 연결고리 중 하나가 감염자의 옷이었다. 근대 초기 사회는 옷감이 매우 귀했기 때문에 죽은 자의 침대보나 옷가지를 다른 사람이 재사용하거나 상자에 담아 시장과 바자회에서 팔았는데, 접힌 천들 사이에 목숨을 부지한 벼룩들도 종종 함께 붙어 갔다. 특정 직업군은 병자와 중환자, 죽은 자, 그리고 그들 몸에 붙은 체외기생충과 정기적으로, 게다가 직접 접촉했다. 행상인, 의사, 사제, 무덤 파는 사람, 세탁부들은 페스트 발병 시기에 심각한 위험에 노출되었고, 업무상 이동하면서 이곳저곳으로 병을 옮겼다. 제분소 일꾼이나 제빵사도 곡물이 쥐를 끌어들인다는 점에서 페스트 전이에 한몫했다.

수도원 또한 1차 팬데믹과 중세 후반의 2차 팬데믹에 지대한 영향을 미쳤고, 페스트가 도시 지역은 물론 인구 밀도가 낮은 시골 지역도 초토화할 수 있었던 배경에 자리하고 있었다. 수도원은 주거지와 주거지, 마을과 마을을 잇는 곡식 거래의 거점 역할을 했다. 또 가까운 곳에 사는 사람들이 모이는 견고한 공동체이기도 했다. 재난 발생기에는 페스트가 퍼진 지역에서 도망쳐 온 사람들에게 은신처가 되기도 했다. 수도원 안에는 건강한 사람, 아픈 사람, 감염된 벼룩이 들러붙은 사람들이 함께 뒹굴었다. 그런 맥락에서 벼룩은 페스트를 전파할 수 있는 순환로를 쉽게 확보했다.

그러나 어디든 갈 수 있는 쥐와는 달리 벼룩의 이동 반경은 상당히 제한적이다. 벼룩은 곡물 화물에 숨어있다가 마차에 실려 육로로 이송되거나, 바지선이나 소형 배를 타고 물길을 따라 내려가기도 한다. 그러나 쥐는 그보다 훨씬 먼 곳까지, 이를테면 배를 타고 해상으로 이동할 수 있었다. 감염된 쥐는 밧줄과 널다리를 기어 선박에 올라타기도 하고, 밀과 쌀 부대 속에 들어가 선적되기도 했다. 이렇듯 페스트가 아주 멀리 전파되기 위해 선박은 필수였다. 페스트는 선박을 통해 한 나라에 상륙했다가 도로와 운하를 통해 내륙으로 이동하는 경향을 보이는 만큼 선박은 이 같은 페스트의 역학을 설명하는 데도 도움이 된다. 페스트에 감염된 쥐에게 지중해는 장벽이 아니라 고속도로나 다름없었다.

이스탄불(330~1453년에는 콘스탄티노플로 알려짐)은 육로로는 발칸반도로 이어지고, 해로로는 베네치아, 나폴리, 케르키라, 제노바, 마르세유, 발렌시아 등 지중해 도시 전체와 연결되는 무역과 질병의 중심축이었다. 가끔 해상에서는 페스트가 승조원 전체의 목숨을 앗아가는 바람에 유령선이 파도에 떠다니는 대혼란이 연출되기도 했다. 그러나 그보다는 선박이 무사히 정박하는 경우가 더 많았을 것이고, 쥐들이 장악한 화물이 승선할 때 이용하던 것과 같은 기중기, 밧줄, 널다리를 통해 하역되었을 것이다. 동시에 감염된 승객과 승조원들도 몸에 들러붙은 벼룩과 더불어 하선했을 것이다. 프로코피우스는 이미 6세기에 페스트가 "늘 바닷가에서 시작되어 육지 내부로 파고들었다"라고 말한 바 있다.[1]

그러고 나면 놀랄 것도 없이 거리마다 쥐 사체가 널려 있는 극적인 풍경이 펼쳐지며 페스트의 시작을 알리곤 했다. 악성 전염병의 시작을 알리는 이런 장면은 알베르 카뮈의 소설《페스트La Peste》를 비롯해 페스트를 주제로 한 다양한 예술 작품에서 극화된다. 이 책에서 무수하게 많은 쥐들이 알제리의 도시 오랑의 길거리에서 병들어 죽어가는 장면은 감염병 재앙의 서막이자, 나치즘과 파시즘의 부상으로 구현된 악의 세력을 암시하는 은유로 사용되고 있다.

한편, 신고전주의 화가 니콜라 푸생(Nicolas Poussin, 1594~1665)은 그의 작품 〈아슈도드에 창궐한 흑사병The Plague at Ashdod〉(1630)에 쥐를 그려 넣었다.(그림 4-1) 구약성서 사무엘기는 팔레스타인인들이 훔친 '계약의 궤(모세의 십계명을 새긴 석판을 넣어둔 상자_옮긴이)'를 이교 신인 다곤을 모신 신전에 전시해두며 다곤 신이 이스라엘의 하나님보다 우수하다고 공표하는 이야기를 담고 있다. 하나님은 역병을 내리고, 도시를 파괴해 팔레스타인 사람들을 벌했다. 공포의 순간을 고조하고자 푸생은 명운이 다한 아슈도드 거리에 쥐를 그려 넣는 기지를 발휘했다. 17세기에 활약하던 화가 푸생은 땅 위에 들끓는 쥐 떼가 역병과 임박한 재앙을 알리는 익숙한 전조로 통하리라는 점을 간파했던 것이다.

20세기의 과학적 조사는 페스트와 쥐 사이의 연관성을 조심스럽게 확인했다. 고고학자들은 흑사병 이후 페스트 환자의 시신이 매장된 곳에서 쥐의 뼈를 찾아냈고, 이미 언급했듯이 인도 페스트위원회는 쥐와

그림 4-1 니콜라 푸생은 〈아슈도드에 창궐한 흑사병〉(1630)에서 곧 닥칠 재앙의 전조로 통하는 쥐를 그려 넣었다.(루브르 박물관, 프랑스 파리)

벼룩의 연결 고리 및 현대 페스트 발병에 미친 그들의 역할에 관한 광범위한 내용을 문서로 작성했다.

하지만 20세기로 넘어갈 때까지도 쥐와 림프절 페스트 간에 인과 관계가 있다고는 여기지 않았다. 그저 쥐의 체고體高가 낮다 보니 인간보다 먼저 감염된 것일 뿐이라고 생각했다. 쥐들은 코를 땅바닥이나 방바닥 가까이에 대고 있기에 땅에서 스멀스멀 피어오르는 유독한 냄새나, 방바닥에 내려앉은 페스트로 감염된 먼지에 더 빨리 영향을 받았다. 사람들이 페스트에 걸리기 전에 갑자기 거리며 방 한복판에 쥐들이 출몰하기 시작했다. 멍한 상태로 균형감각을 잃은 이 설치류들은 자연계에서 포식자이자 천적인 인간은 안중에도 없는 것 같았다. 대신 타들어가는 목마름에 사력을 다해 미친 듯 물을 찾다가 힘에 부쳐 픽 쓰러질 뿐이었다. 쓰러진 곳에서 바로 죽음을 맞이한 그들 목에는 멍울이 훤히 드러나 있고, 사지는 모두 벌린 채, 심지어 죽기 전부터 사후경직이 일어난 듯 굳어 있었다.

이러한 현상은 독기 이론으로 설명될 수 있었다. 이 이론의 주장은 땅바닥에서 시작한 페스트가 천천히 땅 위로 올라와 다른 동물들이 들이마시는 높이의 공기에 도달하면서 이 동물들도 차례로 죽는다는 것이었다. 따라서 땅에 코를 박고 킁킁거리는 쥐들이 먼저 희생되고, 그들보다 훨씬 키가 큰 사람이 나중에 병에 걸리게 될 것이라는 점은 논리적이었다. 독기 이론 같은 병인학이 시사하는 바는, 사람은 쥐가 페스트에 걸리고 나서 따라 걸리지만, 사람의 페스트는 쥐로 인한 것은 아니라는 것이었다.

증상학과 병리학

병이 개개인의 인체에 미치는 영향에 주목하는 것은 병에 대한 호기심 문제가 아니다. 감염병은 단순히 고통과 죽음에 이르게 하는 원인인 것만은 아니다. 이와는 달리 사회적 파장이 컸던 감염병은 저마다 역사가 독특하며, 이를 독특하게 만든 주요 변수 중 하나는 감염병이 환자에게 고통을 주는 특정 방식에 있다. 실제로 림프절 페스트의 특징은 그 증상이 일부러 공포를 극대화하려고 작정이라도 한 것처럼 몹시 고통스럽고, 밖으로 빤히 드러나며, 비인간적이고 불가항력적이라는 것이다.

감염된 벼룩에 물린 사람이 하루에서 일주일 정도 잠복기를 거친 다음 전형적인 증상을 보이기 시작하면 림프절 페스트의 첫 번째 단계가 시작된다. 벼룩 물린 자리에 검은 수포 또는 종기가 생기고, 그 주변으로 붉게 얽은 자국들이 생겨난다. 감염된 사람은 고열, 오한, 극심한 두통, 어지럼증, 구토, 타는 듯한 목마름을 느끼며, 이후 두 번째 단계가 시작된다. 말라리아를 전염시키는 모기와는 달리 벼룩은 박테리아를 직접 혈류로 주입하지 않고 대신 피부에 저장한다. 현재 알려진 바로는 막대 모양의 세균인 페스트균 열 마리만으로도 감염시키기에 충분하다. 그 이유는 페스트균의 은밀한 메커니즘 또는 '독성 인자'에 있는데, 쉽게 말해 페스트균이 인체 방어 메커니즘을 피할 수 있는 효소를 생산해내기 때문이다. *예르시니아 페스티스*는 빠르게 번식하면서 림프계를 침범한 다음, 물린 부위에서 가장 가까운 림프절로 내려가 림프절 부종이 나타나게 한다.

림프절 부종은 겨드랑이, 목, 사타구니의 림프절에 염증이 나며 부풀어 오르다가 단단한 멍울이 생기는 현상으로, 간혹 피부 밑에 오렌지만한 멍울이 생기기도 한다. 멍울은 감염된 벼룩의 흡혈 부위에 따라 다양하며, 한두 개 이상 나타나는 것도 흔하다. 림프절 부종은 이 병에 걸리면 거의 반드시 나타나는 전형적인 증상이기 때문에 이에 따라 병명도 '림프절' 페스트로 정해졌다.

림프절 부종은 환자들에게는 고통의 원천이다. 16세기 프랑스 외과 의사 앙브루아즈 파레Ambroise Paré는 부종이 고열을 동반하고 "바늘로 콕콕 찌르는 듯하고 후끈 타오르는 듯하며 참기 힘든 고통을 유발한다"라고 설명했다.[2] 디포는 그의 저서 《전염병 연대기》에서 림프절 부종으로 인한 고통은 너무 극렬해서 런던의 일부 환자들은 고통에서 벗어나고자 템스강으로 뛰어들었다고 기술했다. 디포의 관찰은 파리 환자들도 벌거벗은 채로 창문에서 투신했다고 기록한 파레의 목격담에서도 확인된다. 현대 의사의 보다 절제된 용어를 빌리자면, 화농성 염증을 동반한 부종은 '예리한 압통exquisitely tender'이 특징이었다.[3] 또한 몸과 고름,

오줌, 땀, 입김 등 신체의 모든 분비물에서 풍기는 악취가 너무 심해서 마치 죽기도 전부터 몸이 썩고 있는 것 같았다. 페스트가 유행하던 시기 페스트 격리 병원 간병인들이 전하는 일화에 따르면, 환자들의 몸에서 나는 악취가 일하던 중 가장 힘들었던 부분이라고 했다. 사학자 제인 스티븐스 크로셔Jane Stevens Crawshaw는 안테로 마리아Antero Maria 신부가 1575년에 제노바의 라자레토에서 봉사했던 때의 경험담을 이렇게 요약한다.

> *라자레토* 안의 환자들은 말도 못 하게 냄새가 고약했다. 어찌나 끔찍한지 환자 한 명이 병실 전체를 못 쓰게 할 정도였다. 그는 *라자레토* 내의 사람들이 저마다 냄새 때문에 다른 무리들로부터 모두 도망쳤다고 기록했고, 자신도 병실에 들어가기 전에 몇 번이나 망설였다고 털어놓았다. 감염될까 두려워서가 아니라 썩은 냄새가 너무 진동해서라고 그는 말했다. 환자가 토하기라도 하면 상황은 더 나빠졌다. 너무 역겨워서 속이 다 뒤틀렸다고 한다. 그는 그 상황이 *라자레토*에서 있었던 상황 중 가장 힘들었던 부분이라고, 너무도 끔찍해서 말로 다 형언할 수 없다고 기록했다.[4]

한편, 아직까지도 박테리아의 세계에서 가장 무시무시한 병원균인 *페스트균*은 여전히 기하급수적으로 급증해 두 시간마다 배로 늘어난다.[5] 사람을 무는 벼룩 한 마리가 감염되려면 혈액 1ml당 1,000만에서 1억 마리의 페스트균 정도의 세균혈증 수준이 되어야 하기 때문에 진화론적 측면에서 그 정도의 증가세를 선택하는 게 분명하다. 벼룩이 매개체가 된 이상 페스트균의 전이와 생존에는 강한 독성이 필수적이다. 그렇기 때문에 계속 복제하는 박테리아는 체내 면역 반응을 이끌어내는 수지상세포, 대식세포, 호중구 같은 세포를 우선 표적으로 삼아 파괴해 신체 방어 체계를 빠르게 장악하려 한다. 미국 지질조사국US Geological Survey의 2012년 보고서에는 다음과 같은 내용이 담겨있다.

> 예르시니아 페스티스는 뾰족한 부속물을 사용해 숙주의 백혈구 세포를 표적으로 삼고 …… 숙주의 백혈구 세포에 직접 …… 단백질을 주입한다. 이러한 단백질은 숙주의 면역 기능을 파괴하고, 숙주가 박테리아 증식 억제 및 예방을 위해 염증 반응을 일으키는 것을 미연에 차단하는 역할을 한다. …… 또한 페스트균은 숙주에 다른 단백질을 주입할 수도 있다. …… 숙주가 면역 세포단 형성을 자극해 박테리아 주변을 감싸고 박테리아 성장을 막는 데 쓰일 단백질 두 개를 생산하지 못하도록 막기 위해서다. 페스트의 경우, 숙주세포는 조직 손상이 제대로 통제되고 있다는 거짓 메시지를 받는데, 사실은 그때 페스트균이 급속히 내장 기관, 특히 간과 비장을 점령해 기능의 손실을 야기한다.[6]

증식한 페스트균이 림프계를 무사히 통과해 혈류로 진입하면서 패혈증을 일으키는 페스트 3단계로 들어선다. 혈액과 접촉한 페스트균은 강력한 독소를 배출하며, 이 독소는 대개 숙주를 사망에 이르게 하는 원인 물질이 된다. 독소가 조직을 공격하고, 혈관이 터져 출혈이 시작되면, 이른바 페스트의 징표라는 보라색 피하 반점이 생긴다. 많은 사람이 그 반점을 분노한 신의 '징표'라고 생각했기에 '페스트의 징표'라는 이름이 생겨났다.

계통 감염으로 심장, 간, 비장, 신장, 폐, 중추신경계 조직들이 퇴화되며 다발성 장기부전이 시작된다. 이 시점에서 환자들은 눈이 심하게 충혈되고, 혀는 검게 변하며, 얼굴은 안면 근육 부조화로 수척하고 창백해진다. 환자들은 전반적인 탈진, 심한 오한, 호흡 곤란, 39~40℃를 오르내리다 간혹 42℃까지 올라가는 고열에 시달린다. 이와 더불어 뇌 손상도 진행되어 말이 어눌하고, 팔다리가 떨리며, 걸음이 휘청거리고, 발작을 하며, 심리적 불안에 시달리다 환각, 혼수상태, 죽음에 이른다. 임산부는 특히 취약해 십중팔구는 유산과 과다출혈로 사망에 이른다. 때로 사지에 괴저 증상도 나타난다. 코나 손가락, 발가락의 괴사가 '흑사병', '검은 페스트'라는 용어의 근원이 되었을 성싶다.

1347년 메시나에서 흑사병이 처음 유럽에 유행하던 시기 프란체스코 수도회의 피아차의 미카엘Michael of Piazza은 환자의 고통을 생생하게 묘사했다.

> '화상 물집'이 나타났다. 종기가 생식기, 허벅지, 팔, 목 등 몸 여기저기에 생기기 시작했다. 처음에는 크기가 도토리만 했다. 환자는 소름 끼친 듯 몸을 부르르 떨더니 곧 힘이 빠져서 똑바로 서지도 못하고, 몸은 불덩이 같고 탈진해서 옴짝달싹 못 하고 침대에 누워 있을 수밖에 없었다. 이내 종기는 호두 크기만큼 자랐다가 금세 달걀, 아니 거위알만 하게 자꾸 커졌고, 얼마나 쿡쿡 쑤시고 아픈지 괴로워서 물집을 터뜨려 피를 뽑아낼 정도였다. 감염된 폐 깊숙한 곳에서 목구멍까지 피가 솟구쳐 나왔고, 전신이 썩어 문드러졌다. 3일이나 지속된 병에 가까스로 4일을 넘기나 싶더니 결국 굴하고 말았다.[7]

페스트가 출현하던 동안에는 어떤 사람이든 두통과 오한 증상이 나타났다 하면 바로 치명적인 결과를 맞게 될 것으로 예상되었다. 역경에서 겨우 회복한 소수의 환자들은 더디게 회복했고, 한동안 혹은 죽을 때까지 후유증을 앓았다. 이러한 후유증으로는 청각 장애, 시력 손상, 팔다리에서 나타나는 근육 마비, 후두 마비로 인한 언어 장애, 기억 상실 등이 있었다. 그렇게 힘든 고통 이후에는 심리적 트라우마도 지속되었다. 페스트를 겪었다고 해서 면역이 생기는 것도 아니라서 올해 페스트에서 살아남은 자가 다음 해에 다시 페스트에 감염되어 죽을 수도 있었다. 갑작스러운 발병, 전격적인 진행 과정, 끔찍한 증상이 연속되다 대개 죽음에 이르기에 '페스트'라는 단어는 재앙이자 상상할 수 있는 최악의 재난의 동의어나 다름없었다. 이슬람 세계에서 페스트는 '전멸'로 널리 통했다.

페스트의 종류

림프절 페스트

림프절 페스트는 림프계의 감염으로 발생하고, 주로 벼룩에 물려 전파되며, 동반 증상은 앞에서 이미 상세히 다루었다. 또한 페스트 종류 중에서 가장 흔하며, 역사적인 세 차례의 페스트 팬데믹 시에도 가장 큰 영향을 미쳤다. 그러나 림프절 페스트는 패혈증 페스트, 폐페스트라는 두 가지 다른 종류의 페스트에서도 발생할 수 있다. 이들은 구별되는 세 종류의 질병이 아니라 단순히 증상에 따라 하나의 페스트를 셋으로 구분해놓은 것뿐이며, 이 셋 모두 원인은 *페스트균*이다.

패혈증 페스트

1차성 패혈증 페스트는 페스트의 세 유형 중에서 진행 속도는 아주 빠른데 발병률은 가장 낮은 유형이다. 1차성 패혈증 페스트도 림프절 페스트처럼 벼룩에게 물려 감염되지만, 림프절 페스트와는 다르게 림프절 염증이나 부종이라는 사전 증상 없이 *예르시니아 페스티스*가 곧바로 혈류를 감염시키면서 시작된다. 페스트균은 즉시 전파되며, 순식간에 목숨을 빼앗는 등 치명타를 가한다. 패혈증 페스트는 증상이 나타나기도 전에 환자가 몇 시간 만에 사망할 정도로 진행이 빠른 경우도 있다. 그러나 장기부전, 심한 구역질, 열, 복통 등의 증상을 보이다 몇 시간 후 사망하는 경우가 더 흔하다. 패혈증 페스트의 사례치명률은 100%에 육박한다.

1차성보다 더 흔한 2차성 패혈증 페스트는 림프절 페스트가 항생제로 적절히 치료되지 않았을 때 일반적으로 거치는 단계일 뿐이다. 이미 페스트의 전형적인 증상들을 일으킨 페스트균이 이 단계에 접어들면 림프계를 벗어나 혈류로 들어간다. 그런 다음 혈류 속에서 증식과 확산을 거듭하고 무자비하게 죽음으로 이끄는 독성 물질을 발산하기 시작한다.

폐페스트

폐페스트는 림프계나 혈액이 아닌 폐에 심각한 감염을 일으키므로 역사적으로 '악성 폐렴'으로 불리기도 했다. 예르시니아 페스티스가 림프계에서 호흡계로 확산되는 게 원인일 수도 있어서 이럴 경우에는 '2차성 폐페스트'라고도 한다. 이보다 역사적으로 더 중요한 폐페스트는 호흡계 감염이 시작된 환자의 기침이나 콧물에서 떨어져 나온 비말을 흡입하는 과정에서 인간에서 인간으로 직접 전파될 수 있는 '1차성 폐페스트'다.

감염 위치가 폐이기 때문에, 폐페스트에 동반된 증상은 림프절 페스트나 패혈증 페스트의 증상과는 상당히 다르다. 페스트균의 침입구가 폐라는 점이 폐페스트의 증상에, 그리고 무엇보다 그 치명률과 전신으로 퍼지기까지의 시간 경과에 상당한 영향을 끼쳤다. 이러한 차이가 나타난 이유 중 하나는 감염이 일어나기 직전에 비교해본 벼룩 내장의 온도와 사람의 체온이 다르다는 데 있다. 림프절 매개 벼룩에서 인간으로의 전파에서 예르시니아 페스티스는 벼룩 내장의 온도인 26℃에서 성장하지만, 폐렴 환자인 인간에서 인간으로의 전파인 경우에는 페스트균이 37℃에서 성장한다. 최근의 연구 결과에 따르면, 분자 수준에서는 보다 높은 온도에서 성장한 박테리아가 독성을 나타내는 유전자를 활성화한다. 이 유전자가 포식세포(백혈구)를 파괴하는 항원을 만들고, 병원균이 대식세포라는 대형 백혈구의 수용기 탐지를 피할 수 있게 하는 화학 반응을 일으킨다. 그 결과, 폐포(폐 속 작은 구멍으로, 이곳 혈류에서 산소와 이산화탄소의 교환이 이루어짐)에서 "폐의 면역 억제 환경"이 조성되어 "박테리아가 급증"한다.[8]

이런 방식으로 감염된 폐페스트 환자는 급성 폐렴과 유사한 증상을 앓는다. 폐포 파괴, 부종, 출혈을 동반한 환자는 중증 호흡 곤란, 열, 흉통, 기침, 메스꺼움, 두통, 거품과 피가 섞인 가래 등의 증상을 나타낸다. 또한 폐페스트는 일반적으로 감염 후 72시간 내에 치명적인 상태로 발전하는 경우가 많다.

1차성 폐페스트의 전파 방식을 둘러싼 역사적으로 중요한 귀결점은 폐페스트가 쥐나 벼룩을 통해 전파되는 것은 아니라는 점이다. 여기에 그레이엄 트위그Graham Twigg와 새뮤얼 K. 콘Samuel K. Cohn 등 '페스트를 부인하는 자들(Plague Deniers, 흑사병이 근대 림프절 페스트보다 더 악성이라고 주장하던 학계 사람들_옮긴이)'이라는 흐름을 낳은 역학적 수수께끼에 대한 해답이 있다. 이들은 2차 팬데믹을 일으킨 감염병이 페스트가 아니라, 탄저병이거나, 탄저병과 어떤 불특정 동반 질환이 합쳐져 발생한 것이라고 주장한다. 그들은 이렇게 묻는다. 페스트가 원인이라면, 쥐가 갑자기 떼 지어 죽은 사건이 페스트 문학이나 회화, 흑사병 연대기에 왜 더 자주 등장하지 않았는가? 서서히 진행되는 쥐 떼의 움직임에 좌우되는 질병이 어떻게 순식간에 유럽 대륙 전체를 휩쓸 수 있었는가? 벼룩이 활동하지 않는 혹독한 겨울철에 어떻게 모스크바나 아이슬란드에서 림프절 페스트가 갑자기 발생할 수 있었는가? 3차 페스트 팬데믹의 원인과 독성의 주요 특징들이 2차 팬데믹을 지켜본 당대의 목격자들이 묘사한 특징들과 왜 그렇게 달랐는가?

이런 정황에서 아이슬란드는 특히 뭔가 이해할 수 없는 사례인 듯하다. 아이슬란드는 유럽에서 거리도 멀고 섬이라는 고립성 때문에 약간 뒤늦은 1402~1404년에 처음으로 흑사병 유행에 휘말렸고, 당시 인구의 절반가량이 목숨을 잃었다. 그러나 섬 특유의 풍토와 무관하게 발생한 페스트로 인해 벌써부터 야기되었던 혼란을 더욱 부채질하는 난제가 하나 등장한다. 중세 후기에 아이슬란드에 분포하는 동물상을 보면 쥐 개체 수가 부족하다는 게 한 가지 특징이었다. 쥐와 동양쥐벼룩으로 전파되는 질병이 두 매개체가 존재하지 않는 상황에서 어떻게 그렇게 광범위하게 순식간에 퍼질 수 있었을까?

고고학 현장에서 인골을 체계적으로 발굴해 과학적으로 연구하는 뼈 고고학 연구자들이 북유럽 전역에서의 페스트 존재와 관련해 결정적인 연구 결과를 발표했고, 유전 연구 또한 미해결 문제 대부분에 대해 부분적이나마 해답을 내놓았다. 페스트로 사망한 시신들의 매장지에서 발굴한 사체에서 뼈와 치아 속질을 조사해본 결과, *에르시니아 페스티스*의 존재가 반박의 여지 없이 규명되었다. 얼마 전 한 연구원은 간단히 이렇게 말했다. "결국 페스트는 페스트다."[9] 이번 연구 결과는 또 다른 감염병 병원균이 있을 가능성도 배제하지 않았지만, 림프절 페스트가 하나의 요인으로 작용했음을 확실하게 뒷받침하는 증거를 제시하고 있다. 아울러 지금까지 탄저병이나 그 밖의 다른 감염병 병원균의 DNA

가 페스트로 사망한 시신의 매장지에서 검출된 적은 없다.

게다가 유전체 연구를 통해서도 페스트가 중세에 발생했던 2차 팬데믹의 거의 확실한 원인이라고 생각한 사람들이 직면한 상당수 난제들을 해결하는 메커니즘이 확인되었다. 이제는 *예르시니아 페스티스*에 서로 다른 종이 존재하고, 이들 종은 종마다 성향이 달라서 림프절 페스트를 일으키기도 하고 폐페스트를 일으키기도 하며, 흑사병의 원인이 되는 종은 때에 따라서는 폐페스트를 유발하기 때문에 독성이 매우 강하다는 사실이 밝혀졌다.

이들 자료가 흑사병을 재조명하는 계기가 되었다. 비말로 인한 인간 대 인간 전파는 육지와 바다 저편 머나먼 곳에서 비교적 서서히 움직이는 쥐보다 페스트의 확산을 한층 가속화했다. 폐페스트가 림프절 페스트보다 겨울철에 더 쉽게 전파된 것도 벼룩의 활동성보다는 오히려 추운 날씨에 실내에서 기침과 재채기가 튈 정도로 가깝게 모여 있는 인간의 행동 때문이다. 그러므로 북유럽과 동유럽의 겨울철에도 페스트가 성행하곤 했던 것이다.

더불어 비말만이 쥐라는 매개 없이 인간에서 인간으로의 직접적인 전파를 일으키는 유일한 매개체는 아니었다. 사람 몸에 기생하는 *사람벼룩*도 *쥐벼룩* 못지않게 중요한 역할을 했다. 1665~1666년 페스트를 겪은 영국 아인섬의 더비셔 마을이라는 작지만 유명한 사례를 조사한 결과, 쥐벼룩보다는 사람벼룩으로 인한 인간 대 인간 전파가 훨씬 만연했다는 사실이 드러났다. 2차 팬데믹 기간 전반에 걸쳐 발생한 인간 대 인간의 직접적인 전파는 페스트의 급속한 확산을 설명하는 데 도움이 되는데, 그것은 쥐벼룩을 통한 전파 속도를 훌쩍 뛰어넘는 것이었다.

흑사병이 해외에서 갑자기 침입해 들어온 낯선 감염병으로 유럽에 등장했기 때문에 당시 사람들은 흑사병에 대한 면역이 전혀 없었다. 유전자 연구 결과, 유스티니아누스 페스트도 *예르시니아 페스티스*에 의해 발병하기는 했지만, 이 페스트균은 2차와 3차 팬데믹을 일으킨 종들과는 유전적으로 거리가 먼 종이라는 게 밝혀졌다. 그러니 어떤 페스트에 걸렸다고 다른 페스트에 걸리지 말라는 법은 거의 없는 것이다. 결국 흑사병은 남북미에서 발생한 천연두와 유사한 '처녀지 감염병(과거에 노출된 적이 없어서 걸리면 면역 면에서 무방비 상태가 되어 위험을 초래하는 감염병_옮긴이)'으로 확산되었던 것 같은데, 이 또한 흑사병의 이례적인 독성과 급속한 전파를 설명하는 데 도움이 되는 요인이다. 덧붙여, 폐 질환은 공기 방울을 통해 전파되기 때문에 당시 예술이나 문학, 연대기 등에 인간 감염 이전에 일어나는 설치류의 떼죽음에 관한 자료가 부족했던 것이다.

한편, 3차 팬데믹 기간에 폐페스트보다는 오히려 림프절 페스트가 뚜렷한 강세를 나타낸 것을 보면 3차와 2차 팬데믹을 구분 짓는 몇 가지 특징이 있음을 알 수 있다. 즉 3차 팬데믹 때에는 누구나 죽어가는 쥐 떼를 목격했기에 쥐 떼에 대한 지속적인 언급이 있었다는 점이 2차 흑사병 때와 뚜렷하게 대조되었고, 느리면서도 변칙적으로 진행되고, 피해 지역에서 수년간 머무르며, 따뜻한 기후와 온화한 계절을 특히 선호하는 등의 특징이 있었다. 추가 연구와 더 확실한 규명 작업이 아직 끝나지 않았지만, 현재까지의 증거를 살펴보면, 지금까지 발생한 세 차례의 팬데믹 모두 *예르시니아 페스티스*에서 기인했다고 보는 종래의 주장이 맞는 것으로 추정된다. 단, 예르시니아 페스티스에도 여러 종이 있다는 것을 고려하고 림프절과 폐페스트 간의 균형을 적절히 감안하는 조건이라면 말이다.

폐페스트의 독특한 특징들을 보면 생물 테러리스트와 세균전 연구소들이 왜 이 질병에 관심을 갖는지 명확해진다. 폐페스트는 전파도 빠르고, 연무제煙霧劑로 쉽게 변하며, 치명률도 100%에 가깝다. 더욱이, 진단 받고 치료받을 생각을 뒤늦게 하게 만드는 가벼운 감기 같은 증상으로 시작하기도 하고, 72시간 내에 인체 안에서 끝장을 보는 경우도 많다. 따라서 치료 전략을 전개할 기회는 지극히 짧다. 이런 상황이 최근에 항생제 내성을 지닌 *예르시니아 페스티스* 종의 등장으로 더욱더 위태로워졌다. 이런 특징들을 고려해 미국 질병통제예방센터에서는 *예르시니아 페스티스*를 생물전 무기나 바이오테러로 사용할 가능성이 큰 병원균을 일컫는 '1급 생물작용제'로 분류했다.

결론 : 갑작스레 맞이하는 죽음에 대한 두려움

사실상 페스트 환자들은 치료를 전혀 받지 못한 경우가 많았다. 특히 흑사병이 유행하던 초기에는 인간 사회라는 게 어떤 미지의 '신종 질환'이 발생하더라도 무방비한 상태였다. 휘몰아치는 질병과 죽음에 맞설 만한 행정·종교·의료 시설이 마련되어 있지 않았다. 의사와 간병인들은 그러한 신종 질환의 공격을 이해하거나 치료할 능력도, 자신들을 집어삼킬 참사에 대응할 인원도 거의 없다는 점을 알고 있었다. 의료직에 종사한다는 점 때문에 그들 역시 무차별적으로 위험에 노출되어 감염병 발생기에 목숨을 잃은 경우가 허다했다.

더군다나 대개의 일반인들처럼 공포에 사로잡힌 의사들 상당수도 페스트가 덮친 도시에서 환자의 친척이나 친구들과 함께 대탈출 행렬에 끼어들었다. 진정 페스트 감염병의 무시무시한 공포 중 하나가 바로 사람들을 끈끈하게 묶고 있던 연대 의식을 무너뜨리는 것이었다. 따라서 환자들이 방치되어 고통과 죽음을 홀로 맞닥뜨리는 경우가 잦았다. 가장 유명하면서도 어쩌면 가장 참혹한 페스트 목격담은 바로 1348년 피렌체에서 겪은 일화를 바탕으로 한《데카메론》에 실린 보카치오의 진술이다.

> 이야기하기도 지루했다. 시민이 어떻게 시민을 피했는지, 이웃 간에 서로에 대한 동류의식을 보여주는 그 어떤 것도 얼마나 찾기 힘들었는지, 친척들이 얼마나 냉담하게 굴었는지, 결코 만나지도 않았고, 아니 만난다 해도 얼마나 드물게 만났는지. 이 화끈거리는 질병이 남녀의 마음속에 너무도 깊이 잠입해, 공포에 떨며 형제가 형제를, 삼촌이 조카를, 누이가 남동생을, 때로는 아내가 남편을 버렸다. 아니, 뿐만 아니라, 믿기 힘들지만, 아버지와 어머니가 그들의 자녀를 버렸고, 보살피지도 않고, 찾아보지도 않고, 운명에 맡겼다. 마치 자녀가 낯모를 사람이나 된 것처럼. 그러므로 수를 헤아리기도 힘든 남녀 병자들은 아무 방책도 없이 친구(친구도 거의 없다)의 자선이나, 높은 임금을 받아본 적도 없이 부적절한 조건으로 일하던 하인의 관심을 받을 뿐이다.[10]

사람들이 페스트에서 느낀 두려움에는 중세에 마련된 죽음을 대하는 기본 틀이 무너졌음을 실감했다는 측면이 있었다. 사학자 필리프 아리에스Philippe Ariès는 유럽 전역에서 죽음에 대처하는 데 도움이 되는 신앙, 관습, 의식이 줄줄이 마련된 상황이었다고 설명했다. 이러한 전략들 덕분에 사람들은 상실을 극복하고, 가족이나 공동체 일원의 죽음에서 오는 가족 혹은 공동체의 슬픔을 치유했고, 비통을 표현하고, 죽은 자에게 마지막 경의를 표했다. 이들 관습이 하나로 통합되어 '죽는 기술ars moriendi'이 되었고, 이러한 기술은 하나같이 기독교 교리에 따라 제대로 죽는 방법을 설명해놓은 회화와 판화, 설교, 서적에 자세한 설명으로 성

문화되어 있었다. 그런 유형의 작품 〈메멘토 모리A Memento Mori〉는 누가 최후의 순간에 참석해야 하는지에 대한 설명이자 목사가 주관하는 병자성사의 묘사이며, 염하기, 경야(장사 지내기 전에 관 옆에서 가까운 친척이나 친구들이 밤샘을 하는 것_옮긴이), 행렬, 장례 의식, 매장식, 축성祝聖된 대지에 매장하기, 남은 친구와 친척들을 위한 장례 음식 등 제대로 된 장례식을 치르라는 명이었다. 이 모든 의식의 목적은 공동체에서 연대와 인간의 존엄의 가치를 표현하도록 하는 데 있었다.

'죽는 기술'이라는 주제를 다룬 가장 유명한 작가는 금욕주의가 팽배하던 17세기의 영국 성공회 주교 제레미 테일러Jeremy Taylor였다. 그의 주요 저서로는 《성생론The Rule and Exercises of Holy Living》(1650), 《성사론 The Rule and Exercises of Holy Dying》(1651)이 있었다. 영국과 미국 두 나라에서 두루 읽힌 이 두 책은 신앙인들에게 이승에서의 삶이란 불안전하고 궁극적으로는 하잘것없으므로, 신앙인이라면 무엇보다 영생을 준비하며 살아야 한다는 점을 잊지 않도록 하는 게 목적이었다. 속세에서 삶을 순조롭게 마치고 신의 은총을 받은 영혼이 되어 심판의 날을 맞을 준비를 하고 죽음을 맞는 게 지극히 중요하다는 것이었다. 테일러의 책들은 물질적이며 정신적인 목표, 이 두 가지를 성취하는 방법에 대한 지침서였다. 두 목표는 하나가 되어 신도들이 죽음에 맞설 준비가 제대로 되었음을 알고 자신 있게 죽음을 마주하도록 (아리에스의 표현을 빌리면) '죽음을 길들일' 방법을 가리켰다.

림프절 페스트를 특히 두려워했던 것은 공동체에 '죽는 기술'과 정반대되는 것을 제시하고, 개개인으로부터 '죽음을 길들일' 기회를 앗아갔기 때문이다. 림프절 페스트로 신도들은 갑작스러운 죽음mors repentina에 직면하게 되었고, 갑작스러운 죽음의 희생자들은 이승에서 미처 유언장도 쓰지 못한 데다 저승에 가면 지옥으로 떨어질지도 모르는 죄를 짓고 고백성사를 못한 영혼으로 죽음을 맞을 수 있었다. 페스트에 걸리면 순식간에 죽음을 당했다. 사람들은 목사의 보살핌도 받지 못한 채 홀로 죽었다. 장례도 못 치르고 매장도 제대로 되지 못하는 경우가 허다했다.

그러므로 페스트에 걸려 갑작스레 맞이하는 죽음에 대한 두려움은 드루 길핀 파우스트Drew Gilpin Faust의 책《고통의 공화국: 죽음과 미국의 남북전쟁 *The Republic of Suffering: Death and the American Civil War*》(2008)에서 묘사하는 공포와 유사하다. 파우스트는 이야기의 중심에 돌연사의 공포를 위치시킨다. 전쟁을 치르는 양측 군인들 사이에 만연해 있던 것이 갑작스러운 죽음이었기 때문이다. 두려움은 그들이 고향의 사랑하는 연인과 친구들에게 보낸 편지 속에 반복적으로 등장한다. 이런 점에서 보면 림프절 페스트는 전면전과 양상이 비슷한데, 전쟁이나 림프절 페스트를 겪게 되면 죽음이 "도둑같이"(요한계시록 3장 3절) 다가올 가능성이 무한정 커지기 때문이다.

신약성서 요한계시록은 분노의 날, 대환난, 페스트와 고통과 같은 종말을 생생하게 이야기한다. 페스트가 발생한 몇 세기 동안 시각 예술은 요한계시록의 묘사처럼 '고삐 풀린 죽음'을 도상의 중심으로 삼았다. 수많은 화가들이 '죽음의 승리'를 종말을 알리는 요한계시록의 네 기사가 등장하는 페스트 팬데믹의 모습으로 그려냈다. 이런 끔찍한 장르를 말할 때 플랑드르 미술의 거장 피터르 브뤼헐 1세Pieter Bruegel the Elder의 회화 작품 〈죽음의 승리 The Triumph of Death〉(1562~1563)보다 훌륭한 사례는 아마 없을 것이다. 그림의 전면에는 거대한 우차를 직접 몰며 커다란 낫을 휘둘러 자신의 암울한 수확을 거두어들이고 있는 죽음이 있다. 그의 앞에는 죽음의 사자가 트럼펫을 불며 출발을 알리고, 사람들은 사방에서 죽어가고 무덤은 벌어지며 품고 있던 해골을 쏟아낸다.

페스트 도상의 또 다른 주요 특징은 이승의 삶은 덧없고 보잘것없다는 개념을 상징적으로 담아낸 '삶의 무상'이란 의미의 '바니타스vanitas' 다.(그림 4-2) 바니타스의 주제는 1차 흑사병 팬데믹이 휩쓸고 간 후 주류로 떠올랐다가 계몽주의의 도래와 2차 팬데믹의 종식과 함께 18세기에 사라졌다. 삶의 덧없음에 대한 전통적인 기독교관은 전도서(1장 2~4절)에 이렇게 표현되어 있었다. "전도자가 이르되 헛되고 헛되며 헛되고 헛되니 모든 것이 헛되도다. 해 아래에서 수고하는 모든 수고가 사람에게 무엇이 유익한가. 한 세대는 가고 한 세대는 오되 땅은 영원히 있도다." 그런 의미를 담은 회화들은 금, 악기, 학술서, 지구본, 우아한 의상 등 야망에 찬 인간의 오만함을 상징하는 속세의 물건을 내보인다. 이들 물건은 두개골, 방금 꺼진 촛불, 시간의 경과를 알리는 모래시계, 대퇴골 두 개를 교차시킨 도형, 해골, 부삽 등 인간의 성취는 지극히 미미하고 인생은 짧다는 진리를 내포하고 있는 놀라운 상징들과 나란히 진열되었다. 독일 화가 루카스 푸르테나겔Lukas Furtenagel도 그런 주제를 나타내는 하나의 예로 중년 부부의 얼굴이 손거울에 해골로 비친 모습을 보여준다.(그림 4-3)

그림 4-2 하르멘 스텐비크(Harmen Steenwijck)의 〈바니타스 정물(Vanitas Stilleven)〉(1640년경). 덧없는 삶과 피할 수 없는 죽음을 상징적으로 묘사했다. 바니타스는 흑사병 시대의 대중 화풍이었다.(네덜란드 레이던의 라켄할 시립박물관)

페스트 시대에 맞춰 나타난 또 다른 예술적 모티브는 '죽음의 춤danse macabre'이었다. 여기에 해당하는 예술 작품들은 죽음을 나이와 계급과 성별에 상관없이 즐거운 무도회에 참여하도록 사람들을 소환하는 해골로 그려낸다. 때때로 죽음은 거대한 낫과 화살 또는 다트로 무장한 채 악기를 연주하며 무도회를 이끌기도 한다. 교회는 곧잘 그와 같은 공연이 벌어지는 현장이 되어, 세속적 삶의 연약함을 상징하던 곳이 연극 무대로 바뀌기도 했다. 좀 더 최근의 예를 들면, 베리만의 페스트 영화 〈제7의 봉인〉은 죽음이 다 같이 즐겁게 춤추도록 주인공들을 소환하는 장면을 연출하며 대단원에 다다른다.

지금까지 페스트의 문화적·물리적 영향이 페스트에 시달린 사람들에게 미치는 영향을 살펴보았다. 그런데 교회와 국가는 페스트라는 재앙을 잠재우기 위해 어떤 노력을 기울였을까? 행정적으로는 어떤 전략을 전개했고, 의학적으로는 어떤 치료법을 활용했을까? 이제 페스트라는 비상사태에 대한 사회의 집단 반응을 살펴보기로 한다.

|제5장| 페스트에 대한 반응

예르시니아 페스티스 창궐에 대한 최초의 집단 반응은 즉흥적이고 무질서했다. 그러나 어쨌든 최초의 공중보건 방역 전략이 시행되었고, 이어 1743년에 이탈리아 메시나에서 2차 팬데믹이 최후의 발악을 한 이후 림프절 페스트가 서구 사회에서 자취를 감추면서 하나의 인간 질병에 대해 첫 승리를 거두게 되었다. 그렇다면 이제는 페스트 자체의 영향은 물론 방역 대책이 남긴 유산도 살펴봐야 할 차례다. 당국의 방역 정책으로 페스트를 어느 정도까지 이겨낼 수 있었을까?

서유럽의 관점에서 보면 상당히 극적으로 이루어졌던 페스트 정복이 사실상 불완전하며 국지적인 측면이 있었다는 점을 기억해야 한다. 페스트 정복은 페스트를 완전히 멸종시킨 것은 아니었기 때문에 미완이었다. 페스트균의 동물병원소가 남극을 제외한 모든 대륙에 아직 남아있는 데다 재발생의 위험도 상존했다. 더욱이 설치류에서 인간으로 전파되는 *예르시니아 페스티스*의 종간 이동이 세계적으로 꾸준히 발생하는 가운데 가끔은 대규모 발병 사태를 빚으며 매년 조금씩 환자가 발생했다. 마지막으로, 생물테러라는 식으로 인간 스스로 만들어낸 페스트 감염 위험이 상존하고 있다. 이러한 생물테러는 일본 침략군의 손을 통해 중국에서 발생했고, 중국과 일본 모두 냉전 시기에 페스트를 무기화할 수 있는 역량을 갖추고 있었다. 림프절 페스트의 위협은 여전히 존재한다.

즉각적인 반응

탈주와 정화

페스트 발생에 대한 공동체 반응이라는 면에서 가장 빠른, 그리고 가장 보편적인 반응은 달아나는 것이었다. 1665년에서 1666년까지 런던에서 페스트가 발생하는 동안 공포에 사로잡힌 사람들이 필사적으로 런던을 탈출했다. 대니얼 디포는 《전염병 연대기》(1722)에서 런던을 휩쓴 공포를 묘사한다.

> 이때는 모든 사람의 개인적 안위가 그것들과 너무 가까이 놓여있어서 다른 사람의 고통에 연민을 느낄 여유가 없던 시기였다. 모든 사람에게 죽음이 있었고, 이를테면 그의 문 앞에도, 그리고 가족 내에서도 죽음이 허다한데, 무엇을 해야 할지, 아니 어디로 도망쳐야 할지 몰랐기 때문이다.
>
> 이것이, 그러니까, 동정심을 몽땅 앗아갔다. 그야말로 자기보존이 여기서는 제1의 법칙인 듯했다. 아이들은 극도의 고통을 겪는 부모로부터 달아났다. 어떤 곳에서는 …… 부모가 자녀로부터 달아났다. ……
>
> 사실 전혀 놀라운 일도 아니다. 우리 자신에게 임박한 죽음이란 위험이 사랑으로 맺어진 모든 유대감, 서로에 대한 모든 관심을 앗아갔다.[1]

1656년에 유럽에서 일어난 주요 페스트 참사 중 하나를 겪었던 나폴리를 보면 사람들이 도시에서 달아날 수밖에 없었던 이유를 알 수 있다. 17세기 최대의 도시이자 인구 밀도도 최고였던 나폴리는 지중해 무역에서의 주도적 위치와 사람들이 바글바글한 비위생적인 빈민가 때문에 특히 페스트에 취약했다. 페스트가 발생해 최악의 참사가 빚어졌던 1656년에는 50만 나폴리 인구의 절반가량이 목숨을 잃었다. 덧문을 내린 상점과 실업과 굶주림 속에서 일상의 모든 활동이 멈추었다. 페스트에 관한 유명한 표현대로 사자들을 매장할 극소수만 살아남았다. 실내에도 공공장소에도 시신이 버려졌다. 결국 수만 구의 시체가 불태워졌고, 어떤 의례도 없이 바다에 버려지는 시신은 그보다 수천은 더 많았다고 한다.

이런 상황에서 이탈리아 최대의 항구 나폴리는 썩어가는 냄새로 진동했고, 개와 독수리, 까마귀 떼가 몰려와 죽은 자들을 쏘아댔다. 도시는 질병에 더해 법과 질서가 무너지고 모든 공공 서비스가 마비되었다. 도둑이 난무하며 죽은 사람들의 집을 약탈했고, 무시무시한 짐을 실은 죽음의 수레는 침울하게 거리를 빠져나갔다. 점성술사들은 천문의 조언과 예언을 퍼뜨렸고, 사기꾼들은 엉터리 약을 팔러 다녔으며, 치료사란 치료사는 모두 자신의 기술을 펼칠 때마다 터무니없는 금액을 청구했다. 사람들은 세상의 종말이 코앞에 다가왔음을 믿을 도리밖에 없었다.

감염병에 대한 이해가 오히려 달아날 결심을 부추겼다. 실제로 히포크라테스와 갈레노스의 체액주의도 당대 의사들의 조언에 한층 군건해져 탈주를 부추겼다. 고전 의학 사상은 공기 오염으로 체액의 균형이 크게 깨져 감염병이 돈 것이라고 설명했다. 유기물이 썩으며 나는 악취가 땅에서 피어오르다가 특정 지역의 공기를 오염시킨다는 것이다. 질병이 특정 장소와 밀접하게 연관되어 있어서 그것으로 인한 독성이나 역병을 모두 피하려면 달아나는 게 상책이었다.

사람들의 반응을 보면 그들이 자신들과 질병과의 접촉을 어떻게 해석했는지, 아니 좀 더 최근 말로 하자면 그들이 자신들의 경험을 어떻게 '사회화했는지' 드러났다. 질병이 환경 오염의 일환이라면 탈주 말고도 좋은 방법이 있었다. 오염 요인을 찾아내는 것도 하나의 방법이었다. 질병이 독기 때문이라고 주장하는 의철학자들은 우선 초기 근대 도시를 휘감고 있던 악취를 의심했다. 사람들은 분뇨를 창문이나 문 밖으로 집어 던졌고, 도살업자는 도살된 동물들의 내장을 길거리로 쏟아버렸으며, 가죽 세공업 등의 제조업 분야에서는 유독 제품을 생산했다. 논리적인 대응 방안은 도시 청소였고, 각지의 관계 당국은 악취를 없애기 위한 위생 조치를 곧잘 시행했다. 쓰레기를 수거하고 특정 작업장이나 사업장을 폐쇄했으며, 거리를 쓸고 도살 작업을 중단시켰고, 시체는 즉각 매장하도록 명했다.

게다가 기독교를 믿는 유럽에서는 물과 물로 씻는 행동에 말 그대로 정화의 의미뿐 아니라 상징적인 의미도 담겨있었다. 물은 영혼을 씻는 세례에 쓰이기에 정화의 상징이었다. 그러므로 유럽 전역의 도시에서는 페스트 유행 시기에 지극히 위생을 따져서라기보다는 오히려 종교적인 이유에서 거리를 물로 청소하라고 명했다. 불, 연기, 특정 방향제도 그 밖의 정화 전략에 포함되었고, 방역 책임자들은 이런 전략을 활용해 공기를 곧바로 정화하고자 했다. 그들은 향이 나는 소나무로 모닥불을 피우거나 유황을 태웠다. 화약이 공기를 정화할 것이라는 생각으로 대포를 발사하는 등의 방역 전략도 많았다.

자기방어

시민 개개인은 이런 분위기가 이끄는 대로 따라갔다. 신의 분노가 재앙의 궁극적인 원인이라 하더라도, 가장 가까운 원인은 오염된 공기였다. 그러므로 향신료나 약초를 넣은 유리병을 목에 걸고 다니거나 작은 식초병을 지니고 다니며 시시때때로 냄새를 맡는 게 현명한 일이었다. 같은 이유에서 담배 연기도 건강에 좋다고 여겨 담배를 찾는 사람이 많았다. 집에 있을 때는 실내에 유독성 가스가 들어오는 걸 막는 실질적인 방어책으로 창문이나 문을 닫고 무거운 커튼을 걸도록 권고하기도 했다. 향기가 옷에 배듯이 유독한 악취가 붙어 다닌다는 생각에 감염된 사람들의 옷을 의심하기도 했다.

이런 이유로 사람들은 자신을 보호하는 차원에서 페스트 복장을 갖추기도 했는데, 특히 페스트 환자와 접촉해야 하는 의사, 사제, 간병인들은 더욱더 그런 차림을 했다.(그림 5-1) 가죽 바지와 밀랍 입힌 천으로 만든 가운에는 유해 가루가 들러붙지 않는다고 여겼다. 챙 넓은 모자로는 머리를 보호했고, 코에 불룩 튀어나온 부리 달린 마스크를 쓰면 향기 나는 약초를 담고 다닐 수 있어서 착용자가 치명적인 유해 냄새를 맡지 못하게 막아주었다. 페스트 방호복을 입은 의사들은 교회에서 쓰던 것과 비슷한 막대기를 들고 다녔던 것 같기도 하다. 이 막대기에는 두 가지 용도가 있었다. 사람을 만나면 이왕이면 바람 부는 방향으로 안전거리를 유지하도록 찌르거나, 환자를 격리 병원으로 옮겨야 하는지 여부를 판단하기 위해 림프절 등에 페스트 징후가 있는지 환자와 멀찌감치 떨어져서 살펴보는 용도였다. 마지막으로, 페스트 복장 착용자 중에는 주변 공기를 바로바로 정화하는 용도로 벌겋게 달아오른 석탄을 담은 화로를 들고 다니는 사람들도 있었다.

자신을 치명적인 공기가 소

그림 5-1 의사의 페스트 방호복. 프랑스 마르세유, 1720년(런던 웰컴 컬렉션, CC BY 4.0)

용돌이치는 위험한 외부 환경으로부터 보호하는 일이 중요하기도 했지만, 몸 안의 방어 체계를 강화하는 일도 중요했다. 수 세기를 거치며 대중문화에서 힘을 얻은 고전 의학 사상은 체액의 균형을 결정하는 장기의 기질이 불안해지면 몸이 질병에 취약해진다고 가르쳤다. 유해한 환경에 처하면 두려움, 고통, 우울과 같은 감정의 방출을 피하고, 먹고 마시는 걸 삼가고, 과다한 운동이나 성생활을 피하고, 냉기나 찬바람을 갑작스레 쏘이지 않도록 하는 게 중요했다.

의학 교리에서 승인한 자기방어 수단 외에, 페스트가 만연한 시기에는 미신도 판을 쳤다. 점성학에서 비롯되어 대중 사이에 널리 퍼져 있던 미신으로는 금속이나 루비나 다이아몬드 같은 보석에 부적과 맞먹는 힘이 들어있다는 통념도 있었다. 어떤 숫자들은 안도감을 주기도 했다. 특히 4가 인기가 높았는데, 앞에서 살펴봤듯이 4라는 수가 체액, 기질, 복음주의자, 바람, 원소, 계절 등 네 개씩 나타나는 건강의 주요 결정 요인을 빠짐없이 의미했기 때문이다.

정화 의례와 폭력

초기 근대 유럽에서 정화라는 개념은 오염이 제의祭儀나 사악한 것에서 비롯된 것일 수 있음을 암시했는데, 악마와 신의 응징이라는 개념들과 연결될 때면 특히 더 그랬다. 다시 말해, 도시의 오염은 물리적인 것뿐만 아니라 도덕적인 것일 수도 있으므로 생존은 자연주의적 치료법을 구하기보다는 차라리 신의 분노를 잠재우는 데 달려있다는 것이다. 노심초사하며 경계를 늦추지 않던 공동체에서는 재앙을 제압할 도덕적 책임이 있는 사람을 찾아내 쫓아내려고 하는 일이 많았다. 죽음을 초래하는 죄악은 음식과 음료의 남용, 과다한 수면이나 나태, 지나치거나 부자연스럽거나 죄스러운 성생활, 불경스러운 종교 활동이나 믿음 등일 수도 있었다. 신을 분노케 하는 죄를 지은 자들을 찾아내 응징해야 했다.

화가 쥘 엘리 들로네Jules-Élie Delaunay는 1869년 그의 무시무시한 작품 〈로마의 흑사병The Plague in Rome〉에서 페스트가 도덕적 원인에서 비롯되었을 가능성들을 그림으로 풀어냈다. 그림에는 분노한 신의 전령이 페스트 화신에게 죄지은 자의 집으로 들어가도록 지시하는 장면이 묘사되어 있다. 이렇게 명받은 페스트는 곧이어 안에 거주하는 죄인들을 파멸시키고자 죄인의 집을 덮칠 것이다.(그림 5-2)

사람들은 자신들의 물리적 위험뿐 아니라 도덕적 위험을 그런 식으로 이해했기에 공동체를 정화하려는 신의 과업을 돕는 것이 사리에 맞는다고 생각했다. 그렇다면 죄지은 자들은 누구였을까? 의혹은 걸핏하면 매춘부들에게 쏠렸다. 수많은 곳에서 성난 사람들이 모여 매춘부

그림 5-2 페스트는 곧잘 신의 응징으로 해석되었다. 쥘 엘리 들로네의 1869년 작품 〈로마의 흑사병〉 [미니애폴리스 미술연구소, 애서턴 빈 부부(Mr. and Mrs. Atherton Bean) 기증]

들을 붙잡아 도시에서 강제로 추방했고, 사창가를 폐쇄했다. 유대인들도 거듭되는 반유대주의 폭력의 희생양으로 전락했다. 종교 반대자, 외국인, 마녀들도 공격 대상이 되었다. 그들 모두 하나님을 노하게 해 신도들에게 재앙을 내리게 한 죄를 지은 자들이었다. 또한 한센병 환자나 거지들은 이미 뒤틀린 외모와 가난으로 극악한 죄를 지었다는 표식이 드러나 있었다.

이렇게 유럽 전역의 마을들은 페스트 발병 시기에 외부인들의 출입을 금지했고, 마을 내에서는 악질분자를 색출해 구타하고 추방했다. 수많은 곳에서 사람들이 돌팔매질과 폭행을 당하고 화형에 처해지고, 요즘 말로 인종 청소에 해당하는 집단 학살이 자행되었다. 선과 악의 이원론을 강조하는 마니교 사상이 그런 경향을 부추겼는데, 사악한 독살범과 '머리에 기름을 붓는 자들(이스라엘 사람들_옮긴이)'이 떠돌아다니며 하나님의 전령이 아닌 악마의 대리인 노릇을 했다고 믿는 과잉 반응이 만연했기 때문이다. 그렇게 생각하는 사람들은 오로지 죄지은 자를 붙잡아 처벌하는 것만이 페스트를 막을 수 있는 길이라고 믿었다.

악명 높은 두 사건을 통해 페스트에 대한 두려움이 야기할 수 있는 폭력 사례들을 살펴보자. 1349년 성 밸런타인의 날에 프랑스 알자스의 스트라스부르에서 첫 사건이 터졌다. 시 당국이 시내에 살던 유대인 2,000명에게 기독교 시민들이 물을 길어 올리는 우물에 독약을 풀어 역병을 퍼뜨렸다는 죄를 뒤집어씌웠다. 개종을 하거나 죽음을 당해야 할 처지에 몰린 유대인 중 절반은 자신의 종교를 버렸고, 나머지 절반은 붙잡힌 후 유대교 묘지로 끌려가 산 채로 불태워졌다. 그런 다음 시 당국은 유대인들이 자신들의 도시로 들어가는 것을 금지하는 법령을 통과시켰다.

두 번째 사건은 1630년에 밀라노에서 발생했다. 이 사건은 알렉산드로 만초니의 19세기 두 명저로 신중하게 재구성되었다. 페스트 대서사 소설《약혼자들》(1827)과 첫 판이《약혼자들》의 부록으로 출간된 역사서《치욕의 기둥》(1843)이 그것이다. 1630년 당시 밀라노는 스페인과 전쟁 중이었다. '페스트를 퍼뜨리는 자들'을 찾는 수색이 진행 중이었고, 운 나쁜 스페인 사람 네 명이 걸려 대량 학살 혐의로 기소되었다. 밀라노의 주택 문에 독성 연고를 발랐다는 죄명이었다. 그들은 고문을 당한 끝에 죄를 시인했고, 유죄 판결을 받았다. 그들은 손이 잘리고, 형차에 매달려 몸이 찢긴 후 화형에 처해졌다. 사형 현장에는 누구든 그런 행위는 꿈도 꾸지 못하도록 기둥, 즉 만초니 저서의 제목인 '치욕의 기둥'이 하나 세워졌다. 기둥에는 지은 죄와 그에 준한 형벌의 강도를 라틴어로 새겨 넣은 명판도 붙여놓았다. 명판은 그 장소에는 어떤 건축물도 세우지 못한다는 포고나 다름없었다.

신앙심과 페스트 숭배

페스트와 페스트로 인한 견디기 힘든 긴장 상태에 대해 앞서 언급한 사례보다 잔학성이 덜했던 반응은 속죄와 겸손으로 신의 분노를 달래려는 시도였다. 성서는 이 같은 노력을 든든히 뒷받침해주었다. 요나서에서 부정과 방탕으로 악명 높은 아시리아의 도시 니네베는 파멸을 맞게 되리라는 선지자의 예언이 있었다. 그러나 거주민들이 회개하고 행동을 바꾸자 성이 풀린 하나님은 니네베의 파멸을 면해주었다. 니네베도 전멸을 면할 수 있다면, 죄의 무게가 조금 가벼운 자들에게도 희망이 있을 터였다.

회개의 한 방법은 기원하고 참회하며 성지로 향하는 야외 행렬이었다. 가장 초창기 행렬이자 가장 대담한 행렬로서 '채찍질 고행단Flagellants'의 행렬이 있었다. 이들은 2차 팬데믹 초기에 유럽 전역을 누볐다가 정치 당국이나 교회 당국 모두에게 규탄받으면서 점차 사라지기 시작해 15세기 말에 완전히 사라졌다. 교황 클레멘스 6세Clement VI는 1349년 10월에 채찍질 고행단을 공식적으로 비난했고, 파리 의과대학Paris School of Medicine, 프랑스 왕, 그리고 시의적절한 종교 재판도 교황의 뒤를 따랐다.

이러한 발작적 고행이 개별 행위가 아닌 집단 행동으로 처음 등장한 것은 13세기 이탈리아에서였다. 이는 이후 중유럽, 프랑스, 이베리아 반도, 영국 제도에 다다른 흑사병과 함께 크게 위세를 떨쳤다. 채찍질 고행단은 하나님을 달래고 기독교 국가들을 구할 목적으로 성지 참배 기간 중에는 목욕을 하지도, 옷을 갈아입지도, 어떤 이성과도 말을 섞지도 않겠다고 맹세했다. 이렇게 서약한 채찍질 고행단은 (예수의 수난을 기리기 위해) 40일 동안, 아니면 (예수의 나이에 맞춰) 33일 동안 두 사람씩 짝을 이루어 이동했다. 그들은 그렇게 걸어가며 끝에 쇠붙이가 달린 가죽 매듭 끈으로 자신들의 등을 피가 흐를 때까지 채찍질했고, 채찍질하는 내내 참회의 구절을 읊어댔다. 예수를 기리기 위해 육중한 나무 십자가를 짊어지고 가는 이도 있었고, 자신은 물론 동행자를 매질하는 자도 있었다. 사람들 앞에서 굴욕을 당한다는 의미로 주기적으로 무릎을 꿇는 이들도 많았다. 도시 주민들이 채찍질 고행단을 페스트 감염병을 막는 수단으로 환영하는 경우도 많았다.

채찍질 고행단은 가끔씩 폭력의 대상을 자신들의 몸에서 그들이 만나거나 찾아 나선 유대인들의 몸으로 전환하며 자신들의 속죄양을 외부에서 찾았다. 유대인들은 수많은 사람들의 마음속에서 예수를 죽였을 뿐 아니라 페스트로 기독교 국가를 멸망시키려는 음모를 꾸민 죄를 지은 자들이었다.

신앙을 좀 더 조용하게 폭발시킨 경우는 성 세바스찬, 성 로크, 성모 마리아처럼 고통받는 인간을 대신해 누구보다 기꺼이 중재에 나선 성인들을 숭배하는 것으로 드러났다. 수 세기 동안 이어진 페스트 시대에 성 세바스찬을 새로이 숭배 대상으로 삼은 일화가 가장 유명했다. 성 세바스찬은 3세기의 군인으로 종교 때문에 로마 황제 디오클레티아누스Diocletianus 치하에서 박해당하다 처형된 기독교 순교자였다. 그는 초기 교회 시절부터 추앙을 받았지만, 주로 그의 처형 장소였던 로마에서 숭배를 받았다.

페스트를 계기로 세바스찬은 유럽 전역에서 열렬하게 추앙받았다. 페스트가 발병한 수 세기 동안 가장 의미 있는 일이라면 그의 순교가 지닌 상징성이었다. 전승에 따르면, 그가 자신의 신앙을 위해 말뚝에 묶여 있는 동안 궁수들이 페스트에 대한 기존의 상징이었던 화살로 그의 몸을 꿰뚫었다. 구멍이 숭숭 뚫린 성 세바스찬의 몸을 그린 예술 작품들이 널리 퍼지게 된 데는 예수와 마찬가지로 세바스찬도 인간을 너무나 사랑한 나머지 자신을 죄를 속죄하는 희생물로 바쳤다는 의미가 저변에 깔려 있었다. '인간 방패' 세바스찬은 하나님의 화살을 받아냄으로써 페스트의 방향을 자신 쪽으로 돌려놓았다. 이러한 사랑의 행동에 용기를 얻은 신도들은 널리 암송되던 기도문 등을 통해 성 세바스찬에게 간청했다.

> 오, 성 세바스찬이시여, 저를 아침에도 저녁에도, 매 시간 매 1분을 인도하시고 지켜주소서. 그동안 저는 온전한 마음으로 있겠나이다. 그리고 순교자시여, 저를 위협하고 있는 감염병이라는 저 사악한 힘을 약화시켜주소서. 저와 제 친구 모두를 이 역병으로부터 보호하시고 지켜주소서. 하나님과 성모 마리아와 당신을 믿사옵니다. 오, 거룩한 순교자시여, 당신은 …… 하나님의 힘을 통해 당신이 원하신다면 이 감염병을 막을 수 있습니다.[2]

기도 끝에 화살이 몸에 꽂힌 채 말뚝에 묶인 세바스찬의 모습은 르네상스와 바로크 회화 및 조각의 주요 주제가 되었다. 유럽 대륙 전역에 확산되어 있던 그런 형상은 거의 모든 유명 화가가 그랬듯이 세바스찬의 고통을 묘사했다.(그림 5-3) 아울러 독실한 신자들은 세바스찬의 모습을 담은 메달과 부적을 몸에 지녔다. 그 상징적 의미는 분명했다. 역병의 시대에 공동체의 유대감이 무너져 내린 상황에서, 조금도 물러서지 않고 죽음에 맞선 영웅적인 순교자의 본보기가 사람들의 마음을 위로하는 역할을 했던 것이다. 게다가 신을 위로하는 일에는 완벽하고 결함이 없는 제물이 필요했기에, 세바스찬은 곧잘 지극히 잘생기고 다부진 몸을 지닌 벌거벗은 청년으로 묘사되어 그의 아름다움이 그의 간원을 더욱 애절하게 만들었다.

위대한 페스트 성인 중 두 번째 인물은 흑사병으로 새롭게 숭배의 대상으로 떠오른 '순례자 성인' 성 로크였다. 로크의 생애에 관해서는 알려진 게 거의 없다. 전승에 따르면, 로크는 프랑스 몽펠리에 출신의 귀족으로, 독실하고 수도자적인 기독교인이었다. 성년이 될 무렵 로크는 자신의 전 재산을 사람들에게 나누어주고 탁발 수도사로서 로마를 향한 순례길에 올랐다. 이탈리아에 도착한 직후 흑사병이 발발하자 로크는 환자를 돌보는 일에 전념했다. 피아첸차에서 흑사병에 감염되었지만 살아남았고, 완쾌된 뒤에는 병들고 죽어가는 자들을 다시 돌보기 시작했다.

성 로크의 주요 특성 세 가지로 그의 기도는 더욱 가치가 높아졌다. 검증된 동포 사랑, 페스트에서 살아남았다는 사실, 유명한 그의 독실함이 그것이었다. 더욱이 교회는 그에게 도움을 기원한 자들을 대신해 기꺼이 기적을 행하고자 한 그의 마음을 증명했다. 페스트 발병이 1414년 콘스탄츠 공의회에 위협을 가하자 고위 성직자들이 성 로크에게 기도를 올렸고, 역병은 사그라졌다. 칭찬 일색의 성인을 다룬 이야기들이 라틴어는 물론 방언으로도 쏟아져 나오며 그의 명성은 더욱 높아졌고, 그의 삶과 관련한 전설들을 상세히 전해주었다.

성 세바스찬과 마찬가지로, 성 로크의 형상도 페스트가 창궐한 수 세기 동안 회화, 조각, 메달, 봉헌물, 부적에 순식간에 등장했다. 그의 이름으로 교회가 세워졌고, 그를 기념하는 단체가 만들어졌다. 한 베네치아 단체가 실제와 흡사한 그림과 조각으로 로크의 모습을 재현했고, 그의 유물은 그의 이름을 딴 교회에 모셔졌다. 이렇게 그의 유물을 보호하고, 그의 삶을 이탈리아 화가 틴토레토Tintoretto의 일련의 회화 작품으로 기념하던 산로코 교회(성 로크를 이탈리아어로는 산로코라 부름)가 순례의 중심이자 그 도시를 찾았던 방문객들의 전언을 통해 로크를 더욱더 추앙하는 강력한 수단이 되었다.

로크의 모습은 보는 즉시 알아볼 수 있었다. 로크는 항상 그를 알아볼 수 있는 확실한 단서들을 지니고 나타났다. 한 손에 지팡이를 들고, 개 한 마리를 옆에 데리고, 머리에는 순례자의 모자를 쓰고, 나머지 한

손으로는 허벅지 안쪽의 림프절 종창을 가리키는 모습이었다. 스스로 본보기가 됨으로써 로크는 페스트에 걸려도 완쾌가 가능하고 의로운 사람이라면 환자를 돌볼 것이라는 확신을 심어주었다. 신도들에게는 그가 하나님께 탄원해 감염병이 종식되고 공동체가 구원될 것이라는 희망을 갖게 해주었다.

세 번째 주요 페스트 숭배 사례는 성모 마리아를 향한 것이었다. 세바스찬이나 로크와는 달리, 마리아에 대한 숭배는 새로운 게 아니었다. 기독교인들에게 마리아는 심판의 날 하나님에게 분노를 거두고 자비를 베풀어달라고 간청하는 역할을 수행하는 성인으로 오랫동안 간주되어 왔다. 그러나 페스트가 수 세기나 성행하자 죄짓고 고통받는 인간을 대신해 중재하는 그녀의 임무가 갑자기 다급해졌다. 따라서 마리아는 곧잘 세바스찬과 로크를 거느리고 인간을 대신해 하나님께 탄원하는 모습으로 그려진다.

성모 마리아 숭배는 베네치아 인구 14만 명 중 무려 4만 6,000명이 목숨을 잃은 1629~1630년의 그 유명한 페스트 감염병 시기에 무엇보다 중요했다. 페스트는 1629년 봄에 도래했고, 가을까지 성 로크와 베네치아의 수호성인인 성 마르코Saint Mark의 성화를 짊어진 신도들이 기도 행진을 이어갔는데도 누그러질 기미가 보이지 않았다. 조반니 티에폴로Giovanni Tiepolo 주교가 페스트 성인 세 분을 빠짐없이 언급하며 그들을 기리는 모든 베네치아 교회의 성체를 밝히고 축복하도록 명령했지만, 마찬가지로 아무 소용이 없었다.

이런 조치들이 실패로 돌아가자 베네치아의 총독과 원로원은 공화국의 기도에서 언제나 특별한 자리를 차지해온 성모 마리아에게 눈길을 돌렸다. 셈이 빠른 베네치아 당국에서 거래를 제안했다. 성모 마리아가 은총을 베풀어 베네치아를 구해준다면, 원로원은 그녀를 기리는 거대한 교회를 세우고, 그 성지로 향하는 연례 행진을 앞으로도 영원히 진행할 것임을 맹세했다. 그 결과, 드디어 역병이 물러가자 1631년에 건축가 발다사레 롱게나Baldassare Longhena에게 베네치아 대운하 입구의 아주 인상적인 장소에 기념비적인 산타 마리아 델라 살루테(건강의 수호신 성모 마리아) 교회의 건설을 의뢰했다. 도시가 한눈에 들어오는 곳에 자리한 교회는 주민들에게 신의 섭리로 살아났음을 상기시키고, 베네치아의 건강 회복에 성모 마리아의 자비가 작용했음을 천명하고 있다. 400년이 지난 지금도 반구형 천장이 성모 마리아의 천상의 왕관을 암시하는 산타 마리아 교회는 1년에 한 번씩 그곳을 방문하는 행렬을 여전히 맞이하고 있다.

공중보건 차원의 반응

페스트의 두 번째 팬데믹으로 나타난 가장 중요한 결과 중 하나는 팬데믹이 다시 발생하지 않도록 정책 당국에서 잇따라 대책을 마련했다는 점이다. 이들 방역 대책은 우선 제도화된 공중보건이라는 형태로 나타났고, 유난히 쉽게 노출되는 지리적 위치 탓에 일찌감치 참혹한 감염병을 겪었던 베네치아, 제노바, 밀라노, 피렌체 등 이탈리아의 북부 도시 국가들이 이런 대책 마련을 선도했다. 그러자 이탈리아가 주도한 조처를 프랑스, 스페인, 북유럽에서도 그대로 따라 했다. 그렇게 마련된 대책들은 독기 이론이라는 정통론에서 힘을 얻은 비정통적 개념들의 영향을 입증했다. 또한 질병 정복에서 처음으로 중요한 진전, 즉 림프절 페스트를 서유럽에서 몰아내는 일에 일조했다.

방역 대책의 개요는 2차 팬데믹 시 감염병 초기 순환 단계에서 마련되어 15세기와 16세기를 거치며 점차 정교해지고 종합적인 성격을 띠게 되었다. 초기에는 제도의 지역적 범위가 국지적이라는 게 단점이었다. 그런 제도를 효과적으로 만들고 성공으로 이끈 비약적인 도약이 초기 근대 국가가 부상하던 17세기와 18세기에 이루어졌는데, 국가의 행정 및 군의 권한으로 도시 하나만이 아닌 지리적으로 더 넓은 지역으로 범위를 확장하는 작업이 지원되었기 때문이다.

흥미로운 점은 정책 당국이 그들이 직면하고 있던 질병을 좌우하는 메커니즘에 대한 의학적 이해가 전혀 없는데도 조치를 취했다는 것이다. 그들은 아무것도 보이지 않는 어둠 속에서 행동을 취했고, 그러한 과정에서 때로는 극단적이고, 걸핏하면 자원을 낭비하기도 하고, 종종 역효과도 불러오는 조치를 취하기도 했다. 그러나 18세기 말 무렵에는 그들이 따라가던 길이 감염병과의 전쟁에서 처음으로 대승이라는 결과로 이어졌다.

보건국

최초의 방역 대책은 비상사태 기간에 공동체를 수호할 특별 조치를 취할 수 있는 관료들로 구성된 제도적 체계를 수립하는 것이었다. 특별히 마련된 '페스트 법령'에 따라 구성된 신임 당국자들에게는 '보건행정관health magistrate'이라는 호칭을 붙였다. 그들은 '*국민의 건강은 최상위 법이다*Salus populi suprema lex esto'라는 고대 계율에 따라 모든 공중보건 관련 사안에서 입법, 행정, 사법을 망라한 전권을 행사했다. 보건행정국은 원래 임시 기관이었지만, 16세기 말에는 페스트와의 전쟁에서 선봉에 섰던 도시들이 상설 기관, 페스트 대책 위원단, 그리고 어떤 명칭보다 자주 쓰이던 보건국을 도입하게 되었다.

라자레토 및 해양 격리

거의 무제한의 막강한 법적 권한으로 무장한 보건행정관들은 그들의 1차 목표로 악성 감염병의 침공을 막거나, 발발한 경우라면 최대한 확산을 저지해 공동체를 보호할 책임을 맡았다. 가장 초기에 조치를 취한 베네치아 보건국은 격리, 라자레토, 위생 방역선이라는 세 가지 주요 제도에 의존했다. 그 당시 베네치아 공화국이 해상으로부터 감염병 침입을 차단할 수 있으리라고 생각했던 것이다. 이러한 목적으로 베네치아 보건국은 15세기에 지중해 동쪽에서 도착하는 배들이 향하는 석호 내 외딴섬에 '라자레토 베키오Lazaretto Vecchio'와 '라자레토 누오보Lazaretto Nuovo'라는 대형 시설을 건설했다. 이곳에서 수상한 지역에서 오는 배들을 억류해 세척하고 훈증 소독했다. 동시에 선원들과 승객들은 감독을 받으며 하선한 뒤 격리되었다. 화물과 승객들의 개인 짐들은 바로 하역하지 않고 햇볕에 노출하고 훈증 소독하고 충분히 통풍했다. 40일이 지나야 물건과 승객들은 풀려나 도시로 들어갈 수 있었다.

'격리quarantine'라는 단어는 40을 의미하는 이탈리아어 'quaranta'에서 비롯된 것으로, 공중보건 전략의 핵심은 바로 격리 기간에 있었다. 그 기간은 성경에서 비롯된 것으로, 구약과 신약 성경에는 숫자 40이 '정화'라는 의미로 여러 차례 언급되고 있다. 우선 창세기에서 40일 동안 밤낮으로 비가 내렸다. 또 히브리인들은 이집트를 탈출한 뒤 광야에서 40년을 보냈다. 모세 역시 십계명을 받기 전 시나이산에서 40일간 단식했다. 예수도 유혹을 참으며 40일을 버텼고, 부활 후에도 제자들과 40일을 머물렀으며, 이를 기리는 사순절 역시 40일간이다. 이렇듯 종교적으로 승인을 받는 숫자인 40일이 선체와 그 승객 및 선원들의 몸과 화물을 모두 청결히 하는 데 충분한 시간이라는 확신이 섰던 것이다. 페스트를 일으키는 독기도 모두 씻은 듯 사라지며 도시도 무사할 터였다. 한편 성경에서 이 단어가 이렇게 반복된다는 점이 엄격한 행정 조치에 순응할 수 있도록 독려하고, 공포에 찬 도시에 영적 위안을 주었을 수도 있다.

원칙적으로 간단히 말해서, 해상 격리 집행은 효과적인 국가 공권력을 전제로 했다. 라자레토는 마르세유의 자레섬이나 나폴리의 니시다 섬처럼 수백 명의 승객과 선원이 억류되고, 식량을 조달받으며 모든 외부 사회와의 접촉이 차단된 채 고립되던 장소였다. 또한 저항하거나 공포에 사로잡힌 선장들로 하여금 그 수역 내에 닻을 내리게 하고 탈출이나 도피 시도를 막기 위해서는 강력한 해군이 상주해야 했다. 더 나아가 라자레토 내에서 격리 기간이나 상황이 다른 승객들을 서로 분리하고 배에서 하역한 모든 물품을 제대로 통풍하고 훈증 소독하는지 확인하기 위한 복잡하고 상세한 규약들도 필요했다. 그러므로 격리는 국가의 경제적·행정적·군사적 자원을 전제로 했다.

물론 오늘날 우리는 베네치아 시스템을 뒷받침하는 의학 이론에 오류가 있었다는 것을 안다. 사라져야 할 페스트의 독기 따위는 존재하지 않았고, 정화 의례의 상당 부분은 효과가 없었다. 하지만 동쪽에서 오는 모든 배를 대상으로 오랜 기간 격리를 강행하려던 정책은 실제로 상당히 효과가 있었다. 40일은 림프절 페스트의 잠복 기간을 훨씬 초과하는 기간이었기에 40일을 채우고 도시로 풀려난 건강한 사람이라면 감염되지 않았다는 확신을 주기에 충분했다. 동시에 40일은 페스트균과 페스트균에 감염된 벼룩이 햇빛과 공기에 노출되고 나서 사멸하기에도 충분히 긴 시간이었다. 그러므로 성경의 신앙과 결부된 부정확한 이론이 효과적인 공중보건 절차를 낳았던 셈이다. 베네치아의 라자레토는 베네치아 함대의 지원을 받아 도시와 도시 경제를 재앙으로부터 보호할 수 있다는 것을 실제로 입증하는 것 같았다.

페스트는 라자레토 건설 후에도 베네치아의 위생 방어벽을 두 차례나 넘었다. 페스트가 맹위를 떨치던 1575년과 1630년에는 베네치아도 차마 피해 가지 못했다. 그러나 확실히 베네치아 공화국은 감염병에 영향받지 않고 오랜 세월을 무사히 넘겼고, 자기방어 차원에서 뭔가 해보려는 다른 권력 기관의 결정과 맞물리면서 베네치아 봉쇄 전략은 페스트 퇴치를 위한 표준 공중보건 전략으로 육성되었다. 마르세유, 코르푸, 발렌시아, 제노바, 나폴리, 암스테르담, 로테르담 같은 다른 유럽 항구 도시들도 베네치아를 따라 했고, 그들만의 라자레토를 건설했다.

라자레토는 비상시 임시로 지은 목재 구조물이거나 기존 시설을 강제로 접수해 용도 변경한 건물인 경우가 많았다. 그러나 영구 요새로 계속 사용되는 경우도 있었다. 서유럽이 바다에서 건너온 페스트로 난관에 봉착하면서 16세기 중반까지 레반트(Levant, 동지중해 연안 지역을 통칭하는 말_옮긴이)에서 오는 선박은 정기적으로 이 시설을 방문해야 했다. 페스트는 속속 도착했지만, 대재난으로 이어지는 경우가 훨씬 드물었고, 비교적 무난히 봉쇄되었다. 17세기 말 무렵 서유럽에서 흑사병은 거의 종식되었다. 1700년 이후로 단 두 번의 실패 사례만 발생했다. 이는 심지어 18세기에도 방역 체계에 가끔 구멍이 있었다는 것을 방증했다.

1720년에 페스트는 마르세유에 도착했고, 페스트가 창궐한 스미르나(터키 서부의 항구 도시_옮긴이)와 트리폴리(레바논 북서부의 도시_옮긴이)에서 귀한 직물을 싣고 온 *그랑 생 앙투안*Grand Saint Antoine 상선을 타고 넘어온 게 아니냐는 의심이 오래전부터 있었다. 여덟 명의 선원과 한 명의 승객, 그 배의 의사까지 바다 한복판에서 페스트로 모두 잃었던 *플라이트* 상선(17세기 북유럽의 돛대가 셋 있는 상선_옮긴이)은 5월 25일 마르세유에 닻을 내리고 격리에 들어갔다. 그러나 현지 상인들의 성화에 못 이겨 보건 당국은 정해진 격리 기간에 한참 못 미친 6월 4일에 화물과 선원을 풀어주었다. 예전부터 전해졌지만 요즘 활발히 논의되는 이야기에 따르면, 악성 감염병은 이런 식으로 라자레토에서 도시로 퍼지게 되었고, 마르세유의 거주민 10만 명 중 6만 명의 목숨을 앗아갔다. 이에 더해 내륙 지역인 프로방스(Provence, 프랑스 동남부 지역_옮긴이)와 랑그도크(Languedoc, 프랑스 남부 지역_옮긴이) 주민 5만 명도 이후 페스트로 사망했다.

페스트의 2차 팬데믹은 이곳저곳을 돌다 다시 원점으로 돌아와 1743년에 시칠리아섬에서 마지막으로 발발했다. 시칠리아섬 메시나는 1347년 처음 흑사병이 돌던 바로 그 장소였다. 1720년 마르세유에서처럼 레반트와의 무역과 연관된 상선이 잇따른 페스트 발병에 책임이 있는 것으로 보는 시각이 한동안 이어졌다. 메시나에는 라자레토가 없던 터라 선박은 아무런 보호 장치도 없는 이 항구 도시에 입항이 허용되었다.

육지 격리 및 위생 방역선

페스트 방역 조치를 도입한 후로 해상이 생각만큼 위험하지 않다는 것이 드러났다면, 육지는 무역, 순례, 노동자 이주 등으로 사람과 물자가 이동했던 만큼 여전히 위험했다. 흑사병이 창궐한 시절부터 공동체는 이미 이성적인 의철학보다는 공포의 지배를 받고 있었기 때문에 정찰대를 구성해서 페스트가 창궐한 시기 동안 도시 성벽을 순찰하고 외부인이 보이면 폭력으로 위협하며 쫓아내는 자율 방범에 의존했다. 시간이 좀 흐른 후에 이러한 관행은 본격화되었고, 도시나 마을 경계선 주변에 군대를 배치함으로써 공식화되었다. 군대에는 다가오는 누구든 총검과 개머리판으로 겁주어 쫓아내거나, 필요할 경우 발포하라는 지시가 내려졌다.

이와 같은 군 배치와 일정 간격으로 세운 초소는 위생 방역선으로 알려져 있는데, 점점 도시 경계선과 국경에도 많이 활용되었다. 위생 방역선은 격리 조치 후 그들이 의학적으로 안전하다고 입증될 때까지 모든 물자, 사람과 그에 따른 질병의 육로 이동을 막음으로써 영토를 보호하고자 하는 군사 방벽이었다. 때로 1720년 마르세유에서처럼 교회도 몰래 방역선을 넘는 자는 누구든 파문하겠다고 공표함으로써 물리적인 위생 방역선을 영적인 칙령으로 강화했다.

그러나 가장 과감하고 가시적인 방역선은 터키에서 발칸반도를 관통하는 육상무역의 위험을 막고자 합스부르크 제국에서 설치한 것이었다. 1710년에서 1871년까지 계속 운용되었던 오스트리아의 방역선은 근대 초기의 공중보건 조치 중 아마 가장 인상적일 것이다. 그 방역선은 발칸반도에 걸쳐 쭉 뻗어 있는 상설 군사 경계로, '군 경계선Military Border'이라는 새로운 황실의 방어책을 이행하기 위해 마련되었다. 페스트 시절 강화된 이 오스트리아의 방역선은 아드리아해에서 트란실바니아 산맥까지 1,600㎞나 뻗어있었다. 이 군 방역선은 요새, 망루, 초소와 격리 설비까지 갖춘 공식 지정된 교차 지점까지 군데군데 세워져있어 너비도 16~32㎞에 달했다. 순찰병은 도망자들을 찾아 망루와 망루 사이를 이동했다.

군 경계선의 영역 내에 있는 모든 남자 농부들은 그 국경을 지킬 특별한 의무를 위해 소집되었다. 그래서 합스부르크 제국은 정규 군인을 영구적으로 배치하는 비용을 부담하지 않고도 15만 명에 이르는 인력을 현장에 투입할 수 있었다. 농부로 구성된 예비군은 전투 훈련을 받거나 전투 장비를 갖출 필요가 없었고, 그저 지리를 훤히 아는 곳에서 순찰 의무만 다하면 되었다. 점진적으로 강화되는 3단계의 경계 수준에 따라 동원 규모와 수준이 결정되었다. 1단계는 황실 정보국에서 정했고, 정보국에서는 오토만 제국에 주둔한 외교관들과 위생 정보 장교들이 직접 관찰하고 여행객들을 탐문하고 정보망을 확보했다. 긴급 격상 단계로 접어들면 군 인력이 보강되어야 하고, 격리 기간도 28일에서 48일로 거의 두 배로 길어져야 했다. 긴급 상황이 지속되면 밀수꾼이나 격리 지역 이탈자와 같은 범법자들은 재판을 받고 군 재판관에 의해 현장에서 선고를 받았는데, 유죄 판결을 받으면 사살대에 의해 곧바로 총살당한다. 마침내 방역선은 자유주의자들이 그 강압성에 반발하고, 경제학자들과 농부들이 징집으로 인해 경계 지역 농업에 미칠 피해를 우려하며, 의료진들이 1870년대 무렵에는 방역선에서 한참 떨어진 터키 영역으로 페스트가 후퇴한 지 오래라는 점을 지적하자 해제되기에 이르렀다. 그러나 한 세기 반 동안 오스트리아는 마치 바다에서 라자레토가 그러했듯이 육상에서도 오토만 제국의 페스트 집중 지역에서 서유럽과 중유럽을 떼어내려는 번거로운 조치들을 취했다.

내부 위험과 대면

군대와 해군 함선, 파문 협박이 외부로부터 도시를 보호했지만, 그런 보호 조치에도 페스트가 내부에서 터져 나온다면 어떻게 해야 할지에 관한 문제는 여전히 남아있었다. 이에 유럽 전역에서 보건 당국이 위험에 맞서 엄중한 방역 조치를 취할 수 있도록 권한을 부여하는 '페스트 법령'이 생겨났다. 첫 번째 임무는 모든 페스트 환자들의 위치를 파악하는 것이었다. 페스트 감염병의 엄청난 사망률을 감안할 때, 도시는 집 안이며 거리에 그냥 방치된 셀 수 없는 시신들로 감염 위험에 고스란히 노출되었을 터였다. 당시 지배적인 독기 이론에 따르면 이러한 부패한 시신은 의료 참사를 일으키는 독성 악취를 방출하기 때문에 즉각적이고 적절한 시신 처리가 공중보건의 핵심이었다. 방역 조치의 일환으로 보건국은 수색자, 감시자, 수레꾼, 무덤 파는 사람을 모집하고 이들을 배지와 띠로 구분했다. 이러한 도시 공무원들은 일단 페스트 환자의 위치를 파악하는 임무를 맡았고, 검푸른 반점 등 숨길 수 없는 징표로 페스트 환자인지 가려낸 다음, 그들을 페스트 병원 기능도 하고 의심스러운 여행객을 격리, 관찰하는 장소로도 활용되는 라자레토로 이송했다. 환자가 이미 사망한 경우에는 페스트 사망자 매장지로 운반하기 위해 수레꾼이 소환되며, 수레꾼은 시신을 실은 수레를 끌고 행인들에게 비키라고 종을 딸랑거리며 천천히 거리를 지나갔다.

이 모든 점들 때문에 라자레토 같은 시설은 악평이 자자했다. 페스트 병원은 많은 사람이 이송되지만 되돌아오는 사람은 거의 없는 곳으로 통했다. 최근의 연구에 따르면, 베네치아 공화국의 라자레토 베키오와 라자레토 누오보에 격리된 환자의 3분의 2 이상이 그 구내에서 사망했다. 따라서 라자레토에 갇히는 것은 친구들과 가족들로부터 강제로 차단된 채 홀로 겪어야 할 사형 선고로 받아들여졌다.

도시 내에서 사망자 수가 증가하면서 페스트 병원은 계속 증가하는 사망자를 처리하기 위해 어쩔 수 없이 극단적인 편법을 쓸 수밖에 없었다. 종종 그들은 대충 파놓은 구덩이에 인정사정없이 시신을 집어 던졌고, 그러면 무덤지기들이 시신을 차곡차곡 올려 쌓거나 장작더미 위에 올려놓고 집단 화장했다. 밤새 이글거리는 불꽃과 낮까지 가시지 않는 매캐한 연기, 그 무엇보다 지독한 냄새는 페스트 병원과 그 일대를 공포와 경악의 도가니로 만들었다. 시설 내의 엄격한 규율과 탈출하려는 누구에게든 가해지는 엄중한 처벌은 두려움을 한층 배가했다. 격리 기관에서 장기 체류하는 동안 체류 비용을 환자에게 일체 부담하도록 하는 경우가 많았기 때문에 구금 기간을 잘 버텨냈다 해도 일단 격리되었다 하면 재정적으로 엄청난 손실을 안고 가야 했다. 아니면 보건 당국이 페스트 퇴치 과정에서 발생한 비용을 보충하고자 했기에 생존자들에게는 인상된 세금과 특별 세액이 부과되었다. 또한 일부 페스트 병원은 보건 당국이 그들의 규정에 불응한다고 여긴 자들을 격리시키는 처벌 장소로 이용되었기 때문에 불명예스러운 오명이 따라붙었다.

거주지에 수색자들과 시신 수거자들이라도 들이닥치면 공포는 더욱 증폭되었다. 이러한 말단 공무원들은 사람들의 적개심과 전염 위험에 노출된 채 위험한 직무를 수행했다. 가끔 그들은 술로 마음을 다잡고 험한 말과 욕설을 퍼부으며 일하는 현장에 도착했다. 그 직업을 일종의 돈벌이 수단으로 생각해서 잡수입을 거두어들이는 사람도 적지 않았다. 그들은 건강한 사람을 가두겠다고 협박했고, 뇌물을 받고 병자를 가족 품에 남겨두었으며, 빈집을 털었고, 부유한 환자다 싶으면 개인 소장품을 갈취해 이런저런 수입을 챙겼다.

상황이 이렇다 보니 당대 수많은 논객들은 라자레토를 징계나 처벌을 위한 교도소와 노역장 같은 사회 통제 시설로 묘사했다. 그들의 선례를 따라 사학자들도 종종 같은 방식으로 접근했다. 그러나 최근에 이러한 특수 시설에 대해 상세히 조사한 결과, 그 시설들이 환자들을 보살피는 데 전념하고 회복에 힘쓰는 종교적·박애주의적 기관의 면모를 갖추었으며, 페스트에 대응하는 방법도 훨씬 복합적이었다는 사실이 드러났다. 예를 들면, 베네치아에서 시 당국은 수도원 원장의 지시에 따라 라자레토에 의약품을 공급하고, 외과 의사, 내과 의사, 약재상, 이발사, 간병인 등 각종 치료 관련자들을 고용하는 데 비용을 아끼지 않았다.

의료인들은 전체론적 의학 접근법을 취하며 환자에게 영적이고 감정적으로 필요한 것이 무엇인지 살펴보았다. 공포와 분노 같은 강한 격정은 '비자연적인 것'에 속하는 것으로, 환자의 체액 균형에 영향을 주고 회복 가능성을 약화할 수 있기 때문이었다. 차분함과 자신감을 고무하기 위해 수도원장들은 성직자들을 고용해 환자들을 다독이고, 그들이 머무는 이곳은 집단 죽음이 자행되는 한복판에서 가능한 한 멀리 떨어져 있고 이 성벽 내에는 질서의 기운이 널리 퍼져 있다며 안심시켰다. 밀라노의 대주교 카를로 보로메오(Carlo Borromeo, 1538~1584) 같은 일부 성직자들은 널리 인정받았다. 1578년 기근에 이어 대역병이 도래하던 기간에 보로메오는 대주교 관할구를 조직해 수천 명의 사람들에게 식량을 제공하고, 페스트에 걸린 환자들을 보살폈다. 이러한 노력들이 인정받아 가톨릭교회는 1610년에 그를 성인으로 추대했다.

수도원장들은 다른 수단을 통해서도 질서정연함을 장려했다. 그중 하나는 부지런히 기록하는 습관으로, 기록 덕분에 환자들과 그들의 소유물들은 추적될 수 있었고, 식량 조달에도 사기가 발생하지 않았다. 베네치아에서는 결혼한 수도원장이 임명되면 그의 부인도 일을 거들면서 여수도원장이라는 호칭을 얻었다. 수도원장이 전반적으로 성인들을 돌보는 업무를 관장한다면, 여수도원장은 아이들을 돌보는 일을 감독했다. 이는 라자레토가 하나의 대가족을 이루는 것 같은 느낌이 들게 했다.

2차 팬데믹기를 망라하는 치료 전략은 지배적인 체액 이론의 이해와 일맥상통했다. 체액 이론에 따르면, 페스트는 덥고 습한 성질의 체액인 혈액이 과다해서 생긴 병이었다. 따라서 주요 치료법은 페스트를 일으키는 독을 체외로 배출할 수 있도록 피를 내보내는 방혈이었다. 환자의 몸이 이미 구토, 설사, 땀을 통해 독을 내보내려 하고 있기 때문에 비록 적절한 방혈 시기, 절개해야 할 최적의 정맥, 방혈량 등에 대해서는 이견이 많았지만 내과 의사와 이발사는 그러한 자연현상을 정맥 절개를 통해 도와줄 수 있었다.

정맥 절개술 외에도 강력한 구토제나 설사제를 처방해 독이 다량으로 쏟아져 나올 수 있게 하는 체액 방출 전략도 있었다. 페스트 의사들은 땀을 빼야 한다며 이미 온몸이 펄펄 끓는 환자에게 이불을 덮게 하고, 돼지 방광에 뜨거운 물을 가득 채워 겨드랑이나 발바닥에 대고 있도록 권했다. 같은 이유로 종기가 터져서 병을 일으킨 과도한 체액이 쏟아져 나오기를 바라는 마음에서 종기를 째고, 지지고, 그 위에 부항을 뜨고, 뜨거운 찜질을 하는 경우도 흔했다.

체액 방출 요법과는 별도로 페스트 의사들은 내복약에 의지하기도 했다. 가장 유명한 약으로는 당시 거의 만병통치약으로 통하던 테리아카theriaca가 있었다. 테리아카는 아편, 계피, 아라비아고무, 느타리버섯, 아이리스, 라벤더, 유채씨, 회향, 노간주나무 등 각종 재료를 혼합한 복합제제로, 이 재료를 모두 빻아서 거기에 꿀을, 그리고 가능하면 독사의 살점을 첨가했다. 그런 다음 발효와 숙성을 거쳐 사용하였다. 테리아카는 각종 독에 대해 해독 기능이 있다고 생각되었기에 부패한 체액이 유발한 질병 치료에도 늘 권장되었다. 따라서 페스트 치료에도 선택되었지만, 조제 과정이 복잡하고 준비하는 시간이 오래 걸려서 가격이 매우 비싸고 구하기도 어려워 부유층이나 살 수 있었다. 테리아카는 그 약의 제조와 유통의 중심이었던 베네치아에서 가장 널리 사용되었다.

정통 체액 원칙에 기반을 둔 치료적 식이요법들도 보다 폭넓게 활용되었다. 가끔 반대 성질을 이용한 치료 전략도 사용되었다. 가령 덥고 습한 성질의 부패한 피를 처치하기 위해 차고 건조한 약을 처방해 체내 불균형을 바로잡고자 했다. 다양한 치료약과 치료법, 그리고 엔다이브, 현삼, 우엉, 장미, 캐모마일, 수선화, 대황, 깍지벌레, 아마, 식초 등 다양한 재료들도 사용되었다. 이러한 활성 약제를 함유한 연고와 습포제를 독을 빼내고자 종기와 옹에 도포하는 일이 잦았다.

안타깝게도 근대 초기 페스트 의사들의 치료 전략은 생명 연장이나 고통 완화, 치료에 별 도움이 되지 않았다. 사실 유럽 전역의 페스트 병원들의 치명률은 대개 60~70%로, 아무런 치료도 받지 않은 환자들의 치명률과 비등했다. 반면 라자레토의 사망률은 단순히 그들의 치료 전략이 반영된 결과는 아니었다. 페스트 병원들은 많은 중증 환자들을 수용해야 하는 불리함을 감내해야 했고, 환자 수만 보더라도 직원의 수를 압도하는 경우가 많았다. 어떤 종류의 의료적 관심이나 치료도 못 받고 죽거나 저절로 회복하는 환자들이 허다했다.

그럼에도 라자레토는 아무런 치료 목적도 없이 사형수 수용 기능만 했던 중세의 한센병 환자 수용소와는 확실히 달랐다. 종교적·자선적 목적으로 설립된 페스트 병원은 가장 힘겨운 상황에서도 한정된 가용 치료법을 제공하고자 했다. 물론 병원들마다 우수성, 충원된 직원 수, 조직 효율성 측면에서 차이가 있어서 다 그랬다고 볼 수는 없지만, 페스트 병원에서 처방한 치료는 중환자들에게 한 줄기 희망을 주고 근심 걱정을 덜어주었는지도 모른다. 상설 라자레토는 감염병이 한창 유행할 때 임시로 문을 연 급조된 시설들보다 훨씬 효율적인 기능을 했다.

모든 지역에서 주요 감염병은 보건 당국이 준비가 안 된 상태에서 맞이하게 되어 당혹과 혼란, 임시방편책을 낳았다. 심지어 가장 원활히 운영되던 라자레토도 페스트 비상 상황에서 갑작스레 환자가 밀려들면서 업무량을 처리할 역량이 부족해졌다. 병들고 죽어가는 환자 수가 워낙 많다 보니 보건국은 환자를 치료해보려는 희망을 버린 채 예방 조치만 시도하려는 편의주의에 자주 의존했다. 가장 널리 채택된 방법으로는 환자, 의심 환자 및 그들의 가족을 자가격리시키는 것이었다. 그러면 수색대에서 페스트 환자 집에 붉은색 회벽으로 십자가 표시를 하고, 구내를 봉쇄하고 병자의 집에 출입을 막고자 경비를 집 밖에 배치했다. 이와 같은 엄혹한 조치로 가족들과 입주자들까지 모두 환자, 중환자, 죽은 자와 함께 격리되었다. 이러한 상황에서 추가 배식이나 치료를 받을 가능성은 거의 없었다.

엄격한 제약은 죽은 자에게도 적용되었다. 시신은 치명적인 독기를 내뿜는다고 생각되었기에 가급적 빨리 시신을 처분해 살아있는 사람들의 위험을 최소화하는 것이 매우 중요했다. 따라서 방역 규정에 따라 장례식, 장례 행렬, 염, 입관 등이 모두 금지되었다. 대신 페스트 병원에서 그랬던 것처럼 도시에서 발견된 시신은 종교의식을 통해 축성되지 않은 땅에 파놓은 구덩이에 모두 차곡차곡 쌓였다. 완전히 매장하기 전에 맨 위에 쌓인 시신들 위로 흙을 얇게 덮고, 시체의 분해를 촉진하고 악취 발산으로 공기가 오염되는 것을 막고자 양잿물을 뿌렸다.

이와 같은 규정으로 사람들은 함께 슬퍼하고, 가는 길에 마지막 경의를 표하고, 다들 모여 서로 감정적인 공허를 메울 만한 기회를 모두 잃어버렸기 때문에 공동체의 결속에도 금이 갔다. 더 나아가 근대 초기 사회에서 죽음을 확인할 수 있는 가장 확실한 방법은 시신의 부패였는데, 염을 금하고 성급히 매장하기까지 하니 혹시 생매장은 아닐까라는 우려를 낳았다. 또한 엄격한 공중보건 규칙에 따라 가톨릭교회의 장례의식마저 거행되지 못하자 페스트 사망자들의 무덤이 축성되지 않은 땅에 자리 잡고 있다는 사실과 맞물려 사후 세계에서의 이 영혼들의 앞길에 대한 걱정도 증폭되었다.

마지막으로 페스트 법령에 따라 도시들은 저마다 다른 여러 잡다한 금지 조항과 의무를 부과했다. 예를 들면, 바르셀로나 보건 당국은 반려동물 주인들이 그들의 고양이와 개를 처분하고, 시민들은 집 앞 도로를 쓸고 닦으며, 신앙인들은 죄를 낱낱이 고하도록 명령했다. 동시에 시민들은 누더기를 거리로 던져서도 안 되고, 어떤 종류의 의복이라도 판매해서는 안 되며, 공공 집회에 참여할 수도 없었다. 공기를 오염시킬 수 있는 유독한 냄새를 풍기는 직종은 조심스럽게 통제되었다. 일례로 무두질은 많은 도시에서 완전히 금지되었고, 푸줏간 주인들에게도 많은 제약이 따랐다. 고기를 걸어두거나, 동물에서 나온 고기를 가판대에 진열하거나, 가게 안의 진흙이나 똥을 치우지 않거나, 검사 및 승인받지 않은 동물을 살육하거나, 외양간에 도축해 가죽을 벗긴 동물 사체를 보관하거나, 도축 당일 이후 동물의 살코기를 파는 행위는 모두 금지되었다. 이러한 규정을 어기는 사람은 중형에 처해졌다.

그러므로 페스트 전파 상황이 심각한 도시는 완전히 생지옥이 되었다. 공동체 결속과 가족 간의 유대는 산산조각 났다. 종교 집회에 나선 교인들은 교회 문에 빗장이 걸려있고, 성찬식은 거행되지 않으며, 종도 울리지 않는 것을 목격했다. 한편 경제 활동은 멈춰 섰고, 상점들도 문을 닫고 고용도 중단되어, 굶주림과 경제 파멸의 위협이 증가했다. 정상적인 삶을 유지하는 데 필요한 정치 및 행정 활동도 관계자들이 중병에 걸리거나 죽거나 도망쳐서 수행될 수 없었다. 그중에서도 최악은 다른 근심들을 집어삼킬 만한 갑작스럽고 고통스러운 죽음이 거리의 악취와 사람들 앞에서 절규하며 죽어가는 환자를 통해 생생히 모습을 드러내며 위협한 것이었다.

평가 : 페스트라는 비상사태에 대한 사회의 집단 반응

18세기에 페스트가 점차 후퇴하더니 다시 돌아오지 않으면서 페스트와 전쟁을 치른 유럽 서부와 중부는 승리했다. 그렇다면 페스트 방역 조치들은 그 승리에 어느 정도까지 일조했을까? 확실한 답변을 내놓기는 불가능하며, 이에 대한 열띤 논의도 진행 중이다. 여기서 간과하지 말아야 할 것은 페스트 방역 정책이 일부 부정적인 결과도 낳았다는 점이다. 그런 정책들은 너무 엄하고 지나친 공포를 조장했기에 회피, 저항, 폭동도 자주 야기했다. 그런 정책들은, 심지어 그런 정책들이 시행될지도 모른다는 소문만으로도 감염 사례를 숨기고, 관계자를 피해 다니고, 반발하게 했기에 때로는 병이 훨씬 먼 곳까지 퍼지는 데 일조했을 듯싶다. 또한 사람들이 그들 중에 있는 환자를 자꾸 숨기다 보니 관계 당국은 직면한 비상사태와 관련한 정확하고 시의적절한 정보를 얻지 못하게 되었다.

봄베이는 구시대의 페스트 법령을 들먹이다 부정적인 결과가 발생할 수 있다는 것을 보여주는 완벽한 사례다. 페스트는 1896년 9월 인도 서부의 주도 봄베이와 그곳의 80여만 주민을 강타했다. 그해 12월까지 인구 절반이 그 도시를 떠났다. 시 당국은 주민들을 대피시킨 가장 강한 원동력은 페스트의 공포가 아니라 페스트 퇴치를 위해 배치된 군사적 수단에 대한 공포였다고 조심스럽게 언급했다. 따라서 페스트 방역 조치로 인한 득실을 다 따지고 보면 방역에 득이 되었다고 보기는 어렵다. 사실 그러한 조치들은 정밀한 외과용 수술 칼이라기보다는 크기만 큰 뭉툭한 망치나 마찬가지였다. 시 위원회는 페스트 법령 덕분에 봄베이가 페스트에서 무사할 수 있었다고 주장하지만, 도피한 주민들 중에는 보균자도 있었기에 가는 곳마다 페스트를 퍼뜨렸고, 봄베이 항구를 기점으로 인도 아대륙 전역은 물론 증기선으로 빠르게 여행하는 시대에 어느 항구 도시라도 위험에 빠뜨릴 수 있었다.

페스트 방역 조치들의 효과와는 별도로 페스트가 물러나는 데 중요한 역할을 한 다른 요인들도 의심할 바 없이 효과를 발했다. 그중 첫 번째 영향은 '종의 위생species sanitation'이라고 명명될 수도 있는 것이다. 18세기 초 노르웨이쥐(라투스 노르베지쿠스, Rattus norvegicus)라고도 하는 갈색쥐가 동양에서 온 외부 침략자로서 유럽에 상륙했다. 갈색쥐는 크고 사나우며 유난히 번식력이 좋아 토종 검은쥐(*라투스 라투스*, Rattus rattus)를 원래 살던 생태계 공간에서 몰아내고 그들을 일소했다. 풍부한 음식이 있고 천적이 없는 곳을 찾으면서 갈색쥐는 발길 닿는 모든 나라에 들끓었다. 곧바로 배에서도 지낼 만한 곳을 발견하고, 활동 반경을 전 세계로 넓혔다. 갈색쥐의 확산은 페스트 역사에서 눈여겨볼 부분이 있다. 갈색쥐는 검은쥐와는 달리 은밀히 숨는 기질이 있고, 잽싸게 사람을 피해 다닌다. 따라서 사람들과 거리를 두기 때문에 갈색쥐는 질병의 매개체로는 상당히 효율성이 떨어진다. 사실 3차 팬데믹에 관한 보고서에서 분명히 드러났듯이 두 종에 대한 사람들의 반응에도 큰 차이가 있었다. 보고서에 따르면 털이 더 많고, 보다 잘 알려져 있으며, 보다 친숙한 검은쥐를 가축처럼 생각하는 사람이 많았다고 한다. 사람들이 검은쥐를 길들이고, 그들에게 먹이를 주고, 그들과 함께 노는 일이 예삿일이었다. 이는 공중보건 재앙의 재발에 관한 보고서에서 입증했다시피 끔찍한 결과를 몰고 왔다. 이와는 반대로 공격적이고 반사회적인 갈색쥐에게 사람들은 그런 애정이나 친밀감을 느끼지 않았다. 그러므로 갈색쥐 군단이 매몰차게 토종 검은쥐 군단을 몰아내자 페스트균은 설치류와 사람 사이의 종간 장벽을 넘기가 더 어려워졌다. 유럽 중서부에 갈색쥐가 출현하면서 연대상으로 거의 동시에 페스트의 후퇴가 시작되었다는 것, 또 3차 팬데믹 기간에 지리학적인 주요 발생지를 결정하는 요인 중 하나가 페스트 팬데믹의 국제 진원지 인도의 봄베이주처럼 검은쥐가 널리 퍼져있던 곳을 경계로 하고 있었다는 것은 아무리 생각해도 결코 우연이 아니다.

두 번째는 기후의 영향이다. 17세기 페스트가 후퇴하기 시작한 때는 유럽 전역의 겨울 온도가 뚝 떨어진 '소빙기小氷期'이기도 했다. 헨드릭 아베르캄프Hendrick Avercamp로부터 시작해서 피터르 브뤼헐 1세와 피터르 브뤼헐 2세Pierter Bruegel the Younger로 이어지는 이 시기 네덜란드 화가들은 아예 겨울 그림 장르를 따로 만들어 암스테르담과 로테르담의 얼어붙은 운하에서 스케이트를 즐기는 사람들과 두텁게 눈 쌓인 풍경 등을 화폭에 담았다. 영국에서는 17세기에 템스강이 정기적으로 얼어붙은 덕에 사람들이 나와서 스케이트를 즐겼을 뿐만 아니라 얼음 축제며 눈꽃 장터도 열렸다. 심지어는 발트해조차 얼어서 폴란드에서 스웨덴까지 썰매로 이동할 수 있을 정도였다. 소빙기는 북유럽에서 1350년에 시작해 1850년까지 이어졌고, 소빙기 중에서도 특히 기온이 급락한 시기가 세 번 있었다. 이 중 두 번째에 해당하면서 가장 급락했던 시기가 1650년부터 시작되는데, 이 시기가 북유럽에서 페스트가 종식된 시기와 일치했다. 새로운 빙하기가 벼룩과 예르시니아 페스티스를 장기적인 비활성기로 접어들게 했던 것이다. 소빙기가 끝나고 1850년 이후 다시 따뜻해지는 시기가 3차 팬데믹이 시작되는 시기와 겹친다는 사실은 시사하는 바가 있다.

페스트 종식에 영향을 주었을 세 번째 가능성은 위생의 변화다. 주거 환경이 나아지면서 쥐도 전처럼 득실대지 않았다. 일례로 초가지붕 사용이 줄고 기와지붕으로 교체되었는데, 초가지붕에 터를 잡은 쥐들에게는 덜 반가운 일이었다. 흙바닥도 콘크리트로 바뀌면서 마룻바닥 아래 쥐의 소굴과 인간의 공간이 분리되었고, 곡물 저장 시설도 인간 거주지에서 한참 떨어진 곳에 세우면서 쥐와 사람 사이의 거리는 한층 멀어졌다. 도시 거주지의 인구 밀도 감소도 해충이 이 몸에서 저 몸으로 이동하는 빈도를 줄였다. 공간을 보다 널찍이 사용하다 보니 집이나 침대, 거주민의 몸은 예전만큼 벼룩이 득실거리지 않았다. 개인위생이 개선된 점도 한몫했다. 18세기에 목욕이 일상화되고 비누도 개발되어 사용되면서 그렇게 몸에 붙어 다니던 벼룩과 이는 어디로 갔는지 잘 보이지 않았다.

심지어 위생에 대한 근거 없는 믿음이 현실 세계에 효과를 발휘할 기회도 있었다. 예를 들어, 1666년 9월의 런던 대화재가 영국의 수도 런던을 정화한 것이라는 믿음이 만연했다. 그래서 뜻하지 않게 한 해 전에 유행하던 페스트를 박멸하고, 닭장 같은 집들을 태우고, 그 자리에 보다 견고하고 환기가 잘 되며 빛이 잘 들고 위생 시설을 갖춘 확연히 나은 면모의 넓은 건축물들을 들어설 수 있게 했던 것으로 믿었다. 런던 대화재는 이렇게 기억되면서 2세기가 지난 후 영국령 인도의 방역 정책에도 영감을 주며 봄베이의 *차울*로 알려진 더러운 주거지와 캘커타의 *바스티스*라는 비위생적인 오두막에 자리 잡은 페스트의 성역을 소각하겠다는 정책을 이끌어냈다. 이곳에 살던 주민들을 모두 퇴거시키고 주거지에는 불을 지피며 런던의 선례를 따라 불결한 것은 모두 삼키는 불꽃이, 그리고 재건이 도시를 페스트로부터 보존할 것이라 여겼다.

마지막으로 가설에 불과한 가능성들이 있다. 페스트균에 설치류나 벼룩의 내성을 강화하는 돌연변이가 일어났을 가능성, 야생 페스트 병원소에 땅굴을 파는 설치류의 이동에 영향을 미치는 생태학적 요인들이 작동했을 가능성, 사람들의 영양 상태가 개선되면서 면역력이 증가했을 가능성, 페스트균의 매개체로는 비효율적인 다른 벼룩 종들에 비해 위험한 쥐벼룩 *제놉실라 체오피스*의 분포에 어떤 변화가 발생했을 가능성 등이 그것이다.

이러한 다양한 가능성들이 어떤 역할을 했건 간에 격리를 통한 강력한 분리 조치들을 시행하기 위한 근대 초기 국가의 공권력이 2차 팬데믹의 소멸에 중요한, 아마 결정적인 역할을 했을 것이라는 데는 의심의 여지가 없는 듯하다. 또한 페스트 방역 조치들은 효과적으로 페스트를 막는 견고한 방어벽을 제공하는 것 같았기에 영향력이 대단했다. 따라서 몇 세기 후에 정치권과 공중보건 당국에서 보인 반응은 이해가 간다. 콜레라와 에이즈처럼 알려진 게 거의 없는 신종 독성 감염병이 출현할 때 그들이 처음 보인 반응은 페스트에 효과적으로 작동했던 것으로 보이는 똑같은 방어책에 의존하는 것이었다. 그러나 불행히도 페스트 방역 조치들이 림프절 페스트에는 성공적으로 작용했는지 몰라도 전파 경로가 현저히 다른 감염병에 적용되었을 때는 쓸모없거나 심지어 부작용이 많은 것으로 입증되었다. 이렇듯 페스트 법령은 한편으로는 과거에는 제 기능을 했다는 생각에, 다른 한편으로는 불확실하고 두려운 상황에서 뭔가 할 수 있다는 든든한 마음이 들게 했기에 계속 활용하고 싶은 공중보건책으로 확립되었다. 게다가 페스트 법령을 따르는 관계 당국은 선례에 따라 과단성 있고 지식을 갖추고 적법하게 행동한다는 인상이 들게 마련이었다. 우리는 이러한 유혹의 결과를 이 책의 후반부에서 보게 될 것이다.

페스트 법령은 또한 정치사에도 긴 그림자를 드리웠다. 그 법령들은 막강한 공권력이 전에는 한 번도 정치권력에 귀속되지 않았던 생활 영역에까지 뻗칠 수 있음을 보여주었다. 최근까지도 페스트 법령에 의존하고픈 유혹을 느끼는 이유 중 하나는 페스트로 발동되었건, 나중에 콜레라나 다른 질병으로 발동되었건 간에 이러한 법령들이 권력 확장을 정당화하는 구실을 제공하기 때문이다. 방역 규정은 경제 규제 및 이동 제한을 정당화하고, 감찰과 강제 구금을 승인하며, 주거 침입과 시민 자유의 박탈을 허가했다. 공중보건 비상사태에 관해 딱히 답이 없는 논쟁이 이어지는 가운데 공권력 확대는 교회, 강력한 정치권과 의료계로부터 환영받았다. 페스트 방역 대책은 절대주의의 부상을 예고했고, 보다 일반적으로는 근대 국가의 공권력에 정당성을 부여했다.

|제6장| 에드워드 제너 이전의 천연두

감염병 비교

이제는 비교 분석하는 차원에서 커다란 충격을 안겼던 또 다른 감염병인 천연두를 살펴볼 차례다. 왜 천연두인가? 왜 이 단계에서 천연두를 다루는가? 두 번째 질문에 대한 답은 천연두가 페스트에 이어 18세기 유럽을 강타한 가장 끔찍한 질병이었기 때문이다. 첫 질문에 대한 답은 천연두가 페스트와는 사뭇 다른 질병인 데다 여러 종류의 감염병이 미친 영향을 살펴보는 것이 이 책의 목적 중 하나이기 때문이다. 감염병 하나하나는 독립된 메커니즘과 독립된 역사적 영향력을 지닌 독특하고 특별한 경우에 해당하므로 감염병을 서로 비교해 살펴보는 것이 중요하다.

그러나 감염병 비교는 체계적이고 명쾌하게 접근해야 한다. 감염병 연구가 낯선 독자들을 위해 감염병을 서로 비교해 특정 감염병이 사회에 미치는 영향의 본질과 정도를 좌우하는 주요 변수들을 구체적으로 설명해보고자 한다. 그러기 위해서는 역사학도의 지침이 될 만한 질문을 제기해보는 게 좋다.

여기에 실은 질문 목록은 표준도 아니고, 꼭 필요한 질문만 포함하는 것도 아니라는 점을 미리 분명히 밝혀둔다. 목록이란 모름지기 새로운 질병을 접할 때마다 방향을 잡기 좋은 출발점일 뿐이며, 이를 기점으로 더 많은 문제가 속속 제기되길 바란다.

1. 감염병을 일으키는 원인 병원균은?

림프절 페스트는 우리가 알고 있듯이 *예르시니아 페스티스*가 원인이었다. 앞으로 박테리아, 바이러스, 말라리아 원충, 이렇게 세 가지 범주의 미생물 병원균을 만나게 될 것이다. 감염병 관련 의학 강좌라면 광우병과 쿠루병(인간에게 발병하는 광우병 유사 질환_옮긴이) 등의 질병을 일으키는 프라이온prion도 살펴봐야 했을 것이다. 그러나 여기에서 살펴볼 질병들은 모두 박테리아, 바이러스, 말라리아 원충이 원인이다.

2. 감염병의 전체 사망률과 이환율은?

'사망률'은 사망자의 비율을 가리키며, '이환율'은 중증이든 아니든 환자의 비율을 가리킨다. 사망자와 환자의 총수나 비율은 감염병의 영향을 측정하는 척도 가운데 하나임은 분명하다. 예를 들어, 이런 통계는 1918년부터 1919년까지 약 5,000만 명의 사망자를 낸 스페인 인플루엔자가 1995년에 콩고민주공화국 키크위트에서 발생한 에볼라보다 더 중요한 사건이라는 주장에 힘을 실어준다. 당시 에볼라로 촉발된 세계적인 비상사태에도 불구하고 에볼라 감염병은 '고작' 250명의 사망자와 315명의 환자라는 빈약한 유산을 남기고 떠났다.

　다른 한편으로 이환율과 사망률 수치는 역사적 의미에 대한 일차적이고 개략적인 평가에 지나지 않는다. 사실 역사적 의미는 면밀하게 이루어지는 정량적·정성적 사례 분석을 통해서만 이루어질 수 있다. 가령, 총 사망자 수만 따져서 림프절 페스트와 스페인 인플루엔자 같은 대규모 재난만이 중요한 사건이라는 연역적 결론을 내린다면 도덕적 불감증이며 역사적 오류일 것이다. 사실, 사망자가 '겨우' 몇 천 명밖에 안된 아시아 콜레라처럼 규모가 훨씬 작은 감염병도 역사적으로 장기적인 그림자를 드리우는 결정적인 사건이었다고 강력하게 주장할 수도 있다. 역사적 영향을 따져보는 문제를 간단하게 해결할 만한 방법은 없다. 하지만 이환율과 사망률은 감염병이 미친 역사적 영향의 규모를 판단할 때 고려해야 하는 중요한 요인이다.

3. 감염병의 사례치명률은?

이 질문은 병원균의 독성에 관한 것이다. 사례치명률은 이환율에서 차지하는 사망률, 다시 말해 사망에 이르는 환자의 비율로 결정된다. 그러므로 사례치명률이란 병의 '치사율'을 의미한다. 림프절 페스트가 엄청난 공포와 혼란을 야기한 원인 중 하나는 50~80%에 이르는 전무후무한 높은 사례치명률이었다. 그와 반대로 제1차 세계대전 말에 등장한 스페인 인플루엔자도 이환율은 비할 데 없이 높았지만 사례치명률은 낮았다. 이러한 차이점이 두 질병에 대한 다양한 대중의 반응을 평가하는 데 중요하다.

4. 감염병 증상의 특성은?

감염병을 겪는 사회의 기준에서 특히 고통스럽거나 수치스러운 증상, 가령 페스트와 천연두, 콜레라와 관련한 증상은 질병이 어떻게 발현되고 평가되는지를 파악하는 데 도움이 된다. 예컨대, 천연두로 목숨은 잃지 않아도 불구가 되거나, 모습이 흉하게 변하거나, 곧잘 눈이 멀기도 한다. 반면에 결핵은 그에 따른 고통은 심하지만, 환자를 한층 지적이고 낭만적이며 성적으로 매력적인 사람으로 변모시킨다고 믿는 사회 통념이 있었다. 이런 측면이 19세기 유럽에서 주요 사망 원인이었던 폐결핵이 공포를 거의 야기하지 않았던 반면, 인구 변화에 별 영향을 미치지 않은 콜레라는

19세기 가장 끔찍한 질병으로 등극하게 된 역설을 설명하는 데 중요한 요인이 된다.

5. 사람들에게 새로운 감염병인가, 아니면 익숙한 감염병인가?

사람들은 기존의 질병보다 불현듯 등장한 미지의 질병을 더 무서워한다. 게다가 자꾸 발생하는 질환에 대해서는 면역도 어느 정도 생길 가능성이 있고, 질병도 인간 숙주에 스스로 적응하면서 변이도 되고 독성도 약화되었을 가능성도 있다.

예를 들어, 볼거리나 홍역 같은 이른바 아동기 질병을 생각해보자. 유럽에서는 풍토병이라 상대적으로 가벼운 질환에 속한 볼거리와 홍역이 이러한 질병을 접해보지 못한 사람들에게 처음 전파되었을 때 엄청난 참사가 발생했다. 이것이 바로 '처녀지 감염병' 현상으로, 미 대륙 원주민과 뉴질랜드 마오리족이 홍역과 천연두를 처음 접하고 무참히 떼죽음을 당한 것이 이런 상황에 해당한다. 이런 이유 때문에 콜레라와 에이즈 등의 '신종 질환'이 말라리아나 인플루엔자 같은 기존의 질환보다 훨씬 무섭게 느껴지는 경향이 있다.

6. 환자의 연령 분포는? 유년층과 노년층, 아니면 청장년층에 영향을 미치는가?

연령이라는 변수는 감염병을 특정 인구집단을 통과하는 '자연스러운' 현상으로 간주해야 하는지, 아니면 영향력을 확대하며 많은 수의 고아와 과부를 양산하기 때문에 특별히 위협적인 것으로 간주해야 하는지를 판단하는 데 유용하다. 콜레라는 가족과 공동체에서 경제적 기둥이 되는 사람들을 표적으로 삼기 때문에 특히 두려운 존재였다.

7. 환자의 계층 분포는 어떻게 되는가? 빈곤층이나 소외계층이 주로 앓는 질환인가, 아니면 '민주적인' 질병인가?

림프절 페스트의 2차 팬데믹의 특징은 림프절 페스트가 보편적 질병이라는 것이었으며, 이는 림프절 페스트의 사회사와 빈곤층의 질병이라는 특징을 지닌 콜레라의 사회사를 크게 구별 짓는 요인이었다. 그와 같은 관계는 인플루엔자처럼 좀 더 보편적인 질병은 야기하지 않는 계층적·사회적 긴장을 조장한다. 마찬가지로 미국의 에이즈 초기 역사를 보면 에이즈가 일반인보다는 남성 동성애자들이 주로 걸리는 병처럼 보였던 게 분명하다.

8. 감염병의 감염 경로는? 대인 접촉인가? 오염된 음식이나 물인가? 매개체인가? 성관계인가? 비말인가?

이 질문의 핵심은 매독과 에이즈 사례로 확실하게 입증된다. 모두가 알고 있듯이 매독과 에이즈의 영향과 사회적 파장은 두 질병이 성관계로 감염된다는 사실을 근거로 할 때만 이해 가능하다. 희생양 삼기와 낙인찍기는 인플루엔자처럼 공기로 전파되는 감염병에서는 일어날 것 같지 않다.

9. 보통 얼마나 빨리 온몸으로 퍼지는가? 진행이 느리고 소모적인가, 아니면 순식간에 악화되는가?

결핵과 매독, 에이즈는 보통 오랫동안 지속되는 질환인 반면, 페스트와 콜레라, 인플루엔자는 죽든지 완쾌하든지 순식간에 결론이 난다. 또는 말라리아는 둘 중 한 과정을 따른다. 다시 말해, 시간이라는 단순한 척도가 역사적 의미라는 비밀을 푸는 마법의 열쇠는 아니지만, 평가에서는 그만한 위상과 무게를 지닌다.

10. 병을 겪은 인구집단은 그 병을 어떻게 이해하는가?

페스트의 경우에서 보았듯이, 어떤 질병을 당대 사람들이 신의 응징이나 사악한 독살범의 음모로 보느냐, 순전히 생물학적이고 자연주의적인 사건으로 보느냐에 따라 커다란 차이가 발생한다. 한 인구집단과 공중보건 당국, 전문 의료진의 마음속에 어떤 생각이 자리 잡고 있느냐에 따라 감염병 비상사태의 전개 과정에 커다란 영향을 미친다.

11. 감염 사태는 보통 얼마나 지속되는가?

이 문제와 관련해 감염병은 상당히 다양한 양상을 보인다. 인플루엔자 감염병은 어떤 특정 지역에서 몇 주간 지속되는 게 보통이며, 콜레라와 페스트 감염병은 몇 달씩 지속된다. 결핵은 단 한 차례만 발병해도 몇 세대나 몇 백 년씩 이어지며, 감염병과 풍토병의 구별 문제를 제기할 정도로 서서히 전파되는 감염병이다.

바이러스성 질환

질문 목록을 두고 보니, 이제 '곰보 괴물' 천연두를 다룰 준비가 된 것 같다. 천연두는 *진성두창바이러스*Orthopoxvirus 속屬의 바이러스 때문에 발병한다. *진성두창바이러스* 속에는 천연두를 일으키는 두창바이러스가 있으며, 두창바이러스는 대두창과 소두창으로 나뉜다. 20세기 초에 현미경을 통해 처음 확인된 대두창이 사학자들의 최대 관심사인 '전형적인 천연두'의 원인이다.(소두창은 치명도가 약한 유형의 천연두를 일으키며 사회에 미치는 영향도 제한적이라서 이 책에서 더는 다루지 않는다.)

또 다른 *진성두창바이러스*인 우두cowpox는 천연두와는 별개이며, 주로 소가 걸리는 경미하고 자연 치유가 되는 질병이다. 우두가 인간에서는 가벼운 독감 같은 증상을 나타내지만, 에드워드 제너가 18세기에 밝혀냈듯이 우두에 걸리면 천연두에도 강하고 지속적인 교차 면역이 생기기 때문에 역사적으로 중요한 의미가 있다. 그러므로 우두는 제너가 개척한 공중보건 백신 정책을 개발하는 데 중요한 실마리 역할을 했다(제7장 참고).

천연두는 우리가 처음 다루는 바이러스성 질병이기 때문에 전문 용어를 명확히 설명하고 생물학적 구분에도 유의해야 한다. '미생물'은 미세한 생물체를 가리키는 일반 용어이며, 미생물에는 *예르시니아 페스티스* 같은 박테리아와 대두창 등의 바이러스가 포함된다. 박테리아는 생명체인 게 확실하고도 명백한 단세포 생물이다. 박테리아에는 DNA뿐 아니라 DNA 암호를 판독하고 생명과 생식의 필수 요소인 단백질을 생성하는 데 필요한 모든 세포 조직이 들어있다.

바이러스는 박테리아와 완전히 다르지만, 의학사 학생들을 혼란스럽게 하는 근원이 잠복해 있을 수도 있다. 바이러스는 아주 오래전부터 내려온 말이다. 체액 체계에서는 질병이란 우리가 알고 있는 것처럼 외부로부터 인체에 가해지는 공격의 결과로 발생하는 것처럼 보였다. 질병에 이르는 주요 환경 요인 중 하나는 오염된 공기, 즉 독기라고 생각했다. 그러나 또 다른 주요 원인은 '독기'만큼이나 정체가 불분명한 '바이러스'라는 독이었다. 따라서 19세기 후반에 박테리아가 최초로 발견되었을 때는 박테리아를 흔히 바이러스의 일종이라고 여겼다. 미생물이라는 독특한 범주, 즉 요즘 말로 '바이러스'라는 범주를 처음 발견했을 당시에는 박테리아를 걸러낼 정도로 미세한 필터를 통과할 수 있다는 의미로 '필터를 통과하는 바이러스filterable virus'로 표기했다.

이 책 나머지 부분에서도 박테리아보다 500배는 작아 필터를 통과하는 기생 입자인 이 미생물을 지칭하는 용어로 '바이러스'를 사용할 것이다. 명쾌한 과학 실험을 통해 1903년 무렵 바이러스의 존재는 확인되었지만, 실제로 눈으로 확인한 것은 1930년대에 전자 현미경이 발명된 후였고, 바이러스의 생물학적 기능을 이해한 것은 1950년대의 DNA 혁명 이후였다.

바이러스는 생명을 구성하는 가장 기본적인 요소로 이루어져 있다. 바이러스는 단백질로 포장된 한 조각 유전 물질에 지나지 않거나, 노벨상 수상자인 생물학자 피터 메더워Peter Medawar의 정의대로 "바이러스는 단백질로 포장된 한 나쁜 소식"일 뿐이다.[1] 바이러스는 살아있는 세포가 아니라 그 자체만으로는 비활성 상태인 세포 입자다. 바이러스에는 소수의 유전자가 들어있다. 가령, 인간에게서는 2만~2만 5,000개의 유전자가 발견되는 반면, 천연두 바이러스에는 200~400개의 유전자가 들어있다. 이렇게 단출한 바이러스는 DNA를 판독하거나 단백질을 만들거나 대사 과정을 수행하는 자체 조직이 부족하다. 바이러스는 혼자서는 아무것도 할 수 없고 복제도 불가능하다.

바이러스는 살아있는 세포를 침범하는 미세기생체로 살아간다. 세포 안에 들어간 바이러스는 단백질 껍질을 벗고 핵산을 세포 속으로 보낸다. 바이러스의 유전자 암호(바이러스는 유전자 암호 그 이상은 아니다)는 세포 조직을 이용해 세포에 바이러스 자손을 생산하라는 메시지를 전달한다. 이런 방식으로 바이러스는 살아있는 세포를 바이러스를 생산하는 공장으로 탈바꿈시킨다. 그렇게 하는 과정에서 바이러스는 침범한 숙주세포를 파괴한다. 새롭게 형성된 성숙한 바이러스 입자는 숙주세포를 빠져나와 계속해서 새로운 세포를 공격하고 침범한다. 바이러스가 바이러스를 더욱더 많이 생산하고 세포를 더욱더 많이 파괴할수록, 인체에 미치는 영향은 바이러스의 침입을 억제하거나 파괴하는 면역 체계의 능력에 따라 심각하거나 치명적이 되기도 한다. 이 책은 질병을 인체가 외부로부터가 아닌 몸속 깊은 곳에 서식하는 기생 병원체로부터 공격당하는 상태라고 주장한다는 점에서 어떻게 보면 히포크라테스나 갈레노스의 질병관과는 정반대의 입장에 서있는 것일 수도 있다. 가장 치명적이면서 역사적 의미도 가장 큰 질병에 속하는 천연두, 홍역, 광견병, 황열, 폴리오, 인플루엔자, 에이즈 등은 바이러스성 감염병이다.

바이러스의 역할에 관한 궁금증은 바이러스가 살아 숨 쉬는 유기체인지 여부를 둘러싼 진기한 논쟁으로 이어졌다. 바이러스가 살아있는 존재라고 주장하는 사람들은 바이러스가 생명을 정의하는 지표 중 하나인 유전자 물질을 전달할 수 있다는 데 주목한다. 그러나 그 반대의 목소리를 내는 사람들은 바이러스가 독자적으로는 어떤 대사 과정도 수행할 수 없다고 주장한다. 이런 의미에서 보면 바이러스는 궁극적으로 기생충이다. 바이러스가 살아있는지의 여부에 대한 판단은 어쩌면 학문적 관점이나 개인의 선호도 문제일 수 있다. 그나마 다행이라면, 신학에서라면 몰라도 어떤 대답이든 별로 중요하지 않다는 점이다.

대두창과 관련해 중요한 점은 대두창이 사람에게만 영향을 미친다는 것이다. 이런 요인이 궁극적으로 1980년 천연두 박멸 선언으로 이어진 백신운동에 상당히 중요하게 작용했다. 천연두는 이 세상에서 최초이자 유일하게 박멸한 인간 질병이다. 박멸이 가능했던 한 가지 이유는 대두창이 인간과 동물 사이의 종의 장벽을 넘는 방법을 찾을 때마다 천연두를 다시 되살릴 수 있는 동물병원소가 없었기 때문이다.

전파

천연두는 전염성이 강하다. 천연두에 걸린 사람은 천연두 발진이나 아물지 않은 목구멍 상처에서 수백만 개의 감염 바이러스를 가까운 주변으로 내뿜는다. 환자는 발진이 생기기 직전부터 몇 주 후 마지막 딱지가 떨어질 때까지 전염력을 유지한다. 물론 바이러스에 노출된 사람이 전부 감염되는 것은 아니다. 면역력이 있는 사람을 제외하면, 병에 쉽게 걸리는 가족 한 명이 같은 집에 사는 환자에게 천연두를 옮길 확률은 반반으로 추정된다.

천연두는 세 가지 방법으로 전파된다. 첫 번째는 환자가 숨을 내쉬고, 기침하고, 재채기할 때 나오는 비말을 환자와 가까이 있는 사람이 들이마셔서 전파된다. 천연두는 보통 일정한 기간에 걸쳐 가족이나 병동, 밀폐된 작업장, 교실, 군 병영, 난민촌 등 극히 밀접한 접촉 환경에서 특히 춥고 건조한 겨울철에 전파된다. 미국 질병통제예방센터 소장 윌리엄 포이지William Foege가 1970년대의 천연두 박멸 사업 기간에 주의 깊게 관찰한 것처럼, 천연두 바이러스의 주요 한계는 천연두가 통상 환자 주변의 '감염 반경' 약 90cm 내에서만 전파된다는 것이다. 게다가 이 반경 내에서도 천연두는 약하기도 하고 까다롭기도 하다. 천연두는 환경에 노출되면 장시간 생존할 수 없다는 점에서 약하고, 인간만 감염시키고 다른 동물병원소는 갖고 있지 않다는 점에서는 까다롭다고도 할 수 있다. 그러나 전파 반경 내에 있는 천연두는 '수직 전파'가 가능하다. 즉 감염된 산모가 태반을 통해 천연두를 태아에게 전파할 수 있으므로 아이는 '선천성 천연두'에 걸려서 태어난다.

천연두는 '비생체접촉매개물fomites'로 알려진 무생물체가 오염되어 환자 주변으로 바이러스를 옮기는 물리적 움직임을 통해서 전파된다.

이러한 매개물로는 일반적으로 이부자리나 식기, 옷 등이 있다. 여기에 환자의 상처에서 떨어진 딱지가 들어가면 천연두 바이러스는 그곳에서 온도와 습도에 따라 2~4개월 동안 생존할 수 있다.

이런 방식으로 질병이 확산되도록 다양한 사회적 요인이 질병 전파에 유리한 여건을 조성할 수 있다. 여기에는 도시화, 과밀한 주거 시설, 혼잡한 작업장, 전쟁 등 복잡한 공간에 많은 사람이 모여들게 하는 환경이 모두 포함된다. 18세기와 19세기의 서유럽 도시들은 산업 발전, 도시로의 집단 이주, 자유방임적 자본주의, 전쟁, 식민지화에 따른 압력으로 그런 여건을 충분히 제공했다. 선진 유럽 도시들에서 천연두는 특히 유아의 질병으로, 17세기에는 전체 유아 사망의 3분의 1가량이 천연두라는 단일 원인 때문일 정도였다.

증상

천연두라는 끔찍한 질병에서 간과할 수 없는 중요한 양상은 인체에서의 끔찍한 진행 과정과 그로 인해 평생 안고 가야 하는 흉터와 외모 손상이다. 이런 특징이 죽음 자체의 두려움만큼이나 공포를 퍼뜨리는 데 중요하게 작용했다. '천연두'라는 단어는 오늘날에도 사람들의 상상 속에서 강력하고 불안한 파문을 불러일으킨다.

우리가 이 책에서 접하는 질병들의 어떤 점이 환자에게 가장 고통스럽냐는 질문이 나올 수도 있다. 이 질문은 어느 누구도 우리가 살펴보는 질병을 전부 앓아본 적이 없기 때문에 경험적으로 검증할 수는 없다. 하지만 천연두가 사람의 목숨을 수도 없이 앗아간 시대를 살았던 사람들의 느낌을 기록해보는 것도 의미 있는 일이다. 천연두 환자들을 치료한 의사들은 천연두가 '최악의 인간 질병'임을 확신했고, 1983년 한 의사는 "갑작스럽고 예측할 수 없는 공격, 환자가 당하는 기괴스러운 고문, 목숨을 빼앗거나 미관을 손상시키는 만행, 공포를 야기한다는 점에서 천연두는 독특한 인간 질병"이라고 기록했다.[2]

천연두가 생물테러의 무기로 사용되기 적절한 이유가 여기 있다. 천연두가 크게 발병하면 사상자가 늘어나고, 고통이 극대화되고, 공포, 탈주, 사회 혼란이 광범위하게 일어난다는 게 잘 알려져 있기 때문이다. 따라서 천연두의 증상은 이 감염병의 역사와 사회적 영향을 살펴볼 때 반드시 짚고 넘어가야 할 부분이다. 역사적 관점에서도 증상을 숙지해야 천연두의 특수성과 천연두가 남긴 영원한 흔적을 파악할 수 있다.

발진전기

천연두의 잠복기는 보통 12일가량이며, 그 기간에는 어떤 증상도 나타나지 않는다. 잠복기는 감염병의 전파를 용이하게 만들기 때문에 잠복기 자체가 역학적으로도 중요하다. 감염된 사람들은 병에 걸리기 전에 여행도 하고 다른 사람들과 접촉할 시간이 많았다. 증상은 '바이러스 공세'로 시작되었다. 병원균이 혈류 속으로 들어가 온몸으로 전파되면 결국 피부의 표피층 바로 아래 피부의 혈관에 증상이 집중된다. 혈류 속으로 들어간 바이러스 양과 신체의 면역 반응 효율에 따라 천연두의 중증도와 진행 과정이 결정되었다.

증상이 나타나기 시작하면 체온이 약 38~39℃까지 올라갔다. 환자는 갑자기 무력감을 느끼고, 더불어 예리한 통증이 한 달간 지속되며 전파·감염 위험도 높아졌다. 초기 증상에는 구역질, 심한 허리 통증, 머리가 깨질 듯한 전두골 두통 등도 있었고, 어린아이들은 경기를 일으키는 경우가 많았다.

어떤 환자는 손을 쓸 수 없을 정도로 감염이 심해 아무런 외부 증상 없이 36시간 안에 사망하기도 했는데, 이런 경우 부검해보면 기도와 소화관, 심장 근육에 출혈이 생긴 것으로 드러났다. 다음은 '전격성 천연두' 환자에 관한 글이다.

3~4일 후면 환자에게는 길고도 고단한 투쟁을 겪은 사람에게 흔히 나타나는 모습이 나타난다. 얼굴에서는 표정이 사라져 가면을 쓴 것 같고, 근육에서는 탄력을 찾아보기 힘들다. 말하는 것을 보면 병의 상태가 더욱 뚜렷해진다. 애를 써야 겨우 말이 나오는 데다 목소리도 낮고 단조롭다. 무기력하고 주변 상황에 무관심하다. 정신 상태도 마찬가지다. 정신줄을 놓아서인지 반응하는 데도 잘못을 바로잡는 데도 시간이 오래 걸린다. 전격성 천연두 환자 대다수는 심한 충격을 받거나 과다출혈을 일으킨 환자와 양상이 비슷하다. 얼굴이 핼쑥하고 창백하다. 호흡은 한숨을 내쉬거나 가쁘게 몰아쉰다. 계속해서 고개를 발딱 쳐들기도 하고 자주 비명도 지른다. 정신을 집중하기 어려워서 그저 통증이 심하다고만 하소연하는데, 지금은 가슴이, 다음에는 등이나 머리가, 아니면 배가 아프다고 한다.[3]

발진기

천연두 환자는 전격성 천연두로 조기 사망에 이르기도 하지만, 보통은 천연두가 질병으로서의 전형적인 증상을 드러내는 '발진기'로 접어든다.(그림 6-1) 환자는 발병 후 사흘째가 되면 통상 몸이 상당히 나아졌다고 느끼며, 상태가 가벼운 환자들은 정상적인 생활로 돌아가는 경우가 많지만, 안타깝게도 다른 사람에게 전파할 가능성은 여전히 지니고 있다.

회복되는 듯한 모습을 보이면서, 동시에 장미색에 지름이 최대 6.3㎜

정도의 '반점'이라고 알려진 작은 원형이나 타원형 병변과 함께 발진이 나타났다. 이런 발진이 처음에는 혀와 입천장에만 생기지만, 24시간 안에 온몸으로 퍼지는데, 심지어는 손바닥과 발바닥에도 생겼다. 뺨과 이마는 햇볕에 심하게 탄 듯한 모습이고, 실제로 환자들도 데인 느낌이나 심한 작열감을 느꼈다.

발진 둘째 날은 병변 모양이 변하기 시작했다. 반점 중앙이 딱딱해지고, 점차 꼭지가 납작하거나 때로는 옴폭 파인 '뾰루지' 같은 것들로 변했다. 뾰루지는 만지면 피부에 산탄 같은 게 박힌 느낌이 든다고 했다.

셋째 날은 병변이 이제는 '수포'라고 부를 정도로 크기가 커졌다. 색도 빨간색에서 자주색으로 변했고, 더는 단단하지도 않고 물집처럼 액체로 가득 차 있다. 이렇게 '수포가 되는' 과정은 3일 정도 걸리고, 이후 3일간 더 지속되었다. 이 단계의 천연두는 그 특징과 독특한 모양을 발현하기 때문에 천연두의 물리적인 진단이 분명해졌다. 환자는 입천장과

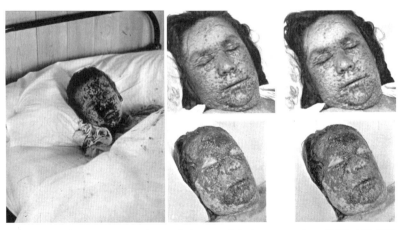

그림 6-1 (왼쪽) 영국 글로스터의 천연두 환자, J. R. 에반스(J. R. Evans), 10세(의료 시설 촬영, 1896년, 런던 웰컴 컬렉션, CC BY 4.0); (오른쪽) 여성 환자의 얼굴에 농익은 농포 발진.[T. F. 리케츠 (T. F. Ricketts), 《천연두의 진단(The Diagnosis of Smallpox)》(카셀출판사, 1908)](런던 웰컴 컬렉션, CC BY 4.0)

142

목구멍의 점막에 수포가 광범위하게 번지는 통에 괴로워서 삼키거나 말을 하기가 점점 힘들어졌다.

발진이 생긴 지 6일째 무렵이면 수포에 누런 고름이 차기 시작하고, 그 후 수포 자국은 사라지고 우묵한 모양의 마맛자국이 남았다. 이 과정이 완전한 성숙기에 접어들기까지 48시간이 걸렸다. 이 시점에 접어들면 환자는 상태가 부쩍 나빠졌다. 열이 치솟고, 눈꺼풀과 입술, 코와 혀가 심하게 부풀어 올랐다. 음식물을 삼킬 수 없게 된 환자는 대부분의 시간을 나른한 상태에서 머물다 밤에는 극도로 불안해하면서 서서히 쇠약해졌다. 자꾸 망상에 시달리고, 몸부림을 치기도 하고, 심지어는 달아나려고도 했다. 이러한 심리적 상태는 단순히 고열의 부작용이 아니라 중추신경계가 감염되었기 때문이다. 그렇기 때문에 환자들이 살아나도 신경성 후유증이 지속되어 영구적인 손상으로 이어지는 것 같았다.

9일째에는 농포가 단단해지고, 더 깊숙이 자리 잡았다. 이런 이유로 농포가 몸에 생긴 곳마다 평생 지워지지 않는 흉터와 깊은 마맛자국을 남겼던 것 같다. 그러한 병변은 물렁물렁하고, 납작하고, 벨벳 같고, 뜨겁고, 만지면 부드럽다고 했다. 여성은 흔히 자궁 출혈이 있었고, 임신한 여성은 거의 대부분 유산했다.

천연두의 또 다른 불쾌한 면이라면 지독히도 느글거리는 악취였는데, 의사들의 주장에 따르면, 표현할 수 없을 정도로 심하고 불쾌한 냄새였다고 한다. 이 정도가 되면 환자는 뭘 마실 수가 없는데, 심지어 우유를 마셔도 목구멍이 강렬하게 타는 것 같은 느낌이 들었기 때문이다. 무서울 정도로 체중이 빠져서 실제로 배고파 죽을 지경이었을 수도 있었다. 또한 근력이 완전히 빠졌고, 여전히 살아 숨 쉬는 몸의 표면에서는 거의 알아보기 힘든 송장 같은 느낌이 났다. 두피 전체가 때로는 머리카락이 뒤엉킨 하나의 커다란 병변이 되었다. 환자는 손톱과 발톱 아래 농포를 특히 견딜 수 없어 했다. 눈도 몹시 예민해져서 종종 눈 자체에 마맛자국이 생기기도 해 살아남은 사람도 시력을 아예 잃기도 했다.

발진이 처음 나타난 후 10~14일이 되면 딱지가 생기기 시작했다. 딱지에는 살아있는 천연두 바이러스가 있어서 감염성이 매우 높아 천연두를 전파하는 주요 원인이 되었다. 광범위한 피부 부위가 벗겨지기 시작하면서 피부 깊숙한 곳의 조직이 밖으로 그대로 드러났다. 이런 부위는 심하게 아픈 데다 환자의 외모도 끔찍하게 만들어 고통을 배가했다. 상피가 광범위하게 벗겨지고 급속도로 전신 독혈증과 2차 사슬알균과 포도알균 감염으로 이어지기도 하는 이 단계에서 죽는 경우가 가장 많았다. 집중 간호와 청결한 위생 상태, 건강한 영양 상태 유지가 그런 합병증의 가능성을 낮추었기 때문에 부유하고 간호를 충분히 받은 환자들이 회복될 가능성이 가장 높았을 것 같다.

환자의 외모는 '치욕'으로 묘사되었다. 여전히 살아있는 환자도 입을 벌린 채 데스마스크를 씌워 고정해놓은 미라처럼 보였다. 예후 면에서 병변은 다행히도 딱딱해지는 것 같다가도 동시에 참을 수 없는 가려움이란 최후의 고문으로 이어졌다. 사실 천연두로 인한 흉터에는 환자가 긁거나 딱지를 뜯어내서 생긴 것도 분명히 있었다. 생존한 환자들의 경우는 마침내 농포가 다 마르고 딱지가 떨어지며 장기간에 걸친 회복 단계가 시작되었다.

천연두의 중증도는 마맛자국의 모양과 범위, 분포에 따라 다양했다. 의사들은 이를 네 가지 특유의 양상으로 설명했다. 첫째는 마맛자국이 정상적인 피부 부위에 의해 서로 분리되어 있는 '분리성 천연두'였다. 그런 환자의 사례치명률은 10% 이하였다. 둘째는 병변이 특히 얼굴과 팔뚝에서 서로 합쳐지기 시작하는 '준융합성 천연두'였다. 이런 환자들의 사례치명률은 40%까지 올라갔다. 셋째는 발진이 서로 교차하면서 정상 피부 주변에 작은 섬 모양의 병변을 광범위하게 형성하는 '융합성 천연두'였다. 그런 양상을 보이면 예후도 좋지 않고, 사례치명률도 60% 이상으로 높아졌다. 마지막이자 넷 중에 가장 위험한 양상은 발생 빈도가 가장 낮은 '출혈성 천연두'였다. 출혈성이라는 이름이 붙은 것은 환자의 혈액 응고 기제가 제대로 작동하지 않아 내장과 자궁, 폐에서 출혈이 과다하게 발생해 사망에 이르기 때문이었다. 출혈성 천연두의 사망률은 거의 100%에 이르렀다. 모든 유형을 종합해 평균을 내보면 천연두의 사례치명률은 30~40%로 추산되었다.

천연두는 피부와 목구멍을 공격하는 게 아주 확실했다. 그런 부위의 병변은 단일 환자의 결과라는 측면에서는 개별 환자 진단의 기본이었으며 사회 전체와 관련해서는 역학적인 판단의 핵심이었다. 피부와 목구멍, 눈에 겉으로 드러나는 병변은 2차 감염의 합병증으로 사망할 수 있는 위험을 야기했고, 말로 표현할 수 없는 고통을 안겨주었으며, 탈수 상태를 초래했다. 또한 미관 손상이라는 상처를 남겼고, 곧잘 시력을 앗아가기도 했다. 목구멍의 병변이 비말을 통해 천연두를 전파하는 바이러스의 원천이었던 반면, 피부의 딱지는 떨어질 때마다 세균을 퍼뜨렸다. 동시에 바이러스는 폐와 내장, 심장과 중추신경계를 공격하기도 했다. 그러면 심각하거나 치명적이기까지 한 출혈, 기관지 폐렴, 정신착란, 영구적인 신경성 후유증으로 이어질 수도 있었다.

치료

천연두가 한창 기승을 부린 18세기와 19세기의 의사들은 그렇게 심각한 감염병을 어떻게 치료했을까? 10세기부터 의사들은 환자를 빨간색

('빨간 치료법'으로 알려짐)으로 둘러싸면 천연두를 치료할 수 있다고 생각했다. 따라서 병상 주변에 빨간색 커튼을 달거나, 빨간색 가구를 병실에 들여놓거나, 환자를 빨간색 담요로 감싸는 일을 중요하게 여겼다. 의학 관련 학술지들도 빨간 불빛이 환자의 눈을 진정시키고 피부의 흉터를 완화했다고 전한다.

체액 이론을 바탕으로 대담한 방법들이 다양하게 시도되기도 했다. 농포를 황금 바늘로 따거나 지지는 것도 한 가지 방법이었다. 효험이 어떻든 간에 이러한 방법들은 상당한 아픔이 따르는 처방이었다.

체액 사상에 추가된 것으로 '열 요법'이 있었는데, 환자들에게 담요를 높이 쌓아 올려 땀을 많이 쏟게 해 몸에서 과도한 체액을 뽑아내는 처방이었다. 아니면 환자들을 뜨거운 물에 집어넣었다. 이런 치료법에 따르면 햇빛과 신선한 공기는 유해하기 때문에 환자들을 환기가 되지 않은 어두컴컴한 방에 가둬두었다. 한편 내복약, 특히 독소의 배출을 높이는 발한제가 처방되었다. 설사제 사용과 방혈 처치도 자주 시행되었다.

열 요법의 논리에 따르면서도 그 반대의 결론을 토대로 냉 요법을 권하는 의사들도 있었다. 말하자면, 환자 방을 가능한 한 서늘하게 유지하는 방법이었다. 환자의 몸을 차가운 물로 반복해서 닦아주고 얼굴과 손발에는 얼음주머니를 대주었다.

미관이 손상될 수 있다는 점이 환자의 커다란 고민 중 하나였으므로 마맛자국이나 흉터가 생길 수 있는 가능성을 줄이려는 기발한 묘책들이 동원되었다. 신체 다른 부위의 피부에 극심한 가려움을 유발하면 얼굴 흉터가 줄어들 수 있다는 설도 있었다. 그런 목적으로 겨자 연고와 수은, 부식을 일으키는 액체 등을 등과 손발에 발랐다. 질산은, 수은, 요오드, 약산 등 온갖 종류의 국소용 도포 처방도 있었다. 연고 및 사실상 세상에 알려진 온갖 물질이란 물질로 만든 습포제가 사용되었다. 어떤 창의력 뛰어난 의사들은 글리세린을 얼굴에 바른 다음, 그 위에 눈과 코, 목에 구멍을 낸 마스크를 씌워놓거나, 얼굴과 손을 기름을 바른 비단으로 말아놓기도 했다. 천연두 후반기에는 환자들이 얼굴을 긁지 못하게 하는 장치로 부목을 대도록 권하는 의사들도 있었다. 같은 이유로 의식이 혼미한 환자들은 보통 침대에 묶어두기도 했다.

이런 다양한 천연두 치료법을 알고 나면 영국의 의사 토머스 시드넘 (Thomas Sydenham, 1624~1689)의 이론을 제대로 이해할 수 있을 것이다. 시드넘은 천연두 치료를 광범위하게 받은 부유층과 상류층이 국가에서 해주는 치료조차 받지 못한 빈곤층보다 천연두로 사망하는 경우가 훨씬 많았다고 확신했다. 그러므로 최고의 의사는 치료를 가장 적게 하는 의사라고 조언하며, 그 자신도 환자들에게 신선한 공기와 가벼운 침구를 제공하는 것 외에는 개입을 거의 하지 않았다.

|제7장| **천연두의 역사적인 영향**

우리는 '곰보 괴물'을 전반적으로 조망할 수 있는 세 지점에서 천연두의 중요성과 그 역사적 영향을 두루 살펴보고자 한다. 먼저 유럽에서의 천연두의 역할을 생각해보고, 그다음에는 미 대륙에 미친 천연두의 영향을 다룰 것이며, 마지막으로 천연두가 백신 접종을 통한 예방이라는 새로운 공중보건 전략 개발에 일조한 부분을 논하고자 한다.

유럽에서의 천연두

알려지지 않은 기원

4세기에서 10세기까지 유럽 이외의 일부 지역(중국, 인도, 소아시아)에서 천연두를 연상시키는 기록이 있긴 하지만, 미 질병통제예방센터에 따르면 천연두의 기원은 밝혀진 바 없다. 유럽에는 아마도 11~12세기 십자군 전쟁을 거치며 수많은 병사가 레반트에 널리 퍼진 새로운 질병들과 함께 본국으로 돌아가 뿔뿔이 흩어지면서 확산되었던 것 같다. 앞서 말한 대로 전쟁은 질병 확산에 일조한다.

근대 천연두의 정확한 기원은 여기서 다루려는 내용에서 그다지 중요하지 않다. 그보다는 천연두가 17~18세기에 페스트를 제치고 가장 무서운 감염병으로 등극할 정도로 발병률이 급등했던 배경에 주목해야 한다. 일단 자리를 잡은 천연두는 급격한 사회 이동과 도시 개발, 혼잡, 인구 증가라는 조건과 맞물려 세를 확장했다.

환자군

초기 근대 유럽에서 천연두의 역학을 설명하는 데는 면역학적 사실들이 많은 도움이 된다. 중요한 것은 천연두에 걸려 역경을 딛고 살아남은 환자들이 평생 다시는 천연두에 걸리지 않을 강한 면역력을 얻게 된다는 것이다. 어느 누구도 천연두에 두 번 걸리는 법은 없었다. 이런 맥락에서 전형적으로 나타난 양상은 유럽 전역의 도시와 마을에 천연두가 널리 퍼진 나머지, 아동기를 거치고 살아남은 사람들 대부분이 이미 어릴 적에 천연두에 노출되어 앓고 지나갔다는 것이다. 따라서 유럽 도시의 성인들은 천연두에 대한 상당한 '집단 면역'을 가지고 있었다. 도시에서는 아이들과 전혀 면역력이 없는 시골 출신 이주민들, 아동기에 천연두에 걸리지 않았던 성인 거주자들만 천연두에 취약했다.

이런 맥락에서 천연두는 대부분의 지역에서 아동기 풍토병으로 자리 잡았다. 그러나 아마 일단 한 세대를 전염시키고 나면 일반 인구집단에서도 상당히 유행했을 것이다. 이는 다시 면역학의 역학 관계를 반영했다. 모든 아동이 천연두에 걸린 것은 아니기 때문에 시간이 지나면서 면역력이 없는 청소년과 성인의 수가 서서히 증가했을 것이다. 더욱이 초기 근대 유럽 도시들이 너무 병들어 있었기에 도시 인구를 유지하거나 확대하기 위해서는 상당수 인구가 외부에서 유입되어야만 했다. 외부 유입 인구로는 일을 찾아서 농장을 떠난 농부들, 흉작이나 전쟁을 피해 도망친 난민들, 이주 노동자 등이 있으며, 이들은 당연히 천연두에 취약했을 터였다. 당시 천연두는 해마다 나타나는 풍토병으로 환기도 제대로 안 되는 집과 공장들로 가득한 과밀 도시에서 번성했다. '불붙기 딱 좋은' 상황이 점차 쌓이다가 불이 붙으면서 천연두는 유행했다.

18세기에 유럽 전역에서 천연두로 사망한 사람들의 수치는 신빙성이 없다. 그러나 이 단일 질병은 유럽 전체를 통틀어 18세기 동안 죽은 총 사망자의 10분의 1을 차지하고, 열 살 이하 아동 사망자의 3분의 1을 차지했던 것으로 보인다. 더욱이 성인 인구의 절반이 천연두로 인해 상흔이 남거나 외모가 흉해지고 실명했을 것으로 추정된다. 전체적으로 유럽인 약 50만 명이 해마다 천연두로 목숨을 잃었다. 이는 유럽에서 가장 큰 도시 하나가 18세기 내내 해마다 천연두로 사라지는 것이나 마찬가지다.

바로 이런 이유로 19세기 영국 정치인이자 사학자 토머스 매콜리Thomas Macaulay는 천연두를 "가장 끔찍한 죽음의 성직자"라고 묘사하며 다음과 같이 썼다.

> 페스트의 파괴력은 훨씬 컸다. 살아생전 기억으로 페스트는 우리 해안선을 한두 번 넘어왔을 뿐이다. 그러나 천연두는 늘 현존하며 교회 뒤뜰을 시신으로 채우고, 천연두가 아직 닥치지 않은 사람들을 끝없이 두려움에 시달리게 하고, 살아남은 사람들에게는 극악한 상흔을 남겨, 아기를 바꿔치기한 게 아닌지 어머니를 몸서리치게 하고, 약혼녀의 눈과 뺨을 연인에게 무섭게 보이게 한다.[1]

천연두는 공기를 통한 전파 방식 때문에 인플루엔자와 마찬가지로 가난한 사람이나 셋방살이하는 사람들만 특별히 선호하는 질병이 아니었다. 심지어 부유한 귀족과 왕실 가족도 천연두를 앓았다. 프랑스의 루이 14세(1647), 루이 15세(1774), 네덜란드의 오렌지공 윌리엄 2세(1650),

러시아의 표트르 2세(1730), 신성로마 제국 황제 요제프 1세(1711)가 대표적인 이들이다.

영국의 경우, 천연두는 스튜어트가家를 전멸시켜 영국 왕정에 변화를 몰고 온 직접적인 원인이었다. 마지막 스튜어트가의 후계자인 윌리엄 왕자는 1700년 11세 나이에 천연두로 죽었다. 그 결과, 입헌주의는 위기에 봉착했다. 이 위기는 1701년에 왕위 계승법(영국 국교인 그리스도교 계통으로 왕위 상속을 규정한 법률_옮긴이)을 제정해 또 다른 가톨릭교도의 왕위 계승을 막고 하노버 왕가에서 왕을 영입하면서 해소되었다.

이처럼 곳곳에 존재하며 공포를 유발했지만, 천연두는 림프절 페스트와는 상당히 다른 사회적 반응을 이끌어냈다. 천연두는 집단 히스테리와 폭동, 희생양 삼기, 종교적 광기를 낳지 않았다. 이유는 명백하다. 페스트와는 달리 천연두는 느닷없이 외부에서 쳐들어와 부지불식간에 사람들을 감염시킨 것도 아니고, 가정과 공동체의 생계를 짊어진 청장년층을 주로 공격한 것도 아니어서 분노를 극대화하지 않았다. 천연두는 널리 퍼져있었기 때문에 거의 '일반적인' 상태로 여겨졌고, 주로 유아와 아동들이 많이 걸리기 때문에 여느 병과 다름없이 생각되었다. 모든 사람이 본인이나 가족이 천연두를 앓고 지나간 적이 있어 어느 정도 천연두를 경험했고, 따라서 거리를 지나다니는 사람 절반은 천연두에 걸린 뒤에 생기는 마맛자국이 있었다. 천연두는 이처럼 친숙했기에 천연두를 그저 팔자려니 생각했다. 천연두에 걸리는 것을 피할 수 없는 통과 의례쯤으로 믿게 된 것이다. 이 같은 태도가 널리 퍼져있는 탓에 어떤 부모들은 아이들이 커서 마주할 수 있는 더 심각한 위험으로부터 보호받기 바라는 마음에서 건강한 아이들을 약한 천연두 증상을 보이는 환자에게 일부러 노출시키기까지 했다.

천연두에 대한 일반 대중의 태도는 영국의 문학에 잘 녹아있다. 18세기, 심지어 19세기 작가들도 이야기를 급반전시키고 싶을 때면 천연두를 도구로 활용했고, 아무도 어설프고 인위적으로 짜낸 것이라는 의문을 제기하지 않을 터였다. 헨리 필딩Henry Fielding은 《톰 존스의 모험 The History of Tom Jones, a Foundling》(1749)에서 천연두를 교묘한 술책으로 배치했고, 《조지프 앤드루스의 모험 The History of the Adventures of Joseph Andrews》(1742)에서는 여주인공의 마맛자국이 자연스러워 보였다. 마찬가지로 윌리엄 새커리William Thackeray도 18세기를 배경으로 한 《헨리 에즈먼드 이야기 The History of Henry Esmond》(1852)에서 이야기를 이끌어가는 장치로 천연두를 선택했다.

찰스 디킨스Charles Dickens 역시 그의 소설 《황폐한 집 Bleak House》(1852~1853)에서 천연두를 서술의 중심에 두었다. 디킨스의 주인공 에스더 서머슨은 천연두에 걸렸고, 작가는 주인공이 걸린 병의 핵심적인 특징들, 가령 오한과 발열, 거칠고 고통스러운 목소리, 전신 쇠약, 일시적인 실명, 정신착란과 정신적 혼란, 몇 주간의 고통, 임박한 죽음, 오랜 회복기 등을 세심하게 기술하고 있다. 그러나 무엇보다 얼굴이 흉해져서 친구들과도 멀어지고 사랑받지 못하리란 생각이 에스더를 괴롭게 했다. 그녀의 대사에서 나타나듯이 간병인들은 그녀가 충격받지 않도록 병실에서 거울을 모두 치웠다. 그래서 용기를 그러모아 거울을 처음 마주한 순간 에스더는 두려움에 떨었다.

그때 나는 머리카락을 쓸어 넘기고 거울 속 모습을 바라보았지. …… 이렇게 많이 달라졌구나. …… 아, 이런, 이렇게나 많이 변하다니. …… 예전에도 미인이었던 건 아니었지. 한 번도 날 예쁘다고 생각한 적은 없었어. 하지만 이 정도는 아니었는데. 이젠 다 사라졌군. 하늘이 그토록 내게 잘해주었으니 비통한 눈물 한두 방울쯤 흘리며 모든 걸 내려놓아야지. 이

제 최악이란 걸 알았으니 마음이 외려 차분해지네.[2]

에스더는 천연두로 사람이 완전히 변했고, 그녀에게는 평생 상흔이 남았다. 그러나 가장 흥미로운 것은 에스더도 디킨스도 그녀가 앓은 병을 구체화할 필요성을 느끼지 않았다는 점이다. 천연두는 널리 퍼져있었고, 그 병에 구태여 이름을 붙일 필요가 없었기 때문이다. 《황폐한 집》은 탐욕과 공감대 부족에서 비롯된 빅토리아 사회 전반의 병폐를 모든 계층에 골고루 퍼져있는 천연두를 이용해 상징적으로 그려냈다. 다시 말해, 천연두는 설명이 필요 없었다. 천연두는 언제나, 언급할 필요도 없이 그저 거기에, 사람 사는 일상 어디에나 존재했다.

당시의 삶에서와 마찬가지로 문학에서도 천연두는 공동체의 대격변을 불러일으킨다기보다는 개인의 운명 정도를 결정짓는 병이었다. 그러니 페스트가 돌던 시절에 대니얼 디포가 쓴 공공의 대재앙에 필적할 만한 이야기는 18세기에는 끼어들 여지가 없었다. 따라서 천연두는 런던과 같은 유럽 대도시를 텅 비게 만들지도 않았고, 매일같이 일어나는 자연스러운 현상일 뿐이라 굳이 천연두를 퍼뜨린 범인을 색출하자며 사람들을 부추기지도 않았다.

그렇지만 개개인은 천연두에 대한 근심과 두려움에서 여전히 벗어날 수 없었다. 일례로 새커리의 소설 《헨리 에즈먼드 이야기》는 이러한 두려움이 이야기를 엮어간다. 여주인공 레이디 캐슬우드는 성인이 되어서야 천연두에 걸렸다. 그녀의 남편 캐슬우드 경은 전쟁터에서는 용감한 군인이었지만, 죽음뿐만 아니라 흉측한 몰골로 그를 위협하는 이 병마와 맞서 싸울 수 없었다. 캐슬우드 경은 화색이 도는 자신의 얼굴과 윤기가 자르르한 머리칼을 위태롭게 하고 싶지 않은 마음에 천연두가 발병하는 동안 집을 버리고 달아났다. 반면 헨리 에즈먼드는 천연두를 가리켜 일단 마을에 들어오면 주민 절반의 목숨을 앗아가는 '끔찍한 세계의 재앙'이자 '말라 죽이는 병해'이자 '대역병'이라고 선언했지만, 대탈출에 합류하지는 않았다.[3]

우리는 또한 캐슬우드 부인의 아름다움이 "천연두에 의해 심히 손상되어" 전쟁에서 돌아온 용감한 남편이 더는 그녀를 사랑하지 않는다는 것을 안다. 이렇듯 천연두는 결혼 시장에도 큰 영향을 주었다. 천연두는 사람들의 외모를 일그러뜨려 결혼에 성공하지 못하게 만들었다. 새커리는 이렇게 표현했다. "그 병의 증상들이 사라졌을 때 …… 그녀의 장밋빛 홍조 띤 얼굴색도 사라졌다. 눈은 반짝거림을 잃고, 머리카락은 축 처지고, 얼굴은 늙어 보였다. 마치 거친 손으로 예쁜 사진의 섬세한 색조를 문지르기라도 한 듯 …… 죽은 색으로 만들었다. 또한 귀부인다운 코는 부풀고 붉어졌다."[4] 죽은 피부색과 상처, 마맛자국, 부분 탈모는 엄청난 고통과 불행의 근원이었다. 새커리의 서술은 이런 배경을 바탕으로 펼쳐진다.

미 대륙의 천연두

천연두와 관련된 유럽의 역사는 고통과 죽음, 개인적 고뇌 정도로 기록되지만, 그 병의 역사를 보면 더욱 극적인 측면도 있다. 이는 천연두가 외부 침입자가 되어 면역력도 전혀 없고, 무차별 공격을 제압할 아무런 수단도 없는 사람들이 사는 세상에 진입했을 때 어떤 일이 발생했는지에 관한 이야기다. 그런 경우에 천연두는 '처녀지 감염병'을 촉발했다. 유럽이 미 대륙과 호주, 뉴질랜드로 세를 확장하면서 이러한 파국도 뒤따랐다. 이러한 환경에서 천연두는 강력한 면역력으로 무장한 유럽인이 원주민을 쫓아내고 정착하는 데 중요한 역할을 했다. 이러한 생물학적 공격이 화학 무기보다 유럽 확장에 더 큰 영향을 미쳤다고 말하는 사람도 더러 있다.

콜럼버스의 교환 및 히스파니올라섬

'콜럼버스의 교환'이란 크리스토퍼 콜럼버스Christopher Columbus가 미 대륙에 첫발을 내디디면서 대서양을 사이에 두고 양쪽 대륙 간에 식물과 동물, 문화, 사람의 대대적인 교환이 발생했던 과정을 설명할 때 사용하는 용어다. 이렇게 이동한 것 중에는 미 대륙에서 유럽으로 옮겨 간 감자와 옥수수, 퀴닌의 원재료인 나무껍질 같은 식물도 있지만, 반대 방향으로 이동한 것 중에는 세균도 있었다. 다시 말해, 유럽인들은 미 대륙에 천연두와 홍역을 전했다.

콜럼버스의 세균 교환이 얼마나 중대한 영향을 미쳤는지는 그 위력이 처음 나타난 히스파니올라섬의 경험에 잘 기술되어 있다. 현재는 아이티와 도미니카 공화국으로 나뉜 카리브해에 위치한 산이 많은 이 섬은 1492년에 콜럼버스가 상륙한 곳으로 유명한 장소다.

이 섬의 원주민들은 아라와크Arawak족으로, 콜럼버스의 배가 당도했을 당시 인구는 100만 명으로 추산된다. 콜럼버스는 이 섬을 자연 경관이 빼어난 지상낙원으로 묘사했고, 원주민들을 스페인 사람들에게 아량과 온정을 베푸는 푸근하고 평화로운 사람들로 보고했다.

그러나 친절은 일방적인 것으로 끝났다. 스페인 사람들은 이권과 국제 패권 정치에만 관심이 있었다. 히스파니올라섬은 전략적인 곳에 위치해 있고 비옥한 토양과 온화한 기후를 갖춘 경작지로서, 스페인 황실이 탐내는 땅이었다. 스페인군은 아라와크족의 땅을 빼앗은 다음 그들을 노예로 만들었다. 이 과정에서 유럽인들은 화약과 감염병이라는 두

가지 거대한 자산의 결정적인 도움을 받았다. 원주민이 전혀 면역력을 갖고 있지 않은 천연두와 홍역이라는 감염병이었다.

생물학적으로 발생한 이 사건은 저절로 일어났을 뿐, 의도했던 것은 아니었다. 스페인 사람들이 원주민을 쫓아내고 땅을 차지하기 위한 계획에 맞춰 종족 말살 음모를 짰다거나 질병을 적극 활용했다고 암시하는 대목은 어디에도 없다. 그렇다 해도 히스파니올라섬 원주민들이 전례 없는 가공할 만한 죽음을 겪은 만큼 그 파장은 어마어마했다. 1492년에서 1520년 사이 원주민 인구는 100만에서 1만 5,000명으로 쪼그라들었다. 농업과 국방, 사회 자체가 와해되었다. 생존자들은 유럽인들이 신들 그 자체거나 원주민의 신보다 더 막강한 신을 숭배한다는 두려움과 공포에 그만 무릎을 꿇었다. 결국 콜럼버스의 교환에 따라 미 대륙에 들어온 질병은 화포 한 발이 거의 발사되기도 전에 히스파니올라섬을 초토화해 유럽 식민지화와 기독교 개종의 길을 터주었다.

역설적이게도 천연두와 홍역이 원주민을 무력화해 유럽이 원하는 대로 섬을 장악할 수 있었지만, 그들을 노예로 만들어 농장과 광산에서 노역을 시키려는 침략자의 원래 의도 또한 무력화되었다. 원주민들이 거의 절멸되면서 유럽인들은 대체 노동력을 찾을 수밖에 없었다. 아프리카인들이 유럽인들과 마찬가지로 면역력이 있고 원주민을 절멸한 병에 대한 저항력이 있다는 점에 착안해 결국 유럽인들은 아프리카로 눈을 돌렸다. 사회적·경제적 발전의 저변에 깔린 면역학적 요인이 물론 당대에는 알려지지 않았지만, 직접 경험해보니 결과와 위험이 모두 분명해졌다. 이런 방식으로 질병은 미 대륙의 노예제 발전과 악명 높은 중간 항로(Middle Passage, 노예무역에 이용되던 아프리카 서해안과 서인도제도 사이를 잇는 항로_옮긴이)의 확립에 일조했다.

그 과정은 일사천리로 진행되었다. 1517년은 히스파니올라섬에서 아프리카 노예를 처음 들여온 해이자, 이 섬의 부와 국제적인 명성이 두세기에 걸쳐 점차 부상하는 첫해로 기록되었다. 시간이 지나면서 농장 경제가 확실히 자리를 잡은 다음, 히스파니올라섬은 1659년에 분할되어 서쪽 절반을 프랑스가 차지하게 되면서 이름을 생도맹그로 바꾸었고, 생도맹그는 프랑스 황실의 최고 수익을 자랑하는 소유물이 되었다.

광범위한 전개

생도맹그섬의 원주민 감소와 재정착, 개발 이야기는 역사적인 변화라는 '큰 그림'에 미친 천연두의 영향을 보여주는 중요한 예지만, 천연두가 유럽 사회에 미친 영향과는 근본적으로 다른 방식이었다. 그 예 자체가 1492년 이후 주고받은 콜럼버스의 교환을 다시금 생각해보게 한다. 동시에 생도맹그섬의 이야기는 미 대륙 전체와 관련된 훨씬 큰 과정 중 작고 특별한 예일 뿐이다. 아라와크 원주민들이 처녀지 감염병에 절멸되었듯이 멕시코의 아스테카 문명, 페루의 잉카 문명도 모두 에르난 코르테스(Hernán Cortés, 아스테카 제국을 정복해 멸망시킨 에스파냐의 식민지 정복자_옮긴이)와 프란시스코 피사로(Francisco Pizarro, 잉카 제국을 정복해 페루 리마를 건설한 에스파냐의 식민지 정복자_옮긴이)와 더불어 상륙한 천연두와 홍역 감염병으로 파괴되었고, 북미의 모든 지역 사람들이 정복과 이주로 인해 쫓겨났다.

　이러한 광범위한 이야기들은 이미 많이 다루어졌다. 관심 있는 독자들이라면 영국이 호주와 뉴질랜드 식민화의 일환으로 원주민에게 영향을 준 전개 과정을 다룬 이야기뿐만 아니라 참고문헌에서 그러한 처리 과정을 찾아볼 수 있다. 그러나 유럽인의 미 대륙 및 영연방 자치령 정복의 생물학적 토대는 히스파니올라섬의 전개 과정을 살펴보면 선명하게 드러난다.

여기서 추가해야 할 사실은 미 대륙 원주민들의 자연스러운 절멸 과정은 때로는 고의적인 인종 학살로 강화되기도 했다는 것이다. 북미 원주민들을 '제거할' 목적으로 천연두균에 오염된 담요를 원주민들에게 건네줌으로써 인종 학살을 자행한 영국군 장교 제프리 애머스트^{Jeffery} ^{Amherst}가 그런 전례를 남겼다. 이 사례는 생물테러의 위협이 끊이지 않는 현시대에 공중보건 당국이 18세기에 성공적으로 사용된 천연두를 가장 위험한 생물작용제 목록의 상단에 올려둔 이유를 이해하는 데 도움이 되므로 기억해두어야 한다.

천연두와 공중보건

종두

천연두의 문화적·사회적 영향에 덧붙여 천연두의 역사를 연구하려는 또 하나의 중요한 이유는 천연두가 낳은 새롭고도 독특한 공중보건 정책에 있다. 처음에는 종두inoculation, 나중에는 백신 접종을 통해 질병을 예방하는 정책이 그것이다. 둘 중에서 종두는 훨씬 오래된 기술로, 단순한 두 가지 관찰 내용을 바탕으로 세계 곳곳에서 등장했다. 첫째, 정통 의철학의 주장과는 달리 천연두는 확실히 전염성이 있어 보였고, 둘째, 세계 어디서든 천연두에 걸렸다가 회복한 환자들은 두 번 다시는 걸리지 않는다는 것이 확인되었다. 두 번째 내용이 비교적 쉽게 관찰될 수 있었던 것은 천연두 환자들이 너무도 많았고, 대부분은 병을 겪은 후 신체에 흔적이 남았기 때문이다. 그러므로 가벼운 증상의 천연두를 인위적으로 유발해 나중에 생명을 위협하는 중증에 걸리는 일을 막아보자는 생각을 하게 되었다. 이러한 관행은 '종두' 또는 '인두 접종variolation' 또는 원예 용어를 은유로 사용한 '접목engrafting'으로 알려졌다.

종두 기술은 문화마다, 또 시행자마다 다양하다. 그러나 주된 시술법은 천연두에 가볍게 걸려 병변이 상합성(크기와 형태가 동일한 병변_옮긴이)이나 준상합성이 아닌 환자의 농포에서 고름을 채취하는 것이다. 의사가 농포에 실을 넣어 노란 고름에 적신다. 의사는 랜싯을 사용해 사람의 팔에 가벼운 상처를 낸 다음 접종한다. 그 실을 상처에 삽입하고 봉한 뒤 24시간 동안 그대로 내버려둔다. 12일이 지나면 비슷한 가벼운 증상을 겪고 한 달 동안 병의 진행 단계를 전부 거친 다음, 또 한 달 동안 서서히 회복되면 평생 면역이 생기면서 접종에 성공하는 것이었다. 18세기에는 이 방식이 중동과 아시아에서는 흔했지만, 유럽에서는 아니었다.

종두를 영국에 가져오고, 또 영국에서 서유럽으로 널리 퍼뜨리는 데 결정적으로 기여한 인물은 터키 주재 영국 대사의 부인 메리 워틀리 몬터규(Mary Wortley Montagu, 1689~1762)였다. 부인은 천연두를 심하게 앓아 미모가 크게 손상된 상태였는데, 이스탄불에서 종두법에 대해 알게 되자마자 자신의 아이들에게 예방접종하기로 결심했다. 18세기 최악의 살인마 천연두에 대한 면역성이 생긴다는 생각에 몬터규 부인은 1721년 영국으로 돌아와 터키에서 배웠던 이국적인 시술법을 문명화된 영국 사회에 교육하기로 결심했다.

몬터규 부인의 사회적 지위, 지성, 대의에 헌신하는 자세는 청중들의 마음을 얻어 분명한 메시지를 전달할 수 있었다. 그녀의 확고한 신념은 웨일스의 공주도 납득시켜 공주의 딸들도 종두 시술을 받게 했다. 이는 종두를 용인하게 된 결정적 계기였다. 종두가 18세기의 가장 잔인한 살인마로부터 실질적인 보호 조치를 제공할 수 있다는 게 빠르게 확인되면서 르네상스 시기의 페스트 방역 조치 이후 유행병에 맞서 채택된 최초의 확실한 성공 전략으로서 폭넓은 지지를 얻었다. 영국이 천연두 확산의 진원지였던 만큼 영국에서 열의를 갖고 시행하기로 한 첫 조치가 종두였다는 것은 어찌 보면 당연했다. 프랑스와 이탈리아, 스웨덴, 네덜란드의 진보주의적 사상가들도 곧바로 종두를 채택했다. 종두를 이성과 진보를 향한 승리로 생각한 프랑스 계몽철학자들의 가르침에서 종두는 중요한 위치를 차지했다. 유럽 대륙에서는 볼테르Voltaire와 샤를마리 드 라 콩다민Charles-Marie de la Condamine이 종두를 열정적으로 지지했고, 미국의 벤저민 프랭클린Benjamin Franklin과 토머스 제퍼슨Thomas Jefferson 역시 마찬가지였다. 상당한 고심 끝에 조지 워싱턴George Washington은 위험을 감수하고 군대에 종두 시술을 하도록 명령하기에 이르렀고, 그런 조치가 미국 독립혁명을 성공으로 이끄는 데 결정적인 기여를 했을지도 모를 일이다. 러시아에서는 예카테리나 2세Catherine the Great가 런던에서 영국 의사를 초빙해 종두 시술을 받았고, 귀족들도 재빨리 뒤를 이었다. 유럽과 미국 양쪽에서 18세기의 천연두 감염병 확산의 정점은 공중보건 사상 최초의 실질적인 천연두 예방 조치로 인해 크게 꺾였다.

그러나 천연두 예방 절차로서 종두는 적잖은 논란을 빚기도 했다. 우선 긍정적인 측면에서 볼 때 종두는 무서운 질병에 대한 막강한 면역력을 제공했다. 종두의 성공은 몇 가지 조심스럽게 관찰된 특징에 바탕을 두고 있었다. 첫째는 경증 환자만 엄선해서 감염된 농포 물질을 채취하는 것이었다. 이 과정에서 실수가 발생하면 접종받은 사람이 죽을 수도 있고, 흉측하게 변하는 병에 걸릴 수도 있었다. 두 번째 중요한 시술 지침으로는 시술받고자 하는 사람이 건강한 상태라는 것을 반드시 확인하고 나서 시술 대상으로 선정하도록 했다는 것이다. 또한 대상으로 선정된 후에도 접종받기 전까지 수 주간의 사전 준비 기간을 두었다. 그 기간에 시술 대상은 저항력을 높이기 위해 엄격하게 정해진 휴식, 운동, 식사를 해야 했다. 마지막으로 감염의 경미함에 기여하는 요소는 어쩌다 보니 접종 시 바이러스가 몸 안으로 들어가는 입구가 되었다. 랜싯과 실을 사용해 대두창바이러스가 피부를 통과해 몸으로 들어가도록 하는 이 같은 방식이 세균의 독성을 약화시킨다고 보고 있다. 접종을 받은 사람 중 상당히 많은 사람이 유쾌하지는 않지만 경미한 천연두를 앓고 나서 평생 면역력을 얻게 되었고, 상처도 흐릿하거나 아예 없었으며, 언젠가 천연두에 걸릴지도 모른다는 걱정에서도 해방되었다.

하지만 종두는 접종받은 사람이나 공동체 모두에 심각한 위험이 있는 절차였다. 종두 시술은 비용도 많이 들었고, 시술을 준비하는 데 한 달, 천연두를 앓는 데 한 달, 회복하는 데 한 달씩 총 석 달이 걸렸는데, 각 단계마다 세심한 보살핌이 필요했다. 그렇게 복잡한 조치는 금전적·시간적 여유가 있는 사람들이나 이용할 수 있었다. 게다가 접종받은 사람에게는 늘 위험이 따르게 마련이었다. 독성의 예상치는 늘 불완전했고, 시술 결과가 중증으로, 심지어 사망이나 불구로 나타날 수도 있었다. 종두법은 시술을 받은 사람 중 1~2%의 사망자를 내는 것으로 추정되었다.

더욱이 접종한 후 실제 천연두로 발전할 수 있었기 때문에 이로 인해 천연두가 더 널리 퍼질 수도 있었고, 심지어 유행병으로 확산할 수도 있었다. 바로 그 이유 때문에 접종받은 환자를 잘 살펴 더 이상 병을 옮길 위험이 없고 공동체에 잠재적인 위험 요인이 되지 않을 때까지 그들을 격리하고자 천연두 예방접종 병원Smallpox and Inoculation Hospital이 런던에 문을 열었다. 이 모든 것을 감안할 때 종두로 인해 사멸한 생명보다 살아난 생명이 과연 더 많은지를 두고 종두는 늘 첨예한 논란에 휩싸였다.

백신 접종

18세기 영국에서 천연두가 광범위하게 발병했고, 접종을 둘러싼 실망과 걱정이 어우러진 상황에서 의학 역사상 결정적인 발견이 이루어졌다. 의사 에드워드 제너가 백신을 개발한 것이다. 이 업적을 이해하기 위해 잠깐 되돌아가서 천연두 바이러스(대두창)가 *진성두창바이러스속*屬에 속하고 우두 바이러스도 그 속에 속한다는 것을 다시금 상기할 필요가 있다. 천연두는 오로지 사람만 공격하지만, 우두 바이러스는 주로 소를 공격한다. 그러나 조건만 맞으면 우두 바이러스는 종간의 벽을 뛰어넘어 소에서 사람으로 전이될 수 있다. 우두 바이러스는 사람에게 가벼운 증상만 유발하지만, 천연두에 대한 영구적인 교차 면역력을 제공하기도 한다.

18세기 영국에서 우두 바이러스에 감염될 가능성이 가장 많은 사람은 우유 짜는 하녀들이었다. 버클리의 글로스터셔 마을에서 진료를 하던 제너는 천연두가 만연할 당시, 목장이 있는 시골에서 진료하는 의사만이 할 수 있는, 우두에 걸린 우유 짜는 하녀들이 천연두에는 걸리지 않는다는 점을 관찰했다. 그런 관찰을 한 의사가 제너가 처음은 아니었지만, 그는 여러 하녀들의 병력을 살펴보고 다음 단계의 실험을 통해 관찰한 내용을 직접 확인한 첫 의사였다. 그는 정원사를 설득해 우유 짜는 하녀로부터 채취한 우두 바이러스를 정원사의 여덟 살 난 아들에게 접종했고, 그런 다음 다시 살아있는 천연두 바이러스를 접종해보는 실험을 1796년에 감행했다. 그는 그 절차를 '소로부터'라는 라틴어 '*vaccinus*'에서 따와 '백신 접종'이라고 불렀다.

요즘의 도덕 기준으로 보자면 어린애를 대상으로 한 그런 실험은 용인될 수 없었을 것이다. 그러나 다행히도 그 소년은 가벼운 우두만 걸렸고, 실제 천연두를 접종한 후에도 별 탈 없이 건강했다. 제너는 신중을 기해 단 한 명의 대상에게만 첫 실험을 행했고, 2년을 기다린 다음 같은 절차를 15명의 자원자에게 반복했다. 이러한 성공적인 노력을 토대로 1798년 얇지만 기념비적인 소책자《우두 백신의 원인과 효과에 관한 연구: 영국 서부 카운티, 특히 글로스터셔에서 발견되고 우두라는 이름으로 알려진 질병 *An Inquiry into the Causes and Effects of the Variolae Vaccinae: a Disease Discovered in Some of the Western Counties of England, Particularly Gloucestershire, and Known by the Name of the Cow Pox*》에서 백신의 잠재력을 평가했다.

제너의 천재성은 그가 실험의 중요성을 확실히 인정했다는 것, 그리고 그 덕분에 지구상에서 천연두를 박멸할 가능성을 열었다는 데 있었다. 제너는 1801년에 앞을 내다보듯 "인간에게 내린 가장 끔찍한 재앙인 천연두를 박멸하는 것이 이 과업의 최종 결과여야만 한다"라고 선언했다.[5] 바로 이런 이유로 영국 의회는 곧바로 백신이 의학 역사상 가장 위대한 발견 중 하나임을 표명했다. 백신은 천연두뿐만 아니라 폴리오나 파상풍, 공수병, 인플루엔자, 디프테리아, 대상포진 같은 질병들을 다룰 때도 효과가 입증된 새로운 공중보건 조치의 토대였다. 그리고 말라리아와 에이즈 같은 다른 감염병에 대해서도 백신 개발이 가능할 수 있으리라는 희망을 품고 현재 연구가 진행 중이다.

1798년 이후 제너는 여생을 천연두 백신을 널리 알리는 데 쏟아부었다. 한때 미심쩍어하던 영향력 있는 인물들을 그의 지지자로 포섭했고, 그들의 영향력 덕에 백신은 공중보건의 주요 도구로 자리 잡게 되었다. 로마의 교황 비오 7세Pius Ⅶ와 이탈리아의 루이지 사코Luigi Sacco, 프랑스의 나폴레옹, 미국의 토머스 제퍼슨 등이 그를 따랐다.

천연두 바이러스를 사용하는 종두와 달리 백신 접종은 우두를 사용하기에 개인으로서는 심각한 합병증에 걸릴 위험이 적었고, 공동체에는 아무런 위협도 가하지 않았다. 그러나 백신 접종은 천연두 퇴치운동을 어렵게 하고 지연시켰다. 제너의 초기 기술은 생生바이러스를 팔에 접종하는 식이라 특히 매독 같은 다른 질병을 퍼뜨릴 위험을 증폭시킬 수 있었다. 게다가 제너는 백신으로 얻은 면역력이 평생 간다고 완전히 믿고 있었기 때문에 이와 상반되는 정보는 참고하려고 하지도 않았다. 사실 백신으로 얻은 면역력도 유효 기한이 있다는 것이 밝혀졌다. 이전에 백신 접종을 했던 환자들 사이에서 질병이 발견되는 좀처럼 반박하기 어려운 증거가 백신 접종을 미덥지 못하게 하고 회의론을 조장하는 데 크게 일조했다.(백신 접종으로 얻은 천연두의 면역력은 20년까지 지속될 수 있고, 평생 보장받고 싶으면 재접종이 필요하다는 것이 차후에 입증되었다.)

약간의 실패와 안전에 대한 우려는 물론 제너 자신이 내세운 그런 과도한 주장이 백신에 대한 정치적 반대를 더욱 부채질해 백신 접종 운동을 펼치는 데 방해가 되었다. 19세기에 유럽과 미국에서 백신 반대 움직임이 대대적인 대중운동으로 나타났고, 백신 접종은 가장 뜨겁게 대립하는 논쟁 중 하나가 되었다. 개인의 권리를 침해하는 국가 권력에 저항하는 자유론자, 인간의 몸에 소의 물질을 고의로 주입하는 것은 신의 질서를 거역하는 부자연스러운 것이라는 종교적 생각, 과학에 대한 명백한 두려움과 백신 접종이 위험할 수 있다는 생각이 한데 어우러져 반대가 거셌다. 백신을 맞은 사람이 경악한 구경꾼들과 무기력한 백신 접종 의사의 눈앞에서 머리 위로 뿔이 돋아나며 짐승으로 변해가는 과정을 그려내 우려감을 표출하는 만화가 널리 나돌기도 했다. 당시 벤저민 모슬리Benjamin Moseley라는 한 의사는 제너의 백신을 접종한 여인들이 "수소의 품을 찾아 들판을 헤맬 것"이라고 상상하며 백신을 광적으로 반대하다 못해 도가 지나친 언행도 서슴지 않았다.[6] 심지어는 제너가 조국 영국의 사회 질서를 전복하려는 목적을 숨기고 있는 프랑스 혁명의 은밀한 지지자라고 슬쩍 흘리는 사람도 있었다. 일부 접종자들도 백신으로 인해 설 곳을 잃을까 봐 걱정하는 마음에 반대 행진에 동참하기도 했다.

한편 찰스 디킨스는 이런 비이성적인 반대 때문에 백신 접종이 용납할 수 없을 만큼 지연되었다고 보고 《황폐한 집》에서 이를 지적하고 있다. 거의 죽다 살아났지만 외모가 일그러진 작중인물 에스더 서머슨은 제너의 간단하고도 즉시 행할 수 있는 예방 조치를 무시한 결과가 어떠한지 경고하고 있다. 백신 접종을 하지 않으면 에스더의 불운은 누구에게나 일어날 수 있었다.

그러나 궁극적으로 제너의 비전은 지지를 받았다. 제너의 첫 백신 접종 후 200년이 지나자 냉장 보관과 냉동 건조 백신, 공압식 분사 주사 같은 기술의 발달로 접종 기술이 단순해졌고, 사실상 교차 감염의 위험도 사라졌다. 또한 기술 발전으로 열대 및 자원이 부족한 환경에서도 백신 접종이 가능해졌다. 1959년에 개시된 국제 백신운동에 따른 유례없는 행정 조치와 더불어 대량 백신 접종이 지구상에서 천연두의 자연 발생을 뿌리 뽑았다. 마지막 환자는 소말리아에서 1977년에 발생했고, 세계보건기구는 1980년에 승리를 선언했다.

1998년 미 의회 보고에서 노동보건복지위원회Labor, Health, and Human Services의 상원 소위원회 의장인 상원 의원 데일 범퍼스Dale Bumpers는 백신 캠페인의 경제적 비용과 혜택을 점검했다. 그의 평가에 따르면, 국제 퇴치 프로그램의 총비용은 3억 달러였고, 그중 미국이 3,200만 달러를 부담했다. "그 투자는 몇 번씩 다시 보상받았습니다. 이 악독한 살인 바이러스를 제거한다는 인도주의적 차원의 혜택을 넘어서 우리는 막대한 경제적 혜택을 누렸습니다. 미국만 해도 천연두가 완전히 박멸된 이래 26일마다 총투자금과 맞먹는 금액을 환급받고 있습니다"라고 그는 공

언했다.[7]

이와 마찬가지로 미국 회계감사원Government Accounting Office, GAO은 미국이 천연두 백신과 의료, 격리 관련 직간접비용에서 총 170억 달러를 절약했다고 계산했다. 회계감사원 수치에 따르면, 미국에서 천연두 근절로 정기 백신 접종을 중단하게 된 1971년에서 1988년 사이에 미국은 국제 퇴치운동 투자로 연평균 수익률이 46%에 이르는 경제적 혜택을 누렸다. 천연두는 이와 같은 국제 공조로 박멸된 최초의, 그리고 지금까지는 유일한 인간 감염병이 되었다.

| 제8장 | **전쟁과 질병**
　　　　— 나폴레옹, 황열, 아이티 혁명

1804년 말, 프랑스에 대한 13년간의 숱한 반란과 노예 봉기를 마무리할 일격을 대대적으로 가한 끝에 반란군 지휘자 장자크 데살린Jean-Jacques Dessalines은 아이티를 독립국으로 선포했다. 이로써 아이티는 세계 최초의 흑인 자유공화국이 되었고, 최초의 탈식민화 사례가 되었다. '아이티 독립 선언'에서 데살린은 새로운 국가의 시민들에게 다음과 같은 내용을 발표했다.

　　지난 200년 동안 우리 땅을 피로 물들게 한 야만인들을 쫓아낸 것으로는 충분치 않습니다. 하나둘씩 나타나서 프랑스가 여러분 앞에 금방이라도 내어줄 것 같은 자유라는 유령을 조롱하던 파벌들을 제압하는 것으로도 충분치 않습니다. 우리는 국권이라는 최후의 법으로 우리가 태어난 조국에서 자유의 제국을 영원히 보장해야 합니다. 우리를 오랫동안 굴욕적이고 무기력하게 만든 걸로 모자라 다시 우리를 노예로 삼으려는 비인간적인 프랑스 정부의 바람을 짓밟아야 합니다. 결국 우리는 독립해서 살거나 죽는 길밖에 없습니다.[1]

　현재의 켄터키주 루이빌 정도의 인구에 크기는 매사추세츠주만 한 섬이 인구 2,000만의 세계적인 강대국 프랑스를 격파했다.(그림 8-1)

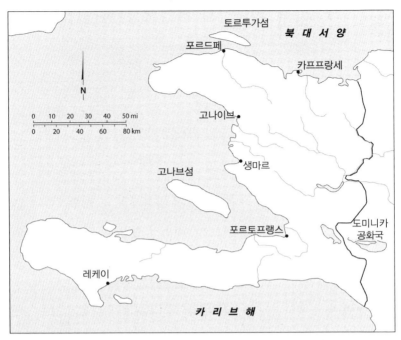

그림 8-1 1804년 독립 당시의 아이티. 1802~1803년 황열이 돌면서 나폴레옹 군은 초토화되었다.(빌 넬슨 제작)

생도맹그(현재의 아이티)를 잃은 나폴레옹은 미 대륙에서 강력한 프랑스 제국을 건설할 야망을 포기했다. 프랑스를 북미로 진출시켜줄 전진 기지였던 섬을 빼앗기고, 열대 환경에서 전쟁을 복잡하게 만드는 문제들에 환멸을 느낀 나폴레옹은 루이지애나주 영토가 방어할 수 없는 골칫거리라고 판단하고 미국과 이른바 루이지애나 매각 협정을 체결했다. 1803년 행해진 이 거래를 통해 미국은 때가 되면 15개의 새로운 주로 변신할 214만㎢에 달하는 땅을 손에 넣어 영토가 두 배로 늘었다.

그러나 1803년 당시 루이지애나는 프랑스가 실제로 지배했던 지역이 아닌 그저 지도상에 있는 이름뿐인 허상에 불과했다. 나폴레옹이 생각했듯이 실제적 지배를 확립하기 위해서는 기반 시설을 구축하고, 이

주민의 정착을 장려하고, 영국과 미국이라는 적국과 미 대륙 원주민이라는 적들을 제압하기 위해 거대한 투자를 해야 했다. 아이티의 독립이 그 모험을 더욱 위험하고 비용을 많이 들게 했던 만큼 나폴레옹은 토머스 제퍼슨이 제시한 돈을 냉큼 받아 다른 곳에서 모험을 추진하는 게 신중한 처사라는 결론을 내렸다. 그러므로 아이티에서의 노예 반란의 성공은 미국이 국제적인 강자로 발돋움하는 데 직접적인 영향을 미쳤고, 수많은 미국 원주민들의 운명을 결정지었다.

제8장에서는 이러한 발전 과정에서 1802~1803년 유행했던 무시무시한 황열의 역할을 살펴보기로 한다. 아이티에서 발발한 황열은 노예와 제국, 전쟁, 국가 건설의 역사에서 감염병이 커다란 역할을 했음을 여실히 드러냈다.

생도맹그

1789년 무렵 카리브해 히스파니올라섬의 식민지 생도맹그는 프랑스의 부와 경제 성장을 뒷받침하는 주요 요인이었다. 생도맹그는 1697년 리스윅 조약Treaty of Ryswick에 준해 분할된 당시 히스파니올라섬의 서쪽 3분의 1에 해당하는 섬이었다. 이 조약에 따라 히스파니올라섬 동부는 스페인령이 되었고(현재의 도미니카 공화국), 서쪽은 프랑스령 생도맹그로 프랑스령이 되었다. 8천여 개의 생도맹그 대농장은 아프리카 노예에 의존해 설탕과 커피, 면화, 담배, 인디고, 카카오 등을 생산했다. 이러한 생필품은 르 카프와 포르토프랭스 같은 아이티 항구에서 선적해 마르세유와 낭트, 보르도로 운송되었다. 이렇게 운송된 생필품은 노르망디 섬유공장에 공급되었고, 프랑스 조선소를 부지런히 돌아가게 하였으며,

설탕과 카페인에 목마른 유럽 소비자들의 수요 절반을 충족시켰다.

프랑스 혁명 이전 반세기 동안 생도맹그는 세계에서 가장 부유한 식민지가 되었고, 르 카프는 '앤틸리스 제도의 파리'라는 명성까지 얻었다. 1780년에서 1789년 사이 원자재 수출은 배가되어 1년에 선박 1,600척이 생도맹그에서 프랑스 본토를 향해 출항했다. 동시에 노예 수입도 급증했다. 1764년 한 해 1만 명에서 1771년에는 1만 5,000명, 1786년에는 2만 7,000명, 1787년에는 4만 명까지 늘었다. 특히 18세기에 설탕과 커피 수요가 급증하면서 그렇지 않아도 치솟는 땅의 가치를 부채질했다. 이런 아찔한 고공 경제 성장의 핵심에는 흑인 노예를 많게는 200명까지 고용한 르 카프 동쪽 평원에 자리 잡은 대규모 사탕수수 농장들과 그보다는 적은 규모의 고산지대 커피 농장이 있었다.

난해한 문제는 이 섬이 폭발적인 모순을 안고 있었다는 점이다. 생도맹그 내의 한 평의 땅뙈기가 지구상 어느 곳에 있는 땅보다 수익이 좋았다. 동시에 그 땅은 인간의 고통이 가장 집중된 곳이기도 했다. 생도맹그 농장 노예들은 채찍질과 족쇄, 감금, 강간, 낙인 등 가혹한 조건을 견뎠다. 농장주 입장에서는 노예들에게 인간다운 삶의 조건을 제공하느니 노예를 교체하는 게 더 경제적이었다. 그런 비인간적인 정책은 또한 대부분의 농장주가 자리를 비운 주인들이라는 사실을 방증했다. 주인들은 열대 기후와 서인도 세균의 공격 중에서도 가장 맹렬한 황열에 걸릴 위험을 피하여 파리의 편의 시설을 선호했다. 사정이 그렇다 보니 영지 관리는 중개인에게 맡겨졌고, 그들은 장기 안정보다는 단기 이익에 치중했다. 그 결과, 프랑스 혁명 전야에 아프리카에서 수입된 노예 대다수가 르 카프에 상륙한 지 5년 내에 사망했고, 농장 경영주와의 관계는 공포와 상호 적개심으로 구조화되었다.

농장에서는 사망률이 출생률을 웃도는 경우가 잦아서 18세기 노예 인구의 증가는 아프리카에서 배로 실어 오는 노예 인구에 달려 있었다. 흑인 노예들의 높은 사망률은 과로와 산업 재해, 불충분한 식사, 과밀한 공간, 불결한 환경, 그리고 특히 이질, 장티푸스, 파상풍 같은 질병 때문이었다. 그러나 흑인의 죽음이 앤틸리스 제도를 '백인의 무덤'이라고 부를 수밖에 없었던, 유럽인들이 가장 두려워하는 질병인 황열에서 비롯되는 경우는 거의 없었다.

'쓰디쓴 설탕'

황열은 다양한 이름으로 알려졌다. 황달jaundice을 일으킨다고 해서 '브론즈 존bronze john', 황열의 가장 두려운 증상을 따서 '흑색 토사물', 그 심각성을 인정해 '악성 열병', 황열의 기원이 식민지에서 왔음을 나타내듯 '*시암 병*mal de Siam'(시암은 옛 태국의 명칭_옮긴이), 그리고 황열 진단을 받고 격리된 상태를 알리기 위해 내거는 노란 깃발 때문에 '황색기yellow jack'라고도 했다. 최종적인 이름 황열은 황달과 격리를 모두 반영한 이름이다. 황열은 아프리카 중부와 서부에서 황열을 전파하는 암컷 성충 모기인 *이집트숲모기*Aedes aegypti와 함께 노예선을 타고 처음 서인도제도에 상륙했다. 흑인과 모기 모두 황열 바이러스의 병원소였다. 노예선이 사실상 서인도제도의 역사를 바꾼 황열의 슈퍼 매개체 역할을 한 것이다.

사탕수수 경작은 생도맹그의 생태계를 바꾸어놓았다. 노예들에게는 에덴동산과는 완전히 딴판인 세상이었지만, 세균과 *이집트숲모기*에게는 지상낙원이 따로 없었다. 사탕수수를 경작하기 위해 뒤따른 다양한 과정들은 무서운 황열의 곤충 매개체가 확산하기 좋은 환경을 제공했다. 우선 숲을 벌목하는 과정에서 곤충을 잡아먹어 모기 수를 조절하던 새들의 자연 서식지가 파괴되었다. 개간은 밀항자로 들어온 *이집트숲모기*가 카리브해에서 살아남기 위해 필요한 최소한의 개체 수를 확보하는 데 도움을 주었다. 삼림 벌채로 토양이 침식되고 침니沈泥가 쌓이며 범람하는 일이 잦고 해안가를 따라 늪지가 생겼는데, 이는 날아다니는 곤충들에게는 무척 신나는 일이었다.

삼림이 벌목된 후 사탕수수의 재배는 *이집트숲모기*에게 또 다른 기회를 선사했다. 모기는 번식을 위해 광활한 수면이 필요하지 않으며, 알을 낳기에 적합한 물이 담긴 용기 가장자리나 수면 위쪽을 선호한다. 따라서 물탱크, 물통, 화분, 깨진 토기 등이 모두 알을 낳기에 제격이었다. 농장에서 설탕 정제와 당밀 추출 단계에서 사용하는 수많은 토분역시 안성맞춤이었고, 달콤한 당즙은 막 부화한 애벌레에게 훌륭한 양분이었다. 양동이도 널리 활용될 수 있는 대안이었다. 양동이는 주로 흑인들과 가축들에게 필요한 물과 채소밭에 댈 물을 퍼 나르는 데 사용되었다.

영지 내 곤충 매개체의 생존 여건도 마찬가지로 중요했다. 모든 암컷모기는 알의 성장을 위해 흡혈이 필요했다. 그런데 *이집트숲모기*는 사람 말고 다른 포유류를 구태여 찾아내 흡혈하지 않아도 되었다. 농장의수두룩한 노예들은 모기의 번식을 촉진했고, 노예의 혈류에 지속적으로 황열 바이러스가 유입되면서 감염된 모기들은 확실하게 병을 옮길 수있었다.

아프리카 태생의 노예들은 황열에 면역력이 있는 경우가 많았지만, 고공행진하는 경제 성장은 면역력 없는 유럽인들을 끊임없이 *이집트숲모기*에게 공급했다. 선원, 상인, 공무원, 군인, 기술공, 행상, 장사꾼들이 급성장하는 설탕-노예 경제의 요건들을 충당하기 위해 유럽에서 계속 유입되었다. 경제 수도인 르 카프는 인구가 2만여 명이 되는 유일한 곳이었지만, 작은 항구들도 모기의 활동 반경인 해안을 따라 우후죽순으로 생겨났다. 게다가 *이집트숲모기*는 도시 환경에도 쉽게 적응했다. 그러므로 도시와 시골에서 면역력이 없는 백인들은 덥고 비 오는 여름철이면 계절성 감염병에 걸렸다. 대개는 제한적으로 발병했지만, 유럽에서 다수의 선원과 군인들이 한꺼번에 도착할 때마다 질병은 대화재처럼 걷잡을 수 없이 퍼졌다.

감염병 전파에 필요한 필수조건은 농장 경제가 대부분 제공했으나 서인도제도의 열대 기후 또한 전파에 유리하게 작용했다. 5~10월의 덥고 습한 우기는 매개체나 바이러스의 생활 주기와 잘 맞았다. 더 나아가 일부 학자들은 소빙기로 알려진 빙하기가 끝났음을 알리는 따뜻한 날씨가 장기간 지속되던 현상에 주목한다. 소빙기가 끝나고 온화한 기후가 시작되면서 기온과 강우량이 상승했다. 이러한 기후 변화는 황열과 황열을 옮기는 모기들의 유입을 용이하게 했다.

황열이 풍토병이던 아프리카 지역에서 온 노예들은 후천적·교차·유전적 면역력을 모두 갖고 있었다. 후천적 면역력은 어린 시절 해당 병에 걸렸다가 나으면서 평생 얻게 되었다. 게다가 아프리카 대부분 지역에서 역시 풍토병인 뎅기열을 앓았던 사람들은 교차 면역력도 얻었다. 이는 뎅기열 바이러스가 황열과 같은 *플라비바이러스*Flavivirus 속이라 황열에 교차 면역이 있기 때문이다. 이와 같은 작동 원리는 에드워드 제너가 발견해 유명해진 우두가 천연두에 교차 면역이 있는 것과 같은 이치다. 마지막으로 많은 관찰자들은 끈질긴 말라리아 전염에 시달린 아프리카인과 중동인들 사이에서 겸상 적혈구 소질과 지중해성 빈혈이 나타나는 것처럼 아프리카인에 대한 선택적인 진화 압력이 유전적 면역력을 낳았다고 믿었다.

아프리카인의 면역력과 저항력은 그들을 둘러싼 백인들의 취약성과 극명하게 대조되었다. 유럽인들에게 히스파니올라섬과 같은 카리브해 섬들은 건강에 해롭기로 악명 높았고, 황열은 섬들이 선사한 위험 중 가장 두려운 것이었다. 그러므로 극명하게 갈린 의학적 역사가 유럽인들과 아프리카 노예들을 갈라놓았다. 영국 작가 로버트 사우디Robert Southey는 1850년에 그러한 극적인 대조를 흔하게 찾아볼 수 있었다고 했다. 그는 이렇게 말했다 "질병은 채소와 같아서 자기가 자랄 토양을 선택했다. 진흙을 좋아하는 식물이 있는가 하면, 모래나 석회를 좋아하는 식물이 있듯이, '황열은 흑인에게, 매종(열대 피부병의 하나_옮긴이)은 백인에게 뿌리내리지 못할 것이다.'"[2]

이처럼 유럽인과 아프리카인 후손들 간에 나타나는 면역력 차이는 생도맹그의 역사에 강력한 영향을 미쳤다. 즉, 황열에 취약한 유럽인이나 현지 원주민에 의존하기보다는 아프리카에서 농장 노동력을 수입할 필요성을 지속적으로 느끼게 했기 때문이다. 또한 사회적 긴장감에 불을 붙였고, 이는 반란으로 이어졌다. 나아가 맹렬한 황열 감염병을 퍼뜨려 카리브해에서 주기적으로 유럽인들을 휩쓸어갔다. 앞으로 살펴보겠지만, 유럽 군함의 정박이 1802년에 미 대륙 역사상 가장 치명적인 황열 감염병의 전파에 큰 역할을 했다. 황열은 미 대륙에서 나폴레옹의 야망을 꺾어버리는 등 중요한 결과를 초래했다.

사회 갈등

생도맹그의 사탕수수 농장에서 펼쳐진 잔혹한 상황을 생각해보면 식민지는 노예의 저항을 하루 이틀 겪은 게 아니었다. 프랑스의 계몽주의 작가 기욤 레이날Guillaume Raynal 같은 외부 인사들은 '새로운 스파르타쿠스'의 지휘로 대반란이 일어날 것으로 점친 한편, 프랑스의 노예 폐지론자 미라보 백작Comte de Mirabeau은 생도맹그를 금방이라도 터질 것 같은 베수비오 화산에 비유하기도 했다. 노예의 저항은 여러 방식으로 전개되었다. 개인의 불복종에 그치기도 하고, 보복 폭행으로 이어지기도 했으며, 일요 미사 중에 뒤집어엎을 생각들을 나누기도 했다. 도망친 노예들이 무리를 형성하기도 했는데, 특히 숲속이나 언덕에 숨어 살면서 자유라는 개념을 지키는 이 도망친 노예들을 '마룬maroon'이라고 불렀다. 이보다 더 위협적이지만 자주 발생하지는 않은 저항으로는 집단행동이 있었는데, 노예들이 잔혹한 감독관이나 노예 운반책에 거세게 반발하며 농장에서 단체로 철수하거나 복귀 조건을 협상하기도 했다.

그중에서도 농장주들에게 가장 두려운 것은 생도맹그의 사탕수수 농장의 삶에 간간이 끼어드는 전격적인 반란의 충격파였다. 그중 가장 유명한 반란은 1758년에 발발한 '마캉달 음모Mackandal Conspiracy'로, 당시 분노한 노예들이 주인을 독살하고 노예 운반책에 대한 해묵은 원한을 갚은 사건이었다. 부두교 성직자였던 프랑수아 마캉달François Mackandal은 화형에 처해졌지만, 그가 기적적으로 불길에서 살아남아 노예들을 자유로 이끌고자 돌아올 것이라고들 믿었다. 마캉달에 대한 기억은 프랑수아 도미니크 투생 루베르튀르François Dominique Toussaint Louverture를 비롯한 1791~1803년 반란자들을 자극했다.

생도맹그만의 독특한 인구 분포도 반란을 더욱 부추겼다. 미국 남부지방의 노예들과는 달리 생도맹그에서는 농장 노예들이 인구의 절대다수를 차지했다. 노예의 수는 카리브해에서 가장 많은 50만 명으로, 그다음으로 많은 자메이카의 노예 인구 20만을 멀찌감치 따돌렸다. 나머지 인구는 물라토(백인과 흑인의 혼혈) 3만 명과 백인 4만 명이 차지하고 있었다. 게다가 아프리카계 노예들이 생도맹그에 가장 많이 몰려 있었다. 미국과 비교하면 이 점이 더욱 분명해진다. 1789년 바스티유 감옥이 붕괴될 때까지 미국 전역에 사는 흑인 노예는 70만 명인 데 반해 매사추세츠주 크기만 한 생도맹그에 50만 명이 밀집되어 있었다.

이 같은 흑인 인구의 집중은 생도맹그 반란에 또 다른 차원을 더해주었다. 사탕수수 농장은 노동집약적이라 농장에 투입된 남녀 노동자가 수백 명에 이를 수 있었다. 그런 상황이라면 정치적으로나 종교적으로 전복을 꾀하려는 생각이 한 농장 내에서는 물론, 한 농장에서 흑인들이 집중된 인근 다른 농장으로 빠르게 전파될 수 있었을 것이다. 이러한 식의 인구 분포와 노동 양상 덕에 다른 노예 사회와는 비교할 수 없을 정도로 생도맹그에서 반란의 성공 가능성은 커졌다.

게다가 결정적인 순간에 식민지의 흑인들은 종종 물라토 집단에서 동지를 찾았다. 당시에 주로 사용된 인종 규정에 따라 물라토는 복합적인 중간 위치를 차지했다. 그들은 법적으로 자유로웠고, 백인들도 그들에게 노예 운반책, 감독관, 민병대 등의 임무를 맡겨 도움을 받았다. 그러나 동시에 이 혼혈 인종은 멸시의 대상이었다. 물라토는 무기 소유와 공직 진출이 법적으로 금지되었으며, 대개 경제적 지위도 밑바닥에 머물러 있었다. 당장이라도 폭발할 것 같은 그들의 불만이 인종 차별 제도의 반복되는 약점으로 작용했다.

인종에 따른 위계를 계속 유지하고자 하는 사람들에게는 안타깝지만, 백인들의 숫자가 월등히 적었기 때문에 제대로 된 무기도 없는 흑인 남녀라도 백인 세계를 뒤엎어보자는 생각을 한 번쯤 해볼 수 있었다. 게다가 백인이라고 다 같은 백인이 아니라 계급, 교육, 상속받은 부에 따라 철저히 나뉘어 있던 터라 이러한 생각은 더욱 매혹적으로 다가왔다. 수많은 *프티 블랑*(Petits blancs, 볼품없는 백인 기술공, 선원, 점원, 행상 등 딱히 공통점이 없는 이들 집단을 가리켜 흑인들이 폄하하며 부르는 이름)은 섬의 사회적 피라미드의 최정상에 있는 부유한 농장주들이나 상인들과는 확실히 관심 분야가 달랐다. 농장 위계질서 내에서도 각자의 서로 다른 이해관계가 중요했기에 저지대 사탕수수 농장주들은 언덕에 있는 훨씬 작은 커피 농장 소유주들을 상대로 싸우기 일쑤였다.

앙시앵 레짐(Ancien Régime, 프랑스 혁명 전 구체제_옮긴이) 말기 생도맹그를 불안정하게 만든 또 다른 요인은 노예 대다수가 '분열되지' 않았고, 자신들의 역경을 받아들이도록 길들여지지 않았다는 점이다. 1789년에 섬에 있던 노예의 대다수는 농장의 높은 사망률 때문에 아프리카에서 유입된 흑인들이었고, 아프리카에서 태어난 그들은 노예로 살지 않았던 삶을 기억하고 있었다. 따라서 최근에 족쇄가 채워져 섬에 도착한 노예들은 노예제도를 자연스럽지도, 영원하지도 않다고 보았다. 오히려 그들은 자유의 기억을 간직하고 고향에서 온 이들과의 유대감을 이어나갔다. 그들은 자신들의 모국어와 관습, 종교적인 요소를 모두 유지했다. 심지어 군대 경험이 있는 노예들도 많았다. 그런 이유에서 '아프리카의 베테랑'들은 도주하기 쉽다고 알려졌고, 물라토로 구성된 시골 헌병대가 백인들의 명령을 받고 이들을 계속 감시했다. 헌병대의 임무는 노동 규율을 집행하고, 불순분자들을 벌하며, 마룬들을 잡아들이는 것이었다.

역설적이게도 파리에 있는 식민 지부에 의해 1780년대 중반 사회 상황에 암운이 드리워졌다. 생도맹그의 반란 소식에 놀란 식민 지부는 노예들에 대한 학대를 금하고 사탕수수 농장 노예들의 삶을 개선해 사회 안정을 강화할 목적으로 법령을 선포했다. 사뭇 놀라운 점은 군주가 노예를 살해한 농장주를 처벌할 형벌제도를 도입하고, 노예를 위해 일주일에 하루 휴무일을 정하고, 노동 시간을 제한하고, 노예들의 생명 유지를 위해 충분한 음식을 제공하는 것이 필요하다고 생각했다는 점이다. 이에 반해 농장주들은 새로운 법령에 거세게 저항했고, 르 카프의 법원이 이 법령을 인정하지 않겠다고 했다는 사실도 흥미롭다. 최근 한 학자의 말에 따르면, 생도맹그는 "이제껏 존재했던 제도 중 가장 극단적이고 집중화된 노예 체제"라는 불명예를 얻었다.[3]

구체제에 특히 위협이 되었던 생도맹그의 상황은 농장을 떠나 권력이 닿지 않는 곳에서 도망자끼리 무리 지어 사는 노예 집단인 마룬들과 관련된 사회 현상이었다. 마룬 무리는 정기적으로 은둔지에서 나와 농장을 습격해 약탈, 방화, 살인을 저지르기도 했다. 그러나 경제가 발전하며 사탕수수 심을 땅을 계속 개간했기에 언덕으로 도주하는 비밀 통로도 더 이상 안전하지만은 않았다. 사탕수수와 커피 재배가 확대되면서 근거지로 이용할 수 있는 황무지나 숲도 점차 줄어들었기에 도주 생활은 더욱 녹록지 않았다. 결국 복종이든 반란이든 둘 중 하나를 선택할 수밖에 없는 시간이 점점 다가오고 있었다.

노예 반란과 흑인 스파르타쿠스

프랑스 혁명은 '자유, 평등, 박애'와는 정반대로 가는 생도맹그의 불붙기 쉬운 사회 질서에도 불씨를 던졌다. 식민지는 프랑스 본국에서 벌어진 사건들에 황홀해하며 그대로 따라 했다. 1789년 바스티유 습격 사건은 특히 프티 블랑에 의해 르 카프, 포르토프랭스, 생마르에서 열렬한 환호를 받았다. 그들은 파리식 모델을 표방한 정치 클럽을 만들어 축제 분위기를 이어갔다. 여러 가지 사상, 배를 타고 건너온 소식, 지역 소문들은 마을의 그물망처럼 연결된 친목 행사를 통해 귀에서 귀로 흘러 들어갔다. 흑인 노예들과 유색인들이 일주일 중 하루 휴무일에 주로 찾던 전용 선술집, 교회, 시장은 생각을 교환하는 공론장이 되었다. 백인 독자층을 겨냥한 것이었지만 식민지에도 신문이 있었고, 유색인과 심지어 일부 흑인 노예들도 읽을 줄 알았기에 그들은 신문에서 본 정보를 농장의 많은 일꾼들에게 전파하는 확성기 역할을 했다.

한편, 프랑스에서 국민의회가 설립되자 생마르에서도 식민지 의회가 설립되었다. 거기서 프랑스와 그 식민지 사이에 의견이 엇갈린 인종적 특권과 이해 상충에 관한 논쟁이 카리브해를 넘어 식민지 전역으로 확산되었다. 사실 국민의회에서 봉건제 및 귀족주의를 폐지하기로 한 결정은 또 다른 의문을 제기하며 생도맹그를 뜨겁게 달구었다. 노예제도 봉건제만큼 구시대적인 건 아닐까? 생도맹그에서 '피부색으로 가르는 귀족'이 프랑스에서 '의복으로 가르는 귀족'이나 '칼로 가르는 귀족'과 같은 길을 가야 하는 건 아닐까?

특히 식민지에서의 삶의 조건과는 양립할 수 없는 '인권 선언Declaration of the Rights of Man'이 화근이 되었다. 아이티 물라토의 대변인 뱅상 오제Vincent Ogé는 파리에서와 마찬가지로 르 카프에서도 유효한 인권의 보편성을 강조하며 국민의회에서 이 문제를 확실히 제기했다. 이미 1788년에 지롱드Girondins라는 급진파 클럽의 대표 자크 피에르 브리소Jacques Pierre Brissot는 물라토들의 평등권을 지지하는 '흑인의 친구들Société des Amis des Noirs'이라는 노예 폐지론 단체를 설립했다. 아이러니하게도 이름과는 달리 '흑인의 친구들'은 흑인 노예 해방에 관한 문제는 회피했다. 1792년 국민의회는 인간을 자산으로 정의하는 생각에 의문을 품고, 지롱드파와 '흑인의 친구들'의 압력에 못 이겨 식민지에 있는 혼혈인들에게 참정권을 부여했다. 불가피하게 피부색이 더 검은 사람들의 권리에 대한 생각도 피어올랐다. '흑인의 친구들'보다 더 급진적인 라이벌 정치 클럽 자코뱅파Jacobins가 구체적으로 식민지의 노예제를 불법화하는 일에 매진했다.

1792~1794년에 프랑스 공화국은 천천히 노예 폐지 방향으로 나아가고 있었다. 그 결과, 농장 노예제가 프랑스 정부의 보호를 받지 못하게 되자마자 곧바로 프랑스 본국의 혁명 사상이 생도맹그를 휩쓸었다. 과거에 국가는 늘 총독, 법원, 주둔군, 경찰 등 식민 사회의 위계질서를 강화하는 수단을 제공했다. 이제 국민의회는 더 이상 식민지 권력층에게 50만 노예를 지배해도 좋다는 특권을 주지 않았다. 파리에서 잠시 체류하던 오제ogé는 인종 차별 철폐를 요구하고자 생도맹그로 돌아와 1790년 봉기를 이끌었다. 봉기는 실패했고, 오제는 붙잡혀 처형당했다. 그 과정에서 오제는 프랑수아 마캉달처럼 자유라는 대의의 상징이자 사회적 명령에 반대하는 롤모델이 되었다.

이처럼 점점 노예제가 정치적 쟁점이 되는 상황에서 사탕수수 재배 평원에 반란의 불꽃이 튀었다. 1791년 8월 말에 흑인 노예와 마룬들이 반란 음모를 꾀하려고 숲에서 '악어숲Bois Caïman'이라는 유명한 모임을 열었다. 모임이 끝나고 공모자들은 농장을 순회하며 물자를 약탈하고, 사탕수수밭에 불을 지르고, 사탕수수 가공용 기계들을 파손하며 계획을 이행했다. 그런 저항운동은 생도맹그의 고통스러운 삶에서는 제한적이고 지엽적인 만큼 익숙한 사건이기도 했다. 그러나 1791년의 반란은 반란 가담자의 규모나 피해 지역의 범위로 볼 때 이전까지의 모든 반란을 보잘것없게 만들었다. 반란 소식이 퍼지면서 북부 농장 전체가 들썩이더니 식민지 전체로 확산했다. 농장 일꾼들, 도시 노예들, 가사 노예들, 심지어는 자유로운 물라토까지 서로 힘을 합했다. 부두교와 기독교 모두 노예들의 공동체 의식을 일깨우고, 품어온 열망을 함께 성토하도록 돕고, 종교계 원로들을 선도자로 앞세우며 반란에서 중요한 역할을 했다.

동료 노예들 사이에서 마부이자 영향력 있는 부두교 인물로 통하는 듀티 부크만Dutty Boukman이 '악어숲' 모임을 주도했고, 초기에 반란을 이끌었다. 그러나 반란은 시작 때부터 참여했던 '흑인 스파르타쿠스' 루베르튀르와 가장 밀접하게 관련되어 있었다. 루베르튀르의 지휘로 반란군들은 노예 해방과 프랑스로부터의 독립을 아우르는 원대한 희망을 품었다. 전하는 바에 따르면, 반란에 가담한 투사들은 혁명가를 부르고, 삼색기를 올리고, 루베르튀르가 "인간이 소유할 수 있는 가장 소중한 자산"[4]이라고 했던 자유를 수호하자는 그의 외침에 응했다고 한다.

일단 불이 붙자 반란은 걷잡을 수 없는 속도로 퍼져나갔다. 그 어떤 것도 아이티의 노예 반란만큼 미 대륙의 노예제에 위협적인 것은 없었다. 사학자 로랑 뒤부아Laurent Dubois는 이렇게 썼다.

> 반란군은 구성원이 무척 다양했다. 남자와 여자, 아프리카 태생과 크레올(creole, 서인도제도나 중남미에 이주한 에스파냐인이나 프랑스인의 자손_옮긴이), 감독과 농장 일꾼, 고산 커피농장 노예들과 사탕수수농장 노예들 등 …… 폭력적인 제도에 폭력으로 항거하며 그들은 세계에서 가장 부유한 지역의 경제를 산산조각 냈다. 반란이 시작되고 8일 만에 그들은 184개나 되는 농장을 파괴했다. 지난 9월 말까지 200개가 넘는 농장이 공격당했고, 르 카프 양쪽 80㎞ 내에 있는 농장은 모두 재와 연기만 남았다. 1,200개에 달하는 고지대 커피농장도 공격당했다. 반란군 숫자의 추정치는 매우 다양했지만 …… 9월 말 무렵 반란군 캠프에 있던 사람은 최대 8만 명을 헤아렸다.[5]

반란군이 농장들을 파괴하고자 했던 것이니만큼 폭력과 파괴는 반란의 상징과도 같았다. 그들은 건물과 들판에 불을 지르고, 민병 순찰대를 매복해 습격하고, 농장주와 감독관을 학살했다. 일부 반란군 대장은 수위를 낮추자고 주장했지만, 일부는 하루에 얼마나 많은 백인들을 처단할 수 있는지 으스댔다.

생도맹그의 백인들은 파리에서 온 소식에 마음이 심란해졌고, 서로 분열되었다. 사탕수수밭이 북쪽까지 불길이 번지는 사이 르 카프 대표들은 전략을 두고 격론을 펼쳤지만, 시기상 그럴 때가 아니었다. 그렇게 지지부진한 상태가 되다 보니 진압 작전의 수행이 더뎠고, 결국 반란군 쪽에서는 조직화하고 새로운 동지를 모집하며 무장할 시간을 벌었다. 이렇게 르 카프의 대응이 지연된 덕에 반란이 성공하게 되었다.

그러나 노예 주인들과 그들의 지지자들이 행동을 취하자 반란군도 폭력과 비타협으로 맞섰다. 식민지 의회는 '검둥이 반동분자들'과는 협상하지 않겠다며 무조건적인 항복을 요구했다. 반란이 혁명으로 비화하는 최후통첩을 보낸 셈이었다.

노예제 부활을 노리는 나폴레옹 전쟁

중요한 문제는 프랑스 권력자들의 태도였다. '피부 귀족들'은 협상을 배제해놓고 보니 따르는 이가 너무 적어 루베르튀르의 지휘 아래 제대로 무장하고, 단합하며, 조직화하는 다수의 노예를 무찌르기에는 역부족이었다. 농장주들이 진정 원하는 단 한 가지는 국민의회가 대규모 군대를 르 카프에 보내 반동분자들을 처단하고 노예제를 부활하는 것이었다.

농장주들에게는 안타깝게도 프랑스 혁명이 1789년에서 1792년 사이에 점차 과격해지더니 결국 지롱드파와 자코뱅파라는 두 파벌이 권력을 장악하고 의회를 대표하게 되었다. 지롱드파와 자코뱅파 모두 프랑스에서의 귀족제의 폐지가 생도맹그에서의 '피부 귀족'의 폐지를 의미하는 것이라고 믿었다. 1792년 국민의회는 노예제 폐지를 지지하는 레제펠리시테 송토나Léger-Félicité Sonthonax와 개혁을 지지하는 에티엔 폴브렐Étienne Polverel, 두 사절을 르 카프에 보내 농장 노예제에 대한 국민의회의 입장을 분명히 했다. 이와 더불어 그들은 식민지의 정치 판도를 바꾸었다.

송토나와 폴브렐은 도덕적으로 노예제를 혐오했을 뿐만 아니라, 사안을 일사천리로 해결하고 싶은 마음에 식민지행을 결정했다. 그들은 반란이 자기들 식민지에도 퍼질까 두려워하는 스페인과 영국이 생도맹그에 프랑스 혁명에 반하는 개입을 하지 못하도록 필사적으로 막고 싶었다. 그러나 프랑스의 식민지 경쟁국이라 할 수 있는 스페인과 영국은 노예 해방과 흑인 자치 정부 수립이라는 위험한 사례를 사전에 차단하고 싶었다. 생도맹그가 비할 바 없이 부유한 식민지인 데다 생도맹그를 강타한 한 방이 한창 혁명 중인 프랑스 전역에 충격을 줄 것이라는 점을 고려해 두 나라는 혁명 반대에 대한 결심을 더욱 굳혔다.

두 특사는 스페인과 영국의 위협에 맞서기 위해 노예들을 규합해 프랑스 공화국을 방어한다는 대담하고 중대한 행동에 나섰다. 1793년에 그들은 자체 권한으로 노예들을 법적으로 해방하고 프랑스 시민권을 부여하겠다는 법령을 반포했다. 루베르튀르와 그의 휘하에 있는 군대는 그들을 해방한 프랑스 공화국에 충성을 맹세했다. 답례로 두 특사는 루베르튀르와 그의 병사들에게 무기를 공급했다.

식민지에서 시행한 조치들을 파리에서 승인받기 위해 송토나와 폴브렐은 백인과 물라토, 노예 출신 장바티스트 벨리Jean-Baptiste Belley, 이렇게 세 명으로 구성된 대표단을 국민공회(구 국민의회)에 보냈다. 당시 자코뱅 좌파가 지배하던 국민공회는 벨리를 만났고, 생도맹그에서의 인종

평등에 관한 그의 선언에 우레와 같은 갈채를 보냈다. 곧바로 1794년 2월 4일 국민공회는 프랑스 혁명의 결정적인 문서 중 하나인 그 유명한 해방 선언Emancipation Declaration을 선포했다. "국민공회는 모든 식민지에서 흑인 노예제 폐지를 선언한다. 식민지에 거주하는 모든 사람은 피부색에 상관없이 프랑스 시민이며, 헌법에서 보장한 모든 권리를 향유할 수 있음을 선언한다."[6] 노예 주인에 대한 손실 보상 조항은 없었다.

그러나 1794년 여름에 혁명의 추가 오른쪽으로 기울고 있었기에 그 후 10년 동안 노예 해방의 향방은 그야말로 오리무중이었다. 프랑스에서 7월 27일 공포정치에 대항하는 반란이 일어나 로베스피에르Maximilien de Robespierre와 자코뱅파는 몰락했다. 로베스피에르와 가까운 심복들은 숙청당했고, 노예 폐지론자들은 권좌에서 축출되었다. 뒤를 이은 통령정부(1799~1804년 존속한 정부로, 3인의 통령이 역할을 분담해 나라를 운영했으며, 제1통령인 나폴레옹이 후에 종신 통령의 자리에 올랐다가 황제에 등극하면서 폐지된다_옮긴이)는 혁명의 성과를 뒤엎으려고 하지는 않았다. 그런 점에서 반혁명적이라고 볼 수는 없지만, 그래도 안정과 질서를 우선시하며 혁명을 중단하고자 했다. 더욱이 격동하는 프랑스는 계속해서 전쟁 중이었기에 점점 군대에 의존하게 되었고, 그러면서 부상한 핵심 인물이 코르시카 출신 장교 나폴레옹 보나파르트였다.(그림 8-2)

집정관으로서 나폴레옹은 생도맹그 사태를 당황스럽게 보았다. 아래로부터의 해방과 혼혈은 둘 다 그가 혐오하는 것이었고, 그는 흑인들이 자치 정부를 운영할 수 없다고 주장했다. 스페인과 영국처럼 나폴레옹도 생도맹그의 노예 반란 사례가 과들루프, 마르티니크, 레위니옹, 기아나와 같은 미 대륙의 프랑스령에서 노예제를 위협할 수 있다며 고민했다. 인종 간 경계를 유지하려고 애쓴 나폴레옹은 무력으로 반란을 진압하고 노예제를 부활하겠다는 생각에 빠져들기 시작했다. 그는 루베르튀

184

그림 8-2 자크 루이 다비드(Jacques-Louis David), 〈튀일리 궁전 서재에서의 황제 나폴레옹(The Emperor Napoleon in His Study at the Tuileries)〉(1812)(워싱턴 국립미술관, 워싱턴 D.C.)

르와 친분이 있는 백인들을 흑인이나 유색 인종과 내통한 죄를 지은 백인 여성들과 함께 추방할 것을 명령하면서 그의 의도를 내비쳤다. 당시 상황이 루베르튀르를 생도맹그의 총독으로 올려놓았지만, 나폴레옹은 그를 그저 제 신분에서 벗어난 무모한 흑인이며, 제자리로 돌려보내야 한다고 보았다.

더욱이 나폴레옹은 루베르튀르의 보복성 정치 스타일을 싫어했다. 자신의 스타일과 너무 닮았기 때문이다. 루베르튀르는 그가 속한 작은 영역에서 총명한 군사 지도자이자 권위적인 독재자로서 '흑인 스파르타쿠스'로 알려진 것 외에도 간혹 '검은 나폴레옹'으로도 불렸다. 비록 반란이 일어난 지 10년이 지난 후에도 공식적으로는 여전히 프랑스 식민지였지만, 루베르튀르의 지휘 아래 생도맹그는 주권 국가인 양 행동했다. 생도맹그인들은 헌법 초안을 작성했고, 프랑스의 관심사는 그다지 고려하지 않은 외교 정책을 추구하며 루베르튀르를 종신 통치자로 선포했다. 비록 헌법은 생도맹그가 여전히 프랑스령임을 명시하고 있지만, 섬 자체적으로 제정한 '특별법'이 우선 적용되어야 한다고 밝혔다.

이러한 저항은 반역에 가까웠다. 특히 생도맹그섬이 프랑스 경제에 막강한 영향을 미치고 있던 터라 더욱 용납될 수 없었다. 나폴레옹은 섬의 부유한 농장이 되살아날 수 있다고 계산했다. 그는 영지에 대한 피해 보상과 생산 재개를 위한 재정 수단으로서 그 섬을 왕정 지지자들에게 보상으로 분배하고자 했다. 그래서 나폴레옹은 해군과 식민지 각료를 노예제도의 열혈 지지자들로 충원했고, 원대한 탐험 계획을 시작했다. 그는 '생도맹그에 사는 신사들의 강권'에 기꺼이 굴복하겠노라고 썼다.[7]

집정관 나폴레옹은 또한 지정학적으로 원대한 열망을 품고 있었다. 나폴레옹은 통치권을 확대하고 불멸의 영광을 달성하고 싶은 마음에 들떠 있었고, 북미에서 프랑스가 다시 한번 식민 통치를 해보겠다는 대담한 야심을 품었다. 생도맹그에서 흑인 반란을 격파할 수 있다면, 그때는 생도맹그섬을 기점으로 프랑스의 세력을 루이지애나에서 미시시피까지 뻗칠 수 있을 터였다. 그 과정에서 프랑스는 영국과의 세력 다툼에서 승리를 거머쥐며 한층 부유해질 것 같았다. 나폴레옹은 세밀한 계획보다는 개인적인 천재성과 직관을 믿는 편이라 구체적인 사항들은 미래에 맡겼다. 그러나 프랑스가 북미 강국이 되기 위해 밟아야 할 첫 단계는 분명했다. 그와 그의 야심을 가로막는 흑인들을 절멸하는 것이었다. 루베르튀르와의 전쟁이 다가오고 있었다.

　나폴레옹과 루베르튀르의 충돌을 단순히 노예와 자유의 대결, 백인 우월주의와 인종 평등의 대결로 정의하는 것은 다분히 오해의 소지가 있다. 루베르튀르는 혼합식·반자유식 농장제도를 확립하고자 한 실용주의자였다. 그의 미래관은 부유한 백인, 유색 자본가, 엘리트 흑인들이 서로 협력하고, 사탕수수에 투자하고, 묵묵히 일하는 노동자들을 관리하도록 도모하는 것이었다. 루베르튀르는 그런 새로운 제도 아래에서 농장 노동자들은 자유롭게 고용주를 바꿀 수 있고, 체벌의 공포 없이 살아갈 수 있을 것이라고 주장했다. 그러나 한편으로 그는 흑인과 유색 인종이 법적으로는 자유롭더라도 필요하다면 무력으로라도 엄격한 규율에 따라 저임금에 막노동을 계속하고 도시로 이주하지 못하도록 해야 한다고 생각했다. 루베르튀르는 농장의 일손들이 농장에서 일하는 건 노예 상태나 다름없다고 생각하게 되고, 일단 자유를 얻고 나면 그들이 나태해지지 않을까 두려웠다.

　루베르튀르의 우선순위는 실질적인 노예제의 부활, 인종 분리, 프랑스 법을 제외한 필요한 온갖 수단을 써서 섬의 생산성을 되살리는 것이었다. 그는 농장을 복합적인 관점에서 보았다. 그는 한때 노예였을 뿐만 아니라 강제 노역에 의존하는 부유한 농장주이기도 했으며, 노예를 직접 소유해본 적도 있었다. 게다가 그와 가장 가까운 조언자 중에는 노예 주인이었던 자들도 있었다. 그의 꿈은 사회적 평등과 정치적 자유에 있는 것이 아니라, 전쟁과 파괴를 한 세대 동안이나 겪은 이후에 강력한 경제로 복귀하는 데 필요한 규율을 강제할 수도 있는 엄격한 독재에 있었다. 총독으로서 그의 권력은 그에게 종속된 노예들의 생사를 결정하는 수준까지 확대되었다. 사실 루베르튀르도 철권통치를 했기에 그에게 맞서는 나폴레옹의 조치가 아이러니한 정치적 계산으로 비쳤다. 나폴레옹은 권위적인 흑인 스파르타쿠스가 추종자들을 너무 소원하게 대해서 노예제의 궁극적 부활 의도만 숨긴다면 그들 중 많은 이들이 프랑스로 마음을 돌릴 수 있을 것으로 추론했다.

루베르튀르는 생도맹그섬이 분할되어 자유인들에게 할당되면 사탕수수보다는 다른 작물을 재배할까 봐 두려웠다. 그는 그러한 변화가 섬의 경제에 암운을 드리울 것으로 믿었고, 1794년의 노예 해방운동에서 흑인 반란자들이 꿈꾸었던 자유라는 자극적인 생각에는 찬성하지 않았다. 그는 반+자유 임금 노동, 피부색에 상관없는 법적 평등, 국가적 독립을 보장하는 어중간한 체제를 목표로 삼았다.

영국과 미국의 지지를 받아 한껏 들뜬 나폴레옹은 1801년 봄에 결정타를 날리기로 결심했다. 그는 외무부 장관에게 그의 목적이 '흑인 정권을 타도하는 것'이라고 밝히고, 처남인 샤를 빅투아르 엠마누엘 르클레르Charles Victoire Emmanuel Leclerc에게 편지를 썼다. "이 번들거리는 아프리카인들을 제거해주게. 그러면 더 이상 바랄 게 없겠네."[8] 그는 비용 따위는 고민하지 않고 일곱 개의 항구에서 출항할 65척의 군함을 집결시키고, 루베르튀르의 통치에서 달아난 많은 농장주들과 3만 명의 군인, 보조 선원 등을 끌어모았다. 르클레르가 지휘하는 이 함대는 1801년 12월에 처음 출격해서 봄에는 병력을 2만 명 증강했다.

나폴레옹은 약삭빠른 기회주의자로, 지휘관인 르클레르와 로샹보Rochambeau에게 식민지에서 노예 해방을 언제, 어떻게 철폐할지 결정할 권한을 주었다. 최우선순위는 무법천지 식민지를 프랑스가 직접 통제하는 것이었다. 그렇게 되면 르클레르는 노예제 부활이 얼마나 많은 반대를 야기할지에 대한 자신의 평가에 따라 보다 편안하게 노예제 부활에 착수할 수 있었다. 목표는 정해졌지만, 속도는 실용적으로 결정될 터였다.

군대가 승선하자 분위기는 한껏 고양되었다. 승리는 따 놓은 당상이었고, 병사들은 그 성과로 승진과 사업 기회, 엄청난 부에 이르는 길이 열릴 것으로 믿었다. 원정대의 군의관 니콜라 피에르 질베르Nicolas Pierre Gilbert는 침략 계획이 알려졌을 때 새로운 엘도라도를 찾아 항해하고 싶어 안달 난 남자들로 전쟁부Ministry of War가 문전성시를 이루었다고 회상했다. 그러나 상황은 원하는 방향으로 가지 않았고, 혁명 이외의 무엇인가가 그들이 고대하던 승리와 성공의 길을 막아섰다.

프랑스군의 패배

그다음에 벌어진 사건은 충격적이고 예기치 못한 패배였다. 나폴레옹의 아이티 무력 개입은 여러 가지 이유에서 실패했다. 그중 한 가지는 노예 출신들의 새로운 전쟁 스타일이었다. 프랑스는 유럽에서 전쟁을 치를 때 필요한 장비를 갖추고 훈련받은 정규군을 배치했지만, 느닷없이 열대 지방에서 육탄전과 맞닥뜨리게 된 것이었다. 나폴레옹과 장군들은 정치적 이상, 종교적 믿음, 패배는 곧 전멸이라는 생각으로 한껏 달아오른 사람들과 겨루어야 했다. 생도맹그의 교전을 양측 모두 전멸전으로 받아들였기 때문에 맹렬한 공격이 쉴 새 없이 오갔다.

르클레르 원정대가 패배한 두 번째 요인은 상대 세력이 그저 마체테(날이 넓고 무거운 칼_옮긴이)를 손에 쥐고 농장주들이나 겁주던 1791년의 반항적인 노예들이 더는 아니라는 데 있었다. 1802년 2월 르클레르가 르 카프에 도착했을 무렵, 루베르튀르의 군대는 군사훈련을 받고 제대로 된 무기를 갖춘 노련한 군인들로 이루어져 있었다. 더 나아가 그들을 지휘하던 장군들은 루베르튀르 본인과 장자크 데살린, 앙리 크리스토프Henri Christophe 등 뛰어난 책략가들이었다. 그들은 바위투성이인 섬의 지형을 잘 알고 있었고, 지형을 활용해 기습작전을 펴고 숲으로 감쪽같이 숨어들 방법을 다 계산해놓았다.

통찰력이 뛰어난 루베르튀르는 승기를 잡으려면 르클레르 군대가 상륙하고 나서 여름 우기가 시작되기 전 첫 두세 달간은 총력전을 피해야 한다고 보았다. 반란군은 진영 간 전투로 나폴레옹 군대를 대적하기에는 화력도 훈련도 부족했기에 여름이 되고 아이티 환경 자체가 유럽군에 맞설 수 있게 되기 전까지는 기습작전으로 프랑스군을 교란하는 게 훨씬 낫다고 보았다. 루베르튀르는 군사 전략을 세울 때 생도맹그의 의료기후학이라 부를 수 있을 만한 경험으로 체득한 지식도 고려했다. 그는 공교육을 거의 받지 못했지만, 아프리카 민간요법 관련 지식을 습득했고, 예수회 병원에서 일하던 시절부터 건강 문제에 관심을 쏟아왔다.

따라서 루베르튀르는 새로 도착한 유럽인들이 여름만 되면 황열로 목숨을 잃는 반면, 흑인들은 남녀 불문하고 끄떡없다는 것을 잘 알고 있었다. 또한 황열이 환경에서 비롯된 독기의 산물이라고 믿었다. 그래서 아이티에 여름이 오기까지 시간을 번 다음 독기로 프랑스군을 파멸시키겠다는 적절한 전략을 세웠다. 이런 점에서 그는 마캉달의 유산에 충실했다. 즉 프랑스인을 무찌르고 아이티를 해방하기 위해 정치과학자 제임스 스콧James Scott이 같은 제목의 그의 책에서 '약한 자들의 무기'라고 부른 것이 있는데, 그 전형적인 사례인 독을 사용하고자 했다. 최근 연구에 따르면, 루베르튀르는 "열병이 언제 어디서 유럽군을 공격할지 알고 있었다. …… 우기에 백인들을 항구와 저지대로 유인하면 그들이 떼죽음 당하게 되리라는 것을 알았다. 데살린에게 보낸 편지에서 루베르튀르는 '명심해라. 우기까지 기다려야 한다. 우기가 되면 자연이 적들을 해치워줄 테니 그때까지는 우리가 가진 무기들로 파괴와 방화만 일

삼거라'라고 썼다."⁹

프랑스와 대적하기 위해 루베르튀르는 두 가지 중요한 정보의 이점을 톡톡히 누렸다. 우선 아이티의 의료 지형과 기후에 대한 그의 상세한 지식이었다. 둘째는 그가 침략자들의 움직임을 추적하기 위해 구축해놓은 방대한 지적 네트워크였다. 프랑스인들도 여름에는 언덕과 산이 저지대와 도심보다는 쾌적한 곳이라고 인식하고 있었지만, 그들은 황열을 과소평가했고, 그렇게 맹렬한 기세로 유행하게 될 것이라고는 전혀 예상하지 못했다. 더 나아가 루베르튀르가 파악한 것처럼 르클레르 입장에서는 항구가 프랑스의 통제권, 공급선, 증강 병력의 핵심 통로인 만큼 특히 르 카프항 같은 항구를 우선적으로 수호할 필요가 있었다. 항구를 놓치면 식민지 전체를 잃을 수도 있었다. 따라서 르클레르는 모든 게 결정되는 이 기후 전쟁에서 최대한 빨리 적을 대적하겠다는 목표로 요새를 잘 갖춘 항구 도시를 장악하고, 정탐대를 내륙으로 보내 파괴한다는 이중 전략을 취할 수밖에 없었다.

이러한 배경에서 루베르튀르의 반대 전략은 총력전을 무조건 피하고 질병이 최고의 아군이 될 수 있도록 시간을 정확히 계산하는 것이었다. 그가 치고 빠지는 전술을 잘 구사해 르클레르 군대가 저지대와 르 카프에서 열대 여름을 겪도록 한다면 소총보다는 질병으로 프랑스군을 확실히 보내버릴 수 있었다.

하지만 정작 루베르튀르 본인은 해결책 협상을 위해 프랑스군과 대면하기로 합의하는 과오를 저질렀다. 교섭 담당자로 믿은 이들에게 배신을 당한 그는 체포되어 프랑스로 송환되었다. 거기서 나폴레옹은 행여나 루베르튀르가 순교자라도 되면 동요가 일어날까 우려해 그를 쥐라산 감옥에 가두고 서서히 죽게 내버려두었다. 루베르튀르는 최소한의 음식, 열기, 빛만 주어진 환경에서 몇 달을 버티다 1803년 봄에 사망했다. 다행히도 아이티 혁명에서는 루베르튀르의 후임 사령관 데살린도 전쟁에서 독기의 역할을 확실히 이해하고 있었다. 데살린은 1802년 3월 프랑스와의 첫 전투를 위한 임전 태세를 갖추도록 명하면서 부하들을 독려했다. "용기를 내라. 거듭 말하거늘 용기를 내라. 프랑스에서 온 백인들은 이곳 생도맹그에서는 우리에게 끝까지 대항할 수 없다. 백인들이 처음에는 잘 싸울 테지만, 곧 병들고 파리처럼 죽게 될 것이다."[10]

한편 프랑스 진영에서 보면 르클레르가 원정대를 약화시키는 근원이었다. 그는 경험이 부족하면서 지나치게 확신에 찬 관료로, 사령관이란 지위도 능력이 출중해서라기보다는 나폴레옹 누이와의 결혼으로 얻은 것이었다. 정치적으로도 생도맹그섬을 뒤흔든 인종 문제와 애국주의가 교차하는 상황을 타개할 성공적인 책략을 마련할 그릇이 못 되었다. 더 큰 문제는 자신의 군대를 군사적인 막다른 골목으로 몰고 갔다는 것이다. 식민지에 대한 배경지식도 없이 그가 늘 조롱조로 부르던 '깜둥이들'을 얕잡아보고 그들을 상대로 거저 승리할 것으로 예상했다. 그는 루베르튀르 일당이 미개한 오합지졸들이라 정규군을 보면 무기를 버리고 도망칠 것으로 생각했다. 따라서 르클레르는 생도맹그를 제압하려면 3만 명이 아닌 10만 명의 대군이 필요할 것이라는 한 부하의 선견지명 있는 제언을 무시했다.

르클레르는 9개월간 사령관으로서 시작부터 매 단계마다 예기치 않은 복병과 마주쳤다. 르 카프 인근에 상륙할 당시에도 상륙 직전까지 반란군이 주둔하고 있다가 첫 기습 공격을 날렸다. 루베르튀르 군이 내륙으로 철수하기 전에 르 카프에 불을 지르는 바람에 항구 도시는 돌로 된 건물과 요새만 겨우 남고 잿더미로 변했다. 이를 재건하느라 프랑스 자원이 축났고, 갑자기 재정비가 필요해진 프랑스군은 일분일초가 중요한 이 시기에 군사 행동을 지연시킬 수밖에 없었다. 이 또한 심리전의 강력한 효과였다.

봄이 다가오면서 질질 끄는 게 불리해진 르클레르는 반란군을 에워싸 무찌른다는 작전을 수행하기 시작했다. 그의 계획은 5개 사단을 배치하고 각 사단은 따로 행군하며 내륙으로 좁혀 들어가다가 섬의 한가운데에서 합친다는 것이었다. 목적 달성을 위해 2월 17일 프랑스군은 각자 위치에서 행군했고, 지리도 잘 모르는 아이티 내륙 어딘가를 향해 나아갔다. 어찌 그리도 안일한지 길을 인도할 지도 한 장 없었다.

프랑스군이 만난 또 다른 복병은 사람을 그다지 환영하는 것 같지 않은 섬의 지형을 적군이 기발하게 활용한다는 점이었다. 지형의 안쪽 언덕배기에는 가파른 골짜기들이 미로처럼 어지럽게 방향감각을 혼란시켰고, 골짜기에는 갖은 방식으로 찌르고 물어대는 벌레들이 득실거렸다. 르클레르 군대는 쏟아지는 장대비 속에서 변변치 못한 신발에 기후에도 안 맞는 모직 군복을 입고 있자니 더욱 고행길이었다. 한낮의 열기 속에서는 땀범벅이 되었고, 밤이면 갑자기 추워진 날씨에 진흙밭에서 야영을 했다. 르클레르 입장에서 더 끔찍한 것은 반란군들이 전쟁이나 결투는 탁 트인 전장에서 해야 한다는 유럽인의 관습 따위는 무시하는 것처럼 보였다는 것이다. 그중에서도 가장 기사도 정신에서 벗어난 것은 한때 노예였던 여자들도 농장의 굴욕적 삶으로 돌아가느니 공적을 세우고 죽을 각오로 전투에 가담했다는 것이다.

반란군들은 매복해 침략자의 움직임을 조심스럽게 추적하다가 그들을 가차 없이 습격했다. 이른바 '게릴라전'이라는 용어는 그 후 10년이 지난 뒤에야 스페인에서 만들어졌다. 그러나 수년간 반란에 가담했던 생도맹그 반란군들은 이미 게릴라 전술의 달인이 되어 있었다.

열대 지방에서 르클레르의 전쟁 준비가 미흡한 데는 나폴레옹의 책임도 있었다. 코르시카 출신 제1집정관 나폴레옹은 따뜻한 기후에서 곤충 매개 질병의 위험성을 익히 알고 있었다. 19세기 코르시카는 이웃한 사르데냐와 시칠리아처럼 모기와 모기가 옮긴 세균으로 초토화되었다. 나폴레옹 자문관들도 서인도제도에서 황열로 생길 수 있는 구체적인 위험을 경고했다. 자문관들의 정보를 부분적으로 고려한 나폴레옹은 빠른 시일 내에 승리할 것으로 낙관하고 원정대 출정 시기를 겨울로 맞추었다. 르클레르처럼 나폴레옹도 교전이 여름철 황열 유행기까지 계속될 가능성을 달갑게 생각하지 않았을 뿐만 아니라, 두 사람 모두 지연될 경우 발생할 수 있는 의료상의 문제에 대해서는 아무런 대비도 하지 않았다. 제1집정관과 그의 처남의 오만한 착오가 뒤따른 재앙에 큰 역할을 했다.

보병대는 무거운 군사 장비와 무기들을 짊어지고 무거운 발을 이끌고 느리게 이동했기에 번개 같은 공격의 표적으로는 안성맞춤이었다. 76일간의 유혈 교전에도 끝장을 보지 못하자 봄철 공격은 추진력과 목적의식을 모두 잃었다. 기온이 오르자 비가 여름의 분노를 쏟아냈고, 처음 도착했던 프랑스 군사들은 병에 걸렸다. 르클레르도 실패를 인정하고 르 카프로 후퇴했다.

열대 지방에서 전장으로 나오기를 거부하는 적을 상대로 재래식 병법을 구사하는 것은 비효율적이라서 르클레르는 서둘러 대안 전략을 짜낼 수밖에 없었다. 먹잇감이 추격을 피했기 때문에 르클레르는 시쳇말로 '대게릴라전'이라고 하는 방침을 마련했다. 시민들의 항복을 유도하는 것이 새로운 목표였다. 따라서 체계적인 보복전으로 눈을 돌리고 군사들에게 반란군의 활동이 가장 많은 지역의 농작물을 모두 태워버리라고 지시했다. 반란군을 굶주리게 해 항복을 받아내겠다는 계산이었다. 게다가 좌절하고 두려움에 사로잡힌 프랑스 군사들마저 반란군은 물론 무기도 없는 일반 흑인들을 상대로 극악무도한 짓을 행하며 분노를 발산하기 시작했다. 강간은 전쟁의 도구로서 역량을 발휘했다. 생도맹그의 역사에서 빈번히 등장했듯이 성폭력은 유럽 남성과 아프리카 혈통 여성 간의 근본적으로 불평등한 관계가 형성되는 데 일조했다.

1802년 6월, 프랑스 사령관 르클레르는 원래의 군사 전략인 전격전과 보복전 모두 반란을 진압하는 데 별 소득이 없다는 것을 인정했다. 그래서 불가피하게 세 번째 전략, 즉 8월까지는 반란군의 무장을 해제한다는 전략을 내놓았다. 이 전략에 따라 프랑스는 권위에 저항하거나 무기를 소지하다 붙잡힌 누구든 즉결 처형했다. 르클레르는 또한 물라토에게 관심을 돌렸지만, 실망스럽게도 그들을 신뢰할 수 없다고 보고 영지에서 총이 발견되면 영지의 감독관도 총살할 것이라고 발표했다. 게다가 프랑스의 결단을 과시하고자 군은 처형 방식도 바꾸었다. 1802년 여름까지 사형제도의 표준은 총살 집행이었다. 이제 르클레르는 공개 교수형을 선호했다. 흑인들의 공포를 극대화해 무기를 버리고 항복하도록 하려는 의도였다.

생도맹그에서 프랑스의 정책이 급진적으로 선회한 이유는 파리에서 내뿜는 극단적인 정치적 결정과 감염병 발병이 운이 나쁘게도 겹쳤기 때문이었다. 1802년 5월에서 8월 사이 나폴레옹은 중대한 정책들을 잇달아 발표하여 1794년에 만천하에 선포된 인권의 보편성을 뒤집었다. 나폴레옹은 노예 폐지주의를 '거짓 철학'이라고 경멸하며 행동에 돌입했다. 노예제가 폐지된 적이 없던 프랑스 식민지 마르티니크와 레위니옹에서 5월에 노예제의 적법성을 공식화했다. 또한 프랑스 본국에서 피부색에 따른 제한 조치를 시행했다. 그러고 나서 연달아 이들 식민지에서 노예무역 재개를 승인했고, 프랑스령 과들루프와 기아나에서 노예제 부활을 승인했다.

나폴레옹은 생도맹그의 노예제에 관해서는 그 섬의 주된 노동제도는 아직 결정되지 않았고 10년 이내에 확정될 것이라며 확답을 피했다. 그는 노예제 부활을 바로 시도했다가는 공연히 반란의 불씨로 작용할 것이라는 실용적인 이유로 의도를 숨겼다.

동시에 감염병도 프랑스의 전략을 바꿔놓았다. 한편으로 르클레르의 춘계 군사 작전은 성공적이었다. 르클레르는 프랑스의 통치권을 선언하고 생도맹그에 공식적으로 계엄령을 선포하며 식민지를 종횡무진할 수 있었다. 그러나 통치를 어떻게 실현하고 유지할지가 실질적으로 중요한 문제였다. 이 두 문제 모두 황열이 급속히 정치 문제들을 잠식하면서 이내 논의 밖으로 밀려났다. 3월 말에 황열에 걸린 첫 환자들이 치료를 받기 위해 군의관을 찾았다. 4월이 되자 발병이 본격적으로 시작되면서 감염 사례는 날마다 늘어났다. 르클레르가 무장 해제 계획을 막 도입하고 난 초여름 무렵 감염병은 식민지 전역에서 발생했다. 비록 황열이 교전 중인 양측 모두에 영향을 주었지만, 불공평하게도 면역력이 없는 프랑스군만 할퀴었다. 세균에 방어력이 없던 나폴레옹 군은 병사들이 끔찍하리만치 많이 죽어나가며 와해되기 시작했다. 입수 가능한 통계만 보더라도 얼마나 파국이 임박했는지 알 수 있다.

존 로버트 맥닐John Robert McNeill은 그의 책《모기의 제국: 1620~1914년 범카리브해 지역의 생태학과 전쟁Mosquito Empires: Ecology and War in the Greater Caribbean, 1620~1914》에서 나폴레옹이 생도맹그 반란을 진압하기 위해 여러 차례에 걸쳐 6만 5,000명의 군인을 파견했다고 추정했다. 이 중 5만~5만 5,000명은 사망했으며, 그중에서도 3만 5,000명~4만 5,000명은 황열로 사망했다. 그래서 1802년 늦여름에 르클레르 수하에는 1만 명만 남았고, 이 중 8,000명이 병원에서 회복 중이었고 단 2,000명만 전시 복무에 임할 수 있었다. 참모들의 3분의 2도 무릎을 꿇었다. 황열은 회복이 오래 걸리고 복잡하며 불확실하므로 회복 중인 군사들도 가까운 장래에 임무에 복귀하리라 장담할 수 없었다.

황열의 높은 치사율은 나폴레옹 군대에 큰 영향을 미쳤다. 생도맹그가 워낙 비상사태라 이환율과 사망률에 대한 정확한 통계는 기록된 바 없지만, 황열의 독성은 범상치 않았다. 황열에 걸린 프랑스 군인 중 극소수만 회복되었다. 열병은 마치 반란군이 고의로 배치해놓은 무기처럼 유럽인만 공격했고, 대다수를 사살했다. 사실 당시 공포스러운 상황을 꼼꼼히 기록해놓은 자료에 따르면, 1802~1803년 황열의 두드러진 특징 중 하나는 병사들이 전격성 황열을 겪었다는 점이다.

카리브해와 미국에서 기존에 발병했던 황열은 대개 두 단계로 진행되었다. 첫째는 시작 단계로 전조 증상 없이 갑작스럽게 시작되었다. 환자들은 이 시기 오한, 고열, 고통스러운 전두골 두통, 구토, 피로를 느꼈다. 그런 다음 약 3일이 지나면 회복되는 것 같고 증상이 차츰 완화되면서 친구들이나 간병인들과 심지어 말도 주고받았다. 경증인 경우 회복이 지속되고, 오랜 요양 생활이 시작되었다.

그러나 중증인 경우 24시간이 채 지나기도 전에 병의 차도는 물 건너가고, 바이러스가 맹렬히 신체를 공격했다. 이러한 둘째 단계에서 황열은 다음과 같은 전형적인 임상 증상을 보였다. 한 번에 몇 시간씩 환자를 괴롭히는 발작적인 오한을 동반한 고열, 응고된 피로 인해 커피 원두처럼 보이는 검은 토사물, 다량의 설사, 머리가 깨질 듯한 두통, 황달로 노랗게 변한 피부, 코피, 객혈, 혈변, 거세고 오래가는 딸꾹질, 무시무시한 탈진, 정신착란, 온몸에 생기는 피부 발진 등이 나타났다. 대개 12일간의 고통을 겪은 다음 환자들이 혼수상태에 빠지거나 사망하는 일이 자주 발생했다. 살아남은 환자들은 회복되는 데 몇 주가 걸렸고, 회복기에도 우울증, 기억 상실, 정신착란 등 중추신경계와 관련된 후유증과 극도의 피로감에 시달렸다. 심지어는 회복기에도 재발, 탈수, 잠재적으로 치명적인 합병증에 여전히 취약했다. 아이티 환경에서는 폐렴과 말라리아가 가장 흔한 합병증이었다. 황열 유행을 접한 19세기 초기 의사들은 사례치명률을 15~50%로 예상했다.

생도맹그 황열의 두드러진 특징은 경증 사례가 없다는 점이었다. 르클레르 군인들의 치료를 지시하면서 질베르와 동료 군의관들은 환자들이 황열의 '정도'에 따라 경미, 보통, 심각 수준에 속할 것으로 예상했다. 그러나 공포스럽게도 환자들은 발병하자마자 갑자기 전격적으로 진전되는 단계로 넘어갔다. 그런 다음 얼마 안 가서 사망하는 것을 보고 질베르는 혼란스러워졌고, 고통을 줄일 방도조차 찾지 못한 무능함에 절망했다. 그는 며칠 후 프랑스군 전체에 황열이 빠르게 퍼지고 있다고 보고했다. 질베르와 동료 군의관들에게 너무나 많은 환자가 밀려들어서 그들은 기록 작성에 일일이 신경 쓸 여유가 없었지만, 사례치명률이 70%를 넘을 것으로 추정된다. 병사들의 사망률에 아연실색한 질베르는 환자들이 거의 모두 죽었다고 기록했다.

우리는 그저 나폴레옹 원정대를 괴롭힌 황열이 이례적으로 맹렬했던 이유를 추측해서 설명할 수 있을 뿐이다. 바이러스가 돌연변이를 일으켜 독성이 증가했을 가능성이 있다. 바이러스는 눈 깜짝할 사이에 복제해 계속 변이를 일으키기에 불안정하다고 알려져 있다. 그러나 이것이 생도맹그 감염병의 맹렬함에 일조했을지 여부는 미지수다. 다른 원인들이 보다 확실하게 기여했다. 그중 하나는 집단 면역력이 전적으로 부족한 인구집단에 황열이 사실상 '처녀지 감염병'으로 발전했을 것이라는 일반적인 정황이었다. 새로운 지역에 도착한 6만 5,000여 명의 프랑스 군인들은 황열을 겪은 '경험이 없었고', 따라서 매우 취약했다.

군대 환경과 관련된 요인들도 의료적 파국에 일조했다. 그것은 나이와 성별이라는 생물학적 요인이었다. 황열은 환자의 연령 분포가 특이하다.

이 플라비바이러스는 대다수 질병의 '일반적인' 양상처럼 아동과 노약자를 선호하지 않고, 주로 건강한 젊은 성인을 공격하였다. 일부 중년층인 장교들을 제외하면 프랑스 원정대 병사들은 정확히 이 기준 조건에 맞아떨어졌다.

황열 바이러스는 또한 남성 선호를 분명히 드러낸다. 이 같은 성별 선호도 차이는 *이집트숲모기*의 더듬이에 있는 감지기의 역할로 어느 정도 설명될 수 있다. 암컷 성충 모기들은 인간의 유혹적인 땀 냄새를 감지해 먹이의 위치를 찾는다. 군인들은 노동량이 많기 때문에 새로 도착한 많은 병사와 선원들은 생물학적으로 심각한 위험에 처했다. 한편 원정대의 구성원이 모두 남성은 아니었다. 장교 부인과 하녀, 요리사 및 조달업자, 매춘부 등 상당수의 여성도 군과 동행했다. 그러나 다른 주요 황열 발병 사례와 비교할 때 생도맹그의 황열은 특이하게도 열대 우기 동안 과도한 육체노동에 종사하는 젊은 유럽 남성들이 압도적으로 많이 걸렸다. 따라서 이환율과 사망률도 이례적이었다.

당시에는 황열을 환경에 떠도는 독기가 민감한 체질인 사람들의 몸에 영향을 미쳐 생긴 결과로 이해했다. 예를 들어, 질베르는 르 카프의 재앙을 설명하면서 공기를 오염시킨 유독한 독기를 거론했다. 사실 르 카프도 모든 19세기 도시들처럼 역병의 냄새가 물씬 풍겼다. 거기에 다양한 지역적 요인들이 이런 불가피한 악취를 더욱 키웠다. 그중 한 가지는 갑작스러운 군대 유입에 비해 위생 설비가 제대로 마련되지 않았던 데 있었다. 그래서 병사들은 도시의 버려진 건물에 볼일을 봐야 했고, 곧 대소변으로 인한 악취가 진동했다. 게다가 시의 공동묘지에서도 매장 깊이를 명시해놓은 위생 규정 따위는 무시되고 밀려드는 시신들을 서둘러 얕은 땅에 묻었기에 도심에는 썩은 내가 가시질 않았다. 마지막으로 인근 늪지에서 곰삭은 냄새가 해풍에 실려 도시로 밀려들었다. 그러므로 당대 기준으로 르 카프의 공기 자체가 독가스나 마찬가지였다.

황열 감염병이 도는 시기에 도시 거주민의 가장 흔한 반응은 도주였다. 당대 독기 이론에 동요된 데다 주치의들도 권유해 사람들은 유독한 공기에서 벗어나고자 시골이나 고지대로 대피했다. 1793년 황열이 유행하던 시기 필라델피아가 대표적인 사례이며, 생도맹그에서 이 사례를 주의 깊게 관찰했다. 황열이 필라델피아를 공격했을 때 인구 절반이 서둘러 도시를 탈출했다. 그 도시의 교훈을 르 카프에 밀집해 있던 프랑스 군대는 놓치지 않았다. 실제로 르클레르 사령관은 예전부터 내려오는 의료 조언에 따라 아내와 어린 아들과 함께 르 카프항이 내려다보이는 공기 좋은 언덕에 자리 잡은 농장으로 거처를 옮겼다. 그곳에서 겁에 질리고 사기가 떨어진 사령관은 임무 해제와 파리 송환을 요청하는 편지를 줄기차게 보냈다.

그러나 일반 병사들은 조심성 많은 그들 상관을 따를 자유가 없었다. 르 카프는 프랑스군 원정대의 중추였다. 르 카프에는 르클레르의 본부, 육군 및 해군 병영, 대형 군용 병원 두 곳, 추가 병력이 도착하는 부두, 요새가 모두 모여 있었다. 경제력 및 정치력도 그곳에 집중되어 있었다. 이런 점들을 모두 고려해 군부대는 이따금씩 고지대에 급습할 때를 제외하고는 르 카프와 다른 항구 도시에 집중되어 있었다. 그러니 황열에 대한 취약성이 더욱 커질 수밖에 없었다.

르 카프의 높은 사망률에 영향을 준 또 다른 변수는 군인들이 받는 치료 방법이었다. 역사적으로 많은 환자들이 치료받지 못했고, 보건 시설도 어지러울 만큼 급증하는 환자들을 감당할 역량이 안 되었기 때문에 이 변수가 갖는 중요성은 제한적일 수밖에 없었다. 감염병의 폭발적인 발병에 영향을 받기 쉬운 집단으로서 생도맹그에서 활동하는 군인들과 선원들의 경우는 예외였다. 프랑스의 전쟁부는 전쟁의 위험성과 카리브해의 환경이 유럽인들의 건강에 좋지 않다는 정보를 충분히 인지한 터라 르 카프에 대형 병원 두 곳을 이미 세웠다. 그러나 여름으로 접어들면서 많은 병사들이 열병으로 죽는 상황에서 이 병원들도 원래 의도한 수용 인원을 훨씬 뛰어넘어 과도한 인원을 받을 수밖에 없었다. 병원은 한 침대에 환자 두 명씩 배정했고 남은 환자들은 바닥에 깔개를 깔아 눕혔다.

불행히도 지금까지도 그렇지만 황열에 효과적인 치료제는 없었고, 의료 전문가들도 가장 적합한 치료 방법에 관해 합의를 이루지 못했다. 정통 의료 이론에 따르면, 감염 열병은 대기 중 독기와 열기에 의해 미약한 신체에 생겼다. 이러한 요소들이 몸의 체액을 부패하게 하고, 과다한 피를 생성했다. 이러한 결과는 침대맡에서 확실히 확인할 수 있었다. 피는 열과 습의 요소를 합한 체액인데, 황열 환자를 만져보면 예외 없이 손이 데일 듯 열이 나고 땀으로 흠뻑 젖어 있었다. '자연의 치유력'이라는 말도 있듯이 우리 몸은 부패한 피로 인한 과도한 체액을 내보내려고 피를 토하거나 혈변을 쏟아내며 코와 입으로도 피를 뿜어내는 등 모든 노력을 저절로 하는 것처럼 보였다. 그러므로 치료에 대한 지시는 방혈과 설사제, 구토제 등을 통해 흐름을 향상시키면서 자연적 치유를 보조하는 것이었다. 이 치료법에 더욱 매달리게 된 계기는 병이 독하면 마찬가지로 치료도 독하게 해야 한다는 일반적인 가설에서 비롯되었다.

필라델피아에서 황열이 돌던 시기에 영향력 있는 미국 의사 벤저민 러시Benjamin Rush는 자신의 전략을 논하면서 수은과 할라파(멕시코 식물로 뿌리를 설사제로 이용한다_옮긴이)로 만든 강력한 구토제를 사용해 부패한 체액을 제거하는, 그의 용어를 빌리면 '대숙청grand purge' 방식을 채택했다. 그는 하루에도 몇 번씩 이 약을 투여했는데, 어찌나 많은 양을 투약했는지 동료들이 몸서리치며 말 한 마리도 거뜬히 죽이겠다고 말할 정도였다. 러시는 전혀 흔들림 없이 정맥을 절개해서 구토제를 투약하기까지 하면서 체액을 제거하려고 애썼다. 그러면서 러시는 이러한 체액 제거 방식이 그가 만든 질병 이름이자 1794년에 낸 책 제목이기도 한 '담즙 이장황열'에 대한 최고의 치료법이라고 밝혔다.

현대 기준으로 보면 몸도 못 가누고 혼수상태에 빠져드는 환자에게 피를 뽑고 토하게 하는 전략은 영 미덥지가 않다. 그러나 질베르는 러시의 글을 읽고 필라델피아에서 황열을 겪었던 의료진들과 상의한 끝에 황열이 유행하는 것으로 보이는 생도맹그 원정대에게 시도해보기로 했다. 그래서 질베르의 지시에 따라 르 카프 군사병원의 군의관들은 러시의 지침을 따랐다. 이런 이유로 프랑스 군의관들의 치료 전략이 초기 황열로 인한 유례없는 사망률의 요인이었다는 것은 설득력이 있다. 사실 질베르는 고된 노력의 참담한 결과와 환자를 구하지 못했다는 무능함에 좌절하고 있었다. 그는 "나의 치료도, 매일같이 반복되는 문진도 모두 소용없었다. 절망적이다"라고 썼다.[11]

프랑스 의사들의 이러한 초기 관심이 환자들의 명을 오히려 재촉했는지도 모른다. 그러나 발병 기간 전체로 볼 때 초기의 부적절한 치료는 크게 영향을 미쳤을 것 같지는 않다. 생도맹그의 군의관들은 그들의 방법이 역효과를 내는 것을 알았을 때 재빨리 방법을 바꿨다. 그들은 정신을 바짝 차리고 정기 모임을 소집해 파악한 결과들을 비교하고, 절체절명의 상황에서 새로운 접근법을 취하기로 다 같이 합의했다. 그들은 심지어 병원의 유색 인종 간병인들이 익히 알고 있는 부두교 치료법도 실험했다. 그러나 결국 그들은 치료에 대한 희망을 완전히 포기하고 대신 시원한 플란넬 이불, 미온수 목욕, 레몬향 물, 소량의 퀴닌, 순한 설사약 등 그다지 특별할 것 없는 보조 수단으로 가장 고통스러운 증상들을 완화시키는 전략에 의존했다. 감염병이 정점에 달하면서 열병은 심지어 어떤 의학적 치료나 간호도 전혀 효력이 없이 의료진들의 목숨마저 앗아갔다. 예를 들어, 포르리베르테에서는 모든 치료사가 사망하는 바람에 환자들이 각자도생할 수밖에 없었다.

병사들을 고통스럽게 하는 병의 독성이 어디서 비롯되었든 간에 르클레르는 노예제 부활 발표와 감염병 확산이 겹치면서 원정대를 갈수록 버티기 어렵게 한다는 점을 절망스럽게 받아들이고 나폴레옹에게 다음과 같은 서신을 보냈다.

이 병이 얼마나 무섭게 진행되는지, 대체 그 끝이 어딘지도 가늠할 수 없습니다. 르 카프 내 병원만 하더라도 이번 달에만 하루 100명씩 죽어나갑니다. 제 상황도 나을 바가 없습니다. 반란은 확산되고, 병은 사그라들지 않고 있습니다.

집정관님, 제가 준비될 때까지는 반란군이 자유에 대해 불안하게 여길 만한 그 어떤 조치도 삼가주십사 간청했습니다. 그런데 느닷없이 식민지에서 노예무역을 승인한다는 법이 전해져오더군요. …… 집정관님, 이런 상황에서 설득한다고 될 일이 아닙니다. 그저 무력에 의존할 수밖에 없는데, 힘쓸 군대도 없습니다.

제 편지로 많이 놀라셨겠지만, 집정관님, 어떤 사령관이 군대의 5분의 4가 사망하고 남은 병사들이 힘도 못 쓸 것이라고 예상이나 했겠습니까?

르클레르는 나폴레옹의 신중치 못한 조치에 불편한 심기를 드러내며 불평했다. "제 사기는 집정관님의 식민지에 대한 계획이 만천하에 드러나면서 밑바닥으로 떨어지고 말았습니다."[12] 르클레르가 나폴레옹에게 숨겼던 것은 의료 고문들의 예방에 관한 조언들을 들으려 하지 않았다는 점이다. 효과적인 치료법이 전혀 없다는 것을 받아들이고 의료 위원회에서는 황열이 독기에 의한 것인 만큼 다각적인 방법으로 예방할 수 있다며 방법을 제시했다. 이런 방법에는 도시의 오물을 치우고, 아래쪽에서 불어오는 악취 나는 바람을 피해 고지대에 군을 주둔시키고, 묘지를 옮기고, 거리와 공공 공간을 청소하는 것 등이 포함되었을 것이다. 르클레르가 왜 실행을 거부했는지는 불분명하지만, 그가 무시했던 그런 조치들을 취했더라면 조금은 상황이 달라졌을 것이다. 아이티 반란에 관한 저명한 사학자인 필립 지라르Philippe Girard는 위생에 대해 르클레르가 두 손 놓고 방관했던 것이 "최고사령관으로서 르클레르의 가장 큰 잘못"이었다고 주장한다.[13]

6월에 발표했던 무장 해제 정책을 이행할 수 없었던 르클레르는 심지어 더욱 난폭한 방향으로 선회했다. 르클레르는 재래식 병법으로는 승리에 대한 희망을 더는 품을 수 없다는 것을 깨닫고, 살아남은 프랑스 군대와 복잡하게 얽힌 예비대에 기대어 최강 공포 전략을 수행하겠다는 도박을 감행했다. 예비대는 농장주, 자체 민병대를 꾸린 상인 집단, 보병대로 배치된 함선 선원들, 그가 협력을 유도할 수 있었던 아이티 물라토와 흑인들로 구성되었다. 비록 다부진 백인 병사들은 부족했지만, 르클레르는 자금이 있었고, 자금을 풀어 예비대를 매수했다.

인종적으로 격앙된 생도맹그의 상황에서도 흑백 인종 분리가 절대적인 것만은 아니었다. 적어도 프랑스가 카리브해에 노예제를 부활하겠다는 의도를 발표하기 전까지 일부 흑인들은 꼭 금전적인 이유가 아니더라도 르클레르를 대신해서 무기를 들 이유가 충분히 있었다. 가령 프랑스 쪽으로 승기가 기울고 있다고 보고 반대편에 선 자들에 대한 심판의 날이 가까워졌다고 계산한 기회주의자들도 있었다. 또 한때 상당수 노예 출신들도 노예제를 처음 폐지했던 나라인 프랑스에 대해 계속 높이 평가하려고 했다. 나폴레옹의 추측대로 농장 노동자 중에는 루베르튀르의 노동 방식을 매질을 제외하고는 노예제의 모든 필수 요소를 부활시키는 것이라 보고 격렬히 반대하는 이들도 있었다. 일부는 루베르튀르가 뒤엎어버린 야심이 아직도 남아있었고, 그에게 맺힌 원한도 있었다. 프랑스군이 가족들에게 가한 위협으로 할 수 없이 협조하기도 했다. 르클레르는 이런저런 다양한 이유로 협력하게 된 흑인과 유색인들로 부대를 꾸리고 이들을 반혁명 운동에 합류시켰다.

이 새로운 전략을 르클레르는 '전멸전'으로 묘사했다. 이는 르클레르가 유럽에서 궁핍한 백인 농장 일꾼들을 수입해 그 섬의 흑인 '경작자'를 대체해야겠다고 생각하기 시작하면서 인종 학살에 가까운 전략이 되었다. "우리는 산에 있는 모든 깜둥이들을 말살해야 한다. 남자든 여자든 12살 미만의 아이들만 남기고 모두 처단해야 한다. 평지에 있는 흑인들도 마찬가지다. 식민지에서 견장을 두른 유색인을 단 한 명도 살려두어서는 안 된다"라고 그는 발표했다.[14]

르클레르는 새로운 전략의 결과를 확인하기도 전에 안전할 것으로 생각했던 고지대 농장으로 이사했는데도 결국 1802년 11월 2일 황열로 숨졌다. 지휘권은 그의 전임자의 가혹한 전략을 묵묵히 수행하던 로샹보에게 넘어갔다. 그는 심지어 쓸데없는 고통을 가하는 수단을 고안해내는 데 천부적이라는 악평이 자자했다. 로샹보는 르클레르가 너무 절제하기만 했다고 탄식하고, 전임자가 식민지를 망칠 수도 있는 '흑인 우호주의'에 빠졌다고 비난했다. 가차 없을 거라던 약속대로 로샹보는 르카프에 목조 경기장을 세웠고, 거기서 로마 콜로세움의 추억을 되살려 흑인 죄수들과 쿠바에서 수입한 사나운 경비견들 간에 싸움판을 벌였다. 가학적 성향의 로샹보는 농민 반란군을 위협하기 위해 익사형溺死刑도 부활시켰다. 프랑스 공포정치 시대의 국민공회의 특사들은 낭트에서 수천 명의 정치범을 바지선에 태우고 루아르강에 가서 바지선을 침몰시켜 모두 수장해버렸다. 1802~1803년에 로샹보는 반란자로 의심되는 흑인들을 연안으로 이송해 족쇄를 채우고 배 밖으로 던져버리라고 명령했다. 점점 절박해진 앙심으로 가득한 이 나폴레옹의 장교는 심지어 서인도제도에 십자가에 매달아 죽이는 형벌을 도입했고, 배의 짐칸을 가스실로 사용해 죄수들을 유황에 질식시켜 살해했다.

로샹보의 이 같은 노력에도 불구하고 극악무도한 협박 전술은 1803년 초에 무너졌다. 1만 2,000명의 보강 병력이 공포 전략의 시행을 도우려 도착했지만 그들은 곧바로 병에 걸렸고, 남은 백인 군대는 수도 너무 적고 사기도 너무 저하되어 프랑스 장군의 인종 학살 야심을 이행하기에는 역부족이었다.

한편, 추가 병력에 대한 기대도 영불전쟁의 재발로 영국군이 프랑스 항구를 봉쇄하는 바람에 모두 사라졌다. 영국인들은 아이티 독립을 서두르기 위해서가 아니라 프랑스 경제를 약화시키고 나폴레옹의 군사 선택안을 제한하고자 그런 조치를 취했다. 나폴레옹은 미 대륙에서 게임이 끝났음을 인정하고 관심을 다른 문제들로 돌렸다. 그가 "망할 설탕! 망할 커피! 망할 식민지들!"이라고 중얼거렸다는 이야기가 전해진다.[15]

이렇게 프랑스에서 버림받은 로샹보는 흑인과 물라토가 그의 인종 전쟁을 도울 의사가 없다는 것을 깨달았다. 로샹보는 반란군을 격퇴하기는커녕 요새화된 항구 마을로 철수했고, 데살린과 그의 떼려야 뗄 수 없는 동지인 *이집트숲모기*에 에워싸이고 말았다. 마을이 하나둘씩 반란군에 넘어가고, 1803년 11월 18일 로샹보는 르 카프 근처 베르티에르 전투Battle of Vertières를 끝으로 데살린 부대에 패배를 당했다. 다음 날인

11월 19일에 로샹보는 남은 병사들과 함께 철수를 대가로 투항을 협상했다. 그러나 병사들은 포로 신분으로 영국 전투선에 몸을 싣게 되었고, 로샹보는 1809년까지 포로로 남아있었다.

결론 : 감염병이 전쟁에 미치는 영향

아이티 사태는 감염병이 전쟁에 미치는 영향을 여실히 보여준다. 생도맹그에서 패배라는 직격탄을 맞은 프랑스는 군인, 선원, 상인, 농장주 등 5만 명을 잃었다. 그 과정에서 식민지에서 쉽게 승리해 곧바로 부를 거머쥘 것으로 예상했던 모험가들의 희망은 꺾여버리고 말았다. 부는커녕 프랑스의 법과 노예제를 다시 시행하려는 전쟁에서 이익을 본 프랑스인은 거의 없었다.

그런 일련의 결과들은 지정학적 수준에 따라 나타났다. 나폴레옹이 아이티에서 프랑스의 패권을 재정립하려 했던 주된 목적은 그 섬을 발판 삼아 북미에서 프랑스 제국을 재건해보려던 것이었다. 그러나 카리브해에서 굴욕을 당했던 나폴레옹은 스페인이 양도한 그 영토가 쓸모없어졌다고 결론 내렸다. 생도맹그가 없다면 프랑스는 군사적으로 취약해질 것이었지만, 나폴레옹은 카리브해에서 질병이 가한 위험을 새삼 깨닫게 되었다.

그러므로 그는 끝없는 야심을 다른 방향에서 채우려 했다. 방향을 동쪽으로 돌려 인도에서 영국의 패권을 전복하겠다는 막연하지만 원대한 꿈을 품었다. 목표 달성을 위해서는 가는 길에 방해가 되는 러시아를 무너뜨려야 했다. 그러나 감염병, 이번에는 이질과 발진티푸스가 다시금 그의 꿈을 좌절시키는 데 한몫하게 될 것임을 곧 깨닫게 될 터였다.

제9장

전쟁과 질병
— 1812년 러시아에서의 나폴레옹과 이질, 발진티푸스

나폴레옹 보나파르트는 역사상 최대 규모의 군대를 소집한 후 향후 그의 명운을 가를 군사 작전에 돌입했다. 1812년 여름에 감행한 러시아침공이었다. 그러나 러시아에서도 아이티섬에서처럼 감염병이 돌아 그의 부하를 전멸시키고, 그의 야망도 꺾어버렸다. 전략이나 군사력보다이질과 발진티푸스가 전세를 결정했다. 그런 결과를 이해하려면 나폴레옹 황제의 명으로 모스크바에 갔다가 돌아오는 그 죽음의 여정을 통해 나폴레옹 부대가 직면했던 여건을 검토해야 한다.(그림 9-1) 전쟁 상황은 세균이 크게 번식하고 사람들이 죽게 되는 이상적인 환경을 조성했다.

나폴레옹은 참담했던 생도맹그 원정은 그만 접고 새로운 방향을 모색했다. 한동안 그는 프랑스 국내에서 자신의 권력을 확장하고 유럽전역으로 프랑스 제국의 위세를 떨치는 데 크게 성공하고 있었다. 나폴레옹은 1805년부터 러시아 원정길에 오른 1812년까지 어지러울 정도로 연이어 벌어진 전투에서 승리를 쟁취하며 권력의 정점에 이르렀다. 1807년의 틸지트 조약(나폴레옹과 프로이센의 프리드리히 빌헬름 3세Friedrich Wilhelm Ⅲ가 체결한 강화조약_옮긴이)을 통해서는 프로이센과 러시아에 굴욕적인 조건을 들이댔다. 나폴레옹의 영역이 프랑스를 넘어이탈리아에서 네덜란드, 그리고 라인 동맹(독일 국가들의 연합_옮긴이)과

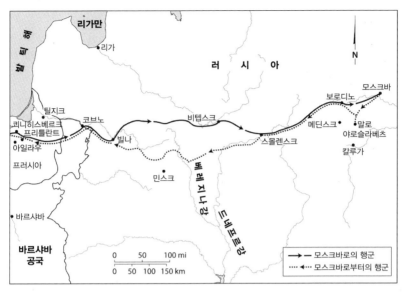

그림 9-1 1812년에 감행한 나폴레옹의 러시아 원정에서 프랑스 대육군 '그랑드 아르메(Grande Armée)'는 이질과 발진티푸스에 참패를 당했다.(빌 넬슨 제작)

나폴리 왕국과 같은 독립 국가 및 위성 왕국으로 확장되었다. 나폴레옹은 군사령관으로서는 불패의 기운을 풍겼고, 황제로서는 2주 후 드레스덴에서 자신의 신격화 작업을 연출했다. 그곳에서 수많은 독일 왕과 왕비와 공작이 오스트리아 황제와 함께 1812년 5월에 나폴레옹에게 경의를 표했다. 당시 그가 급하게 신경 써야 할 문제는 진행 중인 스페인과의 전쟁, 바다의 정복자 영국에 대한 줄어들지 않는 적의, 프랑스의 과세에 시달리는 영지, 특히 독일의 불만 외에는 없었다.

이후 당시의 유럽 사회와 학자들을 당혹스럽게 만든 문제는 도대체 왜 한창 눈부신 성공에 도취해 있을 나폴레옹이 1812년 6월에 러시아를 침공하는 결정적인 실수를 저질렀느냐 하는 것이었다. 러시아 원정은 나폴레옹의 여타 전쟁과는 달랐다. 그것은 노골적인 침략 행위였고,

유진 타를Eugene Tarle의 표현을 빌리자면 "나폴레옹의 어떤 전쟁보다 더 노골적인 제국주의적 전쟁"이었다.[1] 그런 공격을 감행한 데는 두 가지 구실이 있었다. 하나는 프랑스가 폴란드를 해방하겠다는 것이었고, 그런 이유에서 나폴레옹은 러시아 원정을 '2차 폴란드 전쟁'이라고 불렀다. 그러나 아이티섬에 대한 그의 태도가 증명하듯 나폴레옹은 피지배 민족을 해방할 생각은 추호도 없었다. 실제로 나폴레옹은 '나는 해방자로서 왔노라'라는 공허한 공약 외에 폴란드 해방이나 폴란드의 새로운 국경선 따위는 암시조차 하지 않았다. 그가 내건 자유의 약속은 그랑드 아르메에서 복무할 폴란드인들을 모집하는 데 유용한 선전 책략으로 이해하는 게 좋다.

두 번째 구실은 러시아 침공이야말로 나폴레옹이 이른바 대륙 봉쇄 정책으로 영국과의 경제 전쟁을 계속해서 밀어붙일 수 있는 유일한 방법이라는 주장이었다. 1806년의 베를린 칙령과 1807년의 밀라노 칙령으로 선포된 대륙 봉쇄령에 따라 영국과 유럽과의 무역 금수 조치가 내려졌다. 그렇게 되면 프랑스 상품이 시장에서 영국 상품을 대체해 영국 산업에 타격을 가할 수 있었다. 러시아 황제가 두 칙령을 무시할 때도 나폴레옹은 방어 차원의 공격일 뿐이라고 주장했다. 러시아를 정신 차리게 한 다음 평화를 회복하려는 수단일 뿐이라는 것이었다.

그랑드 아르메의 엄청난 규모를 보면 나폴레옹에게는 폴란드 해방과 대륙 봉쇄령보다 더 거대한 목적이 따로 있었음을 짐작할 수 있다. 사실 나폴레옹은 폴란드 해방은 꿈도 꾸지 않았고, 대륙 봉쇄령 때문에 공격을 감행한다는 건 전적으로 지나친 처사였다. 나폴레옹의 중앙집권적 개인 독재 체제에서는 정치적이거나 군사적인 모든 정책이 오로지 그의 결정에 따라 이루어졌다. 나폴레옹이 명확히 밝히지는 않았지만, 전례 없는 규모의 군을 소집하는 게 그의 목적, 즉 러시아 알렉산드르

1세Alexander I의 군대를 궤멸하고, 러시아를 분할하고, 모스크바에서 인도까지 행군해 대영제국을 무찌르겠다는 의미임을 자신의 수행원들에게는 내비쳤다. 다음은 그가 나르본 백작Count of Narbonne에게 한 말이다.

이제 우리는 모스크바에서 행군할 걸세. 그리고 모스크바에서 인도로 방향을 트는 건 어떨까? 누구도 나폴레옹에게 모스크바에서 인도까지는 먼 거리라고 말하지 못하게 하게. 마케도니아의 알렉산더는 그리스에서 인도까지 머나먼 거리를 이동해야 했지만, 그렇다고 그가 멈추었나? 알렉산더는 갠지스강에 당도했네. 모스크바만큼이나 멀리 떨어진 지점에서 출발했는데도 말일세. 생각해보게. 나르본, 모스크바를 점령한 모습을, 러시아가 굴복한 모습을 …… 그럼 내게 말해보게. 프랑스군이 갠지스강에 도착하는 게 그렇게 불가능한 일일까? 일단 프랑스의 검이 갠지스강을 건드리면 거대한 영국 상업계가 폭삭 주저앉을 걸세.[2]

러시아 주재 프랑스 대사 아르망 드 콜랭쿠르Armand de Caulaincourt를 비롯한 참모들이 이구동성으로 원정에 반대했지만, 나폴레옹에게는 아무런 문제가 되지 않았다. 훨씬 명석한 적들이 나폴레옹보다 멀리까지 내다보았다. 영국 주재 러시아 대사 보론초프 백작Count Vorontsov은 나폴레옹의 이해할 수 없는 도박이 초래할 수 있는 군사적 결과를 다음과 같이 요약했다.

나는 그런 무력행사가 전혀 두렵지 않다. 애당초 우리에게 유리하지 않은 군사 작전이라 해도, 끈질기게 방어전을 펴고 후퇴해가며 계속 싸운다면 우리가 이길 수 있다. 적이 우리를 쫓아온다면 결국 패하게 될 것이다. 그가 더 멀리 전진할수록 식량고와 병기 탄약고에서 멀어지고, 통행로도 탈취할 식량도 없이 내륙 깊숙이 더 파고들어야 하고, 상황은 더욱더 안타까워질 뿐이기 때문이다. 그는 코사크군에 포위되고, 결국은 언제나 우리의 충실한 아군이 되어준 겨울철을 맞아 무너지고 말 것이다.[3]

그러나 나폴레옹은 볼테르의 도덕서 《스웨덴 왕 칼 12세의 역사*History of Charles XII, King of Sweden*》를 러시아에 갖고 가는 교만함까지 보였다. 책에서 볼테르는 1708년 러시아 침략을 감행해 파멸에 이른 스웨덴의 폭군 칼 12세의 과대망상과 태도를 보여주었다. 모든 조언을 무시했던 칼은 군대를 러시아의 혹독한 겨울에 잃고, 1709년에 폴타바 전투에서 무참히 궤멸당했다.

1812년 아직 마흔셋에 불과했던 나폴레옹이 예전과 같은 군사령관이 아니었다는 게 프랑스에는 불운이었다. 나폴레옹은 신체적으로 강건했지만, 고통이 심한 배뇨 장애라는 고질병을 앓고 있었다. 그러니 말을 타는 게 힘들고 정신이 산만해졌으며, 가끔은 군사 작전을 펼치는 중요한 순간에도 그런 증상이 나타났다. 배뇨 장애는 성병과 관련된 증상인 경우가 많기 때문에 그가 제3기 매독을 앓았을 개연성도 있다. 이러한 가설은 모험을 시작하고 그다음에는 모험을 파국으로 이끄는 그의 비이성적인 의사 결정으로 신빙성이 더해진다. 그의 군 장성들은 황제가 더는 부하들을 완전히 지배하지 못하는 것 같은 모습에 안타까움을 금치 못했다. 나폴레옹의 장성들은 그가 새삼스럽게 주저하고 집중력이 떨어져 위기의 순간에 우유부단해졌다고 전했다. 어떤 진단을 받았든 나폴레옹은 그의 참모진에게 정신적 문제가 있는 듯이 보였다.

게다가 나폴레옹은 아첨 섞인 과찬에 빠져서 이제는 그의 모든 충동적 발상이 그의 천재성에서 나오는 것이라고 믿었다. 자신의 불패 신화는 받아들이고, 충고는 무시하고, 불운한 루이 알렉상드르 베르티에Louis-

Alexandre Berthier 참모총장을 상부의 명령 하달자로 전락시키고, 장성들과는 거의 상의도 하지 않았다. 그러므로 러시아 영토로 진격했을 당시 그랑드 아르메에는 어떤 일관된 전략도 없었고, 나폴레옹 자신 외에는 그 누구도 원정의 목적을 이해하지 못했다. 그는 위험을 극복해야 명예를 드높일 수 있다는 생각에 고집스럽게 전방에 도사린 위험을 기꺼이 맞아들였다. 단지 그런 정신에 사로잡혀 나폴레옹은 1808년에 "신은 나에게 어떤 장애도 극복할 힘과 의지를 주셨다"라고 천명했다.[4]

네만강 건너기

1812년 6월 24일, 파리에서 1,450㎞가량 떨어진 곳에 도착한 그랑드 아르메는 러시아 황제 영역의 서부 국경선을 표시하는 네만강을 건너기 시작했다. 교량 세 개를 이용하며 강을 건너기까지 꼬박 사흘이 걸렸다. 나폴레옹 휘하의 병력 규모에 대해서는 여러 추산이 있지만, 총 50만이 넘었다는 데는 의견이 일치한다. 여기에 말 10만 필, 탄약을 장착한 대포 1,000문, 수천 대의 보급 마차와 장교용 객차, 그리고 하인, 부인, 애첩, 시종, 요리사, 매춘부 등 무려 5만 명에 달하는 종군 민간인까지 따라붙었다. 그만한 규모의 조직을 데리고 네만강을 건넌다는 것은 파리시 전체를 이동시키는 것과 매한가지였다. 게다가 그랑드 아르메는 여러 국적과 여러 언어의 집합체였던 까닭에 응집력이 약했다. 그랑드 아르메의 핵심은 프랑스인이었지만, 9만 5,000명의 폴란드인과 4만 5,000명의 이탈리아인 등 타국 출신으로 구성된 대규모 파견 부대도 존재했다. 비프랑스계 파견 부대는 프랑스 장군의 지휘를 받았다.

그랑드 아르메는 수적인 측면에서 '총력전'이라는 새로운 방식을 선

보이며 18세기의 전통적인 전쟁 방식에서 과감하게 탈피했다. 18세기 야전군은 5만 명을 초과하는 일이 거의 없었다. 그 규모의 열 배나 되는 그랑드 아르메는 국민개병제levée en masse라는 프랑스 혁명의 위대한 군사 혁신에서 탄생했다. 이런 중요한 정책으로 온 국민이 참여하는 전쟁이 등장했고, 이러한 전쟁의 목적은 단순히 적의 패배가 아닌 적의 몰살에 있었다.

이런 목적을 달성하려던 그랑드 아르메는 단일 조직으로 지휘하기에는 규모가 너무 커서 하위 조직, 즉 군단으로 분리되었고, 각 군단은 네다섯 개의 사단으로, 사단은 다시 제각각 5,000명을 헤아리는 병사로 구성되었다. 그러나 그랑드 아르메는 프랑스 혁명 이전의 구체제를 일컫는 앙시앵 레짐의 군대와는 규모와 조직뿐 아니라 전술 면에서도 차이가 났다. 그랑드 아르메는 전례 없이 신속하게 이동할 수 있는 능력을 최대한 활용하며 전투를 수행했다. 이러한 기동력은 수많은 병력을 이끌려면 식량 공급이나 위생상의 요구를 충족해야 하는데 나폴레옹군은 그런 거추장스러운 짐에서 벗어나 홀가분하게 이동했다는 사실 덕분이었다.

나폴레옹은 자신이 처음으로 명성을 날리게 된 1796~1797년의 이탈리아 원정 중에 군대가 이동하면서 주변의 농촌에서 동물과 사료와 곡물은 물론 주민들까지 징발해가며 자급자족하도록 하는 관행을 도입했다. 이러한 관행이 서유럽과 중유럽에서는 성공적이었다. 이 '약탈제도'는 병사들의 사기를 진작하는 강력한 동기로 작용했고, 병사들은 군사 원정은 부자가 되는 지름길이라고 생각하기에 이르렀다. 나폴레옹을 러시아까지 수행한 필리프 드 세귀르Philippe de Ségur 장군은 이렇게 설명했다.

나폴레옹은 그런 자급자족 방식이 병사에게 어떤 매력을 지니고 있는지 …… 잘 알고 있었다. 그도 그렇게 해서 부유해졌기에 전쟁을 좋아하게 되었고, 자신보다 우월한 계층을 압도하는 권한이 생겼기에 만족했으며, 그에게는 그런 방식이 빈곤층이 부유층을 상대로 치르는 전쟁에 따르는 장점을 죄다 갖춘 것처럼 보였고, 결국 그런 상황에 부닥쳐야 자신이 최강자임을 느끼며 이를 증명하는 즐거움이 끊임없이 되풀이되며 절실해진다는 걸 잘 알고 있었다.[5]

경제적 요인도 자급자족 생활을 하도록 결정하는 데 영향을 미쳤다. 대규모 군대에 식량을 공급하는 일은 전례 없이 많은 돈이 들어가는 일이었기 때문에 병사 스스로 외부에서 먹는 일을 해결하면 돈이 크게 절약되었다. 그런 경제적인 이유로 군에서 대량 생산해 병사들에게 공급한 얇고 엉성한 재질의 군복은 길고 긴 원정 기간 중에 비바람이 불면 보호막 역할도 제대로 못 하고 이내 다 뜯어지고 말았다. 그중에서도 최악은 군화에도 재정 상태를 고려했다는 점이다. 프랑스 군인들은 바닥을 실로 꿰매지 않고 겨우 접착제로 봉합한 허접한 군화를 신고 러시아로 출발했다. 아니나 다를까 7월이 되자 군화는 너덜너덜 떨어지기 시작했고, 보로디노 전투Battle of Borodino를 치를 즈음인 9월에는 나폴레옹의 보병 태반은 맨발로 행진하다 전투에 가담했다. 겨울이 닥친 11월에는 발에 누더기 천을 둘둘 말고 눈길을 헤치며 터덜터덜 걸었다.

폴란드령 코브노에서 리투아니아로 건너갈 때 나폴레옹의 전략은 그와 정면으로 배치된 러시아 방어선에 뚫려 있는 거대한 틈을 이용하는 것이었다. 러시아군은 나폴레옹의 공격에 맞서 그 수를 두 배로 늘린 30만 명의 병사들로 구성되어 있었다. 러시아 부대는 미하일 바클라이 드 톨리Mikhail Barclay de Tolly 장군 휘하의 북부군과 표트르 바그라티온Pyotr

Bagration 휘하의 남부군으로 나뉘어 있었다. 나폴레옹의 전략은 적의 진지에서 가장 취약한 점을 찾아낸 다음 맹공격을 퍼붓는 것이었다. 나폴레옹은 둘로 나뉜 러시아군 사이로 어지러울 정도로 잽싸게 이동해 그들을 서로 떼어놓을 계획이었다. 각각의 러시아군보다는 수적으로 엄청나게 우세하니 둘 중 하나를 먼저 에워싸고 무너뜨린 다음 나머지 군도 쳐부수려고 했다. 그랑드 아르메는 1805년 아우스터리츠 전투Battle of Austerlitz에서 나폴레옹이 거둔 승리에 버금가는 빛나는 승리를 쟁취한 다음, 러시아의 수도 상트페테르부르크와 모스크바 두 곳으로 열린 길을 찾아냈을 것이다. 그렇게 되면 알렉산드르 황제가 자신의 군이 전멸된 상태에서 조건이 어떻든 평화를 청해올 것이기에 전쟁이 신속하게 종결될 것으로 나폴레옹은 예상했다. 그러는 사이 나폴레옹은 위생과 식사, 건강과 같은 일상적인 문제는 전혀 염두에 두지 않았다.

네만강을 건너기 시작한 후 첫 열흘 동안에는 프랑스군이 실제로 첫 번째 목적을 달성했다. 나폴레옹의 '기습 공격' 작전으로 두 러시아군을 갈라놓는 데 성공했다. 그러나 기대하던 결과는 나타나지 않았다. 리투아니아를 통해 진군하던 나폴레옹은 결정적인 충돌이 한판 벌어질 것으로 예상했다. 하지만 놀랍게도 러시아 지휘관들은 전투 개시를 사양했다. 대신 후퇴하며 그들의 주력 부대를 위험에 빠뜨리지 않으면서도 프랑스군이 러시아 영토를 점령하도록 내버려두었다. 러시아군은 나폴레옹이 1807년에 프리틀란트 전투Battle of Friedland에서 자신들을 박살냈던 전력을 기억했고, 이제 다시 나폴레옹의 군대가 병력과 화력과 전술로 그들을 제압하려는 위협을 가하고 있었다. 칼 12세에 맞섰던 표트르 대제처럼 알렉산드르 황제는 직접적인 힘겨루기를 피하고, 대신 그의 가장 소중한 자산인 광활한 공간과 기후를 믿기로 했다.

나폴레옹의 본부에서 편지를 작성하던 레몽 A. P. J. 드 몽테스키외페젠삭Raymond A. P. J. de Montesquiou-Fezensac 장군은 황제가 계획을 바꾸고 자기 앞에 놓인 현실을 고려할 의도는 전혀 없다는 점을 참담한 심정으로 언급했다. 대신 황제는 신기루 같은 대대적인 결전에 사로잡혀 있었고, 좋든 싫든 그 신기루를 따라 러시아로 점점 더 깊숙이 빠져들고 있었다. 황제는 "러시아군이 후퇴를 멈추고 전투에 돌입할 것이라 기대하며 매일 잠에서 깨어났고 …… 병사들이 시달리는 피로감은 조금도 생각하지 않았다."[6] 날마다 똑같은 양상이 반복되었다. 러시아군은 후퇴하고 프랑스군은 그 뒤를 쫓았다. 한 달이 지날 무렵 나폴레옹은 리투아니아 전역은 정복했지만, 그 과정은 괴이했다. 러시아 후위 부대의 교란 사격은 받았지만, 석 달 동안 러시아군의 주력 부대와는 교전을 벌이지 못했던 것이다.

러시아 내륙으로

점점 더 멀리 동쪽으로 이동하면서도 나폴레옹은 길도 거의 없고 그나마 보이는 정착 주민도 가난에 찌들고 자원도 구하기 힘든 내륙에서 발생할 수도 있는 어려움들은 미처 생각하지 못했다. 다시 말해, 나폴레옹은 프랑스군을 둘러싼 자연 환경과 사회 환경, 뒤따를 수 있는 의학적 결과들을 간과했다.

게다가 나폴레옹은 자신이 적군의 대응책을 능히 짐작할 수 있다는 가정 아래 복잡한 문제들이나 뜻밖의 일들은 고려하지 않고 원정에 돌입했다. 그중 최악은 러시아군이 후퇴하면서 조직적으로 지형을 파괴했다는 점이다. 그들의 전략은 새까맣게 탄 들판, 텅 빈 마을, 연기가 피어오르는 잿더미로 전락한 소도시 한복판에서 그랑드 아르메가 식량 문제를 해결할 수 없는 상황에 직면하게 만드는 것이었다. 세귀르 백작은 "지독한 감염병이 접근할 때처럼" 후퇴하는 러시아군의 결단에 놀라움을 금치 못했다. "재산, 주거지, 그들을 붙잡아둘 수 있는 것이나 우리에게 쓸 만한 것은 모두 제물이 되었다. 러시아군은 그들과 우리 사이에 굶주림과 화재와 사막을 끼워 넣었다. 그것은 더 이상 왕들의 전쟁이 아니라 …… 계급의 전쟁, 정파의 전쟁, 종교의 전쟁, 국민의 전쟁, 온갖 종류의 전쟁이 결합된 종합전쟁이었다!"[7]

러시아군 자문관으로 있던 프로이센의 군사 이론가 카를 폰 클라우제비츠Carl von Clausewitz는 러시아의 전략을 설명하며 타협 없는 전략 실행을 촉구했다.

> 보나파르트는 틀림없이 완패할 것이다. 러시아 제국의 광활한 규모 때문인데, 이런 요소가 충분히 작동만 된다면, 말하자면 제국의 자원을 최후의 순간까지 아껴 쓰고 어떤 조건에서도 평화를 수락하지 않는다면 말이다. 이 생각은 특히 게르하르트 폰 샤른호르스트Gerhard von Scharnhorst 장군이 제안한 것인데 …… 그의 표현은 이랬다. "첫 탄환은 스몰렌스크(나폴레옹에게 러시아군이 대패한 모스크바 서남쪽 도시_옮긴이)에서 발사되어야 한다." 전 국민을 저 멀리 스몰렌스크까지 주저 없이 대피시키고 그 지점에서부터 전쟁을 본격적으로 시작한다면 반드시 승산이 있다는 생각이었다.[8]

아이러니하게도 나폴레옹은 마차에 일종의 경고장 하나를 싣고 갔다. 1세기 전 칼 12세의 고통을 다룬 볼테르의 저서 《스웨덴 왕 칼 12세의 역사》였다. 표트르 대제는 스웨덴 침략군을 무너뜨릴 방법으로 초토전술(침략군에게 쓸모 있는 모든 것을 불태워버리는 전술_옮긴이)을 활용했다. 페젠삭 장군에 따르면, 이런 지식은 "나폴레옹의 심기를 불편하게 했다."[9] 페젠삭 장군은 전쟁이 예전에는 이 프랑스 황제에게 '스포츠'에 불과했다는 점을 떠올렸다. 황제는 자신과 비슷한 왕들이나 지휘관들과 기지를 겨루는 것을 좋아했다. 그러나 러시아에서의 전쟁은 스포츠도 아닌 데다 당혹스럽기까지 했다. 세귀르는 나폴레옹이 "겁을 먹고, 주저하며, 잠시 멈추었다"고 기록했다.[10] 그러나 잠시 흔들리고 난 뒤에도 한결같이 계속 진군해 나갔다.

이런 특이한 군사 작전으로 인한 첫 결과는 프랑스군의 사기 저하였다. 프랑스군은 그들의 고통, 그중에서도 특히 허기와 갈증을 달래줄 약탈품을 찾을 수가 없었다. 동유럽에서 그랑드 아르메의 식량과 식수가 점점 부족해지면서 병사와 말은 저항력이 떨어졌고, 습지와 개울을 건너갈 때면 그곳에 잠복해 있던 세균에 노출되었다. 이윽고 굶주림과 탈수 증상도 나타났다.

아무런 성과도 없이 6주간을 진군한 끝에 그랑드 아르메는 스몰렌스크와 러시아 본토에 도착했다. 속전속결의 정복을 기대했던 프랑스군은 투덜대기 시작했다. 도대체 왜 이토록 무자비하게 진군해야 했는지, "진흙탕, 굶주림, 잿더미 위에서 하는 야영 말고는 아무것도 찾을 수가 없는데. 고작 그따위를 얻으려고 정복을 불러 외쳤단 말인가. …… 방대하고 적막한 시커먼 소나무 숲 한가운데서 줄기차게 진군을 감행했거늘."[11] 병사들은 환멸을 느끼고 지친 끝에 탈영하거나 줄줄이 줄행랑을 쳤다. 행군 방향 근처 마을에 기지를 세우는 임무를 맡은 무장 병사들이 집단으로 탈주하는 일도 잦았다. 그곳에서는 약탈이 스스로를 지키며 살아가는 방법이었다.

군의 짐을 줄이기 위해 마련된 대책들이 광활한 러시아 대초원 지대에서는 무용지물이었다. 장바티스트 드 그리보발Jean-Baptiste de Gribeauval

공병 장군은 나폴레옹의 번개 전술을 용이하게 하는 일련의 기술 혁신을 설계한 것으로 평생 유명세를 누렸다. 그리보발 장군은 마치 마술을 부리듯 가볍고 좁은 대포용 수레를 설계해 육중한 화포를 이동할 수 있게 하고, 총열도 얇고 짧게 만들고, 포미砲尾를 올리고 내리는 나사 장치, 향상된 조준 장치와 추진체 등도 만들었다. 이런 노력으로 프랑스 대포의 무게는 절반으로 줄어들어 이제는 전투 중에도 발사의 정확도와 용적을 떨어뜨리지 않고 재빨리 이동할 수 있었다. 따라서 신속하고 급작스럽고 엄청난 피해를 가할 수 있는 포화가 가능해졌다. 이러한 '그리보발 장치'는 커다란 대포와 곡사포에 대한 의존도가 높고 자신도 포병 장교였던 나폴레옹의 전술적 핵심 요소였다.

안타깝게도 그리보발이 불필요한 부분을 모두 제거한 대포조차 네만강을 건너 모스크바에 이르는 행군에는 너무 크고 무거웠다. 나폴레옹의 대포에 대한 의존은 대포를 끄는 말이 수만 마리는 있어야 한다는 전제가 따랐다. 그러나 병사보다 말에게 먹이를 더 주는 것도 아니었기 때문에 원정에 오를 때부터 말들은 이미 수천 마리씩 병들거나 죽기 시작했다. 결국 프랑스군은 순차적으로 대포를 포기하고 기갑부대를 보병으로 전환할 도리밖에 없었다. 그랑드 아르메는 이렇게 화력과 명성이 자자했던 기갑부대의 번개 같은 돌격으로 선점했던 초기의 우위를 잃어버렸다. 그런데도 프랑스군은 수색대도, 전술을 좌우하는 정보도 없이 진군했다. 가벼워지기는 했지만, 맹목적이고 화력도 밀리고 제대로 먹지도 못했기에 앞으로 나아갈수록 사상자는 속출했고, 곤혹스러운 일이 벌어졌다.

이질

그러나 사상자와 악화 일로의 말 부족 현상만이 가벼워진 원정길에서 얻은 유일한 결과는 아니었다. 러시아 황제의 영토를 침략할 준비를 하면서 그랑드 아르메는 건강을 희생하고 신속한 이동을 최우선시하는 냉혹한 선택을 했다. 무게를 줄이기 위해 식량을 버리듯이 프랑스 사령부는 의료와 위생, 수술 장비를 러시아로 가져가지 않기로 결정했다. 프랑스 수석 외과의 도미니크 장 라레Dominique Jean Larrey 남작이 부상병들을 전쟁터에서 신속하게 대피시키고 전장 근처에 야전병원을 두자고 제안해 병사의 생명을 구하는 대책들을 마련했던 것으로 유명했다는 사실을 고려하면 아이러니한 결정이었다. 이런 혁신적인 대책들 덕분에 남작 휘하의 외과의들은 출혈을 최소화하고 괴저를 막기 위해 심하게 훼손된 사지를 신속하게 절단할 수 있었다.

그러나 러시아에 온 프랑스 의료진은 모든 게 다 부족했다. 부목, 붕대, 환자용 침구도 없었고, 식량이라고는 양배추 줄기로 만든 희멀건 죽과 말고기가 전부였다. 투여할 약물도 없어서 라레와 그의 동료들은 군대가 통과하는 숲에서 약초를 찾아 나서기까지 했다. 프랑스 야전병원은 이내 불결하고, 환자가 넘쳐나고, 악취가 진동하고, 죽음이 난무한 장소로 무시무시한 악명을 떨쳤다. 그곳은 질병의 온상이기도 했다.

그중 가장 심각한 문제는 부대가 위생 시설이나 천막도 없이 야영을 했다는 점이었다. 처음에는 동쪽으로 이동하며 진창 속에서, 그다음에 후퇴하면서는 눈 속에서 야영을 했다. 진군하는 동안에는 여름 뙤약볕 속에 27㎏이나 되는 군장에 성인 남자의 키만큼이나 긴 장총을 들고 목에는 탄띠를 두르고 하루에 무려 24~32㎞씩 행군했다. 땀을 비 오듯이 흘리고 계속된 행군으로 탈진하고 먹고 마시는 것도 제대로 하지 못한 병사들은 탈수와 영양실조에 시달리기 시작했다. 군에서는 전투를 치르지도 않았는데 이미 리투아니아에서부터 병력이 소실되고 있음을 인지했다. 탈진으로 생긴 낙오자는 뒤처지거나 야전병원으로 실려 갔다.

러시아로 행군하는 동안 접한 다양한 환경은 세균성 질병이 창궐하기에 완벽한 조건이었다. 특히 19세기 군대에서 몹시 두려워하던 질병인 이질이 발생하기에 더할 나위 없는 조건이었다. 시겔라증Shigellosis으로도 알려진 이질은 *시겔라*Shigella 속 균 4종으로 인한 박테리아성 질병이다. 장티푸스나 콜레라와 마찬가지로 이질도 배설물에 오염된 식품이나 식수의 섭취를 통해 분변-경구 경로로 전파된다. 끝에서 끝까지 재면 32㎞나 늘어서 있는 그랑드 아르메는 전반적으로 더러운 환경에서 낮과 밤을 지냈다. 그들이 밟은 길의 흙과 길 양쪽 땅은 수많은 부대와 말과 마차와 대포가 통과하며 진흙탕이 되었다. 진흙에 인간과 말의 배설물이 뒤섞여 고약한 악취를 풍겼고, 여기에 수를 헤아리기 힘든 파리떼가 몰려 맘껏 포식하며 그 똥 같은 땅 한가운데에 알을 낳았다. 이런여건 속에서 부대는 옷도 갈아입지 못한 채 행군하고 먹고 잤으며, 이따금씩 전투를 벌였다. 줄곧 야외에서 생활했지만, 그들이 직접 만들어놓은 미소서식환경(미생물 등의 서식에 적합한 환경_옮긴이)에 노출된 상태였고, 이는 과밀한 도시 빈민가의 끔찍한 위생 상태나 다름없는 여건이었다.

고달픈 하루 행군이 끝나면 부대원들은 길가에 자리를 잡고 서로 자기 자리라 우겼다. 그곳에서 병사들은 함께 불을 지피고 갖고 있던 먹을거리가 뭐든 서둘러 식사 준비를 했다. 또한 근처에다 무턱대고 대소변을 봤고, 악취가 나든 끈적거리든 색이 어떻든 마실 수 있는 물이라면 어떤 물이든 게걸스럽게 들이켰다. 회고록에 기록된 일부 생존자들의 증언에 따르면, 갈증을 참지 못한 어떤 병사들은 그들 옆에서 걷고 거주 공간도 나누어 쓰던 말의 오줌까지 마셨다.

그렇게 무리 지은 부대에게 매 순간은 의학적 위험과의 싸움이었다. 그중 하나는 그들이 마시는 물이었다. 습지와 개울은 부대가 도착했을 때 이미 세균 범벅인 경우가 많았다. 거기에 50만 병사와 10만 필의 말이 지나가며 그 물을 되는대로 더럽혔다. 개울물에 직접 대변을 보는 병사도 많았고, 설사를 한 경우에는 공동 수원지에서 열심히 몸도 씻고 옷도 헹궈냈다.

먹는 것도 마찬가지로 문제였다. 부대원들은 오랫동안 씻지 않은 손으로 서로 음식을 나누어 먹으며 박테리아를 전파했다. 게다가 병사들은 행군으로 지치고 때로는 겁에 질렸기 때문에 아무 데나 날아다니는 파리 떼에는 신경도 쓰지 않았을 것이다. 병사들은 파리 떼에도 익숙해졌고, 미생물의 존재는 알지도 못했으며, 파리가 질병의 전파에서 어떤 역할을 하는지도 몰랐다. 말하자면 파리가 털북숭이 몸과 장 속에 박테리아를 달고 다니는지 전혀 몰랐다. 병사들은 파리가 식량에 덤비지 못하도록 막는 일에는 관심이 거의 없었기 때문에 파리는 자기들이 짓밟으며 맛본 음식에 세균을 맘껏 묻혀놓았다.

짐승도 사람보다 형편이 나을 바가 없어서 혹사당하고 제대로 먹지도 못했다. 병든 수많은 말은 쓰러진 자리에 그대로 버려졌고, 부패하면서 뒤에 따라오는 사병의 통행을 방해하고 수많은 구더기 떼를 먹여 살렸다. 원정이 진행될수록 야위어가던 병사들도 비틀거리며 죽어 넘어가기 시작했다.

일단 그랑드 아르메에 접근한 *시겔라* 박테리아는 인체의 방어 체계를 충분히 무력화할 수 있었다. 이질의 주요 특징은 소수의 박테리아만으로도 인간 숙주를 감염시킨다는 점이다. 게다가 이질에 걸리면 회복이 되어도 면역이 생기지 않아서 무방비로 재차 감염된다. *시겔라* 속균 종간에 교차 면역도 생기지 않는다. 실제로 19세기의 의사들은 이 질에 한번 걸리면 나중에도 걸릴 가능성이 크다고 보았다. 그러므로 이 질의 경우에는 주민들이 천연두에서 목격했던 집단 면역 같은 것이 생길 수가 없었다. 이렇게 프랑스군은 이질을 처녀지 감염병으로 경험하게 되었다. 게다가 이질은 임상 증상도 드러내지 않고 감염되는 무증상 보균자를 양성한다. 그런 감염병 보균자를 일컫는 이른바 '장티푸스 메리Typhoid Mary' 때문에 이질은 오랫동안 조용히 퍼진 후에야 치료 대상이 되곤 했다.

나폴레옹 군대는 철저한 의료 감시 체제하에 있지 않았기에 첫 이질 환자가 언제 발생했는지는 알 도리가 없다. 그러나 이질은 그랑드 아르메 소속 의사들에게 잘 알려진 질병이었고, 따라서 의사들은 이질을 진단하고 그 영향력을 보고했다. 그러나 그때는 이미 이질이 널리 퍼진 후였다. 프랑스군이 네만강에서 겨우 402㎞ 떨어진 비텝스크에 잠시 머무르던 1812년 8월 초에 세귀르는 이질 환자가 3,000명에 육박한다고 추산했다. 이 감염병은 분명히 기세가 오르고 있었고, 따라서 '감염병 이질'이라는 이름을 얻게 되었다. 라레는 간단하게 "환자가 어마어마하게" 많다고 기록했다.[12]

인체에서 이질의 진행 속도는 몇 시간에서 일주일까지 다양하게 나타난다. 시겔라 박테리아는 결장으로 침투하고, 결장에서 장내 상피세포를 공격해 조직 손상을 야기하고 강력한 독성을 배출한다. 초기 증상으로는 열, 경맥 및 속맥, 심한 복통, '폭발하다시피 배출되는' 물 같은 설사 등이 있다. 배변에 종종 피가 섞여 나오기도 한다. 배변에 섞여 나온 피는 마치 생고기를 담가둔 물처럼 보이고, 악취는 도저히 참을 수 없을 정도다.[13] 뒤이어 메스꺼움, 백태 낀 혀, 움푹 꺼진 눈, 식은땀으로 축축한 피부 등의 증상이 나타난다. 또한 몸에서는 부패가 임박했다는 경고라도 하듯 시신에서 나는 악취가 뿜어져 나온다. 그 같은 끔찍한 증상 악화와 엄청난 배설은 아시아 콜레라(1817~1824년에 창궐한 1차 콜레라 팬데믹_옮긴이)를 연상시킨다. 몸에서 물이란 물은 다 쏟아져 나오는 사이 환자들은 고통스럽고 해소할 수 없는 갈증에 시달린다. 물을 먹여도 몸에서 받지 않고 토해낸다.

1812년에 러시아 전선에 있던 군의관들은 환자들을 치료할 방법도 시간도 없었으며, 먼 미래에나 가능한 수분 보충 요법이나 항생제는 알지도 못했다. 감염된 병사들은 쇼크 상태에 빠질 수밖에 없었다. 곧이어 의사들이 '무력증'이나 '무력증성' 영양실조 또는 인사불성이라고 일컫는 상태로 엎어져 있다가 섬망과 혼수상태, 죽음으로 이어졌다.

그랑드 아르메는 의료 기록이나 통계를 관리할 방법이 없어서 부대에 성행한 이질의 사례치명률을 판단할 수 없었다. 그러나 감염된 병사 중에는 간신히 살아남아 오랜 회복기에 접어든 병사도 있었지만 대다수는 일주일 안에 사망했다는 공통된 의견은 있었다. 사망률이 유독 높았던 건 술을 남용한 탓이기도 했다. 당시에는 술을 마시면 장이 깨끗해진다는 통념이 있어서 병사들은 감염 초기에 보드카를 약으로 마셨다. 결과는 치명적이었다. 끔찍하게도 회복기에 있던 상당수 환자들이 다시 악화되거나, 몸이 약해진 상태에서 이질에 다시 걸려 두 번째 공격에 시달렸다. 라레 자신도 이질에 걸렸지만 완쾌되었다.

라레와 그의 동료들이 적용한 '이질'의 진단 범주가 현대 임상의들이 알고 있는 시겔라증과 정확하게 일치하지 않는 것도 어쩔 수 없는 일이다. 19세기 진단은 바뀌기 쉬웠고 불확실했다. 신체 진단만이 기준이었으며, 프랑스 의료진은 물밀듯 쏟아지는 병의 공세에 압도되어 정확한 진단을 내릴 수도 없었다. 그러므로 '이질'이라는 이름표는 시겔라증을 아우르지만 아마 다른 중증 위장 질환도 폭넓게 포함하는 광범위한 용어로 간주하는 게 좋다.

8월 말경 세귀르는 이질이 "계속해서 퍼져서 군 전체를 유린하고 있다"라고 보고했다.[14] 8월 초에 3,000명이 진단을 받았는데, 8월 말까지 매일 4,000명씩 이질 때문에 죽었다. 이질은 러시아 원정이 시작되면서 프랑스군이 누려왔던 엄청난 수적 우세를 순식간에 뒤집었다. 9월 14일에 그랑드 아르메가 드디어 파리에서 일직선으로 2,400여 km 떨어진 모스크바에 도착했을 때는 탈영과 전투와 탈수와 질병으로 병사의 3분의 1을 잃은 상태였다. 그러나 그중 최악은 이질이었다. 이런 줄기찬 병력 손실이 더더욱 문제가 된 것은 나폴레옹에게 그 손실을 메울 방법이 없었기 때문이다. 게다가 러시아군은 그 정도의 손실까지는 입지 않았다. 보급로도 프랑스군보다는 짧았기 때문에 러시아 군부는 병사와 말에게 식량을 공급하고 증원 병력을 동원할 수 있었다.

나폴레옹의 참모 장교들은 빌나와 비텝스크, 스몰렌스크에서 잠시 주둔할 때마다 황제가 봄까지 행군 중단 명령을 내릴 것으로 내다봤다. 프랑스군은 회복하고 휴식을 취하고 사병과 보급품을 보충할 시간이 필요했다. 프랑스 대사로서 상트페테르부르크에서 4년을 머물렀던 콜랭쿠르가 특히 강력히 주장했다. 그는 열이 나고 남루하고 식량도 제대로 공급받지 못하는 프랑스 병사들이 벌판에서 러시아의 겨울을 갑자기 만나기라도 하면 심각한 위험에 빠지게 될 것이라고 간원했다. 콜랭쿠르는 특히 러시아 본토에서의 첫 도시인 스몰렌스크가 나폴레옹의 야심 찬 1812년 원정에서 맞이한 최외곽선이 되기를 고대했다. 그러나 각 도시에 주둔할 때마다 황제는 더욱더 조바심을 냈다. 세귀르는 이렇게 썼다. "특히 포로로 전락한 모스크바의 모습이 황제를 사로잡은 순간이 바로 그때였다. 그런 모스크바의 모습은 황제가 느끼는 두려움의 경계선이자 소망의 대상이었으며, 자신이 모든 것을 지배하게 되리라는 생각에 사로잡히게 된 현혹의 대상이었다."¹⁵ 정말로 세귀르는 나폴레옹을 멈추게 만든 바로 그 요인들, 즉 거리와 기후, 미지의 세계 등이 오히려 그를 가장 끌어당기는 요소는 아닌가 하는 생각이 들기 시작했다. 맞닥뜨린 위험이 크면 클수록 나폴레옹의 즐거움도 커졌다.

보로디노

모스크바에 도착하기 전에 프랑스군과 러시아군이 드디어 러시아 원정 중 단 한 차례 대규모 격전을 벌였다. 바로 9월 7일에 벌어진 보로디노 전투였다. 나폴레옹 시대에 가장 잔혹했던 보로디노 전투는 나폴레옹이 두 나라 군 사이에서 벌이고자 했던 전면전이었다. 그러나 아이러니하게도 그런 교전은 단 한 차례, 그것도 황제가 예상치 못한 방식으로 벌어졌다. 보로디노 전투는 나폴레옹이 원해서가 아니라 러시아군 사령관 미하일 쿠투조프(Mikhail Kutuzov, 1745~1813) 장군이 시의적절한 때가 왔다는 판단을 내렸기 때문에 벌어졌다. 프랑스군이 떼어놓으려고 했던 러시아의 북부군과 남부군은 마침내 모스크바 바로 서쪽에서 다시 하나로 뭉쳤다.

이런 중요한 시기에 러시아 황제 알렉산드르는 이제는 하나로 통합된 군의 총지휘권을 노련한 참전용사 쿠투조프에게 부여했다. 레프 톨스토이Lev Tolstoy가 1812년 러시아 원정과 관련한 그의 대하소설《전쟁과 평화War and Peace》에서 쿠투조프를 묘사한 대로, 이 러시아 장군은 프랑스 적장과는 정반대의 성격을 지니고 있었다. 온순한 기질의 쿠투조프는 전술적 천재성을 과시하는 나폴레옹과의 대결을 꾀하려 하지 않았다. 1807년에 프리틀란트에서 나폴레옹에게 완패당한 경험이 있던 쿠투조프는 나폴레옹이 두려웠고, 따라서 처음에는 표트르 대제가, 지금은 알렉산드르 황제가 채택한, 러시아 본토 깊숙이 후퇴해 들어가면 러시아의 광활한 대지와 기후로 인해 적이 궤멸될 것이라는 전략을 지지했다. 클라우제비츠의 말로 표현하자면, 쿠투조프는 기꺼이 첫 탄환이 스몰렌스크 이후에 발사될 수 있도록 지시했다. 군사 이론 용어로는 '힘의 보존' 전략을 이행했던 것이다.

그러나 쿠투조프는 모스크바 쪽으로 배수진을 치고 결국은 맞서 싸울 태세를 갖추었다. 그의 정보망은 그랑드 아르메가 겪는 고행을 계속해서 알려왔고, 러시아군이 통합되고 보급품도 충분히 공급되자 동쪽으로 겨우 113㎞ 밖에 위치한 러시아 수도로 향하는 도로를 차단하고 싶었다. 나폴레옹이 도착하기 나흘 전에 쿠투조프는 부대를 아래 평야가 굽어보이도록 높게 위치한 두 보루 뒤에 단단히 자리 잡게 했다. 그곳은 모스크바로 가기 전 최후의 군사적 우위 거점이었고, 러시아군은 참호, 나무 울타리, 대포 600문, 그리고 돌격해오는 말과 보병들의 다리를 부러뜨리기 위해 파놓은 구멍들을 일컫는 '늑대 구덩이'로 우위 지점을 요새화했다. 러시아군은 이렇게 자리 잡고 프랑스군이 공격해오기를 기다렸다. 가까스로 수적 우위를 유지하던 그랑드 아르메는 화력이 열세인 상태에서 힘겨운 전투를 치르게 되고 말았다. 이렇게 4.8㎞에 걸친 전장에서, 돌진하는 프랑스군 13만 4,000명과 방어전을 펼치는 러시아군 12만 1,000명이 교전에 돌입했다.

엄청난 살육이 자행되며 어느 사학자가 "그날까지의 전쟁 역사상 최악의 사상자를 낸 교전"이라 명한 전투가 벌어졌다.[16] 양측은 9월 7일에 동이 트자마자 발포를 시작했고, 살상은 14시간 후 어두워질 때까지 계속되었다. 병사들이 포탄, 대인對人 폭탄 파편, 장총 총격에 맞거나 총검에 찔리고 군도에 베여 수천 명씩 죽어 나갔다. 땅거미가 찾아와 피비

린내 나는 하루가 저물고 쿠투조프가 철수 명령을 내리자 나폴레옹은 전장을 장악했고, 엄밀히 말해 승자가 되었다. 배뇨 장애로 열에 시달리고 우유부단해진 탓인지 나폴레옹은 이상하게도 자신의 정예부대인 황실 근위대를 전투에 가담시키지 않았다. 클라우제비츠나 나폴레옹의 장성들은 적기에 전투 명령이 내려졌다면 근위대가 승리를 잡았을 것으로 생각했다.

나폴레옹이 진정한 승리를 거머쥘 기회를 포착하지 못한 것은 단순하지만 아이러니한 운명의 장난 때문이었다. 그랑드 아르메는 압도적인 병력과 화력을 적의 약점에 집중시키기 위한 목적으로 세운 군대였다. 나폴레옹은 위에서 작은 망원경으로 싸움터를 살피며 보통은 극도의 정확성과 타의 추종을 불허하는 명민함으로 부하들을 지휘했다. 그러나 보로디노는 엄청난 인원이 북새통을 이루며 지휘 능력을 무색하게 만드는 극단적인 전투에 해당했다. 작은 싸움터라는 한계 내에서 독보적 규모의 두 군대가 충돌하며 일으킨 짙은 흙먼지로 시야에서 전투 장면이 잡히지 않았다. 1,000문의 대포와 수십만 개의 장총에서 연기가 솟구쳐 오르고, 9만 개의 포탄으로 흙이 튀어오르고, 수만 마리씩 돌격하는 말과 진군하는 보병으로 자욱한 먼지가 피어오르면서 나폴레옹은 아래에서 펼쳐지는 전투 장면을 따라잡을 수가 없었다. 전면전은 나폴레옹의 전술적 천재성을 가장 필요한 순간 무용지물로 만들어버린, 말 그대로 '전쟁의 안개(전쟁의 불확실성을 말함_옮긴이)'를 연출했다.

톨스토이는 러시아 원정을 연구하며 '나폴레옹의 의지가 보로디노 전투에 어느 정도까지 영향을 미쳤는가?'라는 의문을 제기하며 운명의 아이러니를 강조했다. 그는 프랑스 황제가 '허수아비 지휘관' 역을 할 정도로 위축되었다고 보았다. 톨스토이는 이렇게 결론지었다. "나폴레옹의 지시에 따라 전투가 진행된 것은 아니었다. 그의 계획대로 실행된 것은 하나도 없었으며, 교전이 벌어지는 동안에도 나폴레옹은 자신의 눈앞에서 무슨 일이 벌어지고 있는지도 파악하지 못했다."[17]

눈이 먼 나폴레옹은 쿠투조프가 질서정연하게 퇴각하도록 허용했을 뿐만 아니라 추격은 시작도 하지 못했다. 결국 프랑스군이 그날이 끝날 무렵 얻은 것이라고는 상처뿐인 승리였다. 전장이 그랑드 아르메의 손으로 넘어왔고, 러시아군 전사자는 그날 전투에서 전사한 프랑스군 3만 명보다 많은 4만 명에 달했으며, 쿠투조프는 후퇴했다. 그제야 프랑스 군의관들은 행동에 돌입해 이후 24시간 동안 연속으로 절단 수술을 감행했다. 라레도 보로디노에서 부상당한 사지 200개를 절단했다. 사망자와 부상자를 대가로 치른 승리로 그랑드 아르메는 돌이킬 수 없을 정도로 병력이 크게 축소된 반면, 쿠투조프는 증원병으로 손실을 보충했다.

더군다나 러시아군의 사기는 보로디노 전투 이후 하늘을 찔렀다. 그들은 나폴레옹이 가할 수 있는 최악의 타격을 흡수하고 살아남았던 것이다. 반대로 프랑스군은 의기소침해졌다. 세귀르는 이렇게 밝히고 있다.

프랑스 군사들은 쉽게 속지 않는다. 그들은 그렇게 많은 적들이 죽고 부상자가 그렇게 많은데도 포로가 거의 없다는 것, 포로가 800명도 안 된다는 것을 알고 깜짝 놀랐다. 이런 수치를 기준으로 승리의 규모가 공식적으로 산출되었다. 시체는 승리의 증거라기보다는 오히려 패자의 용기를 보여주는 증거였다. 남은 적군이 그토록 질서정연하고 당당하고 사기도 거의 꺾이지 않은 채 퇴각했다면, 전장을 차지한 게 무슨 의미가 있단 말인가? 이렇게 광활한 나라에서 러시아군이 싸움을 계속할 땅이 부족한 적이나 있었을까?

우리로 말하자면, 우리는 이미 너무 많이 가졌고, 우리가 보유할 수 있는 것보다 훨씬 많이 가졌다. 그런 걸 정복이라 할 수 있을까? 우리가 코브노부터 참으로 어렵게 모래밭과 갯더미를 가로지르며 따라온 그 길고도 곧은 고랑이 망망대해에 떠있는 배의 자국처럼 우리 바로 뒤에 있는 건 아닐까? 무장도 거의 하지 않은 농부 몇 명이 고랑의 흔적을 아무렇지도 않게 죄다 지웠는지도 모를 일이다.[18]

프랑스 영관급 장교가 너무 많이 죽는 바람에 페젠삭 장군이 작전 참모에서 연대 임무로 이동되었고, 그곳에서 병사들의 정신 상태를 평가했다. 그는 "군의 사기가 그렇게 심하게 흔들린 적이 전에는 한 번도 없었기에" 그곳에 "허탈한 분위기"가 가득하다는 걸 알았다. 그러나 황제는 그렇게 야만적인 유혈극의 영향을 인정하지 않으려고 했다. 페젠삭의 간결한 평가서에는, 보나파르트는 "아무것도 보지 않고, 아무것도 듣지 않으려고 했다"라고 적혀 있었다.[19]

그 뒤로 계속해서 러시아인들, 특히 톨스토이는 쿠투조프를 국민 영웅으로 추앙하고, 보로디노를 '1812년의 위대한 애국 전쟁'에서 빠져서는 안 될 부분으로 기념했다. 쿠투조프는 또 다른 날의 전투를 위해 군을 보호했고, 프랑스군에 커다란 손실을 가했으며, 이제는 동등한 위치에서 그랑드 아르메와 마주했다. 게다가 나폴레옹은 불패처럼 보이는 심리적 무기를 상실했다. 그의 경험 많은 두 장성이 이 9월 7일의 전투를 참담하게 요약했다. "조아생 뮈라Joachim Murat는 자신이 그날 하루 종일 황제가 있는지도 몰랐다고 말했다. 미셸 네Michel Ney는 황제가 자신의 직무를 잊어버렸다고 했다."[20]

나폴레옹 군대를 궤멸하는 과정에서의 이질의 상대적 역할을 판단할 때는 보로디노의 전후 사정을 살펴봐야 한다. 그랑드 아르메가 모스크바에 입성할 무렵에는 15~20만 명의 병사를 전투와 탈영, 질병이라는 세 가지 요인으로 잃었다. 전투로 인한 사망자와 탈영으로 인한 병력 손실이 군의 힘을 빼내갔지만, 이질의 영향이 가장 컸다. 그랑드 아르메는 모스크바에 도착하기 전 마지막 몇 주 동안 이질로 매일 4,000명씩 12만 명에 달하는 병사를 잃었다.

모스크바

쿠투조프는 보로디노 전투가 끝난 후 모스크바를 무방비 상태로 두고 수도 동쪽 방어 진지로 철수했다. 그러나 러시아군은 수도를 버릴 때조차 프랑스군을 또다시 놀라게 하며 불쾌감을 주었다. 유럽의 수많은 수도에 승승장구하며 입성했던 나폴레옹은 모스크바를 장악하면 고위 대표단이 겸손하게 마중을 나와 항복을 하며 도시로 들어가는 열쇠를 내놓을 것으로 예상했다.

그러나 9월 14일 모스크바에 당도한 순간, 나폴레옹은 쿠투조프가 25만 명이나 되는 주민을 진작 피난시킨 후라는 사실을 알았다. 더군다나 도착 다음 날에는 무시무시한 계획을 실행하기 위한 방화가 시작되었다. 러시아 방화범들이 소방 장비를 전부 파괴한 후에 화약을 폭파해 모스크바에 불을 질렀다. 강풍으로 불길은 더욱 거세졌고, 화염이 수도를 집어삼키면서 건물 80%가 파괴되고 크렘린 궁전, 교회, 지하 저장고 등 석조 구조물만 덩그러니 남았다. 인간사에서의 고의성의 역할에 의문을 품었던 톨스토이는 모스크바의 화재를 고의성 없는 불가피한 사건으로 생각했다. 그는 "나무로 건설된 데다 사람들도 떠난 거대한 도시는 어쩔 수 없이 불타게 마련이다"라고 말했다.[21]

나폴레옹의 장군들은 그런 상황에서 모스크바를 점령한 것을 '공허한 승리'라고 보았으며, 라레는 그 화재를 파멸의 징조로 보는 미신에 사로잡히기도 했다. 프랑스 장교 세자르 드 로지에Césare de Laugier에게 모스크바는 황량한 고대 폼페이 유적을 떠올리게 했다. 그런 상황에서 황실 근위대 군악대가 〈승리는 우리의 것!Victory is Ours!〉을 연주하며 모스크바로 행진해 들어갔으니 웃기는 일이 아닐 수 없었다.

그러나 나폴레옹은 망상에 단단히 사로잡혀 영토 정복을 승리로 착각했다. 그는 참모들의 의견은 묵살한 채 러시아 수도를 장악하면 황제가 평화를 청해 올 수밖에 없을 것이라고 우겨댔다. 따라서 상트페테르부르크에 항복 조건을 논할 특사를 파견하고, 소설을 읽고 부대를 사열하며 시간을 끌었다. 가끔은 겨울이 다가오는 동안 산산이 부서진 도시에서 시간을 지체해 생길 수 있는 결과에 조바심을 내기도 했지만, 후퇴라는 수치스러운 결정을 받아들일 생각은 하지 않았다.

한편 나폴레옹의 장교들은 모스크바 점령을 승리보다는 함정으로 인식했다. 그들의 이론에 따르면, 러시아와의 전쟁에서 승리하지 못했으며, 그랑드 아르메는 실행 가능한 두 가지 선택이 있을 뿐이었다. 혹독한 겨울이 다가오기 전에 당장 후퇴하든지, 모스크바에서 겨울을 보내고 봄에 다시 원정을 재개하는 것이었다. 희망에 불과한 생각에 사고가 마비된 나폴레옹은 어떤 결정도 일절 내리지 않았다. 대신 몇 주일씩 맹목적으로 시간을 허비하며 그해 10월 초가 계절에 맞지 않게 온화하다는 사실에 현혹되기까지 했다. 9월 14일부터 10월 19일까지 지난 일을 되새기고, 괴로운 배뇨 장애를 불평하고, 안절부절못하며 러시아 황제의 항복을 기다렸다. 세귀르는 이렇게 전했다. "그때까지 그렇게 간단하고 짧았던 나폴레옹의 식사 시간이 길어졌다. 황제는 포만감으로 생각을 억압하고 싶은 듯했다. 그런 다음에는 손에 소설책을 한 권 들고 자신의 끔찍한 역사의 파국을 기다리며 하루의 절반을 기력이 없다는 듯 비스듬히 누워서 보냈다."[22]

사령관의 지체는 프랑스군에도 유리한 게 아니었다. 쿠투조프 군은 비교적 점점 강해졌지만, 그랑드 아르메는 질병으로 계속해서 커다란 타격을 입었다. 라레가 급하게 모스크바에 세운 군 병원은 이내 설사와 고열에 시달리는 병사들로 차고 넘쳤다. 군대의 시계추가 감염과 죽음에 밀려 나폴레옹으로부터 조용히 멀어져갔다. 더는 정복자도 아닌 프랑스군은 어느덧 포위 상태가 되고 말았다. 모스크바 주변 너머에 있던 코사크인들이 징발대를 공격하고, 정찰 중이던 기병을 죽이고, 수도 파리와의 연락을 두절시켰다. 프랑스군이 모스크바를 떠날 무렵에는 추격하는 게 아닌 추격당하는 신세가 되었다.

그사이 몇 주간의 모스크바 점령으로 프랑스군의 대비 태세도 약해졌다. 무엇보다 감염병의 영향이 가장 컸는데, 따뜻한 날씨와 바글바글한 프랑스군 야영지의 비위생적인 여건과 부대에서 징발해 불태운 가옥들이 감염병 확산에 유리하게 작용했다. 그러나 새로운 요인, 즉 약탈 자체도 중요한 역할을 했다. 모스크바가 비록 폐허로 변했다지만, 지하 저장고와 그 안에 든 물건들은 약탈거리를 찾는 병사들을 강하게 잡아끌었고, 그들이 마신 엄청난 양의 보드카는 이미 위태로워진 그들의 건강을 더욱 손상시키고 말았다.

한 달이나 버려진 수도를 약탈하며 시간을 보내자 군을 결집하는 데 필요한 군기가 와해되기 시작하는 또 다른 후유증도 나타났다. 장교와 사병 모두 부자가 될 생각에만 사로잡혀 지냈다. 목격자들에 따르면, 그들은 거대한 '모스크바 박람회'에 참석한 탐욕스러운 장사꾼처럼 번쩍이는 것이라면 뭐든 잔뜩 챙겨 갔다. 라레는 화창한 날씨가 이어지자 병사들은 앞으로 다가올 겨울은 안중에도 없었다고 씁쓸하게 탄식했다. 현명하게 양모로 된 의복이나 장갑, 털 코트를 구하는 대신, 실크나 금은 장신구, 보석, 성물을 비축했다. 장교는 마차에 전리품을 가득 실었고, 보병은 배낭에서 유용한 물품은 빼버리고 대신 싸구려 보석을 잔뜩 담았다. 황실 근위대 부사관 장바티스트 프랑수아 부르고뉴Jean Baptiste François Bourgogne는 자신의 소가죽 배낭에 넣어둔 물품의 목록을 작성했다.

> 나는 설탕 몇 파운드, 쌀 약간, 비스킷 약간, 리큐어 반병, 금은 실로 수를 놓은 여성용 중국산 실크 드레스, 금은 장식품 몇 가지, 특히 이반 대제Ivan the Great의 십자가 조각을 찾아냈다. …… 이 밖에도 군복에 커다란 여성용 승마 망토에 …… 그다음에는 길이 30㎝, 높이 20㎝에 최고의 세공이 들어간 은제 부조 그림 두 점도 있다. 그것 말고도 로켓(사진 등을 넣어 목걸이에 다는 작은 갑_옮긴이) 몇 개와 러시아 왕자의 보석 달린 타구 세트도 있다. 이런 물건들은 원래 선물용으로 전소된 가옥들 지하 저장고에서 찾아냈다. 배낭이 이렇게 무거운 것도 당연할 수밖에에![23]

프랑스 황제를 찬미하지 않았던 톨스토이는 그랑드 아르메의 행태를 이해할 수 없었다. 그는 이렇게 썼다.

> 프랑스 황제가 약탈을 막는 가장 간단한 방법은 군이 약탈에 가담하는 걸 허용하지 않는 것이었다. 겨울을 대비한 의복을 마련하고(모스크바에는 군 전체가 입어도 될 만한 의복이 있었다), 적어도 6개월간 프랑스 병사들을 먹여 살릴 만큼의 식량을 비축해야 했다. …… 그러나 이 천재 중의 천재 나폴레옹은 그런 일은 일절 하지 않았다. …… 그러나 그는 자신의 권한을 이용해 모든 가능한 대책 중에서도 가장 어리석고 가장 참담한 결과를 가져온 대책들을 추진했다.[24]

라레는 톨스토이의 판단과 같은 예상을 했다. 그는 구할 수 있는 곳이라면 어디서든 구해서 털옷과 양모를 비축해놓는 것이 만일을 대비한 "상식적인 생각이었을 것이다"라고 말했다.[25]

출발 무렵이 되자 그랑드 아르메는 쓸모없는 값싼 장신구로 잔뜩 짐을 지고 있었다. 게다가 수천 명의 피난민이 길게 늘어선 꼬리도 생겼다. 이들은 모스크바에 살던 사업가나 외교관, 여배우, 예술가 등의 프랑스 시민들이었지만, 이제는 러시아인들이 다시 돌아왔을 때 살육을 당하지 않을까 두려워했다. 결국 안전을 찾아 병사들 뒤를 따르는 종군민간인 무리에 합류했다.

10월 15일에 추운 날씨가 시작되며 첫눈이 8㎝가량 내리자 위치 노출에 대한 위험을 불현듯 깨달은 나폴레옹은 깜짝 놀라 출발을 결정했다. 병력이 10만 명으로 줄어든 프랑스군은 정해진 대로 10월 18일에 출발했다. 오전에 모스크바를 빠져나가는 프랑스군은 훌륭하게 통솔되는 군의 퇴각이 아닌 혼란스러운 성서 속 탈출을 떠올리게 했다. 그들 앞에는 7주간의 단테의 고통이 놓여있었다.

패주

프랑스군은 후퇴와 동시에 불운에 시달리기 시작했다. 줄곧 경계를 늦추지 않았던 쿠투조프는 적군의 움직임에 대한 정보를 충분히 보고받고 있었다. 그는 프랑스군이 서쪽으로 향한 두 길 중 하나를 선택해야 한다는 것도 잘 알고 있었다. 남쪽으로 놓인 길은 러시아군이 불을 지르거나 프랑스군에게 약탈당하지 않은 시골 지역을 가로지르는 칼루가로 이어졌다. 그곳에서는 식량을 구하고 생활을 유지할 수 있다는 가능성이 유혹의 손짓을 했다. 북쪽 길은 두 나라의 군이 이미 파괴할 만큼 파괴해 후퇴하는 프랑스군을 지탱해줄 자원이 전혀 남아있지 않은 스몰렌스크로 향해 있었다.

한때 나폴레옹의 뛰어난 재주를 두려워했던 쿠투조프는 이제는 자신이 우위를 점한 데다 그랑드 아르메에 필요한 물품 공급을 허용하지 않는다면 승리는 자신의 것임을 알았다. 그래서 이 러시아 장군은 휘하의 부대를 말로야로슬라베츠라는 소도시까지 강행군을 시킨 다음, 요새를 세워 좁은 협곡을 통과하는 칼루가 길에 방어벽을 쳤다. 그러나 더 이상 전면전을 원치 않았던 나폴레옹은 두 번째 힘겨루기를 피했다. 그는 작은 탐색 작전만 펼쳤고, 러시아군은 이를 여지없이 격퇴했다. 그러자 나폴레옹은 할 수 없이 이미 너무도 잘 알고 있는 스몰렌스크로 향한 북쪽 길로 방향을 틀었다.

그랑드 아르메를 스몰렌스크로 향한 길 위로 내몬 끝에 10월 24일에 벌어진 말로야로슬라베츠 전투는 중요한 러시아의 승리로 자리매김했다. 이 전투는 규모는 작았지만, 프랑스의 퇴각을 완패로 바꿔버렸다. 말하자면 겨울이 본격적으로 시작되기 전에 시간과의 한판 사투로 바뀌어버린 것이다. 세귀르는 말로야로슬라베츠 전투를 일컬어 "이 불길한 들판, 여기가 세계의 정복이 멈춘 곳이며, 지난 20년간의 승리가 무로 돌아가버린 곳이다"라고 했다.[26]

나폴레옹과 쿠투조프는 이제 근본적으로 위치가 달라졌다. 전략의 천재 나폴레옹은 가급적 재빨리 줄행랑을 치는 것 말고는 다른 계획이 없었다. 반면에 쿠투조프는 분명하고 일관된 전략을 실행하며 상처는 입었지만, 그래도 사나운 맹수를 대하는 사냥꾼의 접근 방식을 택했다. 그의 목적은 갑자기 돌변할 수 있는 여전히 위험한 맹수를 구석으로 몰지는 않는 것이었다. 대신 가차 없이, 하지만 결국은 완전히 지쳐 떨어질 때까지 신중하게 거리를 두고 괴롭힐 작전이었다. 그런 후엔 사냥꾼처럼 안전하게 접근해 최후의 치명타를 가할 의도였다.

그러나 스몰렌스크로 비틀비틀 걸어가던 프랑스군은 쿠투조프보다 더 잔인한 적을 만났다. 추운 날씨가 시작되자 두 번째 감염병이 거세게 몰아닥쳤다. 이번에는 발진티푸스였다. 이질이 모스크바로 향하던 그랑드 아르메의 병력 3분의 1을 몰살했다면, 발진티푸스는 퇴각에 나선 나머지 병사 대다수의 목숨을 앗아갔다. 모스크바를 떠났던 10만 명 중 원정에서 살아남은 병사는 채 1만 명도 되지 않았다. 사학자 스테판 탈티Stephan Talty는 이 감염병을 1인당 사망률로 따지면 "세계 역사에서 유사한 사례를 거의 찾을 수 없는 떼죽음"을 낳은 질병으로 꼽는다.[27] 게다가 이 죽음은 커다란 전투 없이 발생한 것이었다.

발진티푸스

모든 소화계 질환이 그렇듯이 이질의 위세도 전파가 어려워지는 추운 날씨에 약해진다. 그러나 발진티푸스는 다르다. 겨울철 군의 행군은 이 매개 질환에는 완벽한 환경을 조성한다. 10만에 달하는 병사가 추위로 더러운 막사에서 서로 부둥켜안고 있으면 발진티푸스가 쉽게 전파된다. 실제로 발진티푸스가 유행하던 19세기에 이 감염병이 통상 '전쟁 해충', '전쟁열', '전쟁 페스트' 등으로 불린 것을 보면 군대 환경과 발진티푸스가 상당히 밀접한 관계가 있음을 알 수 있다.

발진티푸스는 공기나 분변-경구 경로를 통한 직접적인 접촉으로는 감염되지 않는다. 대신 인간과 이body lice와 리케치아 프로바체키Rickettsia prowazekii로 알려진 박테리아 사이의 복잡한 상호 관계를 통해 감염된다. 발진티푸스 병원균에게는 인간이 가장 중요한 병원소이며, 발진티푸스

병원균은 몸니Pediculus humanus corpus를 통해 사람에서 사람으로 옮겨 가는데, 몸니는 오로지 인간의 피만 먹고 산다. 이 인체에 들러붙어 사는 이는 부화하자마자 탐욕스레 피를 빨아먹기 시작한다.

리케치아에게 감염된 이는 모기처럼 박테리아를 직접 혈류에 주입하지는 않는다. 대신 피를 빨아먹는 동안 세균이 잔뜩 든 배설물을 내보낸다. 또한 이가 상처에 항응혈인자를 주입하면 짜증이 나고 심한 가려움증이 나타난다. 가려우면 보통 숙주가 환부를 긁게 되고, 그렇게 되면 다시 환부가 배설물에 오염되며 새로운 감염이 시작된다. 상처를 긁으면 이가 먹잇감 옷의 표면으로 도망치고, 그렇게 인접한 몸으로 옮아가면 그곳에 또 다른 번식지를 만들어놓는다. 이렇게 연속적인 행동이 발진티푸스의 전파에 중요한 것은 이가 비효율적인 매개체이기 때문이다. 날지 못하는 이는 행동이 매우 제한적이라 가능한 한 멀리까지 기어 다닌다. 그러므로 몸니가 침습과 감염이라는 평행형 고리를 유지하려면 사람들끼리 밀접한 접촉을 해야 한다.

스몰렌스크로 가는 길에서 무르익은 여건은 몸니와 기생미생물에게는 최적의 환경이었다. 기온이 곤두박질치자 병사들은 옷을 더욱더 무겁게 겹겹이 챙겨 입었다. 그런 옷차림이 이에게는 보금자리가 되어주었고, 이는 특히 옷의 솔기를 좋아했다. 이는 자신들의 안전을 위해 맞춤형이나 다름없는 발톱으로 천에 단단히 매달렸다. 이에게는 다행스럽게도 병사들은 옷을 거의 벗지 않았고, 행군하는 83일 내내 한 번도 옷을 빨거나 몸을 씻지 않았다. 더욱이 병사들은 휴식처에서 불가에 앉아 식사를 하거나, 눈 위에서 쪼그려 앉아 있는 밤이면 체온을 유지하려고 서로 옹기종기 모였다. 그렇게 가까이 모여 있다 보니 해충에게는 몸에서 몸으로 이동하는 기회가 생겼다. 따라서 병사 한 명당 무려 3만 마리나 되는 이로 인해 감염이 만연했다. 후퇴에 따른 수많은 고통 중에서도 이 해충들이 안겨준 참을 수 없는 가려움이 생존자들에게는 가장 선명한 기억으로 남았다. 한 병사는 이렇게 회상했다.

> 저녁에 우리가 모닥불 주변에 다닥다닥 붙어 앉으면 활기를 찾은 이가 우리에게 참을 수 없는 고문을 가하곤 했다. …… 이가 가하는 고문은 넌더리가 날 만큼 더욱더 거세졌다. …… 퇴각은 시작부터 재앙이 되었고 …… 밤이 되면 죽을 것 같은 추위를 피하려고 우리는 옷도 벗지 않았고, 야영지 옆에 빈자리가 생기면 손에 닿는 온갖 누더기로 몸을 덮기도 했다. 따라서 이 해충은 가장 끔찍한 방식으로 개체 수를 증폭시켰다. 셔츠나 조끼, 코트 등 이가 득실거리지 않는 게 없었다. 지긋지긋한 가려움으로 밤 시간 절반은 뜬눈으로 지새우게 되니 모두 미칠 것만 같았다. 가려움을 참지 못한 나도 등이 찢어질 정도로 긁어댔고, 이런 …… 타는 듯한 고통이 차라리 나은 것 같았다. 동지들도 모두 같은 상태였다.[28]

자신들을 괴롭히는 해충도 곧 죽을 것이라는 사실이 병사들에게는 전혀 위안거리가 되지 못했다.

11월 중순경이 되자 살을 에는 강풍과 함께 기온이 영하 23℃로 급락했고, 내린 눈이 "마치 수의처럼 병사들을 뒤덮었다."[29] 눈에 반사된 강한 빛에 시력을 잃고 고드름이 수염에 주렁주렁 매달린 반쯤 얼어붙은 병사들은 먼저 간 병사들의 시체에서 옷을 벗겼다. 감염병이 돌기에는 최적의 상황이었다. 옷을 돌려가며 입는 이런 행위는 "가능하면 이런 열병을 앓는 사람의 옷은 조금이라도 건드리지 않는 게 현명하다"는 당대의 의학적 조언을 위반하는 일이었다.[30]

환자의 혈류로 진입한 리케치아는 순환계와 림프계에 의해 뇌, 폐, 신장, 심장 등 내장 기관의 작은 모세혈관으로 운반된다. 그곳에서 혈관 내벽의 상피세포를 공격하고 분열을 통해 복제된다. 이렇게 박테리아는 숙주세포 안에서 계속해서 축적되다 세포막 용해나 파열을 통해 세포들을 파괴한다. 이렇게 세균이 주변 조직으로 방출되면 주변 조직에서 복제와 파괴 과정을 다시 반복한다. 10~12일의 잠복기가 지나면 39~40℃의 고열, 뚜렷한 피부 발진, 심한 두통, 구역질, 오한, 근육통 등의 초기 임상 증상이 나타난다. 날카로운 통증이 등과 사타구니를 휩쓸고, 몸에서는 암모니아 냄새와 비슷한 악취가 나기 시작한다.

그러는 사이 주요 내장 기관 전체로 확산된 박테리아는 놀랍도록 개체가 늘어나고, 서로 엉겨 붙어 혈액 순환을 방해한다. 그 결과, 출혈, 혈관 장애, 주요 신체 기능 장애가 나타난다. 환자들은 입술이 파래지고, 혀는 바싹 마르고, 갈증이 심해지고, 눈은 풀리고 흐릿해지며, 마른기침을 계속하고, 참기 힘든 냄새가 나는 시커먼 설사를 한다. 근육 조절에도 장애가 발생한다. 그런 장애를 일컫는 운동실조증의 결과, 발진티푸스에 두 가지 진단 이름표가 붙었다. '무력증 열'과 '신경성 열'이 그것인데, 둘 다 환자의 비틀거리는 걸음걸이와 운동성 저하를 가리킨다.

그뿐 아니라, 폐기관계가 개입되어 기관지 폐렴이 촉발되면 폐포에 유동체가 차서 호흡 곤란이나 산소 부족 현상이 나타난다. 혈관이 폐색되면 손가락과 발가락이 괴저로 시커멓게 변하고, 중추신경계 병변은 정신착란, 발작, 섬망을 일으킨다.

그랑드 아르메의 야전병원에서는 발진티푸스 환자들의 자지러지는 웃음과 갑작스러운 고함과 가상의 인물과의 생생한 대화 소리 때문에 불안감이 배가되었다. 이런 의식 혼탁이 그리스어로 몽롱한 상태나 인사불성을 의미하는 *티푸스*typhus라는 진단 용어를 붙이게 된 배경이다.

신체의 여러 기관계가 동시에 영향을 받기 때문에 증상도 가지각색의 고통과 잠재적인 사망 원인에 따라 달라진다. 러시아에 있던 한 벨기에 외과의는 종말이 "번개처럼 순식간에" 다가왔다고 했다.[31] 사망은 보통 뇌염이나 심부전 뒤에 나타났다. 군이 후퇴할수록 자살 건수도 늘었는데, 발진티푸스의 인지적 영향과 누구보다 사병들 사이에서 만연했던 절망감 때문이기도 했다.

감염 방식이 특이하고 독성도 강한 발진티푸스는 항생제가 나오기 전까지 항상 사망률이 높았는데, 당시의 사례치명률은 50%를 넘었다. 게다가 1812년 겨울철 퇴각이라는 여건이 완쾌와 요양의 가능성을 모조리 짓밟으며 사망률을 치솟게 했다.

더군다나 오물을 뒤집어쓴 그랑드 아르메는 다양한 세균 종이 주도권을 잡으려고 서로 아귀다툼하는 거대한 배양 접시와 같은 역할을 했다. 날씨가 추워지면 이질에게 불리한 여건이 조성되어, 가을 내내 점점 위력을 잃었다. 그러나 성병, 간염, 설사는 계속해서 프랑스군을 괴롭혔다. 덧붙여 최근의 자료에 따르면, 참호열trench fever도 발진티푸스와 마찬가지로 몸니를 매개로 한 질병으로 몸을 쇠약하게는 하지만 별로 치명적이지는 않았으나, 그래도 나폴레옹 부대를 괴롭혔다. 이렇게 여러 가지 질병이 퇴각하는 병사들의 고통을 가중시키고 저항력을 떨어뜨렸다.

또한 발진티푸스는 영양이 부족한 사람들에게 감염될 경우 특히 치명적인 것으로 잘 알려져 있다. 19세기 유행병학자 루돌프 피르호Rudolf Virchow는 발진티푸스가 수많은 별명 중에 '기근열famine fever'이라는 별명을 얻게 된 사연을 떠올리게 한다. 그 전형적인 사례가 아일랜드다. 18세기 말에서 1846~1848년의 감자 흉작까지 위기가 잇따르는 와중에 기근과 발진티푸스가 동시에 발생했던 것이다. 1868년 피르호는 이렇게 말했다. "지금부터 거의 200년 동안 아일랜드는 기근열의 본고장으로 꼽힐지도 모른다. 이집트가 페스트로 황폐해졌듯이 아일랜드도 1708년 이래 감염병 중에서 최고로 악성인 발진티푸스가 발생할 때마다 황폐해졌다. …… 이런 면에서 아일랜드와 조금이라도 비교할 만한 나라는 이 세상에 없다고 해도 과언은 아니다."[32] 발진티푸스가 감자 흉작에 이어 아일랜드에서 나타나기는 했지만, 특히 플랑드르(벨기에, 네덜란드 남부, 프랑스 북부에 걸친 중세의 나라_옮긴이)와 상부 실레지아를 유린하며 유럽 대륙 전역으로 광범위하게 퍼져 나갔다.

마찬가지로 그랑드 아르메의 탈출 시기에 두루 퍼져 있던 여건이 요한계시록의 네 기사 중 기근과 페스트, 전쟁이라는 세 기사가 동시에 앞으로 달려 나가도록 채찍질했다. 스몰렌스크와 네만강으로 이어지는 서쪽 길은 인간의 삶을 지탱해줄 만한 어떤 수단도 제공하지 않았다. 이미 조직적으로 약탈당한 그곳의 경관은 이제 단단히 얼어붙은 채 눈과 얼음 속에 깊이 파묻히고 말았다. 징발이 불가능해진 프랑스군은 굶주림과 맞닥뜨렸다.

퇴각이 시작된 후 심판의 날은 나폴레옹의 참모 장교들이 예상했던 것보다 더 일찍 다가왔다. 행군이 고통스러우리만큼 곤경에 빠져 속도가 떨어졌기 때문이다. 병사들이 눈 속을 터덜터덜 걸어가고 빙판에 미끄러지면서 군은 앞으로 나가기가 힘에 겨웠다. 군에서 겨울을 대비해 말발굽에 금속 징으로 편자를 박는 일을 등한시했기에 남은 말들의 견인력도 형편없어졌다. 따라서 말들이 병사들보다 더 빨리 나아가기는커녕 미끄러지고 땅에 자빠졌다.

고군분투하며 늘어선 병사들의 선두에 자리한 전방군(전투 지역 내 교전 태세에 있는 부대 및 장교_옮긴이)이 뒤따르는 병사들을 더욱더 곤경에 빠뜨렸다. 그들이 밟고 지나간 눈이 단단히 다져지는 바람에 눈길이 빙판으로 바뀌었다. 게다가 뒤따르는 병사들의 전진에 방해가 되는 걸림

돌을 수도 없이 길에다 깔아놓았다. 말과 병사들이 쓰러지고 질병, 탈진, 저체온증, 탈수증 등 여러 원인으로 죽었으며, 사체는 쓰러진 자리에 그대로 내버려졌다. 짐수레 끄는 동물이 점점 부족해지면서 마차와 탄약차, 객차, 대포도 버려졌다. 병사들은 짐을 가볍게 하려고 '모스크바 박람회'에서 가져온 노획물을 빼냈다. 손가락이 얼어붙은 사람에게는 아무 쓸모가 없는 장총과 탄약통을 버리는 병사들도 많았다.

이렇게 시체와 온갖 종류의 버려진 물건들이 눈보라 속에 위태롭게 잠겨 위험한 걸림돌이 되었다. 한편 병사들이 길게 늘어선 대열은 선두에서 꼬리까지 100km 가까이 되었다. 11월 6일, 상황이 가늠할 수 없을 만큼 악화되는 가운데 온도계 수은은 더 아래로 곤두박질쳤고, 눈도 엄청나게 내려 90cm가량 쌓였다.

이런 상황에서 군사들이 전력을 다해 할 수 있는 일이란 살아남는 것밖에는 없었다. 무엇보다 식량을 애타게 찾았고, 갈수록 절망감을 느꼈다. 식량 징발도 더 이상 선택 사항이 아니었다. 찾아낼 식량도 없었고, 대열에서 벗어난다는 것은 갑작스러운 죽음을 의미했다. 코사크인들은 퇴각 부대의 측면과 후위를 거듭 공격했고, 포로로 잡은 징발 대원이나 낙오자들을 즉결 처리해 모조리 죽였다. 따라서 굶주린 병사들은 말고기에 의지했다. 병사들이 말의 사체에서 고기를 잘라낼 때마다 가던 길을 멈추고 불을 붙이고 고기를 구웠다. 말의 수가 줄어들자 살아있는 동물에서 살코기를 도려내기도 하고, 그 동물의 피에 눈을 섞어 마시기도 했다. 그런 식사는 부러움을 자아내서 다른 사람이 채가기 전에 서둘러 들이켜야 했다. 페젠삭은 손에 고기를 든 병사는 운이 좋은 것이었다며 이렇게 말했다. "동료가 이 마지막 자원을 가로채지만 않는다면 말이다. 우리 병사들은 배가 고파 죽을 지경이라 어쩌다 고립되어 있던 사람을 만나기라도 하면 서슴지 않고 식량을 빼앗았고, 빼앗긴 사람은 옷을 빼앗기지 않은 것만도 운이 좋다고 여겼다. 나라 전체를 약탈한 후에 우리는 이렇게 우리 자신을 파괴하는 신세로 전락하고 말았다." 그랑드 아르메는 더 이상 전투 부대가 아닌 규모가 점점 쪼그라들고 있는 난폭한 폭도로 변해버렸다. 스몰렌스크로 가는 길은 프랑스 병사끼리 치고받는 싸움터가 되었다. 페젠삭이 덧붙였다. "떼 지어 따라오는 다른 재앙 없이도 군을 파멸시키는 데는 식량 부족만으로 충분했다."[33]

자신이 지휘했던 병사들에 대한 페젠삭의 묘사는 그랑드 아르메가 와해하는 모습을 효과적으로 전달한다.

> 그랑드 아르메는 혼란으로 가득한 병사 무리로 전락했다. 무기도 없이 걸을 때마다 비틀거리고, 말의 사체와 처참한 동료의 생명 없는 시신 옆에 주저앉았다. 그들의 얼굴에는 절망의 직인이 찍혀 있었고, 눈은 움푹 꺼지고 이목구비는 헬쑥하고 먼지와 연기로 시커멨다. 양가죽 조각이나 천 조각으로 발을 둘둘 말아 신발을 대신했다. 머리는 넝마로 감싸고, 어깨에는 말 안장이나 여성용 속치마나 반쯤 탄 동물 가죽을 들씌웠다. 병사 한 명이 쓰러지면 그 즉시 동료들이 그의 누더기를 벗겨 입었다. 매일 밤의 야영지는 다음 날의 전투장과 닮았고, 잠에서 깨면 전날 밤 옆에서 잤던 병사들이 주변에 죽어 있었다.[34]

마침내 그랑드 아르메의 타락의 최종 단계는 병사들이 서로를 잡아 먹으려고 한 순간 발생했다. 이는 모든 병사가 한 명도 빠짐없이 가담할 때까지 진행되었다. 마지막 억제 장치들이 무너져 내리자 굶주린 병사들은 인육을 입에 댔다. 그 자신은 인육을 먹지 않았다고 부인했지만, 부르고뉴 부사관은 병사들이 그런 행위를 할 수밖에 없었던 그 끔찍한 절박성을 이해했다. 그는 속마음을 일개 병사의 거친 유머에 담아 이렇게 썼다. "말고기를 조금이라도 먹지 못했더라면 나도 인육을 먹을 수밖에 없었을 게 분명하다. 그런 상황을 이해하려면, 미치도록 굶주린 적이 한 번이라도 있어야 한다. 사람이 굶주렸을 때, 먹을 수 있다면 악마라도 잡아먹었을 것이다."[35]

더럽고 춥고 배고픈 이런 상황에서 번성한 발진티푸스가 그랑드 아르메가 모스크바를 떠난 10월 18일부터 나머지 병사들이 다시 네만강에 도착한 12월 11일까지 프랑스 군대 전체를 휩쓸었다. 이 몇 주간의 퇴각 기간에 발진티푸스 박테리아는 전쟁을 치를 능력을 상실한 군을 무자비하게 관통해 군림한 끝에 박테리아의 시대를 창출한다. 11월 1일에 프랑스군은 원래의 50만에서 총 7만 5,000명이 남아있었다. 스몰렌스크에 도착한 11월 9일에는 그 수가 3만 5,000으로 줄었고, 11월 26일 베레지나강을 건널 때는 1만 5,000명으로 줄었으며, 마침내 거지꼴의 생존자들이 네만강을 다시 건넜을 때는 1만 명으로 줄어들었다.

나폴레옹은 비극의 대미를 겪고 싶어 하지 않았다. 12월 5일에 황제는 자신의 신분을 평범한 '신사 레이날Monsieur Reynal'로 위장했다. 그는 경호원들과 함께 썰매를 타고 파리로 빠져나가며 휘하의 병사들은 그들의 운명에 맡겨버렸다.

결론 : 감염병이 국제적 위상에 미치는 영향

나폴레옹의 1812년 원정은 전쟁이 감염병 성행에 최적인 비위생적 환경과 영양부족 상태를 조성해 감염병을 불러일으킬 수 있다는 사실을 입증한다. 또한 그런 인과 관계가 반대 방향으로도 작용할 수 있다는 것, 다시 말해 질병이 전쟁의 방향을 결정할 수 있다는 것을 보여주기도 한다. 러시아에서는 이질에 발진티푸스까지 겹치며 당시 역사상 최대의 군대를 무력화하고 러시아 황제 알렉산드르에게 승리를 안겼다.

생도맹그에서 황열이 돌아 나폴레옹 제국의 서부 확장이 중단되었던 것처럼 이질과 발진티푸스가 제국의 동쪽 원정을 저지했다. 두 감염병이 프랑스의 정권 교체를 불러오는 데 실로 커다란 역할을 했다. 러시아에서의 대실패 이후 나폴레옹은 완전히 힘을 잃어 과거에 필적할 만한 군대를 구축하지 못했다.

게다가 알렉산드르의 승리로 한때 적의 간담을 서늘케 했던 불패 신화가 산산이 깨짐으로써 나폴레옹의 적들이 배로 늘었다. 그와 관련한 가장 중요한 사례로 독일의 '민족적 각성'이 있었다. 당시 요한 고틀리프 피히테Johann Gottlieb Fichte와 카를 빌헬름 프리드리히 슐레겔Karl Wilhelm Friedrich Schlegel 등의 지식인들이 독일의 민족적 각성을 일깨우는 데 성공했다. 사학자 찰스 에스데일Charles Esdaile은 나폴레옹 전쟁의 영향을 적절하게 요약했다.

나폴레옹 전쟁이 끝난 뒤로 유럽은 물론 전 세계도 예전과는 판이하게 달라졌다. 1789년 이전의 프랑스는 의심의 여지 없이 강대국 중에서도 최고의 강대국이었다. …… 그러나 1815년경에는 이 모든 것이 휩쓸려 갔다. 프랑스의 국내 자원은 여전히 방대하게 남아있었지만, 신흥 독일 연방의 수립은 …… 나폴레옹 지배권의 중심이었던 독일을 주도할 능력이 …… 더 이상은 없음을 분명히 했다. 한편, 바다 건너 프랑스 식민 제국의 상당수가 사라졌고, 더불어 스페인도 중미와 남미 본토에서 장악력을 상실했다. 아이러니하게도 프랑스 역사상 가장 위대한 영웅이 프랑스의 국제적 위상이 총체적으로 붕괴되도록 주도하며, 브리타니아(로마 시대에 오늘날 영국의 그레이트브리튼섬을 이르던 말_옮긴이)에게 주도권을 넘겨주고, 이제 나머지 유럽 국가들을 프랑스보다 더 큰 안보 위협국으로 부상한 이 상대와 맞설 수밖에 없게 했다.[36]

이렇게 러시아 원정은 유럽과 전 세계에서 프랑스의 위세를 약화시키는 데 중요한 역할을 했다. 그리고 질병은 이러한 결과를 초래한 주요 요인이었다.

|제10장| **파리 의과대학**

감염병 유행을 연구하는 일은 감염병을 하나씩 살펴보는 일보다 훨씬 광범위한 작업이다. 감염병을 겪어본 서구 사회의 경험을 바탕으로 곧바로 주요 주제가 몇 가지 등장한다. 그중 하나는 이미 등장했던 주제로, 여러 사회에서 감염병의 침입을 막아내려는 방편으로 조직적으로 마련한 공중보건 전략의 개발이다. 이 주제에 맞게 우리는 최초의 공중보건 방식에 주목했으며, 여기에는 격리와 라자레토, 군에서 시행한 위생 방역선 등의 혹독한 방역 대책이 있었다. 림프절 페스트 이후로는 천연두를 계기로 또 다른 주요 공중보건 정책이 도입되었는데, 에드워드 제너가 개척한 백신 접종이었다. 공중보건은 감염병의 역사와는 떼려야 뗄 수 없는 관계이므로 격리와 백신 접종 이외의 다양한 전략의 출현을 살펴보기 위해 다시 감염병으로 돌아가기로 한다.

덧붙여 의학 사상의 지성사도 하나의 주제로 살펴본다. 사실 감염병의 역사와 평행선상에 있는 과학적 의학의 역사는 체액주의에서 현대의 생의학 패러다임까지 여러 모습으로 구현되어왔다. 제2장에서는 히포크라테스와 갈레노스의 저작에 등장하는 체액주의를 살펴보았으며, 후반부 여러 장에서는 질병의 오물론, 감염론contagionism, 세균론을 다룰 것이다. 이 장에서는 의학 발전에서 1789년의 프랑스 혁명 발발과 19세기 중엽 사이에 파리에서 발생한 또 다른 결정적인 순간에 주목해본다.

바로 세계적으로 파리 의과대학이라고 알려진 기관의 설립이다.

파리 의과대학은 너무나 중요해서 의학에 있어서 중세에서 근대로 넘어가는 전환기의 상징으로 일컬어지기도 한다. 당시 파리의 상황을 이해하기 위해 이러한 새로운 국면을 첫째, 히포크라테스와 갈레노스의 사상이 17세기와 18세기에 심각한 도전에 직면함으로써 이들의 체액 체계가 처하게 된 지식으로서의 위기, 둘째, 파리 의과대학의 설립을 가능하게 한 지식 및 제도 면에서의 전제조건, 셋째, 파리에서 일어난 의학 혁신의 결과와 한계라는 측면에서 살펴보기로 한다.

체액주의의 위기: 파라셀수스

고대에 처음으로 과학적 의학이 구체적으로 등장한 것은 히포크라테스와 그의 추종자들이 신이든 악마든 온갖 마법 같은 설명을 물리치고 자연주의적 질병 원인의 중요성을 정립했던 일이다. 이러한 방향 설정은 의학 인식론, 다시 말해 의학이 습득할 수 있는 지식과 의학이 지식을 습득할 수 있는 방법론에 상당히 중요한 작용을 했다. 그렇다면 의학적 지식의 근원은 무엇일까?

《히포크라테스 전집》은 질병 문제에서 지식이란 환자 개개인의 머리맡에서 직접 관찰한 결과라고 주장했다. 따라서 체액주의는 종종 '침상의학'이라고 불리기도 한다. 체액주의는 환자의 머리맡에서 환자 몸을 관찰하는 경험을 통해 지식을 습득했다. 이러한 체액주의는 의학 교육에 필요한 하나의 과정으로 이어질 수밖에 없었다. 따라서 히포크라테스 의학도들은 이동하면서 진료하던 의사들을 수행하고 그들의 지도하에 핵심 과정을 지켜보는 도제 방식으로 의술을 연마했다.

과학적 의학의 역사에서 그다음 단계는 제1장에서 살펴봤듯이 갈레노스주의의 과학적 의학이다. 갈레노스의 저술을 보면 체액주의는 점차 직접적인 관찰에 대한 관심을 줄이고 갈레노스가 거의 오류가 없다고 여긴 고대 문서의 권위에 집착했다. 고대의 저작은 조심스럽게 해석되어야 하는 것으로 갈레노스는 자신을 그런 작업에 최적의 인물로 여겼지만, 고전은 결코 뒤집어엎을 만한 게 아니었다. 갈레노스에게 인식 체계의 대전환이나 근본적인 혁신을 향한 여지는 없었다. 의학 지식이란 히포크라테스 저술에 정통한 해석이자 권위를 지닌 해석이라는 그의 사상은 '도서관 의학'으로 불리는 경우가 많다. 의학 인식론에 대한 갈레노스의 이해도 당연히 교육으로 귀결되었다. 그의 영향을 받은 의학 교육은 고대의 저술을 원서로 정성껏 읽어야 하는 공부였으며, 거기에 고전을 해석해 라틴어로 전달하는 강의가 추가되었다.

갈레노스주의에 대한 도전 중에는 초기 도전이 가장 급진적이었다. 이는 스위스의 의사이자 연금술사인 파라셀수스(Paracelsus, 1493~1541)의 업적이었다. 파라셀수스는 고대 문서의 권위를 거부해 '의학의 마틴 루터'라는 별칭을 얻은 인물로, 종교개혁이 한창이던 시절 갈레노스주의에 도전을 감행했으며, 그의 의학 이론은 종교적 함의를 짙게 내포했다. 박식한 정통 의사보다는 이발사 겸 의사나 약제상에게 인기가 높았던 파라셀수스는 정통 의학의 엘리트주의에 입각한 책 위주의 기술을 유물론적인 방법에만 의존해 건강을 회복시키려는 불경스러운 자연주의식 요령으로 간주했다. 대신 그는 몸이라는 소우주와 자연과의 상호 작용 속에 질병의 직접적인 원인들이 자리하고 있는 것은 물론, 대우주라는 성스럽고 정신적인 영역에도 질병의 제1원인들이 있다는 의철학을 주장했다. 파라셀수스주의 의사들은 어떤 초월적인 힘을 대리하는 것처럼 행동했다. 파라셀수스는 치료법에서 정통주의 의사들이 체액의 균형을 바로잡는 데 사용한 방혈과 약초 대신 화학 증류법을 도입했다.

갈레노스와 현저하게 대비되는 파라셀수스는 경험주의로의 회귀라는 이름으로 이론이나 체계에 반대했다. 그러나 이런 반대 입장과는 이상하게 상충되긴 하지만, 파라셀수스는 체액 이론을 자신만의 선험 체계로 대체했다. 파라셀수스는 사람의 몸은 정신적 속성으로 가득한 세 가지 화학 물질로 구성된다고 보았다. 그는 몸이 아픈 것은 체내의 체액 불균형 때문이 아니라 외부로부터의 환경적 공격 때문이라고 주장했다. 그의 치료법은 화학 물질과 미네랄을 증류해 그 안에 내재되어 있는 정신적 속성을 빼낸 후 반대의 속성을 통해 치료하는 갈레노스의 처치 대신 '비슷한 속성끼리' 치료한다는 개념에 따라 처방하는 것이었다.

16세기와 17세기의 정통 의학에 대한 파라셀수스의 의료종교학적 비판이 갖는 중요성은 셰익스피어의 희곡 《끝이 좋으면 다 좋아*All's Well That Ends Well*》의 전체적인 구성에 영향을 줄 만큼 지대하다. 이 작품의 줄거리는 정통 의학이 프랑스 왕이 앓고 있는 고통스럽고 목숨을 앗아갈 듯한 누공(상처나 질병으로 인해 인체에 생긴 구멍_옮긴이)을 치료해내지 못한 사건이 주를 이룬다. 죽음을 앞두고 절망에 찬 왕은 설명한다.

> ······ 가장 박학하다는 의사들도 떠나고, 의학계 인사들이 모여 인간의 기술로는 치료할 수 없는 상태의 자연을 되돌릴 수 없다는 결론을 내렸도다.(2막 1장, 115~118행)

이 작품의 주인공이자 파라셀수스주의 의사의 딸인 헬레나는 왕의 탄식을 듣고 아버지의 치료법과 '하늘의 도움으로' 갈레노스식 약제가 해내지 못한 치료 효과를 낼 수 있다고 선언한다. 그녀는 이렇게 말한다.

> 저는 사기꾼이 아니며, 제가 할 수 없는 일을 할 수 있다고 큰소리치지도 않습니다. 하지만 제 생각에 가장 확실한 것은, 제 기술은 과거의 힘도 아니며, 전하께서 때를 놓치신 것도 아니라는 겁니다.(2막 1장, 154~157행)

어버이를 여읜 평민 헬레나가 기존의 성 역할을 뒤집을 수 있었던 것은 파라셀수스의 치료법에 따라 왕의 누공을 치료한 그녀의 능력 덕분이다. 치료에 만족한 왕에게 받은 보상으로 그녀는 결혼에 주저하는 귀족 버트럼에게 청혼한다. 그 순간 셰익스피어는 파라셀수스에게 무일푼의 평민과 왕을 보필하는 귀족과의 결혼을 통해 성 위계는 물론 사회적 위계도 깨뜨리도록 허락한 것이다. 헬레나 역시 의료계의 물질주의와 마찰을 빚으면서도 경건함을 잃지 않는다. 셰익스피어 자신도 갈레노스를 비판하는 이단자의 사상에 분명하게 공감을 표한다.

정설에 대한 과학주의의 도전

그러나 의료계에서 파라셀수스의 도전은 비주류로부터 정설에 가해진 공격이었기에 엘리트와 학문 중심인 의학의 발전에는 별반 영향을 미치지 못했다. 정통 의학에 보다 지속적인 영향을 가한 도전은 여러 곳에서 비롯되었다. 그중 하나는 과학 혁명을 아우르는 정신이었다. 엘리트 지식층 사이에서 프랜시스 베이컨Francis Bacon 시대에 등장한 경험 및 실험적인 방법론들에 힘입어 갈레노스주의가 의존해온 권위에 대한 위계적 신념과 상충하는 민주 정신이 싹텄다. 이런 방향은 '중간계층'에 속한 기술자들로 인해 더욱더 굳건해졌는데, 이들의 작업과 지적 교류, 풍부한 창의력만으로도 과학적 발견이 가능했으며, 이들의 기여로 사회의 위계질서가 흔들렸다.

일부 특정한 과학적 발전은 위계질서의 바탕인 '도서관 의학'의 체계도 흔들었다. 이탈리아 동북부 도시 파도바에서 학생들을 가르치던 벨기에 의사 안드레아스 베살리우스(Andreas Vesalius, 1514~1564)가 1543년에 기념비적인 저서 《인체의 구조에 관하여 De Bumani Corporis Fabrica》를 출간했다. 우연히도 니콜라우스 코페르니쿠스Nicolaus Copernicus 의 혁명적인 저작이 발표된 지 채 일주일도 되지 않은 시점이었다. 당대 최고의 미술가가 그린 뛰어난 해부도와 저자 자신의 논평이 들어 있는 《인체의 구조에 관하여》는 전통적인 의학 교육에서 벗어난 획기적인 변화를 의미했다. 베살리우스는 갈레노스에게 존경을 표하긴 했지만, 그가 인체 해부를 직접 관찰함으로써 갈레노스의 저술에는 200여 가지의 수정이 가해져야 했는데, 갈레노스의 인간 해부는 동물 해부를 추정해서 이뤄진 것이었기 때문이다.

그러나 결정적인 요인은 베살리우스가 강조한 해부도의 수정이 아니라 오히려 의학의 대상에 대한 그의 접근법이었다. 갈레노스 교본의 권위를 선험적인 것으로 받아들이려 하지 않은 베살리우스는 '자연의 진정한 경전은 인간의 몸이다'라는 체제 전복적인 의미를 담은 명언으로 몸을 직접 관찰해야 지식을 얻을 수 있다고 주장했다. 이러한 접근법은 베살리우스가 가르쳤던 가브리엘레 팔로피오Gabriele Falloppio와 지롤라모 파브리치오Girolamo Fabrizio 등의 이탈리아 유수 해부학자들에게 영감을 불어넣었다. 그들은 베살리우스와 함께 갈레노스주의가 아닌 경험적 토대 위에 해부학을 단단히 정립했다. 그들 자신은 그런 사실을 부인했지만 말이다. 말로는 아닐지라도, 실제로 그들의 작업은 고대로부터 내려온 권위와의 근본적인 단절을 의미했다.

해부학보다는 생리학 발전이 의학이 새롭게 출발하기 위한 주요 추진력으로 작용했다는 점이 한층 더 중요하다. 여기서 커다란 영향을 미친 것이 혈액 순환에 대한 근대의 지식을 확립한 윌리엄 하비William Harvey의 1628년 저작《동물의 심장과 혈액의 운동에 관한 해부학적 연구Exercitatio Anatomica de Motu Cordis et Sanguinis in Animalibus》였다. 정통 의학에서는 혈액은 순환하는 게 아니라 정맥과 동맥이라는 별도의 두 회로 내에서 밀려왔다 밀려가는 것이며, 두 회로 사이에서는 심장 중격(심방과 심실 사이의 중간 벽_옮긴이)의 구멍을 통한 최소한의 교환 외에는 어떤 혈액 교환도 이루어지지 않는다고 주장했다. 이러한 갈레노스주의 개념에서는 심장은 펌프가 아니라 뇌와 간과 심장이라는 내장 위계 내의 2차 기관일 뿐이었다. 갈레노스는 물레방아가 강물의 흐름에 힘입어 돌아가듯이 심장도 혈류의 힘으로 움직인다고 생각했다. 하비는 인체생리학과 심혈관 해부 분야에 혁신을 불러왔다. 관찰과 실험을 통해서 하비는 심장은 혈액이 두 교차 회로를 통과해 좌심실에서 몸 전체로, 그리고 우심실에서 폐까지 순환할 힘을 주는 펌프라는 사실을 확실하게 입증했다. 더불어 갈레노스가 두 심실 사이에서 두 심실을 분리하는 벽을 통과하는 침투 현상이 일어난다고 한 주장도 사실이 아님을 밝혀냈다.

정설에서 벗어난 이런 사실이 너무 파격적이라 하비는 1616년에 실험 결과를 얻고 1628년에 연구 결과를 발표하기까지 12년이란 세월을 기다렸다. 하비가 그렇게 우려한 것도 당연했다. 영국 의료계 엘리트들은 하비의 논문을 꺼렸으며, 그의 연구 결과가 영어로 된 문서로서 주목받게 된 것은 영국내전(1642~1651)이 끝난 이후였다. 마찬가지로 프랑스와 스페인, 이탈리아 당국도 하비와 그의 논문을 규탄했고, 정통 갈레노스주의자인 장 리올랑Jean Riolan은 의료계를 대표해 하비의 주장을 싸잡아서 거부하는 입장을 누구보다 강력하게 밝혔다. 공화주의를 채택했던 급진적인 네덜란드의 과학계만이 하비의 연구 결과를 일찍 받아들였다.

그렇게 거센 반발에 부딪힌 까닭은 하비의 생리학이 갈레노스주의를 완전히 뒤엎고 결국 의료계의 권위를 무너뜨리게 될 것이라는 우려 때문이었다. 베살리우스의 경우와 마찬가지로 문제는 비단 결론만이 아니라 방법론에도 있었다. 교재보다는 실험과 수치, 직접적인 관찰에만 치중하는 하비의 태도는 의학 인식론에서의 엄청난 변화를 예고했다. 체액주의나 정치와 종교 등 여타 분야에서 인정하는 기존 권위를 모두 심각하게 뒤흔들 수 있음을 암시했다. 하비가 과격한 정치인도 종교인도 아니고, 그가 가르치던 해부학과 생리학 이외의 분야에서 결론을 도출해낸 것도 아니라는 점은 별로 중요하지 않았다. 그의 인식론은 본질적으로 급진적이며 반위계적이었다.

해부학과 생리학의 발전에 필적하는 자연과학 분야의 주요 발견들도 의학에 엄청난 영향을 미쳤다. 앙투안 라부아지에Antoine Lavoisier, 조지프 프리스틀리Joseph Priestley, 옌스 야코브 베르셀리우스Jöns Jakob Berzelius 하면 떠오르는 화학 혁명이 '모든 물질은 4원소(흙, 공기, 물, 불)로 구성되었다'고 본 아리스토텔레스의 자연관에 의문을 던졌다. 실제로 라부아지에는 1789년에 33종의 원소 목록을 작성했고, 이러한 토대 위에 19세기의 주기율표가 탄생했다. 이러한 새로운 화학과, 4원소, 체액, 기질, 속성이라는 아리스토텔레스의 세계관은 서로 타협의 여지가 없었다. 속성에 관해서라면, 온도측정기(갈릴레오가 고안)와 이후의 온도계(주세페 비앙카니Giuseppe Biancani가 1617년 발명) 같은 간단한 장치조차 냉冷한 '속성'

이 사실은 어떤 독립적인 속성이 아니라 단순히 열이 없는 상태라는 결론을 시사했다.

마지막으로, 의학의 정통 이론을 상대로 한 지적 도전이 감행되는 가운데 감염병도 중요한 역할을 담당했다. 체액주의 의학은 페스트나 천연두, 콜레라가 유행하면 겪게 되는 일처럼 갑작스럽게 대규모 사망자가 발생하는 사태를 설득력 있게 설명할 만한 체계를 제공하기에는 개념적으로 어려움이 많았다. 질병이 개별 인체 내의 체액 불균형이라고 한다면, 어떻게 그렇게 많은 사람의 체액이 갑자기, 그것도 동시에 균형이 깨지는 일을 설명할 수 있을까? 근본적으로 개체 중심인 체액주의가 공동체 전체로 전파되는 질병의 진행 과정을 어떻게 납득이 가도록 설명할 수 있을까?

중세에는 체액주의에 점성술이 추가되면서 천체가 일직선상에 놓이거나 천체의 영향으로 세상에 재난이 발생한다는 식으로 설명의 범위가 확대되었지만, 점성술도 질병의 범세계적인 유행을 확실하게 설명하지는 못했다. 부분적으로는 이런 이유에서 감염병에 대한 비정통적인 개념이 등장하기도 했다. 감염론은 감염병이 특정 공동체 전체에서 진행되는 현상을 훨씬 그럴싸하게 설명했으며, 사람들이 아픈 사람과 접촉한 후 병에 걸리는 것처럼 보였다는 일상적인 관찰과도 쉽게 들어맞았다. 그러므로 감염병의 성행은 체액주의에 대한 의심으로 이어졌고, 동시에 또 다른 의철학의 토대를 마련하는 계기가 되었다.

파리에서 지적 혁명이 일어난 배경

파리 의과대학은 의학계에서 우위를 점하던 1794년에서 1848년 사이에 질병의 이해와 의학 인식론에서 개념적 혁명을 불러왔다. 의학 교육도 완전히 바꾸어놓았으며, 전공 분야도 만들고 의료계를 구조 조정했고, 경쟁 관계의 학교 및 학파들과 앞을 다투는 상황에서 새로운 권위를 갖춘 정규 의사를 배출해 의료 시장에 변화를 가져왔다. 파리는 서구 의학을 주도하는 강자로 떠올랐고, 이를 모방하는 유럽과 북미 도시들의 본보기가 되었다. '도서관 의학'의 뒤를 이은 '병원 의학hospital medicine'과 체액주의를 전향적으로 대체한 새로운 패러다임이 등장한 곳이 파리였다. 그렇다면 '새로운 의학'의 뿌리는 무엇이었을까?

제도적 토대

다양한 분야에서 이루어진 체액주의에 대한 도전으로 지식 차원의 의구심이 분출되며 고대의 체액주의가 권좌에서 물러나게 되었지만, 새로운 의학이 출현하려면 바람직한 방향으로 조성되어야 하는 전제조건이 있었다. 광범위하게 서로 연결되는 파리 병원들도 나름대로 필요한 역할을 수행했다. 물론 파리에는 이미 여러 병원이 존재했다. 그중에서도 가장 크고 넓은 자리에 위치한 오텔디외Hôtel-Dieu 병원은 7세기부터 줄곧 환자들을 치료해왔다. 그러나 이 병원들은 원래 치료가 주 업무가 아니라, 고령자나 불치병자, 자선사업이나 교회와 연관된 고아들을 위한 복지 안전망이었다. 그러나 산업혁명과 도시화 현상으로 환자 수가 급증하고 그들이 앓는 병도 전과는 달라졌다. 이렇게 서구 유럽의 지성의 본거지이자 주요 거점 도시인 파리는 오텔디외뿐 아니라 샤리테Charité와 피티에Pitié 병원 등 유럽에서 규모도 가장 크고 인지도도 가장 높은 병원들의 중심지가 되었다. 앙시앵 레짐이 끝나갈 무렵 오텔디외 병원은 병동 네 곳에 환자를 무려 4,000명까지 수용했는데, 여러 환자가 한 침대에서 자는 일도 허다했다.(그림 10-1)

그림 10-1 파리의 오텔디외 병원은 파리 의과대학의 제도적 토대를 제시한 병원 중 하나였다.(런던 웰컴 컬렉션, CC BY 4.0)

    파리 의과대학과 프랑스 수도에서 등장한 의학 지식의 진가를 파악하려면 새로운 사상을 뒷받침한 이런 대규모 기관들을 살펴보아야 한다. 어느 파리 병원의 병동 하나에서 환자가 끝없이 나오다 보니 유사한 질환을 앓는 환자끼리 모아놓는 것도 당연한 일인 듯했다. 병원은 중앙집권 국가의 통제를 받는 교육 기관이기도 했는데, 이런 국가의 관료들은 환자를 비슷한 질환끼리 묶어 분류하는 게 편리하다고 생각했다. 게다가 파리에 있는 병원들은 의학 및 과학 지식을 발전시키는 일에 몰두했고, 이 역시 중요한 일이었다. 이들 병원은 사실 환자 치료보다는 지식 발전에 더 관심이 많았다.

    파리 병원들이 파리 의과대학의 제도적 토대가 되긴 했지만, 파리 의과대학에는 철학적 기원이 따로 있었다. 아주 포괄적이지만 의미 있는 배후 요인으로는 권위에 대한 의문과 지적인 회의론과 경험을 지향하는 계몽주의 정신이 있었다. 특별하고도 지극히 중요한 인물이 바로 존 로크(John Locke, 1632~1704)였다. 1690년 그의 저서 《인간지성론*An Essay Concerning Human Understanding*》은 그야말로 엄청난 반향을 일으켰고, 지금도 이 책을 계몽주의의 기본서로 보는 사람이 많을 정도다. 로크는 태어날 때 인간의 정신은 백지와 같은 상태(*타불라 라사*, tabula rasa)라고 주장한 것으로 유명했다. 이런 주장은 당연히 철학의 '감각론sensualism' 사상으로 이어졌는데, 지식은 타고나는 것이 아니라 오로지 감각 인상sense impression과 그런 인상에 대한 반성에서 비롯된다는 입장이었다.

이때 급진적인 인식론이 등장했다. 로크와 프랑스 계몽철학자 에티엔 보노 드 콩디야크(Étienne Bonnot de Condillac, 1714~1780) 같은 감각론자들은 지식의 근원이 자연에서 직접 받은 정보이며, 이 정보는 오감을 통해 뇌로 반영된다고 믿었다. 이런 인식론의 관점으로 로크는 인간 지식의 기원뿐만 아니라 오감을 통해 알아낼 수 있는 지식의 한계도 고려했다. 가령 신은 '감각 중심의 지식 영역 밖에' 있다. 게다가 로크는 오감을 통해 알아낼 수 있는 것들을 확신할 수 있도록 엄격한 단계를 정립했다.

로크의 절친이자 '영국의 히포크라테스', '영국 의학의 아버지' 등으로 불리는 17세기 영국 의사 토머스 시드넘은 의학에 더 직접적인 영향을 미쳤다. 정치적으로 급진적이었던 시드넘은 왕당파와 의회파 간의 영국내전 당시 왕권에 대항해 봉기를 일으키고 올리버 크롬웰(Oliver Cromwell, 청교도 혁명으로 공화정을 수립한 영국 혁명가_옮긴이)의 군대에서 장교로 활동한 좌파 청교도였다. 시드넘은 의학적 사고 또한 급진적이었다. 개혁적 의료 행위에 대한 그의 처방은 감각론에 뿌리를 두고 있었다. 그는 이론을 버리고 환자 관찰로 돌아가야 한다고 줄기차게 주장했다. 그는 의과학은 고전서나 시스템, 이론을 참고하는 게 아닌 오직 체계적·경험론적·사례별 비교를 통해서만 발전하고 전진할 수 있다고 보았다.

이런 논리와는 다소 모순되게 시드넘은 체액 의학을 완전히 거부하지는 않았다. 그의 이론은 아닐지 몰라도 그의 의료 행위는 대부분 체액주의에 여전히 바탕을 두고 있었다. 그러나 새로운 지식을 추구하면서 시드넘은 곧바로 고전 문헌에서 임상 관찰로 눈을 돌렸고, 의사는 응당 자신의 경험과 그 경험을 토대로 세운 추론을 신뢰해야 한다고 보았다. 그는 체계를 우선시하는 갈레노스는 건너뛰고 히포크라테스가 원래 주장했던 관찰 중심의 의학을 부활시키는 일을 여러 면에서 지지했다. 그는 옥스퍼드 졸업생이지만 책에만 의존하는 학습과 대학 교육을 불신해서 당시 의료계 엘리트들에게 멸시를 당했다.

시드넘은 감염병에 특별한 관심을 두고 천연두, 말라리아, 결핵, 매독 등을 연구하기도 했다. 사실 그의 사상에는 감염병이 의학적 정통성을 약화시키고 새로운 과학적 패러다임을 촉진하는 데 미친 영향이 잘 드러나 있다. 예를 들면, 그는 '간헐열'이라고도 하는 말라리아를 연구하면서 말라리아가 전인적인 체액 불균형이 아닌 특정한 개별 질병이라는 새로운 결론에 거침없이 도달했다. 그러므로 시드넘은 질병들은 일반화된 디스크라시아(체액 불균형)라기보다는 각기 다른 개체라는 개념을 주장했고, 린네Carl von Linné의 원칙에 따라 질병을 분류할 시간이 도래했는지 모른다고도 언급했다. 그러면서 "모든 질병도 식물학자들이 식물에 관한 그들 논문에서 하듯 그렇게 정확하게 어떤 확정적인 종류로 분류해야 한다"고 주장했다.[1] 이를 계시라도 하듯《관찰 의학Observationes Medicae》이라는 제목을 단 그의 유명한 1676년 저서는 직접적인 경험 관찰의 중요성을 확실히 강조하고 있다.

유행병이 체액주의에서 비롯된 게 아니라는 것을 재차 입증하면서 시드넘은 전염이라는 개념도 수용했다. 가령 그는 페스트에 관해 이렇게 썼다. "공기 성분 외에도 페스트를 일으키는 또 다른 사전 환경이 있음이 분명하다. 즉 감염된 사람의 악취나 정액을 통해 감염되거나, 다른 곳에서 옮아온 역병 물질에 직접 닿아 감염될 수도 있다."[2] 여기에도 역시 급진적인 개념이 자리 잡고 있었다.

시드넘은 수많은 처치법과 치료법을 의료에 도입한 것으로도 유명하다. 그는 말라리아에 퀴닌을 사용하는 치료법을 대중화했고, 퀴닌의 쓴맛을 줄여 개신교 영국 사회에서 '기나나무 껍질(퀴닌 재료_옮긴이)'을 보다 쉽게 받아들일 수 있도록 아편을 활용했다. 더 나아가 방혈보다는 시원한 음료와 신선한 공기로 열을 내리려 했으며, 천연두 치료에도 이런 식의 '냉요법'을 앞장서서 활용했다. 그의 급진성은 이른바 치료 최소주의를 신봉하는 데서도 나타났다. 그는 의사가 할 수 있는 최상의 치료는 잠자코 있는 것이라고 자주 썼다.

새로운 의철학 발전에 영향을 미친 인물을 한 명 더 꼽자면 의사이자 생리학자, 철학자인 피에르 카바니스(Pierre Cabanis, 1757~1808)를 들 수 있다. 그는 파리 병원들의 행정관이자 초기 프랑스 혁명 지지자이기도 했다. 그러나 여기서 그를 언급한 이유는 카바니스 역시 감각론 지지자였기 때문이다. 로크와 콩디야크처럼 카바니스도 모든 정신 과정이 오감에서 비롯되며, 따라서 의사들은 고서에 의존할 것이 아니라 깊이 관찰해 치료법을 생각해내야 한다고 주장했다. 카바니스는 정신(혹은 영혼)은 뇌의 구조와는 분리되어 있다는 견해인 이원론dualism을 거부하고, 뇌도 위의 기능과 유사한 방식으로 작동한다고 주장했다. 위에서 음식을 섭취한 결과가 소화이듯이 뇌에서 감각적 인상을 수용한 결과가 생각이라고 주장했다. 여기서 카바니스는 파리 학파를 이끄는 거물들도 모두 공감할 만한 철학적이고 임상적인 입장을 견지했다.

프랑스 혁명

파리 학파의 제도적·철학적 기반 외에도 프랑스 혁명이라는 중요한 정치적 요인을 생각하는 것도 중요하다. 프랑스 혁명의 일반적인 특징은 기존의 권위를 일소할 기회를 제공했다는 점이다. 이러한 특징은 의학 분야에서 중세 의료 조합이 와해되고 전문가 집단으로 재편되었음을 의미했다. 혁명은 프랑스 민족주의를 고취해 이제는 라틴어가 아닌 프랑스어로 교육이 이루어져야 한다고 강조했고, 이에 고전서의 권위는 한층 약화되었다.

또한 혁명에서 파생된 특수한 상황들도 프랑스 혁명을 새로운 의학의 전개 과정에서 중요한 순간으로 자리매김하게 했다. 가장 두드러진 시기는 1792~1815년으로, 이때는 전쟁이 거의 끊이지 않고 한 세대나 이어지면서 많은 의사와 충분한 병원이 실질적으로 절실하게 필요했다. 이러한 필요는 다시 의료 교육과 병원 행정의 개혁에 속도를 더했다. 병원들은 이제 교회보다는 국가 중심으로 재편되고, 국가의 규제를 받았다. 더 나아가 병원 내의 병동은 특정 환자를 전문적으로 담당하는 식으로 세분화되었다. 국가 서비스로 바뀌면서 이렇게 개혁된 기관들은 무엇보다도 과학 진보의 증진을 최우선 목표로 삼아야 했다.

이러한 시각이 입원 치료의 목적으로 자리 잡으면서 환자를 보는 방식에도 큰 영향을 주었다. 환자들은 지식 발전에 기여해야 할 의무가 있었기에 그들의 몸은 살아생전에는 물론이고 부검 대상이 될 사후에도 의사와 의과대 학생들이 전적으로 맡아 이용할 수 있게 되었다. 환자들은 살아있는 동안에 의사로 하여금 질병의 징후와 증상을 연구하기 위한 엄격하고 정밀한 신체검사를 하도록 하면서 지식 확장에 도움을 주었다. 사후에 그들의 병변은 증상의 기저 원인으로, 증상은 체내에 감춰진 특정 질병을 표면에 드러내는 부수현상으로 연결해서 생각할 수 있게 해주었다. 따라서 증상과 병변은 상관관계가 있으며, 하나의 질병이 진행되는 과정의 양 측면이라고 이해하게 되었다. 사후 검사가 해부와 생리학적 이해를 제고하는 기폭제가 되면서 외과 의사들은 수술 기술력을 높일 수 있었고, 병리학자들은 체내 질병의 경로를 정확히 추적할 수 있게 되었다.

파리 의학이라는 신세계에서 의료 교육은 책보다는 임상과 실용에 바탕을 두었고, 교육의 현장도 거의 모두 병동으로 바뀌었다. 의대생들은 병동에서 3년간 수련을 받은 다음 1년간 인턴 과정을 거쳤다. 의대 교수진들은 심사(콩쿠르)를 거쳐 선발된 후 국가에서 채용하는 전임 강사였다.

프랑스 혁명이 새로운 활력을 불어넣고 투명한 경쟁을 북돋았던 만큼 파리 병원들이 출생과 연줄보다는 능력과 성과를 높이 사는 새로운 가치관으로 채워졌다는 것도 중요했다. 프랑스 의료 기관들의 핵심 신조는 '전진', '개혁', '관찰', '정밀'이었다. 또한 이러한 직업관에는 세속주의도 반영되었는데, 그동안 병원 시스템을 장악하던 교회와의 고리를 프랑스 혁명이 끊어놓았기 때문이다. 병원 건물에서는 제단祭壇이, 병동에서는 십자가가 철거되었다. 뿐만 아니라 수녀인 간호사들은 담당 의사에 엄격히 종속되었다. 대형 병동, 해부실, 병례 검토 회의 강당 등을 갖추기 위해 건물을 개보수하거나 용도 변경하기도 했다.

이제 국가에 소속된 병원들은 병원 생활과 행정의 모든 측면을 규정하는 파리병원위원회Paris Hospital Council라는 새로운 기관의 지시를 받았다. 보건국 산하 입원사무처Bureau of Admissions가 집중 분류 기관 역할을 하게 된 것이 특히 중요했다. 입원사무처는 환자들을 증상별로 범주를 나눈 다음 각 범주에 해당하는 환자들을 같은 병동으로 보냈다. 이와 같은 과정을 거쳐 일부 병원들은 종합병원에서 벗어나 특정 질병만 다루는 전문 병원으로 거듭났다. 이에 따라 파리병원위원회와 입원사무처에서 과학적인 계획이 있어서라기보다는 행정적인 편의를 위해 질병을 분리하다 보니 질병이 히포크라테스와 갈레노스의 의철학 저변에 깔려 있는 하나의 체액 불균형, 즉 디스크라시아가 아닌 분리되고 독특한 개체라고 널리 알려지게 되었다.

사학자 조지 와이즈George Weisz의 말마따나 파리가 중요한 이유 중 하나는 급진적이고 새로운 것들, 이를테면 혁신성과 강한 제도적 지원이 뒷받침된 거대하고 통일된 연구 공동체를 창조했다는 점이었다.

> 파리는 프랑스 혁명 이후 수십 년간 의료 기관을 거대하고 서로 연결된 우수한 인적 교류의 장으로 재편한 대표적인 곳이다. 그 중심에는 (단연 세계 최대 규모의 의과 대학으로) 20명 이상의 전임 교수와 강사가 포진되어 있고, 많은 연계 기관과 그 기관과 협력하는 수백 명의 내과 의사와 외과 의사(대다수 학부 교수진 포함)와 더불어 파리의 시립병원 시스템을 가동시키는 파리 의학부Paris Faculty of Medicine가 있었다.

이 복합 기관은 "여태껏 존재했던 것들과는 아주 달랐다."[3]

활기를 띤 파리 의과대학

그러한 기반 위에 구축된 파리 의과대학은 새로운 의학의 메카가 되었다. 세계 각지에서 의학도와 의사들이 파리의 라틴구(Latin Quarter, 학생, 예술가가 많이 사는 구역_옮긴이)로 모여들어 연구하고 교육받았다. 실제로 상당히 많은 미국인이 파리 유학길에 오른 다음 여러 생각을 품고 다시 고국으로 돌아가 프랑스 수도에서 보낸 시간에 따른 명성을 등에 업고 높은 진료비를 청구하는 자리에 올랐다.

급진적인 경험론을 지향하는 파리 의과대학은 '*적게 읽고 많이 보라*Peu lire, beaucoup voir'라는 교육 이념을 채택했다. 1869년에 취임식 강연에서 파리 의과대학의 치료학 교수 M. 구블러M. Gubler는 의학 지식을 얻는 방법에 관해 "유일하게 가치 있는 것은 엄격한 과학적 관찰을 통해 결론을 도출하는 베이컨의 귀납법이었다. …… 다시 말해, 당대 모든 과학계의 지성들을 결집했던 실증철학positivist philosophy"이라고 강조했다. 구블러 교수는 '고대 관찰ancient observation'로의 회귀를 옹호했다.[4] 그러나 파리 의과대학에서의 관찰은 히포크라테스의 침상 관찰 수준에 머무르는 소극적인 접근법이었다. 대신 파리는 타진법(신체를 두드려서 진찰하는 방법_옮긴이)과 청진법 등을 통해 신체를 적극적으로 탐문하는 신체 검사를 도입했다. 1816년에는 르네 라에네크René Laënnec가 청진기를 발명했고, 이는 곧바로 파리 의과대학의 표상이 되었다.

라에네크가 맨 처음 발명한 모노럴, 즉 단이單耳 청진기는 30㎝ 길이의 속이 빈 나무관이었다. 그는 그것을 환자의 가슴에 대고 심장과 폐

그림 10-2 파리 의과대학은 근대식 신체검사를 도입했고, 신체검사는 1816년 르네 라에네크가 고안한 단이 청진기 같은 진단 도구들로 더욱 용이해졌다.(런던 웰컴 컬렉션, CC By 4.0)

내부의 소리를 들었다.(그림 10-2) 환자의 가슴에 귀를 대고 듣는 '직접 청진'과 비교해볼 때 방대하고 새로운 진단 정보 자료를 제공하는 '간접 청진'이었다. 누구보다 폐결핵 환자에게 관심을 쏟았던 라에네크는 수포음rale, 건성수포음ronchi, 염발음crepitance, 양명성음egophony 등 그가 들은 소리를 묘사하는 단어까지 만들었다. 라에네크는 1819년에 폐 질환에 관한 논문을 발표하면서 훈련받은 음악가들 못지않게 정확히 들은 신체 내부 소리를 표준화하고 명문화하고자 했다(제14장 참고). 심지어 그런 소리 중 일부를 나타내고자 음악 부호까지 활용했다.

라에네크를 비롯해 프랑수아 마장디François Magendie, 피에르 루이Pierre Louis, 마리 프랑수아 사비에르 비샤Marie François Xavier Bichat와 같은 파리 의과대학의 주요 인사들은 병동에서 신체검사를 통해 얻은 지식과 검시대에서 부검으로 보다 정밀하게 조사한 지식을 체계적으로 통합했다. 환자가 죽은 후에 그들은 평소 병동에서 기록한 환자의 증상과 해부칼로 노출된 병변의 연관성을 살펴보았다. 그들은 증상보다는 병변에 따라 질병을 분류하는 것이 보다 신뢰할 만하다고 강조했다. 파리 의과대학 의사들은 채액주의자들이 심취해 있던 체액 대신 신체의 고형 장기와 고형 조직을 바탕으로 연구했다. 그래서 그들의 의철학은 '고형론' 또는 '국소론'으로 알려지곤 했다. 이러한 연구 방식은 당시 프랑스 수도의 환자 집단에서 흔히 발생하던 주요 질병인 폐결핵, 폐렴, 장티푸스, 심장병, 산욕열, 콜레라 등을 면밀히 관찰하던 중에 등장했다.

파리 병동은 새로운 의학을 장려하는 데 두드러진 역할을 했다. 흉부 내부 소리를 체계화하는 라에네크의 능력은 매해 그가 대부분 폐결핵 환자인 약 5,000명의 환자를 검진했다는 사실로 나타났다. 병동 및 검시대에서 결핵 환자들을 검진해온 풍부한 경험을 갖춘 라에네크와 그의 동료들은 그들이 어떤 별개의 질병을 다루고 있다고 확신하게 되었다. 이는 질병 특이성이라는 혁명적인 생각이었다. 그들은 각 질병이 독특하고 바뀌는 게 아니라서 린네 원칙에 따라 분류될 수 있다고 주장했다. 이는 병의 분류 체계를 연구하는 학문인 질병분류학이라는 새로운 학문을 낳게 했고, 이와 더불어 성병학, 정신병학, 소아과학, 병리해부학, 내과학 등 하위 질병을 제각기 다루는 의학 전문 분야들이 생겨났다.

파리는 또한 근본적으로 새로운 개념의 의학 교육을 창조했다. 전과 마찬가지로 강의는 여전히 교과 과정의 일부였고, 일부 교과서도 그대로였다. 그러나 주요 학습 장소는 병동이었다. 피에르 루이 같은 유명한 교수들이 다수의 학생을 거느리고 회진을 돌았다. 새로운 의학 교육은 실용적인 실습 교육이었다. 학생들은 시각, 청각, 촉각 같은 감각을 통해 배우고 권위, 교리, 이론을 맹신하지 않도록 가르침을 받았다. 이는 의학에 감각론이라는 철학을 적용한 프로그램이었고, 새로 생겨난 학문은 히포크라테스의 침상 의학과 갈레노스와 그의 추종자들의 도서관 의학과는 대조적인 의미로 '병원 의학'으로 알려지게 되었다.

병원 의학을 추구하는 의사들은 자신을 새로운 의과학의 화신으로 생각했다. 그러나 그들이 말하는 과학은 화학, 물리, 생리학 같은 요즘 말하는 '기초 과학'과는 별 상관이 없었다. 이러한 과목들을 '부수 과학'으로 불렀던 데서도 드러나듯이 이들은 교과 과정의 중심이 아니었다. 파리에서 말하는 '과학'이란 엄정, 정밀, 편견 없는 직접적인 관찰, 관찰된 현상들 간의 수치적인 상관관계 확립, 부검대에서 해부를 통한 진단 확정 등을 종합한 것이었다.

이런 새로운 교육 및 연구 프로그램이 질병과 질병의 메커니즘에 대한 방대한 양의 신지식을 도출할 수 있다는 것이 입증되었다. 이는 의과학과 의료 행위의 본질을 바꾸어놓았다. 특히 큰 발전이 진단학, 병리학, 분류학, 외과학 같은 분야에서 이루어졌다. 또한 전문성의 본질도 바꾸어놓았기에 의사들은 권위 신장과 향상된 보수를 강력히 주장할 수 있었다. 이러한 이유로 파리 의과대학은 국제적으로 의료 개혁의 모범이 되었다. 빈대학Vienna School이 곧바로 파리 의과대학의 방법들을 채택했고, 런던의 가이스 병원Guy's Hospital, 하버드 의과대학, 보스턴 매사추세츠 종합병원Massachusetts General Hospital, 볼티모어의 존스홉킨스 의과대학도 모두 파리 의과대학의 선례를 따랐다.

그러나 불행히도 파리 의과대학의 강점이 병동에서 치료받는 환자들에게는 그다지 혜택으로 다가오지 않았다. 치료는 명실공히 새로운 의과학의 약점이었다. 의사들은 지식을 축적했지만, 그 지식이 환자 관리의 개선으로 이어지지는 않았다. 영국과 미국에서 프랑스로 참관 온 이들은 파리 의과대학과 대학의 우선순위에 대해 심지어 심각한 도덕적 유보 입장을 표했다. 그들은 의사들이 환자들의 고통을 경감하고 생명을 유지하는 데 너무 무심하다고 지적했다. 외과 의사들은 수술을 주로 손재주를 향상하는 수단으로 보았으며, 교과 과정은 의료의 최우선 임무가 치유에 있다고 강조하지 않았다. 오로지 지식과 그 진전만이 중요했다. 환자들은 마치 자연사 박물관의 전시물이나 연극 무대의 소품처럼 관찰 대상일 뿐이었고, 병동에서 그들의 존재는 주로 과학을 거드는 수단이었다. 프랑스의 찰스 디킨스라고 불리는 외젠 쉬Eugène Sue가 1842년에 쓴 소설《파리의 미스터리The Mysteries of Paris》에서 피에르 루이를 희화화한 그리폰 박사는 함께 회진을 돌다가 학생들에게 그들 앞에 있는 환자가 죽을 때 어떤 병변을 볼 수 있을지 예상해보라고 한다. 쉬는 이렇게 썼다.

그리폰 박사는 병동을 그의 부자 고객들에게 나중에 사용할 치료법과 응용법을 가난한 이들에게 미리 시험해보는 일종의 실험학교쯤으로 생각했다. 이러한 끔찍한 실험들은 사실 과학이라는 제단 위에 바친 인간 제물이었다. 그러나 그리폰 박사는 그런 것은 생각하지 않았다. 이 *과학의 왕자*prince of science의 눈에는 …… 병원 환자들은 학습과 실험의 대상에 불과했다. 그리고 마침내 과학으로 습득한 발견이나 유용한 사실이 그의 눈에 가끔 포착되기라도 하면 그는 무수한 병사들의 목숨을 희생해 승리한 뒤 기탄없이 히히낙락하며 승리감에 도취한 장군처럼 의기양양했다.[5]

치료학에서 이런 약점은 의료 행위가 여전히 전통적인 의료 설비와 고대부터 전수된 방혈과 같은 치료에 의존했음을 의미했다. 비록 새로운 지식이 계속 축적되고, 루이와 같은 뛰어난 의사들이 방혈 같은 치료가 긍정적인 임상 기능을 하지 않는다고 결론 내렸음에도 불구하고 말이다. 이런 이유로 19세기 중반에 파리 의과대학은 동력을 잃기 시작했다. 그토록 막강한 진단 능력을 갖추고도 치료에 무기력한 것을 보고 치료에 대한 회의론과 좌절이 팽배했다. 아울러 파리가 19세기 중반 의과학의 두드러진 발전 중에서도 특히 현미경의 중요성을 제대로 인식하지 못하는 게 아니냐는 공감대도 형성되었다. 이에 세계 곳곳에서 온 유학생들은 새로운 의학 교육의 역동적인 장소를 병동이 아닌 실험실이라고 생각하고 다른 의학의 중심 도시를 찾아서 파리를 떠났다.

| 제11장 | 위생개혁운동

1970년대 영국의 의학사학자이자 의사인 토머스 매큐언Thomas McKeown 은 산업혁명 발발 이후 서구 사회의 인구 폭발에 관한 인상적인 의견을 내놓았다. 최초의 산업 국가인 영국은 잉글랜드와 웨일스의 인구가 1811년에서 1861년 사이 1,016만 4,000명에서 2,006만 6,000명으로 두 배 급증하고, 그 후 50년이 지나서 3,607만 명으로 다시 거의 두 배가 급증하면서 인구 폭발 현상을 여실히 보여준 전형적인 국가가 되었다. 이 같은 인구 증가에 대한 매큐언의 해석은 논란을 불러일으킨 두 권의 중요한 저서에 잘 나타나 있다. 1976년 작 《근대의 인구 증가The Modern Rise of Population》와 이보다 확실히 도발적인 책 《의학의 한계와 새로운 가능성 The Role of Medicine: Dream, Mirage, or Nemesis?》에서 매큐언은 18세기 말 이래의 서구 사회의 사망률 하락과 수명 증가의 특성을 설명하는 문제를 다루었다.

매큐언은 대부분의 인구학자들과 마찬가지로 이런 폭발적인 인구 증가의 핵심 요인이 '인구 변천'에 있다는 의견을 받아들였다. 즉 주요 사망 원인은 더 이상 감염병이 아니라 노인층을 특히 두드러지게 공략하는 심장병, 뇌혈관 질환, 암, 정신착란, 당뇨병과 같은 만성적 퇴행성 질환으로 옮겨갔다는 것이다. 그는 또한 근대 초기에 엄청난 사망률을 기록한 장소였던 도시 지역들조차 '사망률 혁명'을 경험했다는 데도 동의

했다. 선진국의 산업 도시들은 대규모의 유입 인구로만 확대되는 게 아니라, 낮은 사망률과 높은 기대수명으로 건강한 곳으로 거듭났다.

이와 같은 놀라운 현상들을 설명하는 과정에서 매큐언은 의과학이 딱히 큰 역할을 한 게 없다는, 논쟁의 여지가 다분한 주장을 펼쳤다. 그는 사실 대략 제2차 세계대전까지는 의사들이 환자들의 주요 통증을 예방하거나 치료하는 데 무기력했다고 주장했다. 그러나 그 무렵 서유럽과 북미에서 이미 인구는 폭발적으로 증가했고, 기대수명도 현저히 상승했으며, 파리, 나폴리, 런던 같은 도시 지역들은 건강한 근대 도시로 탈바꿈했다. 의학이나 과학의 개입이 이러한 현상의 원인일 리 없었다. 매큐언은 그 대신 사회적·경제적 하부 구조가 원인일 것으로 보았다. 그의 주장에 따르면, 건강과 장수는 과학이 아닌 영양, 임금, 위생 수준의 향상과 같은 보다 소박한 결정 요인에 의해 비롯된 것이었다.

이런 식으로 매큐언은 20세기로 전환되는 시기를 관찰해 결핵의 이환율과 사망률의 감소가 '의식하지 못한 정책'의 결과라고 주장한 것으로 잘 알려진 아서 랜섬Arthur Ransome의 연구를 일반화했다. 다시 말해, 결핵은 의과학이나 공중보건 조치의 산물에 의해서라기보다는 사회 및 경제 상황의 개선이라는 간접적인 영향으로 줄어들었다. 매큐언은 랜섬의 분석을 감염병 전 분야에 적용했다.

이 '매큐언의 논지'에서 촉발된 논쟁은 자연스럽게 해소되어, 의도적이고 과학적인 개입은 보건 증진에 미진한 역할을 했고, 식생활이 '자연스러운' 개선에 가장 중요한 역할을 했다는 그의 두 가지 주장을 굳이 평가할 필요도 없다. 그러나 인구 변천을 설명하기 위해 매큐언이 거론한 요인들의 상대적 중요성에는 공감하지 않는다 하더라도 변천의 중요성을 강조하고 변천의 가장 중요한 기여 요소로 위생을 꼽은 부분은 매큐언이 옳았다고 공감하는 분위기다.

위생 개념은 19세기로 접어들면서 파리에서 처음 등장했고, 1830년 대와 1840년대에 영국에서 더욱 체계화되었는데, 이 분야에서 가장 중요한 인물이 에드윈 채드윅(Edwin Chadwick, 1800~1890)이다. 채드윅은 1850년에서 제1차 세계대전까지 수십 년 동안 그 '관념'에 함축된 개혁을 이행하는 공중보건운동을 진행했다. 중앙에서 대규모로 시작된 도시 정화사업으로 전개된 이 운동은 영국의 도시에서 이환율과 사망률을 획기적으로 낮추었다. 이 운동은 프랑스에서 시작되어 영국에서 활발히 전개된 다음, 다시 대륙으로 건너가 프랑스로, 그다음은 벨기에, 독일, 미국, 이탈리아를 비롯한 산업 사회 곳곳으로 퍼져 나갔다.

파리의 위생학

영국 위생개혁운동의 초기 자극제는 영불해협을 건너왔다. 파리에서는 계몽운동과 당시 파리 의과대학을 배경으로 18세기 말에 도시 개혁 개념이 생겨났다. 특히 파리 의과대학이 혁혁한 공을 세웠다. 특성별 질병 분류, 같은 질병을 앓는 환자들을 세밀히 분류한 방대한 병동들, 그리고 통계 작성에 대한 열정 덕에 질병이 '환자의 사회적 배경' 및 '환자가 지나치게 많은 지역의 특성'과 상관관계가 있다는 결론에 빠르게 도달했다.

알랭 코르뱅Alain Corbin이 그의 저서《악취와 향기: 후각으로 본 근대 사회의 역사*The Foul and the Fragrant: Odor and the French Social Imagination*》 (1986)에서 설명하듯이, 프랑스 수도의 참을 수 없는 악취에 대해 시민들도 점차 자각하고 있었다. 코르뱅은 독자들에게 거대 도시에서 뿜어내는 무수한 악취를 탐방하는 후각 여행을 안내했다. 구정물, 진흙, 똥 더미, 동물 사체들이 즐비한 비포장도로, 오줌에 찌든 담벼락, 도축장, 정육점과 거기에 널려 있는 고기 내장, 좁고 가로등도 없는 차로에 밤에 몰래 내다 버려 쌓인 똥거름과 쓰레기들, 구정물이 고여 고약한 냄새를 풍기는 도랑, 거무튀튀한 실내로 보아 생전 쓸거나 닦지 않았을 것 같은 과밀한 빈민 주택, 주택을 가득 메운 씻지 않은 세입자들, 어디든 물이 부족해 목욕도 거리 청소도 할 수 없는 지경 등 그야말로 장관이었다.

감각 기관을 겨냥한 가차 없는 공격에 강박증이 생긴 데다 일부 사학자들이 '오염 불안증'이라고 부르는 병에 걸려 고통받는 파리의 과학자들은 악취의 화학 성분을 분석하고자 그들이 발명한 후각계라는 도구로 냄새를 측정해보려고 했다. 그들은 냄새와, 후각에 미치는 냄새의 영향을 연구하는 새로운 과학인 후각학을 발전시켰다. 철학적 감각론이 남긴 계몽주의적 유산을 고려해본다면 프랑스 계몽주의자들이 19세기 초 파리에서 일어난 멈출 줄 모르는 후각 폭격에 관심을 갖는 것은 당연했다. 그들은 또한 질병(당대 용어로는 '열병')이 물질이 부패하면서 나오는 악취를 따라 뭐라고 딱히 꼬집어 말할 수 없는 어떤 독성 물질이 공중에 퍼져서 생긴 결과라는 이론을 근거로 냄새의 강도와 질병의 발생 사이에 서로 연관성이 있다고 생각했다. 알렉상드르 파랑 뒤샤틀레Alexandre Parent-Duchâtelet는 파리 하수구의 악취 유출을 연구하고 악취와 파리 보건의 연관성을 밝힘으로써 불후의 명성을 얻었다.

데이터를 수집하고 그 상관관계를 확립한 가장 중요한 프랑스 인물로는 파리 12구의 사망률을 조사하고 이를 인구 밀도 및 소득과 연계한 의사 루이르네 빌레르메(Louis-René Villermé, 1782~1863)를 빼놓을 수 없다. 쓰레기로부터 분출되는 독기가 병의 원인이 된다는 가설에 자극을 받은 빌레르메는 피해가 가장 심한 지역에서 공공장소를 청소하고 쓰레기를 치우는 청결운동을 이끌며 행동을 촉구했다. 그는 공중보건 저널《공중보건 및 법의학 연감*Annales d'hygiène publique et de médecine légale*》을 창간해 청결운동을 지지하고, 1820년부터 20년 동안 활발한 활동을 전개한 파리보건국Paris Board of Health의 창설을 이끌었다.

파리 위생개혁운동은 국가적인 현상이라기보다는 도시에 국한된 현상으로서 확장성에 한계가 있었다. 또한 충분히 이론화·체계화·제도화 되지도 않았다. 어떤 면에서 파리 위생개혁운동의 가장 지속적인 여파를 꼽자면, 영불해협을 건너서 보다 광범위하고 영향력 있는 운동을 낳는 데 도움을 주었다는 점을 들 수 있다. 불어를 구사할 줄 알던 채드윅은 빌레르메의 저서들과《공중보건 및 법의학 연감》에 심취해 있었다. 그는 책에 제시된 방대한 실증적 데이터를 조합하는 방식과 질병과 건강 상태를 연계하는 접근 방식에 감탄했다. 그는 거시환경에서 기후를 감염병의 직접적 또는 '직접적인 촉발' 원인으로 강조하는 신新히포크라테스 방법론은 이해했지만, 그보다는 특정 지역이라는 미시환경에 더 관심이 있었다. 그는 온도와 습도 같은 기후 변수는 부패에 영향을 미치는 간접적인 방식으로만 질병에 영향을 준다고 보았다. 채드윅에게 병인학의 실질적인 현안은 오물이었고, 실용적인 정책 문제는 오물을 가장 잘 제거하는 방법이었다.

에드윈 채드윅과 구빈법 개혁

신기하게도 위생개혁운동의 창시자는 의사도 아니었고, 의학에는 거의 관심도 없었다. 에드윈 채드윅은 맨체스터 출신의 법정 변호사였다. 그는 또한 진보주의 정치경제학자이자 사회개혁가인 제러미 벤담Jeremy Bentham의 제자였다. 채드윅은 보건에 관심을 두기 시작한 무렵에 빈민에게 의료 보장과 공공복지를 법제화한 영국의 '구빈법Poor Law'의 개혁가로서 이미 악명을 떨치고 있었다. 어려웠던 시절에 구제는 모든 영국인의 타고난 권리였고, 출생 행정교구에서 받을 수 있었다. 채드윅은 복지가 부도덕, 의존성, 나태를 조장하므로 구빈법을 통한 공공 지원이 오히려 악순환과 부작용만 초래할 뿐이라고 보았다. 결국, 필연적으로 빈곤의 수렁에 더 깊이 빠져들 수밖에 없다는 견해였다. 그 과정에서 구빈법 체계는 공공 지원 자금을 지역의 토지세 혹은 '세율'로 충당하기 때문에 지역 자산가의 부담도 더욱 가중했다. 채드윅은 그의 신념을 담은 기고문에서 "가난은 단순히 돈다발로 사라지게 할 수 있는 게 아니다"라고 선언했다.[1]

빈곤 문제에 대한 채드윅의 해결책은 자유방임주의 원칙과 자유시장경제에 대한 믿음이 바탕이 된 이른바 1834년 신新구빈법New Poor Law에서 구체화되었다. 채드윅과 경제학자 나소 윌리엄 시니어Nassau William Senior가 공동으로 초안을 작성한 신구빈법은 두 가지 커다란 목표를 가지고 있었다. 첫째는 정책의 통일성을 위해 행정 체계를 중앙으로 일원화하자는 것이었고, 둘째는 정말로 절박한 사람, 이른바 '구제받을 만한 극빈층'만 어쩔 수 없이 신청할 만큼 복지 대상이 되는 것을 혐오스럽게 만드는 것이었다. 따라서 어쩔 수 없이 구빈원에서 생필품을 받을 자격을 갖춘 수령자들도 외부에 일자리만 있다면 당장이라도 뛰쳐나가고 싶을 그런 조건이 주어졌다. 가족들은 구빈원에서 뿔뿔이 흩어져 살았다. 부모는 자식들과, 남편은 아내와 떨어져 지내야 했다. 음식은 고의적으로 빈약하고 맛없는 것들로 제공되었고, 감시는 계속되었으며, 구빈원 담벼락 밖에서 볼 수 있는 어떤 작업보다 불쾌하고 지루한 작업이 배정되었다. 찰스 디킨스는 1837~1839년에 연재한, 소설《올리버 트위스트Oliver Twist》에서 신구빈법을 통렬히 비판한 바 있는데, 그는 소설 속에서 구빈원을 가리켜 그 안에서 천천히 굶어 죽거나 밖에서 바로 굶어 죽는 것 사이의 잔인한 선택지라며 꼬집었다. 채드윅과 그의 추종자들은 구빈원의 도덕적 기준을 '자격을 최대한 제한한다'는 원칙에 두고 있다고 했다. 빈자들은 그 원칙의 적용이 잔인하다고 보았지만, 지방세 납세자들은 승인하는 분위기였다.

채드윅식 구빈법 개혁과 연이은 위생개혁운동은 모두 중앙집권식 공권력으로 도시 근대화의 문제를 해결해보려는 공리주의자 벤담의 인식을 적용한 것이었다. 급속한 도시화와 산업화는 영국 도시에 집중된 사회 문제를 어느 때보다 심화했다. 가난과 질병 이 두 가지가 특히 걱정스러웠다. 구빈법 개혁을 통해 빈곤을 해결하던 중에 채드윅은 빅토리아 시대 도시의 또 다른 끔찍한 고통인 감염병으로 관심을 돌렸다. 특히 그와 그의 동료 개혁가들은 결핵, 콜레라, 천연두, 성홍열, 그리고 오늘날 장티푸스로 알려진 감염병을 포함하는 진단명인 '발진티푸스'의 재앙을 우려했다. 구빈법 개혁과 위생개혁운동은 디킨스와 헨리 메이휴Henry Mayhew가 런던을, 프리드리히 엥겔스Friedrich Engels가 맨체스터를 배경으로 생생히 묘사했던 빅토리아 시대 도시 문제의 경제적·의학적 측면을 각각 해결하기 위한 정부의 계획이었다.

그러나 구빈법 개혁과 위생개혁운동은 19세기 중반 영국 도시의 사회적 병폐에 맞서기 위한 순차적인 노력 그 이상이었다. 어떤 면에서는 구빈법 개혁이 사실상 위생개혁운동으로 이어졌다고 볼 수 있다. 1834년 이후 중앙집권식 국가 구제 기구가 그 시기 과밀하고 주거 환경이 엉망인 가난한 도시에서 활개 친 병마에 관한 방대한 데이터를 수집했다. 사실 구빈법 관료 기관은 긴급 조치가 필요한 참담한 도시 여건을 문서화하는 작업에 활용되었다. 채드윅의 경우, 신구빈법을 준비하느라 수행했던 연구들이 도시 내 보건과 질병 상황을 파악할 수 있도록 해주었다. 그가 하나의 운동을 주도하다 다른 운동까지 주도하게 된 것은 결코 우연이 아니었다.

또한 신구빈법은 공중보건 정책이 다루지 않은 문제들을 결정하며 위생개혁운동의 본질에 강력한 영향을 미쳤다. 채드윅이 질병으로 관심을 돌린 1830년대는 가난이 건강을 해치는 주요 요인이며, 따라서 임금 개혁이 건강 개선운동의 필수 요소라는 게 의학계의 주류 견해 중 하나였다. 이런 의견을 견지한 인물 중에는 박애주의자이자 에든버러대학 의과대 교수인 윌리엄 펄트니 앨리슨William Pulteney Alison이 가장 유명했다. 앨리슨은 경제적 곤궁이 질병을 촉발하는 여러 요인 중 그저 하나가 아닌 주요 결정 요인이라고 주장했다.

그러나 채드윅과 그의 위생개혁운동은 당시 인과 관계의 고리가 정확히 반대로 향하는, 이를테면 가난이 질병을 낳기보다는 질병이 가난을 낳는다는 반론과 궤를 같이했다. 가난과 질병 둘 다 개인의 무책임이 원인이라는 것이었다. 게다가 채드윅은 신구빈법이 빈자들을 자립할 수 있도록 장려하고, 구직이 불가능해 돈을 벌 수 없는 사람들만 도움으로써 빈곤 문제를 적절히 다루고 있다고 믿었다. 따라서 논리적인 귀결에 따라 채드윅과 동료 구빈법 개혁자들은 임금 수준, 작업 조건, 경제적 착취는 질병과는 무관한 문제라고 단언하며 법전 조항에서 배제했다.

질병의 오물론: 토머스 사우스우드 스미스

채드윅이 과학자나 의학자가 아니라는 점을 고려할 때, 위생개혁운동을 뒷받침하는 의철학을 확립하는 데 가장 중요한 이론가는 토머스 사우스우드 스미스(Thomas Southwood Smith, 1788~1861)였다. 그는 위생 개념의 공동 창시자로서 채드윅과 가장 가까운 동료이자 그 역시 공리주의자였다. 스미스는 에든버러에서 의학 교육을 받았지만, 그가 병인론의 이해에 전환점을 맞게 된 계기는 가난한 이스트 엔드 지구의 런던 열병 병원London Fever Hospital에 부임하고 나서부터였다. 스미스는 의사 생활 내내 그곳에서 진료를 했기 때문에 베스날 그린 앤드 화이트채플Bethnal Green and Whitechapel 직조공들의 고충과 열악한 생활 환경을 관찰할 기회가 충분했다. 의사이자 유니테리언교(삼위일체를 인정하지 않고 일신론을 주장하는 종교_옮긴이) 전도사이기도 했던 그는 작업자들의 비참한 여건과 나쁜 건강 상태, 그의 눈에 도덕적·영적 타락으로 보이는 그들의 행동에 심한 충격을 받았다. 빌레르메와 채드윅과 마찬가지로 스미스도 그들의 불결한 생활 방식이 신체 건강을 해치고 인간성마저 파괴해 무절제하고 방탕하며 빚에 쪼들린 삶으로 이끈다고 이해했다.

감염병과 공기 중의 독기를 연계하는 것은 전혀 새로울 게 없었다. 그러나 계몽주의가 들어설 때까지도 독기가 별들의 상서롭지 못한 합이나 온도나 습도의 기후적 변화 같은 주요 우주 현상에서 비롯된 공기의 부패라는 게 지배적인 해석이었다. 이때 새롭게 등장한 이론이 있었으니, 스미스가 완성에 가장 크게 기여한 '질병의 오물론'이었다. 이 이론은 질병이 여전히 독기에서 비롯되었다고 주장하고는 있지만, 독기의 근원을 특정 이웃, 공동체, 마을이라는 소우주 내의 부패한 오물로 보았다. 스미스는 그의 가장 중요한 저서 《열병에 관한 소회*A Treatise on Fever*》(1831)에서 다음과 같이 썼다.

열병의 직접적인 촉발 원인은 유기물이 부패하거나 분해되면서 생기는 독이다. 식물성 물질과 동물성 물질은 썩는 동안 새로운 합성물에 대한 원리나 유래를 넌지시 전달해주는데, 이러한 합성물이 인체에 적용되면

열이라는 현상이 발생한다. ……

페스트가 만연하는 모든 상황에서 해당 지역을 더욱 면밀히 조사하면 할수록 동물질을 부패시키는 원천들이 더 숱하게 드러날 것이며, 그런 물질이 그저 존재하기만 하는 게 아니라 수두룩하게 존재할 것이라는 게 더욱 확연히 드러날 것이다.[2]

병의 원인을 오물로 보는 오물론에서는 기후적 요인이 작용하기는 하지만, '직접적인 촉발' 원인이 아닌 열과 습도의 경우처럼 그저 간접적으로만 멀리서 작동하는 '소인적素因的' 원인으로서 존재했다. 이는 빠르고 강도 높게 부패를 촉진시키거나 사람들의 저항력이나 '동물 에너지'를 약화시켰다. 스미스는 이렇게 설명한다. "죽은 유기 성분의 필수적인 부패 과정으로 확인된 조건들 가운데 …… 열과 습도는 가장 확실하고, 우리가 아는 한 가장 강력한 조건이다."[3] 스미스에게 보다 먼 우주적 혹은 천문학적 현상은 끼어들 자리가 없었다. 일신론 철학에서나 유니테리언교에서나 합리주의자였던 그에게 전능하고 사랑을 베푸는 신이 창조한 우주에서 인간들에게 고통이나 죄를 유발하는 자의적인 천문 현상이란 생각할 수도 없는 일이었다.

오물론을 고려할 때 병을 예방하기 위한 수단은 바로 짐작할 수 있었다. 파리의 동료들처럼 영국의 위생학자들도 도시 정화라는 처방에 눈을 돌렸다. 그러나 벤담의 제자들로서 그들은 공권력을 사용해 국가 주도하에 강제적이고 체계적으로 해결하는 게 효과적이라고 믿었다. 영국에서 위생학자들이 1848년에 공중보건법Public Health Act을 국회에서 통과시키고 중앙보건국General Board of Health 창설을 통해 개혁을 최고조로 끌어올린 것도 우연이 아니었다. 스미스와 그의 동료 유니테리언들의 경우, 행동 명령은 종교적으로도 근거를 두고 있기에 더욱 강력했다. 청결로 질병과 죄를 막는다면, 고통이 인간의 소홀로 발생하며 선의를 지닌 개인들로 구성된 사회에서는 쉽게 예방될 수 있음을 보여줌으로써 인류에 대한 신의 자비로움을 입증할 수 있을 터였다. 그러므로 위생은 도덕적이고 인본주의적인 규범이었다.

위생 개념은 의학적·종교적·역학적 이유가 동시에 작용하며 확신을 주었다. 그러나 두 가지 요인이 추가되면서 위생 개념은 1830년대와 1840년대 영국에서 의료 전문직과 전문가들의 생각을 사로잡았다. 오물론의 강점은 이해하기 쉽고 단순하다는 점이었다. 게다가 오물론이 급진적인 새로운 이론이라기보다는 전통적인 독기 이론을 지역 중심으로 개정한 것이었기에 더욱 신뢰가 갔다. 오물은 영국 마을과 도시 어디서나 경험할 수 있는 유해한 것이었고, 결핵, 장티푸스, 콜레라 같은 당대의 끔찍한 감염병이 돌며 피해자를 앗아가는 곳마다 최악의 위생 상태가 이내 드러났기 때문에 오물이 유해하다는 점을 쉽게 믿게 되었다. 질병 이론이 제기된 것은 때마침 오물에 대한 근심과 악취에 대한 불쾌감이라는 두 개의 파고가 동시에 나라를 덮친 상황 때문이었다.

《위생 보고서》

1834년까지 영국의 가장 큰 도시 문제 중 하나인 빈곤을 다루면서 채드윅은 다른 주요 영역인 질병에 맞서기로 했다. 그러면서 그는 세 가지 생각으로 무장했다. 첫째, 파리에서 처음 출현한 위생 개념의 세부적 지식, 둘째, 의료 및 보건 문제는 통계와 방대하게 축적된 데이터를 이용해 접근하는 것이 가장 좋다는 파리 사람들의 확신, 셋째, 스미스의 오물론이었다. 이 셋은 채드윅의 마음에 완전하고 심지어 교리에 가까운 확신을 가져다주었다.

채드윅의 공중보건 접근법은 영국 전역에서 노동계층에 부담을 주는 가난과 오물에 관한 철저한 연구를 자비를 들여서라도 시작해보는 것이었다. 그는 직접 수집한 정보의 방대한 양과 충격적인 내용이 오물론을 실증하고, 잠재적 반대를 잠재우며, 국가에 행동하도록 활력을 불어넣을 것으로 믿었다. 바로 이런 목적으로 탄생한 그의 기념비적인 저서가 바로《위생 보고서》라는 제목으로 더 많이 알려진《대영제국 노동 인구의 위생 상태에 관한 보고서*Report on the Sanitary Condition of the Labouring Population of Great Britain*》(1842)였다. 채드윅의 보고서는 근대 공중보건의 기본서 중 하나이자 곧바로 베스트셀러가 되었다. 채드윅은 자신이 창설하는 데 도움을 주었던 신구빈법 체계의 관료 기구를 통해 직접적인 정보를 모아 보고서를 작성했다. 채드윅은 동료 구빈법 위원들과 함께 설문지를 보내고, 영국 전역의 의사들과 구빈법 보조 위원들에게 수천 부에 달하는 보고서 작성에 협조해줄 것을 요청했다. 구빈법 제도가 적용되지 않는 스코틀랜드에서는 대신 의료 행정관, 공장 감독, 지방 의사들의 임시 관계망에 의존했다. 다양한 정보와 설득력 있는 목소리를 하나라도 빼놓을세라 채드윅은 구빈법 행정관 외에도 뛰어난 의료진과 학식 있는 저자들의 견해를 구했다. 3년에 걸쳐 이 모든 정보원으로부터 보고서를 모았던 그는 이 보고서들을 걸러내고 편집하고 줄이고 정리했다. 또한 그가 직접 상황을 관찰하고 문서를 작성하기 위해 수행한 개인적인 감사와 자료 검토를 바탕으로 자신의 평도 추가했다. 출판하기 전에 그는 또한 대표적인 의료 권위자들에게 초고를 보내 승인과 첨언을 부탁했다.

보고서를 살펴보면 농장 노동자, 장인, 광부, 공장 노동자, 방직공 등 영국 전역 노동자들의 섬뜩하리만치 지저분한 생활 환경이 상세히 묘사되어 있었다. 이 보고서에 나온 장면들이 주는 충격은 모든 사례의 출처가 스코틀랜드를 제외하고는 의심의 여지 없이 공식적이라 특히 강력했다. 모든 곳에서 인간이 관여한 농업혁명, 산업혁명, 거대 도시화, 대대적인 인구 증가의 결과가 분명히 드러났다. 과밀, 빈곤, 불결, 악취가 어느 곳에서나 나타났다. 그러한 결과는 런던, 맨체스터, 글래스고 같은 대도시에서는 그리 놀랄 만한 일은 아니었다. 그러나 뜻밖에도 작은 소도시나 마을에서도 이와 유사한 상황이 지배적인 것으로 나타났다. 채드윅은 도입부에서 침착한 어조로 분위기를 잡았다.

> 다음의 발췌 내용은, 주로 목격자의 말을 인용해, 개선할 여지가 있는 환경을 그대로 방치함에 따라 다양한 질병이 발생하고 있다는 것을 보여주려는 것이다. 저쪽 편 끝자락에 있는 섬에서 돌던 질병이 이쪽 편 끝에 있는 시골 마을 사람들이 모인 곳으로, 작은 소도시 주민들에게로, 상업 도시의 거주민들 사이로, 사람들이 가장 많이 모이는 제조 구역으로 ······ 거기서 최근 역병이 자주 기승을 부리고 거의 상주하다시피 했을 것으로 예상된다.[4]

게다가 채드윅이 고발한 사회적 여건은 지도상 《위생 보고서》의 언어로 '열병', '페스트' 혹은 '역병'과 같은 감염병이 발생한 지역과 완전히 들어맞았다. 내용이 너무 적나라하다 보니 채드윅과 보고서를 공동으로 발간하기로 했던 구빈법 위원들도 입장을 철회하고 채드윅 단독으로 출간하도록 했다.

웨스트 컨트리의 두 가지 사례는 주변이 얼마나 지저분한지 보여주고, 그러한 불결함과 그 지역에 만연한 질병 간의 연관성을 설명해준다. 채드윅과 함께 보고서 작업을 진행한 바르함 박사Dr. Barham는 트루로 지역의 상황을 보고하면서 다음과 같이 지적했다.

> 세인트 메리 교구를 지나가는 병자와 심지어 죽은 자의 비율은 아마도 트루로 여느 구역의 비율과 마찬가지로 높을 것이다. 그러나 인과 관계에 신기한 점은 없다. 가옥은 조악하기 그지없는 데다 그중 상당수는 오래되어 낡고, 쓰레기는 그런 집과 창문 바로 코앞에서 부패하고, 덮개도 없는 하수구에는 돼지우리에서 배어 나오는 물과 다른 오물들이 넘쳐흘러 담벼락 밑에 고이고, 담벼락과 줄줄이 늘어선 작은 거주 공간으로 들어가는 입구 사이에는 좁디좁은 통로가 겨우 하나 있을 뿐이다. 이런 것들은 언덕의 바람이 항상 쓸어갈 수만은 없어 질병의 원인이 된다.[5]

마찬가지로 서머싯에서도 '병원성' 악취가 부패한 공기 혹은 말라리아를 유발했다. 이곳에서 바르함 박사는 악취가 원인이 되어 사람들 사이에서 도는 학질, 장티푸스, 성홍열과 같은 '열병'을 열거하면서, 이 모든 열병이 "사계절 내내 상주하다가" 특정 시기가 되면 "널리 유행하는 감염병"이 되었다고 했다.[6]

결국 나라 전체에서 속속들이 드러난 그런 상황이 채드윅의 희망대로 의회와 지방 당국에서 행동을 취하도록 촉구했다. 그렇게 된 것은 1832년에 영국을 참혹하게 휩쓸며 19세기 가장 흉악한 질병으로 떠올랐던 아시아 콜레라의 재발이 두려웠기 때문이기도 했다. 흥미롭게도 채드윅은 보고서에서 콜레라를 삭제했는데, 보고서란 해외에서 유입된 외래종보다는 주변에 상존하는 질병을 치료할 목적으로 작성하는 것이라고 생각했기 때문이다. 그러나 콜레라는 대규모 발병 사태와 정치적 갈등, 경제 붕괴를 초래할 수 있었기에 《위생 보고서》에서 드러나지 않지만 막중한 역할을 수행했다. 즉 콜레라가 다시 발생할 수 있다고 위협하며 위생 개념을 시급한 사안으로 느끼게 하는 일이었다.

《위생 보고서》가 불결과 질병은 물론 빈곤 문제도 광범위하게 다루긴 했지만, 채드윅과 그와 함께 보고서 작업을 한 동료들은 불결해서 가난해지는 것이지 가난해서 불결해지는 것은 아니라는 점을 거의 한목소리로 주장했다. 그들은 불결과 극심한 빈곤은 술주정뱅이나 되어야 가능한 일이라고 보았다. 불결한 생활 여건과 병든 몸 때문에 사기가 꺾인 노동자들은 선술집을 도피처 삼아 위안을 구했다. 그곳에서 임금을 탕진하고 가족을 등한시하고 교회를 버린 채 서서히 무모하고 내일이 없는 듯이 부도덕한 생활로 빠져들었다. 결과는 빈곤과 사회 갈등이었다.

채드윅이 자료를 수집하던 시기에 유산계급과 국가는 빈곤계층과 노동계층을 위험하고 체제 전복적인 속성을 지닌 집단으로 여겼다. 프랑스 혁명은 아직도 사람들의 기억 속에 생생히 살아있는 사건이었고, 1830년에 발생한 여러 혁명도 여전히 반향을 불러일으켰으며, 1848년의 혁명을 촉발한 여러 갈등은 하나로 응집되고 있었다. 폭동과 파업, 사회주의 사상이 기승을 부렸다. 가까스로 혁명을 피한 영국은 각종 파업과 폭동, 시위가 되풀이되며 골 깊은 사회 갈등의 본산으로 자리 잡았다. 결국 채드윅은 "폭력성 파업"이 공공의 평화를 훼손하는 "그 거칠고 실로 위험한 집회에 영향을 주는 듯한 무정부주의의 오류"가 지닌 위험성에 집착하게 되었다.[7]

위생은 그 자체로 사회 통제의 수단이었다. 채드윅이 조심스레 지적하고 있듯이 노동자들의 '거친 집회'는 젊은 층에서 주도한다는 게 하나의 특징이었다. 가족을 부양할 책임이 있는 중년 남성들은 거의 참여하지 않았다. 그러므로 사망률을 낮추고 수명을 늘려 일반 국민의 연령구조를 바꾸는 것이 정화 작업의 주요 임무였다. 채드윅의 생각을 현대식으로 비유하자면, 중년 남성들은 원자로의 붕소봉(원자로의 제어봉은 핵분열 속도를 제어하는 것으로 붕소 등 중성자 흡수 능력이 큰 물질들을 주로 사용한다_옮긴이)과 비슷한 역할을 했다고 할 수 있다. 붕소봉이 핵분열을 통제해 노심 용해를 막는 것처럼 가족 딸린 중년 남성들이 격정을 가라앉게 해 사회 붕괴나 혁명을 막을 것이었다. 채드윅은 이렇게 주장했다.

> 그러한 사실들은 도덕적·정치적 배려가 얼마나 중요한지 보여준다. 즉 유해하고 폭력적인 기관들이 주민의 건강과 몸 상태를 저해하고 교육과 심성 수양을 방해한다. 노동계층의 성인기를 단축해 생산력 신장을 저해하고, 공동체에서 사회 경험을 쌓고 꾸준하게 도덕적 습관을 배양할 시간을 축소한다. 배운 것을 축적하고 보존하며 꾸준히 진보하는 인구집단을 젊고, 미숙하고, 무지하며, 쉽게 속고, 성급하고, 열정적이며, 위험한 인구집단으로 대체한다.[8]

그러므로 청결은 문화인으로, 심지어 기독교인으로 거듭나게 하는 기능을 했다. 청결은 노동계급을 구원하고 빈곤과 질병에서 벗어나게 할 것이다. 또한 교육과 종교, 중년기의 건전한 영향을 통해 사회 안정과 계층 간의 조화를 도모할 것이다.

이렇게 노동자들이 제기한 위험에 정치적으로 집중하면 《위생 보고서》의 부가적인 측면, 즉 보고서에 강력하게 드러난 연령 및 성별 변곡점들이 설명된다. 채드윅이 주창한 건강은 일차적으로 만인을 위한 건강으로 설계된 것은 아니었다. 채드윅은 청년 및 중년 남성 노동자들의 장수와 생산성에 집착했다. 그 외에 공중보건이라고 할 만한 것들은 결코 꺼내지 않았다. 여성과 아동과 노인들은 그들이 앓고 있는 질병과 함께《위생 보고서》의 주요 관심사가 전혀 아니었다. 채드윅은 '중간계층'이 위생혁명의 혜택을 입게 할 의도였지만, 질병이라는 그들의 짐은 거의 언급하지 않았다. 채드윅은 사회 안정과 도시 환경 개선, 건강한 노동력으로 굳건해진 경제가 중간계층이 얻게 될 혜택임을 강조했다.

실제로 경제적 요인이 지극히 중요했다. 채드윅은 '신구빈법' 개혁으로 지방세 납세자들의 부담을 가볍게 하려고 했던 것처럼, 위생개혁운동으로 부와 경제 성장을 촉진하려고 했다. 열이 나면 가장 생산적인 시기에 있는 남성들이 꼼짝없이 일을 못 하게 되고, 그렇게 되면 고용주는 노동력을 잃고 노동자에게 딸린 식구들은 지방세에 의존하게 된다. 중간계층 입장에서는 단순한 이해타산과 사리사욕, 그리고 인본주의적 감성만이 아닌 감정이 개혁을 이끌었다.

위생개혁

놀랍게도《위생 보고서》는 불결과 빈곤과 질병의 상호 작용에 관한 철저한 증거를 제시한 이후 입을 다물었다. 어떤 시점에서도 산업화를 이룬 영국에서 쓰레기 문제를 바로잡는 데 필요한 위생 대책은 고려하지 않았다. 채드윅이 구상한 해결책이 보고서 전체에 넌지시 포함되어 있다고는 하지만, 그는 구체적인 행동 계획은 분명하게 상술하지 않았다. 전략을 구상하는 작업이라는 게 국민들에게 인도주의적이며 사려 깊은 조치가 반드시 필요한 일임을 확신시켜야 하는 기본적인 첫 단계를 모호하게 만드는 일은 아니었는데도 말이다.

《위생 보고서》의 공론화 이후 네 가지 계획이 발 빠르게 수립되었다. 영국의 산업화로 차고 넘치게 된 오물 탓에 단연코 착수할 수밖에 없는 위생개혁을 추진하려는 취지였다. 스미스와 채드윅은 각자, 때로는 함께 모든 계획의 실행 과정에 참여했다. 첫 계획으로 1843년에 스미스 등이 참여한 도시보건위원회Health of Towns Commission가 발족했다. 두 번째는 오물을 제거하는 데 필요한 막강한 권한을 시 당국에 부여하는 1846년의 '공중 폐해 제거법Nuisance Removal Act'이었다. 다음은 1848년의 획기적인 공중보건법의 제정이었으며, 마지막 계획으로는 마찬가지로 1848년에 이루어진 중앙보건국의 창설이었다. 채드윅과 스미스가 모두 회원으로 참여한 중앙보건국은 《위생 보고서》의 논리에 따른 대책을 실행한다는 구체적인 목적으로 창립되었다.

구빈법의 경우에서처럼 채드윅은 영국의 소도시와 대도시의 질병 문제를 다루려면 국가의 권한이 필요하다고 재차 주장했다. 중앙 정부만이 그의 계획에 들어가는 재원을 마련하고 나라 전체가 한마음으로 그의 계획을 따르게 할 권한이 있다고 했다. 꼼꼼히 제작된 지하 수력 기반 시설로 나라 전체를 개선하는 공공사업은 규모가 방대하고 막대한 재원이 소요된다는 게 채드윅의 생각이었다.

채드윅의 계획은 윌리엄 하비가 밝혀낸 혈액 순환에서 직접적인 영향을 받았으며, 실제로 채드윅은 그 유명한 자신의 개혁을 '동정맥 시스템arteriovenous system'이라 불렀다. 이렇게 혈액 순환에 비유하는 게 동정맥 시스템이 생명 자체에 필요하다는 핵심을 설명하고 강조하기도 쉬웠다. 시스템의 동맥이랄 수 있는 상수도 본관이 새로 놓이면 영국의 모든 소도시와 대도시에 1차 건강 계수인 깨끗한 물이 충분히 공급될 터였다. 다음에는 모세혈관 역할을 하는 연결 배관을 통해 각 가정으로 물이 공급되는데, 그렇게 되면 두 가지 목표를 달성하는 것이었다. 우선 각 가정에서 물을 바로 사용할 수 있어서 주민들이 집 안을 청소하거나 몸을 씻게 되면, 공용 펌프에서 양동이로 물을 길어 오는 옛 방식 탓에 지저분하게 사는 습관에서 벗어나게 된다는 목표가 이루어질 것이다. 채드윅이 가정마다 수도와 수세식 화장실을 선물한 셈이었다. 수세식 화장실의 기원에 얽힌 일화는 상당히 많지만, 1852년에 조지 제닝스George Jennings가 특허를 낸 후 채드윅의 시스템에 포함되었고, 다음에는 토머스 크래퍼Thomas Crapper의 손에서 더할 나위 없이 훌륭하게 상품화되어 시장에 진출했다.(그림 11-1)

두 번째 목표는 물을 집 밖으로 흐르게 해 오물통과 차고 넘치는 변소와, 쓰레기를 길거리에 내다 버리는 관습 등을 없애버리면서 달성되었다. 물이 끊임없이 흐르면 해부학을 바탕으로 한 채드윅 시스템의 정맥, 즉 배수 및 하수 수거 배관을 통해 폐기물을 안전하게 치우게 될 것이다. 혈류에서처럼 정체 현상은 일절 일어나지 않을 것이다. 유기물이 옥외에서 분해될 일도, 독성을 배출할 기회도 없을 것이다. 물이 가옥과 도시로 계속해서 흘러 들어오고 통과한 후 빠져나갈 것이다. 계란형 하수관과 배수관의 설계처럼 현대 기술로 유속을 최대한 끌어올리면 배관이 저절로 청소되고 막히는 일도 없을 터였다.

그림 11-1 1870년에 스티븐스 헬리어(Stevens Hellyer)가 발명한 '옵티무스(Optimus)' 수세식 화장실 모델. 초기 화장실은 질병 퇴치의 수단으로 위생에 기여했다. 헬리어는 배관 개선운동도 전개하며 1877년에는 《배관과 깨끗한 가옥(The Plumber & Sanitary Houses)》도 집필했다.(런던 과학박물관, CC BY 4.0)

인체생리학과 마찬가지로 이런 시스템도 최종 폐기물이 나오기 마련이었다. 인간이 버린 오물이 버려진 상태 그대로 어떤 방해도 받지 않고 멀리 떨어진 시골 배수구로 흘러갈 것이다. 그곳에서 농부들이 오물을 비료로 사들일 것이고, 그렇게 에이커당 수확량을 늘릴 것이다. 한편 유해한 배기가스는 대기로 배출되겠지만, 탁 트인 들판을 마음껏 쓸고 지나가는 산들바람을 따라 아무런 해도 입히지 않고 퍼져 나갈 것이다. 오물론에 따라 유기물은 결국 분해되어야 하겠지만, 이러한 공기 흐름 덕분에 인간 건강에는 어떤 위해도 가하지 않을 것이다. 때가 되면 그런 하수 농법이 하수 처리 시설을 설치하고 유지하는 막대한 비용도 일부나마 상쇄하고, 늘어만 가는 데다 점차 도시화되는 인구를 먹여 살리는 데도 도움이 될 것이다.

위생개혁은 구상은 간단했지만, 목표를 달성하려면 일련의 추가 대책들이 필요했다. 그중 한 가지는 누수 문제였다. 오물이 포함된 물이 하층토로 배어들어 독기를 모락모락 배출하지 않게 하려면 도로를 포장하고 배수로를 메워야 했다. 마찬가지로 도로를 쓸고, 물로 씻어내고, 버린 쓰레기는 모조리 없애야 했다. 청소 이후에는 무두장이 작업장, 도축장, 푸줏간 등의 유해 업종에서 쓰레기를 내다 버리지 못하도록 길거리에 안전장치를 마련해야 했다. 위생개혁가들은 주택에 흰색 도료를 칠하고, 지반에 바닥을 깔고, 외부에서 유해 바람이 들어오지 못하게 막는 것도 현명한 방법이라고 생각했다. 동시에 유해한 습관을 고치고 개인과 가정의 청결이라는 신개념을 심어주기 위해 주민들에게 위생상의 원칙들을 가르쳐야 했다. 하수관과 배수관은 이렇듯 건강을 위한 지하 건축물인 동시에 도덕적이고 문명을 이끄는 힘이었다.

위생이 건강에 미치는 영향

채드윅과 스미스가 촉발한 위생운동은 제1차 세계대전까지 지속되며 영국의 생활을 변모시켰다. 그러나 물과 배수와 하수 문제에서 기인하지 않는 사망과 질병은 헤아리지 못했다. 이런 문제는 위생제도는 한 번만 실행되고 마는 제도가 아니라 수십 년에 걸쳐 단속적으로 실행되는 제도라는 사실로 복잡해지기 마련이다. 마찬가지로 매큐언 등의 인구통계학 사학자들이 고려한 다른 주요 요인들(식사, 임금 개선, 페스트 억제, 천연두 예방 백신)과 비교해서 위생 시설이 감염병의 이환율과 사망률 감소에 어느 정도 기여했는지를 수량화하기란 불가능하다. 자료와 통계가 있던 채드윅 자신도 그런 추산은 할 엄두도 내지 못했다. 채드윅은 인생 말년인 1877년에 위생 시설을 되돌아본 뒤 보육원과 교도소, 선박과 같은 제한된 특정 환경에서 나타난 장점을 추산하는 일에 몰두했다. 당시 영국 전체를 대상으로 집계한 수치는 지금과 마찬가지로 뽑아낼 수가 없었다.

그러나 현대의 역학 지식으로 따져보면 위생 당국에서 실시한 대책들이 감염병과의 전쟁에 지대한 기여를 했다는 게 확실해 보인다. 현재까지는 안정된 물 공급과 하수 시설이 채드윅의 개입 전에 수많은 피해자를 낸 장티푸스, 위장염, 콜레라처럼 분변-경구 경로를 통해 전파되는 주요 질환을 퇴치하는 데 필요한 확실하면서도 필수적인 도구로 알려져 있다. 예컨대 영국을 크게 괴롭히던 콜레라가 마지막으로 등장한 시기가 1850년대라는 게 결코 우연은 아니다. 그 후 채드윅이 촉구한 위생 대책이 꾸준히 발전하면서 영국에서는 콜레라가 발생하지 않아 스페인과 이탈리아 등의 유럽 대륙 국가들과 크게 대조되었다. 대륙에서 위생의 복음은 뒤늦게 도래했고, 따라서 콜레라 유행이 지속되어

19세기 말과 20세기까지도 피해자가 속출했다.

설사성 감염병으로 인한 이환율과 사망률이 감소하자 간접적으로나마 다른 질환의 발병도 줄어들었다. 그러므로 위생 문제는 직접적이든 간접적이든 공중보건을 하나의 정책 부문으로 정립했을 뿐만 아니라 '사망률의 혁명'에도 중요하고도 이루 헤아릴 수 없는 공헌을 했다. 채드윅 시대 이후에도 상당량의 깨끗한 물이 계속해서 상수도 본관, 배수구, 하수구를 타고 흐르도록 공급하는 일은 실로 역사상 가장 성공적인 개혁 가운데 하나로, 어디서든 공중보건을 위한 최소한의 요건이자 문화생활에 필요한 최적의 기준으로 꾸준히 유지되었다.

채드윅과 그의 동료들도 건강과 질병 문제에 보다 커다란 영향을 미쳤다. 도시 환경의 변화를 눈으로, 그리고 무엇보다 '냄새'로 확인할 수 있었으며, 이러한 변화는 의사나 목사, 교사, 청결주의자들이 일반 대중에게 새로운 위생 관념을 심어주기 위해 진행한 교육운동과 더불어 나타났다. 이렇게 일반인들이 오물의 부패 과정에 도사리고 있는 위험성을 인식하게 되자 개개인과 가족들이 나서서 독기를 막는 자기방어식 대책을 세워 시 당국과 국가에서 입법한 규정들을 보완해나갔다. 질병의 세균론이 오물론을 대체하고 난 이후의 시기를 분석한 낸시 톰스Nancy Tomes는 《세균의 복음: 1870~1930년 미국 공중보건의 역사*The Gospel of Germs: Men, Women, and the Microbe in American Life*》에서 위생 시설이 생명을 보호하는 중요한 요소라는 인식이 일상에 깊게 자리 잡는 과정을 조심스레 기록하고 있다. 일반인들은 날마다 몸과 식품, 식기, 옷, 집 안을 닦는 것과 같은 여러 의례적인 행동으로 스스로 질병에 맞섰다. 청결과 주의가 일상에서 반드시 신경 써야 하는 부분으로 자리매김했다.

이런 점에서 물을 늘 사용할 수 있게 된 새로운 상황이 가정의 일상에 혁명을 가져왔다. 채드윅 시대 이전에는 식구들이 거의 빗자루만 사용해서 집 청소를 했으며, 그런 청소마저 어쩌다가 하거나 때로는 전혀 하지 않았다. 물이 갑자기 풍부해지고 더러운 꼴을 '조금도 참을 수 없게 되면서' 가정생활이 180도 달라졌다. 이것이 그야말로 채드윅의 목표 중 하나였다. 채드윅은 처음부터 도시의 야외 공간을 청결하게 만들면 집 안의 청결과 개인의 목욕 문제에서도 효과를 발휘하게 되리라 생각했다. 이러한 개인의 습관 변화는 위생학자들이 기대한 것과 거의 같은 방식으로 빅토리아 시대 사망률의 혁명에 이바지했다.

채드윅은 위생혁명이 여성의 삶을 엄청나게 변화시켜 톰스가 생각하는 향후 여러 발전을 위한 선례가 되리라고는 예측하지 못했다. 여성은 가족과 가정을 돌보는 일에서 오랫동안 주도적인 역할을 해왔으며, 위생학의 출현으로 그들의 책임은 더욱 중요해지고, 그런 책임에 걸맞는 새로운 역할들이 그들에게 주어졌다. 집을 깨끗이 닦고, 자녀에게 개인 위생을 지키도록 알려주며, 가족 모두 질병에 걸리지 않도록 보호하는 일이 여성의 책임이 되었다. 상당수 여성에게 이러한 변화는 집 안이나 밖에서 새로운 자존감으로 이어졌다. 아일린 클레어Eileen Cleere는 《위생의 기술: 심미적 문화와 빅토리아 시대의 청결운동The Sanitary Arts: Aesthetic Culture and the Victorian Cleanliness Campaigns》에서 위생개혁운동이 도래한 후 미국에서 나타난 이러한 변화 과정을 기록한다. 19세기의 마지막 수십 년 사이에 볼티모어와 필라델피아, 보스턴 등의 주요 도시에 살던 미국의 특히 중산층 도시 여성들은 '시의 살림살이municipal housekeeping'를 가사와 그들의 가족 부양 의무를 논리적으로 확대한 것으로 간주하게 되었다. 여성들은 거리의 비위생적인 실태를 고발하고, 골목과 도로를 청결하게 관리하도록 요구했으며, 지역별 위생개혁운동을 조직했다. 이런 식으로 여성들은 사명감을 기르고, 단체 행동을 경험하고, 자신감을 쌓았다. 이렇게 의도하지는 않았지만 지나고 보니 논리에 맞는 듯한 방식으로 전개된 위생개혁운동은 여성의 사회적 책임을 확대하는 데 일조했다.

위생과 예술

위생 개념은 건강과 질병에 직접적이면서도 지대한 영향을 미쳤을 뿐만 아니라 간접적인 반향도 일으킨 만큼 건강과 질병과는 조금 동떨어진 생활에도 영향을 미쳤다. 위생 개념의 등장은 문학과 회화, 실내장식, 세 분야에서 뚜렷하게 느껴졌다.

문학에서는 찰스 디킨스가 위생개혁의 기수가 되었다. 입문 시절 디킨스는 채드윅과 신구빈법을 매섭게 비판했고,《올리버 트위스트》는 이를 희화한 저서였다. 그러나 1840년대 초부터는 스미스가 주창한 위생 개념과 그가 몹시도 싫어하던 채드윅의 위생개혁 계획의 실질적인 이행을 일평생 지지했다. 디킨스는 1842년에 자신이 '훌륭하다'라고 평가한《위생 보고서》를 읽고 난 후 채드윅의 친구기도 한 친구에게 편지를 보냈다. "채드윅 씨에게 꼭 전해주게. …… 위생의 엄중한 중요성과 관심에는 진심으로 공감한다고 말일세. 비록 그의 신구빈법에 대해서는 죽을 때까지 그와 의견이 다르겠지만 말이네."[9]

디킨스는 채드윅을 직접 만나본 후 얼마 지나지 않아 독기 이론과 오물론을《마틴 추즐위트*Martin chuzzlewit*》(1843~1844)와《돔비와 아들*Dombey and Son*》(1848)을 위시로 소설에 담아내기 시작했고, 그러한 개념들을 책 속에서 분명히 설명했다. 그 후 채드윅이 중앙보건국 회원으로 위생 계획을 한창 시행하고 있던 1850년에는 스스로 위생개혁가가 되기 위한 두 가지 조처를 취했다. 첫째, 《일상적인 말들*Household Words*》이라는 주간지를 창간해 위생 문제를 최우선시하며 스스로 채드윅 위생운동의 첫째가는 공식 대변인으로 변신했다. 그렇게 변신한 디킨스는 위생개혁의 필요성을 주제로 메트로폴리탄 위생협회Metropolitan Sanitary Association에서 연설까지 했다. 디킨스는 사회주의자이고 채드윅은 기존의 사회 질서를 그대로 유지하려는 보수주의자이기는 했지만, 위생이 인간의 고통을 완화하는 가장 효과적인 수단이라는 사실에는 의견을 같이했다.

빅토리아 시대 작가 중 위생개혁을 저술의 중요 요소로 삼은 인물이 디킨스만은 아니었다. 일부 사학자들이 이른바 '위생 소설'이라고 칭한 작품들도 있었다. 디킨스의 작품 외에도 조지 엘리엇George Eliot의 《미들마치*Middlemarch*》(1871), 엘리자베스 개스켈Elizabeth Gaskell의 《남과 북*North and South*》(1855), 벤저민 워드 리처드슨Benjamin Ward Richardson의 《히게이아: 건강의 도시*Hygeia: A City of Health*》(1876) 등이 그런 목록에 포함된다. 이런 저술들은 모두 오염의 유해성에 맞서 건강과 아름다움 둘 모두를 독려하는 수단으로 청결을 요구한다. 저명한 의사였던 리처드슨은 전국금주연맹National Temperance League의 지지자이자 의사 존 스노 (John Snow, 1813~1858)의 가까운 동료였으며, 위생개혁운동에 참여하며 책도 집필했다. 《히게이아: 건강의 도시》는 채드윅의 계획이 완벽하게 실행된 유토피아 도시에서의 삶을 묘사했다. 그곳에는 악취나 선술집이 더는 존재하지 않았다.

위생은 회화에도 영향을 미쳤다. 가장 중요한 인물로는 미술평론가이자 사회이론가인 존 러스킨John Ruskin이 있다. 러스킨은 오염을 열렬히 반대하고 위생개혁가들을 찬양해 채드윅조차 동료 위생개혁가로 인정할 정도였다. 그는 오염이나 질병, 악취 등 위생 관련 어휘가 즐비한 《근대 화가론*Modern Painters*》(1843)에서 자신이 미학적 이상으로 끌어올린 건강이라는 명목으로 옛 거장들을 비판했다. 그는 오염을 암시하는 검은 색조와, 건강을 선사하는 햇빛 대신 초로 불을 밝히거나 그림자로 가득한 인테리어 등의 특징들을 지적하며 렘브란트Rembrandt Harmenszoon van Rijn를 비난했다. 러스킨은 위생적인 미술만이 최고의 미적 경지에 도달할 수 있다는 식의 이론을 폈다. 렘브란트의 유화 작품은 "로맨틱하지도 위생적이지도 않다"라며 구체적으로 반감을 드러냈다. 반면에 윌리엄 터너William Turner의 풍경화는 흰색을 포함한 그의 밝은색들과 햇빛의 직접적인 묘사에 감탄하며 극찬했다. 러스킨에 따르면, 그런 작품은 현대적이고 위생적이며 로맨틱했다. 위생은 예술에서 양식과 감성의 변화를 일으켰고, 현대성을 명료한 선과 밝은 색조, 선명한 색상과 결부시켰다. 어두운 것은 무엇이든 불결하고 역겹고 혐오스러웠다. 따라서 최신 화학 기술을 사용해 극도로 선명한 물감을 만들어냈던 라파엘 전파Pre-Raphaelite가 등장하게 된 전제조건이 조성되었다.

실내장식 유행도 위생 개념의 영향으로 빠르게 진화했다. 빅토리아 시대 중기의 영국 부유층은 거실을 죄다 육중하고 복잡하고 시커먼 것으로 메우고, 휘장과 견고한 가구, 양탄자, 그림 등을 채워 넣었다. 어디든 장식이 넘쳐났고, 물건을 놓을 수 있는 곳이라면 모조리 작은 장식품들이 빈틈없이 올라앉았다. 위생개혁가들의 취향으로 보면 그런 장식품들은 오물을 담는 유해 그릇이자 해로운 원자를 끌어들이는 올가미이며, 오물을 조용히 실어 나르는 매개체였다. 위생개혁 이후 실내장식가들은 러스킨이 우선시한 사항들과 디자이너 겸 작가인 윌리엄 모리스William Morris와 보조를 맞춰 단순미와 밝은 색조, 선명한 선이라는 방향으로 나아갔다. 어디서나 현대성은 밝고 깨끗했으며, 최신 과학 및 기술 사조와 잘 맞아떨어졌다.

공중보건을 위한 위생주의의 유산

위생혁명이 중요하기는 했지만, 위생혁명이 확립한 공중보건의 토대는 협소했다. 채드윅과 스미스는 독일의 의사 루돌프 피르호로 상징되는 사회의학(social medicine, 질병 또는 건강과 관련한 사회적 요인을 규명해 건강을 증진하려는 학문_옮긴이)이라는 당대의 대안으로부터는 크게 동떨어져 있었다. 피르호는 사회의학을 수용하려면 범위를 개인 질병에 제한하는 것이 아니라 사회 전체의 병리학적 측면을 다루어야 한다며 식사나 임금, 근로 여건 등 질병의 사회적 결정 요인들을 광범위하게 고려해야 한다고 역설했다.

영국의 위생개혁가들은 질병에 대한 단일 인과 관계를 고집함으로써 공중보건의 범위를 청결에 필요한 대책으로 제한했다. 그들은 가령 열악한 근로 여건 때문에 빈곤층의 질병 발생률이 높다고 주장하는 사람들에게는 위로가 되지 못했다. 채드윅의 이론에 따르면, 작업장은 악취가 날 경우에만 질병의 근원이었다. 따라서 채드윅은 임금 개선이 건강과는 무관하다고 여기며 노동 단체와 파업을 철저하게 반대했던 만큼 공장을 규제하고, 미성년 노동을 통제하고, 노동 착취 공장을 폐쇄하고, 근무일을 제한하는 조치도 반대했다. 이렇게 채드윅은 동시대 인물 카를 마르크스Karl Marx와는 대척점에 서있었는데, 마르크스에게 노동과 노동을 행하는 환경은 노동자의 지적·정신적·육체적 건강을 결정하는 지극히 중요한 요인이었다. 광산 소유자들과 제조업자들이 공중보건에 대한 채드윅의 접근법을 수용했는데도 노동자들의 건강과 임금, 안전 등이 개선되지 않은 것은 놀라운 일이 아니었다.

위생개혁운동의 또 다른 결과는 국가 권력의 변화와 국가와 시민의 관계 변화였다. 그러한 위생개혁 체계는 철학자이자 사회비평가 미셸

푸코Michel Foucault라면 이해했을 방식으로 끊임없이 국가의 '시선'을 필요로 했다. 공공기관에서는 건물 건설, 통풍과 채광을 위해 거리 폭을 조정하는 도시 계획, 공공장소의 운영, 정기적인 유지 및 관리를 위한 감독에 관한 규정을 마련해야 했다. 군부대와 병영, 해군 함정 및 상선, 정신병원, 병원, 묘지, 학교 등 다양한 기관에서 위생 기준을 도입하도록 개입하는 일도 중요했다. 기숙사도 이런 기준을 지키도록 해야 했다. 채드윅의 개혁은 이렇듯 엄격한 상의하달의 중앙집권 방식이었다. 그의 개혁은 국가의 권한이 상당히 늘어난 '빅토리아 시대 정부의 개혁'에 발자취를 남겼다. 위생 개념을 실행하는 일은 일회성으로 얻을 수 있는 성과가 아니었다. 개혁을 관리할 대규모 상설 관료 체제, 공공 토목 사업을 지속해서 지원할 세금, 건설 및 민간 활동을 통제할 광범위한 규정이 필요했다.

|제12장| 질병의 세균론

의학의 역사에서 의미심장한 사고실험(사물의 실체나 개념을 이해하기 위해 가상의 시나리오를 이용하는 것_옮긴이)을 하나 꼽자면, 1789년과 1914년을 대조해가며 이른바 그 기나긴 19세기의 초엽과 말엽에 의사는 어떤 직업이었는지 서로 비교하는 일이다. 1789년에 파리 의과대학이 촉발한 의학 혁명 직전만 해도 의학 개념 체계는 대개 히포크라테스와 갈레노스가 정립한 것이었다. 의사들이 순환계와 신경계 개념을 받아들이면서 체액주의는 후퇴했다. 마찬가지로 화학 혁명과 주기율표로 우주는 4원소로 구성되어 있다는 아리스토텔레스의 개념이 약화되었고, 감염병 경험을 바탕으로 감염이라는 개념이 관심을 끌었다. 그런 상황에서도 의철학과 치료학, 교육은 뒤늦게 발전한 점성술이 추가된 채 여전히 고대의 틀 속에 갇혀있었다. 의사들이나 학식 있는 대중은 감염병을 독기 이론에 따라 공기의 '부패' 혹은 독성이라고 설명했다.

의학에서는 1914년까지 발전이랄 수 있는 중대한 변화들이 일어났다. 사실상 소크라테스의 탄생에서 바스티유 감옥 장악(바스티유 감옥 습격으로 1789년 프랑스 혁명이 시작되었다_옮긴이)에 이르는 그 기나긴 세월 동안 일어난 변화보다 프랑스 혁명 이후 몇십 년 사이에 일어난 변화가 더 많았다. 그때 그 기본 원리가 오늘날 정설로 통하는 기본 원리와 비슷하다고 인식되는 한 과학 분야가 등장했다.

더군다나 의학 지식의 변화는 19세기가 진행됨에 따라 가속도가 붙었다. 19세기 마지막 몇십 년, 즉 1860년에서 1900년 사이에 의철학에서 질병의 세균론을 핵심 특징으로 한 대규모 혁명이 일어났다. 약간 과장해서 표현하면, 의학에서 세균론이란 천문학에서 지구가 태양을 돈다는 코페르니쿠스 이론이나, 물리학에서의 중력 이론, 생물학에서의 찰스 다윈Charles Darwin의 자연선택설에 버금갈 정도로 중요한 혁명이었다.

사고실험을 하면 근거를 추가하는 데 유용하다. 즉 루이 파스퇴르와 로베르트 코흐가 강력하게 제시한 개념에 당대의 인물들이 얼마나 열정적이고 강력하게 맞섰는지 분명해진다. 파스퇴르의 사위 르네 발레리 라도René Vallery-Radot에게는 세균론이 생명 자체의 기원과 죽음의 의미를 이해하기 위한 수단이었다. 발레리 라도는 그의 1900년 전기《파스퇴르의 일생*The Life of Pasteur*》에서 자신의 놀라움을 표현하기 위해 갈릴레오와 다윈을 노골적으로 언급했다. 그 또한 새로운 이론은 세상을 이해하는 인식에 엄청난 변화를 요구하므로 새로운 이론에 맞선 저항도 그만큼 강할 수밖에 없다는 점을 충분히 인식했다.

이번 장에서는 이런 이론을 비롯해 이런 이론을 의학 정설로 확립한 결정적인 사건들을 탐구한다. 이러한 발전은 그 유명한 루이 파스퇴르와 로베르트 코흐, 조지프 리스터(Joseph Lister, 1827~1912), 이렇게 세 인물과 연결되어 있다. 그러나 우리는 과학 지식은 독자적인 천재성만이 발휘되어 발전되는 것이라고 믿는 함정을 피해야 한다. 19세기와 20세기의 의학적 발견은 수많은 전제조건을 필요로 하는 복잡한 집단 과정이라는 토대 위에서 이루어졌다. 그중에서도 개념적·제도적·기술적 전제조건이 가장 중요했다.

개념적 · 제도적 전제조건: 파리 병원에서 독일 연구소까지

우리가 살펴본 대로, 파리 의과대학은 질병이 생활 속에서 관찰되는 증상과 해부용 탁자에서 관찰되는 병변에 따라 분류되는 서로 별개의 존재이자 고정된 객체라는 개념에 집중했다. 질병을 분류하는 학문인 질병분류학이 파리 의료계의 핵심적 특징이었고, 질병분류학에서 질병의 특이성에 대한 일반론이 비롯되었다. 질병 특이성의 개념은 미생물을 병원체로 판단할 수 있는 두 가지 결론으로 이어졌기에 세균론 등장에 중요한 역할을 했다. 첫째, 히포크라테스와 갈레노스의 이론과는 달리 질병은 네 가지 체액의 총체적 불균형이나 오염을 반영한 전체론적인 현상이 아니라, 오히려 인체의 단단한 조직이 부위별로 특정하게 아프게 되는 현상이다. 둘째, 파리 의과대학은 질병은 또 다른 질병으로 절대 변하지 못한다고 주장했는데, 이는 파리 의과대학의 설립 이전에 의료인들이 가령 콜레라 같은 질병은 고착된 하나의 특정한 질병이라기보다는 특정 지역의 풍토병인 여름철 설사가 악화된 유형으로서 자생적으로 발생한다고 믿었던 통념과는 상반되는 개념이었다.

가령 버드나무는 절대 떡갈나무로 바뀌지 않고, 도롱뇽은 개구리로 변하지 않는다는 것을 이해한 동물학자와 식물학자들은 종種의 개념을 잘 알고 있었다. 그러나 그런 개념을 미생물 세계에 적용하는 데는 시간이 걸렸다. 피에르 피델 브르토노Pierre-Fidèle Bretonneau는 자연의 역사에서 씨앗 하나하나가 특정한 종을 탄생시킨 것처럼 '병의 씨앗'도 각기 특정한 질병을 하나씩 일으킨다고 주장하며 종의 개념을 받아들인 초기 과학자 중 한 명이었다. 그는 1820년대 디프테리아를 연구하며 종의 개념을 세부적으로 발전시켰다.

질병의 특이성을 내세운 유수의 이론가들이 모두 프랑스인은 아니었다. 예를 들어, 윌리엄 우드 제라드William Wood Gerhard는 필라델피아 사람으로 파리에서 피에르 루이와 2년간 함께 수학한 전문가였다. 1833년 발진티푸스가 유행하던 시기에 고향으로 돌아간 제라드는 희생된 수백 구의 시신을 해부한 끝에 발진티푸스의 병변은 당시 통념과는 달리 장티푸스와 전혀 유사하지 않다는 결론에 도달했다.

《장티푸스: 장티푸스의 성질과 전파 방식, 예방*Typhoid Fever: Its Nature, Mode of Spreading, and Prevention*》(1873)이라는 책으로 불후의 명성을 얻은 영국의 윌리엄 버드William Budd도 제라드와 같은 생각이었다. 버드는 장티푸스의 특이성과 변치 않는 성질을 강조했다. 그는 이런 질병의 특이성이라는 개념을 종 개념의 정수라고 보았다. 그러므로 장티푸스는 자생적으로 발생하지도 못하고 다른 종에 속하는 다른 질병으로 바뀌지도 못하는 고정된 종이었다.

더 나아가 프랑스 생리학자 클로드 베르나르Claude Bernard는 질병은 고정된 것임은 물론 역동적이기까지 하다고 주장했다. 달리 말하면, 질병이 인체에서 진행 과정을 드러낸다는 것이었다. 그런 식으로 베르나르는 파리 의과대학 자체에 새로운 비평을 가했다.《실험의학 연구 서설*An Introduction to the Study of Experimental Medicine*》(1865)에서는 병원에 입원한 환자는 질병의 마지막 단계만 내보이므로 질병의 초기와 중간 진행 과정을 살펴보지 못한 의사들은 질병을 오인하기도 한다고 주장했다. 게다가 병원은 변수가 너무 많아서 과학적으로 수행해야 하는 작업을 더욱 복잡하게 만들었다. 따라서 베르나르는 예언하듯 대안을 제시했다. 바로 연구소였다. 그는 병원보다는 연구소가 '실험의학experimental medicine'에 적합한 곳이라고 여겼다. 통제된 환경에서 단일 변수를 실험할 수 있는 곳은 연구소밖에 없었다. 그러므로 도서관이나 병원보다는 연구소가 의학적 지식의 근원인 의학 인식론의 산실로 자리 잡게 될 것이었다.

베르나르는 그의 새로운 의학 인식론 덕에 과도기 시절에 없어서는 안 될 중요한 인물로 자리매김했다. 그는 질병에 특이 개념을 적용한 병상을 넘어 연구소를 바라보았는데, 연구소에서만이 미생물의 세계는 물론 미생물과 질병의 원인과의 관계를 규명하는 연구가 가능했다. 그의 개념은 유럽 의학계에서 일어날 지리적 변화를 암시했다. 독일이 프랑스를 대신해 유럽 의학계의 중심을 꿰찬 것은 대학이나 연구 기관에 과학 연구소를 설립하는 일에 가장 열심히 매진한 나라가 바로 독일이었기 때문이다. 독일은 전임 의과학자를 양성하는 데도 가장 앞서갔다.

기술적 토대: 현미경과 '극미생물'

안톤 판 레이우엔훅

질병의 세균론의 또 다른 필수 전제조건은 현미경의 발전이었다. 이 점에서는 네덜란드 델프트 출신의 포목상 안톤 판 레이우엔훅Anton van Leeuwenhoek이 빠질 수 없다. 최근 몇 해 사이에 과학사학자들은 과학 혁명을 기존과는 다르게 이해하며 18세기와 19세기 과학의 대표적인 인물들이 밝혀낸 사실들이 16세기와 17세기의 보잘것없는 인물들이 마련해놓은 필수 불가결한 토대 위에서 이룩된 것이라는 점을 증명했다. 이런 초기 인물들은 엘리트도, 대학 교육을 받은 지식인도 아니었다. 이들은 방언을 쓰는 장인들로서 자연을 호기심 어린 눈으로 들여다보고 직접 연구에 나설 정도로 자연에 관심이 높은 데다 그런 관심을 서로 공유까지 했다. 레이우엔훅도 그런 인물이었다.

그대로 잊히는 경우가 많은 이들 남녀가 이후 등장한 르네 데카르트Rene Descartes, 아이작 뉴턴Isaac Newton, 루이 파스퇴르, 로베르트 코흐 등 과학계의 거물에 기여한 바는 수도 없이 많다. 이런 과학의 '아래로부터의 역사'를 선도적으로 살펴본 데버라 하크니스Deborah Harkness는 그녀의 저서《보석집: 엘리자베스 시대의 런던과 과학 혁명The Jewel House: Elizabethan London and the Scientific Revolution》(2007)에서 이 사람들이 극히 중요한 세 가지 공헌을 했으며, 이런 공헌이 없었다면 과학 혁명은 불가능했을 것이라고 결론지었다. 그들은 개념과 관행, 가설 증명을 서로 교류하는 공동체를 구축했고, 통상적인 읽기와 쓰기, 연산 능력 외에 과학적 진보에 필수 전제조건인 수학, 과학 기구, 인쇄 매체를 읽고 쓰는 능력을 정립했으며, 자연을 실제로 실험하고 연구하는 관행을 발전시켰다.

레이우엔훅은 현실적인 일에 관한 관심으로 그만의 과학적 이력을 쌓게 되었다. 그는 자신이 취급하는 직물에 들어가는 실의 품질 검사 수준을 당시의 확대경을 사용했을 때보다 한 단계 더 끌어올리고 싶었다. 그리고 마침내 렌즈 연마와 금속 가공 분야에서 도제로 있으면서 닦은 기술로 275배까지 확대할 수 있는 단안單眼 현미경을 고안해냈다. 레이우엔훅은 직물에 대한 일차적인 관심을 넘어 새로운 기구를 활용해 자연을 관찰한 끝에 사상 최초로 그가 '극미생물'이라고 명명한 단세포 생물의 세계를 관찰하게 되었다. 그는 정기적으로 자신의 관찰 결과를 영국의 왕립협회에 제출했다. 그렇게 레이우엔훅은 미생물학의 등장에 필요한 기술적 토대와 미생물 세계에 대한 인식을 모두 확립했다.

레이우엔훅의 발견들이 미생물학과 직결되어 있기는 하지만, 기술적 혁신은 더욱 필요했고, 무엇보다 복합 현미경이 절실했다. 그는 무색 렌즈 두 개를 장착해 배율을 더 높이 끌어올렸고, 또렷한 관찰을 방해하는 색수차色收差라는 시각 왜곡도 수정했다.

이그나즈 필리프 제멜바이스와 존 스노

살아생전에는 상당한 비난을 받았지만 세균론의 초석이 되는 가설과 치료법을 정립한 인물이 바로 이그나즈 필리프 제멜바이스(Ignaz Philipp Semmelweis, 1818~1865)다. 1840년대에 빈 종합병원Vienna General Hospital에서 일하던 제멜바이스는 산욕열로 인한 산모 사망률에 충격을 받았다. 산욕열이 현재는 중증 박테리아성 혈액 감염으로 알려져 있는데, 당시에는 산과 병원의 주요 사망 원인이었다. 그는 신기한 사실 하나를 알게 되었다. 병원의 산과 진료가 두 과로 나뉘어 있었다. 1과에서는 의사와 의과 대학생이 분만을 담당하며 의학적·과학적 업무의 주요 사안으로 부검도 실시했다. 그러나 2과에서는 조산원이 분만을 맡았고, 그들은 해부에 참여하지 않았다. 1과의 산모 사망률은 20%였지만, 2과의 산모 사망률은 2%에 불과했다.

제멜바이스는 의사와 학생들이 해부를 끝내고 손도 씻지 않고 이내 1과로 달려갔다는 사실을 주목했다. 그는 질병을 옮기는 눈에 보이지 않는 기이한 '시체 입자'가 검시대에서 의사와 학생들의 손에 묻어 그들이 진료하거나 분만을 도운 여성들에게 전염된 것으로 의심하기 시작했다. 동료 의사 한 명이 검시 중에 우연히 메스에 찔린 후 감염으로 사망하자 그의 의심은 더욱 확고해졌다. 동료의 증상이 산과 병동에서 산욕열로 사망한 여성들의 증상과 동일한 것으로 드러났기 때문이다. 따라서 1847년에 제멜바이스는 동료 의사와 조산원, 학생들에게 산과 병동으로 들어가기 전에 염소 용액으로 손을 깨끗이 닦도록 설득했다. 곧이어 두 과 모두 사망률이 1.3%로 크게 떨어지는 놀라운 결과가 나타났다.

제멜바이스는 산욕열의 전염성과 눈에 보이지 않는 '시체 입자'에 숨어 있는 위험성을 분명하고도 강력하게 설명했다. 그러나 불운하게도 결과는 몹시 실망스러웠다. 제멜바이스는 그가 주장한 '부패한 유기물질'을 기존의 독기가 아닌 산욕열의 원인 병원균으로 밝혀내지 못하고 빈의 주류 의료계에서 돌팔이로 매도당한 채 병원 직책을 내려놓았다. 결국 그는 고향 부다페스트로 돌아가서 그곳 지역 산원에서 여성들을 치료했다. 제멜바이스는 생명을 구하는 소독 절차를 계속해서 지켰지만, 명성도 얻지 못하고 이를 따라 하는 의사들도 거의 없었다. 그는 1865년에 신경쇠약에 걸려 정신병원에 갇힌 후 그곳 간병인들에게 구타당해 그 후유증으로 사망했다. 그가 밝혀낸 사실을 인정받은 것은 그가 죽은 뒤였다.

제멜바이스가 출산 시 세균이 치명적인 영향을 미친다는 점에 대해 고민하고 있던 시기에 존 스노도 런던에서 아시아 콜레라를 전파하는 원인이 '극미생물'이라는 이론을 제시했다. 스노는 산과학과 마취학 분야에서 두드러진 공헌을 한 일반의였지만, 콜레라에 대한 연구를 통해 역학을 하나의 학문으로 정립한 인물 중 한 명이기도 했다. 그의 출발점은 질병의 증상학이었다.

스노는 콜레라는 언제나 심각한 복통, 설사, 구역질로 시작된다고 추론했다. 그런 초기 증상들은 체내로 들어간 후 소화관을 감염시키는 어떤 병원균과 일치했다. 1848년 런던에서 콜레라가 유행할 당시, 콜레라 환자들과의 면담을 통해 스노는 그가 검사한 환자들이 모두 첫 번째 증상으로 다양한 소화 장애가 있었다는 점에 주목했다. 이후에는 약한 맥박과 호흡 곤란, 타르처럼 검은 혈액 색깔, 심부전, 시퍼런 안색, 물 같은 변을 쏟아 혈장이 소실된 탓에 '거칠어진' 양손 등의 증상이 나타났다. 그러므로 콜레라의 전반적인 병리학적 증상은 살아있는 '세균'이나 '극미생물'이 음식이나 물을 통해 체내로 들어간 뒤 장에서 수가 크게 늘어났다는 가설과 일치한다. 스노의 말을 빌리면, "콜레라의 병리학적 측면을 고려하면 콜레라에 감염된 경로를 파악할 수 있다."[1]

    이런 해석을 뒷받침하기 위해 스노는 1848~1849년과 1854년 런던에서 발생한 콜레라 유행을 끊임없이 조사했다. 전반기, 즉 1848~1849년에 콜레라가 돌던 시기를 다룰 때는 물 공급업체 두 곳에서 물을 공급한 세대의 사망률을 꼼꼼하게 비교했다. 첫 번째 업체인 램버스 워터웍스 컴퍼니Lambeth Waterworks Company는 물이 대도시에서 배출하는 하수에 오염되기 전에 런던의 템스강 상류에서 물을 끌어왔다. 두 번째 업체인 서더크 앤드 복스홀 컴퍼니Southwark and Vauxhall Company는 템스강이 런던 배터시를 통과한 물을 퍼 올렸다. 런던의 여타 공급업체와 달리 이 두 회사는 모두 물을 여과하지 않았다. 업체는 집집마다 고객 유치 경쟁을 벌이느라 소득, 주거 조건, 위생 등의 변수에서 서로 겹치는 부분이 있었다. 따라서 하류의 물을 마신 세대의 사망률이 상류에서 끌어온 비교적 깨끗한 물을 마신 세대의 사망률보다 몇 배나 높았다는 점은 시사하는 바가 컸다. 콜레라 사망률은 지도상 서더크 앤드 복스홀 컴퍼니에서 오염된 템스강 물을 공급한 세대를 따라 지나치게 높게 나타났다.

    1854년의 경우에도 스노는 소호 지역과 주민들이 물을 끌어오는 브로드 스트리트의 공중 펌프를 집중해서 살펴보았다. 펌프에서 반경 약 230m 내에서 콜레라의 전파를 추적한 스노는 "이 나라에서 지금껏 발생한 콜레라 중 가장 끔찍한 콜레라"라고 일컬은 실태를 발표했다.[2] 그는 10일 만에 콜레라 사망자가 500명 이상 발생했고, 이 희생자들은 펌프에서 퍼 올린 물을 먹은 사람들이라는 사실을 밝혀냈다. 또한 스노가 당국을 설득해서 손잡이를 제거해 펌프를 더 이상 사용할 수 없게 했더니 갑자기 소호에서 콜레라 발생이 멈추었다. 추후 조사를 통해 요즘 용어로 '최초 감염자'는 소호 지역 밖에서 콜레라에 걸린 한 유아라는 사실이 밝혀졌다. 아이 엄마가 소호로 아이를 데려온 다음 오염된 기저귀를 빨고 펌프에서 불과 몇 발자국 떨어지지 않은 곳에 있던 오물통에 물을 버렸던 것이다.

다른 여러 가지 사항도 스노의 사고에 영향을 미쳤다. 그중 하나는 1831~1832년에 발생한 콜레라에 대한 그의 초기 경험이었다. 당시 뉴캐슬에서 수습 의사로 있던 스노는 콜레라가 광범위하게 퍼져있던 그곳 광부들을 치료하는 데 적극적으로 참여했다. 이내 그를 궁금하게 한 것은 채굴 인구집단에서 콜레라의 진행이 독기 이론과 일치되는지의 여부였다. 광산의 수직 통로에는 늪이나 하수구, 썩어가는 유기물도 없었고, 유해한 악취를 내뿜는 다른 출처도 없었다. 그러나 1831~1832년과 1848~1849년 두 시기에 광부들의 감염 사실을 두고 이론적인 관심이 지대했던 것은 광부들이 영국에서 콜레라에 가장 고통받는 직업군이었기 때문이다.

마찬가지로 1840년대 런던에 머물며 마취학에 관심을 쏟은 스노는 감염병 문제에서 의학의 정설에 의문을 품게 되었다. 그는 치명적인 증기가 근원지에서 상당한 거리에 있는 인구집단의 건강에 그렇게 엄청난 영향을 끼칠 수 있다는 사실을 받아들이기 힘들었다. 그의 생각으로는 기체가 독기 이론에서 말하는 방식으로 움직이는 것 같지는 않았다. 콜레라가 발병한 1848~1849년에 실시한 관찰 덕에 증기에 대한 그의 의구심이 확신으로 바뀌었다. 오염된 물을 결정적인 요인으로 설명한 이론이 난제들을 해결하며 한층 간단하고 일관된 해결책이라는 확신을 주었기 때문이다.

스노는 1855년에 그의 연구 결과와, 이 결과를 설명하는 지도를 수록한 《콜레라의 전파 방식에 관하여 On the Mode of Communication of Cholera》를 출간했고, 이 책은 역학을 하나의 분야로 살펴본 기본서로서 지금도 널리 인정받고 있다. 스노는 생전에 이 책을 통해 새롭게 떠오른 세균론을 일반인들에게 각인시키기는 했지만, 의료계를 설득하지는 못했다. 콜레라에 관한 한 반감염주의와 독기 이론이 정설로 명맥을 유지했다. 실제로 중앙보건국의 주요 회원인 윌리엄 파(William Farr, 1807~1883)도 스노와 마찬가지로 1848~1849년의 런던 콜레라를 조사했지만, 콜레라의 원인은 유해한 악취와 해당 인구집단을 이 질환에 취약하게 만드는 여건 때문이라고 결론지었다.

스노의 저서를 회의적으로 바라본 데는 여러 요인이 있다. 당시 스노의 서술 전략이 정설을 반박하는 것이 아니라, 정설을 통째로 무시하고 자신의 이론을 주장한다는 게 첫 번째 문제였다. 이런 전략은 스노가 콜레라에 극미생물이 존재하는지, 존재한다면 그 역할이 무엇인지 등의 문제를 직접적으로 규명하지 못한 상태에서 콜레라의 병인론을 단일 원인, 즉 눈에 보이지 않는 '극미생물'로 축소하려는 듯했기 때문에 특히 더 문제가 있었다.

이런 점에서 그가 주창하는 세균론은 더 확실한 증거가 필요했다. 콜레라균Vibrio cholerae을 눈으로 확인할 수 있도록 현미경이 더욱더 발전하고, 동물에서 질병을 일으키는 미생물의 역할을 입증하는 실험 방법이 개발되어야만 감염의 실질적인 메커니즘을 규명할 수 있었다. 스노는 부단히도 상관관계를 규명했지만, 원인을 증명할 수는 없었다. 그러는 사이 윌리엄 파는 정설을 옹호하고 다양한 원인론을 활용하며 광범위한 의학적 통계를 사용해 승리를 쟁취했다. 스노의 가설이 여러 과학자와 의사들에게 강한 호기심을 불러일으키기는 했지만, 제멜바이스와 마찬가지로 수많은 회의론자에게는 조롱의 대상이었다.

과학계 3대 거물

루이 파스퇴르

레이우엔훅이 미생물의 세계를 처음으로 탐사한 인물이고, 제멜바이스와 스노가 극미생물이 질병을 일으키는 원인이라고 주장했다면, 루이 파스퇴르는 의과학에서의 개념 혁명에 필요한 실험 증거를 제시했다. 파스퇴르는 최초로 현미경을 의학 연구를 위해 체계적으로 활용한 인물 중 한 명이었다.

생물학자나 의사라기보다는 화학자에 가까웠던 파스퇴르가 질병과 질병의 원인으로 관심을 돌린 당시에는 질병의 '발효설zymotic theory'이 지배적인 이론이었다. 독기 이론과 깊은 관계가 있던 발효설은 감염병이 화학 과정으로 인해 발생한다고 주장했다. 다시 말해, 유기물질이 부패해 발효하는 과정에서 흙과 기온, 습도 조건이 적합한 경우 독기를 대기에 배출한다는 것이다.

발효설은 '자연발생'이라는 통설과도 밀접한 관계가 있었다. 자연발생설은 아리스토텔레스가 정립해 고대부터 주창되어온 이론으로, 유기체는 동일한 종의 모체에서 비롯된 공통 조상에서 내려왔다기보다는 무생물에서 발생한 것이라는 주장을 근거로 삼았다. 그러므로 감염병 환자는 전파 사슬로 서로 연결되는 게 아니라 무생물에서 발생한다는 것이었다. 이런 개념은 이탈리아 실험철학자 프란체스코 레디Francesco Redi가 그의 1668년 저작 《곤충 발생의 실험*Esperienze Intorno Alla Generazione Degli'insetti*》에서 상술한 유명한 일련의 실험을 통해 점검 받았다. 레디는 고기와 생선을 여러 플라스크에 넣은 뒤, 절반은 밀폐하고 절반은 공기가 통하도록 열어두었다. 열어놓은 플라스크의 고기와 생선은 이내 잔뜩 구더기가 꼬였지만, 밀폐된 플라스크의 고기와 생선은 구더기가 생기지 않았다. 레디는 구더기는 파리가 알을 낳을 수 있는 조건에서만 생긴다는 사실을 발견했다. 레디는 자연발생설은 *처음부터*de novo 타당한 개념이 아니라고 주장했다. 그는 "나는 수없이 재차 관찰해본 결과, 지대하고 전능한 조물주의 명으로 이 땅이 최초의 동물과 식물을 만들어낸 이후에는 단 한 번도 완전하든 불완전하든 땅 자체에서 풀이나 나무나 동물을 만들어낸 적이 없다고 믿고 싶다"라고 기록했다.[3]

그럼에도 불구하고 2세기가 지난 후에도 무생물이 생명을 탄생시킨다는 이론은 여전히 널리 인정받았으며, 파스퇴르의 숙적 중 한 명인 독일의 저명한 화학자 유스투스 폰 리비히(Justus von Liebig, 1803~1873)가 강력히 옹호했던 것으로 유명하다. 고대와 가장 큰 차이점이라면 자연발생 분야가 세월이 흐르는 동안 점차 축소되었다는 사실이다. 19세기에 들어서는 대형 동물, 심지어는 곤충까지 생식을 통해 발생한다고 알려졌으며, 따라서 자연발생 영역은 미생물 세계로 국한되었다. 자연발생설이 끈질기게 살아남을 수 있었던 이유는 미지의 세계나 다름없는 영역에서는 그런 이론이 틀렸음을 증명하기 어렵다는 점을 반영한 것이기도 했다. 그러한 영역은 생명이 먼저 물질로 흡입되어 들어갔을 것이라는 생각이 설득력 있어 보이는 생물과 미생물 사이의 역지대(liminal zone, 시간이나 공간적 변화에 맞물려 있는 경계 지점_옮긴이)에 놓여 있는 듯했다. 게다가 자연발생설은 그 신학적 뒷받침에 힘입어 설득력을 얻었다. 일부 신앙인들에게 생명 자체의 기원인 창조는 자연발생의 첫 행위였다. 그러므로 창조의 현상을 부인한다는 것은 종교를 위협하는 행위였다.

파스퇴르도 몹시 독실한 사람이었지만, 너무 많은 이해관계가 걸려 있어서 자연발생설은 거부했다. 자연발생설은 질서정연한 자연계에 마구잡이식 혼란을 몰고 왔다. 자연발생설이 사실이라면, 병의 진행 과정은 독단적이고 이해할 수 없는 대상이었을 것이다. 병인론, 역학, 질병 분류학, 예방적 공중보건도 현실에 근거한 게 아니었을 것이다.

파스퇴르도 1850년대에 대안이 되는 이론 하나를 발전시키기 시작했다. 당시 파스퇴르는 프랑스 농업에서 서로 밀접한 관계에 있는 커다란 두 가지 문제에 관심을 쏟고 있었다. 포도주가 초산 발효 과정을 통해 식초로 부패하는 과정과 우유가 유산 발효 과정을 통해 부패하는 과정이었다. 이러한 부패 과정은 일반적으로 화학 과정으로 인식되었다. 대신 파스퇴르는 살아있는 미생물, 즉 그가 현미경을 통해 확인해 연구실에서 배양하는 방법을 알아낸 박테리아의 작용 때문에 부패가 일어난다는 것을 증명했다. 또한 연결고리를 확대해 와인과 맥주의 발효는 부패하는 것이나 마찬가지라고 여겼다. 다시 말해, 발효와 부패는 촉매로 인한 화학 반응이라기보다는 박테리아의 처리 과정이었다.

더불어 이들 박테리아는 유형이 동일한 기존 박테리아의 혈통을 통해 서로 연결되어 있었다. 파스퇴르는 철저하게 관찰하고 배양한 끝에 박테리아가 형태와 영양소, 취약성 면에서 서로 다르다는 사실을 밝혀냈다. 이러한 연구 방식은 박테리아를 없애기 위해 열을 가하면 부패가 일어나지 않고 포도주나 우유의 맛도 변하지 않는다는 발견으로 이어졌다. 그는 적절한 독소를 알아내려는 시도를 수도 없이 되풀이한 끝에 마침내 열을 이용한 실험에 돌입했다. 열을 이용한 이런 처리 공정을 '저온 살균법pasteurization'이라 칭한다.

이런 작업을 통해 파스퇴르는 화학자에서 미생물학의 창시자로 완벽하게 변신했다. 그는 자신의 연구 결과를 세 권의 저서로 출간해 떠오르는 새로운 분야에 깊은 영향을 미쳤다. 《유산 발효에 관한 기록Mémoire sur la Fermentation Appelée Lactique》(1857), 《포도주 연구Études *sur le Vin*》(1866),《맥주 연구 *Études sur la Bière*》(1876)였다. 이를 통해 초산과 유산, 알코올 발효의 비밀이 밝혀졌다.

파스퇴르는 생물학을 영원히 바꾸어놓은 이 세 작품을 출간한 후 생물학이 의학과 공중보건에 갖는 함의들을 살펴보았다. 감염병과 관련한 자연발생설 주창자들은 가령 콜레라는 지역적인 원인으로 발생하기도 한다고 주장했다. 우리가 살펴본 바와 같이 그들은 감염병이 기존의 '여름철 설사'에서 진전된 것뿐이라고 생각했다. 파스퇴르는 파리 의과대학의 특이성 개념과 자신의 미생물 관찰 결과를 통합해 어떤 곳에 콜레라 같은 질병이 존재하지 않는다면 그런 질병을 일으키는 특정 박테리아가 이입되어야만 그런 질병이 발생할 수 있다고 가정했다.

파스퇴르는 이런 원리를 레디의 개념을 멋지게 보여주는 간단한 실험으로 증명했다. 그는 미생물을 모두 없애기 위해 배양액에 공기가 들어가지 못하도록 거위목 살균 플라스크에 넣고 끓였다.(그림 12-1) 문제는 미생물이 무균 배양액 속에서 자생적으로 생길 수 있느냐의 여부였다. 파스퇴르는 기존에 존재하던 미생물이 전부 죽었다면, 세균은 플라스크 목이 부러져 공기가 들어왔을 경우에만 배양액 속에 나타난다는

그림 12-1 루이 파스퇴르는 거위목 플라스크를 사용해 자연발생설이 틀렸음을 증명했다.(런던 웰컴 컬렉션, CC BY 4.0)

사실을 밝혀냈다. 이렇게 '씨가 뿌려지면' 배양액은 무성하게 번식하는 박테리아로 득실거릴 것이다. 그러나 제대로 밀폐됐다면 플라스크와 배양액은 무균 상태를 유지할 것이 분명했다. 파스퇴르는 연구 결과를 상처 감염이나 질병에 적용할 수 있음을 즉시 이해했다. 그는 이렇게 말했다. "미생물이 세균 없이, 자신들과 비슷한 모체 없이 생겨났다고 단언할 수 있는 환경은 알려진 바 없다. 그렇게 단언하는 사람들은 착각이나 잘못 시행된 실험, 자기도 모르게, 아니면 어찌할 도리없이 저지른 오류에 속았던 것이다."[4]

파스퇴르는 1868년에 뇌출혈로 몸 좌측이 마비된 상태에서도 1865년부터 1870년까지 진행된 연구에 매진해 더욱 결정적인 결과를 손에 넣었다. 이 단계의 연구에서 파스퇴르는 발효에 관한 자신의 초기 결론들의 함의를 전부 이끌어내기 위해 질병과 관련한 실험에 몰두했다. 처음에는 뜻밖의 실험용 동물, 즉 누에와 누에의 병리학에 관심을 쏟았다. 그는 프랑스의 선도 산업인 실크 산업을 초토화시키던 질병과 관련된 연구에 매진했다. 고된 현미경 작업을 통해 파스퇴르는 프랑스 실크 산업을 괴롭히던 질병이 사실상 별개의 두 질병인 *미립자병*pébrine 과 *무름병*flâcherie이라는 점을 밝혀냈으며, 이 두 질병의 원인을 박테리아로 보는 자신의 주장을 입증할 수 있다고 생각했다. 이후 한층 발전된 현미경과 더욱 정교해진 방법론을 활용한 여러 발견에 힘입어 *미립자병*은 사실 미포자충microsporidian이라는 곰팡이 같은 기생미생물이 원인이며, 무름병은 바이러스가 원인이라는 점이 드러났다. 그러나 당대 사람들에게는 미생물이 병의 원인임을 입증하는 게 중요했다.

파스퇴르는 그의 연구의 초석이 된 감염, 극미생물이나 세균, 병의 특이성 같은 개념을 맨 처음 생각해낸 인물은 아니었다. 현미경을 통해 관찰한 미생물이 병의 원인이라는 개념을 발전시킨 프랑스의 카지

314

미르 다벤느(Casimir Davaine, 1812~1882)와 영국의 존 버든 샌더슨(John Burdon-Sanderson) 등의 과학자들도 있었다. 실제로 18세기 초에 이미 케임브리지대학의 식물학자 리처드 브래들리Richard Bradley는 그가 '극미생물'이나 '곤충'으로 다양하게 이름 붙인 미세한 생물이 감염병 유행의 원인일 것이라고 생각했다. 그는 모든 생명의 기원은 알이나 씨앗이라고 믿었기 때문에 1665년 이후 런던에서 페스트가 사라진 이유에 대해 자신만의 이론을 주창하기도 했다. 즉 1666년 런던 대화재로 역병을 일으키는 자그마한 극미생물이 없어진 게 틀림없다고 역설했다.

'세균'이라는 말에서 짐작할 수 있듯이 식물학자와 농학자, 원예학자들이 세균론에 필요한 사실들을 제공했다. 의학 발전을 예시라도 하듯 19세기 전반기에는 식물의 질병에서 곰팡이의 역할에 관한 광범위한 논의가 이루어졌다. 특히 1845년 감자 병충해로 식물 병리학과 원인 유기체에 다급하게 관심이 쏠렸다. 그러한 논의가 파스퇴르에게도 알려졌고, 이는 파스퇴르의 선구자적인 누에병 고찰에 중요한 배경지식이 되었다.

파스퇴르가 따로 떼어내 배양한 미생물이 당시 그가 접종을 통해 실험용 동물에서 복제해낸 질병의 원인 병원균임을 입증한 것이 특히 주효했다. 이렇게 그는 특정 질병에서 미생물의 역할을 확인했고, 다른 질병과 연관된 추가 실험에 필요한 방법론을 창안했다.

누에병 연구 이후에는 닭 콜레라와 탄저병으로 관심을 돌렸다. 두 질병 모두 동물이 걸리는 주요 질병이지 사람을 죽이는 주요 질환은 아니었다. 그러나 미생물을 따로 떼어 배양액 속에서 배양하고, 질병을 복제하는 과정은 질병 자체가 인간의 건강에서 차지하는 중요성보다 더 많은 변화를 가져왔다.

질병의 세균론은 파스퇴르의 연구 결과로서 1870년대 후반을 지배한 패러다임이 되었지만, 임상의들의 저항은 여전히 상당했다. 그들은 눈에 보이지 않는 생물이 참담한 결과를 가져오는 감염병의 원인일 수 있다는 개념을 여전히 이해할 수 없었다. 루돌프 피르호와 같은 저명한 과학자들조차 받아들이지 않았다. 혈구, 세균, 박테리아, 적충류, 비브리오, 바이러스, 극미생물, 바실루스 등 병원균을 묘사하는 용어도 서로 맞바꿔 쓸 수 있을 만큼 많아서 혼란을 가중시켰다. 세균론이 여전히 논란의 대상이 되던 시기에 미국의 의사 윌리엄 H. 메이즈William H. Mays 는 1880년에 세균론이 이를 지지하는 사람들에게 정확하게 무엇을 의미하는지 다음과 같이 표현했다.

> 나는 모든 감염병은 스스로 복제할 수 있고, 우리가 이해할 수 없을 만큼 작은 살아있는 유기체나 발효 미생물이 몸속에 들어가 병을 일으킨다고 생각한다. 지구상의 모든 생명이 선행 생명의 결과인 것처럼 모든 특정 질병 또한 선행한 특정 질병의 결과라고 생각한다. 어떤 세균도 새로이 유래된 것이 없는 것처럼 성홍열도 자생적으로 존재하게 된 것은 아니라고 생각한다. 떡갈나무가 떡갈나무에서 생겨나고 포도가 포도에서 생겨난 것처럼 장티푸스도 장티푸스 세균에서 생겨난 것이고, 디프테리아도 디프테리아 세균에서 생겨난 것이며, 갈매기가 비둘기 알에서 생겨난 게 아닌 것처럼 성홍열도 장티푸스 세균에서 기인한 게 아니라고 생각한다.[5]

파스퇴르는 세균론의 진리를 증명한 것 외에도 백신 접종이라는 공중보건 관행에 영향을 미쳐 실험면역학의 발족에 기여했다. 제7장에서 살펴보았듯이 에드워드 제너는 1세기가량 앞서 천연두 연구를 통해 최초의 백신을 개발했다. 파스퇴르는 방법론을 개발해 질병을 예방하는 여러 백신을 생산할 수 있었다. 파스퇴르는 그가 '비반복nonrecurrence의 원리'라고 명명한 것, 최근 용어로 말하자면 후천적 면역성이 지닌 보편성을 확신했다. 그는 이러한 원리가 모든 감염병을 예방하는 백신 개발의 근거로 활용될 수 있다고 낙관했다.

백신 접종이란 몸에 질병을 유발하는 미생물을 전체 혹은 일부 주입해 똑같은 미생물이 자연적인 경로를 통해 몸에 재등장했을 경우 그 미생물을 공격하도록 면역 체계를 '훈련'하는 것으로 정의되기도 한다. 백신은 면역 체계가 항체를 생성하도록 준비시키거나 면역 세포에 박테리아나 바이러스나 기생충 등의 침입 유기체를 구별해 없애도록 가르친다.

물론 병을 유발하지 않고 면역력을 자극하는 게 관건이다. 제너는 우두에서 천연두로의 교차 면역을 밝혀냈다. 파스퇴르는 대신 약화 개념을 발전시켰는데, 살아있는 병원균에서 독성이 약화되도록 처리해 몸에 주입하는 개념이었다. 열을 가하는 게 일부 병원균의 독성을 약화하는 한 가지 방법이었다. 사전에 미생물이 다른 숙주의 몸을 통과하게 하는 것도 하나의 방법이었다. 이렇게 약화된 미생물은 질병을 유발하지 않고 면역 반응을 일으킨다.

면역 메커니즘이 알려지기 이전 시대인데 파스퇴르는 어떻게 비반복 과정과 약독화에 따른 장점을 개념화했을까? 그는 또다시 농업 관련 은유, 특히 세균론의 핵심인 씨앗과 땅이라는 비유를 동원했다. 농사할 때 같은 논에 몇 년씩 연속으로 밀을 심으면 땅의 영양분이 다 빠져나가 결국 작물의 성장을 더는 도울 수 없게 된다. 파스퇴르는 그것에서 유추해 약화된 박테리아는 자신이 유발한 순한 감염병이 진행되는 사이 혈액의 영양분을 소진한다는 이론을 세웠다. 그렇게 되면 혈류는 땅에서 영양이 다 빠져버린 퍽퍽한 논과 마찬가지로 종자의 발아를 도울 수 없다. 파스퇴르가 당시 그런 실험용 동물의 혈류에다 똑같이 질병의 유해한 씨앗을 접종했다면, 씨앗의 성장과 발달에 필요한 영양분은 이미 약화된 세균이 전부 소진해버렸을 것이다. 따라서 해당 질병이 재발하지 않을 것이다. 요즘 말로 하면 해당 동물에 면역이 생긴 것이었다.

종합해보면 비반복과 약화라는 두 개념은 의학과 공중보건의 역사에서 가장 중요한 두 가지 발견이었다. 파스퇴르는 제너 덕분이라고 인정하면서도 제너가 천연두라는 단일 질환으로 제한한 접근법을 자신이 일반화했다고 주장했다. 파스퇴르는 줄기차게 발생하는 감염병을 예방하는 면역을 생성해줄 백신이 추가로 개발될 것으로 예상했다. 그리고 실제로 홍역, 백일해, 파상풍, 디프테리아, 계절성 인플루엔자, 장티푸스, 광견병, 폴리오 등 전파 가능성이 있는 다양한 질환을 예방하는 백신이 성공리에 개발되었다.

당연히 그러한 목록이 감염될 수 있는 모든 질병까지 확대될 수 있는지의 여부에 대한 문제가 제기되었다. 파스퇴르는 각 경우에 대한 제한 인자는 자연스럽게 감염병에서 회복된 환자가 이후 그 질병에 강한 면역력을 갖게 되는지, 아니면 환자가 같은 질병을 다시 앓게 되는지에 달려 있으리라 생각했다. 콜레라와 말라리아의 경우에서처럼 환자에게 재발하는 질병에 대한 백신 개발에는 문제가 있었다. 파스퇴르는 수많은 질병을 억제하거나 심지어 박멸하는 데 백신이 효과적인 전략이기는 하지만, 백신이 만병통치약은 아닐 것으로 예상했다.

파스퇴르는 닭 콜레라를 일으키는 박테리아를 연구하다가 우연히 약화 현상을 발견했다. 그러나 그는 조수들과 1854년에 릴대학에 모인 과학자들에게 거듭 이렇게 밝혔다. "관찰에 관한 한 기회는 준비된 자만의 편이다." 무더운 여름철 파스퇴르는 박테리아 1회분a batch을 일주일간 가만히 내버려둔 다음, 배양액에서 건강한 닭을 감염시킬 계획이었던 질병이 생성되지 않자 처음에는 좌절도 했다. 다시 신선하고 독성 높은 배양액으로 연구에 돌입한 후 이 배양액을 동일한 닭들에게 주입하고, 동시에 무작위로 고른 닭 상당수에도 주입했다. 그 결과, 오래된 (의학 용어로는 '약화된') 배양액을 미리 주입받은 기존의 닭들은 여전히 건강하다는 놀라운 사실을 발견했다. 다시 말해, 그 닭들은 면역이 된 것이었다. 이와는 달리 미리 접종받지 않은 무작위로 고른 닭들은 모두 병들어 죽어버렸다.

파스퇴르는 실험을 반복했고, 같은 결과가 나왔으며, 마침내 여름철 열기에 배양액 속 박테리아의 독성이 변경되거나 약화되었다는 결론을 내렸다. 이것이 미생물의 독성은 고정된 것이 아니라 질병에 대한 면역을 제공하는 식으로 변경되고 억제될 수 있다는 공중보건의 결정적 발견 중 하나였다. 생명과학이라는 더 넓은 맥락에서 파스퇴르는 당시에는 대개 자연사 전집쯤으로 이해하던 생물학을 연구실에서 진행하는 실험생물학으로 변화시키는 데도 기여했다. 또한 병리학과 의학에 관한 다윈의 변이variation와 돌연변이mutation 개념이 갖는 실질적 함의를 도출해내기도 했다.

이후 발전을 거듭해 백신 접종을 통해 면역을 생성하는 방법이 더욱 확대되었다. 1886년에는 역시 닭 콜레라를 연구하던 미국인 과학자 시어벌드 스미스Theobald Smith가 살아있지만 약화된 박테리아보다는 오히려 열에 죽은 닭 콜레라 박테리아로 만든 백신이 면역력을 생기게 한다는 사실을 발견했다. 그때 이후 의과학자들은 죽은 바이러스와 박테리아, 또는 살았지만 약화된 바이러스와 박테리아 모두 예방 차원의 목적으로 사용해왔다. 세균 전체가 아닌 미생물 하위 단위를 대신 사용하는 백신도 개발되었다.

닭 콜레라 연구를 통해 약독화 원칙을 발견한 파스퇴르는 같은 방법을 다른 질병에도 적용해보았다. 그는 의과학사에서 가장 유명한 실험

중 하나인 양, 소, 염소에게 주로 영향을 주는 동물 매개 감염병인 탄저균의 약독화 백신을 생산하려고 했다. 문제의 박테리아인 탄저균 *바실루스 안트라시스*bacillus anthracis는 로베르트 코흐가 분리한 바 있었다. 파스퇴르는 코흐가 닭 콜레라에 적용했던 절차를 반복해 400℃에서 탄저균 배양균들을 가열했다. 그 결과는 윌리엄 디터리William Dieterle 감독의 1936년 영화 〈루이 파스퇴르 이야기The Story of Louis Pasteur〉에서 생생히 잘 보여주고 있다. 1881년 5월 푸이 르 포르 마을에서 그는 처음으로 약독화한 탄저균을 양 24마리에게 백신 접종했다. 그런 다음 대조군으로 백신 접종을 받지 않은 24마리 양에 독성이 강한 생탄저균을 주입했다. 백신 접종을 받은 양들은 모두 건강했지만, 백신 접종을 받지 않은 양들은 모두 죽었다.

그런 다음 파스퇴르는 이 약독화 원칙을 확장해 다른 희석균을 만들었다. 그는 1880년대 초에 새로운 연구에 착수했고, 이번에는 광견병과 관련된 실험을 진행했다. 광견병은 현재는 박테리아가 아닌 바이러스로 인한 질병으로 알려지고 있다. 그러나 당대에는 바이러스의 존재가 알려지지 않았고, 너무나 작아서 파스퇴르 시대의 현미경 확대 배율로는 볼 수도 없었다. 그러나 파스퇴르 자신도 주장하듯이 뜻밖의 발견은 '받아들일 준비가 된 자'를 찾게 마련이었다. 여전히 보이지도, 발견되지도 않는 미생물들을 연구하던 중 파스퇴르는 광견병 바이러스를 약화시키는 데 성공했다. 우선 광견병에 걸린 여우로부터 바이러스를 분리한 다음, 당연히 광견병에 취약하지 않을 종으로 생각했던 토끼의 몸에 주입하는 방식이었다. 그는 여러 마리의 토끼에게 접종한 다음, 여러 차례의 실험 끝에 변종 배양균을 만들었다. 그 배양균은 광견병에 취약한 여우에게 감염을 일으키지도 않았고, 광견병에 걸린 여우로부터 직접 분리해 만든 야생 광견병 바이러스 배양균에 대해서도 면역력을 갖게 했다.

물론 광견병은 사람들 사이에서는 크게 영향을 미치는 질병은 아니지만, 통증이 극심하고 걸렸다 하면 죽기 때문에 극적이고 과학적인 관심을 불러일으키는 질병이었다.

광견병 백신의 인체 실험은 1885년 7월에 광견병에 걸린 개에 물린 아홉 살 소년 조지프 마이스터Joseph Meister를 대상으로 처음 시도되었다. 파스퇴르의 광견병 백신은 아직 실험실 단계이고, 검사도 받지 않은 개발 단계였다. 심지어 그의 조수들도 마이스터에게 백신 접종을 하는 윤리적 문제로 의견이 갈렸다. 파스퇴르의 조교 중 가장 재능이 뛰어났던 에밀 루Emile Roux도 실험에 참여하기를 거부했다. 그러나 파스퇴르는 마이스터의 상처가 너무 심해서 분명히 고통스럽게 죽을 것으로 보았고, 생각이 거기에 미치자 도덕적 갈등에서 해방되었다. 파스퇴르는 광견병의 긴 잠복기를 활용해 마이스터에게 새로 개발한 약화된 광견병 바이러스를 접종했다. 마이스터는 살아났고, 광견병에 걸린 동물에 심하게 물린 다음에도 살아남은 최초의 인물로 알려지면서 유명 인사가 되었다.

닭 콜레라와 광견병에 관한 파스퇴르의 업적이 의학과 공중보건에 미치는 영향은 바로 명확해졌다. 이를 충분히 인식한 프랑스 정부는 1887년에 파스퇴르 연구소Pasteur Institute를 세우고 그를 초대 소장으로 임명했다. 파리의 연구소 본부와 여타 지역의 위성 연구소의 생명의학 연구를 바탕으로 파스퇴르 연구소는 공중보건 전략과 질병 퇴치 수단으로 백신 개발에 박차를 가했다.

에드워드 제너가 최초의 백신을 만들어내고, 백신을 천연두 퇴치에 활용할 수 있으리라고 내다본 후로부터 거의 100년이 지난 후 파스퇴르는 여러 병원균을 퇴치하는 백신들을 만들 가능성을 열어주는 약독화 방법을 개발했다. 이윽고 천연두, 탄저병, 광견병뿐만 아니라 폴리오, 홍역, 디프테리아, 파상풍, 볼거리, 백일해, 풍진 등의 질병용 예방 백신을 만들 수 있다는 것이 입증되었다. 백신 전략으로 천연두를 박멸했고, 현재는 백신 접종운동으로 폴리오 박멸이 목전에 다가왔다. 공중 보건 측면에서는 백신 전략을 어디까지 일반화할 수 있느냐가 관건이다. 백신이 모든 감염병에 유효한 전략인지, 아니면 특정 종류에만 유효한 건지, 기준은 무엇이고, 제너가 백신을 발견한 지 200년이나 흘렀는데도 왜 인간의 질병 중 고작 하나만 성공적으로 퇴치되었는지, 이러한 사안들은 제18장에서 좀 더 다루기로 한다.

파스퇴르 연구소의 설립으로 근대 의과학이 민족주의 경쟁의 중심에 자리 잡게 되는 경향이 잦았다는 것이 보다 분명해졌다. 이러한 경향은 19세기 각국을 대표하는 의과학의 현현顯現이자 우상이 되어버린 프랑스의 루이 파스퇴르와 독일의 로베르트 코흐 간의 경쟁에서 확연히 드러났다. 경쟁은 두 과학자끼리의 경쟁만이 아니라 파리의 파스퇴르 연구소 대 베를린의 로베르트 코흐 연구소, 프랑스 과학 대 독일 과학의 경쟁으로 비화했다.

로베르트 코흐

파스퇴르보다 스무 살가량 어리고 화학자가 아닌 의사 교육을 받은 로베르트 코흐는 질병의 세균론을 확립한 두 번째 결정적인 인물이다. 젊은 과학도로서 미생물 병원균에 대한 그의 관심은 그 당시 상황에서 논리적인 선택이었다. 1870년대 동안 다양한 '세균론'이 과학 논쟁의 전면에 부상했고, 코흐의 은사이기도 한 괴팅겐대학교 의과대학 교수 야코프 헨레Jacob Henle는 살아있는 생물이 질병을 일으킨다고 보는 *생물 감염설*contagium animatum 개념의 초기 지지자였다.

1870년대 중반부터 시작한 코흐의 첫 과학적 연구는 탄저병 조사와 탄저병을 일으키는 막대 모양의 박테리아와 관련이 있었다. 당시에는 '비장의 열병'이란 의미로 '비탈저splenic fever'로 알려진 탄저병은 질병의 세균론 확립에 지대한 역할을 하면서 여러 이유로 파스퇴르와 코흐 모두의 관심을 불러일으켰다. 첫 번째 이유는 탄저병이 농업 및 축산업에 미치는 경제적 영향이었다. 탄저병은 프랑스, 독일, 이탈리아, 러시아, 미국의 방대한 지역에 미치는 감염병으로, 양과 소를 대량 살상했고, 가끔 가축과 밀접 접촉을 하는 직업군인 양치기, 무두장이, 소몰이꾼도 공격했다. 가령 코흐가 초기 의료 활동을 하던 뷜슈타인에서 탄저병은 4년 동안 가축 5만 6,000마리의 목숨을 앗아가는 막대한 피해를 입혔다.

기술적인 이유 역시 실험실에서 탄저균 사용을 부추겼다. 탄저균은 이례적으로 크기가 커서 1860년대와 1870년대에 가능한 확대 배율을 사용해도 확실히 보인다는 이점이 있었다. 심지어는 파스퇴르와 코흐 이전에도 프랑스 의사 카지미르 다벤느가 현미경으로 질병 연구를 선도하고, 감염된 동물의 피에서 의심스러운 미생물을 발견했다. 파스퇴르와 코흐 모두 다벤느가 발견한 사실을 바탕으로 연구했다.

코흐는 우선 탄저병으로 죽은 양의 피를 조사하고, 그 피를 건강한 동물에 접종해 병에 걸리는지 관찰한 다음, 그 동물들의 피와 조직이 탄저균으로 득실댄다는 점에 주목했다. 다음 단계는 실험실에서 탄저균을 생성해 그 배양균을 배양액과 건강한 실험동물의 몸에 차례로 주입하는 것이었다. 접종 이후 동물들은 모두 열, 경련, 위장 장애, 호흡기 장애와 같은 탄저병 증상을 보였다. 동물들은 혈액에 탄저균이 관찰되었고, 높은 사망률을 보였다. 이는 코흐 이전에 다벤느가 의심했던 것처럼 세균이 사실상 질병의 원인이라는 것을 확실히 보여주었다. 파스퇴르의 연구를 보완한 코흐의 연구는 세균론을 확증하고 견고한 토대 위로 끌어올리는 데 도움이 되었다.

그러나 코흐는 병든 동물들이 풀을 뜯던 들판에 내성이 강한 포자가 형성되어 남아있는 것을 발견함으로써 탄저균의 복잡한 병인학을 이해하는 데 한 걸음 더 나아갔다. 그는 병든 양과 소들이 그 들판의 풀을 뜯어 먹은 후에 탄저병에 걸리게 되었다는 수수께끼를 거기서부터 풀어냈다. 사실 탄저병은 동물 대 동물로 직접 전파되었다기보다는 주로 풀을 뜯으면서 걸리게 된 것이었다. 코흐는 예방 조치로 병에 걸린 동물들로부터 포자가 형성되어 널리 퍼지는 것을 막기 위해 병든 동물들을 태울 것을 권했다. 코흐는 1876년에 낸 첫 논문 〈탄저균의 생애 주기에 바탕을 둔 탄저병의 병인학The Etiology of Anthrax, Based on the Life Cycle of Bacillus anthracis〉에 이러한 결과를 발표했다. 이 논문은 코흐에게 국제적인 찬사를 안겨주었고, 의학 세균학의 기본서로 자리매김했다. 그런데 알고 보니 포자 형성 박테리아는 인간 질병의 주요 병원균 중에서 상당히 이례적인 균이었다. 탄저균 외에는 파상풍균과 보툴리누스균이 포자를 형성하는 박테리아들이다.

코흐는 질병을 일으킬 가능성이 있는 원인 물질로 탄저균을 넘어선 다른 미생물을 조사하기 위해서는 그를 둘러싼 기술적 한계를 극복해야 한다는 것을 깨달았다. 그중 한 가지는 지극히 개인적인 요인이었다. 코흐는 넉넉하지 못한 경제 사정으로 자택 뒤뜰에 날림으로 지은 실험실에서 연구하다 보니 탄저균 연구에서 더 나아갈 수 없었다. 이보다 중요한 객관적인 요인은 현미경의 네 가지 기술적 한계로, 불충분한 확대 배율, 어두운 조명, 박테리아의 투명도, 유체 속에서의 박테리아의 운동성을 극복해야만 했다.

칼자이스Carl Zeiss 광학 회사와 공동 작업하면서 코흐는 현미경에서 난시를 제거하는 유침렌즈와 광학유리를 사용하게 되었다. 또한 용액 속 박테리아를 건조한 다음 슬라이드에 '고정해' 박테리아의 운동성 문제를 해결하는 한편, 사프라닌 염료와 메틸 바이올렛으로 염색해 미생물의 투명도 문제를 해결할 수 있었다. 각기 다른 종의 박테리아는 다른 염료를 흡수하기 때문에 염색은 종을 구분하는 요긴한 방법이기도 했다. 이러한 방법론적인 혁신으로 코흐는 미생물의 세부적인 형태를 고해상도로 관찰할 수 있었고, 박테리아 사진을 출판한 최초의 과학자가 되었다.

탄저병 논문을 발표하고 난 후 3년 동안 기술이 향상된 현미경에 더해 코흐는 고형 배지를 추가로 개발했다. 처음에는 파스퇴르처럼 코흐도 순수 배양 조직을 얻기 위한 수단으로 미생물을 동물 신체에 직접 주입했다. 그러나 탄저병을 연구하는 동안 그는 연구 환경을 단순화하고 변수의 개수를 줄임으로써 과학자들의 통제력을 높이는 실험실 연구의 목적을 이행할 다른 수단을 개발했다. 이를 위해 그는 동물의 신체가 아닌 외부에서 미생물을 효과적으로 배양할 수 있게 하는 고형 배지를 고안했다. 그는 우선 배양 접시에 배양액을 붓고 한천으로 배양액을 굳혀 고형 배지를 만들었다. 그런 다음 연구하려는 박테리아가 포함된 유동액을 고형 배지 위에 부어 결과적으로 한 종류의 미생물을 다른 종류의 미생물로부터 쉽게 분리해 한데 섞일 위험 없이 실험 대상 미생물이 성장하는 과정을 현미경으로 관찰할 수 있었다. 이 과정은 미생물이라는 학문 역사상 가장 핵심적인 실습 단계였고, 감염병 연구 진전을 위한 확고한 기반을 다져놓았다. 최근의 한 연구는 그 결과를 두고 "여태껏 무질서하고 혼란스럽기만 했던 박테리아의 세계가 코흐의 손과 눈으로 쉽게 통제할 수 있는 대상이 되었다"라고 평가했다.[6]

동시에 개인적 환경의 한계도 그가 1879년에 베를린 황실보건국Imperial Health Office 직원으로 합류하면서 영구적으로 극복되었다. 그때부터 그는 제대로 갖추어진 연구 시설을 마음껏 활용할 수 있었을 뿐만 아니라, 그의 후반기 발견에 지대한 공을 세운, 지칠 줄 모르고 재능마저 출중한 세

명의 조수 게오르크 가프키Georg Gaffky, R. J. 페트리R. J. Petri, 프리드리히 뢰
플러Friedrich Loeffler와 함께 일할 수 있게 되었다.

갖출 것을 다 갖춘 코흐는 이제 당대에 가장 많은 사망자를 냈지만
복잡한 미스터리에 싸여 있어 특히 그의 관심을 끌었던 결핵으로 주의
를 돌렸다. 미스터리의 핵심은 결핵 결절과 관련된 다양한 상태들, 가령
폐결핵 같은 폐 질환과 현재는 '속립성' 또는 '산재성' 결핵이라고 하는
것들을 피르호의 가르침대로 각기 다른 질병으로 볼 것인지, 르네 라
에네크의 주장대로 하나의 질병으로 볼 것인지였다. 세계 각지의 실험
실에서 연구를 거듭했지만 어떤 원인 인자도 발견되지 않았기 때문에
증거도 딱히 없는 마당에 논란을 해결하는 것은 불가능했다. 발견하기
어려운 주된 원인은 결핵균인 미코박테리움 튜버클로시스Mycobacterium
tuberculosis가 크고 쉽게 보이는 탄저균보다 분리하기가 훨씬 어렵다고
알려졌기 때문이다.

코흐는 결핵균이 탄저균보다 훨씬 작은 것은 맞지만 단순히 확대 배
율의 문제가 아님을 알았다. 더 결정적인 문제는 다른 세균을 염색하는
식으로 결핵균을 염색할 수 없다는 것이었다. 코흐는 "결핵균이 색다른
성분의 특별한 벽에 둘러싸여 있어 염료에 알칼리, 아닐린, 또는 유사한
성분이 있을 때만 염료가 이 벽을 통과할 수 있을 것 같다"라고 썼다.[7]

코흐는 적절한 염색 기법을 고안한 다음 쉽게 드러나지 않는 결핵균을
발견하고, 모든 감염된 조직에 결핵균이 존재한다는 것을 관찰한 최초의
인물이 되었다. 그러나 그는 응당 상관관계보다 더 확고한 증거가 필요
하다고 느꼈다. 결핵 환자의 몸에 결핵균이 그저 우연히 존재한 것이 아
니라 결핵균이 원인 인자라는 것을 입증해야 했다. 탄저균에 대한 그의
이전 작업도 이처럼 새롭고 한층 까다로운 기준을 충족하지는 못했다.

그가 분리했던 결핵균의 인과적 역할을 반박할 수 없도록 증명하기로

마음을 먹은 코흐는 세균론 확립과 더 나아가 의학사에 가장 큰 영향을 미친 글 중 하나인 1882년에 발표한 그의 야심작 〈결핵의 병인학The Etiology of Tuberculosis〉에서 엄격한 기준 지침을 공식화했다. 어느 질병이든 질병이 있는 곳이면 미생물이 발견될 수 있다는 것을 입증하기 위해 그가 확립한 4대 기준 지침은 '코흐의 가설'로 알려져 있다.(그림 12-2) 이 기준들은 명확했고, 그의 실험실에서 이 기준들이 결핵에 성공적으로 적용되면서 코흐와 그의 팀이 19세기 가장 중요한 질병의 원인을 실제로

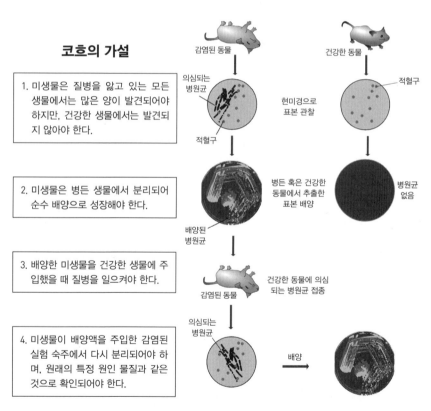

그림 12-2 질병과 질병을 일으키는 미생물 간의 인과 관계를 정립하기 위해 설계된 코흐의 가설.[마이크 존스(Mike Jones) 그림, CC-SA 3.0, 빌 넬슨 편집]

결핵균에서 발견했다고 과학 세계에 확신을 주었다. 그렇게 함으로써 그는 미생물학에 일률적인 방법을 도입했다.

1883년 이집트에서 아시아 콜레라가 발병하자 코흐는 새로 개발한 방법론을 사용해 미생물 병원균을 분리하고 미생물 병원균이 또 다른 주요 질병에 미치는 인과적 역할을 입증할 절호의 기회가 왔다고 자신했다. 독일, 프랑스, 벨기에 등 여러 국가 위원들은 최초로 해당 미생물을 발견한 선두 국가가 되고자 서둘러 이집트로 향했다. 프랑스팀은 시작부터 안타까운 사건을 맞았고, 도착한 시기도 좋지 않았다. 프랑스의 수장이 콜레라에 걸려 사망했고, 그런 다음 감염병이 잦아들었던 것이다. 코흐와 그의 팀은 여전히 콜레라가 기승을 부리는 인도로 이동했다. 거기서 그들은 *비브리오 콜레라균*을 분리했고, 그 균이 사실상 원인균이라는 것을 역학적으로 증명했다. 아이러니하게도 코흐는 그의 가설에서 정한 엄격한 기준에 들어맞지 않았는데도 새로 발견한 쉼표 모양 세균의 역할을 입증했다고 발표했다. 그 이유는 콜레라가 사람 간에만 전파되므로 실험동물에게 접종해 콜레라의 병인학을 추론해낼 수 없기 때문이었다. 코흐의 가설은 적용될 수 있는 경우에 한해서는 질병을 판단할 수 있는 결정적 요인으로 작용했지만, 콜레라는 코흐의 가설을 보편적으로 적용할 수 있는 것은 아님을 확인해주었다.

1883년 무렵 탄저병, 결핵, 아시아 콜레라의 원인이 되는 병원균들이 분리되었고, 질병을 유발하는 병원균의 역할이 입증되었다. 파스퇴르와 코흐가 개발한 방법론을 사용하면서 과학자들은 장티푸스, 페스트, 이질, 디프테리아, 성홍열, 파상풍, 임질과 같은 인간 질병에 원인이 되는 일련의 미생물들을 속속 분리해냈다. 그 덕에 1880년부터 1910년까지는 '세균학의 황금기'로 알려져 있다. 신기술이 병인론의 미스터리를 상당히 거둬내면서 감염성을 확증하고 질병의 세균론을 확립했다.

조지프 리스터

역설적이게도 감염병의 원인을 이해하게 되었다고 해서 환자에게 혜택이 돌아가는 것은 아니었다. 제2차 세계대전 이후 페니실린과 스트렙토마이신을 필두로 항생제 시대가 열리기 전까지는 의학적으로 감염병을 치료할 방법이 없었기 때문이다. 내과 환자들이 초기에 질병의 세균론으로부터 거의 혜택을 못 받았다지만, 수술 환자들은 이야기가 전혀 달랐다. 그들은 새로운 이해에 바탕을 둔 '수술 혁명'의 직접적인 수혜자였다. 여기에 결정적인 인물이 세균론을 확립하는 데 지대한 공을 세운 세 번째 과학자인 조지프 리스터다.

리스터는 에든버러대학 외과 교수 시절 수술을 잘 마친 환자들이 감염병으로 죽는 사례가 많다는 사실에 매우 놀랐다. 파스퇴르의 생각과 그 생각을 농업에 빗댄 씨앗과 땅이라는 은유는 곧바로 생명을 살리는 수술 절차에 대한 실질적인 함의를 지닌 것으로 그에게 다가왔다. 수술 환자의 상처가 공기 중 먼지로부터 감염되는 것을 예방할 수 있다면 공기 중 세균들이 상처에 나타나지 않을 것이다. 마치 세균이 파스퇴르의 살균된 거위목 플라스크 안에 있는 배양액에서는 나타나지 않듯이 말이다.

리스터 시대에도 수술은 고통, 출혈, 패혈증 발병 위험이라는 세 가지 요인으로 상당한 제약이 있었다. 그래서 주요 체강인 복강, 흉강, 두개강은 트라우마나 전쟁으로 인해 발생하는 긴박한 상황이 아니라면 수술 금지 부위로 여겨졌다. 수술 중 고통과 출혈은 개선의 여지가 있었다. 사실 1840년대 화학 분야에서 에테르와 아산화질소를 이용한 최초의 마취제가 개발되어 1846년 보스턴 매사추세츠 종합병원과 런던 칼리지 병원University College London Hospital에서 처음으로 무통 수술이 시행되었다. 그러나 감염은 어쩔 수 없이 일어나는 현상이라서 일반적인 치료로는 고칠 수 없는 부분으로 생각되었다. 당대에는 감염병을 죽어가는 조직에서 독소가 배출되면서 자연발생적으로 일어나는 현상으로 이해했다.

1860년대에 이미 리스터는 파스퇴르의 발효와 자연발생설의 논리에 따라 그러한 파스퇴르의 생각이 수술에도 깊은 영향을 줄 수 있다고 추론했다. 사실 파스퇴르 자신도 그의 후반기 연구《세균론과 의료 및 수술에의 적용Germ Theory and Its Applications to Medicine and Surgery》에서 수술과 그의 발견과의 관련성을 도출했다. 감염은 환자 체내에서 자연발생적으로 일어나는 것이 아니라 먼지가 가져온 공기 중 미생물에 의한 외부 오염으로 발생했다. 따라서 개선의 여지가 있었다. 파스퇴르가 제안하고 리스터가 이행한 한 가지 해결책은 방부법antisepsis이었다. 방부법은 미생물을 파괴해 미생물이 상처 부위에 접근하지 못하도록 예방하는 전략이었다. 리스터는 이 해결 방안을 1867년 그의 논문 〈수술 집도 시 지켜야 할 방부 원칙에 대하여On the Antiseptic Principle in the Practice of Surgery〉에서 제안했다. 리스터는 환자들이 대개 수술 후에 죽는데, 그 이유가 그들이 원래 앓던 병이나 수술 후 치유 과정 때문이 아니라 수술 중 '부수적 손상'에 따른 감염 때문이라고 썼다. 이는 리스터가 '병원증'이라고 일컫던 의원성(醫原性, 의료에 따라 발생하는 다른 장애_옮긴이) 감염이었다.

리스터의 혁명적 방법론은 수술 전에 손을 씻고, 수술 도구들을 소독하며, 석탄산을 환자 주변 공기 중이나 상처가 곪지 않도록 상처 부위에 직접 분무하는 것이었다.(그림 12-3, 12-4) 리스터는 생명을 살리는 이 방법을 권장하는 데 열을 올렸다. 논문을 썼고, 영국과 미국 전역을 돌며 셀 수 없이 강연했으며, 전문의들을 설득하기 위한 시연도 했다. 초반에 리스터의 동료들은 그의 생각을 비웃으며 거부했다. 외과의들은 석탄산 스프레이가 손과 눈을 검게 한다는 사실이 싫었고, 수술 도구들을 소독하는 게 시간만 잡아먹고 아무런 소득도 없는 귀찮은 일이라고 생각했다. 더군다나 하도 작아 보이지도 않는 생물이 건장한 성인을 쓰러뜨린다는 생각 자체가 터무니없다고 보았다. 그러나 시간이 지나면서 수술 후

그림 12-3 조지프 리스터는 1871년 무렵 빅토리아 여왕의 종기를 치료할 때 방부 수술을 위해 석탄산 증기 스프레이 장치를 사용했다. 이 스프레이는 수술실을 석탄산 증기로 뒤덮어 방부 환경을 만들었다.(런던 과학 박물관, CC By 4.0)

놀라운 생존율을 기록한 리스터가 마침내 승리를 이끌었다. 산과 전문의도 리스터를 따라 했고, 산욕열 환자들이 크게 줄기 시작했다. 빅토리아 여왕도 그의 공적에 정당성을 부여했다. 처음에는 리스터에게 수술을 맡겨 그의 방법에 따라 랜싯으로 여왕 겨드랑이의 깊은 종기를 절개하도록 허락했고, 1883년에는 그에게 작위도 내렸다. 수술은 한때 마지막 보루로 위급한 상황에나 하던 처치였지만 일상적인 절차가 되었고, 세균론은 가시적이고 성공적으로 현실에 응용되었다.

그러나 이 에든버러 외과 의사가 선도한 관행들을 가리키는 용어인 '리스터 소독법'은 곧 과학계의 맞수와 정면대결하게 되었다. 리스터의 방부법은 파스퇴르가 개발한 미생물학의 실험과학에서 얻은 통찰력을 융합했다. 그러나 방부법은 급부상하는 실험과학의 엄격한 기준에는 미치지 못했다. 리스터는 애당초 결과를 검증하기 위한 실험을 하지 않았고, 절차의 효용성을 입증하기 위한 통계도 작성하지 않았다. 그는 환자

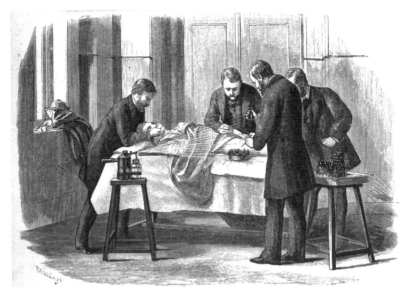

그림 12-4 1882년의 이 삽화는 '증기 기관차 빌리(Puffing Billy)'라는 별명을 지닌 리스터의 석탄산 스프레이 장비를 사용하는 장면을 보여준다.(런던 웰컴 컬렉션, CC By 4.0)

들에게 석탄산을 분무했을 때 회복되는 경우가 훨씬 많은 것 같다는 감에 의존해 진척 상황을 기록해 놓았을 뿐, 새로운 도구들을 엄밀한 검사 대상에 올려놓지는 않았다. 더군다나 그림 12-3에서 볼 수 있듯이 리스터의 스프레이 '증기 기관차 빌리'는 조악했다. 빌리는 냄새가 코를 찌르는 산성 물방울들을 뿜어냈고, 반대하는 사람들이 수행한 검사에서는 석탄산이 매우 효과적인 방부제는 아닌 것으로 나타났다.

1880년대 무렵 독일의 외과 의사들은 보다 근본적인 방부제의 대안을 고안했다. 그들의 방법 역시 세균론에 기반을 두고 있지만, 루이 파스퇴르가 아닌 로베르트 코흐의 연구를 바탕으로 했다. 파스퇴르처럼 코흐도 당시 일종의 '발효 작용'이라고 생각했던 상처 감염에 관심을 보였다. 미생물이 화농의 원인이라는 것을 입증한 코흐는 수술에 미치는 영향에도 관심을 보였다. 그러나 코흐의 논리는 파스퇴르와 리스터의 논리와는 달랐고, 코흐의 추종자들은 프랑스 출신 파스퇴르와 스코틀랜드 출신 리스터의 '방부법'과 다르다는 점을 강조하기 위해 그 기법을 '무균법asepsis'으로 명명하며 격론을 벌였다.

무균법은 과학 실험실을 출발지로 삼고 수술을 실험실의 기저 원칙에 따라 실시하려고 노력했다. 코흐가 실험에 영향을 줄 수 있는 변수의 개수를 줄여 연구자가 실험실을 통제할 수 있도록 했듯이, 무균법 지지자들도 수술실을 세균이 출입할 수 없는 완전히 인위적인 환경으로 바꿔 외과의가 통제할 수 있게 했다. 처음에는 방부법 외과의들이 종종 맨손으로 외출복을 입고 환자의 집이나 극장에서 관객을 앞에 두고 수술 중에만 세균을 파괴하는 산성 스프레이에 의존한 채 수술했다. 1860년대에 먼저 실시된 방부법을 적용한 수술에서 실질적인 교훈을 얻은 코흐의 무균법 지지자들은 스스로 방부법 지지자들보다 과학적으로 진일보했다고 여겼다. 그들의 무균 기술은 과학자들이 실험실을 통제하듯 외과의들에게 수술실 통제력을 제공하는 것을 목표로 삼았다.

원칙적으로 수술을 위한 방부법이나 무균법 둘 다 질병의 세균론에 바탕을 두고 있다고는 하나 완전히 상반된 전략들이었다. 그러나 실제로 두 방법은 시간이 지나면서 하나로 수렴되었다. 1890년대 무렵 스스로를 리스터 추종자로 여기는 외과 의사들은 수술 장갑, 마스크, 가운을 착용했고, 수술 도구들을 살균 소독했다. 이제 리스터 사후 한 세기 반이 지난 지금 무균법 외과 의사들은 수술 전후 항생제를 환자들에게 투여하는데, 이는 석탄산만 빠졌을 뿐 전적으로 방부법에 해당하는 조치로 볼 수 있다. 서로 대치하던 파스퇴르와 리스터의 방부법과 로베르트 코흐와 그의 추종자들의 무균법은 하나로 수렴되어 현대 수술실의 살균 방법론으로 정착했다.

'실험실 의학'과 직업으로서의 의학

클로드 베르나르가 그렇게 되리라고 주장했듯이 실험실 작업대는 신생 의과학의 표상이자 의학적 인식론의 중심지가 되었다. 히포크라테스와 갈레노스의 고전에 대한 경외심을 천 년 동안 고수해오다가 병동에 대한 주도권으로 백 년을 보낸 다음, 이제 의학의 권위는 유침렌즈, 염색약, 배양 접시를 갖추고 전임 의과학자와 그들의 조수들로 충원된 실험실로 옮겨갔다.

세균론은 의료 직종에 중대한 결과를 가져왔다. 무엇보다도 의학 교육에 대대적인 개혁을 불러일으켜서 독일식 모델을 따르는 기초 과학과 실험실에 점점 더 의존하게 되었다. 미국에서는 존스홉킨스대, 펜실베이니아대, 하버드대, 미시간대의 의대들이 새로운 인식을 채택한 첫 번째 주자들이었다. 이러한 교육 기관에서 미생물학, 기생충학, 열대의학, 약리학, 세균학과 같은 여러 세분화된 의학의 하위 전공 분야가 생겨났다.

그러한 엄격한 훈련과 여러 과학적 발견에서 비롯된 강한 영향력이 맞물리며 대증 요법 의사들은 다른 의료 과목과의 경쟁에서 새로운 문화적 권위를 갖추게 되었다. 생의학이라는 이론으로 무장한 의학은 지식과 실용적 공공 정책의 강력한 도구였기에 국가, 제약 산업, 공중보건사업의 관심이 집중되면서 의사라는 직업의 위상도 더욱 높아졌다.

세균론은 또한 더디지만 근본적으로 의사와 환자 간의 관계를 바꾸어놓았다. 새로운 기술이 부상하면서 진단, 치료 전략, 사례 관리는 더 이상 병력에 의존하는 전통적이고 전체론적인 의학 치료 접근법에 기초하지 않게 되었다. 의학 기록은 체온계, 현미경, 청진기, 실험실 보고서에서 도출한 그래프와 숫자들이 가득한 차트로 단순화되었다. 선호하는 전략도 환자의 전반을 살펴보기보다는 특정 질병 자체를 치료하는 쪽으로 기울었다.

세균론이 가정생활에 미치는 영향

낸시 톰스가 《세균의 복음》에서 논했듯이, 미생물 세계의 발견은 가정 내에서의 일상도 바꾸어놓았다. 제11장에서 이미 살펴보았듯이 처음으로 이루어진 일련의 변화들이 불결하고 유독한 냄새를 건강에 해로운 것으로 보고 제거하자는 요구와 맞물려 이미 위생개혁운동으로 제도화되었다. 그 결과, 화장실, 배수관, 세면기, 물걸레 등이 가정 내 위생 도구로 등장하게 되었다.

세균론이 가져온 변화들은 질병의 오물론과 위생혁명에 깔린 개념과는 다른 개념에 바탕을 두고 있었다. 그러나 실제로는 세균론이 토대를 두는 씨앗과 땅의 비유는 오물을 제거하자는 위생개혁운동을 강화했다. 오물은 위생 개념에 따르면 부식, 부패, 질병을 일으키는 독기를 유발했기 때문이다. 더군다나 위생 개념과 마찬가지로 '세균의 복음'은 신문, 잡지, 팸플릿, 광고 전단, 공개 강연 등을 통해 일반 대중에게 끊임없이 전파되었다. 또한 세균론은 '결핵과의 전쟁'과 같은 단일 질병들에 대한 운동들도 이끌었다. 영향력을 갖춘 언론 매체에 의해 대중은 집안을 미생물이 숨어있다가 언제든 인체를 공격해 질병을 일으킬 수 있는 위험한 장소로 보기 시작했다. 따라서 가정 내 공간과 개인위생 습관들은 개혁이 필요했다.

파스퇴르와 코흐의 발견은 세균과의 전쟁을 원활히 할 수 있게 주택을 개량하도록 유도했다. 이런 개량 작업에는 물이 새지 않는 하수관,

흙 거름망, 도자기 재질 변기, 욕실 바닥, 세면기, 리놀륨 부엌 바닥 등
이 포함된다. 이것들은 초기 오물 퇴치 위생개혁운동의 일환이 아닌 '세
균과의 전쟁'에 의해 요구된 것이며, 전쟁이라는 말에서도 암시하듯 정
확한 청결 기준에 따른 혁신적인 것들이었다. 한편 결핵균을 염두에 둔
의식 있는 개인들은 기침할 때 입을 가리고, 침을 뱉지 않으며, 손과 몸
을 자주 씻었다. 일반 대중은 세균에 대한 새로운 걱정에 사로잡혔고,
이런 현상은 '결핵 공포증'이라는 표현과, 교회 성찬식에서 잔을 공동
으로 사용하기를 거부하는 태도와, 브램 스토커Bram Stoker 같은 일부 작
가의 작품에도 잘 드러나 있다. 스토커의 단편 〈거인The Giant〉과 그의
1897년 소설 《드라큘라Dracula》는 빅토리아 시대의 감염병에 대한 공
포를 고딕 소설(공포 소설과 로맨스의 요소가 결합한 공포물의 하위 장르_옮
긴이)의 형식으로 표현한 것이다.

결론 : 질병의 세균론

질병의 세균론은 확실히 의학 역사상 결정적인 전진이었다. 세균론은
질병의 본질에 대한 새로운 이해, 현미경 검사의 발전, 백신 접종이라
는 공중보건 전략, 청결을 강조하며 일상생활의 변화를 이끌었다. 그러
나 세균론의 영향은 두 가지 측면에서 잠재적으로 부정적인 결과를 낳
았다. 먼저, 세균론은 공중보건의 방향을 단 하나의 특정 미생물 병원균
을 차단하기 위한 좁은 기준의 '수직적' 운동에 맞추고 있으며, 가난, 식
단, 교육, 임금, 주택 문제와 같은 질병의 사회적 결정 인자들에 초점을
맞춘 '수평적' 프로그램들은 무시하고 있다. 그러한 수직적 접근법은 특
정 병원균과 그 병원균이 일으키는 단일 질병을 공격한다는 소극적인

목표뿐만 아니라 전반적인 건강과 복지를 증진시키는 적극적인 목표도 방치할 소지가 있다. 위생개혁운동은 이미 사회적 의료에서 멀어져 오물과의 전쟁에서 작업 환경과 임금 등은 고려하지 않았다. 세균론의 도래는 범위를 더욱 좁혀 미생물 자체만 집중 조명하는 분위기를 만들었다.

세균론의 결과로 일어날 수 있는 또 다른 문제는 부수적으로 뒤따르는 도덕적 딜레마다. 실험실 연구는 의학 역사상 최초로 방대한 수의 실험 대상에 의존하도록 만들었다. 파스퇴르의 연구는 토끼, 쥐, 기니피그, 양, 개, 소, 닭에 접종을 할 수 있는지 여부에 좌우되었다. 코흐의 가설은 구체적으로 독성이 있고 심지어는 치명적이기까지 한 미생물을 건강한 동물에 접종하도록 했다. 윤리 강령이 부재한 상황에서 많은 경우 연구 동물들은 결과적으로 아무런 규제도 없이 불필요한 고통을 당해야 했다. 더욱이 일부 연구 프로젝트에서는 실험동물로 인간을 이용하는 경우도 있었다. 나치의 의료 '과학' 스캔들과 터스키기 매독 연구(Tuskegee Syphilis Study, 흑인을 대상으로 40여 년간 매독 실험을 행한 의학사상 최악의 임상시험_옮긴이)가 자행되고 나서야 비로소 그러한 연구는 감시와 엄격한 규정의 대상이 되었다.

20세기가 저물어갈 무렵까지 확장해 살펴보면 질병의 세균론은 질병 자체를 보다 복합적으로 이해할 수 있도록 길을 터주었다. 한동안 감염병과 만성 질환은 두 개의 분리된 범주에 속하는 것 같았다. 그러나 최근에 확인된 바로는 많은 '만성' 질환이 박테리아 감염에 의해 촉발되기 때문에 둘을 구분 짓는 경계가 훨씬 덜 명확하다는 것이 드러났다. 이 발견은 위궤양부터 시작되었고, 병을 이해하고 치료하는 방식에 혁명을 이끌었다. 최근 연구는 미생물이 촉발하는 것으로 밝혀질지도 모를 다양한 암, 1형 당뇨, 알츠하이머 등 다른 만성 질환과 관련해서도 유사한 메커니즘을 탐구하고 있다. 이렇듯 질병의 세균론은 이 이론의 창시자들이 예상하지 못했을 법한 방식으로 병리학을 또다시 조명하고 있다.

| 제13장 | 콜레라

콜레라가 인도 아대륙, 그중에서도 풍토병의 근원지인 갠지스강과 브라마푸트라강(티베트에서 발원해 인도까지 흐르는 강_옮긴이)이 합류하는 삼각주를 아우르는 곳에서 오래전부터 존재했는지를 두고 학계의 논의가 분분하다. 이 책의 목적에 부합하는 중요한 사실은 19세기 초 무렵 콜레라가 인도에서는 풍토병이었지만, 주요 유행병으로 확산하던 1817년까지는 다른 곳에는 알려지지 않았다는 점이다. 바로 그 이후부터 콜레라는 인도를 넘어 1830년에는 유럽에 진출하며 국제 사회를 뒤흔들기 시작했다. 지금까지 지구상에는 일곱 차례 콜레라 팬데믹이 발생했다.

1차: 1817~1823, 아시아

2차: 1830년대, 아시아·유럽·북미

3차: 1846~1862, 아시아·유럽·북미

4차: 1865~1875, 아시아·유럽·북미

5차: 1881~1896, 아시아·유럽

6차: 1899~1923, 아시아·유럽

7차: 1961~현재, 아시아·남미·아프리카

콜레라를 일으키는 *비브리오 콜레라균*(그림 13-1)은 약해서 이동이 쉽지 않은 박테리아라 19세기 초반만 해도 콜레라는 인도에 국한되어 있었다. 그 후 수십 년 동안 여러 요인이 인도와 서구 사회 간의 인적 이동을 대폭 증대시키는 한편, 이동 시간도 혁신적으로 단축했다. 특히 세 가지 발달 과정이 중요한 역할을 했다. 첫째, 영국의 식민화 정책에 따른 군대 파견과 활발한 물자 이동, 둘째, 인도의 무슬림이 메카로 집결하는 핫즈(Hajj, 이슬람교도들의 메카 성지 순례_옮긴이)를 포함한 종교 순례와 종교 행사, 셋째, 철길, 증기선, 수에즈 운하와 관련된 교통 혁명이 그것이다.

이러한 발달 과정으로 비브리오는 서구 사회로 진입할 수 있었지만, 도착하고 나서도 존속하려면 우호적인 환경이 필요했다. 공동체를 괴롭히는 감염병은 아무나 닥치는 대로 괴롭히는 것은 아니다. 그들은 한 사회의 사회적·경제적·정치적·환경적인 특징들을 기막히게 이용한다. 분변-경구 경로로 전파되는 콜레라의 경우, 산업혁명과 혁명에 따른

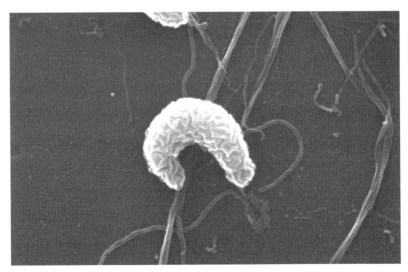

그림 13-1 아시아 콜레라의 원인균인 쉼표 모양의 비브리오 콜레라 박테리아의 전자 현미경 이미지.[루이자 하워드(Louisa Howard) 사진, 다트머스대학교 전자현미경실]

병적 측면들이 우호적인 환경을 조성했다. 콜레라는 무질서하고 무계획적인 도시화, 인구 급증, 물이 충분히 공급되지 않고 자주 단수되는 밀집한 빈민가, 표준 이하의 주거 환경, 불충분한 식사, 여기저기 널린 쓰레기, 하수 시설 미비와 같은 초기 산업 도시 개발의 특징을 제대로 이용해 번식했다. 마르세유, 함부르크, 발렌시아, 나폴리 같은 항구 도시에 상륙한 비브리오는 자신을 맞이하는 이상적인 환경을 발견했다.

14세기부터 18세기 초까지는 페스트가 가장 끔찍한 질병이었고, 그후 천연두가 바통을 이어받아 18세기 내내 군림했다. 그러고 나서 19세기에는 콜레라가 가장 무시무시한 질병으로 등극했다. 사실 처음 콜레라를 접했을 때 콜레라와 관련된 논의는 상당 부분 과연 콜레라의 도래가 '페스트의 재림'으로 기록될 수 있는지 여부에 관한 것이었다. 콜레라의 여러 별칭 중 일부에도 콜레라가 야기하는 공포가 잘 표출되어 있다. 이를테면 '콜레라 병cholera morbus', '콜레라 기절병cholera asphyxia', '집시', '괴물', '푸른 콜레라', '콜레라 대왕'이 그것이다.

콜레라는 많은 이유로 두려움을 자아냈다. 우선 머나먼 동쪽에서 알려지지 않은 침입자로 갑자기 등장했다는 점이다. 그래서 '아시아 콜레라'로 불렀다. 또한 그 섬뜩한 증상, 높은 사례치명률, 갑작스러운 발현, 한창 때의 성인을 선호 대상으로 삼는다는 점 때문에 더욱 경악스러웠다. 그 공포가 어찌나 강렬했던지 콜레라는 독자들에게 이미 익숙한 반응을 포함해 콜레라 발병으로 인한 혼란을 더욱 확대 재생산하는 여러 사회적 반응을 쏟아냈다. 집단 도주, 폭동, 사회적 광란, 희생양 삼기, 경제 붕괴 등이 그것이다.

19세기는 여러 차례의 혁명이 발발하며 사회적으로 극도의 긴장감이 감돌던 시대였기에 '반항의 세기'라는 별칭마저 붙었다. 1830년의 혁명의 물결, 1848~1849년의 혁명, 이탈리아와 독일 통일, 파리 코뮌(1871년 파리 시민과 노동자들의 봉기에 의해 수립된 자치정부_옮긴이) 같은 극단적인 사회 격변이 19세기를 장식했다. 콜레라는 이러한 사건들과 맥을 같이하면서 말할 것도 없이 정치적 긴장감을 고조시켰기에 사학자들이 유럽을 휩쓴 콜레라가 혁명을 불러내는 주요 요인은 아니었는지 연구해보고자 하는 것도 무리는 아니었다. 그러나 현재는 그러한 견해가 성립되지 않는다는 것이 확실히 밝혀졌다. 인과 관계의 고리는 반대로만 작용한다. 즉 혁명이나 전쟁의 발발과 사회적 무질서가 콜레라가 살아남을 수 있는 이상적인 환경을 조성했다는 것이다. 콜레라는 혁명을 불러낸 것이 아니라 혁명이 발발하자 따라 움직였다. 아시아 콜레라는 폭동을 일으켜 혁명을 개시하려는 군중과 함께하기보다는 혁명을 진압하기 위해 징병된 군대와 동행했다.

비록 콜레라가 19세기 유럽의 혁명을 일으키지 않았다는 게 이제는 확실해졌지만, 오히려 콜레라의 영향을 지나치게 축소하려는 견해도 존재한다. 가령 일부는 콜레라가 혁명을 일으키는 데 실패했을 뿐만 아니라 어떤 종류의 지속적인 영향력을 낳는 데도 실패했다고 주장한다. 이러한 평가에 의하면, 콜레라는 극적이었고 단기간에 상당한 소음과 분노를 불러일으켰지만, 장기적으로 볼 때 콜레라가 남긴 유산은 보잘것없고, 감염병의 강도 측면에서도 페스트와 천연두 같은 감염병의 근처에도 가지 못했다. 이처럼 상충하는 견해들 사이에서 콜레라를 제대로 평가하려면 우선 콜레라의 원인과 증상, 치료법, 역학부터 두루 살펴보아야 한다.

병인학, 증상학, 예술적 반응

콜레라는 1883년에 코흐가 발견한 *비브리오 콜레라균*에 의해 발생하며, 그 병적 증상이 섬뜩하기로 유명하다. 입안으로 콜레라균이 들어왔다 해도 대다수는 몸에 아무런 부작용 없이 소화 기관의 위액만으로 충분히 병원균을 파괴할 수 있다. 그러나 들어온 비브리오의 수가 엄청나거나 전부터 앓은 위장 장애나 지나치게 익은 과일 섭취, 과음 등으로 소화 작용이 원활치 않다면 침입한 세균은 안전하게 위에서 소장으로 통과할 수 있다. 콜레라균은 소장의 장 점막에 스스로를 부착해 증식하면서 감염시킨다.

이에 대응해 인체 면역계는 콜레라균을 공격하지만, 균이 죽으면서 자연 상태에서 가장 강력한 독소 중 하나인 장 독소를 배출한다. 그 여파로 소장 벽은 반대로 작동해 영양분을 장 내강에서 혈류로 통과시키는 대신 무색의 액상 성분, 즉 혈장을 소화관으로 내보내 폭발적으로 직장으로 밀려 나가게 한다.

이처럼 혈장이 손실되면 콜레라 환자는 변 모양이 밥 지을 때 밥솥 안에 든 쌀뜨물과 비슷해서 '쌀뜨물 똥'이라고 이름이 붙은 변을 쏟아내게 된다. 이 액변은 심할 경우 한 시간에 1리터까지 배출되기도 하며, 수도꼭지에서 물이 쏟아져 나오는 것 같다고들 하는 심한 구토까지 동반되어 수분 손실이 더욱 가중된다. 그 결과, 출혈이 심하면 사망에 이르듯, 저혈당 쇼크로 사망에 이를 수 있다.

소화관에서의 과도한 액체 방출은 몇 시간에서 며칠에 불과한 짧은 잠복기를 거친 후 나타나는 병의 갑작스러운 증상에 해당한다. *콜레라 시카*cholera sicca라는 중증의 경우, 수분 방출이 아주 빠르고 처참하게 진행되어 순식간에 사망하기도 한다. 콜레라 환자는 모두 증상이 예고도 없이 갑자기 나타나는 만큼 공공장소에서 불시에 증상이 발현하는 경우도 종종 있다. 특히 모두가 보는 앞에서 환자가 가공할 만한 고통스러운 증상을 보이기에 콜레라는 더욱 두려움을 자아낸다. 콜레라가 다른 질병과 구분되는 두드러진 특징은 체내에서 신속히 진행된다는 것이다. 겉보기에는 다부지고 건강한 사람도 점심을 마치고 저녁을 들기도 전에 고통스러워하다 저승길로 가기도 하고, 기차를 타고 목적지에 도착하기도 전에 이승을 떠나기도 한다.

이러한 발작이 대부분의 사람에게 익숙한 '정상적인' 풍토병 증상이라기보다는 음독 증상 같아 보이므로 콜레라를 질병과는 별개로 보이게 한다. 콜레라의 전체적인 병리는 심지어 19세기에 설치류 박멸에 널리 사용되던 흰색 비소가루인 쥐약의 효과와도 비슷하다. 따라서 고문당하는 것처럼 보이는 콜레라 증상들은 어쩌면 콜레라가 자연 현상이라기보다는 범죄일지 모른다는 생각과도 맞아떨어졌다. 이런 결론이 사람들을 더욱 겁나게 했던 이유는 당시에는 치료제도 없어 19세기 콜레라 환자의 거의 절반가량이 목숨을 잃었기 때문이다.

간담을 서늘케 하는 콜레라의 증상들은 체내 수분이 곧바로 빠져나가고, 그다음에 전신에 미치는 파괴적인 영향에서 비롯된 결과다. 19세기 의사들은 잠복기를 마친 콜레라가 '오한기'와 '길항기', 두 단계를 거친다고 했다. 첫 번째 단계인 오한기는 8~24시간 지속되고, 환자가 갑자기 무섭게 변하는 극적인 양상을 보인다. 오한기가 오래 지속될수록 예후는 더욱 심각해진다. 수분이 다 배출되는 동안 맥박은 점차 약해지고, 혈압은 급강하며, 몸은 차디차게 변해 체온이 35~35.5℃에 머무른다. 얼굴은 갑자기 납빛을 띠고, 데스마스크를 뜬 양, 아니면 장기간 폐결핵을 앓은 환자인 양 쪼그라든다. 종종 여전히 살아있는 환자의 몸이 '시체처럼' 알아볼 수 없게 변한다고도 한다. 생명이 없는 눈은 움푹 패고, 다크서클이 드리워져 있으며, 계속 반쯤 감긴 상태로 눈꺼풀 아래 핏발이 서 있다. 피부는 쭈글쭈글하고, 양 볼은 움푹 들어가 있으며, 이는 이제는 닫히지도 않는 푸르스름한 입술 뒤로 밀려나 있고, 혀는 빠짝 말라 두툼하니 축 처진 신발 가죽을 생각나게 한다. 계속 엄습해오는 어지럼증, 딸꾹질, 해소되지 않는 목마름이 고문을 더한다.

방혈을 시도하려던 의사들도 발견했듯이 피 자체가 시커먼 타르처럼 변해 끈적거려 순환될 성싶지도 않다. 산소 부족으로 근육은 심한 경련을 일으키며 수축하다가 너무 심하면 근육과 힘줄이 동시에 끊어지며, 타는 듯한 복통을 일으키곤 한다. 빅토리아 시대의 콜레라 전문가 A. J. 월A. J. Wall의 말에 따르면, "심한 경우 종아리, 허벅지, 팔, 팔뚝, 복근, 허리근, 늑간근, 목 근육에 이르는 거의 모든 근육 조직이 영향을 받는다. 환자는 고통으로 몸부림치고 좀처럼 침대에 누워있을 수도 없어서 비명이 절로 터져 나오는데, 이 소리에 주변 사람들도 여간 괴로운 게 아니다."[1] 경련이 일어나면 후두근이 과하게 수축해 환자는 삼키지도, 숨을 쉬지도 못해 결국 죽음에 이르는 경우도 많다. 그래서 환자는 이러다 가사 상태에 빠질 것 같다는 절박한 심정에 미친 듯이 숨을 쉬려고 격하게 몸부림친다. 환자나 지켜보는 사람이나 그 같은 경험은 더욱 고통스럽기만 하다. 정신은 멀쩡한데 심장마비와 질식으로 당장이라도 죽을 것만 같아서 고통의 매 순간이 철저히 체득되기 때문이다.

오한기를 버티고 생존한 이들은 예후가 좋다고는 할 수 없지만 비교적 평탄해 보이는 길항기로 접어든다. 오한기 콜레라의 임상적 증상들은 잦아들거나, 상반된 증상이 나타나기도 한다. 체온이 오르거나 열이 나기도 하고, 경련과 배출이 잦아들고, 맥박은 강해지고, 피부색도 돌아온다. 환자의 전체적인 모습을 보면 이제 회복기로 접어들었다는 생각이 들게끔 한다. 그러나 불행하게도 이제 종종 정신착란에 빠지기도 하는 심신이 약해진 환자는 폐렴, 수막염, 요독증, 손가락·발가락·코·성기 같은 신체 끝부분에 나타나는 괴저 등 온갖 종류의 합병증에 걸릴 위험이 매우 높다. 무엇보다 가장 치명적인 것은 요독증인데, 그 자체만으로도 19세기 콜레라 사망률의 거의 4분의 1을 차지했다. 요독증의 원인은 환자의 끈적한 피가 신장을 통한 자연스러운 순환 기능을 방해해 신부전, 배뇨 억제, 독혈증 등을 일으키기 때문이다.

콜레라는 심지어 환자가 죽은 후에도 여전히 사람들을 섬뜩하게 했다. 이 으스스한 병은 살아있는 환자는 송장처럼 보이게 하더니 죽은 환자는 살아있는 것처럼 보이게 했다. 콜레라는 극심한 근육 수축을 유발하기에 콜레라 환자는 사후에도 한동안 마치 혼령을 부르는 듯 사지를 흔들고 움찔거렸다. 따라서 콜레라로 사망한 시신을 수거하는 수레는 생명들로 가득한 것만 같았고, 사악한 의도가 숨어있거나 산 채로 매장하는 것만

그림 13-2 가브리엘레 카스타뇰라(Gabriele Castagnola)의 〈팔레르모의 콜레라(Cholera in Palermo)〉(1835). 사망자를 수레에 태우는 와중에도 가끔은 근육이 불가사의하게 계속 움찔거리기도 했다. 1830년대 2차 세계 콜레라 팬데믹기 동안 팔레르모에서 2만 4,000여 명이 사망했다고 전해진다.(런던 웰컴 컬렉션, CC By 4.0)

같아 보는 이들에게 공포를 불러일으켰다.(그림 13-2)

　콜레라의 병리학적 속성이 그에 대한 문화적인 반응을 다양한 방식으로 강력하게 형성했다. 동양에서 온 이국적인 침입자는 불결하고 비열하기 짝이 없었기에 오페라, 소설, 회화에서 다른 감염병을 다루는 식으로 그렇게 폭넓게 다룰 수는 없었다. 제14장에서 살펴보겠지만, 결핵은 방대한 문학과 예술 작품을 탄생시켰고, 아름다움, 천재성, 영성의 본질을 투영하기에 적절한 출발점으로 인식되었다. 결핵이 일으키는 고통의 실상이야 어떻든 간에 그것은 기독교의 신에 '복종'하고 부르주아 감수성이라는 만연한 '기준'에 따르기 위해 신체를 소모해버리는 폐의 고통이었다.

　매독 역시 낭만적인 추종자들이 있었다. 외모를 망가뜨리고 도덕적으로도 골칫거리이며, 종종 치명적이기까지 한 매독에 추종자가 있었다는 게 상당히 역설적이다. 그러나 매독은 모든 사회 계층을 차별하지 않고 공격했고, 심지어 그 병이 방탕을 내포하고 있었기에 가볍게 넘겨버리도록 부추겼다. 난봉꾼들은 '임질'을 명예, 위선적인 관습에 저항하는 자유사상, 성적 정복 등, 인습 타파의 의미가 담긴 영광의 상처쯤으로 생각했다. 19세기 작가 귀스타브 플로베르Gustave Flaubert와 샤를 보들레르Charles Baudelaire도 그 병을 허세로 치부했다.

　심지어 모든 질병 중 일대 격변을 일으켰던 페스트조차도 재앙을 벌충할 만한 예술적 특징이 있었다. 페스트로 인한 엄청난 사망률은 콜레라와는 달리 페스트가 상류층에서 하류층까지 모든 사회 계층에 고통을 준다는 점에서 보편적이었고, 증상이 고통스럽기는 하지만 직접적으로 배설물과 연관되어 있지도 않았다. 우리가 앞서 다루었다시피 페스트가 돌자 모든 매체의 작품들이 쏟아져 나오며 신과 인간의 관계 및 인생의 의미를 다시금 고찰해볼 기회로 삼았다.

그러나 콜레라는 지저분하기 그지없고, 외래종에다, 천민들의 질병이었다. 콜레라는 감염병이 도는 한가운데서 그런 지저분함과 가난을 참고 있는 사회나 환자 모두를 모멸하고, 업신여기며, 낙인찍었다. 후기 팬데믹기에 콜레라의 메커니즘과 그 분변-경구 전파 양상을 다들 이해하게 되었을 때, 어떤 사회적인 해결책이 필요한지가 바로 확실해졌고, 그 해결책은 고상함과는 거리가 먼 것들이었다. 하수구, 안전한 식수, 수세식 변기가 필요했을 뿐, 회개나 신의 중재가 필요했던 게 아니었다. 콜레라에 걸린 오페라의 여주인공이 연극 막바지에 이르러 죽어가는 대목에서 내장에 있던 온갖 것들을 다 무대에 쏟아낸다고 상상해보라. 가령 1896년 초연된 자코모 푸치니Giacomo Puccini의 오페라 〈라보엠La Bohème〉에서 폐결핵에 걸린 여주인공 미미가 아름다운 죽음을 맞이하는 대목에서 콜레라가 끼어들 자리는 없을 것이다.

콜레라가 예술가의 관심을 끌지 않은 것은 아니지만, 독특하고 폭로하는 방식으로 다루어졌다. 그중 하나는 질병의 의학적인 측면은 생략하고 그 사회적인 영향에만 집중하는 서술 전략이었다. 이탈리아 작가 조반니 베르가Giovanni Verga는 시칠리아섬을 거쳐 콜레라의 경로를 추적하는 내용의 자연주의 소설 《마스트로 돈 제수알도*Mastro-don Gesualdo*》(1889)에서 병실에 들어가지 않고, 개별 환자들의 고통을 다루지도 않는 방식을 택했다. 같은 방식으로 콜롬비아 작가 가브리엘 가르시아 마르케스Gabriel García Márquez 역시 그의 소설 《콜레라 시대의 사랑*Love in the Time of Cholera*》(1985)에서 콜레라를 비위 상하는 묘사를 해야만 하는 중심 장면에 배치한 게 아니라 어렴풋이 배경에만 존재하게 하는 방식을 택했다.

아마도 콜레라를 다른 감염병들과 구분 짓는 차이점은 같은 작가가 쓴 두 책을 비교해보면 확실히 알 수 있을 것이다. 독일 작가 토마스 만Thomas Mann은 《마법의 산The Magic Mountain》(1924)에서 결핵을 다루고, 《베네치아에서의 죽음Death in Venice》(1912)에서는 콜레라를 다루었다. 《마법의 산》에서 토마스 만은 우아한 요양소에서 인생의 미묘한 의미를 하나하나 되짚어보며 주인공 한스 카느토르프의 지적인 계몽사상과 의료 활동 경력을 세심히 추적한다. 반면, 1910~1911년에 발병한 콜레라를 다룰 때 토마스 만은 성적인 관습을 거스르는 노작가 구스타프 폰 아셴바흐가 겪게 되는 '짐승 같은 수모'라는 말로 콜레라를 상징적으로 나타냈다. 그러나 토마스 만은 아셴바흐에게 그의 증상을 드러내는 마지막 치욕은 안겨주지 않고, 대신 흔들의자에서 평화롭게 잠들다 죽는 최초의 콜레라 환자가 되도록 했다. 마찬가지로 루키노 비스콘티Luchino Visconti 감독도 토마스 만의 소설을 토대로 만든 1971년 영화 〈베네치아에서의 죽음〉에서 스크린에 담을 아름다운 베네치아 풍경에 콜레라의 적나라한 병적 증상이 끼어드는 것을 허락하지 않았다. 콜레라는 너무나 역겨워서 묘사할 수도 없었다.

치료

19세기 내내 의사들은 콜레라의 갑작스러운 발병, 격렬함, 급속한 진행에 속수무책이었다. 그들이 가진 의료품이나 설비 그 어떤 것도 고통을 완화하거나 생명을 연장하는 데 큰 도움이 되지 않았다. 환자를 구하고자 하는 절박한 마음에서 의사들은 종종 가장 실험적이고 외과적인 개입에 의존해야 했지만, 모두 헛수고였다.

치료 초기에는 체액 원칙, 그중에서도 특히 자연의 치유력이라는 개념과, 그와 늘 함께 따라오는 '질병의 증상이 곧 자연의 치료법'이라는 개념을 바탕으로 했다. 히포크라테스와 갈레노스의 교리는 콜레라의 특징인 쉴 새 없는 구역질과 설사가 체내의 독기를 스스로 제거하려는 신체의 전략이라고 했다. 의사들은 신체의 자가치유 노력을 돕기 위해 예전에는 토근(남미산 꼭두서닛과의 관목으로 토제, 설사약으로 사용_옮긴이), 나중에는 알로에, 센나(석결명 잎을 말려 설사약으로 만든 것_옮긴이), 카라카스(갈매나무의 일종_옮긴이), 피마자유 등 가장 강력하다고 알려진 구토제와 설사약을 투여했다.

이런 의철학을 추구하면서 의사들은 모든 정통파 의사들의 특징과도 같은 수술인 정맥 절개술을 효율적으로 사용했다. 방혈은 당시 많은 장점이 있었다. 방혈은 전신에 영향을 미쳤고, 그 전략이 확실했으며, 의사에게 강력한 통제권을 허용했고, 의학계에서 200년이나 실행해오고 있었다. 그러나 콜레라 환자들은 이미 혈장을 너무나 급속도로 잃고 있어서 피가 거의 흐르지 않고 정맥의 위치도 찾기 어려웠기 때문에 주요 혈관인 정맥뿐만 아니라 동맥까지도 열어야 했다.

그런 상황에서 방혈이 비생산적이라는 게 입증되었기 때문에 의사들은 여러 가지 절박하고 실험적인 절차에 의존했다. 1830년대에 개발된 이러한 절차 중 하나는 조짐이 좋았고, 아이러니하게도 궁극적으로 근대 콜레라 치료법의 근간이 되었다. 이는 바로 수분을 보충하는 방법이었다. 콜레라 환자들의 체액이 치명적인 속도로 빠져나가고 있는 게 명백했기에 많은 의사는 체액 방출이라는 정통 방법을 역으로 활용해 체액을 보충하는 데 힘썼다. 그러나 이미 탈진한 환자에게 단순히 물을 많이 마시게 하는 방식은 격렬한 발작 증상을 불러왔고, 결국 죽음만 재촉할 뿐이었다.

좀 더 외과적인 대안은 '역逆 정맥 절개술'로 개념화할 수 있을 법한 것으로, 정맥에서 체액을 빼내는 게 아니라 정맥으로 물을 보충하는 것이었다. 그렇지만 이 초기 형태의 수분 보충 요법은 환자의 상태를 호전시키기에는 역부족이었다. 얼마나 많은 액체를 투여해야 할지 몰랐던 의사들은 종종 과잉 주입해 심정지를 일으켰다. 게다가 그들은 세균에 대해서도 몰랐고, 물을 살균해야 할 필요성도 인식하지 못했기에 패혈증을 유발했다.

또 다른 문제는 염도에 있었다. 자연스러운 자극은 등장액等張液, 즉 피와 동일한 수준의 염분 농도를 지닌 액체를 투여함으로써 비슷한 것은 비슷한 것으로 교체하는 것이었다. 그러나 불행히도 체 조직은 삼투압이 높은 용액, 즉 염분 농도가 훨씬 높은 고장성 식염수(염도가 높은 식염수_옮긴이)만 흡수했다. 따라서 정맥에 주입한 액체가 바로 장으로 흘러가서 그렇지 않아도 많이 나오는 쌀뜨물 같은 변을 더 많이 쏟아내는 결과만 19세기 내내 반복했을 뿐이다.

1908년이 되어서야 영국 의사 레너드 로저스Leonard Rogers가 절차 두 개를 추가했다. 우선 그는 '콜레라 침대'를 만들었는데, 가운데 큰 구멍을 내고 구멍 아래에 통을 설치해 쌀뜨물 변을 받아서 체액의 손실량을 측정했다. 그런 다음 그는 환자가 갑자기 심장마비를 일으키지 않게 서서히 적정량의 용액을 투여했다. 콜레라 침대 못지않게 중요한 로저스의 두 번째 획기적인 방법은 증류수로 만든 고장성 식염수를 사용하는 것이었다. 환자들은 몸에서 이 용액을 받아들였고, 패혈증도 일으키지 않았다. 이러한 개발품 덕분에 콜레라의 사례치명률이 절반으로 줄어들어 25%까지 떨어졌다. 나중에 개량된 것은 깨끗한 물 양동이에 용해될 수 있는 소금, 설탕, 전해질을 섞어 봉지에 넣은 경구수액보충제였다. 경구수액보충제는 용액 내의 포도당이 장에서 소금과 물을 흡수할 수 있는 흡수력을 끌어올리기 때문에 효과적이었다. 간단하고 값싸며 투여하기도 쉬운 이 전략은 사망률을 한층 더 낮추었고, 콜레라 치료법의 희망으로 1970년대 이후 널리 채택되었다.

수분 보충 실험이 한 세기 내내 한 번도 성공하지 못했는데도 어떻게 계속 명맥을 유지할 수 있었을까? 이유는 실패를 거듭하던 수분 보충 실험이 마치 기적처럼 감질나는 단기 효과를 주는 것 같았기 때문이다. 심지어 위독한 환자마저도 회복되는 것 같았다. 고통스러운 경련, 금방이라도 질식사할 것 같은 기분, 체온 저하 같은 증상들이 갑자기 모두 사라졌다. 환자들은 병상에서 일어나 대화도 나누고, 병이 재발해서 황천길로 가기 전에 유언장을 쓸 여유도 있었다.

아마도 19세기의 모든 콜레라 감염병 치료에서 가장 고통스러웠을 치료제는 로베르트 코흐가 *콜레라균*을 발견한 다음 1880년대에 지나친 낙관론에 휩싸인 의사들이 투여했던 산성 관장제였을 것이다. 낙관주의에 빠진 의사들은 마침내 적의 정체가 무엇인지, 그 적이 신체 어디에 자리 잡고 있는지도 알게 되었고, 또한 리스터가 입증했듯이 박테리아가 산에 취약하다는 것도 충분히 이해했기에 이제 침입자를 파괴하고 환자의 건강을 회복하는 데 필요한 모든 것은 바로 환자의 장에 석탄산을 퍼지게 하는 것이라고 추론했다. 코흐도 리스터도 그러한 절차를 승인한 적은 없었지만, 그들을 추종하는 일부 이탈리아 의사들은 1884~1885년 콜레라가 유행하던 시기에 이 치료법을 시도했다. 그들은 산성 관장제가 코흐의 발견 논리와 리스터의 의료 행위를 따른 실험적인 의료 개입에 해당한다고 생각했다. 그러나 그 결과는 이루 말할 수 없을 만큼 실망스러웠다. 그들은 질병의 세균론 같은 과학적 진보를 성급하고 부주의하게 실험실에서 병상으로 옮길 경우 치명적인 결과를 낼 수 있다는 것을 입증한 셈이다.

역학 및 나폴리 사례

자유롭게 밖을 돌아다니지 않고 인간 외에는 자연 병원소가 없는 *비브리오 콜레라균*은 증기선과 대규모 인구 이동에 의존해 서구에 도착했다. 선원과 승객의 소화관에, 그들의 침구, 옷가지, 개인 물품 위에, 그들의 쓰레기에 붙어 이동했다. 유럽이나 북미 항구 도시에 도착한 이 세균들은 뭍에 오르거나 항구 인근 바닷물에 투척되었다. 첫 사례는 전형적으로 항구에 발을 내딛거나 항구에 자주 가는 사람들 사이에서 특히 기온이 오르는 시기에 발발했다. 이러한 첫 번째 환자들로는 처리되지 않은 하수도 오물을 맘껏 빨아먹은 날조개를 섭취한 자들이나, 선원이나 승객의 옷을 빠는 세탁부, 항구 인근에서 숙소 및 식당을 연 주인들이 있었다. 그들의 불운은 '산발성 콜레라'를 시작으로 나타났다. 산발성 콜레라는 유행병이라기보다는 이웃, 가족, 또는 집 안에서 직접적인 대인 접촉으로 간혹가다 발생하는 개별 사례를 의미한다. 1885년 베네치아의 상황은 어떻게 해서 그런 산발성 콜레라가 출현하고 지속될 수 있었는지를 잘 보여준다. 그해 베네치아의 어떤 거리에서 콜레라가 발생했는데, 그곳의 여인숙 주인은 아래층에서는 음식을 준비하고 나르는 한편, 위층에서는 병에 걸려 토하고 설사하기를 반복하는 아들을 보살폈다. 그러고는 다시 아래층으로 내려와 손도 씻지 않은 채 주문받은 요리를 만들었다. 그러나 다행히도 발병은 점차 사라지고, 도시 전체는 대규모 재앙을 피해 갔다.

그만큼 운이 좋지 못한 경우, 콜레라는 조건만 적합하면 꼬리에 꼬리를 물고 전파되며 더 먼 곳까지 뻗어 나갈 수 있었다. 지저분하고 혼잡한 빈민가는 콜레라가 환영할 만한 환경을 제공했다. 19세기 나폴리가 대표적인 예로, 이 이탈리아 거대 항구 도시는 벵골 지역에서 온 환영받지 못한 침입자로부터 가장 자주, 가장 무참히 공격당했다. 이탈리아 최대 도시 나폴리는 1880년 무렵 인구가 50만에 육박했다. 더욱 중요한 것은, 그때까지도 나폴리는 자체 위생개혁을 완수하지 못했으며, 1884년에 '기나긴 19세기' 동안 나폴리를 황폐화시킨 8차례의 콜레라 유행 중 가장 유명한 유행을 막 경험하려던 찰나였다.

나폴리만을 면하고 있는 원형경기장을 닮은 이 도시는 크게 둘로 나뉘었다. 즉 원형경기장의 '무대'에 해당하는 해수면 높이의 평지에 세워진 저지대 지역과 그 뒤로 솟은 반원형 언덕 위에 건축된 고지대 지역으로 양분되어 있었다. 고지대 지역은 감염병의 참화에서 늘 벗어나 살기 좋은 구역에 자리 잡고 있고, 나폴리 사회의 부유층 집들로 채워져 있었다. 지역 의사들은 감염병이 도시를 갈라놓았다고 생각했다.

감염병은 나폴리의 열두 행정 자치구sezioni 중 빈곤과 비위생적인 생활 조건으로 악명 높은 메르카토Mercato, 펜디노Pendino, 포르토Porto, 비카리아Vicaria, 네 구역을 아우르는 저지대 지역을 조준 사격했다. 그곳에는 598개의 미로처럼 얽힌 거리에 4,567개의 건물이 자리 잡고 있으며, 그 안에는 30만 명이 거주했다. 그 지역 국회의원 렌조 데 제르비Renzo De Zerbi는 이곳을 '죽음의 지대'라고 불렀는데, 그럴 만도 한 게 그곳은 매번 콜레라가 발병할 때마다 감염이 집중되어 사망자 중 네 자치구의 거주민들이 월등히 많았다. 가령 1837년에 인구 천 명당 콜레라 사망자는 나폴리 전체에서 8명이었지만, 포르토 자치구에서는 30.6명이었다. 똑같은 양상이 1854년, 1865~1866년, 1873년, 1884년, 1910~1911년에 다시 나타났다.

다시 말해, 콜레라는 사회의 모든 계층에 고통을 가하는 결핵, 매독, 인플루엔자, 페스트 같은 질병과는 달랐다. 콜레라의 분변-경구 경로를 통한 전파 양상은 그 병을 '사회적 질병'의 전형적인 사례로 구분했다.

콜레라는 표준 이하의 열악한 주거 환경, 불안정한 식수 공급, 전염, 씻지 않은 손, 영양실조, 사회적 무관심 등 열악한 환경에 사는 가난한 사람만 가격했다.

이러한 도시의 병폐 중에서도 특히 인구 과밀이 나폴리에서 두드러졌다. 언덕, 습지, 바다로 빽빽하게 둘러싸여 있는 고대 도시의 일부인 저지대 나폴리는 19세기 무렵에는 더 이상 확장될 여지가 없었다. 게다가 인구 과밀의 여파가 자유방임 정책으로 더욱 증폭되었다. 나폴리는 확장 계획, 주거 기준, 위생 규제도 없었다. 그러다 주택 개발 광풍이 일면서 저지대 지역은 정원, 공원, 빈 공간 모두 어마어마한 돌무더기에 사라져버렸다. 아래층까지는 볕이 닿지도 않는 높이 솟은 공동주택들이 세 명이 나란히 겨우 빠져나갈 수 있을 정도의 좁은 길 양쪽에 빽빽이 들어섰다. 서둘러 지은 탓에 많은 건물이 부서진 돌무더기 같아 보일 정도로 파손이 상당히 진전되었다. "전형적인 예가 메르카토 자치구의 비코피코 거리였다. 고정된 빨랫줄에 널려 있는 빨래들이 지나가는 보행자 위로 물을 뚝뚝 떨어뜨리는 그곳은 길이가 50m, 폭이 3m이고, 그 양옆으로는 높이 30m의 건물들이 들어서 있었다. 심지어 한여름에는 습기 자욱한 진흙밭으로 변하고, 시커먼 구정물이 어떤 시 공무원도 발 디딘 적 없는 길 한복판을 따라 구불구불 흘러내렸다."[2] 방문객들이 나폴리를 유럽에서 가장 충격적인 도시로 묘사한 것도 놀랄 일은 아니었다. 그 정도 높이라면, 미국의 도시 세 개를 차례차례 겹쳐서 올려 놓은 형국이라고 마크 트웨인Mark Twain은 지적했다. 어딜 가든 '군중', '인파', '대중', '다수의 무리'가 있었고, 모든 골목길이 뉴욕의 브로드웨이를 닮았다.[3]

그러나 외부의 풍경보다 더 놀라운 것은 건물 내부였다. 1884년《영국 의학 저널British Medical Journal》기사에 나온 단어들을 그대로 인용하자면, 이런 "지저분하고", "추잡한" 빈민가는 유럽에서 최악으로, 카이로의 가장 더러운 주거지하고만 비교할 수 있을 정도였다. 미개하다 싶을 정도로 수용 인원을 늘리다 보니 비코피코에서 일곱 명이 함께 지내는 방 하나는 평균 5m² 정도밖에 되지 않고 천장도 너무 낮아 키가 큰 사람은 똑바로 서기조차 어려울 지경이었다. 방바닥에 지푸라기로 채운 침대 두 개를 놓으면 끝인데, 각 침대에 여러 명이 함께 잤다. 그런 빈민굴에서는 주민들이 근근이 먹고사는 수준의 생활을 유지하는 생계수단인 닭들과 주거 공간을 공유하곤 했다.

병실이 침실도 되었다가 동시에 부엌, 식품 저장실, 거실이 되기도 했기에 이런 종류의 공간은 건강을 위태롭게 했다. 박테리아는 씻지 않은 손, 빨지 않은 침구, 더러운 식기 위에 있다가 대인 접촉으로 직접 전파될 기회가 충분했다. 더욱이 음식도 좁디좁은 방에 함께 저장되어 있었고, 환자의 배설물에 쉽게 오염되었다. 쌀뜨물 같은 희멀건 똥은 나폴리의 어둑어둑한 주거지에서는 눈에 쉽게 띄지도 않았다.

1850년대 런던에서 콜레라 역학의 암호를 처음으로 풀어낸 존 스노 (제12장 참고)는 좁디좁은 비위생적인 거처에 사는 노동계층이 처한 위험에 방점을 두었다. 콜레라 배설물이 무색무취라서, 또 공동주택의 조명이 너무 희미해서, 더럽혀진 침구가 이내 좀처럼 씻지 않은 손을 오염시켰다. 그런 다음, 콜레라 환자를 돌보던 이들은 자신도 모르게 말라붙은 변 일부를 삼키게 되고, 만지는 모든 것에 묻히고, 음식이나 식기를 공유하는 이들에게도 묻혔다. 따라서 그런 가난한 가정에서 처음 발생한 콜레라는 이내 다른 환자들을 만들어낸다고 스노는 주장했다.

위생 설비의 부족이 화를 더 키웠다. 저지대 지역의 주거지는 수돗물이 부족하고 하수도가 제대로 연결되지 않아 개인위생을 소홀히 하기 쉽고, 방은 사람과 동물의 오물로 푸르뎅뎅한 녹이 가득했다. 당대의 독기 이론은 아랑곳하지 않고 음식물 쓰레기를 밖으로 휙 던져버려서 골목마다 냄새가 가실 줄 모르고, 세균을 여기저기로 옮기는 파리 떼가 떠날 줄 몰랐다. 두말할 필요도 없이 그런 거주지에는 쥐와 온갖 종류의 해충이 들끓었다.

이 중에서도 가장 악명 높았던 곳은 저지대 지역의 빈민가에 즐비하게 늘어서 있고 거주자가 10만 명에 육박하는 *폰다치*/fondachi라는 공동주택이었다. 이 주택들은 방문객들에게 곤궁한 인생의 깊이를 그대로 드러내 보였다. 1884년 콜레라 유행 시 자원봉사를 했기에 저지대 지역을 낱낱이 꿰뚫고 있던 스웨덴의 의사 악셀 문테Axel Munthe는 폰다치를 "땅과 면한 가장 끔찍한 인간의 주거 환경"이라고 평했다.[4] 마치 문테의 평가에 맞장구라도 치듯 런던의《타임스*Times*》는 폰다치를 다음과 같이 묘사했다.

들어서는 순간 어둠의 나락으로 빠져들 게 뻔한 동굴 입구를 상상해보라. 빛 한 줄기도 그곳을 뚫고 들어가지 못하고 …… 거기 시커멓고 낡아빠진 벽으로 사면이 둘러싸인 방 안에서 썩고 있는 짚더미와 뒤섞인 더러운 쓰레기를 깔고 둘, 셋, 아니 네 가족이 하릴없이 한데 누워 있다. 동굴의 최적의 장소, 이른바 습기가 가장 적게 파고든 쪽은 여물통에 묶어 놓은 온갖 가축들이 호사스레 차지하고 있다. …… 반대편에는 널빤지 위로 넝마들이 쌓여있는 걸 보니 침대인 것 같다. 한쪽 구석에는 화로와 집 안 식기들이 바닥에 널려있다. 이 비참한 장면은 반쯤 벗은 부스스한 여자들과 홀딱 벗고 먼지 바닥을 구르는 아이들, 그리고 백치같이 입을 벌리고 바닥에 뻗어 자는 남자들로 인해 살아 움직인다.[5]

이런 다양한 가정 내 요인들로 비브리오가 공동주택에서 널리 퍼져

나갈 수 있었다. 이에 더해 남부 이탈리아 항구는 하수를 끌어다가 작물을 재배하는 관행으로 시장에 내놓은 농작물들이 생명과 건강을 위협했기에 콜레라에 더욱 취약했다. 다른 많은 19세기 유럽 도시들과 마찬가지로 나폴리 내륙의 농부도 아침 일찍 도시로 나가 인간과 동물의 똥오줌을 거리에서 수거해 비료로 사용했다. 그 결과, 처리되지 않은 똥오줌을 비료 삼아 자란 채소들이 나중에 시장 좌판에서 팔리게 되었고, *콜레라균*은 재배자의 수레에 실려 나폴리로 되돌아오게 되는 것이었다. 재배자의 상술 또한 위험을 더욱 키웠다. 그들은 시장에 채소를 팔러 가는 길에 상추와 다른 푸성귀들을 개방하수에 담가 분뇨의 암모니아 성분을 이용해 채소를 더욱 싱싱해 보이게 했다. 그런 채소를 소비하는 이들은 감염병에 매우 취약했다.

자원에 비해 도시 인구가 과도하게 많다 보니 임금은 쪼그라들 대로 쪼그라들고, 노동자가 노조를 결성하려 해도 전혀 협상력을 발휘할 수 없었다. 남부 이탈리아 농민의 곤궁은 도시로 향하는 기나긴 이민 행렬을 낳았고, 작황이 좋지 않거나 밀 가격이 하락할 때마다 그 행렬을 재촉했다. 그에 따라 나폴리는 산업 기반이나 고용 보장 전망이 거의 없는데도 도시로 오고 싶어 안달 난 사람들을 끌어들이는 데 실패한 적이 없었다. 나폴리 은행장이자 나중에 공공사업 부문 각료가 된 지롤라모 기우소Girolamo Giusso의 말에 따르면, "비록 나폴리가 이탈리아에서 가장 큰 도시이긴 하나 생산 역량은 나폴리 주민의 수와 직접 관련이 없다. 나폴리는 생산이 아닌 소비의 중심지다. 바로 그 때문에 나폴리인들이 궁핍한 것이고, 시간이 지날수록 서서히 무감각해질 정도로 더욱더 궁핍해지는 것이다."[6]

미 국무부의 평가에 따르면, 이탈리아의 평균 임금은 유럽 최저 수준이었고, 이탈리아 도시 중에서도 나폴리의 임금이 가장 낮았다. 미 영사에 따르면, 평균 산업 노동자의 돈벌이는 해마다 옷 한 벌 사기에도 충분치 않았다. 일반적으로 하루 10시간에서 12시간 일하는 동안 기술이 없는 남성 근로자들은 기껏해야 마카로니 4kg을 살 정도의 비용을 버는 셈이었다. 신발 하나 사려고 해도 4일을 일해서 벌어야 했다. 그러나 의사, 엔지니어, 야금술자, 철도 및 트램 노동자 등의 기술 노동자들은 상대적으로 특권을 누리는 편이었다. 안정적인 직장이란 점에서 그들은 참 운이 좋았다.

피라미드형 사회 구조에서 더 아래로 내려가보면, 죽 늘어선 자그맣고 돈도 얼마 들이지 않고 지은 듯한 허름한 작업장을 가득 채운 무수한 남녀를 만나게 된다. 이들은 기계와 경쟁에 치이고, 몰려드는 이주자들에 밀려 자꾸자꾸 아래로만 떨어지고 있는 사람들이다. 직종은 구두 수선공, 재봉사, 대장장이, 빵 굽는 사람, 문지기, 무두장이, 모자상 등으로 다들 입에 겨우 풀칠만 하고 살았다. 가정부, 짐꾼, 어부도 있는데, 어부는 촘촘한 그물망으로 수 세대에 걸쳐 물고기를 다 잡아버린 오염된 만에 비해 그 수가 너무 많았다.

거리에서 직접 벌어먹고 사는 이들의 상황은 더욱 궁핍했다. 신문팔이, 밤·사탕·성냥·신발 끈을 파는 노점상, 신문 배달부, 세탁부, 물 배달부, 돈을 받고 집 안의 쓰레기나 분뇨통을 비우는 쓰레기 처리업자 등은 따로 정해진 일이 있는 것도 아니고 무슨 직업인지 갈피를 잡기도 어려운 온갖 궂은일을 다 하면서 각종 봇짐 물건들에 기대어 근근이 먹고살았다. 일부 경제학자들이 '초소형 사업자micro entrepreneur'라고 부른 이들은 도시의 독특한 특색인 대규모 떠돌이 집단을 형성했다. 나폴리를 하나의 거대한 시장처럼 보이게 했던 것은 바로 이들 때문이었다. 이들은 반유목민의 삶을 사는 경우가 많았고, 끊임없이 다른 모습으로 변신하고 새로운 일거리를 찾아 도시를 배회했다.

그러나 나폴리의 가난 정도를 가장 잘 드러내는 것은 가장 밑바닥인 수많은 영구 실직자들이었다. 도시 위원회는 인구 50만 명 중 40%에 달하는 20만 명이 실직 상태라고 했다. 그들은 언제 다시 먹을 수 있을지 기약할 수 없는 채로 아침을 맞았다. 나폴리를 거지, 매춘부, 범죄자, 그리고 질병의 피해자들로 가득 채운 것은 바로 그들의 불행한 삶이었다. 그들의 가난이야말로 콜레라에 취약해진 직접적인 원인이었다. 영양실조와 영양부족이 저항력을 떨어뜨리고 면역계를 약화시켜 감염병에 쉽게 걸리게 했기 때문이다.

특별히 콜레라와 연관된 중요한 요인은 가난한 사람들이 가장 값싸게 이용할 수 있다는 이유로 너무 익은 과일이나 시든 채소를 주로 먹는다는 점이었다. 그런 음식은 위경련과 설사를 일으키고, 소화 시간을 단축해 더욱 콜레라에 잘 걸리게 했다. 위 속의 산성 환경이 중요한 이유는 박테리아를 파괴하고 콜레라균을 막아주는 신체의 첫 방어선이기 때문이다. 우리가 확인했듯이 소화기에 기저 질환이 있으면 비브리오는 위를 통과해서 소장에 살아서 진입할 수 있다.

일단 저지대 지역의 가난한 자치구에 진입한 콜레라균은 여러 '산발성 콜레라' 발병 형태로 사람 대 사람, 거주지 대 거주지로 퍼져 나갈 수 있었다. 콜레라의 산발적 출현이 일반적이고 폭발적인 감염병 형태로 변화하게 된 계기는 오염된 식수 공급 탓이었다. 여기서도 역시 고지대 지역과 저지대 지역 간에 주요 차이점이 있었으니, 두 지역의 주민들이 마시는 물의 수원이 각기 달랐다는 것이다. 고지대 지역 주민들은 관리가 잘 된 개인 물탱크에 저장해놓은 빗물을 사용했다. 이에 반해 저지대 지역 주민들은 위험한 수원에 의존했다. 가장 중요한 것은 심하게 오염된 물을 하루에 4만 5,000㎥나 운반하는 세 개의 송수로였다. 카르미냐노 송수로는 그러한 위험성을 제대로 보여준다. 이 송수로는 43㎞

나 떨어진 몬테사르키오 수원지에서 물을 공수했다. 이 물은 개방형 수로를 타고 시골 지역을 통과해 아체라 소도시를 가로질러 다시 들판을 지나 나폴리 수문에 도착했다. 거기서 여러 지류로 갈라져 저지대 지역의 2,000개의 물탱크를 채웠다. 주민들은 주로 뒤뜰에 자리한 물탱크에서 양동이로 물을 길어 목마름을 달래고, 집 안에 필요한 용수를 충당했다.

그러나 수원에서 저장 탱크에 이르는 모든 지점이 오염될 여지가 있었다. 나뭇잎, 곤충, 파편 조각이 날아와 덮개 없는 수로로 떨어졌다. 농부들은 개울에서 목욕하고, 옷을 빨고, 집 안 쓰레기와 농장 동물들의 똥거름을 버렸다. 한편 들판의 진흙과 가축 분뇨가 구멍이 숭숭한 돌에 스며들거나, 비 온 뒤에는 수로로 곧바로 흘러들었다. 게다가 송수로의 지선과 하수도 본관이 도시 아래에서 나란히 흐른다는 점이 한층 우려스러웠다. 둘 다 구멍이 많은 석회로 만들어졌기 때문에 그 안의 내용물들은 천천히 뒤섞였다. 종종 물은 진흙이 두텁게 낀 갈색 상태로 도착했고, 결국 뒤뜰 물탱크 밑바닥에 쌓였다.

거기서 오염은 계속되었다. 수로와 마찬가지로 석회로 만들어진 물탱크에서도 지표수가 흙을 통해 들어가고 나왔다. 많은 건물에서 오물통이 물탱크 가까이 놓여 있어서 박테리아 교환이 즉시 광범위하게 이루어졌다. 게다가 세입자들이 오물통을 비울 때 늘 조심하는 것도 아니었다. 오물통은 항상 관리가 제대로 되지 않아 걸핏하면 내용물이 넘쳐서 물탱크에 이미 차 있던 물과 뒤섞였다. 심지어 가정 내 양동이 안에 차 있는 물도 의학적인 문제와 관련성이 있었다. 좀처럼 씻지 않은 양동이들은 물을 퍼 올리기에 한발 앞서 세균을 가득 실어 물탱크로 내려보내고, 마침내 갈색에 악취가 나며 알 수 없는 생물들로 가득한 물을 퍼 올렸다.

이런 모든 이유로 저지대 지역의 물탱크 물은 원래부터 소문이 좋지 않았지만, 꺼림칙한 냄새와 빤히 보이는 침전물들로 더욱 나빠졌다. 물을 길어오기 쉬운 1층에 사는 거주민들은 생활용수로만 사용할 물을 탱크에 종종 저장해두었고, 식수는 멀지만 덜 꺼림칙한 공공 식수대에서 길어왔다. 위층의 거주민들은 양동이로 물을 길어오는 것도 번거로워 물탱크 물을 다목적으로 사용해 사망률과 질병발생률을 크게 높였다.

위생혁명이 있기 전 19세기에 주요 유럽 도시들의 기준과도 어느 정도 다른 나폴리 도시 환경에서 콜레라는 전형적인 패턴을 따랐다. 따뜻한 봄이나 여름에 시작된 콜레라가 처음에는 산발적으로 발생해 당국의 눈에 띄는 일도 드물었고, 그러다 보니 주민들은 의사나 시에서 나온 보건 관리들을 구경조차 하지 못했다. 그렇게 콜레라는 이웃들 사이에서 며칠간 더 퍼지다가 비브리오가 결국은 식수로 들어가고 말았다. 그렇게 되면 존 스노가 런던에서 보여주었듯이 커다란 감염병이 되어 폭발적으로 전파되며, 저지대 지역의 가난하고 비위생적인 자치구에 사는 주민들의 목숨을 주로 앗아갔다. 1837년과 1884년에 발생한 유행병과 같은 가장 잔혹한 유행병이 정점에 이르렀을 때는 콜레라로 하루에만 자그마치 500명이나 사망했고, 발생 시기는 항상 사람들이 갈증을 달래려고 가장 물을 많이 마시게 되는 푹푹 찌는 여름이었다.

그러고는 몇 주가 지나자 콜레라는 점차 사그라들더니 마침내 사라졌다. 사라진 이유는 충분히 이해되지 않았고, 로베르트 코흐가 칭한 여러 '콜레라 미스터리' 중 하나로 남아있다. 그래도 콜레라가 한풀 꺾이는 데는 특정 요인들이 중요한 역할을 한 것으로 보인다. 우선 계절적 요인이다. 다른 위장관 병원체들처럼 *콜레라균*도 서늘한 날씨에는 힘을 못 쓰고, 사람들도 여름보다는 가을에 물을 아무래도 덜 마시게 된다. 그뿐만 아니라 비브리오는 땀방울에서도 장기간 버틸 수 있기 때문에 날씨의 변화에 따라 환자 수도 급격히 달라진다. 가을이 되면 사람들은 너무 익어 흐물흐물한 과일을 덜 섭취하게 된다. 그리고 앞에서도 강조했듯이 인구 전체가 동일하게 취약한 것이 아니다. 감염병은 직업, 주거 조건, 기저 질환의 유무, 식습관, 몸 상태 등의 이유로 위기에 가장 취약한 사람들의 고통과 더불어 절정에 다다른다. 병에 걸리지 않은 사람들은 어느 정도 저항력을 가지고 있다. 가장 취약하고 가장 위험에 노출된 사람들을 공격하고 난 다음 콜레라는 연료가 부족한 불꽃처럼 사그라지는 것이다.

공동체에서의 콜레라 감염병 감소에 대한 그런 '자연스러운' 이유와 더불어 19세기 동안 시와 국가의 보건 정책도 아마 상당한 역할을 했던 것으로 보이며, 가끔은 긍정적인 역할도 했지만 그렇다고 그런 일이 자주 있었던 것은 아니었다. 1830년대 서구 사회에 처음 당도한 콜레라의 팬데믹기에 국가가 보인 최초의 반응은 페스트 때처럼 방역선과 격리에 의한 의무적인 자가방어 조치를 부과하는 것이었다. 이탈리아 정부는 미생물에 맞서 국경을 봉쇄하고픈 절박한 마음에 심지어 1884년에도 그런 정책에 의존했다. 1830년대와 1880년대 모두 그런 전략은 역효과만 냈다는 것이 입증되었다. 그런 정책이 콜레라를 퍼뜨리는 데 도움이 되었을 뿐 아니라 대규모 이탈을 유도하고 경제를 무너뜨려 사회 혼란만 가중시켰다. 페스트 방역 대책들은 콜레라에 직면해서는 폐기되었다.

콜레라가 돌던 시기 채택한 다른 정책들이 더 효과적이었다. 일부 지역에서 담요, 음식, 의료 서비스 등을 제공하는 자발적인 도시 서비스가 제도화되었다. 뿐만 아니라 시 당국은 집회를 금지하고, 매장을 규제하고, 거리를 청소하고 변기통을 비우는 위생운동을 조직하고, 유황불을 붙이고, 유독한 냄새가 나는 작업장을 폐쇄하고, 환자들을 격리할 시설을 열었다.

어느 요인이 결정적이었고, 어느 정도 효과가 있었는지는 알 수 없었다. 그러나 콜레라 감염병은 자체적인 한계가 있었고, 몇 주간 극적으로 진행되며 고통을 안겨주더니 썰물처럼 빠져나갔다. 1884년에 나폴리에서 발생한 콜레라의 첫 사례는 8월 중순 이후에 나타났고, 9월 초에 가장 맹렬한 속도로 타오르다가 11월 15일 마지막 환자를 매장하고 사라졌다. 2달 반 동안 나폴리를 에워쌌던 콜레라는 약 7,000명의 사망자를 내고 1만 4,000명을 병들게 했다.

콜레라의 공포: 사회 및 계층 갈등

콜레라가 도시 전체를 휩쓸면 사회 갈등이 고조되고 곧잘 폭력과 반란이 일어났다. 우리가 이미 살펴보았듯이 고통과 죽음이라는 짐이 주로 빈곤층에게 집중되는 불평등도 하나의 이유였다. 그러나 많은 이들에게는 이렇듯 콜레라가 부유층을 덮치지 않는 점이 이해하기도 힘들고 이상하게 보이기도 했다. 병들고 죽어가는 사람이 수없이 많은 지역에서 환자를 방문하고 예방 보건 규정을 시행하며 다니는 의사나 성직자나 시 당국자들은 왜 병에 걸리지 않았을까?

그런 면역력은 믿음직한 역학적 이유로 설명된다. 감염병 비상사태가 한창일 때 외부에서 들어온 사람들이 사실 감염 지역 주민들의 여건을 공유하는 것은 아니었다. 콜레라는 아주 특이한 방식으로 전파되는 감염병이라 지역을 찾아온 시행 정부, 의료진, 교회 관계자들을 좀처럼 심각한 위험에 빠뜨리지 않았다. 그들은 그들이 찾아간 공동주택에서 사는 사람도 아니었고, 병실에서 식사하거나 잠을 자지도 않았으며, 마당에 있는 수조에서 물을 길어 먹지도 않았다. 또한 지역 시장에서 파는 과일이나 채소나 해산물이 들어간 음식은 먹지 않고, 손도 씻었다.

그러나 이미 겁에 질린 주민들에게는 많은 것이 의심스럽게 보였고,

방문객들이 빈곤층을 없애려는 극악무도한 음모를 꾸미는 자들이라는 소문이 삽시간에 퍼져나갔다. 주민들에게 콜레라의 갑작스러운 발병과 증상은 마치 독살처럼 느껴졌다. 사지가 아직 움직이는 걸 보면 누가 봐도 살아있는 것 같은 가족의 시신을 마을 사람들은 참석도 못 하게 하고, 의식도 치르지 않은 채 치워야 하는 엄격한 매장 규정도 독살을 의심케 하는 데 한몫했다. 외부인들이 전에 한 번도 본 적 없는 가난한 사람들의 건강과 습관에 갑자기 관심을 두는 이유가 뭐였을까? 그런 생각이 사람들을 당황하게 했다. 게다가 어느 지역 사회에서 갑자기 콜레라가 돌면, 외부인들이 자주 개입하는 만큼 콜레라도 더 기승을 부리는 것 같았다. 누구보다 고통이 심한 사람들의 마음속에서 인과 관계와 상관관계가 한데 뒤섞였다.

1884년 나폴리에서 그럴듯한 음모론이 난무하던 가운데, 콜레라 발생 초기 몇 주 동안 시 공무원들이 보인 행동을 반면교사로 삼아야 한다. 나폴리에서는 지금이라면 의료 종사자들이라고 불릴 사람들로 구성된 전담반과 소독반을 보냈지만, 그들은 거의 적의 영토에 파병 나온 군인들처럼 행동했다. 그들은 무력을 과시하며 공동주택에 무기를 빼들고 도착했다. 때로는 밤에도 찾아와 심란해하는 세입자들에게 위독한 친척을 '죽음의 집'이라는 소문이 흉흉한 외떨어진 병원에 격리해 치료받게 하라는 명령을 내렸다. 그들은 또한 가족들에게 소중한 침구와 옷가지를 불태우게 하고, 소독반은 구내를 훈증 소독하고 세척했다. 시 관계자들의 행동은 불필요하게 고압적이어서, 열정은 좋았으나 방법은 틀렸다는 언론의 질타를 받았다. 시장이 나중에 인정했던 대로 그가 승인한 조치들은 무엇보다 불신과 저항을 확산하는 데 일조했다.

주민들로서는 시에서 그들을 위해 행동에 나섰다는 게 믿기지 않았다. 그들은 나름대로 그렇게 단정지었고, 언론에서 하류층 지역인 저지대가 "계층 간 증오"로 몸살을 앓고 있으며, 공무원들은 "하류층이 그들을 구제하려는 대책에 말로 표현할 수 없을 정도로 저항한다"라고 불평했다고 보도하는 것도 무리는 아니었다.[7] 민중 저항의 의미 있는 표출이 거듭되며 다양한 형태의 민중 불복종 운동으로 일상화되었다. 그중 하나는 규정식diatary과 관련한 것이었다. 시 당국에서 덜 익거나 지나치게 익은 과일을 피하라는 권고 사항을 게시했다. 그러고는 이러한 권고를 시장 노점을 철저히 점검하고 의심되는 농작물을 몰수해 폐기하는 식으로 집행하려고 했다. 이에 나폴리 사람들은 잇달아 규정식 반대 시위를 벌였다. 사람들이 시청 앞에 잔뜩 모여 무화과와 멜론, 그 외 갖가지 과일을 담은 바구니들을 바닥에 차려놓았다. 그런 다음 시위대는 금지된 과일을 엄청나게 먹어대기 시작했고, 구경꾼들은 환호성을 지르며 누가 가장 많이 먹는지 내기를 했다. 시위 내내 사람들은 관료 집단을 향해 저항 가득한 욕설을 퍼부었다.

시 관계자들이 정화용 유황 모닥불을 피워 감염병 유행을 막아내려고 할 때면 방해 공작을 펴기도 했다. 나폴리 주민들은 모닥불에서 자극적인 연기가 피어오르면 신경에도 거슬리고 시궁창쥐를 거리로 내몬다는 이유로 그런 모닥불을 혐오스러워했다. 어느 프랑스인 자원봉사자가 유행병 비상사태 기간에 다음과 같은 글을 남겼다.

> 나는 일평생 그 유명한 모닥불을 잊지 못할 것이다. 평상시에도 저지대는 신선한 공기가 부족하다. 콜레라가 발생해 고지대 나폴리에서 가장 높은 곳에서도 숨 쉬기가 불가능해졌다. 저녁이 되면 곧바로 도로나 좁은 길, 통로, 공공 광장 한복판 등 도처에서 유황을 태웠다. 그 유황 연기가 얼마나 싫었던지! 황산이 코와 목을 지지고, 눈을 불태우고, 폐를 말려버렸다.[8]

시민들은 시 관계자들이 임무를 수행하지 못하도록 함께 모여 있다가 그들이 불을 붙이기만 하면 곧바로 꺼버렸다.

저지대 주민들은 대중 집회를 금지하는 시 규정도 마찬가지로 무시했다. 가시 면류관에 성상聖像을 든 참회자들이 수백 명씩 늘어서서 자치구 도로를 통과하며 해산 명령을 거부했다. 9월이 되어 지역의 전통적인 성인聖人 축제일이 되면 주민들은 늘 그렇듯 사람들로 북적이는 가운데 과일과 포도주를 거나하게 차려 그날을 기념했다.

위장 질환, 즉 설사 환자는 조금이라도 증상이 있으면 모두 시청에 보고해야 하는 공중보건 규정에 대한 반대가 대립을 더욱 조장했다. 시와 자치구 당국자들이 단호한 불복의 장벽을 만나게 된 곳이 바로 이 지점이었다. 은폐라는 감염병이 콜레라 감염병과 정면충돌했다. 저지대에 사는 사람들은 가족 구성원 중에 콜레라 환자가 있음을 시청에 알리려고 하지 않았고, 자신들의 재산을 정화용 불길로부터 보호했다. 의사와 무장 요원이 예고 없이 들이닥치면 세입자들은 그들이 들어오지 못하게 방 안에서 몸으로 방어벽을 쳤다. 사람들은 낯선 이들의 간호를 받느니 차라리 살던 곳에서 죽는 걸 택했다. 사람들이 떼로 모여 의사들에게 그들이 들고 온 아편틴크(아편으로 만든 약물_옮긴이)나 피마자유가 든 작은 약병을 열게 하고는 자신들이 독약이라 생각한 내용물을 억지로 삼키게 하는 경우도 허다했다.

걸핏하면 물리적 폭력이 뒤따르기도 했다. 의사들과 무장 호위대가 도착하면 곧잘 싸움이 벌어졌다. 적의에 찬 군중이 몰려와 외부인들과 대치하며 욕설을 퍼붓고 그들을 살인자라 비난했다. 때로는 의사와 들것을 드는 인부들이 계단 아래로 떠밀리거나 구타를 당하거나 돌팔매를 당하는 등 험한 취급을 당하기도 했다. 비상사태 기간이면 지역 신문은 '소란', '폭동', '반란' 등의 기사로 가득했고, 저지대 주민들은 '짐승', '폭도', '멍청한 무식쟁이', '폭력배' 등으로 불렸다. 시장은 성난 주민들이 던진 무기에 보초와 의사들이 수도 없이 다쳤다고 언급했다.

때로는 원치 않은 의료 개입이 대규모 저항을 불러오기도 했다. 메르카토 자치구에서 발생한 이 사건은 터지자마자 점점 세를 더해갔다. 8월 26일에 시 소속 의사 안토니오 루비노Antonio Rubino와 경찰 호위병이 불결하다고 소문난 공동주택에 사는 병든 아이를 검진하도록 파견되었다. 그곳에 사는 돌멩이로 무장한 사람들이 그들을 맞으며 소리쳤다. "저들을 잡아! 잡으라고! 우리를 죽이러 온 거야."

루비노와 호위병은 지나가던 도로 청소부가 부른 헌병대에 구조되었다. 그때쯤 사람들은 수가 점점 늘어나 수백 명을 헤아렸고, 헌병대의 도착은 그런 상황에 불을 붙였다. 의사를 폭행하러 왔던 사람들은 이제 군인들에게 돌을 던지며 분노를 분출했다. 길거리 전투가 벌어졌고, 헌병대가 무기를 꺼내 발포한 뒤에야 질서가 잡혔다.

하루 늦게 발생한 또 다른 사건도 당시 상황을 말해주는데, 다행히도 무혈로 막을 내렸다. 체르비나라라는 상인이 코노키아 병원Conocchia Hospital에서 아들을 콜레라로 잃었다. 상심한 체르비나라는 아들이 살해당했다고 확신하고 형제들과 함께 무기를 들고 진료 중인 의사를 죽이려고 병동으로 쳐들어갔다. 사제의 개입으로 사건은 일단락되었다. 사제는 형제들을 진정시키고, 무기를 버리고 법질서를 지키도록 설득했다. 아직 살아있는 친척들을 구해내거나 이미 죽은 친척들을 대신해 복수하려고 콜레라 병동을 몇 차례 침입하기로 한 그들의 계획은 병동에 처음 들어간 순간 끝이 났다.

콜레라 유행이 9월에 정점에 다다르자 콜레라 병원도 순식간에 대규모 폭동의 현장이 되고 말았다. 그즈음 코노키아 병원은 수용 인원이 꽉 차서 시 당국에서는 피에디그로타Piedigrotta와 마달레나Maddalena, 이렇게 시설 두 곳을 새롭게 열었다. 이들 기관이 들어선 지역에서 그들은 혐오 시설 취급을 받았다. 콜레라 병원은 도시 방역 대책의 특징 중에서도 가장 끔찍한 것이었다. 나폴리인들은 이런 시설을 한번 들어가면 결코 살아 돌아오지 못하는 죽음과 공포의 장소로 생각했다. 독기 이론이 여전히 팽배하던 시절에는 목숨을 앗아가는 악취를 배출하기 때문에 이런 시설은 모두에게 해롭다고 여겼다. 과밀 지역 한복판에 독가스의 근원지를 세운다는 것은 분명 악의적인 조치로 보였다.

군 병원에서 감염병 치료 시설로 전환된 피에디그로타에서 9월 9일 개원 당일에 폭동이 일어났다. 사람들이 병원 주변에 잔뜩 모여 처음으로 들것을 들고 나온 사람들에게 들것을 땅에 내려놓고 당장 꺼지라고 협박했다. 첫 시도가 성공을 거두자 더욱 대담해진 사람들은 점점 규모가 커졌고, 그만큼 추구하는 목적도 커졌다. 시청의 계획을 무산시키려는 주민들은 서둘러 방어벽을 치고 도로 포장용 돌이나 막대기, 화기 등으로 무장했다. 많은 수의 경찰이 도착한 뒤에 대대적인 충돌이 발생하며 심하게 다치는 사람들이 속출했다. 그러자 경찰에서 뒤로 물러났고, 대신 나선 기마경찰대도 통과하려다 두들겨 맞고는 뒤로 물러섰다. 교구 사제가 중재자로 개입한 후에야 질서를 되찾았다. 주민들은 승리를 쟁취했고, 시 당국이 억지로 병원을 열지는 않을 것이라는 반가운 소식이 전해졌다.

일주일 후 마달레나 병원이 개원할 때도 똑같은 상황이 연출되었다. 들것을 드는 인부들이 격렬한 저항에 부딪혔다. 위층 창문에 모여있던 주민들이 아래에 있던 들것을 드는 인부들에게 탁자, 의자, 매트리스, 돌을 집어 던져 그중 몇 명이 심하게 다치는 일이 벌어졌다. 사람들은 다시 거리에 방어벽을 치고 시 당국에 병원 개원을 취소하도록 요구했다.

한편 나폴리의 교도소 두 곳에서도 폭동이 일어났다. 재소자들이 자신들은 죽어야 교도소를 나갈 수 있다고 판단한 탓이었다. 재소자들이 서로 조율을 하지 않았는데도 거의 동시에 일어난 폭동을 틈타 경비를 공격하고 교도소장을 붙잡았다. 그들은 교도소 문을 강제로 열려고 지붕에서 공격을 개시했고, 완전무장한 군이 대규모로 투입된 뒤에야 지휘권과 질서가 회복되었다.

나폴리 공중보건 정책에 대한 반대가 여기저기서 격렬하게 일어나자 실행에 차질이 빚어졌다. 그와 함께 시에서 발의한 계획은 건건이 극렬한 반발을 불러오며 나폴리를 거의 무정부 상태로 몰아갔다. 런던의 《타임스》는 나폴리항이 콜레라보다 더 나쁜, 말하자면 "중세적 무지와 미신"을 앓고 있다는 논평을 내놓았다.[9] 교황에게 규탄의 대상이 되어 왔던 세속주의를 표방하는 이탈리아 최대 도시의 시장이 9월 중순이 되자 나폴리 추기경에게 도움을 청했다. 이렇게 이탈리아에서 전례 없이 교회와 정부가 협조하면서 공중보건 계획은 새로운 지원하에 더 이상의 무력 행사 없이 서서히 진행되기 시작했다.

나폴리는 개인 기부자와 자선가들이 나폴리의 비상사태를 해결하려고 조직한 비정부기구에서 파견한 1,000명에 이르는 의료 봉사자의 지원도 받았다. 백십자The White Cross는 19세기에 오늘날의 국경없는의사회(Doctors without Borders 또는 Médecins Sans Frontières, MSF)와 같은 역할을 수행했다. 백십자는 비상사태가 발생하면 집에 있는 환자를 치료하고 환자 가족을 지원하는 일을 했다. 나폴리나 이탈리아 당국자들과 어떤 관계도 없는 국제기관인 백십자는 순식간에 주민들의 신뢰를 얻고, 사회 갈등을 누그러뜨리고, 1884년 재난 희생자의 상당수를 치료했다.

콜레라가 강타한 유럽의 여러 도시도 나폴리 사태와 비슷한 일들을 겪었다. 그러나 불신은 한 방향으로만 흐르지 않았다. '저항의 세기'는 사회 및 경제 엘리트들 사이에서 '위험한 계층들'에 대한 두려움이 널리 퍼져 있던 시대였다. 빈곤층과 노동계층은 이미 그들이 정치적·도덕적으로 위험한 존재임을 증명했다. 이제는 콜레라를 통해 의학적으로도 위험한 존재임이 드러났다.

따라서 콜레라가 19세기의 극단적인 계급 탄압에 대한 가장 지독한 두 사례의 배경이기도 했다고 추측할 수 있으며, 두 사례 모두 사회 갈등이 최고조에 달한 파리에서 발생했다. 루이 외젠 카베냐크Louis-Eugène Cavaignac 장군 휘하의 군이 1848년 혁명을 무력 진압한 사건과 아돌프 티에르Adolphe Thiers가 유혈 사태를 불러일으키며 파리 코뮌을 무너뜨린 1871년의 '피의 일주일'이 그것이다. 콜레라가 그런 과도한 반동의 직접적인 원인은 결코 아니었지만, 당시는 콜레라가 끔찍한 흔적을 남기고 휩쓸고 지나간 지 얼마 안 된 시절이라 위험한 계층을 두려워하는 또 다른 근거가 여전히 작동하는 상황이기도 했다. 이러한 공포감으로 고조된 갈등은 프랑스 수도의 노동자 계층을 무너뜨려야 할 적으로 간주한 카베냐크와 티에르가 탄압을 강행하자 결국 폭발하고 말았다.

위생과 콜레라: 도시의 변화

방역 대책은 콜레라 예방 대책처럼 19세기 초에 대부분 폐기되었지만, 콜레라를 계기로 지속적인 공중보건 전략이 탄생했다. 이 중 가장 파급력이 높고 효과적이었던 영국의 위생개혁운동은 1830년대에 이론으로 정립된 후 제1차 세계대전까지 단계적으로 꾸준히 이행되었다. 제11장에서 살펴본 바와 같이 콜레라는 위생 개념에 공헌한 질병이었을 뿐만 아니라 에드윈 채드윅이 심각하게 고민한 중요 요인이기도 했다. 《위생 보고서》를 작성하던 시기와 뒤이은 도시개혁운동에서도 콜레라 재출현을 예방하는 목표는 중요한 고려 대상이었다.

콜레라 유행의 여파로 유럽 곳곳에서도 위생 개념이 뿌리를 내렸지만, 실행 방식은 가지각색이었다. 그중 파리와 나폴리 같은 도시는 개선이 아닌 도시 전체를 재건하는 사업을 시행한 가장 극적이고 파급력도 높은 사례였다.

파리의 재건 사업

현대의 파리는 콜레라가 남긴 불후의 유산에 속한다. 제2제국 체제에서 나폴레옹 3세는 센 지역 대표인 조르주 외젠 오스만Georges-Eugène Haussmann 남작에게 파리 중심에 자리한 불결한 빈민가를 철거하고 제국의 수도에 걸맞게 건강에 좋은 현대 도시를 건립하는(일명 오스만화, Haussmanization) 프로젝트를 맡겼다. 이 대규모 사업에는 지하에는 하수관을 매설하고 지상에는 널찍한 대로와 수많은 정원과 공원, 교량, 현대식 건물이 위풍당당하게 늘어선 직선 차로 등을 건설하는 계획이 포함되었다. 살 곳을 잃은 사람들은 도시 문제를 껴안은 채 외곽으로 쫓겨났다.

이러한 재건 사업을 추진하게 한 동기 중 상당수는 질병과는 하등의 관계가 없었다. 오스만은 그가 감독하는 '대공사Grands Travaux'를 통해 인부 수천 명을 고용하는 대규모 토목공사 계획을 수립하는 데 일조하기도 했다. 대로를 건설하면 군부대가 시내를 가로지르는 데는 용이했지만 방어벽 설치는 불가능했기에 파리의 길고 긴 혁명의 역사를 끝낼 의도도 담겨있었다. 새로운 도시는 제국 체제에 어울릴 만한 권력과 웅장함을 드러낼 것이다. 그러나 오스만이 자신의 회고록에서 분명히 밝히고 있듯이 콜레라 발생을 막으려는 열망이 중요한 동인 중 하나였다.

콜레라는 무질서와 무례함과 아시아를 연상시켰으므로 제2제국 치하에서는 용납할 수 없는 질병이었다.

나폴리 재건: 리사나멘토

파리 재건 사업이 공중보건 문제를 여러 고려해야 할 사항 중 하나로 보았다면, 리사나멘토(Risanamento, 주택협동조합_옮긴이)라고 알려진 나폴리의 재건 사업은 전적으로 콜레라를 막기 위해 구상한 계획이었다. 나폴리는 단 하나의 의료 목적이자 특정한 의철학, 즉 바이에른 출신의 위생학자 막스 폰 페텐코퍼Max von Pettenkofer의 독기 이론에 근거해 재건된 도시라는 점에서 독특한 특징이 있었다.

나폴리에서 콜레라가 크게 성행하던 1884년 무렵에는 위생 시설과 개인위생의 발전에 힘입어 산업 사회에서는 콜레라를 거의 퇴치한 상태였다. 따라서 불청객 콜레라가 다시 발생한다는 것은 곧 위생 시설과 주거, 식사, 임금이라는 여건이 수치스러운 수준임을 자백하는 일이나 매한가지였다. 1884년에 유럽에서 콜레라가 창궐한 주요 도시는 나폴리밖에 없었기에 당혹감은 이루 말할 수가 없었다. 그런 연유로 이탈리아의 최대 항구 도시 나폴리에 커다란 관심을 두게 된 국제 언론이 저지대 지역에 만연한·사회 여건을 조심스레 추적하기 시작했다.

콜레라가 한창 기승을 부릴 때인데도 움베르토 1세Umbetro I는 악명 높은 저지대 지역 공동주택을 방문해 '외과적' 개입을 지시했다. 그의 표현대로 *콜레라균*이 자리 잡은 가축우리 같은 집들을 제거하려면 절제술이 필요했다. 군주의 약속을 이행하기 위해 이탈리아 의회는 1885년에 나폴리의 건강 회복을 위한 리사나멘토 법안을 통과시켰다. 이후 1889년에는 사업 착공을 알리는 첫 삽질이 시작되었고, 작업은 중단과 재개를 반복하며 1918년까지 장장 30년 가까이 진행되었다.

막스 폰 페텐코퍼의 독기 이론에 따르면, 콜레라균이 나폴리에 가하는 위험은 존 스노나 로베르트 코흐의 주장처럼 도시 식수의 오염이 아니었다. 페텐코퍼의 이론에 따르면, 질병은 세균이 인구집단의 장 내로 침입해 시작되는 게 아니라 세균이 도시 밑에 자리한 지하수에 들어갔을 때 발생했다. 그곳에서, 말하자면 온도와 습기가 딱 맞는 여건에서 세균이 발효되며 사람들이 들이마시는 독한 악취를 배출했다. 그들 중에 민감한 사람들이 병에 걸렸고, 그중 절반은 사망했다.

이러한 독기 이론에 따라 나폴리의 도시 설계자들은 나폴리를 영원히 콜레라로부터 해방시킬 계획을 구상했다. 1차 건강 계수는 깨끗한 물을 풍부하게 공급하는 일이었다. 마실 물을 공급하는 게 아니라 하수로 도시 아래쪽 토양이 오염되는 것을 막고, 도로와 배수관과 하수관을 청소해 세균이 포함된 온갖 배설물이 아무런 해도 입히지 않고 아래로 씻겨 내려가도록 하려는 조처였다. 기술자들은 깨끗한 물을 공급하고 난 다음에는 흘러오는 물을 처리하기 위해 도로 아래쪽에 하수관과 배수관이 그물처럼 연결된 거대한 네트워크를 건설했다.

지하에 급수 시설을 건설한 도시 설계사들이 이제는 지상으로 관심을 돌렸다. 지상에서의 첫 작업은 과밀한 공동주택을 철거해 사람들을 '솎아내고', 잡석을 사용해 1층이 2층이 되도록 도로의 높이를 올리는 일이었다. 땅과 주민 사이에 전열층을 만들어 지하에서 올라오는 증기가 대기를 오염시키지 않도록 가둬두려는 발상이었다.

마지막으로, 리사나멘토에는 나폴리를 이등분해 한쪽으로는 좁고 구불구불한 도로를, 다른 한쪽으로는 우세풍이 부는 방향으로 레티필로Rettifilo라는 넓은 중심 대로를 건설하는 계획도 있었다. 도시 설계자들은 대로를 직각으로 가로지르며 건물들이 서로 충분한 간격을 두고 들어선 널찍한 도로가 쭉쭉 이어져 있는 모습을 상상했다. 이런 도로들이 합쳐져 나폴리의 '건강을 지피는 풀무'가 되었다. 그렇게 되면 공기와 햇빛이 도시의 심장을 통과하며 토양에서 습기를 앗아가고 온갖 역겨운 악취를 날려 보낼 터였다.

이렇게 나폴리를 재정비해 지하와 지상 둘 다를 보호하면 아시아 콜레라의 발생 위험에 휘둘리지 않고 단일 감염병을 퇴치할 목적으로 재건된 유일한 도시로 거듭날 것이었다.

재건: 평가

재건 사업이 야심 찬 콜레라 퇴치 목표를 달성하는 데 얼마나 효과적이었는지 의문이 남는다. 파리와 나폴리 모두 엇갈리는 결과가 나타났다. 파리의 공중보건 대책은 1892년의 콜레라 5차 팬데믹의 도래로 시험대에 올랐다. 1892년은 함부르크에서 콜레라가 크게 발생한 해로, 유럽에서는 유일하게 함부르크만 1년 내내 심각한 피해를 입었다. 파리는 함부르크보다는 운이 좋았지만, 산업화한 북유럽의 여타 주요 도시처럼 콜레라를 완전히 피하지는 못했다. 재건된 파리 중심부에서 산발적으로 국지적인 사례 정도만 발생했다. 하지만 오스만의 계획은 교외 지역에 재정착한 노동자들의 운명이나 위생 등은 거의 고려하지 않았다는 게 커다란 한계였다. 그곳에서도 과밀이나 표준 이하의 주거 시설, 빈곤 등의 문제는 여전했고, 거기다 콜레라도 1892년에 제2제국의 원대한 주장에 걸맞게 커다란 유행병이 되어 돌아왔다. 콜레라는 파리 중심부에서 추방되어 외곽으로 쫓겨났다.

나폴리의 경우, 최종 판결은 더 가혹했다. 6차 팬데믹 시기인 1911년에 실시된 검증에서 리사나멘토의 구상과 실행은 모두 오류를 드러냈다. 재건 사업은 구상할 때부터 시대착오적이었다. 착공을 위한 첫 삽을 떴을 당시 재건 계획의 근거였던 의철학이 국제 의학계에서 더 이상 널리 인정받지 못하게 되었다. 1889년에는 페텐코퍼의 독기 이론이 파스퇴르와 코흐의 세균론으로 거의 대체된 상태였다. 새로운 이론들을 고려할 때, 한편으로는 지하수, 토양, 악취에 관심을 집중하고, 다른 한편으로는 식수의 순도에는 별로 관심을 보이지 않는 리사나멘토는 시대착오적인 것으로 보였다. 더군다나 재건 계획은 계속 미완성 상태로 남아있었기에 실행할 시점이 되자 오류가 드러났다. 재건 사업의 자금도 시간이 지나면서 상당 부분이 정체불명의 경로로 사라지거나 삭감되어 야심 찬 본래의 계획을 따라잡지 못했다.

결국 1911년의 나폴리는 1892년에 콜레라를 퇴치했던 파리보다도 콜레라에 대처하지 못하며 서유럽에서 마지막으로 발생한 주요 감염병에 무릎을 꿇었다. 이탈리아 당국에서 국가적으로나 지방 차원에서나 모두 콜레라의 발병을 은폐한 뒤 부인하는 정책을 채택했다는 사실로 미루어볼 때 안타깝게도 정확한 재난 상황은 제대로 파악하기 힘들었다. 아시아 콜레라 발병을 인정하면 후진성을 고백하는 꼴로 너무나 수치스러운 일이었다. 재건 사업에 할당된 자금이 일부 유용된 것으로 보아 무정부주의자와 공화주의자, 사회주의자 등의 야당 인사들이 부패 관련 주장을 제기하는 것도 당연했다. 게다가 콜레라 발병을 인정하면 이탈리아로 이주하려는 경로가 폐쇄되고 이탈리아 통일 50주년을 기념하는 축제에 참여하는 관광객이 줄어 이탈리아에 커다란 경제적 손실을 안기게 되는 셈이었다. 이탈리아의 총리 조반니 졸리티Giovanni Giolitti는 이런 결과를 감수하느니 조용히 입을 다물고 통계를 조작하라는 방침을 내렸다. 콜레라는 또다시 돌았지만, 어떤 소리도 들리지 않았다.

새로운 생물형: 엘토르형 콜레라균

1905년에 이집트에서 새로운 콜레라 생물형biotype이 따로 분리되어 검역소 이름을 따 엘토르El Tor라는 이름이 붙여졌다. 엘토르 검역소에서 메카에서 돌아오던 순례자의 장 속에서 이 신종 콜레라가 발견되었기 때문이다. 이 신종 생물형이 전통 *콜레라균*이 이미 팬데믹을 여섯 차례나 촉발하며 장악했던 생태적 지위를 점차 꿰찼다. 1961년에 시작되어 지금도 진행 중인 7차 팬데믹은 콜레라의 본질을 바꿔놓은 *콜레라균 O1 엘토르형*Vibrio cholerae O1 El Tor이 원인이다. 근본적으로 생물형이 다른 이 두 가지 콜레라균을 구별하기 위해 19세기 박테리아는 *콜레라균*이라 부르고, 7차 팬데믹을 일으킨 20세기와 21세기 병원균은 *엘토르형 콜레라균*Vibrio El Tor으로 부르기로 한다.

엘토르형 *콜레라균*은 진화적으로 유리한 특징이 상당히 많다. 그중에서도 가장 중요한 특징은 전통적인 *콜레라균*보다 독성이 훨씬 약하다는 점이다. 1899~1923년의 6차 팬데믹(전통적인 *콜레라균*이 일으킨 마지막 팬데믹) 기간에 나타난 사례들과 1961년 이후 7차 팬데믹(엘토르형 *콜레라균*이 일으킨 첫 팬데믹)의 사례들을 비교해본 결과, 중증 콜레라에 걸린 환자가 6차 팬데믹에서는 환자의 11%였지만, 7차 팬데믹에서는 2%에 지나지 않았다. 중증 환자의 증세는 쌀뜨물 같은 변, 구토, 심한 경련 등 한눈에도 19세기 콜레라 환자의 증상과 비슷하다. 하지만 엘토르형 콜레라는 전격성인 경우가 좀 더 적다. 발병도 덜 갑작스럽고, 증상도 그리 눈에 띄지 않으며, 합병증도 거의 없고, 예후도 환자들에게 훨씬 유리하다. 게다가 전파도 상당수의 무증상 보균자나 박테리아를 수개월씩 계속해서 뿜어대는 회복기 환자를 통해 더 많이 이루어진다.

마이런 에쉔버그Myron Echenberg는 2011년 그의 저서《콜레라 시대의 아프리카Africa in the Time of Cholera》에서 콜레라가 "얼굴을 바꾸는 바람에" 처음에는 '파라콜레라(para-cholera, 아시아 콜레라와 비슷한 증상을 보이지만 콜레라균 이외의 균에 의해 발생하는 질환_옮긴이)'라고 생각하다가도 나중에는 전혀 콜레라가 아니라고 생각할 정도라고 표현했다.

역학자들은 1991년에 페루에서 발생한 콜레라에 대해 감염된 사람의 4분의 3이 무증상이라는 판단을 내렸다. 이렇게 무증상 환자 비율이 높은 것이 엘토르형 콜레라의 뚜렷한 특징이었고, 그로 인해 방역 활동을 어렵게 만들었다. 감염자 대다수가 건강해 보이는 데다 연구소에서 대변을 검사해봐야만 환자를 검출할 수 있었기에 검역이나 격리가 소용이 없었다. 엘토르형 콜레라는 따라서 '빙산 질병iceberg disease'이라는 별명을 얻었는데, 진단받은 환자는 빙산의 일각처럼 극소수일 뿐이고, 증상이 너무 경미해서 알아채지 못해 드러나지 않은 환자가 다수를 차지했기 때문이다.

이 모든 특징 때문에 엘토르형 콜레라가 19세기 콜레라보다 전파 가능성이 높았다. 19세기 환자들은 신속하게 이동하는 능력이 없었고, 환자 중 50%가 사망했으며, 완쾌 후에는 재차 감염되지 않았다. *콜레라균*은 세균이 분변-경구 경로로 확산하기에는 너무 독성이 강했다. 세균이 독성을 줄이려는 경향이 본질적으로 절대불변이 아니긴 하지만, 분변-경구 전파 경로는 숙주의 이동 능력에 따라 결정된다. 엘토르형 콜레라를 탄생시킨 돌연변이 과정 덕에 엘토르형 콜레라는 한때 전통적인 *콜레라균*의 진화상의 틈새를 차지하는 데 성공할 수 있었다.

7차 콜레라 팬데믹의 시작

엘토르형 콜레라는 1935년까지 인도네시아의 셀레베스섬(술라웨시섬의 전 이름)에서 풍토병 병원균으로 머물러 있었다. 그러나 1961년이 되면서 엘토르형 콜레라는 더 먼 곳에서 발생하기 시작했다. 1961년에 시작된 느리지만 가차 없는 서쪽으로의 여정이 궁극적으로는 전 세계를 한 바퀴 다 돌게 되었다. 1960년대 초에는 엘토르형 콜레라 감염병이 중국과 대만, 한국, 말레이시아, 동파키스탄(현재의 방글라데시), 그리고 남아시아 전체에서 발생했다. 1965년경에는 볼가 분지와 카스피해 연안과 북해에 당도해 특히 러시아 도시 아스트라한을 괴롭혔다. 그 뒤에는 이라크, 아프가니스탄, 이란, 시리아를 휩쓸고는 중동 전체로 퍼져나가며 터키, 요르단, 레바논을 강타했고, 계속해서 북아프리카로 진출해 이집트와 리비아, 튀니지에서 크게 발병했다.

세계보건기구는 1970년에 27개국에서 엘토르형 콜레라가 성행했다고 발표했다. 그러나 국제 사회에서 명예가 실추되고 수출 금지를 당하고 관광산업이 위축될지 모른다는 우려에서 콜레라 발병을 은폐해 국제보건협약을 위반한 나라가 상당수에 이르렀기 때문에 이환율과 사망률에 대한 정확한 통계를 산출하기란 불가능했다. 그럼에도 300~500만 명에 이르는 환자가 발생하고 사망자가 수만 명에 달했다는 추산이 널리 인정되었다.

엘토르형 콜레라가 세계적으로 유행한 첫 20년 동안 세 가지 중대 사건이 일어났다. 하나는 긍정적인 것으로, '경구 재수화 요법(설사 및 탈수 환자에게 수분 및 전해질을 보충하는 용액을 먹이는 요법_옮긴이)'의 개발이었다. 20세기 초에 레너드 로저스는 수액이 생명을 구할 수 있음을 입증했다. 그러나 안타깝게도 고장성 식염수의 정맥 투여는 빈곤국에서 찾아보기 힘든 정규 의료진이 필요했기에 대다수 콜레라 환자들에게는 아무 소용이 없었다. 1963년에는 파키스탄의 의료 과학자들이 경구용 포도당 전해질 재수화 용액을 투여하는 대체 방법론을 완성했다. 최소한의 비용만 드는 데다 깨끗한 물만 있으면 누구든 준비해서 투여할 수 있었다. 파키스탄 의사들은 심장이 뛰고, 깨끗한 물에 소금과 설탕을 넣고 섞을 수만 있는 콜레라 환자라면 죽는 일이 다시는 없을 것이라는 결론을 내렸다.

이와는 달리 콜레라 팬데믹 초기에 등장한 나머지 두 사건은 부정적이었다. 하나는 1971년에 콜레라가 처음으로 사하라사막 이남 아프리카에 도달한 사건이었다. 콜레라가 기니를 덮치더니 그다음에는 서아프리카 전역을 휩쓸며 그해에만 1만 명의 환자와 수백 명의 사망자를 냈다. 공중보건 관리들은 피해국의 사회적·경제적 여건 때문에 엘토르형 콜레라가 성행하는 것은 물론, 아프리카 대륙 전체로 퍼져나가기도 하고 풍토병으로도 뿌리내릴 것임을 금방 알아차렸다. 그들은 뛰어난 선견지명으로 콜레라가 아프리카 전역으로 확산되어 중남미까지 위협하게 될 것으로 예측했는데, 이것이 부정적인 두 번째 주요 사건이었다.

엘토르형 *콜레라균*이 촉발한 감염병은 종잡을 수 없는 전통적인 *콜레라균*이 원인인 감염병보다 독성이 약했다. 하지만 빈곤, 과밀, 위생시설 부족, 불안한 물 공급 현상이 지속되면서 콜레라는 전 세계에서 더 빈번하게 발생했다. 언제나 '사회적 질병'이었던 콜레라는 이제 사회적 방치, 특히 세계보건기구에서 '복합적 비상사태'로 명명한 정치적 위기 상황에서 발생하고 있다.

리타 콜웰과 콜레라의 환경적 기반 발견

7차 콜레라 팬데믹에서 가장 놀라운 반전은 콜레라가 침입자에서 풍토병으로 변신했다는 점이다. 엘토르형 콜레라는 1970년 이후 아시아나 아프리카에서 사그라지지 않았다. 어떤 의미에서는 더 이상 '아시아'라는 의미를 지니지 않게 된 엘토르형 콜레라균은 개발도상국 전역에서 토착화되었다.

1960년대 후반부터 미생물학자 리타 콜웰Rita Colwell과 동료 학자들이 엘토르형 콜레라의 메커니즘을 밝혀내기 시작했다. 콜웰은 엘토르형 콜레라균의 유일한 진화적 이점이 독성 약화만은 아님을 밝혀냈다. 인간의 내장이 유일한 병원소인 콜레라균과는 달리 자연환경에서 살아가는 엘토르형 콜레라의 능력은 진화 면에서 중요한 요인이었다. 엘토르형 콜레라 종은 염수든 담수든 간에 외양수(육지에서 멀리 떨어진 바다의 물_옮긴이), 기수(바닷물과 민물이 섞여 염분이 적은 물_옮긴이), 강물, 호수, 연못 같은 수생 환경에서도 살 수 있다. 콜웰은 엘토르형 콜레라균이 그녀가 '인간-환경-인간의 전파'라고 칭한 방식으로 확산된다는 것을 증명했다. 이런 전파 방식은 전통적인 콜레라의 유일한 전파 방식인 기존의 분변-경구 경로를 보완은 하지만 완전히 대체하지는 못한다.

환경에 상존하는 콜레라는 언제라도 인간에게 '전이spilling over'될 수 있다. 사회·기후·위생상의 여건이 조성되어 콜레라가 배설물에 오염된 음식과 물을 통해 인간 대 인간으로 옮아가는 예전의 전파 방식을 재개할 수 있을 때마다 인간에게 전이되곤 한다.

온화한 기후나 열대성 기후에서 일반적으로 미처리 하수를 강이나 연안 해역에 배출하는 방식으로 오염된 배설물이 수생 환경에 들어가면 콜레라 박테리아는 아메바와 동물성플랑크톤, 동물성플랑크톤과 공생 관계를 형성하는 요각류(검물벼룩 등의 수생동물_옮긴이)의 몸체에 달라붙거나 체내로 들어가 수를 크게 늘리는 데 성공한다. 엘토르형 콜레라는 인간에게만 영향을 미치므로 수생 동식물은 콜레라에 감염되지 않는다.

엘토르형 콜레라균이 선호하는 병원소인 플랑크톤과 조류를 쌍각류 조개나 물고기를 비롯해 갈매기나 가마우지, 왜가리 같은 물새가 먹으면 박테리아에 감염되어 대체 숙주나 박테리아를 퍼뜨리는 전파자 역할을 한다. 특히 새들이 내륙에 있는 강이나 호수에 날아들어 발이나 날개, 배설물에 있는 박테리아를 떨궈놓으면 엘토르형 콜레라균이 해안가에서 멀리 떨어진 곳에 병원소를 만들어 놓을 수 있다. 콜레라균은 퇴적물에서도 번식이 가능하지만, 부초와 조류, 부레옥잠 등의 담수 식물이 박테리아의 생명 주기에서 눈에 띄는 역할을 하기도 한다.

콜레라가 인간에게 전이되는 일은 기후 요인과 인간 활동에 따라 좌우된다. 따뜻한 날씨와 해수 온도 증가, 조류藻類의 증식은 박테리아 폭증을 유발하고, 그렇게 되면 인간이 물고기나 갑각류를 섭취하거나 오염된 물에서 수영하거나 그 물을 마시게 될 경우 체내로 유입된다. 기후 변화나 여름, 따뜻한 수면이나 영양소가 풍부한 해류를 순환하는 엘니뇨 같은 기후 결정 요인들에 의해 콜레라균이 크게 증식하고, 결국은 인간의 체내로 섭취되는 일까지 발생한다.

페루에서 발생한 현대의 콜레라

엘토르형 콜레라의 메커니즘은 1991년에 시작된 중남미 콜레라 유행 시기에 조심스럽게 기록되었다. 중남미 콜레라 발병은 가장 중요한 콜레라 발병 중 하나로서, 유행병학자들이 1970년대 콜레라 7차 팬데믹이 아프리카로 확산되고 있을 당시 예상했던 사태였다. 페루가 감염병의 진원지였다. 페루를 할퀸 다음에는 좀 누그러지긴 했지만, 그래도 남미 전체로 퍼졌다. 여타 시급한 공중보건 문제와 콜레라가 1세기 안에는 중남미에서 발생하지 않을 것이라는 정설에 밀려 1970년대의 예상은 오래전에 잊힌 상황이라서 이번 감염병은 뜻밖의 사태였다.

따라서 페루 의사들은 의대 교과서에서 배운 대로만 콜레라를 알고 있을 뿐 아무런 준비도 되어 있지 않았다. 1991년 1월 22일에 페루의 의사 발테르 오르티스Walter Ortiz가 위중한 상태의 젊은 농장 일꾼 다니엘 카쿠이Daniel Caqui를 치료했다. 카쿠이는 식중독인지 거미에게 물린 것인지 폐렴인지 헷갈리는 증상을 보이며 찬카이 병원Chancay Hospital으로 비틀거리며 들어갔다. 남미 의사로서 엘토르형 콜레라균을 처음 상대한 오르티스는 이렇게 말했다. "일반적인 치료란 치료는 전부 해봤지만 점점 나빠지기만 하더군요. 무슨 병인지 감도 못 잡았지요."[10] 일주일이 지나자 수천 명의 페루인이 병에 걸렸고, 그제야 보건부에서 콜레라 감염병 발생을 발표했다. 카쿠이가 공식적인 첫 콜레라 환자였다.

콜레라 발병과 마주한 유행병학자들은 처음에는 예전처럼 해외에서 유입된 것으로 판단하고, 아시아에서 입항한 선박에서 바닥에 고여 있던 오염된 물을 배출해 발생했을 가능성에 집중했다. 그러나 콜레라를 미 대륙으로 들여온 것으로 확인된 배는 없었다. 사실 유행병학자들은 어떤 단일 사건이 원인일 가능성은 별로 없다고 보았다. 엘토르형 콜레라는 페루의 특정한 단일 장소에서 갑자기 재발해 기존의 콜레라처럼 확산되지 않고 서로 다른 도시 여섯 곳에서 동시다발적으로 시작된 다음 970km 정도에 달하는 페루 해안선을 가로질러 피우라, 치클라요, 트루히요, 침보테, 찬카이, 리마로 확산되었다.

추후 유전체 검사 결과, 페루의 콜레라 병원체는 아프리카에서 생겨나 1970년대 아프리카인들의 대규모 이주 시절부터 시작된 것으로 확인되었다. 페루 수생 환경에 *엘토르형 콜레라균*의 아프리카 분리주isolate가 존재하는 것도 확인되었다. 유입이 아니라 페루 환경에서 끈질기게 존재해온 결과, 중남미에서 미생물로 야기된 시련의 토대가 되었다.

1991년 1월 페루의 해양 기후는 여름이 시작되고 엘니뇨가 지속하면서 *엘토르형 콜레라균*에는 이상적인 조건이었다. 콜레라균은 여름철 더위 속에서 가장 쉽게 증식하는데, 사람들은 갈증을 해소하려고 안전하든 안전하지 않든 물을 마시기 마련이기 때문이다. 어부들이 해안가에서 물고기를 판매하자 콜레라가 번지기 시작했다. 인간-환경-인간 고리를 완성한 콜레라균은 연체동물과 물고기의 몸에 실려 도시로 진출했다. 그러고는 인간에서 인간으로 전파되는 대체 경로를 따라 전파되었다. 날생선과 해산물은 리마 등의 도시 주민들에게 콜레라균을 내장에 담아 전달하는 트로이 목마나 다름없었다. 당시에는 특히 세비체ceviche라는, 라임 주스와 양파, 칠리, 허브에 재워 먹는 생선회가 의심의 대상이 되었다. 비싼 고기나 닭에 비해 몇 푼이면 살 수 있는 생선이 주요 단백질원이었기에 세비체가 주요 먹거리였다. 보건부에서는 세비체 판매를 금지하고, 페루인들에게 가정에서도 세비체를 먹지 말도록 권고했다.

그다음 해에는 콜레라의 정체도 충분히 파악하고, 경구 수액으로 예방과 치료도 가능하게 되었지만, 인구 2,200만 명 가운데 30만 명이 콜레라에 걸렸다. 페루 도시들이 '전통적인' *콜레라균*에 그토록 적합한 조건이었던 런던과 파리, 나폴리 등 19세기 유럽의 도시를 떠올리게 할 만큼 빈곤하고 과밀하고 위생적으로 낙후되었기 때문이다. 실제로 리마의 시사 잡지 《카레타스Caretas》는 하루에 1,500명씩 감염되던 1991년 3월에 노골적으로 그런 비교 기사를 실었다. "끔찍스럽게도 오늘날 리마의 보건 상황은 19세기 런던의 상황과 다를 바가 없다."[11]

페루 수도 리마의 기반 시설은 도시 성장을 따라가지 못했다. 인구는 700만 명으로 늘었지만, 그중 400만 명은 공간과 물, 하수 시설이 부족한 판자촌에서 살았다. 《뉴욕타임스》에서 리마 빈민가를 묘사한 내용을 보면, 거주지라는 게 "지붕도, 더러운 마루도, 전기나 수도도 없는 판잣집들이 줄줄이 늘어선 것에 지나지 않았다. 아이들은 쓰레기가 옆에 쌓여있는 거리에서 뛰어놀았다. 개들은 쓰레기 더미 속에서 먹이를 찾아 헤맸다."[12] 200만이나 되는 주민들은 미처리 하수가 버려지는 강물이나 배달용 트럭에서 물을 얻을 수밖에 없었다. 그러고는 그 물을 불결한 수조나 탱크에 보관했다.

안타깝게도 리마의 빈곤율은 1980년대 내내 기하급수적으로 증가했고, 페루의 경제는 언론에서 '자유 낙하'라고 표현할 정도로 급락했다. 공업과 농업 생산량이 하락했고, 실업률과 고용 미달 사태가 급격하게 늘어나며 노동자의 80%가 일자리를 잃었다. 하이퍼인플레이션은 연간 400%까지 뛰었고, 실질 임금은 반토막이 났다. 영양실조와 기아가 광범위하게 퍼졌고, 폐결핵이나 위장염 같은 감염성 질환의 발병률도 치솟았다.

경제 위기로 촉발된 지긋지긋한 게릴라전도 상황을 더욱 악화했다. 페루군은 조직적이지만 서로 적대적인 두 혁명군을 상대로 전쟁을 벌였다. 1980년에 창설된 마오쩌둥주의를 표방하는 *센데로 루미노소*(Sendero Luminoso, 빛나는 길)와 마지막 잉카제국 군주의 이름을 딴 친러시아 혁명군 투팍 아마루Túpac Amaru가 양쪽에서 발작처럼 폭력 행사를 하는 상황이었다. 이 전쟁으로 2만 명이나 되는 사람들이 목숨을 잃었고, 시골 지역의 치안 부족은 농업 생산량을 크게 떨어뜨리고 이미 차고 넘치는 도시로의 이주를 촉발했다.

중남미감염병의회조사단 의장을 맡은 민주당 대표 로베르트 토리첼리Robert Torricelli는 페루의 의료 위기를 촉발한 원인이 무엇인지 의심의 여지가 없다는 결론을 내렸다. 그는 콜레라는 빈곤이라는 전통적인 '사회적 질병'이라고 설명했다. 그는 1980년대를 거치며 세계은행과 국제통화기금, 미국 국제개발처US Agency for International Development, USAID에서 '구조 조정' 정책을 설파하며 자유방임주의 경제 정책을 채택하도록 제3세계를 압박했다고 언급했다. 압박을 받은 중남미 정부는 규제 없는 시장의 힘을 강조하며 보건과 주거, 교육에 들어갈 공적 자금을 삭감했다. 그 결과, 경제 성장보다는 빈곤이 이어지며 콜레라가 성행했다. 토리첼리는 이렇게 설명했다.

> '콜레라 감염병'은 부채처럼 남아있는 인간의 문제이며, 10년 이상 개발 정책을 이끌어온 낙수 이론의 반증이다. …… 콜레라는 오로지 부적절한 위생 때문에, 사람들이 깨끗한 물을 구하기 어렵기 때문에 발생한다. 콜레라는 중남미의 잃어버린 10년의 결과다.[13]

토리첼리가 빠뜨린 내용이라고는 콜레라 폭발 직전에 페루 대통령 알베르토 후지모리Alberto Fujimori가 통상 '후지 쇼크'라고 알려진 과감한 재정 긴축 대책을 실행해 경제 위기를 최고조에 달하게 했다는 점밖에 없었다. 후지모리의 경제 정책 자문관 에르난도 데 소토 폴라Hernando de Soto Polar는 경제 정책 결과에 통탄하며 1991년 2월에 "이 사회는 의심의 여지 없이 무너져 내리고 있다"라고 냉혹하게 선언했다.[14]

1990년대의 중남미는 '현대' 콜레라와 '전통적인' 콜레라를 구별하는 차이점들을 분명하게 드러냈다. 엘토르형 콜레라균이 일으킨 감염병은 콜레라균으로 인한 감염보다 치명도가 훨씬 약하기 때문에 콜레라균이 불러일으켰던 종말론적 두려움, 폭동, 대규모 탈주와 비슷한 상황은 야기하지 않았다. 1960년대 이후 몇십 년이 지나는 동안에도 중남미, 아프리카, 아시아에서는 19세기에 아시아 콜레라가 유럽 도시들을 휩쓸고 지나간 증표로 나타났던 사회 격변이 재현되지 않았다.

이에 반해 현대 콜레라는 지속적이고 고통스러운 유산을 하나 남겼다. 무엇보다 즉각적이고 분명하게 드러난 사실은 현대 콜레라가 사망률도 높을 뿐더러 확산 범위도 넓다는 것이다. 게다가, 위태로운 보건 시스템에 과중한 부담을 주고, 부족한 자원을 다른 용도에서 전용해오고, 무역과 투자, 관광산업과 고용, 공중보건에 영향을 끼치며 경제를 위축시킨다. 기독교 국가에서는 광신적인 분위기가 폭발하기도 했다. 가령, 페루에서는 콜레라가 전국을 휩쓰는 상황을 인간에 대한 '신의 저주'로 널리 받아들였다. 언론인들은 콜레라가 일반적으로 '성경에 나오는 것', 즉 현대판 이집트 역병으로 인식되고 있음을 보도했다. 실제로 《케아세르*Quehacer*》잡지는 "우리는 일곱 번의 역병을 겪은 이집트의 파라오도 부러워하지 않을 무엇인가를 겪고 있다"라고 언급하며 논지를 분명히 했다.[15]

그러나 가장 지속적으로 영향을 미칠 유산은 재발생의 위협이다. 전통적인 콜레라와는 달리 7차 팬데믹은 이미 반세기 이상 계속되며 수그러들 기미를 보이지 않았고, 빈곤과 불안한 물 공급, 비위생적 여건이 해결되지 않는 곳이라면 어디에서든 발생할 여지가 있었다. 실제로 세계보건기구에서는 2018년에 "해마다 전 세계적으로 약 130~400만 명이 콜레라에 걸리며, 그중 2만 1,000~14만 3,000명이 사망한다"고 발표했다.[16]

그런 불안한 상황이 아시아, 아프리카, 중남미를 중심으로 지속되며 기후 변화와 관련한 위험도 더욱 커지고 있다. 콜레라에 취약한 국가에서는 성공적인 백신, 또는 대규모 사회 개선이나 위생개혁 사업 같은 기술적 개입의 부족으로 지구온난화가 엘토르형 콜레라균의 생존을 촉진하고 발생 빈도와 강도를 높이는 게 분명하다. 현대 콜레라는 근절되기는커녕 끊이지 않고 재등장하는 질병으로 명명될지도 모를 일이다.

2010년 이후의 아이티

아이티에서 2010년에 발생한 콜레라는 2018년 중반까지 지속되며 현대 콜레라의 위험성에 경종을 울리고 있다. 유엔 평화유지군으로 히스파니올라섬에 도착한 네팔군이 콜레라를 카리브해 지역으로 가져갔다. 유엔은 책임을 시인함으로써 따를 정치적·재정적 여파를 우려한 나머지 그 사실을 뒤늦게 인정했고, 이후 네팔 파견대에 경증 콜레라 환자들이 발생했다. 안타깝게도 네팔군이 배설물을 아르티보니트강에 어떤 처리도 하지 않고 그대로 내다 버렸던 것이다. 계곡 주민들이 사용하는 가정용·농업용·식수용 물이 이 수로를 타고 흘렀다. 이런 식으로 오염된 아르티보니트강이 바싹 마른 숲에서 불꽃을 지핀 것처럼 대형 화재를 불러온 게 분명했다.

성냥에 불이 붙은 2010년 10월에는 서반구 최고의 빈곤국에 콜레라가 뿌리내릴 이상적인 환경이 조성된 상태였다. 시민들은 건강한 삶을 영위하는 데 필요한 전제조건이 하나같이 부실했다. 굶주려 영양도 부족했고, 이미 빈곤에서 비롯된 수많은 질병으로 극심한 고통을 당하고 있었다. 정부에서는 그저 기본적인 의료 및 위생 기반 시설을 제공할 뿐이었고, 국민에게는 1세기 이상 서반구에 알려지지 않았던 질병에 대항할 '집단 면역'도 없었다.

2010년 10월에 발생한 대규모 지진으로 박테리아 전파에 필요한 길이 열렸다. 지진의 충격으로 사람들은 여기저기 흩어지고, 오래된 상하수도 시설이 파손되고, 그나마 존재하던 아이티의 치료소와 병원 네트워크도 피해를 보았다. 이렇게 유입된 엘토르형 콜레라균은 새로운 인간 숙주 속에서 기하급수적으로 늘어났다. 지진이 발생한 지 몇 주도 되지 않아 아이티의 모든 주가 감염되며 15만 명의 환자와 3,500명의 사망자가 발생했다.

이후 콜레라 감염병은 모든 방역 활동을 무색하게 만들었다. 대다수 국민은 안전한 물을 구할 수 없었고, 치료소에서는 경구 수액, 정맥 수액, 항생제가 순식간에 동이 났다. 한편 국제 공중보건 사회는 유통 허가도 나지 않고 공급이 부족할 경우 아무짝에도 쓸모없는 콜레라 예방 백신의 윤리와 효능에 관한 논의만 해대고 있었다. 실질적인 치안 부족 또한 구조 활동을 크게 방해했다.

지진 이외의 자연재해도 보건 위기를 초래하는 데 치명적인 역할을 했다. 이례적인 폭우로 수원지가 넘쳤고, 2016년 10월에는 4등급 허리케인 매슈가 강타해 산사태가 나며 폐허의 흔적을 길게 남겼다. 수십만 명이 집을 잃었고, 보건 시설은 무너졌으며, 기존의 하수 및 배수 시설이 파괴되었다. 한편 콜레라 감염병이 해를 거듭할수록 단단히 뿌리를 내려 풍토병이 되다 보니 국제 뉴스에서도 콜레라가 사라졌고, 기부자들의 피로감이 인도주의적 목적을 넘어섰으며, 비정부기구 자선단체들도 철수했다. 2018년까지 인구 1,000만 명 정도의 나라에서 적게 잡아도 100만 명이 콜레라에 걸려 1만 명이 목숨을 잃었다. 그러나 이러한 통계는 아직도 감염병이 성행한다는 면에서 극적인 만큼이나 잠정적인 수치일 뿐이다. 이 책을 집필할 당시인 2018년 봄에 나온 최신 통계에 따르면, 콜레라 환자가 2018년 2월에는 249명, 3월에는 290명이었다.[17]

아이티 콜레라 감염병을 계기로 *엘토르형 콜레라균*의 약독화에 대한 우려도 커졌다. 독성 약화가 다윈의 자연 선택적 이점을 제공한다고 해서 향후 등장할 감염병이 다시는 강한 독성을 나타내지 않을 것이라는 확신은 없다. 의사들은 아이티에서 무증상 및 경증 환자의 비율은 7차 팬데믹이 시작된 초기에 비해 상당히 낮아지고, 중증 콜레라 비율은 상당히 높아졌다는 데 주목했다. 최근 연구에 따르면, 콜레라 유전체는 "광범위한 유전적 재조합으로 쉽게 변이하며 …… 결국 유전자 배열에서 이동 및 표류(개체에서 개체로 유전 형질이 이동하는 현상_옮긴이)하는 특징이 있다."[18] 이렇게 가소성이 높은 *엘토르형 콜레라균*은 예측이 불가능하므로 향후 등장할 감염병의 특징이 19세기를 떠올리게 할 만큼 독하지 말란 법도 없을 것이다.

결핵은 *미코박테리움 튜버클로시스*(결핵균)가 원인으로 인간이 걸리는 가장 오래된 질병 가운데 하나다. 미코박테리움 속屬에 속하는 질병은 동물에게도 발병하는데, 인간 진화의 초창기에 이 박테리아가 중간 장벽을 넘어 동물에서 인간으로 전이된 이후 인류의 질병으로 지속되고 있는 것으로 생각된다. 결핵이 일찍이 인간에게 전파되었다는 이런 생각은 신석기 시대(서기전 약 1만 년 전에 시작)의 호모 사피엔스에서 결핵의 증거가 계속 발견되고 있다는 사실에서 힘을 얻고 있으며, 고대 이집트와 누비아(Nubia, 아프리카 수단 북부 지방_옮긴이)의 DNA와 미술품, 미라의 유골에 남은 흔적도 결핵이 유행했었다는 강한 증거가 되고 있다. 사람들이 모여든 상당 규모의 정착지에서 결핵이 계속해서 존재했다는 기록이 고대로부터 면면히 내려오고 있다. 결핵은 고대 그리스와 로마, 아랍 세계, 극동, 그리고 중세 및 초기 근대 유럽을 괴롭힌 재앙이었다.

서구 사회에서 결핵은 산업혁명과 그에 따른 대대적인 도시화 현상 이후인 18세기와 19세기에 최고조에 달했다. 결핵은 주로 공기를 통해 전염되는 호흡기 질환이다. 1789년부터 1914년까지의 '기나긴 19세기'에 북서 유럽과 북미의 발 디딜 틈도 없이 혼잡한 빈민가는 호흡기 감염병이 돌기에 이상적인 여건을 조성했다. 다닥다닥 붙은 공동주택, 노동을 착취하는 공장, 열악한 환기 시설, 미세먼지로 탁해진 공기, 불결한 개인위생, 빈곤과 영양부족으로 저항력이 떨어진 신체, 기저 질환 등이 그러한 여건에 해당했다.

그런 환경에서 폐결핵의 이환율과 사망률이 치솟았다. 무엇보다 부검에서 나온 증거에 의존했던 당대 의사들은 사실상 모든 사람이 폐결핵에 노출되어 있으며 폐 병변을 지니고 있다고 믿었다. 하지만 대부분의 경우 병변이 신체의 면역 반응으로 억제되고 활성 질환으로는 진행되지 않았다. 결핵이 절정기에 다다랐을 때는 영국, 프랑스, 독일, 벨기에, 네덜란드, 미국 등 산업화가 진행되고 있던 국가들의 인구 90% 이상이 감염되었을 개연성도 있다. 그렇기 때문에 모든 국가가 '인류의 무시무시한 결핵화'의 영향권 내에 있었다고들 했다.[1]

그러한 광범위한 감염 사태로 산업화가 진행 중인 국가의 이환율과 사망률도 당연히 참담한 수준에 이르렀다. 예를 들어, 1900년 미국의 주된 사망 원인은 결핵이었다. 당시에는 매년 7,500여 명이 결핵으로 사망해, 연간 사망률은 주민 10만 명당 201명꼴이었다. 산업화와 결핵의 밀접한 관계는 결핵은 본질적으로 '문명사회의 질병'이라는 19세기 통념으로 이어졌다. 작가이자 목회자인 존 버니언John Bunyan이 말한 대로 당시 서구 사회에서 결핵은 모든 질병 중에서 "이 모든 사자死者들의 두목"으로 꼽혔다. 인생을 낭비한 대가로 악인 씨Mr. Badman를 무덤으로 데려간 것은 소모성 질환(consumption, 몸을 서서히 축나게 하는 폐결핵을 가리키는 일반 용어_옮긴이)이었다.[2]

몇 세기에 걸쳐 산업화가 진행 중인 세계 전역에서 이러한 결핵 폭증은 결핵을 풍토병으로 인식해야 하는지, 감염병으로 인식해야 하는지에 대한 의문으로 이어진다. 어떤 세대의 관점에서 보더라도 결핵은 사회를 휩쓸고 간 다른 감염병과는 달리 특유의 부침 없이 해마다 잔인하게 존속했다. 게다가 개별 환자의 신체에서 결핵의 진행은 변덕스럽기까지 했다. 림프절 페스트나 인플루엔자, 황열이나 콜레라처럼 급작스럽고 극적으로 병을 일으키기보다는 수십 년간 몸에 그냥 머물러 있는 경우가 많았다. 실제로 환자들도 결핵을 만성 질환으로 겪으며 병을 치료하기 위해 생활 방식을 바꾸고 무너진 건강을 되찾고자 하는 목표에 전념하는 경우가 많았다.

그러나 좀 더 장기적인 관점에서 보면 결핵의 오랜 진행 과정을 고려한다 해도 결핵은 감염병으로 분류하는 게 적절하다. 개별 환자 차원에서는 이제는 결핵을 감염병으로 인식하고 있는데, 이는 주로 장기적인 접촉 후에 사람에게서 사람으로 서서히 확산하며 신체를 오랫동안 포위 공격하는 특성을 지닌 감염병이다. 사회적으로도 진행이 더딘 감염병으로 인식되며, 단일 장소에서 심지어 수백 년까지 지속하다 몇 세대를 걸쳐 점진적으로 불가사의하게 물러나는 질환이다. 19세기 결핵이 절정에 다다른 시대를 살았던 사람들은 결핵을 유행성 감염병으로 간주했다. 실제로 그들은 결핵을 '백사병'이라고 부르며 림프절 페스트에 빗댔다.

산업화와 그에 따른 비자발적 주거 이동이 근대 결핵의 연보를 설명하는 데 매우 유용하게 쓰인다. 최초의 산업 국가인 영국에서 결핵 감염병 확산은 1700년대 말에 시작해 1830년대에 정점을 찍었다가 이후 주거와 임금, 식사, 위생이 개선되면서 꾸준히 하향 곡선을 타기 시작했다. 프랑스와 독일, 이탈리아처럼 뒤늦게 산업화에 뛰어든 국가에서는 결핵도 뒤늦게 폭증하다 산업적 도약이 경제적 근대화로 옮아간 20세기에 들어선 뒤에야 하락세에 접어들었다.

폐결핵과 경제 변화가 밀접한 관계임을 더욱 확실하게 보여주며 결핵은 특히 북유럽 산업 국가의 주요 사망 원인이 되었지만, 이탈리아나 스페인처럼 주로 농업에 의존하는 국가의 공중보건에서는 그만큼 중요한 자리를 차지하지는 못했다. 실제로 국가 내 결핵의 지리적 발생률은 경제 발전 양상을 그대로 뒤쫓았다. 가령, 이탈리아에서는 결핵이 주로 밀라노와 토리노 등의 북부 산업 도시를 공략한 반면, 밭을 가는 노동이 주를 이루는 남부 농업 지역은 결핵 발생이 훨씬 적었다. 미국의 저명한 권위자 모리스 피시버트Maurice Fishbert는 1922년 저술에서 이렇게 밝혔다. "감염 빈도는 문명사회, 또는 원시 민족들과 문명화된 사람들과의 접촉과 밀접한 관계가 있다. …… 결핵에서 자유로운 유일한 지역은 문명사회와 접해보지 않은 원시 민족들이 사는 곳이다."[3]

결핵의 근대사는 로베르트 코흐의 1882년 *결핵균*tubercle bacillus의 발견 전후로 나뉘는데, 이러한 발견에 힘입어 질병의 세균론을 확립하고 결핵이 감염병이라는 사실을 증명하는 데도 성공했다. 이 두 시기는 결핵을 이해하고 경험한 방식, 결핵이 사회에 미친 영향, 결핵으로 촉발된 공중보건 대책이라는 측면에서 상당한 차이가 있다. 이번 장에서는 1750~1882년의 '소모성 질환'의 '낭만주의 시대'를 집중적으로 살펴보고, 다음 장인 제15장에서는 현대의 결핵을 다루기로 한다. 하지만 우선 결핵의 병인론과 증상부터 검토하기로 한다.

결핵의 병인론

*미코박테리움 튜버클로시스*는 로베르트 코흐가 1882년에 발견했으며, 그런 이유에서 '코흐의 바실루스' 또는 간단히 *결핵균*'이라고 알려져 있다. 인간은 서로 별개이자 상당히 다른 네 가지 전파 경로를 통해 결핵에 감염된다. 이 중에서 비교적 드물고 근대 결핵 감염병에서 보조적

인 역할만 수행한 세 가지 경로로는 첫째, 산모에게서 태아에게 감염되는 태반 경유 전파, 둘째, 찰과상이나 주삿바늘 공유를 통한 박테리아 유입, 셋째, 감염된 우유나 고기를 통한 결핵균 섭취가 있다.

네 번째는 압도적으로 중요한 만큼 나머지 셋과의 차이도 분명한 전파 경로다. 즉 환자가 기침이나 재채기, 말을 할 때 배출하는 감염된 비말 속에 있는 *결핵균*을 흡입하는 방식이다. 흡입된 코흐의 바실루스는 호흡할 때마다 공기를 받아들이는 기도 맨 끝의 자그마한 통로인 세기관지와 허파꽈리에 뿌리를 내린다.

들이마신 숨과 함께 가장 깊숙한 폐 조직 속으로 유입된 *결핵균*은 대부분의 경우 1차 폐 감염을 일으킨다. 그러나 감염이 곧 병이란 말은 아니다. 대다수 건강한 사람들의 신체는 세포성 면역 반응이 효과를 나타낸다. 활성화된 대식세포, 말하자면 혈류와 초기 병변 부위 사이에서 나온 운동 백혈구가 침입한 세균을 섭취하면 뿌리혹이나 육아종이 생긴다. 그사이 유상피세포라는 여타 포식세포는 육아종을 둘러싸며 벽을 쳐서 못 나가게 차단한다. 몇 주 혹은 몇 개월 안에 환자의 90%가 치유된다. 감염이 억제되면서 추가로 병이 활성화되거나 증상이 나타날 정도까지 진행되는 경우는 없다. 개개 환자는 병변이 제대로 억제된 뒤에도 결핵균이 계속 존재한다는 사실을 눈치 채지 못한다. 그러나 육아종 내 결핵균은 퇴치보다는 격리되어 있는 것이다. 따라서 이런 결핵균은 살아남아 있다가 이후 언제라도 면역 체계가 크게 약해지면 병을 일으킬 가능성이 있다. 재활성화 혹은 재감염이 일어나기 전까지 의사들은 이렇게 진행이 정지된 결핵의 특징을 '불현성abortive'으로 분류하고, 이런 환자를 '잠재 결핵균 보균자'라고 한다.

환자 중 10%는 초기 감염 후 5년 이내에 임상적으로 중요한 단계의 질병으로 진전되는 경향이 있다. 그런 환자들의 결핵균은 대식세포와의 맞대결에서 성공을 거두고 주변의 포식세포를 잘 피해간다. 그리하여 '활성 결핵'이 일련의 증상과 합병증과 함께 진행된다. 다음과 같은 상황들로 인해 활성 결핵으로 발전하게 되었을 수 있다. 침입한 *결핵균*이 독성이 강한 종이거나, 침입해 들어온 *결핵균*의 수가 무수히 많거나, 신체의 면역계가 영양실조, 당뇨병, HIV 감염, 알코올중독, 말라리아, 약물 남용, 규폐증, 화학 요법 등 다양한 면역억제 상황에서 손상되었을 가능성도 있다. 이런 경우 폐에 들어간 수많은 *결핵균*이 주변 조직을 공격하거나 림프계나 혈류에 침투해 신체 곳곳으로 옮아간다. 이런 확산 과정을 '속립miliary 결핵'이라고 하는데, 밭을 갈아 온통 기장millet 씨앗을 뿌려 놓은 것에 비유해 붙인 이름이다. 치명적인 이런 확산은 1차 감염 치료에 실패하면서 바로 발생하기도 하고, 차후에 면역력이 손상되어 원래의 병변이 재활성화 상태가 된 예전의 불현성 결핵 환자의 몸에서 발생할 수도 있다. 또는 첫 감염 이후에 면역력이 생기지 않은 불현성 환자가 재감염되는 예도 있다.

증상과 단계

속립 결핵에서는 침습적侵襲的인 코흐의 바실루스가 폐의 초기 병변에서 전신으로 전이될 수 있다. 그러나 미코박테리아는 섭취나 주입, 또는 수직 전파 같은 다른 통로를 통해 인체로 들어가는 경우도 있기 때문에 폐보다는 다른 곳에서 첫 감염이 나타나기도 한다. 감염이 나타나는 부위가 이렇게 다양하기 때문에 결핵은 모든 질병 중에서 가장 모습이 다양한, 즉 피부, 심장, 중추신경계, 뇌수막, 창자, 골수, 관절, 후두, 비장, 신장, 간, 갑상선, 생식기 등 어떤 조직이나 기관도 공격할 수 있는 다형 질환으로 분류된다. 그러므로 이렇게 아주 다양한 모습으로 변신하는 결핵은 다른 질환처럼 보이기도 하고, 물리적으로 정확한 진단을 내리기 어렵기도 하다. 20세기 들어 믿을 만한 진단 방법이 도입되기 전까지는 의사들도 혼동해서 종종 결핵을 장티푸스나 기관지 폐렴, 콜레라, 기관지염, 말라리아, 패혈증, 수막염 등의 질환으로 오진하기도 했다.

폐결핵은 결핵 중에서 가장 보편적이고 중요한 유형이기 때문에 폐결핵만을 자세히 들여다보기로 한다. 폐결핵의 첫 번째 특징은 인체 내에서의 진행이 지극히 불규칙하다는 점이다.(그러므로 여전히 불가사의한 병이기도 하다.) 극단적인 예를 하나 들면, 폐결핵은 전격적으로 진행되어 증상이 나타난 지 몇 달 만에 사망에 이르기도 한다. 이런 이유로 19세기에는 '속성', '악성' 또는 '급성' 소모성 질환으로 알려지기도 했다.

결핵은 또한 수십 년에 걸쳐 서서히 진행되다 간간이 차도를 보이고 심지어 완쾌되는 것 같다가도 다시 이상하게 재발하며 거침없이 진행되는 만성 질환으로 확고히 자리 잡기도 한다. 항생제가 나오기 전에는 모든 연령대에서 저절로 회복되거나 치유가 된 것처럼 보이는 사람들도 좀 나오기는 했지만, 환자의 80%가량은 1~20년 정도의 시간이 지난 후 사망하는 것으로 추산된다.

환자들이 어떤 일들을 겪을 수 있는지는 결핵을 앓았던 유명한 19세기 두 영국 작가의 극단적인 투병 생활을 보면 알 수 있다. 그중 한 명은 전형적인 급성 폐결핵을 앓았던 존 키츠(John Keats, 1795~1821)였다. 그는 1820년 2월에 폐결핵에 걸려 정확하게 1년 뒤 26세 나이에 요절했다. 이 낭만주의 시인은 폐결핵과 예술 및 천재성과의 관련성을 상징하는 아이콘이 되었다. 키츠가 죽어가는 동생을 치료하다 폐결핵에 걸렸으며, 절망에 사로잡혀 영국을 떠나 기후가 건강에 좋을 것 같은 로마로 향했고, 사랑하던 패니 브론Fanny Brawne과 헤어지고, 많은 이들이 가장 뛰어난 시적 감흥을 불러일으켰다고들 하는 마지막 시기를 보낸 후 로마에서 사망하고 그곳에 묻혔다는 이야기가 1세기 동안 회자되었다. 종종 유성이나 혜성, 아니면 제 몸을 불사르는 촛불과 비교되는 그의 짧은 인생에는 결핵에 대한 19세기 중반의 사회적 인식이 집약되어 있었다. 폐결핵은 상위 문화와 감수성, 천재성의 징표였으며, 키츠는 그런 징표의 전형이었다.

결핵 스펙트럼의 반대편 끝에는 로버트 루이스 스티븐슨Robert Louis Stevenson이 있었다. 키츠와는 달리 스티븐슨은 수십 년 동안 병마와 싸우며 건강 회복을 위해 휴양 시설과 요양원을 들락거리며 전 세계를 돌아다녔다. 스티븐슨은 한참 더 생산적인 삶을 영위하다 44세의 일기로 1894년에 생을 마감했고 사인도 결핵이 아닌 뇌졸중이었을 개연성이 컸다.

19세기 의사들은 폐결핵이 연속되는 3단계를 통과하며 진행되는 과정으로 이해하기는 어렵다고 보았다. 한 단계에서 다음 단계로 넘어가는 것을 감지할 수 없는 경우도 많고, 증상도 겹치고, 가래 검사, 투베르쿨린tuberculin 반응, 엑스레이의 형태로 믿을 만한 진단 도구가 개발되기 전까지는 결핵이 한참 진전된 뒤에야 진단이 확실해졌기 때문이다. 게다가 환자가 세 번째 단계에 도달하기 전에 사망하거나 병이 상당히 진행된 상태에서 회복하는 경우도 종종 있었다. 결핵의 모든 특징이 그렇듯 단계별 기간은 예측할 수 없었고, 한 단계에서 다음 단계로 꼭 진행되리란 법도 없었다. 더욱이 폐 감염은 양쪽이 다 감염되기도 하고 한쪽만 감염되기도 했지만, 한쪽만 감염되는 일이 더 흔하고, 좌측 폐가 감염되는 것이 우측 폐가 감염되는 것보다 훨씬 일반적인 일이었다. 호흡기학자 피시버트는 폐결핵의 변화무쌍한 측면을 이렇게 묘사했다.

환자가 죽을 때까지 계속 악화되거나, 호전되어 회복되는 건 만성 폐결핵에서는 보기 드문 일이다. 그게 한편으로는 불현성 폐결핵의 특징이기도 하고, 다른 한편으로는 급성 폐결핵의 특징이기도 하다. 그러나 일반적인 만성 폐결핵은 꾸준히 진행되는 게 아니라서 변덕스럽다고 할 정도로 증상이 주기적으로 급성이나 아급성으로 악화되거나, 환자가 고질적인 증상에서 어느 정도 벗어나 차도가 나타나거나, 비교적 건강이 좋아졌다고 느낄 수도 있다는 게 특징이다.[4]

그러므로 폐결핵의 단계는 유동적이고 다소 임의적인 면이 있어서 확실히 구분된다기보다는 구분될 수도 있다는 뜻으로 해석해야 한다.

1단계: 결핵 초기

활성 결핵의 발병은 점진적으로 나타나는 게 일반적이지만, 전형적인 초기 증상이 특히 환자들의 수면을 방해하는 마른기침과 헛기침이라서 보통 감기로 착각하기 쉽다. 기침은 밤사이 잦아들다 새벽에 다시 시작되는데, 가끔은 심하게 발작하듯 하다가 흉부에 걸린 가래가 없어지면 나아진다. 기침을 해도 가래가 전혀 나오지 않는다면 낮에는 간헐적으로 기침을 하다가 저녁쯤 되면 더욱 심해지면서 불면증, 탈진, 흉부와 목구멍 통증으로 이어질 가능성이 높다. 기침을 하다가 강도의 정도가 다양한 구토를 하게 되는 경우도 종종 있다. 결핵에 걸려 이 지점에 다다르면 환자들은 가벼운 운동으로도 호흡이 가빠지고, 체중이 감소하고, 안색이 파리해지고, 업무나 학업 능률이 떨어지고, 식욕이 저하되며, 림프절이 부어오른다.

지속적인 나른함은 결핵 초기의 임상적 주요 증상이자 환자들이 자각하게 되는 첫 번째 증상이기도 하다. 피로감은 겉으로는 별 이유 없이 나타나며, 20세기 초 '결핵학자' 찰스 마이너Charles Minor는 한마디로 이렇게 묘사한다. "온몸이 '피로'에 찌든 것 같아 숨 쉬기조차 힘이 든다. 환자는 드러누워 쉬고 있어도 피로감이 사지를 돌아다니는 것 같다. 깨어 있으면 못 견디게 피곤하고 …… 여태껏 활기찼던 사람이 쉬어도 피곤하고 기운도 없고 일할 마음은 털끝만큼도 나지 않게 된다."[5]

2단계: 결핵 중기

결핵의 1단계와 2단계는 확실하게 구분되지 않는다. 그러나 2단계에서는 기침이 더 빈번해지고, 고통도 심해진다. 폐에 생긴 결절이 급증하며 걷잡을 수 없이 계속해서 염증이 생기는 구멍을 만든다. 여기에 가래가 계속 끼면 환자들은 기침할 때마다 짙고 녹색을 띤 악취 나는 점액을 상당량 뱉게 된다. 가래의 양은 다양하지만, 하루에 무려 반 리터가 되기도 한다. 가래를 뱉으면 그 순간은 시원하지만, 늘 다시 기침을 하게 되며, 갈수록 점점 심해지고 빈번해진다.

결핵의 다른 증상으로는 체온이 하루에 한두 차례 39~40℃까지 오르면서 오한이 나고 밤에 식은땀을 많이 흘리는 '소모열'이 있다. 식은땀은 결핵의 괴로운 특징 가운데 하나로, 환자들이 땀에 흠뻑 젖어 탈진하고 잠을 설치는 일이 반복된다. 그러나 소모열이 모든 환자에게서 일정한 흐름을 보이는 것은 아니다. 간헐적으로 나타나는 게 일반적이지만, 꾸준히 나타나며 예후가 좋지 않을 것을 나타내기도 한다. 또는 열이 전혀 없는 환자도 있다.

또한 환자들은 열이 없는데도 맥박이 1분에 120회 이상 뛰기도 하는 속맥을 겪기도 한다. 잠을 자도 소용없을 정도로 심각하게 탈진하고, 목이 쉬어 속삭이는 것밖에는 안 되고, 관절과 흉부에 통증을 느끼고, 약간만 움직여도 어지럽고, 두통이 나고 호흡 장애가 온다. 특히 여성들은 생리 장애(무월경), 급성 경련(생리통) 등을 앓기도 한다. 특히 힘을 많이 쓰거나 격한 감정에 사로잡히고 난 뒤에 입안 가득 선홍빛의 붉고 거품 섞인 피를 토해내는 객혈이 전형적인 증상이다. 그렇게 되면 어떤 병인지 진단이 확실해지고 불길한 결과가 예상되기 때문에 환자나 가족들에게는 가장 끔찍한 증상이기도 했다. 요양원에서는 한 결핵 환자가 객혈하는 모습을 보면 주변 사람들도 피를 토하게 되리라는 우려를 자아내곤 했다.

마지막으로, 이 단계의 결핵은 성격에도 영향을 준다고 여겨졌다. 완만하게 진전된 폐결핵을 앓는 사람은 대개 자신의 건강에 대해 비현실적일 정도로 낙관하고, 삶의 행복감에 취하고, 미래를 야심차게 설계하고, 성욕이 강해진다. 이들 특징을 모두 종합하면 진단 시 유의미하게 살펴볼 만한 하나의 관점, 일명 '결핵성 성격'이라는 근거 없는 낙관주의가 형성된다.

3단계: 결핵 말기

신뢰할 만한 검사 방법이 개발되기 전에는 결핵이 3단계는 되어야 진단을 제대로 믿을 수 있었다. 이 단계 정도가 되면 환자들에게는 한눈에도 알아볼 수 있는 결핵의 온갖 성흔이 나타났다. 몸이 심하게 마르는 게 보편적이라 결핵은 흔히 '가슴앓이'나 '소모증phthisis'으로 알려졌으며, 소모증이란 '쇠약해지다'라는 의미의 그리스어에서 비롯되었다. 결핵 후기로 접어들면 환자는 살도 빠지고 근긴장(근육이 일종의 수축 상태를 지속하는 것_옮긴이)도 떨어지며, 결국에는 해골처럼 변한다. 이렇게 쇠약해지는 것은 식욕부진이나 설사 등 특유의 합병증이 발생하고 감염된 후두가 부어올라 삼키는 일이 고통스럽고 거의 불가능해져서 영양분이 제대로 흡수되지 못하기 때문인데, 연하 곤란이 나타나면 몸은 더욱 쇠약해진다. 간단히 말해서, 환자의 체중이 증가한다는 것이 가장 반가운 예후 중 하나다.

일반적으로 환자의 전체적인 인상에서 '소모성 질환의 모습'을 띠게 된다. 말하자면, 움푹 팬 뺨, 푹 꺼진 눈, 길쭉한 목, 위축된 얼굴 근육, 처진 어깨, 창백한 안색 등이 나타난다. 숨을 쉴 때마다 억지로라도 혈액이 병든 폐 조직을 통과하도록 애를 쓰면 폐, 기도, 심장이 흉강 내에서 자리가 이동되어 대칭이 깨지게 된다. 한편, 늑골 사이 공간들은 깊게 밀려들어 가고, 쇄골은 툭 튀어나오고, 어깨뼈는 날개가 달린 것 같은 모습을 확연히 드러낸다. 점차 순환 기능이 상실되며 나타나는 부종으로 사지가 붓고 냉해지며 심장이 확장되는데, 특히 혈액을 폐로 공급하는 우심실에 과도한 부담이 가해진다.

그러므로 결핵의 진행 과정은 환자의 외형과 외모에서 쉽게 알아볼 수 있다. 동시에 그런 과정들은 의사가 환자의 흉부에 청진기를 들이대면 귀로도 뚜렷하게 들을 수 있다. 이런 '간접 청진법'은 르네 라에네크가 1816년 단이 청진기를 발명한 이후 하나의 기술 형태로 발전시켰다. 라에네크는 그의 유명한 1819년 논문 〈간접 청진법에 관한 논문 A Treatise on Mediate Auscultation〉에서 자신의 방법론을 체계적으로 제시했다. 환자들의 병든 흉부에서 의사들이 들은 소리를 설명하는 어휘를 만들어낸 라에네크와 그의 추종자들은 딱딱, 탁탁, 쨍쨍, 콸콸, 쌕쌕, 징징거리는 소리, 공동성 호흡, 갈라진 옹기 소리, 갈그랑 소리, 단속 호흡 소리 등을 기록했다. 여러 소리 중에서도 특히 미세하거나 중간이거나 커다란, 촉촉하거나 거칠고, 졸졸거리고, 울림이 있거나, 뭔가를 긁거나, 타닥거리거나 다소 작게 타닥거리거나, 쉬쉬거리거나 낭랑한 수포음 등을 묘사했다. 그러한 미묘한 차이점들이 음악 교육을 받아 음높이에 민감한 진단 전문의들에게 유리하게 작용했다. 혁신주의 시대에 결핵 전문가 프랜시스 포텐저Francis Pottenger는 그가 들은 다양한 결핵 소리를 이렇게 기록했다. "때로는 개구리의 개골개골 소리, 소총의 다다닥 소리, 고양이의 가르랑 소리, 강아지의 낑낑 소리나 저음의 베이스 비올라 소리처럼 들리기도 한다. 고음은 작은 통로에서, 저음은 넓은 통로에서 나온다."[6]

피폐해진 폐의 소리를 들을 수 있기 때문에 무엇보다 가장 심란한 증상은 공기가 부족해서 숨이 막힐 듯하고 가차 없이 진행되는 급성 호흡곤란 증후군이다. 이러한 '질식' 증후군은 양측성 폐결핵에 걸린 환자와 기도나 후두 염증과 관련한 질환을 앓는 환자들 사이에서 특정 빈도로 발생한다. 후두 감염 합병증으로 결핵균이 기도에 침입하면 기도가 좁아져 물리적으로 호흡이 곤란해지는 기도 협착증이 나타난다. 1875년 한 의사는 "공기를 필사적으로 필요로 하는 만큼 호흡 곤란이나 방해가 그저 상당한 정도로 그치는 게 아니다"라고 썼다.[7] 피시버트는 호흡 장애로 고통을 겪는 환자의 죽음을 생생하게 묘사한다.

불현듯 맑은 하늘에서 벼락이 떨어지는 것처럼 기침을 발작하듯 하더니 …… 가슴을 에는 고통에 사로잡히며, 마치 '무엇인가가 무너져 내리거나' 차가운 것이 그의 옆구리로 흘러내리는 것처럼 느낀다. 곧바로 침대에서 일어나 한 손으로 아픈 옆구리를 부여잡고 숨을 헐떡인다. 호흡이 격하고 고통스러우며, 산소 부족으로 피부가 푸르스름해지고, 맥은 짧고 빠르고 약하며, 사지는 냉하고 축축해지는 등 쓰러지기 일보 직전에 나타나는 현상들이 나타난다. 표정은 극도의 고통으로 일그러져 있고, 눈알은 툭 튀어나오고, 입술은 시퍼렇고, 이마는 축축하다.[8]

치료받지 않은 결핵 환자 중 50% 이상이 맞이하게 되는 죽음은 체액이 흉부에 쌓여 숨이 막히게 되는 질식에 따른 직접적인 결과다. 그러나 폐결핵 말기에 맞이하게 되는 죽음은 서로 밀접한 관계가 있는 다른 원인 때문이기도 하다. 그중에서 특히 심부전이나 맥박이 분당 200회까지 뛰는 발작성 심빈박, 커다란 폐혈관이 감염되어 대량의 출혈 또는 환자를 피에 흠뻑 젖게 하는 동맥류를 일으키는 객혈, 갑작스러운 기흉이나 폐허탈이 질식으로 이어진다. 말기 폐결핵의 결말은 예외 없이 섬뜩하다. 대개 가사 상태가 동반되며, 격렬한 고통이 지속되는 기간은 상당히 다양하지만, 언제나 질질 끌다 갑자기 사망에 이르는 경우가 많다.

폐결핵의 의학 이론

'낭만적'이라는 소모성 질환에 대한 해석을 가장 포괄적으로 담아놓은 작품은 19세기 최고의 권위자 라에네크의 저작이었다. 끝내 자신도 1826년 결핵으로 사망한 라에네크는 네케르 병원Necker Hospital 환자들의 결핵에 걸린 흉부의 소리를 듣고 그 소리를 검시대의 부검을 통해 관찰한 병변과 관련지으며 짧은 생애를 마쳤다. 그가 폐결핵의 이해에 기여한 주요 업적은 간접 청진법을 개발하고, 청진에 따라 조심스레 결절을 일일이 추적해서 서로 다른 기관의 여러 개처럼 보이는 질병이 단일 특정 질병이라는 점을 확신시켜준 점을 포함해 수도 없이 많다. 폐결핵의 진행 과정에서 결절의 중요성을 인식한 라에네크는 예전에는 무관하다고 여긴 일련의 병리학을 하나로 통합했다. 이렇게 그는 일원화된 결핵 이론의 '아버지'가 되었다. 그러나 그중 파급력이 가장 컸던 것은 그의 의철학으로, 이는 변화의 바람을 몰고 온 코흐의 발견이 있기 전까지 결핵 전문가들은 물론 일반인들의 사고를 지배한 '본질론essentialist theory'이었다. 폐결핵의 근원을 몸 자체의 성격, 즉 '본질essence'에서 찾았기 때문에 본질론이라는 이름이 붙었다.

라에네크는 감염론을 강력히 반대하는 인물이었다. 그는 폐결핵은 유전성이며 신체 내부의 원인으로 발병하므로 몸의 '체질'이 원인이라고 주장했다. 그의 표현대로라면 폐결핵은 각 개인의 타고난 *병적 소질*diathesis 때문이었다.(병적 소질이란 그리스어로 성향을 의미한다.) 유전되거나 타고난 이런 결점이 사람들이 병에 걸리는 궁극적인 원인이었다. 이런 결함을 지닌 사람들은 결핵에 취약한 몸에서 실제로 병을 불러일으키는 환경적 영향, 즉 가장 가까운 원인이나 '직접적인 촉발' 원인에 쉽게 영향을 받았다. 그러므로 폐결핵은 운명이었다. 태어날 때부터 몸에 아로새겨져 있는 개인의 운명이었다. 따라서 매독이나 천연두 환자와는 달리 폐결핵 환자는 아무 잘못도 없으며, 주변인들에게도 전혀 위험한 대상이 아니었다.

자연발생설을 믿은 라에네크는 신체의 병적 소질은 내부 원인으로 병을 직접 유발하기도 한다고 생각했다. 그러나 그는 우선 외부적이고 부차적인 원인의 직접적인 역할을 강조했다. 병적 소질이 궁극적으로 결핵의 원인이라면, 이를 촉발하는 원인은 다양했다. 라에네크는 인체의 동물 에너지를 떨어뜨리는 감정적 충격과 비통, 희망의 좌절, 종교적 광분, 짝사랑 등 '*슬픔에 찬 격정*passions tristes'의 중요성을 강조했다. 의료계에서도 과로나 '불경스러운 야망'을 통해 지적 능력을 남용해도 그와 비슷한 결과를 초래할 수 있다고 생각했다.

아니면 신체적 요인이 결정적인 작용을 할 수도 있었다. 점잔을 빼는 의사들은 특히 과도한 성관계를 개탄했는데, 그들은 성생활이 지나치면 본질적인 체액이 상실되어 결국 신체가 약해지면서 병에 이르게 된다고 가르쳤다. 특히 이런 문제에 관해서는 수음이 의심을 받았다. 결핵학자 애디슨 더처Addison Dutcher는 "자위는 '자독 행위'이자 '인류 최대의 골칫거리'이며 …… 건강을 해치는 데 전쟁, 방종, 역병, 기아에 필적할 만하다"라고 주장했다.[9]

자칭 '결핵 전문가'들도 근대에 들어 결핵이 급증한 데는 술이 나쁜 영향을 미쳤다고 강조했다. 19세기의 강력한 절주운동은 도덕적·종교적 계율의 힘뿐 아니라 술이 백사병을 촉발한다는 의학적 신념도 한몫했다. 실제로 영국의 의사이자 소설가인 벤저민 워드 리처드슨은 1876년 그의 저서 《히게이아: 건강의 도시》에서 의료적 유토피아를 그려냈는데, 말하자면 결핵도, 결핵을 일으키는 술집도 모두 송두리째 없어진 곳이었다. 프랑스 의사 자크 베르티용Jacques Bertillon은 결핵과 술의 관계를 뒷받침하는 강력한 통계를 들이대며 결핵은 '흠뻑 취하도록' 마시는 것으로 유명한 술집 주인이나 집배원들의 직업병이라고 설명했다.

결핵, 계급, 성별

결핵은 유전성이지 감염되는 질병은 아니라는 생각 때문에 결핵 환자들을 낙인찍는 일은 일어나지 않았다. 환자들은 잘못이 없고, 질병을 퍼뜨리는 것 같지도 않았다. 더 나아가 결핵은 특정 사회 계급이나 인종집단과도 관련이 없었다. 비록 근대 역학에 의하면 결핵이 주로 밀집한 비위생적 환경에서 살고 일하는 가난한 사람들을 괴롭힌다고 잘 알려졌지만, 18세기와 19세기를 통틀어 결핵은 많은 사회·문화·경제 분야 권위자들의 목숨도 앗아갔다. 19세기 환자들을 보면, 대문호 키츠와 스티븐슨을 비롯해 프리드리히 실러Friedrich Schiller, 안톤 체호프Anton Chekhov, 브론테 자매Brontë sisters, 에드거 앨런 포Edgar Allan Poe, 오노레 드 발자크Honoré de Balzac, 프레데리크 쇼팽Frédéric Chopin, 퍼시 비시 셸리Percy Bysshe Shelley, 외젠 들라크루아Eugène Delacroix, 니콜로 파가니니Niccolò Paganini 등의 당대 명사들이 있었다. 폐결핵이 사회에 침투하여 소비되고 사회적으로 구성되기까지는 전파 방식이 중요한 역할을 했다. 콜레라와 장티푸스 같은 사회적 질병들은 분변-경구 경로로 전파되고, 빈곤과 눈에 보일 정도로 긴밀하게 연결되어 있었던 반면, 공기로 전파되는 결핵은 '민주적'으로 퍼져나가 특권층의 생명을 앗아갈 가능성이 컸기 때문이다.

사실 고통스럽고 외모를 망가뜨리고 게다가 치명적이기까지 한 질병의 아이러니 중 하나는 높은 사회적 지위, 능력, 교양을 갖춘 남녀에게 영향을 줄 뿐만 아니라 그들의 아름다움, 천재성, 성적 매력을 부풀리고 고양한다고 여겨졌다는 점이다. 이러한 이해는 성별 특징을 상당히 반영한 것이고, 남녀 모두에게 상당히 다양한 함의를 담고 있었다. 여성에게 폐병은 여위고 창백하고 섬세하고 길쭉하며 속이 거의 투명하게 비칠 정도로 얇은 피부의 이미지로 다가와 그 자체로 새롭고 핏기 없는 여성미를 발산했다. 앙리 드 툴루즈 로트레크Henri de Toulouse-Lautrec는 그의 1887년 작품 〈가루분Poudre de Riz〉에서 결핵에 따른 이상적인 신체상을 잘 포착했다. 로트레크는 아마도 그의 정부 수잔 발라동Suzanne Valadon으로 추정되는 여리여리한 여성을 묘사했는데, 이 여인은 당대 유행에 따라 폐병 환자처럼 얼굴을 허옇게 분칠하려고 쌀가루 분첩을 앞에 놓고 화장대 앞에 앉아 있었다.(그림 14-1) 이와 마찬가지로 라파엘 전파 화가들은 특히 폐병을 앓고 있는 모델을 선택했다. 단테 게이브리얼 로세티Dante Gabriele Rossetti가 가장 선호하는 모델이자 나중에 그의 아내가 된 엘리자베스 시달Elizabeth Siddal과, 윌리엄 모리스William Morris의 모델로 자주 서다 나중에 그와 결혼한 제인 버든Jane Burden이 대표적인 예다. 이처럼 폐결핵의 미학이 20세기 초까지도 지속되면서 아메데오 모딜리아니Amedeo Modigliani의 초상화에는 갸름한 얼굴형에 창백한 안색, 백조처럼 목이 긴 여성들이 등장했다.

존 키츠는 그의 서정시 〈무자비한 미인La Belle Dame sans Merci〉에서 폐결핵을 궁극적인 팜므 파탈, 즉 사람을 홀리고, "아름다움으로 충만한" 저항할 수 없는 여인으로 그려냈다. 시인은 저항하지도 않고 여성의 매력과 "달콤한 신음"에 굴복한다. "그녀가 나를 달래며 잠재우고" 나서야 비로소 꿈은 "아! 슬프게도" 돌이킬 수 없이 그녀의 "노예"로 전락했음을, 그와 더불어 "창백한 왕들과 왕자들, 창백한 용사들도 모두 죽음처럼 창백했음을" 드러낸다.[10]

그림 14-1 앙리 드 툴루즈 로트레크의 〈가루분〉(1887), 일명 '탁자 앞의 젊은 여인'. 19세기에는 여성들이 향기로운 가루분을 얼굴에 발라 폐병 환자처럼 창백하게 보이게 하는 게 유행이었다.(반 고흐 미술관, 암스테르담. 반 고흐 재단)

그 시대 오페라와 문학은 쉬이 잊을 수 없는 천상의 매력을 지닌, 앙리 뮈르제Henri Murger의 원작 소설《보헤미안의 삶La Vie de Bohème》의 뮈제트를 각색한 인물인 푸치니의 오페라 〈라보엠〉의 여주인공 재봉사 미미 같은 결핵에 걸린 여주인공을 찬미했다. 알렉상드르 뒤마Alexandre Dumas의 소설《동백꽃 여인La Dame aux Camélias》의 고급 창녀 마르그리트 고티에, 이 소설을 주세페 베르디Giuseppe Verdi가 오페라 무대로 옮긴 〈라트라비아타La Traviata〉에서의 비올레타도 마찬가지였다. 의사 윌리엄 걸William Gull의 1873년 논문에서 하나의 병명으로 정립된 '신경성 식욕부진증anorexia nervosa'이 젊은 여성들 사이에서 증가했던 것은 아마도 결핵 때문이었던 것 같다. 여성들은 시, 회화, 연극, 소설, 오페라에서 '읊어대는' 불면 날아갈 듯한 이상적인 여성미를 갖춘 결핵에 걸린 여주인공들과 자신을 비교할 수밖에 없었다.

패션계 또한 결핵 환자의 삐쩍 마른 형상을 모델로 하면서 이 같은 여성미를 갖춘 이상형을 강력하게 밀어붙였다. 다이어트, 행동거지, 의상, 미적 습관으로까지 이어지는 이런 경향을 두고 사학자 캐럴린 데이Carolyn Day는 '파괴적 세련미'라고 적절히 이름 붙였으며, 이런 경향에 따르면 병든 척하는 것은 사회적 신분을 나타냈고, 풍만함이나 강함은 비천한 것이었다. "건강미가 스타일에 뒤떨어진 것이었기에 자연적으로 병이 생기지 않을 경우 많은 여성이 병든 것처럼 꾸몄다"라고 데이는 지적한다. 다시 말해, 결핵은 '병에 대한 열망'을 낳았다.[11] 결핵이 유전성이라고 주장한 본질론이라는 의학 이론이 병에 걸린 척하고픈 욕망을 부추긴 까닭은 병이 들어야 누가 봐도 상류 사회에서 한자리 차지할 수 있는 여성이라는 게 확연해졌기 때문이다.

물론 패션계는 직설적으로 말하는 대신 돌려 말한다. 패션이 병을 피하고자 하는 희망에 반하지 않으면서도 병에 대한 고상한 선호 경향을 은근히 드러내기는 했다. 필요한 기준에 맞추고자 재력 있는 건강한 여성들은 분별력, 재능, 교양을 겸비한 것처럼 수척하고 연약한 모습으로 만들려고 애를 썼다. 그러기 위해 그들은 운동, 격렬한 신체 활동, 식욕을 피하는 한편 혀짤배기소리로 말하는 법을 배우고 휘청거리는 걸음걸이를 연습했다. 결핵으로 인한 식욕부진과 무기력을 흉내 내려는 전략이었다. 유행에 민감한 여성들은 화장에도 신경 썼다. 많은 여성이 사교계 잡지의 조언을 따랐다. 눈꺼풀에 벨라도나를 살짝 바르면 눈동자가 커 보여 미의 상징인 결핵 환자의 큰 눈처럼 보이고, 말오줌나무 열매액을 살짝 눈꺼풀에 비벼 눈꺼풀이 어둡게 보이면 눈에 시선도 집중되고 눈도 교묘하게 커 보이는 효과가 있다고도 했다. 한편, 쌀가루로 만든 분은 이미 살펴봤듯이 피부색을 투명하고 창백하게 할 수 있었고, 입술에 붉은색을 얇게 펴 바르면 얼굴에 홍조를 띤 열병 효과를 재현할 수 있는 한편, 뺨도 창백한 것처럼 강조할 수 있었다.

그런 다음 우아한 여성들은 어떤 드레스를 갖춰 입을지에 눈을 돌렸다. 의사들은 결핵으로 진단할 수 있는 가시적인 증상으로는 일반적으로 마른 체형, 납작한 가슴과 배, 가는 허리, 구부정한 목, 두드러진 어깨뼈를 들 수 있다고 썼다. 이에 따라 여성들의 의상은 이러한 증상들을 재현할 수 있도록 제작되었다. 드레스의 등허리 라인이 더욱 낮아지면서 양어깨를 압박하여 드러난 어깨뼈가 마치 "한 쌍의 날개처럼 ……몸에서 막 튀어나온 것 같고, 날기 위해 당장이라도 활짝 펴질 것만 같았다."[12] 일부 드레스는 인위적으로 등에 혹이 튀어나온 듯 보이게 해서 입은 사람을 다소 구부정해 보이게 했다. 넓은 스테이스(stays, 지지대로 뼈를 넣은 코르셋_옮긴이)와 더불어 과한 레이스 장식을 달고 길게 늘어뜨린 코르셋은 몸매를 보정했다. 그리고 넓은 치마가 달린 V자형 보디스(bodice, 꽉 끼는 코르셋의 몸통 부분_옮긴이)와 풍성한 소매는 허리를 더욱 잘록해 보이게 했다.

낭만주의 문학 여주인공의 아름답고 숭고한 죽음을 묘사하는 데 해리엇 비처 스토Harriet Beecher Stowe의 《톰 아저씨의 오두막Uncle Tom's Cabin》에 등장한 어린 에바만큼 강한 인상을 주는 묘사도 없다. 《톰 아저씨의 오두막》은 노예제도뿐만 아니라 질병에 관한 이야기도 담고 있다. 에바는 결핵 말기였지만, 당대 의사 피시버트가 기술한 가쁜 숨을 무섭게 몰아쉬는 죽음과는 정반대로 완전히 품위 있고 사랑스러운 죽음을 맞이한다. 에바의 죽음은 당대 독자들에게 문화적 감흥을 주었으나, 현대 임상의학자들을 어리둥절하게 했을 것이다. 그 짧은 인생이 막바지에 이른 순간, 에바의 아름다움을 반복적으로 강조하면서 스토는 다음과 같이 묘사하고 있다.

어린 영혼의 이별 여행이 너무나 밝고 평온했기에, 달콤하고 향기로운 미풍이 불어 작은 배가 천상의 해안으로 나아가는 것만 같았기에, 다가오고 있는 것이 죽음임을 깨닫는 것은 불가능했다. 그 아이는 아무런 고통도 느끼지 않았다. 그저 차분하고, 날마다 거의 눈치도 채지 못할 정도로 약해질 뿐, 너무나 아름답고 사랑스럽고 진실하고 행복해서 에바 주위로 뿜어져 나오는 것만 같은 순수하고 평화로운 기운에 누구라도 담담해질 수밖에 없었다. 세인트클레어(에바의 아버지)는 이상할 정도로 차분해지는 것을 느꼈다. 희망은 아니었다. 희망일 리 없었다. 그렇다고 체념도 아니었다. 지금 이 순간이 너무 아름다워 보여 미래는 생각하고 싶지도 않은, 그런 현재에 머물러 있는 차분함이었다. 그것은 마치 소모열처럼 달아오른 붉은 잎들이 나무에 달려 있고, 져버리기에는 아쉬운 꽃들이 개울가에 하늘거리는 계절, 가을의 환하고 포근한 숲 한가운데서 느낄 법한 영혼의 침묵과도 같았다. 머지않아 불현듯 그 모든 게 지나가버릴 것을 알기에

우리는 더욱더 기쁨에 푹 빠져든다.[13]

결핵이 여성들을 가공의 여주인공이 상징하는 미의 기준에 사로잡히게 했다면, 남성들은 그들의 창조력을 새로운 위상으로 끌어올리게 하는 식으로 문화적 영향을 끼쳤던 것 같다. 이런 점에서 앞서 보았듯이 키츠는 남성 예술가의 이상형으로서 그 소임을 다했다. 그리고 그의 창조력이 최고조에 이르러 열매를 맺을 수 있었던 것은 로마에서 열병의 모진 시련을 겪은 마지막 해였다고 전해진다. 거기서 열이 육신을 소모하며 정신과 영혼을 병이 아니었더라면 결코 도달하지 못했을 새로운 경지로 끌어올렸다고 말이다. 프랑스 소설가 빅토르 위고Victor Hugo에 관해 전해지는 이야기도 마찬가지다. 위고의 친구들은 위고에게 왜 결핵에 걸리지 않았냐며 자주 힐책했다고 한다. 그들은 위고가 결핵에 걸렸더라면 더 위대한 작가가 될 수 있었을 것이라며 안타까워했다.

같은 이유로 미국에서 결핵의 확산세가 20세기 초에 한풀 꺾이자 브루클린의 의사 아서 C. 제이콥슨Arthur C. Jacobson은 그의 저서 《결핵과 창조 정신Tuberculosis and the Creative Mind》(1909)에서 미국 문학의 질이 가차 없이 하락할 것이라며 초조해했다. 결핵이 유발하는 신체적 고통은 결핵이 수여하는 예술적 요긴함으로 오랫동안 보상을 받았으며, 그 예술적 요긴함 덕분에 결핵이 '천재성의 촉진제'로 작용할 수 있었고, 모든 지성 세계와 관련된 혜택은 거기서부터 나왔다고 그는 주장했다. 제이콥슨은 무한한 정신력과 낙관론 같은 내적인 감정을 끄집어내는 '병적 행복감spes phthisica'이라는 구체적인 임상적 특징을 바탕으로 기라성 같은 결핵 환자들의 월등한 지적 생산성을 설명했다. 그에 따르면, 결핵 환자의 삶은 "신체적으로는 단축되지만 단축된 수명만큼 반비례해 정신적으로는 활성화"된다. 그는 이것을 "신의 보상"이라고 썼다.[14]

결핵의 본질론에 따라 결혼 시장에서는 결핵 환자를 낙인찍는 관행이 생겨났다. 본질론에서는 결핵을 유전병으로 여겼기에 결핵 환자들이 결혼해 다음 세대에 허약한 체질을 대물림하는 것을 막는 것이 의사들로서는 현명한 예방책이었다. 그중에서도 더럽혀진 두 친족 간의 근친결혼이 가장 위험하다고 보았다. 의사 애디슨 더처는 결핵에 걸린 자신의 환자들에게 특이 체질과 관련된 결과들을 설명하는 것이야말로 1870년대 의사의 의무라고 받아들였다. 그렇게 해서라도 "인류가 가장 우수한 종으로 가는 길을 망치고 너무나 많은 이들을 이른 나이에 무덤으로 내모는 이 병이 영원히 지속되는 것"을 피했으면 했다.[15] 따라서 코흐가 결핵균을 발견하기 전까지 일부 정책가들은 본질론에 따라 결혼을 규제하고 우생학을 양성하는 공공 정책을 폈다.

결핵과 인종

결핵과 정신적 명민함의 관련성을 강조하는 것 자체가 계급, 성별에서와 마찬가지로 인종에 대한 생각도 왜곡되어 있다는 의미였다. 결핵이 문명사회의 질환이라는 개념은 그 당시의 인종 차별적 주요 의학 이론 두 가지를 떠받들었다. 첫 번째 이론은 생물학적으로 인종이 구분된 만큼 인종마다 걸리는 질환도 각기 다르다는 생각이었다. 결핵이 지적 우수성의 징표인 만큼 백인종만 공격한다고 보았다. '백사병'이라든지 더 노골적으로 '백인의 재앙'이라고 부르는 결핵을 가리키는 말들의 의미는 여기서 비롯되었다. 미국에서도 아프리카계 미국인들은 다른 질병에 걸린다는 것이 일반적인 통념이었다. 이러한 사실은 인종적 위계질서의 팽배와 유색 인종을 위한 의료 서비스 부족이라는 현실과 관련해 참으로 많은 것을 시사한다. 결핵으로 진단받는다는 것은 백인들에게만 독점적으로 수여되는 작위였다. 뉴올리언스, 잭슨, 미시시피에서 진료하던 저명한 흉부외과 전문의인 새뮤얼 카트라이트(Samuel Cartwright, 1793~1863)는 흑인 노예제도는 신이 정한 제도라고 강력히 옹호했다. 남북전쟁 전에 남부를 강력하게 지배했던 사고를 명확히 드러내며 그는 다음과 같이 지적했다.

> 검둥이들도 드물기는 하지만 가끔은 폐병에 걸린다. …… 폐병은 다혈질, 흰 살결, 붉거나 담황색 머리카락, 푸른 눈동자, 큰 혈관, 골격이 너무 작아 폐가 완전히 자유롭게 팽창할 수 없는 사람들에게 월등히 자주 생기는 질환이다. …… 폐병은 주인 인종의 질환이지 노예 인종의 질환이 아니다. 주인 인종에 독이 되는 폐병은 활발한 조혈, 뇌에 공급될 양보다 더 많은 혈액의 공급, 순환계의 지나친 발달, 지성, 활발한 상상력, 불굴의 의지, 자유에 대한 사랑의 에너지에 의해 발생하는 질병으로 알려져 있다. 검둥이들의 신체는 …… 이 모든 것과는 반대로 폐병에 걸리는 대상이 아니다.[16]

논리를 엄격하게 따져보면 미국에서 인종과 결핵과 관련된 두 번째 교리는 폐병이 백인들만 걸리는 병이라는 개념과는 상반되었다. 이 두 번째 견해는 흑인들이 결핵에 걸릴 염려가 없다는 데는 동의했으나, 생물학적이라기보다는 사회적인 설명을 곁들여 논리를 폈다. 흑인들은 오랫동안 노예제의 보호를 받으며 살아와서 결핵에도 노출되지 않았고, 결핵의 직접적인 촉발 원인이었던 스트레스가 많은 근대의 삶에서도 벗어나 있었다는 논리를 펴며 폐병이 노예 주인이 걸리는 병이라는 주장을 지지했다. 남북전쟁 이전 남부에서 아프리카계 미국인들이 결핵으로부터 안전하다는 주장은 다시 말해, 생물학적으로 결정된 것이 아니라는 의미였다. 대신 열등한 인종의 필요를 충족해주었던 '특이한 제도'의 자비를 보여주는 증거였다. 노예 폐지론에 반대하는 이런 논리는 노예제를 폐지하면 검둥이들이 백인의 보호를 받지 못하게 되면서 결국 결핵으로 피폐해져 인종 자체가 말살된다는 게 요지였다.

낭만주의

결핵의 문화적 반향의 한 측면은 결핵이 낭만주의의 감수성, 은유, 도상학에 이바지했다는 점이다. 주요 감염병이라고 해서 모두 문화나 예술에 큰 영향을 미친 것은 아니다. 인플루엔자와 아시아 콜레라는 문화적 영향이 제한적이었고, 림프절 페스트는 앞서 살펴보았다시피 변화를 촉발했다. 결핵은 현저히 예술적 역할을 했던 질병의 예지만, 페스트의 역할과는 상당히 달랐다. 유럽인들의 상상에 페스트는 무엇보다도 갑작스럽고 고통스러운 집단 죽음의 망령을 떠올리게 했다.

그러나 결핵의 경우 환자가 부지불식간에 병에 걸려 개인 업무를 마무리하고 정신을 가다듬을 시간이 부족할 리는 없었다. 그러므로 결핵은 *갑작스러운* 죽음이나 그 공포와는 다른 무엇인가를 불러일으켰다. 결핵은 가장 예술성과 창조력이 뛰어난 개인들이 한창 나이에 생을 마감할 때 그 단축된 삶에 대한 애수라는 개념을 일깨웠다. 페스트와는 달리 결핵은 영적인 영역을 가리키며, 신과 그들의 공동체와의 관계를 마무리할 충분한 시간을 두고 환자들에게 죽음을 경고한다는 점에서 정신 수준을 한 차원 끌어올렸다. 키츠 자신도 그의 유명한 소네트에서 단축된 삶의 우수를 표현했다.

내가 존재하기를 그만둘지도 모른다는 두려움이 생길 때

내 펜이 비옥한 뇌에서 곡식을 다 거두기도 전에

높이 쌓인 책들이 글자들을

부자가 잘 익은 낟알을 모으듯 잡아두기 전에

내가 바라볼 때, 밤하늘의 별들로 가득한 얼굴 위에

거대한 구름에 어려 있는 숭고한 로맨스의 상징을,

그들의 그림자를, 기회라는 마법의 손으로

뒤쫓을 만큼 살지 못하리라고 생각될 때,

그리고 일순간의 아름다운 창조물을

다시는 볼 수 없고

그 반사되지 않는 사랑의 요정 같은 힘을

다시는 맛볼 수 없다고 느낄 때

그때 광활한 세계의 해변에서 홀로 서서 나는 생각한다.

사랑과 명예가 가라앉아 무로 녹아들 때까지.[17]

낭만주의 문학의 주요 주제 가운데 상당수는 결핵의 세계관과 유사한 감수성을 표현한다. 젊음의 덧없음의 통찰, 곳곳에 배어있는 비애감, 과거와 놓친 것들에 대한 그리움, 숭고함과 초월 모색, 천재와 영웅 숭배, 라에네크의 '본질'에 해당하는 내적 자아와 그 영적인 상태로의 몰입, 물질적이고 천박하며 부패한 것들의 말소 등이 그것이다. 자주 등장하며 감정을 드러내는 비유로 쓰이는 가을은 더 이상 수확과 풍요의 계절이 아니라 낙엽과 꽃이 시들어가는, 요절의 배경이 되는 계절이다.

셸리는 애가 〈아도네이스Adonais〉에서 키츠를 "꽃잎이 바람에 흩날리기도 전에 접혔고 / 열매를 맺나 싶더니 죽어버린" '창백한 꽃'에 비유하며 애도했다. 이처럼 소모적인 슬픔의 미학과 더불어 낭만주의 예술가들은 결핵 환자들을 작품 중심에 배치했다. 결과적으로 칙칙한 현실을 뛰어넘는 숭고한 상상력을 낭만적으로 고취하는 것은 경험주의 근대정신에 따라서 혐오스럽고 불명예스러운 증상으로 보이는 것에 저항하며 소모성 질환을 사회에 적용하는 과정의 특징이었다.

결핵이 사회에 미치는 영향

서로 다른 세기에 발생한 두 가지 중요한 감염병인 림프절 페스트와 결핵을 비교하다 보면 감염병이라는 게 그저 서로 맞교환해도 좋은 죽음의 원인에 불과한 것은 아니라는 것을 확실히 알 수 있다. 오히려 감염병은 각기 그 자체로 독특한 사회적 반응을 이끌어낸다. 1437년에 서유럽에서 처음 발병한 이후 1720~1722년에는 마르세유에서, 1743년에는 메시나에서 마지막으로 상당히 크게 발병했던 페스트는 우리가 확인했다시피 집단 히스테리, 희생양 삼기, 도주, 경제적 붕괴, 사회적 무질서의 동의어나 다름없었다.

이와 달리 결핵은 이런 현상을 하나도 일으키지 않았다. 결핵은 늘 존재하고 진행 속도도 빙하 녹듯 워낙 느린 데다 사망률도 갑자기 치솟는 질환이 아니었기에 갑작스러운 외부 침입과 연관된 공포를 절대 불러일으키지 않았다. 환자들이 해를 끼치지 않는다고 여겼고, 질병 자체가 개인 운명의 결과, 즉 유전의 산물이었던 만큼 어떤 경우라도 도주와 강제 격리는 무의미했다. 따라서 흑사병이 아닌 백사병이 에워싼 도시에서 보건 당국은 맡은 자리를 지켰고, 무역과 상거래도 영향을 받지 않았으며, 일반 대중의 생활도 일상적으로 반복되었다. 결핵은 사회에 깊은 영향을 미쳤지만, 페스트에 포위된 도시의 긴박한 상황을 그대로 재현하지는 않았다. 결핵은 대중의 공포가 아닌 개인적인 두려움을 낳았다. 사학자 캐서린 오트Katherine Ott의 말마따나 "결핵의 누적 이환율과 사망률 수치는 다른 감염병에 비해 높지만, 시민들의 일상은 별반 다르지 않게 지속했던 만큼 경각심을 느끼는 사람은 거의 없었다."[18]

또한 다른 감염병과 단순 비교하다 보니 결핵은 경각심을 일깨우지 못했다. 결핵으로 죽는 것은 적어도 당대의 다른 감염병과 비교할 때, 절대적인 것까지는 아니더라도 '아름다운' 죽음이었다. 폐결핵은 천연두처럼 환자의 외관을 흉물스럽게 망가뜨리지도 않았고, 그 증상도 물론 고통스럽기야 하지만 아시아 콜레라의 거침없는 설사보다는 덜 치욕스러웠다. 대장보다는 폐가 천상에 더 가까우니까.

병약

결핵이 사회에 미치는 모든 영향 중에 가장 가시적이고 전반적으로 나타나는 것이 병약함이었다. 1970년대 압델 옴란Abdel Omran이 '역학적 변천epidemiologic transition' 혹은 '보건 변천health transition'이라는 이름을 붙여 유명해진 변천 단계 중에서 만성 질환이 드물고 감염병이 대세이던 단계에서는 결핵을 제외하면 오래 끄는 병이 많지는 않았다. 결핵은 평생 앓아야 하는 질환이었기 때문에 오랫동안 앓는 질병의 새로운 표준이 되었다. 진단을 받고 나면 환자의 앞날은 갑자기 불확실해졌다. 환자들은 직업, 결혼, 가족에 관한 여러 가지 고통스러운 결정과 마주해야 했다. 결핵 환자들은 일반적인 책무, 우정, 포부는 내려놓고, 대신 건강을 회복하거나 때 이른 죽음을 받아들이는 법을 배우는 새롭고 모든 것을 소진해버리는 과업에 매진해야만 했다.

안톤 체호프의 희곡 작품들은 결핵 환자로서의 삶의 본질을 떠올리게 한다. 극작가이자 의사이기도 한 러시아 작가 체호프는 폐병에 걸렸다. 병에 걸린 다음 그는 모스크바에서 극작가라는 직업을 포기하고 크림반도로 떠나 흑해의 온화한 해안가에서 건강을 되찾으려 노력해보았지만, 아무런 소용이 없었다. 체호프는 그의 가장 유명한 희곡《이바노프Ivanov》(1887~1889),《갈매기Seagull》(1896),《바냐 아저씨Uncle Vanya》(1897),《세 자매The Three Sisters》(1901),《벚꽃 동산The Cherry Orchard》(1904)을 모두 투병 중에 썼다. 결핵을 터놓고 말하는 작품은《이바노프》밖에 없지만, 다섯 작품 모두 결핵의 병약함을 언급하지 않고 숨겨 놓은 자전적 주제로 삼고 있다. 다섯 편의 주인공들이 모두 마치 결핵 환자처럼 덫에 걸린 양 움직일 수도 없고 스스로 통제할 수 없는 현상의 결과를 하염없이 기다리고 있는 모습으로 그려진 것도 우연이 아니다.

체호프는 사망한 해인 1904년에 쓴《벚꽃 동산》에서 하나같이 앞날을 알 수도, 바꿀 수도 없이 마비된 채 살아가는 인물들의 운명을 탐색한다. 표트르 트로피모프는 학위를 마칠 수 없는 만년 대학생이다. 예르몰라이 로파힌은 사모하는 여인에게 프러포즈할 수 없는 상인이다. 루보프 라네프스카야는 자산을 야금야금 빼먹는 기둥서방한테 빠져 영지가 허물어지는 것을 막을 수 없는 무능한 영주 부인이다. 보리스 시메오노프 피쉬크는 소모적인 빚잔치만 벌일 뿐 자산을 보전할 의지도 없는 영주다. 그들 전체를 위한 말이자 병약한 체호프 자신을 위한 말이기도 한 피쉬크의 대사를 보면, 그는 이미 1막에서 이런 말을 한다. "'한 번에 다 잃었구나. 다 끝났어!'라고 생각하던 차에 내 땅을 가로질러 철길을 낸다지 뭐요. …… 보상금을 줍디다. 오늘은 아니더라도 내일은 무슨 일이든 생길 거요. …… 다쉬엔카가 20만을 벌지도 모르지. 복권이 한 장 있거든."**19**

　환자로서 체호프의 행보는 '기나긴 19세기' 동안 중상층 결핵 환자가 전형적으로 걸어온 길이다. 소모성 질환은 당대 인구 대이동 중 하나인 이른바 '요양차' 이동을 촉발했다. 환경에 변화를 주는 치료 방법은 히포크라테스가 유명한《공기, 물, 장소에 관하여》를 펴낸 이래로 모든 의술에서 영예로운 자리를 차지해왔다. 의사들은 한목소리로 결핵 치료에는 건강에 도움이 되는 목적지로 여행하는 것이 제격이라며 '기후 요법'을 추천했다.

　특정 기후를 추천하고 지지하는 이유는 의사마다 의견이 달랐다. 어떤 의사들은 결핵 환자들에게 산으로 여행하도록 강권하곤 했는데, 산에서는 숨을 길게 들이쉬고 완전히 내뱉을 수 있어 깊은 호흡이 가능하고, 공기가 희박하다 보니 햇빛이 쉽게 살갗을 뚫고 들어와 피부를 그을리고 혈액순환을 촉진해주며, "찬란한 햇빛과 웅장한 산세가 희망과 용기를 새로이 불어넣어준다"는 게 이유였다.**20** 또한 산 공기는 식욕을 자극해서 무섭게 여위어가는 증상을 막을 수 있다고들 했다. 한편 해수면의 따뜻하고 건조한 날씨를 선호하는 의사들도 있었다. 또 어떤 의사들은 온화하면서도 변화가 없는 일정한 기후가 좋다고 했다. 기후 변화가 결핵에 대한 구체적인 치료에 해당한다는 주장이 있는가 하면, 기후 변화는 단지 보조 역할 정도로만 생각해야 한다는 주장도 있었다. 의사들은 질환의 단계와 환자의 나이에 따라 다양한 장소를 제안했다. 적지 않은 의사들이 치료의 원천은 목적지가 아닌 여정이라고 했다. 그들은 배를 타고 바다 여행을 하면 차가우면서 상쾌한 공기가 '폐의 통기성을 상승'시키고, 뱃멀미가 체내의 부패한 체액을 쏟아내게 할 것이라고 했다. 심지어 승마도 '오래 하다 보면' 도움이 된다고 했다.

그 저변에 깔린 생각은 감염병이 본래 '염증성'이거나 '병세가 심해지는 항진성'이므로 부족한 공기와 영양을 '맞자극제(아픈 부위를 자극해서 반대로 아픔을 잊게 하는 약_옮긴이)'로 활용한 치료법이 가장 적절한 치료라는 것이었다. 따라서 재력 있는 유럽의 결핵 환자는 알프스산맥, 프랑스 리비에라, 이탈리아, 크림반도로 요양을 떠났다. 키츠와 셸리는 로마로 갔고, 토비아스 스몰렛(Tobias Smollet, 영국의 소설가_옮긴이)은 니스로, 영국 시인 부부 엘리자베스 배럿 브라우닝Elizabeth Barrett Browning과 로버트 브라우닝Robert Browning은 피렌체로, 쇼팽은 스페인의 마요르카섬으로, 파울 에를리히(Paul Ehrlich, 독일의 미생물학자_옮긴이)는 이집트로, 체호프는 크림반도로 갔다. 치료를 위한 요양은 의학 도서, 소문과 일화, 이주 행렬, 철도 회사 및 증기선 회사와 같은 이해관계가 있는 기관이 준비한 안내서에 힘입어 더욱 촉진되었다.

미국에서는 결핵 환자가 하도 이주를 많이 해서 미국 역사에서 의학판 '개척지 이론'이 새로 생길 판이었다. 특히 1870년대에 대륙횡단철도가 완공된 이후 요양하려는 사람들은 주 안에서 이동하는 데 그치지 않고 주를 넘나들며 이주 붐을 일으켰다. 콜로라도스프링스와 패서디나가 가장 유명한 사례로, 전 지역공동체가 결핵에 의해, 결핵을 위해 설립되기도 했다. 남부 캘리포니아는 요양을 희망하는 환자들을 위한 메카로 '자연 최고의 요양소', '새로운 폐의 땅'으로 알려졌다.

'서부로 간' 가장 유명한 결핵 환자 중 한 명은 '오케이 목장의 결투'에 등장하는 전설적인 영웅이자 보안관 와이엇 어프Wyatt Earp의 친구 존 헨리 '독' 홀리데이John Henry 'Doc' Holliday였다. 원래 조지아주에서 치과 의사였던 홀리데이는 계속되는 기침의 원인이 폐결핵이라는 진단을 받고 캔자스 도지시티로 이주했고, 애리조나 툼스톤으로 요양을 떠났다. 요양은 그의 목숨을 보전하려는 시도였지만, 궁극적으로는 성공하지 못했다. 일단 남서부에 정착하고 나서 도박과 총질에 빠져 의사직을 관두었는데, 기침이 찾아온 환자들을 다 쫓아버린 탓이기도 했다. 홀리데이는 결핵으로 쓰러졌지만, 술과 아편을 이용해 스스로 만든 약물도 생을 단축하는 데 한몫해 1887년 36세의 나이로 죽었다.

재산이 빠듯한 결핵 환자는 요양을 떠나는 대신 가까운 곳에서 대안을 찾을 수도 있었다. 그중 하나가 먼 요양지 기후의 핵심 요소를 진료소나 집으로 가져올 목적으로 고안된 '흡입 치료'였다. 의사는 앉은 자리에서 병을 치료하고자 흡입기, 분무기, 기화기를 이용해 환자의 코, 폐, 목구멍에 분무하거나, 증기를 발생시키거나, 공기 방울을 분사했다. 기후 치료에서 추천 장소가 다양한 것처럼 흡입될 활성 요소도 크레오소트, 클로로포름, 요오드, 테레빈, 석탄산, 각종 수은 등 다양했다. 여행을 대신할 색다르면서도 이국적인 대안으로는 열기구를 타고 공중으로 올라가 여행 비용이나 불편은 피하면서도 높은 고도의 산 공기의 혜택을 누릴 수 있도록 고안한 '고도 치료'도 있었다.

우스운 상상이지만, 집에서 가능한 치료들이 워낙 까다로워서 환자들은 차라리 여행길에 나서려고 했을지도 모른다. 산성 스프레이를 이용한 흡입 치료는 고통스럽기만 할 뿐, 희망은 둘째치고 증상이 완화되는 것 같지도 않았다. 그 밖의 19세기 표준 가정 치료법으로는 정맥 절개술, 부항, 구토제 등을 활용해 노폐물을 제거하고, 염증을 다스리는 소염제를 쓰며, 자극적인 육고기는 엄격히 제한하고 채소, 생선, 차가운 수프 중심으로 식단을 짜고, 운동이나 스트레스를 최대한 줄이는 총체적인 체액 전략이 포함되었다. 크레오소트, 염화수소산, 황소의 담즙, 펩신도 식욕을 돋울 수 있는 자극제로 여겨 체중을 늘리고 근육 긴장이 저하되는 것을 막고자 체내로 투여했다. 비록 체액론이 지적 기반을 잃었을지라도 의사들은 유구한 치료법을 대체할 실용적인 선택안을 거의 갖고 있지 않았다. 한편 의사들은 증상적인 접근법도 채택해 모르핀과 아편으로 고통을 완화하고, 퀴닌, 스트리크닌, 아트로핀으로 열을 떨어뜨리고, 아편이나 쉽싸리 차로 객혈을 다스리고자 했다.

| 제15장 | 낭만이 사라진 시대의 결핵

─ 감염병

결핵의 의학적·사회적 의미는 1860년대에서 20세기로 접어들면서 '소모성 질환의 시대'는 가고 '결핵의 시대'가 도래했다고 할 정도로 변화했다. 소모성 질환은 아름답고 창조적인 지식인들이 걸리는 낭만적이고 매혹적인 유전병인 반면, 결핵은 가난하고 불결한 사람들이 걸리는 몹시 불쾌하고 전염성이 강하며 낙인찍기 좋은 질병이었다. 앞서 보았다시피《톰 아저씨의 오두막》에서 에바의 죽음은 소모성 질환의 개념을 환자를 고결하게 하고 병실에 들어선 방문객들을 끌어당기는 형언할 수 없이 사랑스럽고 공기처럼 가벼운 천상의 질병으로 완벽히 묘사해냈다. 이와는 대조적으로 앙드레 지드André Gide는 결핵이 고통스럽고 역겨우며 위험한 병이라는 실증주의적 견해를 분명히 취했다. 1902년 그의 소설《부도덕한 사람The Immoralist》에서 결핵에 걸린 주인공 미셸은 자신의 상태가 혐오스럽다는 것을 깨닫는다. 에바의 숭고한 죽음의 묘사와는 정반대로 미셸은 환자로서 그가 고통스럽게 지내온 시간을 낭만적인 감정 없이 되돌아본다. 스토의 에바나 푸치니의 미미의 입에서라면 절대 나오지 않았을 법한 단어들을 써가며 그는 입을 열었다

그 초기의 나날들을 내가 왜 말해야 하지? 뭐가 남는 게 있다고. 정작 그때의 끔찍한 기억은 침묵하고 있는데. 내가 누군지, 아니 어디에 있는지

더는 모르겠어. ······ 죽음이 날아들더니 말 그대로 그 날개로 날 훑고 갔
지. ······

몇 시간이 지나자 각혈을 했어. 고통스럽게 베란다를 걷고 있는 동안
벌어진 일이야. ······ 숨을 내뱉는다는 게 그만, 평소보다 더 깊이 들이
마시다 갑자기 나오더군. 입안을 가득 채웠지. ······ 그렇지만 지금처럼
선명한 붉은 피가 아니었어. 그저 다른 각혈들처럼, 내가 역겨워하며 바
닥에 뱉었던 그 피는 진득진득하고 흉측한 덩어리였어.

정신을 차리고 몸을 굽혀 빨대로 그 덩어리를 끌어올려 손수건 위에
놓았어. 그걸 노려보았지. 그 피는 못나고 검고 ······ 미끈거리고 흉물스
러웠어.[1]

스토와 지드가 쓴 이야기들은 환자들을 찬양하는 것 같은 품격 있는
소모성 질환과 폐와 간을 무너뜨리고 파괴하는 용납할 수 없는 결핵 간

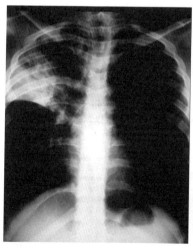

그림 15-1 결핵 환자의 흉부 X선 사진. 오른쪽
폐엽에 경미한 허탈이 보인다.(런던 웰컴 컬렉
션, CC BY 4.0)

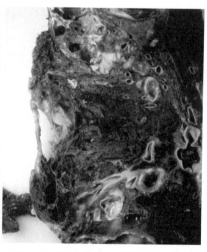

그림 15-2 만성 섬유성 폐결핵에 걸린 폐의 표본
(런던 웰컴 컬렉션, CC0)

의 차이를 압축적으로 보여주고 있다.(그림 15-1, 15-2) 두 이야기는 질병에 관한 의료적 치료와 공중보건을 향한 새로운 태도를 촉진하는 여러 요인에 따라 극명히 나뉘었다.

감염론

소모성 질환은 유전병이 아닌 감염병이라는 사실이 밝혀지자마자 그 매력을 잃고 말았다. 첫 불씨를 당긴 것은 프랑스 군의관 장 앙투안 빌맹(Jean Antoine Villemin, 1827~1892)의 저서였다. 1868년과 1869년에 각각 발표한 그의 기념비적인 저서 《결핵 연구Études Sur La Tuberculose》와 《폐병의 전파에 관하여De La Propagation De La Phthisie》에서 빌맹은 당대 주요 의학 이론 두 개에 도전장을 내밀었다. 결핵이 부모의 '병적 소질'에서 비롯되었다는 본질론과 결핵은 유전병이라는 개념이 그것이었다. 빌맹은 둘 다 과학적 이해와 예방 의학의 발전을 가로막는 순환 논법에 따른 논리적 오류를 범했다고 주장했다. 무늬만 다른 두 이론은 질병에 걸릴 개인의 소인에 따라 결핵이 생긴다고 주장한다는 점에서 공통점이 있었다. 이러한 결론이, 입수 가능한 통계에 따르면 연간 16만 명이라는 프랑스인들을 죽음으로 내몬 대재앙을 물리칠 수단을 찾으려는 의사들을 무기력하게 만들었다. 게다가 병적 소질과 유전은 질병이란 이전에는 없던 결절이 불가사의하게 만들어지는 신체 내부로부터 생겨난다고 주장하며 자연발생설의 유령마저 소환했다. 빌맹은 결핵이 신체 외부에서 온 것이라고, 몸과 접촉해 감염된 다음 결절 형태로 확산되는 것이라고 확신했다.

순환 논법의 오류이자 의사들을 무기력하게 하는 논리일 뿐만 아니라, 병적 소질이나 유전적 요인은 그에게 익숙한 환경인 군대 내에서도는 결핵의 역학도 설명할 수 없었다. 빌맹은 19세기 중반의 프랑스 군인은 거의 대부분 농민 출신이지만, 그들 중 상당수가 결핵에 걸리고 결핵으로 죽었다는 데 주목했다. 이 사실은 두 대세론에 심각한 병인론 문제를 제기했다. 가족 중에 결핵을 앓은 사람도 없고, 좁은 군 막사에서 많은 군사와 함께 생활하기 전까지는 혈기왕성하던 젊은이들이 결핵에 걸린 원인을 두 대세론으로 설명해보라는 것이었다. 군인들의 소질과 유전으로는 이 수수께끼를 풀 수 없다고 확신한 빌맹은 소질과 유전이 아닌 감염이라는 개념만이 대답을 줄 수 있을 것으로 보았다. 그가 보기에는 군대라는 환경이 건장한 젊은이들을 감염원에 노출했고, 대인 확산도 용이하게 했다.

이 프랑스 군의관은 자신의 가설을 뒷받침하기 위해 실험실에서 여러 차례 결핵의 감염성 여부를 확인하는 실험을 했다. 토끼에게 결핵 환자나 소의 결절에서 추출한 물질을 주입했더니 해당 토끼는 병들었다. 그 과정을 반복하면서 이번에는 건강한 토끼에게 결핵에 걸린 토끼에서 추출한 물질을 주입했더니 건강하던 토끼도 역시 병들었다. 그는 이러한 결과를 통해 결핵이 실제로 감염병이고, 보이지 않는 '세균'(그의 용어로는 '바이러스')이 그 원인이라고 생각했다.

이론과 역학적 증거, 실험실 검사로 뒷받침된 빌맹의 입장은 상당히 설득력 있었고, 그의 업적은 근대 세균론의 출현과 감염론의 승리에 중요하고 영향력 있는 단계를 구축했다. 그러나 영국의 존 스노처럼 빌맹도 원인 병원균을 확인할 수 없었기에 자신의 주장을 밀고 나갈 수 없었다. 이를 입증하려면 현미경 기술의 눈부신 발전과 로베르트 코흐의 업적이 필요했다.

앞서 보았듯이 가장 결정적인 개입은 근대 질병의 세균론을 개척한 미생물학자 로베르트 코흐의 개입이었다(제12장 참고). 1882년 코흐는 결핵균 *미코박테리움 튜버클로시스*를 확인하고, 유명한 코흐의 가설에 따라 결핵균이 결핵을 일으킨다는 인과 관계를 철저히 입증했다. 이 발견은 19세기 가장 중요한 감염병의 원인인 병원균이 이제 막 알려졌으며, 코흐와 파스퇴르 같은 감염병론자들이 막스 폰 페텐코퍼 같은 반감염병론자를 누르고 승리를 쟁취했음을 의미한다는 점에서 매우 중요했다.

새로운 이해가 뿌리내리는 데는 오랜 기간이 걸렸다. 심지어《부도덕한 사람》이 출간된 지 12년이 지난 1914년에도 영향력 있는 작가인 토마스 만은《마법의 산》에서 여전히 소모성 질환을 낭만주의로 포장해 묘사했다. 이 작품에서는 고상한 지식인이 스위스 알프스산맥 다보스에서 치료를 받고 점점 말수를 늘려가며 유유자적하게 시간을 보낸다. 한참이 더 흐른 1922년에도 서머싯 몸Somerset Maugham의 단편〈요양원Sanatorium〉은 스코틀랜드를 배경으로 '본질론자'의 견해를 옮겨 나르다시피 했다.

감염론의 승리, 그리고 결핵을 빈곤의 질병으로 보는 시각은 더디게 확산되었는데, 결핵균의 발견이 예방이나 치료에서 기대했던 성과로 이어지지 않았기 때문이다. 코흐 자신도 뜻하지 않게 회의론을 조장하고 말았다. 섣부른 낙관론이 팽배한 분위기에서 결핵의 원인균도 밝혀내 자신만만하던 코흐는 1890년에 '코흐의 림프'라는 투베르쿨린 형태의 특수 치료제를 발명했다고 발표했다. 그러나 결핵균에서 추출한 투베르쿨린은 치료제로서 완전히 실패해 환멸감만 조장했다. 특수 치료제로 이용된 코흐의 조제 약물은 고통스러운 부작용을 일으키고, 심지어 죽음에 이르게 했다. 투베르쿨린이 나중에 효과적인 결핵 진단 검사의 기반을 마련해주었다는 사실도 무너진 신뢰를 되돌리기에는 역부족이었다. 제2차 세계대전 이후 스트렙토마이신이 발견되면서 항생제 시대가 올 때까지 의사들은 결핵과의 전쟁에서 빌맹과 코흐의 발견이 있기 전과 다름없이 여전히 무기력했다.

결핵의 병인론과 관련된 중요한 특징들이 결핵의 전파 경로를 드러나지 않게 했기에 결핵이 감염병이라는 개념을 쉽게 받아들이기 어렵게 했다. 장기적인 무증상 잠복기가 결핵균 노출과 활성 결핵의 발병 간의 연결고리를 감추었다. 무증상 잠복기는 전례가 없이 수개월에서 심지어 수년까지도 갈 수 있어서 세균론 수용의 발목을 잡았다.

전인적 의학 이론과 체액 이론도 끈질기게 살아남았다. 질병의 세균론을 수용한 의사들조차 가끔은 과거의 이론들 속에 세균론을 끼워 넣어 코흐의 바실루스가 그저 결핵의 좀 더 '직접적인 촉발 원인'일 뿐이라는 이론을 들이밀기도 했다. 특히 나이 든 의사들이 그러한 태도를 보였다. 그들은 세균학이나 현미경학 교육을 받지 않았고, 과학 실험실과는 관계가 없었으며, 세균학이 딱히 유용한 치료법을 내놓은 게 없다는 것을 알았다. 전통에 얽매인 의사들은 새로운 이론들이 수량화나 현미경, 염색법, 슬라이드 덮개, 한천과 같은 새롭고 심지어 당황스럽기까지 한 기술들과 연계되는 것에 불안감을 느꼈다. 이렇듯 히포크라테스 이론들은 하루아침에 뒤집힌 게 아니라 천천히 가라앉고 있었다.

과학으로 중무장한 감염론 사상에 밀려 본질론과 유전학의 의철학이 더디지만 서서히 붕괴해가는 과정이 결핵에 대한 새로운 태도를 불러오는 중요한 요인이었다. 또 다른 요인은 질병과 그 사회적 단면에 대한 역학 및 통계학 연구의 결과였다. 그런 연구들은 결핵이 사회 엘리트층에 영향을 미친다 해도 그보다는 노동자, 도시 빈곤층과 같은 '위험한 계층'을 훨씬 괴롭히는 사회적 질병이라는 사실을 입증했다. 가령 1922년 독일 함부르크의 연구 보고에 따르면, 결핵 사망률은 소득세 납부 금액과 반비례했다. 한편 파리에서는 폐결핵 사망률이 가난에 찌든 파리 20구에서 두드러지게 높았고, 부촌 지구에서 가장 낮았다. 새로운 세기가 시작되고 첫 몇 해 동안은 앙드레 지드의 말을 되풀이해가며 본 질론과 19세기의 소모성 질환에 대한 이해와 완전히 결별하는 논평이 주를 이루었고, 결핵을 "구취에서, 먼지 속에서, 불결한 곳에서 태어난, 추잡하고 누구나 걸릴 수 있는 질병 …… 아름답고 부유한 사람들이 아름답지 않고 가난한 자로부터 얻는 병"으로 깎아내렸다.[2]

이와 유사하게 뉴욕에서는 특정 공동주택에 폐 질환이 너무 빈발해 그 주택은 '폐 구역'으로 알려지기까지 했다. 그 주택의 지저분한 상태는 제이콥 리스Jacob Riis의 포토저널리즘 중에서도 그의 1890년 저서《나머지 절반이 사는 법: 뉴욕 공동주택 연구How the Other Half Lives: Studies among the Tenements of New York》에 생생히 포착되어 있다.(그림 15-3) 1908년 뉴욕시 공중보건 지지자들은 '결핵 전시'를 후원했고, 300만 명이 이를 관람했다. 전시 목적은 더럽고, 사람들로 북적이고, 환기도 안되는 주거 환경이 3만 명이나 되는 뉴욕시 공동주택 주민들을 결핵에

그림 15-3 제이콥 리스의《나머지 절반이 사는 법: 뉴욕 공동주택 연구》(1890)에 수록된 〈바야드가 공동주택의 주민들〉

감염시켰고, 결핵으로 파괴된 폐는 대중이 볼 수 있도록 알코올에 보존되어 '끔찍한 본보기'가 되었음을 시각적으로 알리기 위해서였다. 한편, 전시회 주최 측은 코흐가 알리려는 새로운 이론의 두 가지 핵심 사상이 담긴 '결핵을 남들에게 주지 마세요. 다른 사람의 결핵을 받지 마세요'라는 문구가 쓰인 분홍색 카드 60만 장을 관람객들에게 나누어주었다. 뉴욕을 비롯한 미국 주요 도시들과 유럽의 도시들을 갈라놓는 유일하고도 독특한 특징은 빈곤과 질병의 관계가 확연히 민족 편향성을 보인다는 점이었다. 뉴욕의 결핵 환자 중에는 아일랜드와 이탈리아 이민자들이 과도하게 많았다.

1882년 코흐의 과학적 폭탄선언 이후 결핵의 개념을 사회적으로 새롭게 구축하려 했던 또 다른 이유는 유럽 열강 간에 긴장감이 고조되는 국제 정세였다. 때는 바야흐로 사회적 다원주의의 시기로, '아프리카 쟁탈전'에 제국들이 경쟁적으로 뛰어들었고, 민족주의적 경제 경쟁이 불붙었고, 프랑스와 통일된 독일 제국 간의 반목이 깊어졌고, 프랑스가 알자스와 로렌 지방을 독일에 할양했고, 영·독 군비 경쟁이 심화되었고, 러시아, 프랑스, 영국의 삼국 연합이 독일, 오스트리아-헝가리 제국, 이탈리아 삼국 동맹과 맞붙으며 두 개의 반대 진영이 서로 대치하면서 불안정성이 절정에 이른 시기였다. 그 결과, 각국은 국가의 취약성과 준비 태세의 필요성, 영국식 표현으로 '국가의 효율성'을 깊이 인식하게 되었다. 그러나 폐 질환은 출산율 감소, 생산성 저하, 군사력 약화, 귀중한 자원의 전용으로 이어지며 국가에 거대한 부채를 떠넘겼다. 따라서 결핵 환자들은 자신은 물론, 공동체뿐만 아니라 경제 및 인구 성장도 위험에 빠뜨렸다. 그들은 제국을 약화시켰고, 심지어 국가의 생존마저 위협했다.

환자들에게 미치는 결과는 더욱 심각했다. 공포는 결핵 진단을 받은 사람들이나 터져 나오려는 기침을 미처 막지 못하고 쿨럭거리는 사람들을 낙인찍고 꺼려하는 시대로 접어들게 했다. 미국 신문과 잡지는 공중보건 당국이 전국 곳곳에 퍼뜨리는 메시지로 촉발된 '폐병 강박증'과 '결핵 공포증'이라고 일컫는 거대한 흐름을 보도했다. 팸플릿과 포스터는 결핵 환자로 인해 나타나는 위험을 경고했고, 의사나 간호사들은 병원에서 진료 보는 중에 그 메시지를 강조했다.

일반 대중은 결핵을 감염으로 새롭게 이해하게 되면서 계속 기침을 해대는 사람들을 위험한 인물, 심지어 비애국자로 보았다. 그런 이유로 결핵 환자들은 기피 대상이 되었다. 그들은 셋방살이나 구직 활동, 보험 가입도 쉽지 않았으며, 그들의 증세는 결혼에도 심각한 걸림돌이 되었다. 학부모들은 등교 시 학생들 발열 체크를 하고 37℃ 이상인 아이들은 귀가 조처하도록 요구했다.

결핵과 관련해 히스테리도 고개를 들기 시작했다. 사람들은 우표에 침을 발라 붙이다가 무슨 끔찍한 일이라도 생기는 건 아닌지 두려워했다. 많은 도시에서 주민들은 도서관 책에 이전 대출자한테서 나온 치명적인 결핵균이 묻어 있지는 않은지 의심스러워했다. 그들은 대여하기 전에 모든 책을 훈증 소독해달라고 요구했다. 그에 따라 뉴욕 공공 도서관은 반납된 책들을 보건국으로 보냈고, 보건국은 "압축 포름알데히드 가스로 책들을 소독한 다음 밀폐된 칸에 놓고 소독 가스가 제 기능을 할 수 있도록 낱장들을 느슨하게 펼쳐서 걸어 놓았다."[3] 같은 이유로 '깨끗한 화폐 클럽Clean Money Clubs'으로부터 압력을 받은 은행들은 동전들을 살균 소독했고, 재무부는 구권을 폐기하고 오염되지 않은 신권을 발행했다. 뉴욕 리서치 연구소Research Laboratory of New York가 검사해보니 더러운 페니 동전 하나당 살아있는 박테리아의 개수는 평균 26개, 더러운 지폐에는 7만 3,000개나 있었다.

19세기 하반기 내내 유행이던 턱수염이나 콧수염에 대한 인기도 시들해졌다. 박테리아가 구레나룻에 둥지라도 틀면 다른 사람의 음식이나 키스하다 상대방 입술에 떨어질 수도 있는 법이었다. 실제로 일부 공중보건 당국은 키스를 지나치게 위험한 행동으로 규정하고 양측 모두 피할 것을 권고했다. 1902년에 일간지《애틀랜타 컨스티튜션Atlanta Constitution》은 애틀랜타 거리에서 남자 보행자를 몰래 관찰했다. "브로드웨이에서 마주친 남자 셋 중 한 명꼴로 수염을 기르던 몇 년 전과는 달리" 단 5%만 수염을 기르고 있었다는 데 주목하면서 신문은 "머지않아 나폴레옹 시대처럼 우리는 수염 없는 종족이 될 것"이라며 호들갑을 떨었다.[4]

결핵균의 공포는 교회로도 파고들어 공동 성배의 사용과 성수 분무에 반기를 들게 했다. 마찬가지로 식수대에서 공용 금속 컵을 돌려 사용하거나 아이스크림 가게에서 유리나 금속 컵을 재사용하는 것을 금지하는 캠페인도 일었다. 동시에 많은 도시의 주민들은 자기 동네에 결핵 병동과 진료소를 개설하는 것에 반대하는 청원을 냈다. 주민들은 보행 가능한 폐병 환자들과 환자 가족들이 그들을 태우고 이러한 시설을 오가는 버스나 트램의 가죽 손잡이나 의자 손잡이, 바닥에 코흐의 바실루스균을 묻히고 내릴까 봐 걱정했다. 동네가 위험해질 조짐이라도 보이면 부동산 가격이 폭락했다.

소모성 질환과 결핵 간의 경계를 가장 분명히 그은 사례는 부유한 결핵 환자들이 주로 요양지로 선택하는 프랑스와 이탈리아 피한지를 따라 고급 호텔들의 지배인들이 내린 결정이었다. 코흐의 발견의 여파로, 호텔 직원들은 그들 호텔에는 결핵이 다시는 발 디딜 곳이 없을 것이라는 태도를 분명히 밝혔다. 기침하는 사람들이 오면 다른 손님들도 두려워서 발길을 끊게 되고, 호텔 직원들의 건강도 위험해질 수 있다고 주장했다. 확실히 소모성 질환은 낭만성을 상실했다. 그렇지만 1901년에 《뉴욕 트리뷴*New York Tribune*》은 지나침을 경계했다.

> 미국인들과 공무원들이 충분한 지식을 바탕으로 이리저리 뛰어다니는 게 아니라서 몰지각하고 극단적이며 잔인한 방식으로 결핵 환자들을 추적할 위험이 있다. 가끔 공동체가 감염 병동에 방화하는 장면을 보았듯이 결핵의 감염성이라는 개념을 이해한 사람 중에는 공포에 휩싸여 그런 극단적인 행동으로 치닫는 사람도 있을 수 있다.
>
> 캘리포니아주와 콜로라도주가 다른 주에서 오는 병자의 유입을 금지하겠다는 이야기가 들려오고 있고, 결핵을 막아야 한다는 일반적이고 자연스러운 걱정이 자칫 잘못하면 중세시대에 가까운 무자비한 양상으로 빠져들 수 있다는 위험이 있다.[5]

그런데도 결핵이 사회 전체의 건강과 복지를 위협한다는 이 새롭고 지배적인 생각은 수그러들 줄 몰랐다. 1908년에 뉴욕시 보건위원장 토머스 달링턴Thomas Darlington 박사는 결핵이 미국 내에서 하루에 400여 명의 사망자를 내고 방역과 치료에 연간 3억 달러의 비용이 드는 파괴력이 가장 큰 질병이라고 기술했다. 달링턴은 1906년에 발파라이소(칠레의 항구 도시_옮긴이)를 강타해 극심한 피해를 준 강진 같은 주요 자연재해도 결핵으로 인한 피해에 비하면 별것 아니라며, 지금이라도 사람들이 결핵의 위험을 자각해서 그나마 다행이라고 주장했다.

결핵은 인본주의, 위생, 애국, 경제, 이 모든 측면에서 보더라도 국가 비상사태로 몰아가며 산업 세계 전반의 힘 있는 이해집단들은 19세기 후반에서 20세기 초반까지 여러 차례 결핵과의 '전쟁'을 개시했다. 이러한 노력은 그 당시까지 단일 질병에 대항해 내려진 조치 중 단연 가장 강력한 움직임에 해당했다. 이러한 캠페인에 연루된 이해 당사자들의 조합은 국가마다 다양했지만, 일반적으로 자선단체, 의사회 및 의사연합, 상공부, 공중보건 관료, 교육자, 국가, 지역(미국에서는 주), 지방 정부를 포함했다.

어디서나 그 시대의 국제적 긴장 관계를 반영해 결핵과의 전쟁을 묘사할 때 군사적인 비유를 적용했다. 수전 손태그Susan Sontag가 1979년에 쓴 저서《은유로서의 질병Illness as Metaphor》에서 논했듯이 '전쟁', '군사작전', '무기', '격퇴' 같은 단어들이 결핵 캠페인에 난무했다. 마찬가지로 사악한 괴물 결핵균에 맞서 총검, 칼, 총을 휘두르는 이미지가 포스터를 장악했다. 한편 프랑스에서는 결핵이 1914년 이후 국가의 적으로 의인화되어 종종 경멸이 담긴 단어인 '독일인le boche'으로 불렸다.

결핵과의 전쟁

결핵과의 전쟁은 19세기 후반에서 제2차 세계대전 이후 스트렙토마이신이 개발되기 전까지 서구 유럽과 북미 전역에서 벌어졌다. 조직적인 방법, 재정 지원 수준, 전략은 나라별로 또 시기별로 달랐지만, 모든 곳에서 똑같은 문제를 겪고 있다는 점에서 커다란 유사점들이 이러한 움직임을 하나로 수렴했다. 수렴 분위기가 조성된 또 다른 요인은 의료 및 공중보건이 공동의 과학적 이해를 바탕으로 수행된 국제 규율이라는 점이다. 게다가 다양한 국가의 방역운동은 타국의 '최고의 실천 방안'과 경쟁했고, 1905년에는 이를 통합하는 차원에서 국제결핵회의International Congress on Tuberculosis가 여러 차례 열렸다. 최초의 결핵회의는 공동의 경험, 연구, 제도 장치를 도모한다는 구체적인 의도를 가지고 파리에서 처음 출범했다.

미국이 진전을 보이며 국제적인 결핵운동의 선봉에 섰고, 미국의 진전을 살펴보면 전체적으로 퇴치운동이 어떻게 조직되고 전개되어 가는지 알 수 있다. 미국에서 퇴치 계획은 뉴욕, 필라델피아, 시카고, 보스턴에 있는 의료협회를 통해 지역 차원에서부터 시작했다. 국립결핵협회National Tuberculosis Association 핵심 인사인 시가드 아돌퍼스 크노프Sigard Adolphus Knopf는 1889년부터 결핵 퇴치운동을 이끌었다. 당시 헤르만 빅스Hermann Biggs를 필두로 세 명의 뉴욕 의사들이 시 보건부에 질병 확산을 차단하려는 방법들을 추천했다. 이러한 초기 시도는 상징적으로는 중요했지만, 결핵 퇴치운동은 19세기 마지막 10년까지는 안정적인 조직 구도를 갖추지 못했다.

1892년에 첫 번째 결핵 퇴치 협회가 '펜실베이니아 결핵예방협회Pennsylvania Society for the Prevention of Tuberculosis'라는 이름으로 필라델피아에 설립되었다. 이 협회 창설은 여러 이유로 결정적인 사건이었다. 우선 결핵 예방이라는 특정 목적으로 세워진 최초의 기관이라는 점, 펜실베이니아 협회가 추가 설립된 주요 지역 협회 두 곳의 모델이 되었다는 점, 1904년에 창설된 국가 기구에 근간을 제공했다는 점에서 그렇다. 필라델피아 모델을 따른 다른 지방 협회 두 곳은 1902년에 설립된 뉴욕시 결핵위원회Tuberculosis Committee of New York City와 1906년에 설립된 시카고 결핵연구소Chicago Tuberculosis Institute다.

에드워드 리빙스턴 트루도(Edward Livingston Trudeau, 1848~1915)가 회장으로 있던 국립결핵협회는 세 곳의 지역 주도 단체로부터 출범했으며, 설립 목적은 전국적으로 진행되는 결핵 퇴치운동을 일관성 있게 이끌고 촉진하는 것이었다. 1920년 무렵에는 정부 산하 결핵협회가 모든 주와 컬럼비아 특별구(워싱턴의 다른 이름_옮긴이)에 존재했다.

미국에서 국립결핵협회가 후원한 결핵운동은 산업 국가에서 곧이어 수용한 요양원, 진료소, 보건 교육에 의존했다. 이것들은 영국, 프랑스, 독일, 벨기에, 포르투갈, 캐나다, 덴마크, 스웨덴, 러시아, 일본, 노르웨이, 호주, 미국에서 선택한 일종의 무기들이었다.

결핵 요양원

괴르베르스도르프에서 사라나크 레이크까지

결핵 퇴치를 위해 고안된 모든 조치 중에서 가장 독특하고 중요한 것은 결핵 요양원이었다. 세계 최초의 결핵 요양원은 독일 의사 헤르만 브레머(Hermann Brehmer, 1826~1889)가 고안해 1859년에 슐레지엔 괴르베르스도르프에 세운 것이었다. 19세기 중반에 베를린대학의 의대생이던 브레머는 결핵에 걸렸고, 의사들은 하나같이 요양 치료로 건강을 회복할 생각부터 하라고 충고했다. 예후에 비관적이었던 그는 히말라야산맥에서 '고도 치료'를 받기로 했고, 놀랍게도 그곳에서 상태가 호전되었다. 브레머는 탁 트인 산 공기를 마신 덕분에 회복했다고 생각하고, 자신의 경험을 보편화할 수 있다고 판단했다. 베를린으로 돌아와 의대 학위를 마치면서 논문을 제출했는데, 그 제목이 자신의 사례만 바탕으로 지나치게 낙관하고 있다는 것을 드러낸 〈결핵은 치료 가능한 질병이다Tuberculosis Is a Curable Disease〉였다.

슐레지엔에 정착한 브레머는 인도 히말라야산맥에서 발견했던 야외 생활, 온전한 휴식, 충분한 영양이라는 세 가지 구체적인 치료법을 결핵 환자에게 제공하기 위해 전용 기관을 설립함으로써 그의 이론을 시험해보기로 했다. 이 엄격한 세 가지 프로그램을 이행하기 위해 브레머는 수백 명의 환자를 수용할 수 있는, 작은 오두막들로 구성된 괴르베르스도르프 요양원을 설립했다. 치료는 그가 인도에서 발견한 지침을 따랐다. 브레머의 제자이자 결핵 환자이기도 했던 페터 데트바일러Peter Dettweiler도 1876년 팔켄베르크에 같은 방식으로 운영되는 자매 요양원을 열었다.

독일에 요양원이 이미 두 곳이나 발 빠르게 개설되었지만, 요양원 운동은 미국 의사 에드워드 리빙스턴 트루도가 본격적으로 나서기 전에는 공중보건의 주축이 되지는 않았다. 트루도의 시도가 있을 무렵 결핵이 감염병이자 국가 안녕에 위험하다는 새로운 인식이 결핵 퇴치운동을 촉진했다. 초기 요양원들이 괴르베르스도르프와 팔켄베르크에 외따로 떨어져 있은 지 한 세대가 흐른 후 결핵 퇴치는 이제 반드시 완수되어야 하는 임무가 되었다. 그뿐만 아니라 전에는 알려지지 않던 적이 코흐의 결핵균으로 밝혀진 이후로 적절한 무기만 배치할 수 있다면 결핵균을 퇴치할 수 있을 거라는 강한 자신감이 생겼다. 국가와 보건 공무원들은 더 이상 무력하지 않았다. 이처럼 결의에 찬 분위기에서 트루도는 브레머의 가장 영향력 있는 추종자가 되었다.

브레머와 많은 결핵 환자들처럼 트루도도 인생을 바꾸어놓을 만한 건강상의 위기를 경험했다. 컬럼비아대학교에서 의대 학위를 받은 후 결핵으로 죽어가는 형을 돌보다가 그 자신도 1870년대에 결핵 진단을 받았다. 죽을 것으로 예상하고 트루도도 브레머처럼 애디론댁산맥 사라나크 레이크 야생에서 실험 삼아 휴식 치료를 받아보았다. 거기서 그는 바깥 공기를 마시며 휴식을 취하고, 호수에서 배를 타고 사냥을 하며 보냈다. 어느 정도 시간이 지난 뒤 그는 훨씬 나아졌다.

결핵 퇴치라는 대의에 정진한 트루도는 브레머가 개척한 요양원과 코흐의 발견에 관해 알게 되었다. 이런 지식으로 무장한 그는 브레머의 접근법을 이제는 결핵의 주요 피해자로 알려진 도시의 빈민층을 대상으로 적용해보기로 했다. 그의 모험을 지지하는 자선가들로부터 후원금을 모금한 트루도는 1884년에 무일푼의 결핵 환자를 위한 오두막 중심의 요양원을 열었다. 사라나크 레이크에서 환자들은 막대한 보조금을 받았다. 여유가 어느 정도 있는 사람들은 체류비의 절반을 받았다. 궁핍한 이들은 기관의 기부금으로 충당했다.

브레머는 그의 제자들이라는 좁은 범주의 사람들 외에는 주의를 끌지 못했다. 그러나 트루도는 의사이자 인본주의자였고, 자신의 치료적 관점에 대해 능력 있고 결단력 있는 홍보가였다. 그는 시작부터 사라나크 레이크를 요양원이라는 개념을 선보일 본보기로 삼았다. 사라나크 레이크의 설립은 미국과 해외 여러 나라에서 진행하는 결핵과의 전쟁에서 강력한 무기로 등장하며 요양원 운동이 시작되고 있음을 시사했다. 1922년 무렵에는 미국만 해도 700여 개의 요양원이 들어서며 10만 개 이상의 병상을 갖추게 되었다.

이러한 설립 기관들은 국립결핵협회에서 펴낸《미국의 결핵 치료를 위한 요양원, 병원, 주간 캠프, 예방 요양원 안내 책자*A Directory of Sanatoria, Hospitals, Day Camps and Preventoria for the Treatment of Tuberculosis in the United States*》라는 자료만 보더라도 상당히 다양하다는 것을 확실히 알 수 있다.[6] 일부는 사설 기관이었고, 일부는 연방 정부나 주 정부, 카운티, 시 정부가 운영했다. 개인 의료비를 감당할 수 있는 사람들로만 입소를 제한하는 곳도 있었지만, 대부분은 궁핍한 사람들에게 자선을 베풀거나 개인의 주머니 사정에 따라 비용을 지불할 수 있도록 했고, 1930년 입소비만 보더라도 무료에서부터 애리조나 프레스콧 외곽에 있는 사설 요양원인 팸셋가프Pamsetgaaf의 주당 150달러에 이르기까지 다양했다. 다수의 시설은 주나 카운티 내의 일반인에게 열려있었지만, 많은 곳이 인종, 성, 나이에 따라 입소를 제한했다. 가령 아프리카계 미국인들은 완전히 거부되거나, 아니면 부속 동 또는 별관에 '따로' 수용되었지만 '동일한' 서비스를 제공받는 게 예사였다. 일부 주나 카운티에서는 헨리턴 소재 메릴랜드주 요양원의 유색인 지부 같은 '검둥이들' 치료만 전담하는 요양원을 개설하기도 했다.

많은 요양원이 이민자, 아동, 퇴역 군인, 미국 원주민, 유대인 등 특정 인구군이나 특정 직업군, 노동조합, 기독교 교파에 맞춤식 서비스를 제공했다. 전용 시설도 있었다. 보험업계의 거대 기업 메트로폴리탄 라이프Metropolitan Life 같은 특정 회사 직원들의 전용 요양원, 영화 예술인들의 전용 요양원, 또는 '과로로 지친 소녀들'만 전용으로 이용할 수 있는 세인트루이스에 문을 연 나이트 앤드 데이 레스트 캠프Night and Day Rest Camp라는 요양원도 있었다. 요양원은 통상 독립된 기관이었지만, 종합 병원, 교도소, 정신병원의 별관을 차지하는 곳도 상당히 많았다. 소수만 도시에 자리 잡고 있고 대개는 시골에 수백 에이커에 달하는 광활한 대지 위에 지어졌으며, 특히 고산지대나 기차역에 쉽게 접근할 수 있는 곳에 많았다.

환자 수용력 또한 큰 차이를 보였다. 가장 많이 수용할 수 있는 요양원은 1931년 미국 최대 규모의 요양원 두 곳인 미네소타의 헤네핀 카운티 요양원Hennepin County Sanatorium과 미시간 노스빌의 디트로이트 시립 요양원Detroit Municipal Sanatorium으로, 각각 704명과 837명의 결핵 환자를 받았다. 소규모 요양원으로는, 가령 플로리다 웨스트팜비치에 있는 '유색인종을 위한 결핵의 집Tuberculosis Home for the Colored'은 고작 12개의 침상만 갖춰 놓았고, 캘리포니아 샌디에이고 근처 알파인 요양원Alpine Sanatorium은 침상이 20개에 불과했다. 콜로라도를 비롯한 여러 주는 교도 시설에서 결핵 환자에게 제공한 시설 외에 다른 공공 요양원에는 전혀 재정 지원을 하지 않았으며, 환자들을 개인 요양원과 지정 숙소로 보냈다.

마지막으로 결핵의 유형이나 단계와 관련한 입소 조건이 있었다. 대다수 기관이 사라나크 레이크의 방식대로 '초기' 또는 '경미한' 단계에 있는 폐결핵 환자들만 수용했다. 그러나 로스앤젤레스 카운티의 올리브뷰 요양원Olive View Sanatorium, 캘리포니아 몬로비아의 포텐저 요양원Pottenger Sanatorium 같은 일부 요양원들은 '폐, 비뇨생식기, 후두, 장에 이르는 모든 단계의 결핵' 환자들을 받았다.

미네소타의 결핵 치료 시설을 전체적으로 보여주는 《미국의 결핵 치료를 위한 요양원, 병원, 주간 캠프, 예방 요양원 안내 책자》의 도입부를 보면 다양한 시설이 구비되어 있다는 것을 알 수 있다.

> 미네소타는 연방 병원의 병상을 제외하면 결핵 환자를 위한 침상이 2,463개 마련되어 있다. 16개의 공공 기관이 있는데, 그중 하나는 주립 요양원이고, 14개는 카운티 요양원, 하나는 시립 예방 학교다. 6개의 특설·준특설 요양원과 비활성 결핵 환자들을 위한 숙소도 있다. 연방 정부는 퇴역 군인을 위한 병원과 원주민을 위한 요양원을 운영한다. 추가로 주립 정신병원에 있는 169명의 결핵 환자와 간질 및 지적장애인 보호 기관에 있는 환자 30명에게도 서비스를 제공한다. 주립 교도 기관도 19명의 결핵 환자에게 서비스를 제공한다.

그러나 미국의 모든 요양원은 사라나크 레이크에서 실시한 '요양원 치료'의 특징을 총체적으로 따르는 것을 원칙으로 삼았다.

예방 교육

트루도가 이해하기로 사라나크 레이크는 예방 및 치료를 동시에 목표로 삼았다. 예방을 위해 기침을 하거나 침을 뱉거나 공기 중으로 숨을 내쉴 때 나오는 균을 통해 병을 확산시킬 수 있는 조밀한 공동주택 및 작업장에 있는 가난한 결핵 환자는 요양원 입소에서 제외했다. 트루도의 추산에 따르면, 한 해 동안 뉴욕시에서 결핵 환자 한 명이 20명을 감염시켰다. 뉴욕시에서 애디론댁산맥의 야생 지역으로 결핵 환자를 이주시킴으로써 사라나크 레이크 요양원은 전파의 고리를 끊어냈다. 따라서 요양원은 페스트와 관련된 격리와 비슷한 예방 기능을 했다.

이에 더해 사라나크 레이크에서는 요양원을 퇴소한 후에 다른 사람들을 감염시킬 가능성을 낮출 '결핵 예절'을 환자들에게 가르쳐 결핵의 유병률을 낮춰보고자 했다. 환자들은 으레 애디론댁산맥에 6개월 이상 머물렀고, 여러 해를 머문 환자도 적지 않았다. 그 기간 요양원은 기회가 있을 때마다 환자들에게 요양원 의례를 평생 실천하도록 가르쳤다. 예를 들어, 환자들은 참을 수 있으면 기침을 참아보도록 훈련받았다. 기침이 참지 못하고 터져 나올 것 같을 때는 늘 소지하는 손수건에 기침을 하도록 가르쳤다.

예절 교육에서 가장 중시한 것 중 하나인 가래를 뱉을 때도 마찬가지였다. 침을 뱉는 것은 늘 다른 사람을 오염시킬 위험이 있다고 가르쳤다. 떠다니는 결핵균이 결핵 감염을 지속적으로 발생시키는 주요 원인이라는 강한 믿음이 생기면서 전 세계적으로 '먼지 공포'가 일었다. 다음은 시가드 아돌퍼스 크노프가 1899년에 했던 말이다.

가래가 액체 상태로 남아있는 한 감염 위험은 덜하지만, 바닥이나 거리, 손수건에 뱉은 물질은 매우 빨리 마르고 가루가 되어 이리저리 떠돌다가 어쩌다 공기를 들이마신 사람의 호흡기로 들어가는데, 이 가루는 각종 세균으로 가득 차 있다. 그런 세균 중 가장 위험한 것은 결핵균으로, 건조한

상태로도 독성이 수개월 동안 유지된다.[7]

따라서 환자가 '지저분한 침 뱉기'를 세심하게 피해야 했다. 요양원은 환자들에게 두꺼운 종이로 만든 가래 뱉을 컵을 주머니나 핸드백에 늘 소지하고 다니라고 지도했다. 하루를 마무리할 때마다 환자들은 가연성 타구를 태움으로써 단지 타구뿐만 아니라 그 안에 쌓인 세균들도 함께 연소하도록 했다.

먼지를 매개로 바실루스에 감염될 위험이 있기 때문에 결핵 환자들은 우선 새로운 가정 위생 지침을 숙지한 다음, 공동체로 돌아가서 그 지침을 가족, 동거인, 동료 주민에게 알려주어야 했다. 가정에서는 우선 빗자루로 바닥을 쓰는 기존의 청소 방식이 위험하다는 것을 알아두어야 했다. 비질은 오염된 먼지를 공중으로 들어 올리는 행위라 치명적일 수 있다고 했다. 따라서 빗자루를 밀걸레로 교체하는 것이 현명한 위생 수칙이었다. 이렇듯 다양한 방식으로 사라나크 레이크 환자들은 전파의 고리를 깨기 위한 기술을 배우고 실천하고 가르쳤다.

치료 처방

한편 트루도는 요양원이 주된 치료 목적에도 부합할 것으로 믿었다. 강력한 자료를 바탕으로 논거의 정당성을 입증할 수는 없지만, 사라나크 레이크는 활성 결핵 환자의 30% 이상의 유의미한 '치유율'을 암시하는 통계를 산출했다. 요양원 밖에서 활성 환자들은 으레 거의 모두 죽는다고 생각된 만큼, 이 정도 치유율은 요양원 밖과 비교할 때 긍정적이었다. 그러나 이런 안심할 만한 수치는 사라나크 레이크가 의도적으로 초기 단계인 경증 환자만 받았던 만큼 심히 오인될 소지가 있었다. 심각한 중증 환자들은 차도가 있을 것으로 보이는 환자들에게 우선 양보해야 한다는 요양원의 입장에 따라 입소를 거부당했다.

따라서 트루도 요양원 환자들이 일반 결핵 환자들을 대표한다고 볼 수는 없었다. 이처럼 엄격하게 치료 대상을 먼저 분류하고 나서 나타난 사라나크 레이크의 긍정적인 통계 결과가 과연 요양원 내 치료의 효과를 반영한 건지, 아니면 치유 불가능한 환자만 가려내서 거부하는 입소 사무실의 능력을 반영한 건지 판단하기란 사실상 불가능하다. 트루도 자신도 인정했다시피 사라나크 레이크의 설립 취지는 치료가 아니라 결핵 진단을 죽음의 증서로 간주하는 당시 상황에서 희망을 주는 것이었다. 이 같은 방식은 '치료는 가끔, 안정은 자주, 편안함은 늘'이라는 기관의 이념에도 잘 구현되어 있었다.

반면 트루도와 그의 추종자, 더 넓게는 의료계 종사자들은 사라나크 레이크와 모든 요양원을 치료 기관으로 보았다. 사실 19세기 말 무렵 많은 폐 전문가들은 초기에 진단받거나 적절하고 철저한 치료 처방을 채택한다면 결핵도 치료 가능하다고 보았다. 미국의 권위자 크노프는 1899년에 결핵이 "모든 질병 중 치료 가능성이 가장 높고 치료 빈도도 가장 높은 질병 중 하나"라고 공언했다.[8] 그리고 이상적인 치료법은 브레머의 초기 구상과 이를 체계적으로 응용한 트루도의 구상에 맞게 요양원에서 관리받는 방법이었다.

병원의 흉부 병동, 진료소, 그리고 가정 내의 결핵 환자 치료법도 요양원 모델을 최대한 따랐지만, 어쩔 수 없이 결함도 많았고, 수준도 미달이라는 게 보편적인 인식이었다. 20세기 상반기 동안 요양원은 박애주의의 근간이었고, 어디에 위치하든 네 가지 핵심 원칙, 즉 야외 생활, 휴식과 점진적인 운동 보충, 충분한 영양 섭취, 의료진의 철저한 환자통제에 근거해 결핵 치료법에 접근했다. 그러나 핵심 원칙은 의료 유행에 따라 변경되기도 했다.

야외 생활

요양원 치료의 기본은 브레머가 주창했던 이른바 야생 치료였다. 이 치료 전략을 개발하는 동안 트루도는 사라나크 레이크 한복판에 떠 있는, 나중에 '토끼섬'이라는 이름이 붙은 한 작은 섬에서 실험을 했다. 거기서 그는 완전히 대조적인 환경의 우리에 두 무리의 토끼들을 넣었다. 첫 번째 우리에는 오물, 심한 혼잡, 열악한 환기 시설 등 도시 공동주택의 뚜렷한 특징으로 대변되는 환경을 그대로 재현했다. 두 번째 우리는 토끼섬 자체의 야외 환경을 변경하지 않고 토끼들을 있는 그대로의 환경에서 지내도록 했다. '빈민가' 토끼들이 죽고 '야외 환경'의 토끼들이 살아남은 것을 보고 그는 적절한 치료에 대한 결론을 도출했다. 토끼 실험은 과학적인 확신을 주었다기보다는 그가 이미 도출했던 결론에 확신을 심어주었고, 자신의 결론을 설명할 생생한 예를 제공했다.

사라나크 레이크와 이후 생겨난 모든 대륙 요양원의 첫 번째 원칙은 사계절 내내 환자들을 바깥에서 지내도록 한다는 것이었다. 모든 요양원은 크게 두 가지, 오두막과 별관이라는 대조적인 건축 양식을 따랐다. 1896년 뉴욕주 리버티에 문을 연 사라나크 레이크와 자매 시설 기관인 루미스 요양원Loomis Sanatorium은 대표적인 오두막 형식을 따르고 있었다. 오두막 요양원은 일반적으로 각각 30m씩 떨어져 있는 20~30개의 오두막으로 구성되어 있다. 오두막마다 네 명에서 많게는 여덟 명의 환자가 배정되었다. 거기서 환자들은 혼자 또는 서너 명씩 모여 깨어있는 시간 대부분을 아담한 데크에 놓인 찜질 의자에서 누워 지낸다. 그들은 데크에서 눈비를 피하고, 추운 날에는 이불을 덮기도 하며, 그 외에는 늘 상쾌한 바깥 공기를 쐰다.

별관 시스템의 경우 75~100명의 환자가 한 지붕 아래서 지내지만, 긴 베란다가 건물 길이만큼 뻗어 있었다. 환자들은 이 공용 공간의 데

그림 15-4 아동 결핵 환자 전용 스태닝톤 요양원(Stannington Sanatorium)이 1907년 영국에서 문을 열었다. 이 사진은 환자들이 대부분의 시간을 보내는 야외 별관의 정경을 보여준다.(런던 웰컴 컬렉션. CC By 4.0)

크 의자에 누워서 온종일 지낸다.(그림 15-4) 가끔 일부 별관은 쌀쌀한 날씨에도 산책할 수 있도록 지붕이 덮인 회랑과 연결되어 있기도 했다.

별관형이 여러 채의 오두막을 짓는 것보다 건축 비용이 훨씬 절감되기 때문에 전 세계적으로 우세했지만, 두 가지 유형의 핵심적인 특징은 반쯤 고립된 채로 하든지, 아니면 집단과 더불어 하든지 야외 생활을 한다는 것이었다. 사라나크 레이크에서 '환자들 규칙'을 명시한 팸플릿은 그 세부 내용을 전형적으로 잘 보여준다. "환자들은 야외 생활을 하게 될 것이다. 즉 매일 8~10시간은 열린 공간에서 지내게 된다. …… 모든 환자는 오전 9시에서 오후 12시 45분, 오후 2시에서 오후 5시 45분에는 반드시 야외에 있어야 한다. 야외 취침은 별개이며, 야외 생활 요건에 해당하지 않는다." 게다가 실내 환자들도 "결핵을 극복하고 싶다면 될 수 있는 대로 매 순간 가장 깨끗하고 맑은 공기를 마시며" 지내야 하기에 "비가 오든 볕이 들든, 덥든 춥든" 창문을 열어둔 채로 잤다.[9] 1902년 영국 요양원 의료 감독관 두 명은 "결핵은 천상의 맑은 공기로 극복된다"라고 간단명료하게 설명했다.[10] 내부 인테리어의 경우 오두막이든 별채든 상관없이 먼지에 대한 우려가 구조 및 실내장식을 결정했다. 모든 모서리를 둥글게 해서 먼지가 쌓이는 것을 막았고, 벽은 세척이 쉽도록 벽지가 아닌 페인트로 칠했으며, 복잡한 가구와 카펫은 금지했다. 마루는 걸레질이 쉽도록 딱딱한 나무 바닥재를 깔았다. 비질은 절대 금지였다.

휴식과 점진적인 운동

요양원 생활의 두 번째 중요한 특징은 운동량과 운동 종류였다. 여기에는 국가마다 선호하는 방식이 두드러지게 나타났다. 미국에서는 사라나크 레이크처럼 체온이 37.5℃가 넘거나 맥박이 분당 100회 이상인 환자들은 활동을 삼가고 절대 휴식을 취하도록 하는 게 일반적이었다. 열이 기준보다 낮은 환자들은 하루 30분의 운동 시간이 허용되었지만, 식사 시간에 식당까지 걸어간다거나 침실을 오가거나 서있는 등 일상생활의 가장 단순한 움직임에 걸리는 시간도 30분에서 차감했다.

영국에서는 결핵 환자 중에서 압도적인 수를 차지한 노동계층이 절대 안정에 익숙해지다 보면 도덕성이 붕괴하고 나중에 생산 활동에 복귀하기도 어려워질 것이라는 생각이 우세했다. 이러한 기준은 '점진적인 운동'이라는 프로그램을 내세운 브롬튼 요양원Brompton Sanatorium이 구체적으로 제시했다. 운동은 체온을 기준으로 환자의 건강 상태가 호전되는지에 따라 점진적으로 강도가 올라갔다. 산책로를 마련해두고 휴식 지점마다 벤치도 갖추었으며, 운동 난이도에 따라 색깔로 구분되어 있었다. 환자가 녹색에서 파란색, 다음은 빨간색으로 단계가 점차 올라감에 따라 경사도 점차 가팔라졌다.

식사

요양원 운동의 세 번째 치료법은 결핵 환자가 수척해지는 것에 대응하고 환자의 저항력을 강화하는 값진 식단을 마련하는 것이었다. 가령 사라나크 레이크처럼 환자들은 하루에 네 끼를 먹고 매끼 사이에 우유 한 잔을 마시도록 장려되었다. 음식을 꺼리는 많은 환자를 하루 3,500~4,000칼로리를 섭취하게 설득할 요량으로 쇠고기와 탄수화물 식단을 강조했다.

섭생법은 의학에 알려진 가장 오래된 치료적 개입의 하나로, 히포크라테스와 갈레노스에 의해 체계적으로 개진되었다. 결핵 치료에 섭생법을 활용하는 데 새로운 점은 그 전략이 열, 냉, 습, 건 성질의 음식을 찾아서 체액 불균형을 바로잡는다는 체액 철학과는 무관하다는 점이었다. 대신 트루도 시대에는 철저히 증상을 토대로 하는 치료법을 채택했다. 그 전략은 필수 에너지와 회복력을 고갈시켜 결핵 환자를 허약하게 하는 것으로 보이는 신경성 식욕부진을 막기 위해 칼로리 섭취를 늘리는 것이었다. 이때 의료 감독관이 해야 할 중요한 역할은 결핵 환자들은 계속 배 터지도록 먹게 하는 게 최고라는 만연한 오해에 맞서는 것이었다. 요양원의 주요 기능 중 두 가지가 바로 몸 상태에 맞는 적절한 음식을 선택하는 것이 단순한 음식량보다 훨씬 중요하다고 환자를 교육하는 것과, 그런 다음 잘 따르는지 제대로 감독하는 것이라고 요양원 측은 주장했다.

폐쇄 기관

요양원 치료법의 기저에 깔린 또 다른 특징은 환자들이 머무는 내내 의료 직원에게 끊임없이 감시 및 감독을 받는 '폐쇄' 기관이라는 점이다. 환자의 모든 실생활에서 지시한 치료 방법을 하나하나 잘 따르는지 확인하는 것이었다. 결핵에서 회복하기 위해서는 온종일 전념해야 하며, 한 가지라도 벗어나면 생명이 위태롭다고 생각되었다. 따라서 요양원은 환자의 육체적 건강을 증진하기 위한 복합적이고 포괄적인 규정을 개발하는 한편, 기운 빠지게 할 법한 외부 세계의 정신적 충격이나 동료 환자들의 우울한 의료 소식에서 벗어난 쉼터가 되어주었다.

따라서 환자들은 철저하게 구내를 벗어나지 못하도록 했고, 외부인 방문도 조심스럽게 감시했다. 환자들의 편지는 환자가 언짢은 소식을 접하지 못하도록 사전 검열되었고, 요양원 도서관의 읽을거리는 이른바 '뇌 치료'의 일환으로 모조리 신나고 인생에 대한 낙관적인 전망만 담은 책들로 선별되었다. 같은 이유로 병의 차도에 관한 환자들 간의 대화는 금지되었고, 사교 활동도 식사 시간뿐이었으며, 낮 동안 승인된 대화 시간도 한 시간으로 제한되었다.

정신적 스트레스와 신체적 과잉을 막기 위해 남녀를 분리했고, 정서적·육체적 관계를 맺으려는 시도는 저지했다. 게다가 도박, 방탕, 흡연을 엄격히 금지하는 규정도 있었다. 이런 단조로운 생활 방식을 실천하는 데 휴식 치료는 의료 기능뿐만 아니라 훈육 기능도 했다. 데크와 베란다에서 '수평적으로' 보내는 긴 시간은 환자를 제러미 벤담의 팬옵티콘 감옥의 죄수들처럼 늘 시선으로 묶어두었다. 제재 또한 엄격해 규정을 위반하면 퇴소당할 수 있었다. 미국 폐 질환 전문의 프랜시스 포텐저는 그런 조치에 대한 합당한 이유를 다음과 같이 설명하고 있다.

요양원은 야외에서의 위생 관리, 식사, 과학적인 결핵 치료가 가장 유리하게 이루어질 수 있는 기관이다. …… 요양원이 아니더라도 좋은 결과를 얻을 가능성이 있지만, 환자와 그의 모든 행동을 요양원만큼이나 절대적으로 통제하기는 불가능하다. 환자와 의사 간의 끈끈한 상호 이해와 협력, 비슷한 희생을 하는 많은 협회에서 보내온 후원, 같은 목적을 향한 분투, 자신과 동료들이 함께 회복을 향해 부단히 나아가는 곳 …… 요양원의 정서적 효과는 측정될 수 있는 종류의 것이 아니다.[11]

요양원의 매력

요양원은 위계질서가 분명한 곳으로, 브레머와 트루도가 주장한 치료 및 교육적 비전을 효과적으로 집행하는 의료진이 막강한 권한을 행사했다. 그러나 상당수 환자는 그곳의 생활 방식에 커다란 매력을 느꼈다. 항생제가 개발되기 이전 시대에는 요양원만이 치명적이고 끔찍한 질병에서 완쾌할 수 있는 희망이 있는 곳이라고 생각했다. 또한 폐결핵 환자 대다수를 차지하는 가난한 환자들에게 안전하고, 영양을 충분히 제공하고, 달갑지 않은 소식을 막아주는 피난처이기도 했다. 게다가 환자가 퇴원한 후에 맞닥뜨릴 경제적인 측면을 살펴봐 주는 일도 많았다. 노동 시장에서 할 수 있는 일에 관한 조언도 해주고, 병이 많이 회복된 환자들이 유용한 기술을 배울 수 있는 수업도 개설했다. 때로는 결핵 진행이 '정지된' 환자들만 전문으로 고용해 옷이나 시계, 보석 제작처럼 비교적 가벼운 작업을 제한된 시간 동안만 하게 하는 레코 매뉴팩추어링 컴퍼니Reco Manufacturing Company나 알트로 매뉴팩추어링 컴퍼니Altro Manufacturing Company 등의 자선사업 업체에 일자리를 구해주기도 했다.

1920년경에는 미국의 사라나크 레이크에 위치한 요양원에 신청하는 사람이 자리 하나당 20명이나 몰릴 정도였다는 게 놀라운 일도 아니었다. 실제로 수요가 넘치다 보니 요양원 너머에 위치한 소도시에 개발 붐이 크게 일어나 눈 깜짝할 사이에 상업적으로 운영되는 '휴식용 오두막'이 들어서며 인원이 차서 요양원에 들어가지 못한 폐결핵 환자들을 수용했다. 이런 시설들은 요양을 다소 완화해 '휴식 치유'라는 방식을 광고했고, 트루도의 의료진과 심지어는 시장으로 재임 중이던 트루도 자신의 자문과 감독하에 의료 서비스도 제공했다. 종종 휴식용 오두막들은 서비스를 전문화하는 경향이 있었는데, 예컨대 말기 환자나 이탈리아 사람이나 여성만을 대상으로 하는 곳도 있었다.

무서운 시설이라는 평판과는 거리가 멀었던 사라나크 레이크는 낙관주의와 유익함, 트루도의 개인적인 상냥함으로 소문이 자자했다. 퇴원했던 사람들이 말년에 다시 들어가려고 했다는 사실로도 그곳이 얼마나 매력적이었는지 알 수 있다. 환자들은 요양원과 그곳에서의 일상에 익숙해져 퇴원을 미루거나 아예 퇴원하지 않으려고도 했다. 직원들은 폐결핵이라는 신체적 질병과 '신경쇠약'이라는 심리적 상태를 구별하는 일이 힘들었다. 신경쇠약은 '모호한 폐결핵 증상'을 유발했고, 폐결핵과 유사한 여러 증상, 특히 두통, 피로, 불면증, 나른함, 과민성 등을 유발했기 때문이다. 신경쇠약 환자들은 요양원에서 신체적으로는 치료할 병이 없다고 해도 계속 남아있으려고 했다. 그런 문제가 크게 불거지자 일부 행정 당국에서는 지나치게 편안하지 않으면서도 "환자들이 자신들이 속한 환경과 생활에 과하게 불만을 느끼지 않도록" 요양원을 엄격하면서도 실속 있게 운영할 생각을 해야 한다고 권고하기도 했다.[12]

요양원에 대한 이런 긍정적인 반응들은 역사 문헌에서 볼 수 있는 최근의 추세와는 잘 들어맞지 않는다. 일부 학자들은 요양원을 건강을 증진하는 곳이 아닌 사회 통제를 훈련하고, 의료진의 일을 수월하게 하고, 환자를 사회 위계에 적응시키는 푸코식 저의를 강요하는 곳으로 간주한다. 특히 영향력이 컸던 어빙 고프먼Erving Goffman은 그의 1961년 저서 《수용소Asylums》에서 요양원은 규율과 통제의 방법론에서 교도소와 강제 수용소, 전쟁 포로 수용소, 정신병원과 비슷한 '전체주의 기관total institution'으로 인식되어야 한다고 주장했다. 그 같은 해석들은 의학 논평과 환자의 편지들을 단호하게 부정적이고 정치적으로 판단한 것을 근거로 삼은 듯하다. 게다가 다른 기관에 있는 환자들과는 달리 모든 요양원에 있는 성인 환자들은 교도소나 수용소에 수용된 일부 인원을 제외하면 항상 스스로 퇴원해서 집으로 돌아갈 자유가 있다는 중요한 차이도 간과하고 있다. 환자들이 요양원에 있는 것은 자의적인 판단에 따른 일이었다.

결핵 권위자인 포텐저와 크노프의 작품들은 잘못 해석하기 쉬운 두 가지 사례에 해당한다. 두 사람 모두 요양원 의사들이 환자에 대해 막강한 권한을 지녀야 한다고 강조했으며, 포텐저는 심지어 "환자와 환자의 모든 행동에 대한 절대적인 통제"를 주장한다. 그러나 전체적인 문맥을 따져보면, 그런 통제는 치료 목적만을 위해 사용되는 것이며, "기분 좋은 유익함"과 "환자와 의사의 상호 이해와 협력이라는 친밀감"[13]이 수반되어야 한다는 점을 시사하기도 한다. 한편 크노프는 요양원의 규율이 너무 엄격할 필요는 없지만, 환자의 건강에 필요한 규정을 시행하는 정도로 제한될 필요는 있다고 주장한다.[14] 결핵이 한창 성행하던 시기에 시작된 요양원 운동은 치유란 가장 신중하게 규제되는 조건하에서만 가능하다고 여겼다. 환자들의 활동을 통제하는 광범위한 권한은 사회 통제의 수단이 아니라 생사의 문제였다. 요양원 운동의 초기 분석가이자 그 자신도 요양원 의사였던 한 인물의 말에 따르면, 결핵에서 완쾌란 "그 밖의 모든 일이 부수적인 일이 되어야 할 만큼 대단히 어려운 일이다."[15]

추가 치료법

야외 생활과 완벽한 휴식, 영양가 있는 식사는 요양원 치료의 삼위일체 치료법이었지만, 특정 기간에 특정 시설에서, 또는 국가적인 특정 상황에서 추가적인 개입을 하는 게 유행이 되었다. 요양원의 특징은 오로지 폐결핵만을 치료한다는 전문성이었는데, 바로 이런 이유로 요양원이 결핵 전문의들의 관심 대상이 되었고, 실험해볼 만한 새로운 방법론을 도입하기 적합한 장소가 되었다.

이 중에는 '공기 요법' 등 위해를 최소한으로 줄이며 아주 서서히 효과를 보이는 방법도 있었는데, 공기 요법에는 혈액에 산소를 공급하고 폐 기능을 자극하도록 심호흡을 가르치는 '가슴 체조'도 포함되었다. 심지어는 환자가 2~8분 동안 앉아있으면 폐 속에 부분 진공 상태를 만들어 폐의 축소와 확장을 돕는 '폐 캐비닛' 요법이 유행하기도 했다. 마찬가지로 결핵 환자를 냉수로 닦아 활기와 저항력을 키우는 '냉수마찰'과 화창한 날씨에 일광욕하는 '일광 요법'도 유행했다.

제1차 세계대전과 제2차 세계대전 사이에 미국에서는 좀 더 과감한 외과적 개입이 한창 유행했다. 표준 의료 시술로도 치유율이 높아지지 않는다는 사실에 근거해, 한 외과 의사가 내과 의사들이 치유법도 없이 수천 년간 결핵을 치료해왔기 때문에 이제는 외과 의사들이 나설 때라는 결론을 내렸다. 폐결핵을 치료하는 외과적 처치법 중에서는 인공기흉술이 가장 일반적인 방법이었는데, 흉강에 공기나 질소를 주입해 폐에 외부 압력을 주어 폐허탈을 유도하는 방법이었다. 이 방법은 카를로 포를라니니Carlo Forlanini가 1890년대에 이탈리아에서 개발한 것이었지만, 기술에 대한 신뢰가 쌓인 1920년대부터 특히 북미를 중심으로 널리 채택되었다. 부러진 다리를 위해 깁스를 하듯 그런 처치를 통해 손상된 폐를 전체적으로 쉬게 만드는 게 배경 이론이었다. 휴식 요법이라는 전체론적 전략을 국부적으로 적용하는 셈이었다. 일부 외과의는 한 걸음 더 나아가 횡격막을 마비시키기 위해 늑골을 제거하거나, 격막 신경이나 그 일부를 절제해 폐허탈이 지속되도록 만들었다. 이에 못지 않은 대담한 기술로는 양측 폐에 부분 허탈을 유도하는 양측성 기흉술도 있었다.

일부 병원의 외과의들은 손상된 폐 일부나 한쪽 폐 전체를 제거하는 폐엽 절제술을 시행하기까지 했다. 흉부의 박테리아 부하를 외과적으로 줄여주면 그 자체가 보조 요법이 되기도 하고, 시행하고 있던 치료의 효과도 높인다고 생각했다. 안타깝게도 이런 처치법은 합병증과 사망률이 높았고, 따라서 결핵의 외과적 요법은 이론적으로는 흥미롭지만 실제로는 효과가 없거나 치명적이라는 이유로 1940년경에 폐기되었다.

요양원 생활에 관한 이야기 중 가장 부정적인 것은 데릭 린지Derek Lindsay라는 필명으로 활동했던 A. E. 엘리스A. E. Ellis의 자전적 소설《고문대The Rack》(1958)이다. 이 작품을 통해 저자는 토마스 만의 낭만적이고 교화적인《마법의 산》에 대해 쓰디쓴 답장을 날렸다. 제목에서 알 수 있듯이 엘리스는 자신이 프랑스 알프스 지역에 위치한 브리세에서 오랫동안 머물렀던 시절을 고문 도구에나 비교할 만하다고 생각했다. 의료 책임자인 의사 브루노는 자살을 시도하기 직전인 주인공 폴에게 "자신을 인간이 얼마나 견딜 수 있는지를 실험하는 신의 도구로 생각하라"라고 말한다.[16] 폴과 동료 입소자들은 기흉술, 흉강경 검사, 흉곽 성형술, 천자(인체에 침을 찔러 체내로부터 액체 또는 세포나 조직을 채취하는 것_옮긴이), 폐엽 절제술 등 쉼 없이 돌아오는 고통스러운 외과적 처치를 감내하고 있었으며, 이런 처치들은 끝도 희망도 없이 그저 고통과 고름과 악취를 안길 뿐이었다. 엘리스는 '고문대에서' 보내는 폴의 시간을 이렇게 표현한다.

천자는 또 다른 천자로 이어지고, 수혈은 또 다른 수혈로 이어진다. 고름

분비로 폴의 흉부 내 압력이 높아지면 *강제호흡*이 필요했다. 그 사이사이에 …… 미리엄 *자매님*이 정맥 주사를 놓거나 적혈구 침강 속도를 재려고 혈액 5㎖를 뽑으러 오곤 했다. 날마다 근육 내 주사를 십여 차례나 맞다 보니 엉덩이와 허벅지가 성할 날이 없어서 숯불 더미에 누워있는 느낌이었다. ……

낮과 밤은 그의 전체적인 열병 주기의 일부에 지나지 않았다. 정신은 부여잡고 있었지만, 그는 자신의 존재가 육체적인 것에 불과한, 말하자면 몸이 쑤시고 불에 타는 듯한 느낌이 한꺼번에 몰려들면 기능과 감각만 살아있는 몸뚱이에 지나지 않는다고 느꼈다.[17]

그러나 이런 일련의 고통을 고려하면, 엘리스가 브레머나 트루도가 알고 있던 전통적인 요양원에서 펼쳐지는 생활을 이야기하는 것은 아님을 떠올릴 수 있다. 그들이 살던 시절에 요양원은 내과적인 치료만을 시행했고, 휴식이라는 원칙에 따라서만 설립되었다. 대신 엘리스는 외과의에게 치료를 맡기고 치료실보다는 수술실을 중심으로 돌아가는 시설이 많아지면서 요양원이 시들해져 가던 시절을 묘사하고 있다. 데릭 린지가 실제로 1946년 군에서 제대한 직후 브리세에서 끔찍한 요양 생활을 했다는 점도 주목할 필요가 있다.

진료소

요양원 운동 이후 결핵과의 전쟁에서 두 번째 주요 특징으로 꼽을 수 있는 것은 진료소의 설립이었다. 이들 진료소는 결핵 전문 보건소로 규정될 수 있으며, 요양원의 과업을 보완하는 수단으로서 요양원들과 같은 시기에 설립되었다. 시골 지역에 위치한 요양원은 노동자들을 그들이 병을 얻은 복잡한 지역에서 몰아내는 역할을 했다. 이와는 달리 진료소는 진단과 치료, 예방 등의 전문적인 임상 서비스를 결핵이 만연한 도심으로 가져왔다.

세계 최초의 결핵 전문 진료소는 1887년 에든버러에서 문을 연 폐결핵 및 흉부 질환 전문 빅토리아 진료소였다. 이곳은 약을 '조제'하고 결핵과의 전쟁에서 아무런 역할도 못한 다목적 외래 진료소로 '조제소'라고도 불린 19세기 초엽 시설들과는 근본적으로 달랐다. 빅토리아 진료소는 폐결핵 전문의 로버트 윌리엄 필립(Robert William Philip, 1857~1939)의 업적이었다. 그는 이 시설을 보다 광범위한 결핵 퇴치운동에서 설정된 목표에 따라 조심스럽게 규정된 역할을 수행하게 할 계획이었다. 필립은 항상 두 기관, 즉 결핵 전문 진료소와 요양원이 서로 밀접하게 연관되어 있다고 생각했기 때문에 몇 년 후 요양원이자 결핵 전문 빅토리아 병원을 세우는 데 크게 기여했다. 이러한 스코틀랜드 전례를 따라 미국 최초의 진료소가 1896년 뉴욕에서 문을 열었고, 이후 한동안 급격한 성장세가 이어지더니 1911년경에는 미 전역 도시에 500곳이 넘는 진료소가 들어섰다.

진단 문제에 관한 한 결핵 진료소는 환자가 병을 자각하기도 전에 초기 환자들을 확인하는 방법을 제공했다. 이렇게 하려면 노동자들이 편한 시간에 쉽게 찾아가 무료로 검사받을 수 있도록 해야 했다. 결핵 진료소는 결핵 진단을 위해 찾아온 모든 사람의 병력을 기록하고, 현미경으로 가래를 검사하고, 신체검사를 하고, 투베르쿨린 검사와 엑스레이 검사를 실시했다.(그림 15-5) 결핵 진료소는 주민들이 진료를 받으려고 찾아올 때까지 가만히 기다리기보다는 지역에서 결핵 환자가 있다고 알려진 집을 방문하는 순회 간호사를 채용했다. 이는 환자 가족이 모두

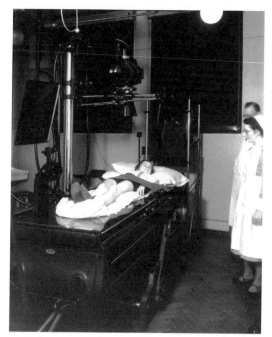

건강하다고 느껴도 진료소에 와서 검진받을 필요가 있다고 설득하기 위해서였다. 결핵 초기 환자들만 요양원 치료를 받을 수 있다는 생각이 보편적이었던 시절이라 진료소에서는 환자를 분류해 위탁하는 역할도 수행했다. 결핵과의 전쟁에서는 이런 역할이 몹시 중요했기 때문에 뉴욕시 운동가 엘리자베스 크로웰Elizabeth Crowell은 "간호사들의 설득력이 없었더라면 요양원은 텅텅 비었을 것이다"라고 주장했다.[18]

안타깝게도 결핵 환자 대다수가 요양원에 들어갈 자격이 없었다. 공식적으로 금지된 환자의 범주에는 이미 말기로 접어들었다는 진단을 받은 환자, 치료가 안 돼 퇴원한 환자, 후속 치료만 필요한 '억지된' 결핵을 앓아서 요양원에서 집으로 돌아간 환자들이 해당되었다. 그런 환자들에게는 요양원보다는 진료소가 치료 서비스를 제공했다. 그들을 위해서 신체

검사를 실시하고, 결핵의 단계를 진단하고, 환자들을 진료소에 입원시켜 그곳의 의료적·사회적 서비스를 받게 하자는 운동이 펼쳐졌다.

각 환자에게 맞는 치료 계획을 세울 때 밟는 첫 단계는 요즘의 병원과 치료소에서 병력을 작성할 때와는 강조하는 점이 상당히 다른 장황한 병력 작성이었다. 결핵 진료소에서 병력을 작성할 때는 환자의 증상은 물론 주거, 집세, 식구 수, 직업, 급여, 채무, 식사, 위생, 가정 내 환기 등과 관련한 개인 환경도 강조했다. 그런 다음에는 순회 간호사가 가정을 방문해 울혈 정도를 측정하고, 모든 주민의 건강, 그들의 재정 상태를 조사한 자료를 보충했다.

이런 정보를 갖춘 진료소는 이제 새로 입소한 환자들을 위한 치료 처방을 작성했다. 1940년대 항생제 시대가 오기 전까지 폐결핵 환자들의 치료가 늘 그랬듯이 이번에도 목표는 과밀하고 빈곤한 환경에서 요양원 치료의 주요 특징들을 최선을 다해 재현하는 것이었다. 그렇게 하려면 진료소에서 '사회적 치료'라고 명명한 진료가 필수적이었다. 환자들을 그들이 애당초 병에 걸렸던 곳과 똑같은 비위생적인 환경으로 돌아가게 한다는 것은 사형 선고나 다름없다고 한 원칙을 근거로 한 진료였다. 따라서 의식적으로 '사회적 의료'라는 19세기 초의 의료 신조를 떠올리게 하며, 진료소는 개별 환자뿐만 아니라 그들이 속한 사회적·경제적·물리적 환경도 치료했다.

그러므로 진료소는 사람들이 가장 빽빽하게 들어찬 공동주택에서도 결핵 환자마다 반드시 단독으로 사용하는 개인 병실을 마련하도록 독려했다. 그렇게 방이 정해지면 먼지를 끌어들이는 세간을 치우고 곧잘 소독도 했으며, 병상은 돌보는 사람들이 편하도록 중앙으로 이동했다. 가장 중요한 창문은(창문이 있다면) 햇빛과 공기가 들어오도록 활짝 열었다. 이것이 바로 시골 요양원을 그대로 도시로 옮겨 온 것이었으며,

진료소는 겨울 날씨에 어울리는 침구를 제공했다. 동시에 사회적 치료라 함은 가래를 담을 일회용 타구 사용과, 얼굴을 가리지 않고 기침하는 행동에 대한 경고, 방문객과 운동을 제한하는 규칙, 누워있는 자세로 오랫동안 휴식을 취해야 할 필요성에 대한 조심스러운 명령을 의미했다.

공동주택이 과밀하거나 배치 때문에 그런 여건을 실행하기 불가능할 경우에는 진료소에서 환자들이 적어도 무너진 건강을 회복할 기회를 갖도록 좀 더 적당한 거처를 알아보았다. 마찬가지로 가족의 경제적 형편 때문에 처방된 치료 처방을 고수하는 게 문제가 된다면, 직원들이 집세를 지원하고, 저당잡힌 옷이나 가구를 도로 찾아오고, 부채를 청산하기 위해 독지가들에게 기부해달라고 청하기도 했다. 진료소 직원들은 결핵 환자 가족들에게 적당한 일자리도 구해주고, 장애 때문에 해고되지 않도록 힘을 써주기도 했다. 순회 간호사들도 규정식을 감독하고, 구내를 정기적으로 청소하게 하고, 가정 방문을 나가 환자의 체온과 맥박을 관찰했다.

덧붙여 사회적 치료에는 환자와 그 가족들을 위한 건강 교육이 수반되었다. 진료소 간호사들은 감염된 한 세대의 모든 주거인에게 가래와 먼지의 위험성을 강조하며 결핵이라는 질병에 대한 기초 지식을 가르쳤다. 그들은 어떤 가족 구성원도 환자가 쓰는 방을 함께 쓰지 못하게 하고, 결핵 환자의 가족도 결핵에 걸릴 심각한 위험에 노출되어 있기 때문에 친척들도 진료소에 주기적으로 방문해 검사받아야 한다고 설명했다. 간호사들은 포스터도 나누어주고, 환자들에게 결핵과의 전쟁으로 후원을 받은 강의나 전시회 일정은 물론 보건 부서와 의료 협회에서 홍보하는 관련 행사들도 알려주었다.

예방 요양원

20세기 초에는 진료소에서 빈곤계층 지원 프로그램을 보완하는 취지로 '예방 요양원'으로 알려진 새로운 시설을 장려했다. 예방 요양원의 의학적 근거는 코흐의 투베르쿨린 반응 검사로 가능해진 결핵의 역학을 새롭게 이해하게 된 데 있다. 투베르쿨린 검사는 논란이 불거지며 한때 폐기되기도 했지만, 결핵의 해결책으로서 혁신주의 시대에 '잠재' 결핵을 찾아내는 표준 방법이 되었다. 검사에서의 양성 반응은 결핵균에 노출되어 '불현성'이지만 아직 치유되지 않은 결핵으로 판정하는 믿을 만한 기준이 되었다. 투베르쿨린 검사 확대로 잠재 결핵이 어린이들 사이에 예기치 않게 널리 퍼져있고, 성인에게 활성 결핵이 발병하는 것은 새로운 1차 감염 때문이 아니라 오히려 어린 시절 자기도 모르게 감염된 결핵이 작동되는 경우가 많다는 사실이 드러났다. 노벨상 수상자 에밀 폰 베링(Emil von Behring, 1854~1917)은 간단히 "성인의 결핵은 요람 속 아기에게 첫 소절이 들려왔던 노래의 마지막 소절일 뿐이다"라고 표현했다.[19]

소아과 의사들은 어린 시절 병변이 세계적인 결핵 팬데믹의 원인이라면, 결핵을 근절하는 확실한 방법이 될지도 모르는 효과적인 결핵 퇴치운동 전략은 어린이들이 1차 감염에 걸리지 않도록 하는 것이라는 이론을 제시했다. 당시 사람들은 이런 목표를 달성하는 데 두 가지 방법이 있다고 생각했다. 그중 하나는 어린이들을 간호사나 교육 전문가의 보살핌을 받게 하거나, 일정 기간 격리되어 비감염자 확정 판정을 받은 다른 어린이들과 함께 지내도록 거처를 옮김으로써 병에 취약한 아이들과 결핵에 걸린 가족 구성원과의 접촉을 최소화하는 것이었다. 어린이를 보호하는 다른 한 가지 방법은 어린이들의 면역력을 강화하고, 요양원의 방법을 적용해 그들의 저항력을 키워주는 일이었다. 이렇게 아이들은 위생적인 환경에 놓이게 되고, 풍부하고 영양가 많은 식단을 제공받고, 일찍 잠자리에 들고, 신중하게 규제된 운동 요법을 받게 되며, 공기가 깨끗한 교실에서 수업을 받고, 날씨에 상관없이 베란다에서 잠도 청하고, 옥외 스포츠 활동에 참여하면서 야외 생활을 영위하게 되었다. 게다가 어린이가 집에 없는 동안에는 간호사를 고용해 가정의 위생 상태 개선도 감독하게 했다.

완성 단계에 접어든 예방 요양원의 효시는 여러 국가에서 찾아볼 수 있다. 1888년에 창설된 프랑스 결핵아동협회Oeuvre des Enfants Tuberculeux가 가장 초창기 사례로, 소아 결핵 시설이라는 개념을 개척한 곳이다. 1905년 캐나다에서 문을 연, 일반적으로는 브레머 레스트 예방 요양원Brehmer Rest Preventorium으로 알려진 생트 아가트 데 몽 요양원Ste. Agathe des Monts Sanatorium도 있다. 선구자 격인 이 두 기관 모두 어린이들이 중증 질환에 걸리면 결핵에 취약해지기 때문에 결핵으로부터 '병든 아동'을 구하는 유일한 방법은 여타 모든 중증 감염병에서 오랜 시간에 걸쳐 회복되는 동안 아이들이 서서히 힘을 되찾도록 그들에게 쉴 곳을 제공하는 것뿐이라는 신념으로 시작되었다. 프랑스나 캐나다 기관 모두 예방적 치료 처방을 일관되게 시행하려고 했다거나 엄밀히 어떤 의철학을 따른 것은 아니었다.

그러나 결핵학자들은 이 두 원조 요양원으로부터 아동 예방 대책이야말로 폐결핵을 퇴치하는 중요한 방법이라는 새로운 교훈을 얻게 되었다. 1909년 미국에서 먼저 과감한 계획을 마련했다. 《내슈빌 테네시언Nashville Tennessean》에 따르면, 당시 어린이 92명으로 구성된 선발대가 뉴저지주 레이크우드에 위치한 '아주 독특한 시설'인 신축 예방 요양원에 도착했다. 이 일은 자선가 나단 스트라우스Nathan Straus와 산업계

거물 앤드루 카네기Andrew Carnegie, 사회개혁가이자 사진기자 제이콥 리스, 저명한 의사인 아브라함 야코비Abraham Jacobi와 허먼 빅스, 사실상 뉴욕 전체 언론인 등 유명 인사들이 다수 후원했다는 이유로 전국적으로 대서특필되면서 알려졌다. 투베르쿨린 반응이라는 의학계의 뜻밖의 발견에 끌려 후원하기도 하고, 가난한 아동들에 대한 연민이나, 예방 요양원이 성공한다면 요양원과 진료소에서 성인들에게 제공하는 고가의 치료에 비해 상당한 돈을 절약할 수 있을 것이라는 계산으로 후원에 참여한 사람도 있었다. 그러나 위험에 처한 빈곤층 아동들에게 공기 좋은 기숙사를 제공하는 일을 실험해볼 때가 되었다는 데는 모두가 공감했다.

레이크우드에서 파밍데일로 이전한 이 최초의 예방 요양원이 문을 연 이후, 이와 유사한 시설들이 미국 전역과 그 밖의 여러 나라에 설립되었다. 이렇게 결핵과의 전쟁은 치료뿐 아니라 예방까지 포괄하고, 요양원과 진료소라는 기존 시설에 새로운 시설을 더하게 되었다. 게다가 예방 요양원 운동이 확장될수록 종류도 다양해졌다. 대다수 예방 요양원은 엄격한 의료적 지시에 따르는 학교였지만, 일부는 여름 캠프나 마찬가지였다. 뉴욕시는 맨해튼 어린이들이 페리호를 타고 온종일 뉴욕항을 둘러보는 수상 주간 보호 시설을 자랑했다. 이런 시설에는 벨뷰 데이 캠프 보트Bellevue Day Camp Boat와 데이 캠프 맨해튼Day Camp Manhattan이 포함되었는데, 이 두 시설은 영양실조에 걸리거나 활성 결핵에 노출된 어린이들을 돕는 피어 포Pier Four에서 운영했다.

보건 교육: 위생 의식

그러나 교육은 진료소와 예방 요양원에서만 진행된 게 아니었다. 결핵과의 전쟁에는 세균이 가하는 위험에 대한 이해를 토대로 일반 국민에게 위생 관념을 심어주려는 대대적이고 지속적인 활동도 포함되었다. 여기에 시 보건 부서의 지원을 받아 주도적인 역할을 한 결핵 협회들이 있었다. 이들 협회는 철도역, 우체국, 공장, 병원, 학교에 있는 벽 공간과 버스 및 전차 측면을 '마구 침을 뱉고' 입을 가리지 않고 기침하는 행위가 얼마나 위험한지를 알리는 공고문으로 뒤덮었다. 당시의 문화는 힘주어 침뱉는 걸 당연하게 여기는 분위기였다. 시가와 씹는담배가 남성들의 애용품이었던 시대에는 사방에 가래가 널려있었는데, 빅토리아 시대와 혁신주의 시대의 미국이 특히 가관이었다. 1842년 미국 여행길에 오른 찰스 디킨스는 누런 타액이 도처에 깔린 장면을 본 순간 말할 수 없이 역겨웠다고 했다. 그는 이렇게 썼다. "미국 내 공공장소에 가보면 이러한 불결한 관습이 눈에 금방 들어온다. 법정에서는 판사도 본인 타구를 소지하며, 서기도, 목격자도, 죄수도 자기 타구를 갖고 있다. 한편 배심원과 방청객들도 쉴 새 없이 침을 뱉고 싶을 게 뻔한 데다, 당연히 그렇게 할 인물들이기에 타구가 제공되었다."[20]

메릴랜드 결핵위원회가 보기에 뉴욕시는 그렇게 심각하고 보편적인 위험을 억제하는 대책을 엄격하게 적용하는 본보기였다. 뉴욕에는 공공 건물과 고가 전차의 바닥, 기차역 안과 계단 위, 보도 위에 침을 뱉는 행위를 금지하는 시 조례가 있었다.[21] 이 법을 시행하기 위해 시에서는 사복 경찰을 배치해 위반 행위를 보면 체포하고, 치안판사에게 500달러의 벌금과 최대 1년까지의 구금형을 내릴 수 있는 권한을 부여했다. 가래를 통제하는 것 외에도 사회운동가들은 강연을 주최하고, 보건 책자 원고를 작성하고, 신문 기사들을 인쇄했다. 가장 혁신적인 활동을 꼽자면, 1904년부터 국립결핵협회와 국제결핵회의에서 결핵의 역사, 종류, 비용, 전파 경로, 예방, 역학, 치료 등 결핵과 관련한 모든 중요한 내용을 주제로 상설 및 순회 전시를 준비한 일이었다. 메시지를 가정으로 전달하기 위해 조직 관계자들은 전문가나 유명 연사들을 패널로 주선하고, 포르말린을 채운 유리병 속에 결핵에 망가진 폐를 담아 전시했다. 주요 중심지에서 수백만 명의 관람객을 불러 모은 이런 전시회들은 결핵과의 '전쟁' 동안 창출된 가장 영향력 있는 설득에 해당했다.

국립결핵협회는 추가 지원 방법으로 세 가지 주요 학술지도 발행했다. 1899년에 창간된 《결핵 저널Journal of Tuberculosis》, 1903년에 창간된 《야외 생활 저널Journal of the Outdoor Life》, 1917년에 등장한 《미국 결핵 리뷰American Review of Tuberculosis》였다. 《결핵 저널》과 《야외 생활 저널》은 일반 국민을 대상으로 정보를 전달하고자 했고, 《미국 결핵 리뷰》는 의료업계가 대상이었다. 국립결핵협회는 영화 〈템플 오브 몰록The Temple of Moloch〉(1914)도 제작했는데, 결핵에 대한 새로운 이해를 설명하는 작품이었다. 이는 교육용 멜로드라마의 형태로 처지가 궁핍하고 의료적 조언에 주의를 기울이지 못한 도예공과 그의 가족이 무시무시한 신 몰록에게 인간 제물로 바쳐지는 불행한 운명을 이야기하는 작품으로, 여기서 인육을 탐하는 지칠 줄 모르는 몰록의 식욕은 결핵을 상징했다.

결핵과의 '전쟁'에 대한 평가

결핵과의 전쟁은 일부 사회적인 측면에 결정적인 영향을 미쳤다. 결핵과의 전쟁은 일반 국민에게 결핵은 위험한 감염병으로 주로 빈곤층을 중심으로 전파된다는 사실을 인식시켰다. 우리가 살펴본 대로, 새로운 의철학은 폐결핵에 대한 문학적 표현, 옷 스타일과 수염, 실내장식, 가정 내 위생 관리 방식, 도서관 서적 처리 방식을 근본적으로 바꾸어놓았다.

이런 메시지는 의도한 것은 아니었지만 결핵 환자들을 낙인찍고 병적으로 두려워하게 만든 역풍을 불러왔다. 언론에서는 그러한 결과가 한센병 환자에 대한 중세의 태도와 페스트 환자에 대한 근대 초기의 관점들을 떠오르게 한다고 보도했다. 결과적으로 그렇지 않아도 사회에서 따돌림을 당하던 빈곤층이나 소수 민족 같은 집단을 사회적으로 더욱 소외시키고 말았다. 그러나 당시 사람들이 끄집어낸 한센병과 페스트와의 비유는 두 가지 결정적인 측면에서 과장된 것이다. 결핵 환자들은 강제로 한센병 요양소로 평생 추방되지도 않았고, 역병이 도는 시기에 마녀나 유대인, 외국인들처럼 폭력을 당하지도 않았다. 사회의 태도가 종종 불쾌하고 차별을 가하는 식으로 굳어지기는 했지만, 사회 질서는 흔들리지 않았고, 마녀사냥이나 폭동 등에 대한 이야기는 은유적인 표현일 뿐이었다.

코흐의 결핵균 발견 덕분에 결핵을 과학적으로 새롭게 이해하게 되었고, 이를 결핵과의 '전쟁'으로 널리 알린 결과, 의술에도 지대한 영향을 미쳤다. 방혈과 구토제를 통한 체액 감소 같은 히포크라테스식 지식이나 외딴곳에서 치료를 받으라는 조언을 근거로 한 요법들은 점차 중단되었다. 대신 환자들은 공기와 휴식, 식단이라는 삼위일체 치료법을 바탕으로 한 요양원이나 집에서 치료를 받았다. 게다가 양대 전쟁 사이의 시기에 미국은 결핵을 외과적으로 다루는 일에서 선구적인 실험들을 시도했다.

그러나 결과적인 측면에서는 수십 년간 결핵과의 전쟁을 치르던 시기에 고안된 치료법들이 전통적인 체액법보다 더 효과적이라는 확고한 증거는 아직 없다. 의사들과 기관들은 그들의 치료법을 두고 낙관적 전망이 치솟는 경험을 했지만, 그들의 주장은 아직 입증되지 않았으며, 통계적으로 확고한 근거는 아직 부족한 상태다. 더욱이 이른바 진전이라는 것을 지탱하는 물리적 메커니즘이 무엇인지 상세히 기술된 적도 없었다. 제2차 세계대전 이후 흉부 전문의들은 과거를 돌아보고 결핵운동이 활용한 의료 차원의 모든 수단이 효과는 없었을지 모르나, 외과적 개입만을 제외하면 유해하지는 않았을 것으로 생각했다. 요양원의 등장에 따른 희망과 용기를 통해 실제로 환자들이 심리적으로나마 도움을 받았을 것이라고 추정할 만한 이유들이 존재한다.

입증할 수 있을 만큼 달라진 것은 의학 자체가 아니라 의사와 환자의 관계였다. 결핵과의 전쟁은 환자가 회복될 때까지 의사에게 무조건적인 권한이 주어져야 한다는 새로운 명령의 선언이었다. 환자가 아닌 의사만이 현미경이나 체온계, 엑스레이로 볼 수 있거나 청진기로 들을 수 있는 결핵의 증후들을 제대로 판독할 수 있었다. 따라서 의사만이 결핵의 진전 상태를 평가하고 올바른 치료 과정을 결정할 수 있었다. 이런 새로운 '권한'은 흉부 전문의들에게 '절대적 통제권'이 필요했기 때문이었다. 요양원 규정과 의사들이 약물 복용 불이행에 대해 내릴 수 있는 처벌 내용을 들여다보면 그 세부 항목에 이런 권한에 대한 염원이 그대로 표현되어 있었다.

그러나 매큐언의 논문에 관한 논쟁으로 가장 중요한 문제가 제기되었음은 의심할 여지가 없다(제11장 참고). 19세기 중엽 영국과 미국처럼 가장 진보한 산업 강국과 20세기 초엽의 서구 유럽 거의 모든 지역에서 가시화된 결핵의 후퇴에 결핵과의 전쟁이 어느 정도나 기여했을까? 산업 사회 전체에서 결핵 감염병이 크게 감소한 것을 공중보건 관리자와 사회운동가, 의료 종사자들의 의식적인 정책 덕분이라고 여기는 것은 오판일 것이다. 결핵 감소의 시작은 '전쟁' 돌입 이전이었으며, 결핵의 빠르면서도 꾸준한 변화를 결핵 퇴치운동에 유효한 메커니즘 측면에서 설명하기란 쉽지 않다. 요양원과 진료소와 교육과는 별개인, 그리고 그런 요인보다 더 커다란 요인들이 작용했음을 확인한 매큐언의 판단이 의심의 여지 없이 정확하다. 식단 개선, 주거 환경 개선, 요양원 증가, 식자율 증가, 노동 시간 축소, 미성년 노동법의 입법 증가, 임금 상승, 노조의 발달 등의 요인들이 결핵의 주된 환자들이었던 노동계층 남녀의 생활 수준을 크게 향상시켰으며, 이들의 행동 방식도 결핵의 위험 요인들을 크게 감소시키는 데 중요한 역할을 했다.

동시에 결핵과의 '전쟁'은 현대의 역학적 이해에서 보자면 결핵의 병인론과는 대체로 무관한 문제들에 전력을 기울였다. 말하자면 결핵과의 전쟁이 결핵의 전파 경로에서 기침, 재채기, 대화, 간단한 호흡 등으로 공기 중의 비말을 흡입하는 주된 전파 방식보다는 비교적 가벼운 요인인 침 뱉기나 먼지, 비생체접촉매개물에 집중했다는 점을 꼽을 수 있다. 이런 노력의 상당 부분은 이후의 역학적 이해에 따르면 효과가 제한적이거나 미미한 전파 경로를 차단하는 일에 투입된 것이었다.

다른 한편으로는, 그런 주장은 무리라는 경고에도 불구하고 '전쟁'의 도구들이 백사병의 이환율과 사망률을 크게 감소시키는 것과는 무관했다고 주장하는 것은 정확한 판단이 아닐 것이다. 관련 있는 변수들에 대한 믿을 만한 통계가 존재하지 않는 만큼 정확한 측정이 불가능하고, 따라서 추측에 근거해 결론을 내릴 수밖에 없다. 그러나 상황 논리상, 가령 요양원은 수량화할 수는 없지만 중요한 역할을 수행했다. 요양원이 들어서며 폐결핵 환자들을 과밀한 도시 빈민촌에서 데려온 결과, 효과적으로 격리해 다른 사람들을 감염시키지 않도록 예방할 수 있었다.

미국처럼 인구가 많은 나라(1910년 인구가 9,200만 명)에서 요양원 환자 수가 총 10만 명으로 제한되어 있었기 때문에 효과 또한 제한적이었다. 다시 말해, 요양원은 다른 원인들로 이미 진행 중이었던 추이를 강화했을 뿐이었다.

한편 국제결핵회의는 1908년에 미국 전체 인구 중에 활성 결핵 환자가 50만 명 정도는 늘 존재하는 것으로 추산했다. 그런 계산에 따라 50만 명의 5분의 1을 요양원에 격리하면 결핵 발병에 효과적인 차이를 만들어낼 수 있는 가능성이 있었다. 효과적인 치료를 하지 않는 경우 결핵 환자 한 명이 1년에 무려 20명씩 감염시킨다고 추산되었기 때문이다. 그러므로 그런 제도는 감염병을 차단하는 것이 아니라 전파 속도를 늦춤으로써 결핵의 영향력을 축소하는 것이었다. 결핵 퇴치운동의 다른 수단들도 아마 효과는 비슷했을 것이다. 진료소 500곳과 수십여 곳의 요양원과 보건 교육 확대가 요양원과 연계되더라도 거대한 결핵 감염병의 전세를 역전시키는 데 부분적인 역할 이상은 했을 것 같지 않다.

달리 말해, 결핵과의 전쟁은 이환율과 사망률을 감소시키는 데 중요한 역할을 담당하며, 위생 개선, 임금 상승, 주거 환경 개선, 교육 강화 등으로 시작된 감소세를 지속시켰다. 앞으로 더욱 전진하려면 새로운 방법이 연구소에서 나와야 했다. 1940년대에 도입된 항생제, 특히 스트렙토마이신은 결핵 억제를 향한 그다음 단계의 진전을 가능하게 했고, 심지어는 결핵이 근절될 가능성을 높여주었다. 단 하나의 요인으로 결핵이 물러난 것은 아니었다. 사회 및 위생 개혁, 치료, 치료 추적, 격리를 가능하게 하는 보건 시스템, 마지막 목표에 접근하는 데 필요한 기술적 도구들도 중요한 요인들이었다.

아무튼 결핵과의 '전쟁'은 지속적이면서도 측정 불가능한 또 다른 공중보건 유산을 남겼다. 이미 살펴본 대로 사회적 치료, 사회 사업, 사회적 의료, 사회적 문제, 사회적 보살핌, 사회 계층, 사회적 질병, 사회적 전망 등 '사회'라는 흥미로운 용어로 귀착되는 어휘가 만들어졌다. 따라서 1901년 런던에서 개최된 국제결핵회의 모임은 의장을 맡은 미국인 에드워드 토머스 데빈(Edward Thomas Devine, 1867~1948)이 강조한 바와 같이 그 시대를 상징하는 흥미로운 징표였다. 대다수 의학 회의와는 달리, 이 결핵 퇴치 행사는 한 행사 구역의 제목을 '결핵의 위생적·사회적·산업적·경제적 측면'으로 정해 '사회적'이라는 어구를 포함시켰다. 또한 평생을 사회 사업과 사회 개혁에 몸 바친 데빈을 기조연설자로 내세웠다. 그는 이렇게 설명했다.

> 우리가 이 회의를 마련한 것은 …… 정확하게 말해서 의사와 위생학자들이 최근에야 그들이 하는 일을 더 잘 이해하고 그들이 오래전부터 맞서 싸워온 이 적군의 높이와 깊이와 다양한 측면을 알아내기 시작했기 때문일 것입니다. 그들은 이제 환자를 넘어 그 가족과 이웃을 살펴보게 되었습니다. …… 의료 종사자들이 여기서 증거를 제시하고 있어서가 아닙니다. 이런 회의를 마련함으로써 …… 결핵을 극복하려면 개별 환자의 치료 이상의 무엇인가, 가장 계도된 보건 법규를 실행하는 것 이상의 무엇인가가 필요하다는 점을 인식하게 된 것 아니겠습니까? …… 우리는 법학계나 의학계 권위자들에게 건강 보호를 위해 국가가 경찰권을 행사하도록, 그 근거가 되는 원칙들을 논의하도록 요청할 것입니다. …… 결핵 퇴치운동은 가차 없이 확장되어 이들 영역으로도 파고들어 가야 합니다.[22]

결핵과의 '전쟁'이 이렇게 의료는 물론 사회적 지상명령을 확대함에 따라 당시에 가장 극심한 피해를 가하던 의학적 문제를 예방할 방법이 따로 없던 시대에 한 가닥 희망을 제시하기도 했다. 결핵 퇴치운동이 적어도 부분적으로는 성공을 거둔 것에 대해, 그리고 반세기 동안 당대에 가장 성행했던 치명적인 질병에 예방 대책, 치료 접근성, 사회 개혁 등으로 대처할 수 있다는 교훈을 끊임없이 전달했다는 것에 대해 의구심을 나타내는 사람은 거의 없었다. 예를 들어, 간호사 엘리자베스 크로웰은 진료소의 간호사는 "기술적인 간호"에 시간과 에너지를 "극히 조금"밖에는 쏟지 않는다고 설명했다. "간호사의 업무에서 정보를 제공하고 사회적인 활동을 하는 일이 단연 커다란 비중을 차지하게 될 것이다. 빈틈없는 솜씨, 참을성, 무한한 인내만이 개인위생과 위생의 기본적인 원칙들을 고집 세고, 무관심하며, 편견에 사로잡히고, 교육을 받지 못한 사람들의 마음속에 자리 잡게 할 것이다."[23]

결핵과의 이 기나긴 전쟁이 제2차 세계대전 이후 서유럽에 구축된 '사회 국가social state'의 확립으로 가는 길을 마련한 요인들 가운데 하나였다고 추측할 수 있다. 그때부터 유럽 사회는 데빈과 크로웰이 가리킨 대로 '만인을 위한 결핵 치료'로 정의될 수도 있는 최종 목표를 선택했다. 미국도 같은 시기에 그런 유형의 국가적인 보건 체계를 거의 구축할 단계까지 가기도 했지만, 해리 트루먼Harry Truman 대통령이 미국은 보건과 냉전 시대 무장을 모두 추진할 형편은 아니라고 주장하는 바람에 후퇴하고 말았다.

전후 시대와 항생제

제2차 세계대전 이후 결핵 통제의 세상에서 펼쳐진 순수 낙관론의 시대가 1980년대까지 지속되었다. 이러한 자신감의 근거가 결핵과의 전쟁에서 전통적인 무기고로 통하는 요양원과 진료소와 교육은 아니었다. '전쟁'의 체계는 예방과 치료라는 새로운 두 가지 과학적 방법론의 측면에서 비효율적이고 불필요한 것으로 낙인찍히며 순식간에 해체되었다. 게다가 이들 방법론은 단순히 통제가 더 잘될 것이라는 희망이 아닌 지구상에서 결핵을 마지막으로 근절시킬 것이라는 희망을 제공하는 것으로 보였다.

예방 차원의 무기는 바실루스 칼메트-게렝Bacillus Calmette-Guérin, BCG이라는 백신이었다. 에드워드 제너는 천연두를, 루이 파스퇴르는 공수병을 예방하기 위해 채택했던 방법론에 따라 개발된 백신이었다. 제너의 우두로 천연두를 예방하는 면역이 생겼던 것처럼, BCG는 소牛결핵균Mycobacterium bovis에 교차 면역을 부여하고 소결핵증bovine tuberculosis을 일으키는 살아있는 약화된 바실루스인 소결핵균을 바탕으로 개발되었다.

BCG는 1930년대 북미 원주민 보호구역에서 처음으로 대규모 시험대에 올랐다. 원주민 사무국Bureau of Indian Affairs 결핵 부서 조지프 애론슨Joseph Aronson은 BCG에 80%의 효능이 있다고 보고했다. 그 결과는 확실하게 입증되지 않은 통계 자료를 바탕으로 한 것이었다. 그런데도 이런 낙관적인 결과를 바탕으로 세계보건기구와 유엔국제아동기금UNICEF은 BCG를 전 세계 결핵 문제의 해결책으로 옹호했다. 두 기구는 스칸디나비아 국가들과 함께 사상 최대의 공중보건 프로그램 중 하나를 시작했다. 전 세계 사람들에게 백신을 접종하겠다는 국제결핵운동International Tuberculosis Campaign, ITC이라는 형식의 운동이었다. 국제결핵운동은 새로 창설된 세계보건기구의 첫 번째 대규모 보건운동이었으며, 이를 계기로 후발 국제 백신 프로그램들이 나오게 되었다.

국제결핵운동은 국제기구 차원에서 보면 이후 국제 활동을 이끌어 갈 원조의 역할을 톡톡히 해냈다. 1948년 7월 1일에서 1951년 6월 30일까지 팔레스타인 난민촌을 포함한 22개국에서 백신 접종에 앞서

3,000만 건의 투베르쿨린 반응검사를 시행하고, 이 중에서 음성 반응이 나온 사람들을 대상으로 1,400만 건의 백신 접종을 실시했다. 그러나 예방 차원의 결과는 실망스러웠고, 국제결핵운동에서 내놓은 123건의 보고서는 효능이라는 주제에 아무런 결론도 내놓지 못했다. 결핵균의 종이 다양하고 BCG의 효능이 애론슨이 주장한 80%에서 0%에 이를 정도로 종마다 다르다는 사실을 전혀 모르고 국제결핵운동을 시작했다는 게 주요 원인이었다. 애론슨의 결과가 다른 상황에서는 다시 나올 수 없는 것으로 밝혀졌다.

따라서 BCG는 전 세계를 결핵 근절로 한 걸음 더 가까이 다가서게 하기보다는 끝없는 논란에 휘말리게 했다. 특히 미국을 비롯한 일부 국가에서는 BCG의 효능이 입증되지 않았다는 이유로 접종을 거부했다. 미국 관리들도 BCG 접종을 하면 결핵에 걸리지 않고 따라서 추가 예방조치도 필요하지 않다는 오해를 불러올 위험이 있다고 주장했다. 이렇게 국제결핵운동은 효과를 측정할 수는 없었지만, 가장 광범위하고 지속적인 공중보건 계획이 되었다. 그러나 초창기 지지자가 설립 초에 국제결핵운동 출발을 지지했던 주장처럼 이 운동이 적어도 어떤 해를 입히지는 않았다.

의학에서의 새로운 시대는 1928년 알렉산더 플레밍Alexander Fleming이 발견해 1941년부터 치료제로 쓰이기 시작한 페니실린을 필두로 한 항생제 발견으로 한결 희망차게 출발했다. 페니실린이 결핵과 특별한 관계가 있는 것은 아니었지만, 여러 추가적인 '마법의 탄알'을 개발하는 발판을 마련하고, 결핵이 어떤 극적인 기술적 해결책에 힘입어 이 세상에서 근절될 수 있을 것이라는 믿음을 품게 했다. 이들 '기적의 약' 중에서 결핵에 처음으로 적용할 수 있었던 약은 1943년에 미국 러트거즈대학의 셀먼 왁스먼Selman Waksman이 발견한 항생제 스트렙토마이신이었다.

이 항결핵제를 그다음 해 결핵 말기 환자에게 처음으로 시험 처방했는데, 외견상 기적처럼 치유되는 효과를 나타내며 환자는 급속도로 완쾌되었다. 왁스먼은 이 공로를 인정받아 1952년에 노벨상을 수상했다. 스트렙토마이신에 이어 1950년대 초에는 이소니아지드, 1963년에는 리팜피신이 나왔다.

이런 신식 무기들을 무기고에 보유하게 된 의료계는 그 이전 3세기에 걸쳐 재앙으로 뿌리내린 결핵을 치유 가능한 질병으로 생각하게 되었다. 가령 미국에서는 1954년에는 연간 8만 명이 넘던 결핵 환자가 1985년에는 2만 명으로 줄어들며 결핵 발병률이 75%나 급감했다. 미 정부는 2010년까지는 미국에서, 2025년까지는 전 세계에서 결핵이 근절될 것으로 예상했다. 시대에 뒤처진 인상을 주지 않기 위해 '국립결핵 연구 및 예방 협회National Association for the Study and Prevention of Tuberculosis'는 '미국 폐협회American Lung Association'로, 《영국 결핵 저널*British Journal of Tuberculosis*》은 《영국 흉부질환 저널*British Journal of Diseases of the Chest*》로 이름을 바꾸었고, 결핵과의 전쟁이라는 체제는 순차적으로 해체되었다. 결핵 인구가 사라진 요양원은 하나씩 문을 닫았고, 진료소는 불필요하게 되었다. 결핵 연구는 시들해졌고, 결핵 퇴치를 위한 공중보건 대책에 필요한 자금은 바닥을 드러냈다.

새로운 결핵 비상사태

안타깝게도 미국을 비롯해 전 세계에서 나타나던 결핵의 하락세가 1980년대에 주춤하더니 다시 가파르게 상승하기 시작했다. 미국에서 결핵 발생률을 기록하는 곡선이 1985년에 수평을 유지하며 활성 결핵에 걸린 신규 환자가 2만 2,201명을 기록했는데, 이는 사상 최저 수치였다. 그러다 1986~1987년에 살짝 증가하더니 1990년대 들어 가파르게 상승했다. 1991년에 2만 6,283명이 결핵에 걸린 것으로 확인되었으며, 이는 1985년에 비해 18% 증가한 수치였다. 결핵 발생의 진원지가 뉴욕이라는 점에서 경각심을 불러일으켰고, 그곳에서 보건 담당 집행위원 마거릿 햄버그Margaret Hamburg는 결핵에 대한 경종을 울렸다. "뉴욕시에 중증 감염병 결핵이 한창 퍼져나가는 중이라 한 치 앞도 안심할 수 없는 상태다. 1991년에 3,700명가량이 결핵에 걸렸다고 보고됐는데, 이는 1980년에 비해 143%나 증가한 수치다. 전국 발병 사례의 15%에 근접하는 뉴욕시의 발생률은 국내 평균의 다섯 배나 된다."[24]

미국에서 결핵 급증을 촉발한 조건은 다양했다. HIV/AIDS의 동시다발적 확산, 결핵 발병률이 높은 국가에서의 이주, 약제 내성의 확대, 그리고 특히 노숙자, 정신질환자, 빈곤층에서 표준 치료 처방을 꾸준히 실천하지 못한 점 등이었다. 그러나 무엇보다 중요한 요인은 항생제가 결핵을 근절하게 될 것으로 자신 있게 추정하며 결핵 퇴치운동을 중단한 결정이었다. 1993년에 캘리포니아 하원 의원 헨리 왁스먼Henry Waxman도 위기 대응에 실패한 연방 정부의 무관심을 비난했다.

결핵은 불가사의한 병도 놀라운 병도 아닙니다. …… 결핵의 발병은 꾸준하게 문서로 입증되어 왔습니다. 대응할 필요성이 드러났지만, 필요한 조치들은 뒤로 미뤄졌습니다. 투입할 자금이 거의 없으니 할 일도 거의 없었습니다. 공중보건 관련 위법 사실을 다루는 재판이 있다면, 연방 정부에서 결핵 사건과 관련해 의도적으로 태만한 자세를 취했다는 사실이 드러날 것입니다. 한 일이 거의 없는 그런 시기에는 문제가 당연히 더 심각해집니다. 공중보건 기관에서는 1988년에 연간 결핵 관리비로 매년 3,600만 달러를 추산했습니다. 그해 대통령이 잡은 예산은 그 액수의 10분의 1을 살짝 넘었을 뿐입니다.[25]

그러나 전 세계에서 가장 큰 피해를 본 지역은 동유럽과 동남아시아, 사하라사막 이남 아프리카였다. 1993년에는 세계보건기구에서 박멸을 예상하기는커녕 결핵이 걷잡을 수 없이 확산해 세계적인 비상사태를 선포하는 이례적인 조처를 취했다. 유엔 통계에 따르면, 2014년에는 960만 명이 결핵에 걸려 그중 14만 명의 어린이를 포함해 150만 명이 사망했다. 이 모든 것이 예방과 치료가 모두 가능하다고 선언된 결핵으로 인한 결과였다. 무엇 때문에 초기의 자신과 낙관이 무너지게 되었던 것일까?

여기에는 다양한 요인이 작용했다. 그중 가장 중요한 것은 전 세계에서 HIV/AIDS가 동시다발적으로 발생했다는 점이었다(제19장과 제20장 참고). 결핵은 에이즈를 복잡하게 만드는 가장 중요한 '기회감염(질병 등으로 면역 기능이 떨어진 사람에게 감염 증상을 일으키는 것_옮긴이)'이자 에이즈 환자의 주요 사망 원인으로 순식간에 자리 잡았다. 주요 면역억제 질환인 HIV/AIDS는 불현성 결핵을 활성화해 활성 질병으로 전환시켰다. 동시에 결핵 환자들을 새로운 감염과 재감염에 몹시 취약한 상태로 만들었다. 따라서 세계적인 에이즈 유행은 그 뒤를 따라 등장했던 결핵 팬데믹의 커다란 결정 요인이었다. 에이즈와 결핵을 결합해 HIV/TB라고 한다.

특히 남아프리카처럼 세계에서 자원이 가장 부족한 일부 국가에서는 HIV/AIDS와 결핵이 일반 국민들이 걸리는 주요 질환이자 이환율과 사망률, 사회적 어려움과 불평등을 야기하는 주요 원인이다. 반면에 산업 사회가 직면한 상황은 이와는 아주 다르다. 그곳에서 에이즈는 일반 국민이 걸리는 질환이 아니라, 오히려 소수 인종 및 민족 집단, 이민자, 요양원 거주민, 교도소 수감자, 노숙자, 정맥주입 마약 중독자, 당뇨병 등 HIV 외의 원인으로 면역 체계가 손상된 사람들처럼 비교적 소외되고 빈곤한 집단에서 걸리는 질환이다.

HIV/AIDS가 현대로 접어들면서 결핵이 급증한 주요 요인일 수도 있다고 지목되고는 있지만, 그렇다고 HIV/AIDS만이 원인은 아니다. 세계적으로 결핵이 유행하게 된 또 다른 주요 원인은 약제 내성이다. 선택적 진화의 압력을 받은 결핵균이 결핵 퇴치용 '기적의 약'에 대해 내성을 길렀던 것이다. 바실루스가 처음에는 한 종류의 항생제에, 그다음에는 1차 약제 전체에 내성을 갖게 된 사실이 1970년대에 들어 처음으로 발견되었다. 이것이 바로 '다제 내성 결핵multidrug-resistant tuberculosis, MDR-TB'이었다. 항생제가 과도하게 처방되거나 완쾌되지 않았는데 증상이 완화되었다고 치료를 중단하면, 내성은 더 빨리, 더 강력하게 진화된다. 결핵 치료 처방은 정상적으로는 6~8개월이 걸리지만, 3주가 지나 몸이 좋아졌다고 느끼기 시작하면 대개가 치료를 중단한다. 그렇게 치료를 중단한 결핵 환자 중 52%에서 약제 내성을 보인다. 최근 몇 년 사이에는 '광범위 약제 내성 결핵extensively drug-resistant tuberculosis, XDR-TB'도 등장했다. 나이지리아 의료진은 결핵은 치료를 전혀 하지 않는 것보다 치료를 중단하거나 부적절하게 치료하는 게 더 나쁘다고 생각한다. "환자의 생명이 연장되면서 결핵균을 더 오랫동안 배출하고 그렇게 배출된 바실루스는 이제 약물에 내성이 생겼을 수도 있기 때문이다."[26]

HIV의 일반적인 요인들과 약제 내성 이외에 지역적 여건도 결핵 비상사태의 요인으로 작용했다. 전쟁과 경제 위기, 정치 억압, 환경 폐해로 인한 인구집단의 대규모 강제 이주가 비위생적인 난민촌, 영양이 부족한 식사, 폐 질환이 창궐하는 여타 여건으로 이어지고 있다. 마찬가지로 '마약과의 전쟁'과 그로 인한 높은 투옥률이 전파에 유리한 과밀한 유치장 환경을 조성하고 있다. 동유럽은 공산주의의 몰락으로 의료 서비스가 붕괴하자 치료받는 것 자체가 어렵거나 불가능해지면서 질병에 유리한 상황이 조성되었다.

결핵 비상사태에 직면한 국제보건기구와 유니세프는 그들이 선포한 방법이 비싸지도 않고 새로운 기술이나 과학적 발견에 의존하지도 않는 효과적인 접근법이라고 발표했다. 1994년에 발표된 '직접 감독한 약물 투여에 따른 단기 화학 요법(directly observed treatment, short course, DOTS, 일명 대면복약지도 요법_옮긴이)'이라는 전략을 실생활에서의 유용성을 판단하는 효능 검사 없이도 결핵 감염병을 관리할 수 있는 만병통치약이라고 여겼다. 이러한 전략은 결핵 환자들의 약물 복용 불이행 문제는 공중보건 관계자들이 환자들을 감독하게 하고, 환자들은 6~8개월간의 치료 처방을 통해 표준화된 항생제 '단기 과정'을 이수하게 되면 극복할 수 있을 것이라는 추정을 전제로 했다. 이에 덧붙여 국제보건기구는 이런 전략을 추진하는 국가들을 상대로 약제 공급, 객담 도말 분석을 통한 사례 검출, 차후 평가를 보장하라는 정치적 공약을 요구했다. 얼마 전에는 DOTS에 다제 내성 결핵 환자들에게 2차 항생제 혼합제를 제공하는 프로그램인 DOTS Plus가 추가되기도 했다.

DOTS는 결핵 처방전의 준수 여부를 종합적으로 감독하겠다는 것을 골자로 하며, 이는 요양원의 안락한 데크나 베란다에서 해오던 전략을 고스란히 취한 것이기에 새로운 전략은 아니었다. DOTS가 선택할 수 있는 전략으로 남아있기는 했지만, DOTS는 도입된 지 10년도 되지 않아 자원이 부족한 환경에서는 효과가 몹시 제한적임이 입증되었다. 결핵의 피해를 가장 많이 입는 빈곤 국가에서는 DOTS를 충분히 실행할 여건이 되지 못했다. 공중보건 시설과 훈련받은 인력이 부족했고, 국민들은 결핵 치료 처방의 메커니즘에 대한 충분한 정보도 이해도 없었고, 약물은 공급이 달리기 일쑤였으며, 거리, 불충분한 교통 기반 시설, 임금 손실, 쇠약한 몸 등 사람들이 치료소에 오려면 넘어야 할 산들이 너무 많았다. 그런 환경에서 실시된 엉뚱한 연구들은 DOTS 환자들과 약물을 스스로 투여하는 환자들의 복용 완료 비율에서 차이점을 거의 발견하지 못했다. 약물 복용 불이행을 극복하기 위한 새로운 전략은 가장 절실한 곳에서 실패를 맛보는 경우가 많다.

동시에 DOTS는 기본적인 전략적 오류도 드러냈다. DOTS는 모범 사례로 삼은 요양원 치료 처방처럼 결핵을 마치 독립형 감염병인 것처럼 치료할 계획이었다. 그런 의미에서 DOTS는 결핵과 HIV/AIDS가 동시에 세계적으로 확산하는 상황에서 시대착오적인 측면이 있었다. 말하자면, DOTS의 주요 동인이었던 공동 감염병이나 두 감염병을 성행하게 만든 경제적·사회적 여건을 처리할 전략을 제공하지 못했다. 21세기 중엽에 도달하면서 결핵 감염병은 새로운 연구, 새로운 도구, 새로운 접근법을 분명하게 요구하고 있다.

| 제16장 | **3차 페스트 팬데믹**
—홍콩과 봄베이

근대의 팬데믹

림프절 페스트의 3차 팬데믹은 조금 이르게 보면 1855년 중국 남서부 윈난성에서 시작되었다. 그곳에서 거듭 발생하며 연이어 유행하더니 1894년에는 광둥과 마카오, 홍콩으로 확산되었다. 그보다 10년 앞서 이집트에서 성행한 콜레라 감염병의 양상을 추적하던 몇몇 국가에서 미생물학자들을 파견해 림프절 페스트를 조사하고 있었다. 페스트를 일으키는 병원체를 알아내고, 페스트의 역학을 해석하고, 추가 확산을 방지하는 대책을 마련하려는 취지였다. 1894년 6월에 각기 독자적으로 열심히 활동하던 프랑스와 일본의 미생물학자 알렉상드르 예르생과 기타사토 시바사부로가 비슷한 시기에 *예르시니아 페스티스*가 림프절 페스트를 일으키는 병원균임을 확인했다. 그러나 이런 엄청난 과학적 개가가 저절로 치료나 예방 또는 실행 가능한 공중보건 전략으로 이어진 것은 아니었다. 페스트균은 홍콩에서부터 증기선 항로를 따라 지체 없이 동쪽과 서쪽, 남쪽으로 진출하며 전 세계 주요 항구로 전파되었다.

1894년에서 1900년 사이에 페스트는 동쪽으로 퍼져나가며 일본의 고베와 나가사키, 태평양 건너 마닐라, 호놀룰루, 샌프란시스코, 그리고 케이프 혼을 돌아 산투스, 부에노스아이레스, 하바나, 뉴올리언스, 뉴욕까지 확산되었다. 동시에 서쪽과 남쪽으로는 시드니, 봄베이, 케이프타운, 마다가스카르, 알렉산드리아, 나폴리, 오포르투와 글래스고까지 전파되었다. 이런 식으로 3차 팬데믹은 최초로 각 대륙의 주요 항구를 통해 5대륙 전체로 퍼져나간 진정한 전 세계적 또는 '해양성' 또는 대규모 유행병이 되었다. 증기선이나 철도 같은 교통수단으로 이동 시간이 파격적으로 줄어든 페스트균은 사상 처음으로 미 대륙에 도착했다.

이렇게 3차 또는 '근대의' 팬데믹은 1차 때인 유스티니아누스 페스트와 2차 때인 흑사병과는 근본적으로 다른 경로를 밟았다. 앞서 등장한 페스트균은 이동하는 쥐와 벼룩과 함께 하선한 후 상륙한 항구에서 대규모 감염병을 일으켰다. 그런 다음 육로와 강, 연안 해운을 통해 가차 없이 진격하며 모든 계층과 인종, 종교 집단을 망라하여 엄청난 사망률을 기록했다. 이후 공동체를 무너뜨리고 나서야 예전의 두 차례 팬데믹은 사라졌다. 해양성 팬데믹은 현저하게 다른 경로를 밟았다. 이전 팬데믹들과는 달리 근대의 팬데믹은 사회적 여파 면에서 국지적이었고, 그에 따른 사망률도 제한적이었다. 산업 사회에서는 주요 항구에 도착해 제한적으로만 발생했다. 페스트 유행은 한 계절이 지난 다음에도 완전히 끝나지 않고 계속해서 성행하는 경우가 많았다. 근대의 팬데믹은 갑자기 불길이 솟구쳐 감염이 폭풍처럼 확산되는 것이 아니라 몇 년 동안 쉼 없이 환자를 양산하는 게 특징이었다.

산업 사회에서 가장 큰 피해를 본 포르투갈의 대서양 항구 도시 오포르투를 유럽의 구체적인 사례로 꼽을 수 있다. 페스트는 인도에서 런던, 리버풀, 함부르크와 로테르담을 거쳐 직물과 곡물을 옮겨 싣는 과정에서 1899년 6월 초에 오포르투에 도착했다. 옷 속에 자리를 잡거나 몰래 숨어든 쥐에 올라탄 벼룩이 원인 매개체였다. 결과적으로 포르투갈에서 첫 희생자로 기록된 환자들은 봄베이에서 도착한 짐을 내리던 항만 노동자들 사이에서 나왔다. 페스트는 6월 5일에 발병이 공표된 이후 1년 이상 지속되었다. 그러나 흑사병과는 달리 오포르투에서 발생한 근대 페스트는 도심에 위치한 과밀하고 해충이 들끓는 빈민촌만 공격해 댔다. 더욱이 통제 불가능한 대형 감염병으로 번지는 대신 미국 해군병원 외과의 페어팩스 어윈Fairfax Irwin의 표현대로 "특이하게 서서히 진행되었다."[1] 8월부터 그해 연말까지 페스트에 걸리는 사람이 일주일에 평균 열 명도 되지 않았지만, 그중 40%는 목숨을 잃었다. 1900년 2월에 포르투갈 정부는 오포르투에서 페스트가 종식되었음을 너무 일찍 선언해버렸고, 결국 여름과 가을이 다 지나도록 환자가 조금씩이나마 지속적으로 발생했다.

3차 팬데믹은 서구 산업 사회에서와는 다르게 중국, 마다가스카르, 인도네시아, 그리고 특히 영국 식민지 인도와 같은 식민지 세계에서는 차원이 다른 강도의 파괴력을 보여주었다. 이들 지역은 끔찍한 사망률과 탈주, 경제 붕괴, 사회 갈등 등 흑사병을 연상시키는 고통 속에 르네상스 시대에 고안된 엄격한 방역 대책들이 적용되었다. 3차 팬데믹은 빈곤과 기아, 박탈이라는 국제 단층선을 따라 확산되며 편중된 고통을 양산했다. 1894년 페스트가 발병한 이후 북미에서는 수백 명, 서유럽에서는 수천 명, 남미에서는 2만 명가량이 목숨을 잃었다. 스펙트럼의 반대 끝에 있는 인도는 세계에서 가장 큰 피해를 본 나라로, 페스트가 잠잠해지는 최후의 순간까지 3차 팬데믹으로 사망한 전 세계 사망자의 95%를 차지했다. 인구 3억의 인도에서 페스트균에 2,000만 명이 희생되었고, 사례치명률은 80%에 육박했다. 이런 독특한 분포와 인종과 관련한 함축적 의미 때문에 당대의 서구 논객들은 3차 팬데믹을 가리켜 '동양의 역병'이나 '아시아의 악성 감염병'이라고 불렀다.

이러한 근대 페스트는 경제 계층에 미친 영향도 불공평했다. 개별 국가와 도시 내에서 무차별적인 공격을 감행한 것이 아니라 빈곤층만 선호하는 특징을 뚜렷하게 드러냈다. 마닐라와 호놀룰루, 샌프란시스코에서 발생한 림프절 페스트는 중국인 '막노동꾼들'과 일본인 노동자들이 압도적으로 많이 걸리는 질환이었다. 3차 팬데믹의 진원지인 봄베이에 거주하는 유럽인들의 목숨은 별로 앗아가지 않았지만, 빈민촌이나 힌두교인과 이슬람교도, 그보다 수가 적은 파시교도(인도의 조로아스터교도_옮긴이) 등의 '원주민'들은 막대한 피해를 입었다. 마찬가지로 봄베이에서 가장 큰 피해를 입은 곳도 맨드비, 도비 탈라크, 카마티푸라, 내그파다 등 가장 비위생적인 데다 경제적으로도 가장 열악한 곳으로 소문이 자자한 구역이었다. 이런 지역에서는 특히 계급이 낮은 힌두교인들 사이에서 페스트가 성행했다. 반면에 부유하고 고상하며 널찍한 대로변에 있는 '반대편 봄베이'는 별 피해가 없었다. 이 반대편 봄베이에 사는 무역상, 은행가, 사업가, 전문가 등의 소수 인도 엘리트층은 유럽 주민들만큼이나 사망률이 낮았다.

인종에 따라서도 페스트의 영향이 확연하게 차이가 나서 의학계에서 내린 인종적 구별에 따른 결론이 더욱 강화되었다. 의사들과 보건 당국자들은 페스트가 인종에 따른 선천적 불평등을 입증하는 것이라고 주장했다. 유스티니아누스 페스트와 흑사병이 창궐했던 유럽의 페스트 역사를 보란 듯이 무시한 이런 주장에 따르면, 백인들이 페스트에 유전적으로 높은 면역력을 보유하고 있다는 것이었다. 이런 견해를 지지하는 사람들은 페스트를 피부색이 어둡고 문명화가 안 되고 원주민과 위험스러울 정도로 가깝게 살고 있는 불운한 유럽인들이 걸리는 질환이라고 해석했다. 백인들은 운만 믿고 쓸데없이 위험한 짓만 안 하면 안전하다는 것이었다. 여기에 인종 분리를 정당화하려는 계산이 작용했다.

언론에서는 빈곤층과 환자들의 의료적 불행은 그들의 책임이라는 함축적인 의견을 거듭 내놓았다. 1894년의 어느 신문 기사에 따르면, 근대 페스트 팬데믹이 시작된 중국은 "변한 게 없는 동양의 나라"였으며, "지구상에서 가장 불결하고 끔찍한 나라"였다.[2] 중국인들의 생활은 본질적으로 병적인 측면이 있고, 오염과 비행, 먼지가 그득한 '소굴'에서 이루어진다는 것이었다. 그렇게 생각하는 사람들에게는 중세 유럽의 질병이었던 흑사병이 20세기 전야에 동양을 강타하는 게 당연한 논리였다. 그들은 페스트가 "모든 위생적 여건을 노골적으로 무시한 결과"이자 중국의 문호를 "서구의 문명과 계도에 개방하는" 지혜를 "돼지꼬리들(pigtails, 중국인들의 변발에서 유래_옮긴이)"이 받아들이려 하지 않은 결과라고 생각했다.[3] 2차 팬데믹 후 그 시점까지 동양은 아무것도 배운게 없기 때문에 슬프게도 후진성을 면치 못하게 되었다는 의견을 되풀이해 내놓았다. 그래서 대니얼 디포가 묘사한 1665~1666년 런던 대역병의 시련을 다시 체험하게 되었다는 것이다. 개발도 안 되고 비기독교 국가인 중국은 "국가 전체의 불결함과 국민들의 잘못된 믿음으로 커다란 대가를 치르는 중"이었다.[4]

이런 식민주의적 태도가 과학적 오만을 낳게 한 밑거름으로 작용했다. 국제 의학계에서 그런 태도에 힘을 실어주는 두 가지 주장을 내놓았다. 유럽과 북미는 문명과 과학으로 안전하게 보호받고 있다는 게 그첫 번째였다. 로베르트 코흐는 페스트는 항상 문명이 발전하기 이전에 물러나곤 했다고 천명했다. 교육받지 못한 원주민들이 협조만 한다면 페스트에 대한 과학적 이해를 바탕으로 동양의 식민지 당국에서 페스트를 퇴치할 수 있으리라는 것이 두 번째 주장이었다. 1900년에 미국 보건위생국장 월터 와이먼Walter Wyman은 페스트를 '근절'하려면 과학을 통해 모든 지식을 총동원해야 한다고 의기양양하게 선언했다. 이후 사태와는 거의 무관한 그의 견해에 따르면, "이 질병은 현대 의학의 과학적 진보를 보여주는 훌륭한 실례다. 페스트의 본질에 대한 결정적인 지식이 알려지게 된 것은 1894년 이후였다. 페스트의 원인과 전파 방식, 확산 예방 조치들은 이제 과학적 확실성에 좌우되는 문제다."[5]

근대에 들어 페스트가 세계적으로 확산한 데는 홍콩이 중요한 역할을 했다. 세계 3위 항구인 홍콩은 무역과 이주라는 방식으로 5대륙의 항구 도시와 연결되어 있었다. 페스트가 1894년에 중국 윈난성에서 처음 홍콩에 도착했을 당시에도 세계적으로 확산될 위험은 분명히 도사리고 있었다. 실제로 호놀룰루와 마닐라, 봄베이와 오포르투 등의 먼 지역까지 페스트가 발생한 것은 홍콩에서 도착한 증기선들이 직접적인 원인이었다. 페스트는 1894년 봄에 홍콩을 처음 공략한 다음 9월에 잦아들었다. 중국 측에서 영국 당국에 피해 상황을 감추려고 했기 때문에 정확한 환자 수를 파악하기란 불가능했고, 따라서 통계 수치가 상당히 적게 집계되었다. 그러나 1894년에는 인구 20만 명 중에서 3,000명이 페스트에 걸렸고, 그중 절반이 홍콩을 떠났다고 공식 발표했다. 《영국 의학 저널》은 이러한 공식적인 수치는 실제 환자 수의 몇 분의 1밖에는 되지 않는다며, 페스트에 걸린 사람이 1만 명은 족히 될 것으로 추산했다.

페스트에 걸린 사람은 거의가 타이핑산 지구의 발 디딜 틈 없이 바글거리는 빈민촌에 사는 중국인 노동자들이었다. 그곳 '보건 5구'의 인구 밀도는 에이커당 960명에 달해, 인구 밀도가 39명에 불과한 유럽인들의 부자 동네 '보건 3구'와는 크게 대조되었고, 부자 동네 백인 거주민 1만 명 중 페스트로 사망한 사람은 거의 없었다. 주둔군과 선원들과는 별도로 유럽인들은 홍콩에서 제일 높은 해발 약 550m의 '정상'으로 이어진 언덕에서 살았다. 그곳에서 백인들은 홍콩 사회의 경제 및 인종 엘리트층이 거주하도록 지은 단층집에서 살았다. 언덕 주민들은 언론에 "거의 전부가 완전한 면역력을 누리고 있다"라고 언급했다.[6]

3차 팬데믹의 뚜렷한 특징은 페스트가 어떤 지역을 공격하면 그 지역에 단단히 뿌리를 내려서 계절성 유행병이라는 모습으로 수십 년간 해마다 반복된다는 점이었다. 페스트는 1894년에 등장한 이후 1895년에는 홍콩을 그냥 지나갔지만, 1896년에 다시 돌아와서는 이후 1929년까지 매년 2월이나 3월이면 다시 발생하곤 했다. 그때마다 초가을만 되면 확실하게 물러가기는 했다. 이렇게 발생은 해마다 규칙적이었는데도 그 강도는 매우 불규칙했다. 사망률이 낮은 해가 있는가 하면, 1912년과 1914년, 1922년은 1894년만큼 참담했다. 도합 약 2,400명이 페스트에 걸린 것으로 공식 보고되었고, 그중 90% 이상이 목숨을 잃었다. 다시 말해서, 홍콩 주민 10%가 페스트에 걸려 사망했고, 해마다 페스트의 진원지는 타이핑산 지구가 되었다.

한 일간신문에 따르면, 그 책임은 "공동주택을 좋아하는 취향이 발달하고", "평범한 유럽인 1인 가구가 살도록 지어진 집"에 수백 명씩 꾸역꾸역 들어가 사는 걸 좋아하는 게 분명한 막노동꾼들에게 있었다. 막노동꾼 하숙인들이 요구하는 숙박 시설이라는 것은 아편을 피울 수 있을 만한 널찍한 선반이 전부였다.[7] 이 영자 신문은 이곳 은신처에서 중국인들은 "유럽인 의사들이 권하는 상식보다는", "하나같이 돌팔이"인 한의사들의 말만 듣고 "터무니없는 탕약"에 후드를 덮어둔다며 불평을 늘어놓았다.[8]

세균론, 독기 이론, 페스트

식민지에서 작업하던 유럽 의사들과 보건 당국자들은 그들의 지역 동료들과 함께 오해를 받는 경우가 많았다. 그들이 유럽 과학계에서 최근에 발생한 사건들과는 동떨어져 있으며, 그들의 페스트 해석은 의학적 후진성을 반영한다고들 추측했다. 그러나 사실상 1890년대의 의학은 모든 전문 분야 중에서도 가장 국제적인 분야에 해당했으며, 대영제국에서 가장 멀리 떨어진 곳에 있는 의사들도 뒤처지지 않도록 노력하며 의학 분야의 논의에 참여했다. 특히 림프절 페스트에 관해서는 홍콩에서 페스트균이 발견되었고, 기타사토와 예르생 모두 홍콩의 위생위원회Board of Sanitation에서 자문 역할을 하며 보건 정책을 두고 그곳 위원들과 광범위하게 논의하곤 했다. 제임스 캔틀리James Cantlie 박사와 J. A. 로손J. A. Lowson 박사는 국제 의학계에서 영향력 있는 인물로 통했으며, 홍콩 총독 윌리엄 로빈슨William Robinson은 림프절 페스트 관련 의학을 유심히 지켜보았다. 그들의 견해는 최신 과학 지식을 반영하고 있었다.

그러므로 1894년에 등장한 질병의 세균론은 본토를 포함한 대영제국 전체가 그랬듯이 홍콩에서도 지배적인 의철학이 되었다. 페스트균인 *예르시니아 페스티스*(원래는 *파스퇴렐라 페스티스*라 불림)는 발견 즉시 인정받았다. 기타사토와 예르생이 페스트는 박테리아가 일으키는 감염병임을 공표한 선언은 그동안의 페스트에 대한 이해를 뒤엎었다기보다는 오히려 파스퇴르와 코흐의 혜안을 다시금 확인해주었다. 이렇게 페스트는 원인이 되는 미생물이 무엇인지 확인된 탄저병, 결핵, 콜레라, 장티푸스 등 수없이 쏟아지는 감염병들의 일부가 되었다.

그러나 페스트가 병원균이 이미 확인된 나머지 미생물성 질환과는 다르다는 점이 확인되면서 혼란이 일어났다. 림프절 페스트는 다른 질환들과는 달리 매개체 질환으로 병인론이 한층 더 복잡하다. *예르시니아 페스티스*가 페스트의 원인임을 확인한 점은 중요했지만, 안타깝게도 아직은 한계가 있는 진전이었다. 따라서 1908~1909년에 인도 페스트위원회가 쥐와 벼룩의 복잡한 역할을 정립할 때까지 페스트의 역학은 수수께끼로 남아있었다. 3차 팬데믹이 홍콩을 강타하며 세계로 뻗어나가기 시작할 때도 중요한 의문들은 풀리지 않은 채 그대로였다. 바실루스는 어떻게 인간의 몸속으로 들어왔을까? 페스트 환자 중에는 왜 가난한 계층과 비좁은 빈민촌 주민들이 그다지도 많은 걸까? 페스트가 한 지역에 뿌리를 내리고 해마다 규칙적으로 다시 발생하는 이유는 무엇일까? 페스트 유행이 한 번 끝나고 다음 유행이 시작될 때까지 그 몇 개월 동안 페스트 박테리아는 어디에 가있는 걸까? 《영국 의학 저널》은 "감염병을 다루는 사람들이 모두 중요하게 여기는 어구를 빌려" 페스트를 과연 "뿌리 뽑을 수 있겠는가?"라고 물었다.[9]

많은 의료 과학자들은 지역은 물론 지역과 관련한 개인위생이 이런 수수께끼들을 해결할 열쇠를 제공한다고 생각했다. 페스트가 창궐한 도시 아래 토양이 페스트 세균으로 오염된 거대한 배양 접시 노릇을 했다는 게 그들의 이론이었다. 의사들이 위생적이라고 생각하는 문명사회의 토양처럼 그 지역 토양도 위생적이었다면 페스트균은 창궐하지 않았을 것이다. 그런 위생적인 여건하에서는 페스트가 갑자기 재발한다 해도 소수의 환자만 산발적으로 만들어놓고 사라졌을 것이다. 반면에 쓰레기가 넘쳐나는 저개발 국가에서는 도시 아래 토양이 흙과 부패하는 유기물질과 하수로 뒤섞인 상태였다. 결국 페스트균이 왕성하게 성장할 비옥한 매질을 마련해주는 셈이었다.

기타사토와 예르생이 1894년 홍콩에 페스트가 발생했을 당시 이런 가설을 사실로 확인했다고 발표했다. 6월에 제각기 페스트균을 발견한 이후 두 사람은 위생위원회로부터 타이핑산의 토양을 조사해달라는 부탁을 받았다. 이 두 미생물학자는 다시 경쟁적으로 조사에 착수했고, 이후 지역 토양 샘플에서 병원균을 발견했다고 주장했다. 이 두 번째 발견을 보니 탄저균의 병인론과 어떤 유사성이 있는 것 같았다. 1885년에서 1892년까지 코흐의 연구소에서 일했던 기타사토에게 가장 먼저 그런 생각이 떠올랐을 게 분명했다. 그 시절 기타사토는 코흐와 파스퇴르 발견의 기본이 된 질병인 탄저병을 연구했고, 마침내 이를 주제로 한 논문을 과학계에 발표했기 때문이다.

파스퇴르는 감염된 양에게 오염된 들판이 탄저균을 보유하게 된다는 사실(후에 세균 포자가 남아있었던 것으로 판명됨)을 1881년에 푸이 르 포르 목장에서 실례를 들어가며 보여준 것으로 유명했다. 당시 *탄저균*은 몇 년이 지난 뒤에도 건강하지만 면역력이 없는 양에게 탄저병을 전파하는 것으로 밝혀졌다. 이런 유사점을 추적하던 기타사토는 페스트 박테리아가 홍콩 빈민가의 기름진 토양에 일단 뿌리를 내리면 매년 성행할 때마다 외부에서 유입될 필요가 없다고 주장했다. 외부에서 오기는커녕 페스트균은 타이핑산 공동주택의 토양이나 마루, 배수구, 벽 등 가장 불결한 미소서식환경에 영원히 자리를 잡았다는 주장이었다. 그곳에서 싹틀 준비를 하며 가만히 기다리고 있다는 것이다. 기타사토와 예르생은 탄저병과의 유사성이 완벽하게 들어맞는 페스트 포자를 찾기 시작했지만, 성과는 없었다. 그런데도 그들은 홍콩 페스트의 메커니즘이 푸이 르 포르의 탄저균 메커니즘과 비슷하다고 상정했다. 기온과 습도, 영양분이라는 여건이 조성되면, 도시에서 지속되던 페스트 박테리아가 왕성해지며, 면역력이 저하된 인체에서 새롭게 질병을 일으킨다고 보았다. 3차 팬데믹이 발생한 첫 10년 동안 이 이론은 '진정한 재발 이론theory of true recrudescence'이라고 불렸다. 특정 장소에서 오랫동안 거듭 발생하는 페스트의 불가사의한 능력을 설명하는 용어였다.

'진정한 재발'을 주장하는 사람들은 전파는 세 가지 방식으로 이루어진다고 생각했다. 첫째, 천연 비료를 준 땅이나 더러운 바닥을 맨발로 밟고 다니는 사람들은 발바닥이 까지면서 페스트 박테리아를 흡수했다. 둘째, 바닥에서 자는 사람들은 콧구멍이 침입구 역할을 했다. 셋째, 분진이나 악취를 일으키면 방에서 박테리아가 높이 떠다닐 수 있었다. 먼지나 증기를 직접적인 독성 물질로 여기지는 않았다. 먼지나 증기가 치명적인 것은 페스트균을 공기 중으로 이동시켜서 처음에는 땅에서 가까운 설치류가, 그다음에는 땅에서 좀 더 높은 위치에 있는 인간이 흡입했기 때문이다. 서로 모순되는 개념들이 놀라울 정도로 연결되면서 페스트는 독기를 통해 전파되는 세균으로 간주되었다.

페스트 병인론을 이런 식으로 개념화한 것은 공중보건 전략 측면에서 상당한 의미가 있었다. 1894년에 성행한 질병을 림프절 페스트로 진단한 홍콩 위생위원회는 방역 대책을 철저하게 적용했다. 감염된 항구가 어디인지 선포한 뒤 비상사태 권한을 요구해 도착한 선박과 승객을 격리하고, 군대를 파견해 의심 환자들을 걸러내 그들을 외떨어진 케네디 타운 지역에서 문을 열고 새롭게 운영 중인 격리 병원으로 강제 이송하고, 환자의 집을 폐쇄 및 소독하고, 환자의 옷가지와 소지품을 불태우고, 구덩이에 피해자 시신을 묻고 석회를 덮었다. 이런 방역 대책의 시행은 주민들의 종교적 믿음을 침해하고, 탈주를 야기하고, 식민 정부의 '이질적인 악마'가 가난한 사람들을 제거하고 그들의 신체 일부를 실험용으로 거둬들이고 '야만적인' 군인들이 여성들을 끌고 가 그들의 '추악한 의도'를 충족할 수 있는 수단으로 페스트를 퍼뜨리고 있다는 절망적인 소문을 양산했다.[10] 슈롭셔 연대에서 부대를 파견하고 항구에 포함砲艦이 나타나자 복종을 이끌어내고 폭동을 방지하는 데는 그보다 나은 것이 없음을 증명했다.

위생위원회에서는 그런 엄격한 조치가 필요하기는 하지만, 그것만으로는 충분치 않다고 판단했다. 위원회에서는 그런 대책으로 페스트균의 유입과 진출을 예방할 수 있으며, 그렇게 도시 내 확산을 줄이면 대체로 이환율과 사망률도 따라서 감소해, 특히 유럽 주민들을 보호할 수 있으리라 생각했다. 하지만 도시의 토양과 불결한 환경에 접근할 수 있게 된 *페스트균*은 방역 대책의 전통적인 포열이 미치지 않는 곳에 숨어버렸다. 부분적으로 진압되었지만 '근절'되지 못한 *페스트균*은 기회가 있을 때마다 감염병으로 거듭나며 목숨을 유지했다.

'진정한 재발 이론'으로 확인되었듯이 역사가 해결책을 제공하는 것처럼 보였다. 1665~1666년 런던 대역병은 영국을 재앙으로 몰고 간 림프절 페스트의 마지막 유행이었다. 질병의 세균론에서 얻은 혜안으로 되돌아보면, 공중보건 당국이 3차 팬데믹 초기에는 영국이 페스트를 퇴치할 수 있었던 것이 런던 대화재 때문이라고 여겼던 것 같다. 페스트가 발생하자마자 1666년 9월 중세 런던이 화마에 휩싸였고, 불길이 정화 작용을 하듯이 런던과 그 토양을 철저하게 소독해 결국 *페스트균*과 페스트를 '근절'해 다시는 발생하지 않았다고 생각했다. 논리적으로 엄밀하게 따져보면, 그 둘은 상관관계나 인과 관계가 전혀 없는 별개의 사건이었지만, 화재를 페스트의 영원한 종식과 일시적으로나마 밀접하게 연관시킨 결과, 거부할 수 없이 매력적인 가설을 만들어내고 말았다.

당시 그러한 역사를 설명하는 데 사용된 역사와 과학 이론 모두를 잘 알고 있던 로빈슨 총독은 17세기 런던의 경험을 토대로 계획 하나를 수립했다. 1898년 은퇴 전에 시행된 그의 계획은 타이핑산에 있는 공동주택을 벽을 쌓아 분리해 불을 지르는 것이었다. 그렇게 하면 페스트균이 우글거리는 건물에 쌓인 더러운 것들이 말끔하게 씻기고, 그 아래 토양도 영원히 소독될 수 있을 것이라는 생각이었다. 위생위원회 위원 J. 아이레스*J. Ayres* 박사는 페스트 발생 초기에 "가능한 한 멀리까지 불을 질러 지역 전체를 전소시켜야 한다"라고 언급했다.[11] 토론토 《글로브*Globe*》는 "정부에서 감염된 구역을 점유하고 불을 질러 모든 건물을 전소시키고, 지하 번식지도 모조리 매립했다"라고 보도했다. 이 신문은 "당국과 관료들의 조치는 영국 식민 행정 역사상 가장 빛나는 사건 중 하나가 되었다"라고 평가했다.[12]

홍콩의 주택 시장이 화재를 이용하려는 결정에 촉매제 역할을 했다. 건물이 없는 부지일수록 땅값이 더 높았기 때문이다. 이렇게 20세기의 타이핑산은 로빈슨 총독의 화염으로 깨끗이 치워지고 정화된 지역에서 탄생했다. 총독의 이름을 거리에 붙여 총독에게 경의를 표하며 기념하는 홍콩에서 자신의 이름이 붙은 거리가 없는 식민 총독이 로빈슨밖에 없다는 사실에서 그에 대한 중국인 주민들의 감정을 미루어 짐작할 수 있다. 1903년 《타임스 오브 인디아 Times of India》는 이에 대해 이렇게 썼다. "이 거대한 구역들이 빈민가의 심장에서 뜯겨나간 탓에 집을 잃은 그 수많은 사람들은 어떻게 되었는가? 대답은 이제는 손대지 않은 구역으로 사람들이 끔찍할 정도로 모여들고 있다는 사실에 있다. 집세는 50~75%씩 뛰었다. 한 집에서 방 하나를 차지하던 곳에서 이제는 두세 집에서 방 하나를 썼다."[13]

이국적이고 지역적인 의철학과는 거리가 멀었던 재발 이론은 런던의 역사와 홍콩의 사례에 힘입어 3차 팬데믹 초기에 그 밖의 여러 지역에서 널리 채택되었다. 예를 들어, 호놀룰루는 1899년 말에 차이나타운에서 여러 차례의 '위생용 화재'를 일으켰는데, 결국 바람을 타고 확산되어 1900년 1월에는 '차이나타운 대형 화재 Great Chinatown Fire'로 정점을 찍었다. 이 화재로 약 15만 4,000㎡가 전소되고 지역 전체에서 4,000가구가 전소된 것으로 추산되었다. 1903년경 《시카고 데일리 트리뷴 Chicago Daily Tribune》은 '영국, 페스트와의 전투 포기'라는 제목을 싣고 이렇게 논평했다.

화재는 백인들이 동양에서 활용하기 가장 좋아하는 정화제다. 그것이 특히 콜레라와 페스트가 성행하는 시기에 가차 없이 활용되면서, 아시아인이 생각하기에 이국적이라고 보이는 것들에 대한 증오를 부추기는 역할을 해왔다. …… 원주민 주거지의 불결한 여건을 질병 확산의 주범이라고 확신하고, 그런 주거지에 맘대로 불을 질렀다. 그러나 결국은 아무 소용도 없었다.[14]

봄베이의 초토화

근대 팬데믹의 주된 피해지역은 봄베이였다. 세계적인 도시로 꼽히는 봄베이는 대영제국에서 두 번째로 큰 도시이자 직물과 행정의 중심지였고, 비바람이 들이치지 않는 것으로 유명한 수심 깊은 항만을 갖춘 주요 항구였다. 1896년 페스트가 발생했을 당시 인구 80만의 봄베이는 전 세계 모든 도시 중에서 질병과 죽음이라는 짐을 가장 무겁게 짊어지고 있었다. 봄베이는 페스트를 양성하는 여건, 페스트 퇴치 정책, 식민 당국에서 부과하려는 엄격한 대책에 맞서는 도시 빈곤층의 필사적인 저항을 모두 살펴볼 수 있는 소우주의 정수다.

최초 감염자가 누구인지는 확인되지 않았지만, *페스트균*은 홍콩에서 밀입국한 쥐의 몸에 붙어 1896년에 도착했다. 결국 부둣가 바로 근처에 있는 맨드비 지역 빈민가에서 가장 먼저 페스트로 진단받은 환자들이 나왔다. 이때 봄베이로 밀부대와 쌀부대를 수도 없이 들여온 곡물 무역이 주된 역할을 했다. 인도 페스트위원회에서 곧이어 내놓은 설명도 그러했다.

봄베이의 모든 대형 곡물 저장고는 맨드비에 위치한다. …… 이런 곡물 저장고는 수도 없이 많고 항상 빼곡히 차 있으며 …… 작업 시간에만 문을 열어놓는다. …… 저장된 곡물은 금속 용기에 보관되는 게 아니라, 마대에 담겨 바닥에서 천장까지 층층이 쌓여있어서, 쥐의 번식에 필요한 온갖 조건을 충분히 갖추고 있다. 영양가 많은 먹을거리가 풍성하고, 제일 밑바닥에 있는 마대 사이사이의 구멍은 숨기에도 번식하기에도 안성맞춤인 데다 불쑥 누가 쳐들어와도 전혀 불안하지 않으며, 노출과 위험이 다가오고 있음을 때맞춰 제대로 알 수 있는 등 쥐가 급증할 수 있는 온갖 여건이 존재한다.[15]

페스트 유행은 9월 23일에 공식적으로 시작되었다. 당시 인도인 의사 A. G. 비에가스A. G. Viegas가 환자 한 명을 페스트로 진단했다고 보고했다. 그러나 사람들은 이르게는 7월부터 맨드비 창고에 쥐가 무더기로 죽어 있는 모습을 목격했다. 그리고는 8월 초가 되자 곡물 저장소 위쪽에 위치한 공동주택 주민들이 알 수 없는 병에 걸리기 시작했다. 이들은 페스트보다는 '선열'이나 '이장열(열의 오르내림의 차가 심해 하루 중 체온의 차가 1℃ 이상 되는 열형_옮긴이)' 혹은 '림프절 열병'이라는 진단을 받았다. 그런 온건한 꼬리표가 붙은 이유는 무역상과 제조업자는 물론, 유럽 항구 도시들이 봄베이에서 오는 선박들의 입항을 금지해 막대한 재정적 손실을 초래하게 될 골치 아픈 의학 관련 보도를 피하고 싶어 하는 지역 당국에서 강력하게 압력을 넣었기 때문이다. 페스트가 동양의 미개성을 상징하는 산물이라는 오명을 고려하여 봄베이 당국은 페스트 진단을 다루려는 충격적인 언론 보도를 막으려고 갖은 애를 다 썼다. 7월 말부터 봄베이에서 채택한 첫 공중보건 전략은 연구소 실험 결과와 엄청난 수의 환자로 공식적인 비상사태에 이르게 된 9월 말까지 지속된

완곡한 표현과 기만의 전략이었다. 페스트가 봄베이라는 섬에서 발생했으며, 그곳에서 몇 주일간이나 침묵과 무대책으로 일관함으로써 봄베이는 인도의 첫 감염 진원지가 되었다.(그림 16-1)

1896년 가을부터 1920년대까지 림프절 페스트는 우리가 홍콩에서 살펴보았던 대로 인도 최대의 도시를 3차 팬데믹만의 독특한 방식으로 황폐화했다. 페스트는 날씨가 서늘해지는 12월이면 왔다가 여름의 열기가 시작되는 5월이면 물러가는 식으로 해마다 다시 유행했다. 이런 주기적인 순환은 '동양'쥐벼룩이 필요로 하는 온도와 습도에 따라 결정되었다. 쥐벼룩은 열대 여름의 강렬한 열기 아래에서는, 그리고 6월에서 9월까지의 습기 많은 몬순 계절에는 활동하지 않았다. 페스트의 도착과 출발이 너무나 규칙적이어서 12월부터 4월까지 몇 개월간은 연중

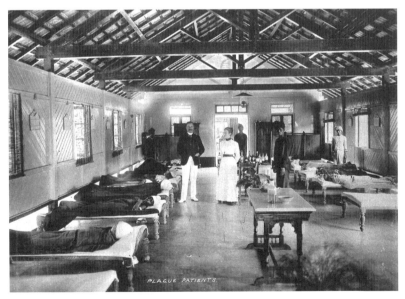

그림 16-1 1896~1897년의 봄베이 페스트 병원 내부[클리프턴 앤드 코(Clifton & Co.) 사진, 런던 웰컴 컬렉션, CC BY 4.0]

'페스트 계절'로 알려졌다.

《타임스 오브 인디아》는 1903년처럼 치명적인 몇몇 해에는 특히 1월과 2월에 페스트 사망자가 일주일에 2,000명을 넘는 최고치를 기록했다고 보도했다. 이러한 수치는 공식적으로 확인되지 않은 피해자 수가 많기 때문에 통계가 상당히 적게 잡혔다는 주장이 난무하는 가운데 발표되었다. 당시 봄베이 주민이었던 저명한 내과 의사 알레산드로 러스티그Alessandro Lustig는 다음과 같이 말했다.

> 인도에서는 질병 관련 통계가 정확할 수가 없다. 인도 대도시 주민 중에는 노천에서, 길거리나 광장에서 머리 위에 고정되거나 안정된 지붕도 없이 떠돌이 생활을 하며 사는 사람이 적지 않다. 사망자 수치도 훨씬 적게 발표되는 듯한데, 상당수 힌두교도의 시신은 어떤 의례에 따라 강이나 성스러운 연못에 던져버리거나 숲에서 태워버리는 일을 당국에서 전혀 파악도 못하는 지경이기 때문이다. 당국에서 알고 싶어 한들 아무 소용도 없지만 말이다.[16]

더욱이 림프절 페스트는 봄베이섬을 넘어 봄베이주 전체를 집어삼켰다. 그리고는 더 멀리까지 이동해 푸나(현재의 푸네), 카라치, 캘커타, 아대륙 북부와 동부의 헤아릴 수도 없이 많은 소도시와 마을에도 휘몰아쳤다. 교역과 노동 이주, 순례의 목적으로 도로 및 철도로 봄베이와 연결된 이런 지역들의 1인당 사망률이 커다란 항구 도시의 사망률과 맞먹었다.

빅토리아 시대 말기 봄베이는 경제 호황을 맞아 시골에서 가난한 이주민들이 짐꾼이나 방직공, 방적공, 부두 노동자, 청소부, 건설 노동자 등의 일자리를 찾아 물밀듯 몰려들었다. 이런 대규모 이주민들이 봄베이를 세계에서 가장 혼잡한 도시로 변모시켰다. 에이커당 인구는 캘커타가 208명이고, 런던 자치구는 221명이었지만, 봄베이는 759명으로 솟구쳤다. 오물 처리장도 건물 번호도 없이 다닥다닥 붙은 마구간, 가축헛간, 무두질 공장, 정육점, 각종 공장이 쓰레기가 끝도 없이 쌓이는 데일조했다. 밖으로 다 드러난 배수구와 하수구가 햇빛도 들어오지 않는건물 사이 좁다란 골목길에 늘어서 있었다. 가난한 사람들은 소똥이 마르며 쌓여 단단해지면 연료로 쓰느라 악취가 진동해도 불에 태웠다. 이렇게 부적절한 배수 시설, 열악한 환기, 사방팔방으로 넘쳐나는 오물, 영양실조, 해충, 그리고 무엇보다 극도의 혼잡스러움이 *차울*로 알려진봄베이의 악명 높은 공동주택에서 곧이어 불어닥칠 대재앙을 조성하는데 하나같이 제 몫을 단단히 했다. 인도 페스트위원회에서 이들 주거지를 묘사한 내용이다.

> 거대한 토끼 사육장 같은 건물에 수없이 달려있는 방은 좁다란 통로와맞닿아 있거나 서로 연달아 이어져있다. 방들은 작고 어두컴컴하고 환기를 위한 어떤 장치도 없다. 바닥에는 일주일마다 흙과 소똥을 뒤섞어 발라놓는데, 이게 종교의식의 일환이라는 것이다. …… 이런 종류의 바닥이주민들 맨발에 닿으면 기분도 좋아지게 하고 시원하게 해준다고들 한다. …… 밤이면 집이 이상하게 비좁아져서 바닥은 거의 드러누운 인간 몸뚱이들로 뒤덮이고 만다는 점이 또 다른 중요한 특징이라면 특징이다.[17]

주택 단지 관리는 건물이 조잡한 데다 주인이 늘 자리를 비우는 바람에 엉망인 경우가 태반이다. 콜리스kholis라고 알려진 각각의 방은 아주작고 비좁아서 문을 항상 열어두지 않으면 숨이 막힐 지경이다.

영국 식민지의 페스트 방역운동

발생 초기 몇 주 동안은 무력하게 부인만 하다 흘려보내고, 9월 23일에 드디어 철저한 조치로 페스트를 제압해보려는 보건 정책 시행 단계에 돌입했다. 1897년 2월의 감염병방지법Epidemic Diseases Act은 페스트 대처 위원들로 구성된 중앙보건위원회에 전권을 일임했다. 위원들은 기타사토와 예르생이 림프절 페스트가 감염병이라고 밝힌 사실을 파악하고, 2차 팬데믹 시 사용한 가혹한 방역 우선 조치를 부활시켰다. 검역, 환자와 접촉자의 페스트 격리 병원 강제 수용, 신속한 매장이 그것이었다. 심지어 초반에 떠돌던 방역 조치가 제도화될 것이라는 소문만으로도 공포를 불러일으켜 도시 안에서 페스트를 통제하려는 목표를 무력화하는 대중 반응을 끌어냈다. 공식 발표가 있기 전부터 남자, 여자, 아이들이 도주했고, 발표가 난 후에는 걷잡을 수 없이 몰려 나갔다. 12월 무렵에는 20만 명이 이미 도시를 떠난 상태였고, 그 수치는 계속 치솟아 1897년 2월이 되자 도시 인구 절반에 해당하는 40만 명에 이르렀다. 도주자들은 불가피하게 *페스트균*도 덩달아 전파했다. 그들은 페스트 자체보다 영국인이 강제한 보건 조치를 더 두려워했다.

한편, 항구가 조용해지고 모든 경제 활동이 중단되자 영국 정부는 사람들이 두려워할 만한 군사 정책을 발표했다. 경계위원회Vigilance Committee라는 기구를 새롭게 발족시켜 도시를 구역별로 나눈 다음 '대중의 큰 반향'을 일으킬 성명을 발표했다. 성명서는 "소독, 감염된 물품 제거, 보건 공무원이 페스트 환자로 확인한 사람들의 병원 강제 후송, 감염된 주택 격리 등의 목적에 따라 허가받은 공무원의 건물 출입 권리"를 주장했다.[18] 이 권한과 더불어 경계위원회는 보건 공무원으로 구성된 수색팀과 함께 수레꾼, 세포이(인도 용병), 영국 순경, 보건행정관을 파견했다.

그들은 매일 아침 일찍 환자 색출 작업에 나섰다. 공무원들은 사전에 알리지도 않고 가택에 침입해 페스트에 걸린 것으로 의심되는 사람들을 수색했다. 카스트 제도나 종교 같은 전통은 다 무시하고 누구든 신체검사를 받도록 했다. 수색 담당자들은 멍울이나 페스트의 '징표'가 있는지 샅샅이 살폈다. 이슬람교와 힌두교 관습에 따라 여자들이 집에서 사람들 눈에 띄지 않게 머무르는 공간인 퍼다purdah에 사는 여자들이라 하더라도 마찬가지였다.

수색 담당자들은 의심되는 환자를 발견하면 해당 건물에 표시했다. 건물 외벽에는 동그라미를, 출입구에는 거주지로 부적합하다는 의미로 'UHHUnfit for Human Habitation'라는 약어를 페인트로 대충 써 넣었다.(그림 16-2) 그런 다음 새로 발견된 환자를 수레나 바퀴 달린 들것에 실어 아

그림 16-2 1896년 봄베이의 페스트 환자가 머물던 건물. 일반 동그라미는 페스트 사망자를, 가운데 십자가 표시가 있는 동그라미는 다른 이유에 의한 사망자를 나타낸다. 표시된 건물은 관공서에 위생 조치가 필요하다는 것을 알려준다.(런던 웰컴 컬렉션, CC By 4.0)

서로드에 있는 끔찍한 시립감염병원Municipal Infectious Diseases Hospital으로 후송했다.(그림 16-3) 동시에 같은 거주지에 사는 모든 접촉자를 연행해 '보건 캠프'라고 비꼬아 부르던 급조된 유치장으로 이송했다. 졸지에 집에서 쫓겨난 이들은 카스트, 종교, 인종, 성별 차이에 따라 분리해 생활토록 하는 전통적인 인도 규약에 신경 쓸 겨를도 없이 천막이나 헛간에 한데 격리되었다.

동그라미 표시와 UHH 지정은 대니얼 디포의 《전염병 연대기》에 묘사된 붉은 십자가와 같은 기능을 한 것은 아니었다. 런던의 붉은 십자가 표시는 건물을 지나치는 행인들에게 건물이 '폐쇄'되었으니 모든 출입을 금한다는 경고였다. 이와는 달리 봄베이에서는 공무원들에게 추가위생 조치가 필요한 구역임을 알리는 기능을 했다. 홍콩에서와 마찬가지로 봄베이의 방역운동을 뒷받침하는 의료 이론은 페스트의 인간 전파를 '진정한 재발'로 보는 당대 정통 이론을 바탕으로 한 것이었다. 땅을 근본으로 보는 텔루즈 이론에 따라, 새로 페인트 표시가 된 건물 안쪽을 대상으로 위생 조치가 취해져야 했다. 긴급 숙식처를 제공할 수 있는 마을과 소도시에서는 위생 요원들이 가난한 이들을 대거 구류 캠프로 보냈다. 그러고는 홍콩과 호놀룰루에서와 마찬가지로 감염된 주거지를 완전히 전소시켰다. 이는 퇴거와 파괴라는 공중보건 전략이었다. 돌이켜 생각해보면 그러한 정책은 부작용만 낳았는데, 그런 정책으로 인한 즉각적인 효과라고 해봐야 몸에 벼룩이 득실거리는 쥐들이 화들짝 놀라 잽싸게 다른 집으로 도망치게 한 것뿐이었다.

더욱이 그런 정책은 봄베이 같은 대도시에서는 비실용적이었다. 한창 위기 상황일 때 대규모 새집 마련 프로그램을 즉흥적으로 가동하는 것은 불가능했다. 보다 장기적인 관점에서 전체적인 도시 재건을 위해 봄베이개선기금Bombay City Improvement Trust이라는 새로운 기관이 창설되었다. 보건의료 관리 J. A. 터너J. A. Turner 박사는 페스트를 '지역 풍토병'으로 보고 이렇게 말했다. "우리는 …… 병이 활개 치지 못하도록 온갖 수단을 마련하기 위해 힘써야 한다. 이를 위해 질병이 창궐하는 장소를 폐쇄해 천천히 씨를 말려야 한다."[19] 즉각적인 방역 조치에서 영국인들은 대도시라는 불가피한 현실에 굴복하고 말았다. 그들의 전략은 오염된 도시 환경 내에 페스트균이 있다고 생각되는 곳이면 어디든 균을 쫓아가 파괴하는 것이었지만, 건물이나 구역, 이웃 마을 전역에 방화를 감행하지는 않았다.

이런 논리를 따라 봄베이 당국은 환자의 침구, 옷, 가구를 페스트 보균 매체로 보고 위생 요원들에게 그것들을 태워 없애라고 지시했다. 위생 요원들은 또한 건물을 훈증 소독했다. 유황의 증기는 예로부터 공기 정화의 수단으로 사용되었기에 오염되었다고 생각되는 콜리스에 유황을 피웠다. 같은 목적으로 시 당국은 일꾼을 보내 세균을 사멸시키기 위해 건물 벽을 수은 과염화물, 석탄산, 염소를 비롯한 소독제로 흠뻑 적셨다. 바닥도 15㎝ 깊이로 파 내려가 토양을 수은 과염화물로 적셔 정화하도록 지시했다. 위층에서는 지붕을 제거하고 벽에 구멍을 뚫어 햇볕과 공기가 통하도록 하여 병을 품은 독기를 날려버리고자 했다.

이런 위생 작업이 실내에서 진행되는 동안 위생 요원들은 외부로도 관심을 쏟았다. 일꾼들은 벽을 석회로 씻고 증기를 뿌린 다음, 거리를 청소하고 도랑과 하수도의 고인 물을 빼냈다. 마지막으로 수색자들이 페스트 환자의 시신을 찾아내면 그곳이 어디든 시신을 수레로 실어 날라 파시교의 화장 금지 조항을 무시하고 즉시 화장했다.

19세기 말에 도래한 페스트가 하필이면 사람들 기억 속에도 최악으로 남아있고 《뉴욕타임스》도 "인도가 겪은 것 중 가장 우울하고 처참하다"고 표현한 대기근과 동시에 인도를 덮쳤다.[20] 1897년부터 3년 연속 몬순 기간에 비가 오지 않아 계속된 가뭄에 농작물이 말라붙어 사람이고 가축이고 할 것 없이 모두 굶주렸다. 성경에 나온 파라오 시절의 이집트처럼 곡식을 있는 대로 먹어 치우는 메뚜기와 쥐 떼로 인한 '역병'으로 논밭은 더욱 황폐해졌다. 부족한 강우와 기근이 1906년까지 10년 내내 지속되었다. 그 무렵 1억 명의 인도인들이 기아에 허덕였고, 1897~1901년에만 500만 명이 아사했다. 가장 피해가 심한 지역이 봄베이주였다. 영양실조에 걸려 삐쩍 마른 사람들은 병에 대한 저항력이 저하되었고, 페스트는 천연두와 인플루엔자와 마찬가지로 봄베이의 빈민가를 돌며 기승을 부렸다. 아이러니하게도 기아 해소를 위해 배에 싣고 도착한 밀과 쌀도 쥐와 벼룩이 곡식에 둥지를 틀면서 역병을 키웠다.

저항과 폭동

감독관이 심란하고 굶주린 도시를 순회할 때면 영국의 사악한 의도에 관한 소문이 그들을 따라다녔다. 사람들 사이에서는 힌두교, 이슬람교,

파시교 신앙 체계를 무시한 데 어떤 저의가 있는 게 아니냐는 공감대가 일었다. 기독교를 강요하고 영국 지배를 공고히 하려는 목적으로 토착 종교에 대한 경외심을 떨어뜨리려 하는 것이라고 많은 인도인들은 생각했다. 같은 이유로 영국인들이 인도인들에게 서양의 대증 요법을 수용하라고 한 것도 전통 치료사들을 한 번에 처리려는 속셈이라고 했다. 게다가 중상모략이 판치면서 음산한 과대망상을 더욱 부추겼다. 감염병이 도는 게 그저 운이 나쁜 게 아니라 살인 음모였다는 것이다. 다시 말해, 감염병의 원인은 인구 과잉과 가난이라는 두 가지 난제를 해결하기 위해 영국인이 주입한 독에 있었다는 것이었다. 더 나아가 빅토리아 여왕의 의도는 인도인의 몸을 제물로 바쳐 역병의 신을 회유해, 신의 분노로부터 인도가 아닌 영국을 보호하려는 것이라는 설도 돌았다. 속죄하려면 3만 명의 인도인의 희생이 필요하다는 소문이 파다했다.

그러한 생각들은 백인과 식민 통치국에 대한 깊은 불신이라는 맥락에서 퍼져나갔고, 인도 민족주의 운동의 초기 지지자들이 이를 퍼 날랐다. 그러한 생각이 뿌리내리게 된 것은 인도의 빈곤층과 문맹이 파스퇴르와 예르생이 발견한 내용을 알 길이 없었고, 의료 전문가와 접견할 기회도 없었으며, 동기가 불순한 외부인들이 강요한 조치를 참을 이유가 없다고 보았기 때문이었다. 굶주리고 두려운 그들은 페스트가 갈수록 깊이 침범해 들어오자 참을성이 바닥났다. 그로 인한 분노는 수색자, 경찰, 군인이 페스트 법령에 따라 위임받은 막강한 권력을 남용했다는 실제 사례 보고서가 나온 이후 걷잡을 수 없이 끓어올랐다. 군인들이 자기 구역의 인도 소녀들을 성추행했다는 둥 수행원이 죽어가는 사람의 손목시계를 훔쳤다는 둥 수색자가 집에 페인트칠을 피하려면 금품을 내놓으라고 했다는 둥 여러 사연이 여기저기서 폭발적으로 들려왔다.

이처럼 정치적으로 격앙된 상황에서 수색팀의 도착은 순식간에 폭력으로 번지는 일촉즉발의 상황을 연출했다. 친척, 친구, 이웃들이 병자들을 충격적인 경험과 어쩌면 살해로부터 보호하려고 하면서 봄베이 전역에서 아픈 사람들을 숨기는 현상이 나타났다. 사람들의 그런 비협조적인 태도 때문에 당국은 감염의 정도와 지역을 가늠할 수 없었다. 이는 유용하고 시의적절한 위생 조치의 시행을 복잡하게 하는 요인이었다. 게다가 소극적 저항을 넘어 봄베이 시민들은 방역 정책을 단호히 반대하는 일도 잦았다.

봄베이의 밀집한 *차울*에서는 건물 하나에 입주한 인원이 많게는 천명에 달하기도 했다. 그런 좁디좁은 구역에서 뉴스와 소문이 빠르게 전파되었고, 군중들이 모여서 온갖 욕설을 퍼부으며 수색자를 쫓아버리는 데는 그다지 오래 걸리지 않았다. 이미 1896년 10월에 성난 힌두교도 천 명이 아서로드의 병원을 공격했다. 봄베이의 항만 및 운송 노동자들의 총파업이 있었고, 방직공과 방적공 파업도 연달아 일어났다. 1897년 봄에는 공포의 전율이 고국을 떠나 인도에 거주하는 영국 공동체를 흔들어댔다. 페스트 위원 W. C. 랜드W. C. Rand와 세 명의 다른 공무원들이 그들이 취한 엄한 정책에 대한 보복으로 피격당했다. 인도는 지금 "화산 같다"라고 《뉴욕 트리뷴》은 경고했다.[21]

아마도 이번 팬데믹에서 가장 극적인 사건은 영국의 인도 통치가 '인도인들을 들고 일어나게' 할 지경까지 몰고 가 자칫 총봉기로 이어질 수 있다며 《타임스 오브 인디아》와 다른 영자 시사지가 유난스레 과잉 보도했던 폭동이었을 것이다. 가장 유명한 봉기는 리펀로드를 이등분했을 때 위쪽인 봄베이 북부 빈민가에서 1898년 3월 9일에 발생했다. 이 슬람 직물공 8만 명이 공장의 높고 시커먼 굴뚝에 가려져 있는 빈민주택 *차울*에 거주했다. 직조공과 방적공의 분위기는 도급 일이 끝난 후 한

두 달이 지나서야 잔금을 지불하는 관행으로 촉발된 산업계 분쟁으로 일찌감치 달아오른 상태였다. 공장 노동자들은 굶주리고, 노동일과 임금 지급일 사이에 차이가 너무 나서 이 사람 저 사람에게 빚도 진 데다, 행여 병에 걸릴까 두렵기도 하고, 당국에 대한 불신으로 가득 차서 방문하는 공무원이 달갑지 않았다.

두 명의 경찰과 영국인 의대생 한 명이 지도하는 조수 두 명으로 구성된 수색팀이 3월 9일 이른 시간에 리펀로드의 한 공동주택을 방문했다. 거기서 그들은 고열로 정신이 혼미한 젊은 여성을 발견했다. 전반적인 상태가 페스트로 의심되었지만, 그녀의 아버지는 딸이 생면부지의 영국인에게 검사받는 것을 결단코 허용하지 않았다. 수색자들이 처음에는 이슬람교도 *하킴*(치료사)의 도움을 요구하고, 그다음에는 영국 여간호사를 불렀을 때도 아버지는 딸을 내놓지 않았다. 그때 공격적으로 보이는 사람들이 웅성거리며 하나둘씩 모이자 수색팀은 철수했다. 수색팀이 물러나자 수백 명의 군중이 도망치는 수색팀을 뒤쫓고 욕하며 등 뒤로 돌을 던졌다.

수색팀은 빠져나갔지만 사람들은 계속 불어났고, 너도나도 몽둥이와 돌을 손에 들었다. 사람들은 떼 지어 있다가 유럽인이 나타나면 하던 일을 멈추고 공격하고, 환자 이송 수레에 불을 지르고, 우연히 폭동 현장에 있던 영국군 두 명을 살해했다. 한편 경찰, 군인, 세포이들로 구성된 영국군 증원 부대가 도착해 시위자들과 대치했다. 행정관은 폭도들에게 해산할 것을 명령했지만, 이에 시위대가 야유를 보내며 돌을 던지자 군인들은 공격을 개시했다. 시위대는 당황해서 도망쳤지만, 열두 명이 죽고 일부는 넘어지면서 치명상을 입었다.

《타임스 오브 인디아》는 항의 시위가 "동양인다운 민첩함"을 내세워 봄베이의 "원주민 구역" 전역으로 확산했다고 보도했다.[22] 자기들끼리

504

도 종종 종파 갈등이 있던 힌두교, 이슬람교, 파시교도 영국에 대한 저항을 공동의 대의로 삼았다. 군중들은 계속 유럽인들을 공격했고, 특히 소동이 일어난 곳으로 혼자서 발걸음을 옮기는 경찰이 표적이었다. 시위대는 또한 아서로드로 행진해 페스트 병원을 에워쌌다. 처음에는 환자들을 모두 내보내고 영국인들이 고국에서 했던 것처럼 페스트 병원을 태워 없애 사회적 역할을 상징적으로 전복시키려 했다. 그날이 다 저물어갈 무렵 100여 명의 사상자가 발생했다.

비슷한 대치 상황이 소도시나 마을에서는 물론 푸나, 캘커타, 카라치에서도 발생했다. 모두 당국이 군대식 방역 대책을 실시하려던 곳이었다. 이에 영국은 정치적으로는 억압하고 의료 면에서는 양보하는 양면 전략을 폈다. 정치적으로 선동금지법이 선포되어 신문사를 불시에 급습해 폐쇄하고, 선동가들을 재판 없이 머나먼 유배지 안다만 제도로 강제 추방하고, 모반에 대한 기소를 시작했다. 목표는 폭동을 제압하려는 것이었다. 언론사는 경찰의 급습 빈도가 제정 러시아 정부의 억압 정도와 맞먹는다고 성토했다.

엄격함과 균형을 맞추기 위해 봄베이 총독 샌드허스트 경Lord Sandhurst은 적대감 확산의 근원을 제거하려는 목표를 가지고 림프절 페스트 근절운동과 관련해 유화책을 발표했다. 강경책은 작은 소도시에서 발병이 제한적일 때만 적합할 뿐 이처럼 수많은 사람이 치안 부대를 제압할 소지가 있는 거대 도시에서 날뛰는 감염병에는 적합하지 않다고 판단했다. 전면적인 대치 상황에 처하게 되면 힘의 균형은 인도 전체에 총 군사력이 겨우 23만 병력에 불과한 영국 쪽에 불리하게 돌아갈 터였다.

강경책을 포기하기로 한 결정은 인도 페스트위원회가 자체 보고서를 발표하자 한층 수월하게 진행되었다. 위원회는 중세시대식 엄중한 방식이 페스트 진압에는 아무런 도움도 안 되며, 공공질서의 면에서도 부정적 영향만 준다고 결론 내렸다. 근절은커녕 페스트는 선선해질 만하면 매번 귀환해 넓은 지역까지 뻗어 나갔다. 엄중한 방역 정책의 이행은 감당할 수 없을 정도의 비용만 치른 꼴이었다. 샌드허스트는 1898년에 자발적인 협조로 정책 방향을 돌렸다.

방역운동의 새로운 방향

샌드허스트의 발표 이후 고압적인 공중보건의 모든 형태, 즉 수색과 강제 신체검사, 대증 요법의 시행, 아서로드 강제 격리는 모두 중단되었다. 으스스한 라자레토는 남아있었지만 새로운 규정을 따랐고, 원주민 종교 집단별로 이들을 위한 소규모 동네 병원들이 나타나기 시작했다. 이러한 시설은 친구, 친척에 열려있었고, 전통 치료사에게 치료를 받을 수 있게 되어있었으며, 카스트와 성별에 따른 규범을 존중했다. 근대 페스트가 마지막으로 사라지기 전에 이러한 기관 31곳이 봄베이에 문을 열었다. 사람들의 협조를 독려하고자 영국은 격리 기간에 잃은 임금에 대한 보상, 소독 작업자들이 파손한 사유물 피해 보상, 환자의 장례비용 지원, 환자 가족에 대한 구제금을 제공하는 구제 기금을 제도화했다.

면역 혈청 및 백신

강제보다는 회유가 사회 갈등을 극적으로 해소하고 봉기가 종결되는 시기를 불러왔다. 그러나 그 방식은 페스트 이환율과 사망률을 낮추는 데는 별 효과가 없었다. 페스트는 자발주의가 새로운 규칙으로 자리 잡고 나서 새로운 세기를 맞았지만, 그래도 끈질기게 살아남았다. 감염병 종식에 대한 희망은 대신 실험실에서 출현한 새로운 도구와 빠르게 성장하는 면역학에 의존했다. 그 첫 번째는 페스트 면역 혈청이었다. 예르생과 러스티그는 페스트균을 주입한 말들에서 림프절 페스트가 진행되지 않는다는 것을 확인했다. 그들은 이러한 관찰을 통해 면역력이 생긴 말의 혈장으로 이루어진 면역 혈청을 성공적으로 생산했다. 예르생과 러스티그의 혈청은 처음에는 심각한 중증 환자에게 대단히 모험적인 치료법으로 투약되다가 나중에는 예방 조치로 사용되었으며, 두 가지 방법 모두 한계는 있지만 긍정적인 결과를 냈다. 480명의 페스트 환자를 시험한 결과, 러스티그의 혈청은 같은 수의 대조군의 20.2%에 비해 39.6%로 높은 회복률을 보였다. 이보다 성공적인 치료 방법을 이용할 수 없던 시기였기에 이 시험 결과에 고무되어 아서로드 병원은 예방과 치료에 혈청을 광범위하게 사용했다.

지역적으로 더욱 중요한 것은 봄베이에서 자체 개발한 백신이었다. 봄베이주는 팬데믹 초기에 제너와 파스퇴르의 제자이자 우크라이나 출신의 저명한 과학자 발데마르 몰데카이 하프킨(Waldemar Mordecai Haffkine, 1860~1930)이 주도하는 페스트 연구에 자금을 대기로 했다. 인도의 위기 사태 당시 하프킨은 콜레라 백신 생산에 일조해 국제적으로 명성을 쌓았다. 하프킨은 봄베이에 있는 정부 산하 페스트 연구 실험실에서 일하면서 1897년에 페스트균의 사백신을 개발해 처음엔 쥐에, 그 다음엔 자발적으로 실험에 참여한 인간에 접종해 효용성과 안전성 검사를 통과했다. 쥐와 인체 시험에서 사백신은 페스트에 대한 부분적이고 일시적인 면역력만 제공했으나, 이는 전무하다시피 한 다른 처방과 비교해서 긍정적이었다. 따라서 1898년 영국 페스트 위원들은 하프킨의 실험적인 사백신을 대중에 접종하는 백신 접종운동을 결정했다. 하프킨의 돌파구가 소용없어지기 전에 모든 전략과 도구를 활용하라고 위압적으로 발표한 인도 페스트위원회로부터 힘도 얻었다. 새로운 백신이란 자체만으로도 한 가닥 희망의 빛이 생겼다.

불행하게도 백신운동은 원하는 목표 달성에 실패했다. 기술적인 문제가 이유 중 하나였다. 하프킨의 백신은 다양한 약물이 필요하고 이 약물들은 모두 의학 교육을 받은 의료인이 투여해야 했지만, 그런 의료 인력이 부족했다. 봄베이주의 대규모 주민들에게 확실히 전달하는 것도 물류 관리상 만만치 않은 난제였다. 게다가 백신운동에 따르려는 사람보다는 저항하는 사람들이 많았다. 사람들이 반대하는 이유는 백신이 완전한 면역력을 주는 것이 아니라서 백신을 맞아도 페스트에 걸린다는 사실을 모두 다 알고 있었기 때문이기도 했다. 게다가 백신은 현기증, 두통, 림프절 비대증, 백신 접종 부위의 수포 등 달갑지 않은 부작용을 낳아 며칠 동안 꼼짝도 못하게 했다. 그런 복합적인 원인이 영국인들이 독을 푼 게 아니냐는 의심을 증폭시켰다.

불안은 심각한 사고 이후 확신으로 굳어갔다. 페스트 연구 실험실은 백신을 필요한 만큼 공급하는 데 급급해 안전 점검을 제대로 하지 않았다. 실험실의 백신이 파상풍균에 오염되었고, 엎친 데 덮친 격으로 절대 안전을 위해 백신에 석탄산을 첨가하는 예방 조치를 빼먹은 결과, 1903년 10월 물코왈에서 터질 게 터졌다. 오염된 백신 주사를 맞은 19명이, 그것도 페스트가 아닌 파상풍으로 고통스럽게 사망한 것이다. 연달아 경고등이 켜지면서 혈청과 백신은 중세의 방역 대책만큼이나 실패로 끝났다.

'쥐가 없으면 페스트도 없다'

방역 전략의 마지막 단계는 폴루이 시몽이 1898년에 발표한 이론을 뒤늦게 옹호하면서 시작되었다. 시몽은 당시 쥐와 벼룩이 페스트 전파의 매개체라는 이론을 설파했지만, 인도 페스트위원회는 처음에 미심쩍은 반응을 보였다(제4장 참고). 그러나 페스트의 생물학과 역학을 모두 재조사한 위원회는 처음의 입장을 번복했다. 시몽이 발견한 사실을 거부하는 대신 광범위한 조사를 통해 매개체를 확인했으며, 그에 따라 쥐와 벼룩의 전파 경로를 새로운 정통으로 확립했다. 그 결과, 14년 동안의 실패한 방역 활동 끝에 페스트를 통제하는 또 다른 계획을 개시했다. 시몽의 발견을 토대로 짜낸 정책은 새로운 방역 우선순위로 이른바 '회색 위험'이라는 쥐 소탕을 조심스레 목표로 내세웠다. 방역운동의 강령은 '쥐가 없으면 페스트도 없다'였다.

봄베이에서 이러한 접근법을 이행하기 위해 1909년 터너 박사는 쥐 소탕 운동을 전개했다. 쥐 소탕 작전은 3일 동안 직원 한 명이 감당할 수 있는 범위를 봄베이 지도에 원으로 표시하는 것부터 시작했다. 쥐잡이꾼들은 빗자루, 쥐덫, 소독약이 담긴 큰 통, 약을 뿌리는 기계를 가지고 담당 구역에 파견되었다. 첫날 아침은 거리를 여기저기 살피며 도랑을 쓸고, 배수관을 청소하고, 쥐가 먹을 만한 게 없도록 쓰레기통을 비웠다. 오후에는 모든 팀이 쥐덫 수백 개를 설치했다. 설탕가루와 밀가루를 묻힌 빵 조각과 생선을 놓은 다음 비소와 스트리크닌(신경 흥분제의 일종_옮긴이)을 살짝 둘렀다. 미끼를 놓은 쥐덫은 쥐가 달아나는 통로나 서식처 길목에 감독관이 포착할 수 있도록 배치되었다.

쥐잡이꾼들이 다음 날 돌아와 살아있건 죽었건 쥐를 모두 수거해 깡통 상자에 담아 실험실로 보내면 거기서 쥐의 몸뚱이에 원래 있던 장소를 표시하는 꼬리표를 달고 멍울이 있는지 확인하고 소각했다. 3일째 되는 날 쥐잡이꾼들은 빗자루와 소독기를 들고 담당 구역으로 돌아가 말끔히 쓸어낸 다음 실내를 소독했다. 실험실의 쥐의 몸에서 멍울을 발견하면 쥐잡이꾼들은 다음 날도 그 구역을 하루 더 돌며 소독했다. 그런 다음에야 그들은 새로운 구역으로 향했다. 그들의 목표는 쥐 서식지에서 간신히 살아남은 쥐들을 몰아내고 다시는 돌아오지 못하게 하는 것이었다. 이와 유사한 쥐 퇴치 전략이 영국, 남아프리카, 호주, 필리핀, 일본에서도 성공적으로 채택되었다는 사실에 캠페인 관계자들은 더욱 결의를 다졌다.

1910년, 봄베이에서 강도 높은 쥐잡기 운동을 시행한 지 2년째 되었을 때 쥐잡이꾼들은 자그마치 50만 마리의 쥐를 실험 및 소탕을 위해 수거했다. 시 소속 실험실에서는 낙관적으로 전체 쥐의 4분의 1이 도태되었고 페스트도 주춤한 상태라고 추정했다. 그해 봄베이에서 림프절 페스트로 인한 사망자는 5,000명에 불과했는데, 이는 '일반적인' 해의 사망자 1만~1만 5,000명, 1903년에 가장 기승을 부리던 때의 사망자 2만 명과 크게 비교되는 수치였다. 1910년 무렵 사람들은 처음으로 페스트가 소멸한 것은 아닌지 궁금해하기 시작했다.

불행히도 쥐가 감소했다고 해서 바로 페스트 박멸로 이어지지는 않았다. 다산의 상징이자 영물이라는 쥐는 공격에도 멀쩡했고, 심지어 미끼를 피하는 법도 터득해 쥐덫과 쥐약을 놓아봤자 별 소용이 없었다. 게다가 동물의 생명이 신성하다고 믿는 힌두교도들은 쥐를 죽이는 데 완강히 반대하며 쥐덫에 낀 쥐들을 풀어주어 상황을 더욱 복잡하게 만들었다. 이러한 방해 요인은 인도인 상당수가 영국인들이 살해 의도가 있다고 의심했기 때문에 특히 심각했다. 그들 눈에는 인도의 쥐가 아니라 영국인의 쥐덫이 페스트를 퍼뜨린 것처럼 보였다. 게다가 쥐 소탕은 터너가 예상하지 못했던 방식으로 부작용을 낳았다. 쥐를 서식처에서 내몰자 페스트의 기세는 좀 꺾였지만, 확산 범위는 더 넓어졌다. 그래서 림프절 페스트는 여전히 주위를 맴돌고 있었다. 전파 속도는 느려졌을지라도 겨울만 되면 매번 고집스레 돌아와 수천 명의 희생자를 냈다. 마침내 1920년대에 연간 피해자 수가 차츰 줄어들다가 첫 발생으로부터 반세기 가까이 지난 후인 1940년경에는 완전히 진정되었다.

세계적 교훈과 우선순위

그러나 감염병이 물러난 이후에도 페스트가 봄베이에 재입성하는 것은 아닐지 새로운 걱정거리가 생겼다. 원래 봄베이를 병에 취약하게 만들었던 사회적·경제적 상태는 여전했다. 빈곤, 밀집, 빈민가, 쥐 떼 모두 집요하게 남아있었다. 그러나 다행히도 페스트는 다시 돌아오지 않았다. 쥐 개체 수가 줄어들었다는 것 외에 방역 정책과 생물학적인 이유도 한몫 거들었다. 3차 팬데믹 기간 방역 정책과 관련해 전 세계가 확실히 얻은 교훈 중 하나는 쥐와 증기선이 전 세계로 페스트를 퍼뜨리는데 일조했다는 것이다. 시몽이 쥐와 벼룩의 연관 관계를 확인한 이후 국제 사회는 쥐의 이동을 미연에 차단하기 위해 배에서 쥐를 몰아내는데 전력을 다했다.

1903년에 취한 첫 번째 단계는 *예르시니아 페스티스*의 전 세계적 확산에 끼친 설치류의 역할을 확인하는 것이었다. 조지아주 사바나와 플로리다주 탬파에서 시작된 쥐 퇴치 서비스는 입항하는 모든 증기선을 유황으로 훈증 소독해 쥐가 퇴치되는 과정을 보여주었다. 독한 훈증으로 쥐들을 그들의 보금자리에서 몰아내는 그 실험은 세계 무역 항로를 부지런히 오가는 쥐들의 규모가 엄청나다는 것을 생생히 보여주었다. 조사관들이 도망치는 쥐들을 잡아 조사해보았더니 바다를 오가는 쥐의 상당수가 림프절 페스트를 옮긴다는 것이 결정적으로 입증되었다. 55개국의 선박 수백 척이 페스트균에 오염되어 있었다고 공식적으로 기록되었다.

페스트 확산을 차단하는 것이 모든 국가의 경제 및 공중보건의 우선순위였기 때문에 실질적인 조치에 관한 빠른 국제적 합의가 도출되었다. 선박 회사들은 과학적으로 쥐가 없다는 것을 보증하는 박멸 서비스를 이용해야 했다. 불청객을 쫓아내는 데 염소가스와 시안화수소가 사용되었다. 그런 다음 쥐가 주로 도망가는 통로나 피난처인 선박의 격벽과 천장에 있는 공간을 메꿈으로써 쥐를 원천 봉쇄했다. 조선소는 또한 쥐의 통로와 거처를 차단할 구체적인 방법에 따라 증기선을 건조하기 시작했다. 그 결과, 1920년대 무렵 전 세계 대양은 설치류가 거침없이 이동하는 고속도로가 아닌 통행할 수 없는 장벽이 되었다.

두 가지 생물학적 요인 또한 기나긴 인도의 비극을 끝내고 재발을 막는 데 조용히 일조했다. *라투스 노르베지쿠스*(갈색쥐)가 인도 아대륙 여기저기서 *라투스 라투스*(검은쥐)를 쫓아버리고 무서운 기세로 그 자리를 꿰찬 덕분이기도 했다. 그 결과, 인도는 페스트에 훨씬 덜 취약하게 되었다. 갈색쥐는 공격적이긴 하지만 사람을 피해 다니기 때문에 인간과 갈색쥐 사이에, 더불어 쥐와 공생하던 벼룩 사이에도 거리가 생겼다. 일부 인도인들이 검은쥐를 해로운 동물이라기보다는 반려동물처럼 취급했던 만큼 갈색쥐의 출현으로 인간과 쥐의 사이가 멀어지게 된 점이 페스트 확산 차단에 큰 영향을 미쳤다. 따라서 설치류 종들끼리의 난폭한 패권 다툼이 인체 건강에도 큰 영향을 미쳤다고 볼 수 있다.

두 번째 생물학적 요인은 확인된 것은 아니지만 잠재적으로 영향을 미쳤을 가능성이 크다. 설치류들이 면역력을 갖게 되면서 봄베이 시민들이 페스트에 노출될 확률이 그만큼 줄게 되었을지도 모른다는 추측이다. 림프절 페스트가 설치류들 사이에 풍토병으로 자리 잡으면서 봄베이주에 사는 쥐들이 여러 세대에 걸쳐 심각한 진화 압력을 받게 되었고, 그 결과 쥐들 사이에서 *예르시니아 페스티스*에 대한 집단 면역력과 저항력이 생겼을 수도 있다는 것이다. 반사회적 갈색쥐가 얼마간 보호를 받았다면 인간 사이에서 페스트의 전파 속도는 급격히 떨어졌을 것이다. 그 결과, 페스트가 주춤거리다 물러났고, 아직까지 돌아오지 못했는지 모른다.

마지막 의문이 하나 남아있다. 왜 3차 팬데믹은 1차와 2차의 역학 양상과 상당히 달랐을까? 이 문제에 대한 포괄적인 연구가 진행되지 않았기 때문에 답변은 잠정적일 수밖에 없다. 그러나 예르시니아 페스티스에는 다양한 변종이 있고, 3차 팬데믹은 전적으로 쥐와 벼룩에 의존해 퍼져나갔다고 알려져있다. 3차에서는 1·2차 팬데믹 시 두드러지게 나타난 독성이 더 강한 폐페스트의 전파 방식인 비말이나 대인 접촉에 의한 전파 사례는 드물었다. 이러한 차이 때문에 3차 팬데믹은 확산 속도가 떨어졌다. 또한 3차 종이 독성이 덜하므로 페스트균이 설치류들을 도태는 시키지만 전멸시키지는 않는 풍토병으로 정착했을 수도 있다. 만약 그랬다면 홍콩과 봄베이의 기존 환경을 페스트 감염의 영구 병원소로 삼았는지도 모를 일이었다. 그런 다음 페스트는 계속 버티면서 기후나 습도 조건이 잘 맞을 때만 드문드문 다시 출현했을 것이다. 여전히 미지의 변수가 쥐벼룩에게 영향을 주어 매개체로서의 효용성에 영향을 미쳤을 가능성도 있다. 이런 모든 요인이 복합적으로 작용해 3차 팬데믹 같은, 천천히 진행되고 재발하지만 유스티니아누스 페스트와 흑사병처럼 모든 것을 파괴하는 역병보다는 전체적으로 치명도가 떨어지는 악성 감염병을 촉발했던 것일 수 있다는 주장이 설득력을 얻고 있다.

| 제17장 | 말라리아와 사르데냐
—역사의 활용과 오용

　말라리아는 인간을 괴롭혀온 가장 오래된 질병 중 하나로, 합계를 내보면 인류 역사상 가장 막대한 부담을 떠안긴 병이 될 것이라고 말하는 학자들도 있다. 그렇게 말하는 데는 두 가지 이유가 있다. 첫째, 페스트, 천연두, 콜레라와는 달리 말라리아는 인류 역사 초창기부터 계속해서 무자비하게 해마다 공물을 거둬들이고 있으며, 게다가 마수를 뻗치는 지리적인 영역 또한 방대하기 그지없기 때문이다.

　오늘날 말라리아는 예방과 치료가 모두 가능한데도 여전히 인류의 가장 심각한 질병 중 하나로 남아있다. 2017년에 세계보건기구가 발표한 통계에 따르면, 전 세계 인구의 절반에 해당하는 32억 명이 말라리아에 걸릴 위험이 있으며, 2017년에 106개국에서 총 2억 1,900만 명이 말라리아에 걸렸고, 43만 5,000명이 사망했다. 가장 심각한 타격을 입은 곳은 말라리아의 이환율이 92%, 사망률이 93%에 달하는 사하라사막 이남 아프리카로, 특히 나이지리아, 모잠비크, 콩고민주공화국, 우간다, 이 네 나라의 피해가 극심했다. 말라리아는 거의 분당 한 명씩 아이들의 목숨을 앗아간다고 추정되며, 에이즈, 결핵과 더불어 공중보건의 긴급 현안으로 떠올랐다.

　의심의 여지 없이 그로 인한 부담은 그저 이환율과 사망률의 통계가 나타내는 것보다 훨씬 막중하다. 말라리아는 임신 중에 심각한 합병증을 일으켜 유산율을 높이고, 과다출혈과 심각한 빈혈에 따른 산모의 사망률도 높이는 한편, 극소 저체중 출생아에서 나타나는 온갖 후유증의 비율도 높인다. 말라리아가 모태에서 태아로 수직 전파될 수 있기에 이미 감염된 아기를 출산할 수도 있다.

게다가 말라리아는 면역억제 질환이다. 다시 말해, 말라리아 환자는 특히 결핵, 인플루엔자, 폐렴과 같은 호흡기 감염을 비롯한 각종 질병에 몹시 취약해질 수 있다. 말라리아가 풍토병으로 빈발하고 연중 내내 전파되는 열대 지역에서 고위험 인구가 해마다 감염되고, 재감염되고, 또 중복 감염될 수 있다.

말라리아에서 살아남은 이들은 부분적으로 면역력이 생기지만, 반복되는 말라리아 감염이 종종 심각한 신경 결함과 인지 장애를 가져오기 때문에 지속적으로 높은 비용을 감내해야 한다. 말라리아는 가난 대물림, 문맹률 상승, 경제 성장 저해, 시민 사회 발전 둔화, 정치적 불안정 등을 야기한다. 병치레, 치료, 때 이른 죽음이라는 면에서 말라리아로 인한 직접적인 비용만 해도 연간 약 120억 달러로 추산된다. 그로 인한 간접비용은 수량화하기는 어렵지만, 직접비용의 몇 배는 될 것으로 생각된다. 그러므로 말라리아는 남반구와 북반구 간의 남북 불평등 문제를 심화시키고 제3세계의 의존성을 높이는 데 일조했다. 모기가 말라리아 전파에 관여함을 이론적으로 규명한 영국의 노벨상 수상자 로널드 로스Ronald Ross는 말라리아가 환자들을 노예로 만들었다고 주장했다.

말라리아 원충과 생애 주기

인간 말라리아는 단일 질병이 아닌 '말라리아 원충plasmodia'으로 알려진 다섯 개의 개별 원충 종에 의해 유발된 각기 다른 다섯 가지의 질병이다. 다섯 종 중에서도 빈도, 이환율, 사망률, 인간사에 미친 영향이라는 측면에서 압도적으로 큰 고통을 안겨준 두 가지 말라리아 원충은 *열대열 원충*Plasmodium falciparum과 *삼일열 원충*Plasmodium vivax이다.(나머지는 난형열 원충Plasmodium ovale, *사일열 원충*Plasmodium malariae, *원숭이열 원충*Plasmodium knowlesi이다.) 이러한 원충들은 환경에서 단독으로 존재하지 않고 인간이나 모기 중에서도 *아노펠레스*(Anopheles, 얼룩날개모기_옮긴이)라는 특정 종의 몸에서 복잡한 생애 주기를 끝맺는다.

전형적인 매개 질병인 말라리아는 감염된 얼룩날개모기 암컷에 의해 전파되며, 이 모기는 날아다니는 주삿바늘인 것처럼 긴 주둥이를 피부에 찔러 넣어 말라리아 원충을 혈류로 직접 주입하고, 거기서부터 질병 과정이 시작된다. 새로 주입된 말라리아 원충은 신체의 면역 체계에 취약한 만큼 순환하는 혈액에 남아있는 대신 재빨리 간 조직으로 이동해 발각될 위험을 피해 안전히 정착한다. 거기서 원충들은 적정 개체 수에 이를 때까지 간세포에서 복제하다가 때가 되면 숙주세포를 터뜨리고 열려 있는 혈류로 돌아가 원충 생애의 다음 단계를 시작한다. *삼일열 원충*과 *열대열 원충* 간의 중요한 차이점은 삼일열 말라리아 원충의 경우 간에서 계속 정주하며 수개월이나 수년이 지난 후에 새로 감염을 개시할 수 있다는 점이다. 그런 이유로 겉보기에는 삼일열 말라리아에서 완전히 회복된 듯 보이는 사람이라도 나이가 들면 모기에 재감염되지 않고도 쉽게 재발되기도 한다.

모든 종류의 말라리아 원충은 일단 혈류에 진입한 다음에는 적혈구를 공격해 그 안으로 침범한다는 유사 행보를 보인다. 그런 다음 적혈구 안에서 아메바처럼 무성생식으로 복제하다가 적혈구를 터뜨려 파괴하는 동시에 다시 한 번 혈류로 흘러들어 순식간에 몸 전체로 퍼진다. 거기서 원충은 종에 따라 48시간 또는 72시간의 시차를 두고 공격, 복제, 혈류로의 복귀 과정을 반복한다.

잠복기는 원충마다 차이는 있지만, 열대열 원충은 보통 9~14일, 삼일열 원충은 12~13일이다. 등비수열로 복제를 반복하다가 원충이 면역계를 활성화하는 데 필요한 임계 질량을 확보할 때 병은 시작된다. 이때 원충이 잠복기를 끝내고 첫 번째 증상을 일으킨다. 발작적으로 고열과 오한이 발생하는데, 지속되지 않고 간헐적으로 발생하기에 말라리아를 지칭하는 여러 이름 중 간헐열이라는 이름이 생겨났다. 말라리아의 두드러진 특징 중 하나는 말라리아 원충이 혈류로 복귀하는 48시간 또는 72시간의 재발 주기에 맞춰 발열한다는 것이다. 삼일열 원충과 열대열 원충의 발열 주기는 48시간이라서 사흘 만에 발생하는 이 열을 '삼일열'이라고 부르며, 이 두 종류의 질병은 역사적으로도 '양성 삼일열'과 '악성 삼일열'로 각각 알려져 있다.

여러 차례 무성생식과 혈류로의 복귀가 이루어진 끝에 원충은 '생식세포'로 알려진 암수 세포를 생산하는 새로운 생애 단계에 도달한다. 이제는 유성생식을 할 수 있지만, 인체 안에서는 아니다. 원충은 생애 주기를 마무리하기 위해 모기의 몸으로 되돌아가야 한다. 이는 암컷 얼룩날개모기가 피를 빨기 위해 공격한 혈관에서 생식세포를 빨아올리는 과정을 통해서만 가능하다. 생식세포는 모기의 몸 안에서 짝짓기를 하고 자손을 생산해 모기의 내장에서 한 단계 더 나아간 다음 모기의 주둥이로 이동한다. '포자소체sporozoites'로 알려진 이러한 세포들은 인간 혈류에 주입되어 인간의 몸에서 무성생식을 반복하다 모기의 몸으로 이동해 유성생식을 시작할, 즉 새로운 생애 주기에 돌입할 만반의 준비가 되어 있다.

증상

말라리아의 전형적인 증상은 고열, 오한, 심한 땀 배출, 두통을 동반한 간헐열이다. 구토와 심한 설사, 섬망도 흔히 뒤따른다. 특히 말라리아 중에서도 가장 독성이 강한 열대열 말라리아는 혈액 내에 복제된 원충 수가 하도 많아서 심지어 체내 적혈구를 40%까지 감염시킬 수도 있다. 그런 강도 높은 기생 원충에 감염된 환자들은 빈혈에 걸리고 쇠약해진다. *열대열 원충*은 적혈구에 더욱 많은 영향을 미쳐 적혈구를 끈끈해지게 해 혈관 벽에 달라붙거나 내장의 모세혈관과 세정맥 안에서 서로 엉겨 붙게 한다. 거기서 폐색과 출혈을 일으키다가 다른 심각한 감염증과 유사한 일련의 증상들을 일으키기 때문에 증상학으로 볼 때 말라리아는 가장 변덕스러운 질병으로 각인된다. 특히 뇌, 폐, 소화기가 감염되거나 환자가 유아나 임산부일 경우, 결과는 치명적일 수 있다. 임신 중 가장 심각한 합병증 중 하나로 산모가 말라리아에 걸리면 하나같이 다 유산을 하고 출혈로 사망하는 경우도 잦다. 중증인 경우, 급성 호흡 장애, 저혈당 혼수상태, 극심한 빈혈로 사망할 수도 있다.

열대열 말라리아 중에서도 덜 심각한 경우와 삼일열·사일열 말라리아는 대개 특별한 치료 없이도 자연적으로 낫는 자가회복 질환이다. *삼일열·사일열* 말라리아는 모든 적혈구를 무차별적으로 공격하는 것이 아니라 젊고 성숙한 적혈구를 두드러지게 공격하는 성향을 보인다. 그 때문에 감염 비율이 훨씬 떨어진다. 삼일열의 특성인 재발이 일반적으로 나타나긴 하지만, 백혈구의 면역세포는 순환하는 세포든 고정된 세포든 모두 원충을 성공적으로 제압해 궁극적으로 순환하지 못하도록 제거한다. 그러나 말라리아는 면역계를 불안전하게 만들고 큰 희생을 치르도록 하기 때문에, 특히 말라리아 발생 위험 지역에서는 재감염과, 혈류 내에서 한 종 이상의 말라리아 원충에 의해 동시에 감염되는 중복 감염이 자주 발생한다. 이 경우, 한 종류의 원충에 의해 첫 번째로 발생한 열의 주기와 또 다른 종에 의해 발생한 열의 주기가 매일 반복될 수 있어 이 질병을 '매일열quotidian fever'로 칭했다.

심지어 양성 말라리아라도 만성적인 장애가 뒤따르는 경우가 종종 있다. 고통스러운 비장 비대증, 쇠약, 피로, 빈혈, 지적 장애를 겪으며 마침내 완전히 무감각하고 무관심한 상태인 만성 말라리아성 악액질(cachexia, 만성 질환으로 인한 건강 악화 상태_옮긴이)로 이어질 수 있다. 그런 환자는 움직일 힘도 없고, 눈동자에 생기도 없으며, 신경 쇠약에 시달린다. 자연주의 작가 조반니 베르가는 그의 단편소설 〈말라리아Malaria〉에서 그런 불운을 다음과 같이 묘사하고 있다.

> 말라리아가 모든 사람을 끝장내진 않아. 더러는 백 세까지 사는 사람도 있겠지. 얼간이 치리노처럼, 왕도 왕국도 없이, 재치도 소원도 없이, 아버지도 어머니도 없이, 잘 집도, 먹을 빵도 없이. …… 그는 약을 …… 복용하지도, 열병에 걸리지도 않았지. 그가 길 한복판에 마치 죽은 것처럼 누워 있는 것을 보고 그를 들쳐업었던 것만 백 번쯤 되었을 거야. 그러나 마침내 그에게 볼 장 다 봤다고 생각했는지 말라리아가 그를 버렸어. 그의 뇌와 종아리를 다 먹어 치운 후에, 배가 물주머니처럼 부풀어 오를 때까지 뱃속 깊이 들어가 있더니, 부활절인 양 행복하게 내버려두었어. 메뚜기보다 더 멋지게 양지바른 곳에서 노래하면서.[1]

확실히 그런 후유증으로 고생하는 사람들은 학교에서는 주의력이 부족하고, 직장에서는 생산성이 떨어지며, 사회 활동에 참여하지 않았다. 이런 방식으로 말라리아는 풍토병으로 돌고 있는 나라와 지역 경제를 약화했고, 문맹률과 빈곤에도 상당히 일조했다.

'간헐열'이 전형적인 면역억제 질환이라는 것과는 별도로, 말라리아 환자들은 저항력이 떨어져 광부들이 잘 걸리는 진폐증과 유리 세공업자들이 잘 걸리는 규폐증과 같은 폐와 관련된 만성 직업병에도 취약하다.

전파

다양한 종류의 얼룩날개모기가 인간 말라리아의 효율적인 매개체다. 그들은 차지하는 환경 공간도 다르고 식습관도 다양하다. 담수에서 번식하는 종도 있고, 염수에서 번식하는 종도 있다. 사람 외의 다른 온혈동물에 끌리는 종이 있는가 하면, 오로지 사람 피만 취하는 '식인' 종도 있다. 실내에서 무는 종도 있고 실외에서 무는 종도 있으며, 밤에만 무는 종이 있는가 하면 낮에 무는 종도 있다. 모든 모기 종의 수컷은 과즙을 먹고 사는 반면, 암컷은 알이 성장하는 데 필요한 단백질을 확보하기 위해 피에 의존한다.

얼룩날개모기는 수면에 알을 낳는다. 여기서 수면이란 습지처럼 광활할 수도 있지만, 이 가장 효율적인 매개체는 광활한 수면을 바라는 게 아니라, 연못, 강바닥이나 강둑에 생긴 웅덩이, 심지어 수소나 노새의 발자국에 고인 빗물이면 만족했다. 역사적으로 보더라도 습지처럼 고인 물에 의존한다는 것은 말라리아가 주로 시골 지역의 질병임을 의미한다. 그러나 모든 매개체 중 가장 무시무시한 종인 *아노펠레스 감비애*anopheles gambiae는 도시나 도시 근교에도 알을 낳을 수 있는 방식으로 진화했다.

모기알은 일단 부화하면 유충, 번데기, 성충의 과정을 밟는다. 모기는 멀리 날지 못하기에 부화한 곳에서 기껏해야 3㎞ 정도까지 갈 수 있다. 공중으로 날아올라 우선 사람의 주거지로 향하는데, 주거지에서 내뿜는 이산화탄소를 그들의 안테나 센서로 감지해 찾아간다. 주거지에 가까워질수록 센서는 땀 냄새와 체온을 감지해 먹잇감을 포착한다. 마침내 착륙할 준비를 하면서 눈은 넓게 드러난 맨살의 움직임에 반응한다. 먹잇감이 이미 말라리아에 걸렸다면 움직임이 둔하고, 피를 빨아먹으려는 암컷을 방해할 것 같지 않기에 암컷으로서는 여간 편한 게 아니다. 먹잇감의 피에 유충의 생식세포가 있다면 이번엔 암컷이 감염된다. 암컷 내장에 말라리아 원충이 있다고 해서 암컷에 크게 해될 것은 없지만 말이다.

피 한 번 먹었다고 만족할 얼룩날개모기가 아니다. 잠시 쉬거나 소화시키려고 멈추었다가 재차 사람을 물고, 흡족한 상태로 말라리아를 효율적으로 전파하고, 다음 세대의 모기가 정착하기 알맞은 물웅덩이를 찾아 나설 준비를 한다.

물론 여러 요인이 질병의 전파 강도를 결정하는 데 영향을 미친다. 말라리아 원충이 퍼지고 모기가 번식할 수 있는 온도 범위는 좁다. 특히 추운 날씨는 원충과 모기 모두를 방해한다. 열대 기후는 연중 내내 전파가 가능하므로 이상적이다. 온대 기후는 따뜻한 날씨가 계속되는 동안만 말라리아 계절로 제한되어 있기에 말라리아가 사람들을 완전히 사로잡기가 쉽지만은 않다. 정체된 물의 존재 또한 중요해서 가뭄이나 배수, 저수 제거와 같은 인간의 개입은 병의 확산을 늦추거나 막는

다. 한편 삼림 벌채와 같은 환경 훼손은 홍수를 일으키고, 그에 따라 번식 장소가 방대해진다. 지구온난화 역시 번식과 전파 계절을 더욱 확대한다.

동시에 주거 환경도 말라리아를 부르는 결정적 요인이다. 날아다니는 곤충이 쉽게 들어올 수 있는 틈이 많고 열린 주거 환경이나 많은 사람이 한 공간에 빽빽이 들어선 밀집된 주거 환경은 말라리아를 증폭시킨다. 전쟁이나 자연재해 같은 재난, 천막이나 많은 사람을 한데 끌어모으는 난민 수용소 등은 말라리아에 이상적인 환경이다.

모기의 먹잇감이 되는 신체 조건 또한 병의 결과를 결정짓는 중요한 변수다. 가난에 찌든 사람들은 영양 상태가 좋지 않아 면역계를 위태롭게 해 감염 매개체가 한 번만 물어도 질병이 활성화될 가능성이 높다. 적절한 의복, 방충망, 모기장이 없으면 모기가 피를 반복적으로 빨기 쉬워지므로 말라리아가 더욱 쉽게 전파된다. 말라리아 발생 위험 지역에서 사람들은 매일 여러 차례 물리고, 물린 부위가 감염되는 비중도 높다.

이런 모든 이유를 종합해볼 때 말라리아는 직업병, 환경병, 가난병, 전쟁병, 인재병으로 다양하지만 정확하게 묘사될 수 있는 복잡한 질병이다.

사르데냐의 국제적 중요성

1944~1945년 제2차 세계대전이 끝나가면서 이탈리아는 전쟁의 끔찍한 결과로 말라리아 감염병의 유행을 경험했다. 얼룩날개모기라는 특정 종에 의해 전파되는 말라리아는 이탈리아가 통일(1871년에 완료)된 이래 이탈리아의 주요 공중보건 문제가 되었고, '이탈리아 국가 병'으로 알려

지게 되었다. 그러나 1900년 이후 말라리아 퇴치를 목표로 하는 다각적인 운동이 시행되면서 질병의 부담도 극적으로 줄어들었다. 제2차 세계대전이 시작되기 직전까지도 말라리아 박멸이라는 궁극적인 목표 달성이 손에 잡힐 것만 같았다. 그러나 불행히도 전쟁이 인력과 자원을 독점하면서 말라리아 퇴치운동 자체가 전쟁에 덮여버렸다. 전후 유행병은 사르데냐섬을 특히 강하게 덮쳤다. 1944년에 섬 인구 79만 4,000명 중 7만 8,173명이 말라리아에 걸렸다. 설상가상으로 대부분이 가장 독성이 강하다는 열대열 말라리아에 걸렸다.

이 비상사태는 미국 록펠러 재단 과학자들에게는 유럽에서 보건 활동을 시작하기 좋은 기회였다. 록펠러 재단은 말라리아를 통제하기 위한 국제 노력에 오랫동안 관여해왔다. 록펠러 재단은 1925년에 이미 이탈리아를 말라리아 연구 기지로 택하고 사르데냐 포르토 토레스항에 현장 연구소를 세웠다. 제2차 세계대전이 끝나고 사르데냐에 말라리아가 유행하자 록펠러 재단은 이목을 끄는 미국의 기술력을 선보이면서 사르데냐에서 말라리아를 퇴치할 실험을 수행하기로 했다. 록펠러 재단 연구자들은 전쟁 이전의 토착 퇴치운동을 무시하고 미국과 이탈리아 정부를 설득해 자체 대응 전략을 이행하기로 했다. 곤충 종을 퇴치한다는 새로운 군사 작전과 함께 제2차 세계대전 추축국에 맞서 승전을 이어나가겠다는 생각이었다.

박멸 대상은 그 지역에서 말라리아를 전파하는 매개체였던 얼룩날개모기에 속하는 *아노펠레스 라브란치애*Anopheles labranchiae였다. 록펠러 재단의 말라리아 학자 프레드 소퍼Fred Soper는 브라질과 이집트에서 아노펠레스 감비애 박멸에 성공했다. 그러나 그전까지는 토착 모기를 박멸하려는 시도가 한 번도 없었다. '사르데냐 프로젝트'라고 알려진 이 실험은 특별히 창설된 '사르데냐 아노펠레스 퇴치 기관Ente Regionale per la

Lotta Anti-Anofelica, ERLAAS'의 후원을 받으며 1945년에 계획되어 1946년에 시작되었다. 이러한 퇴치 활동은 1951년까지 계속되었고, 사르데냐는 1952년에 말라리아 종식을 선언했다. 페니키아인들이 서기전 1200년에 그 섬에 도착한 이래 처음 있는 일이었다. 얼룩날개모기 일부는 살아남았지만, 말라리아 전파는 종식되었다.

사르데냐 프로젝트는 아이러니하게도 이탈리아 의과학의 토착 전통에 맞선 승리이기도 했다. 20세기 상반기 동안 말라리아 연구는 안젤로 첼리Angelo Celli, 조반니 바티스타 그라시Giovanni Battista Grassi, 에토레 마키아파바Ettore Marchiafava 같은 인물이 이끄는 이른바 이탈리아 학파가 지배하고 있었다. 말라리아의 병인학, 역학, 병리학 문제를 명확히 밝혀낸 이 과학자들은 보건 교육, 화학 요법, 환경 위생, 사회적 지위 향상, 농업 개량과 결합한 다각적인 프로그램을 활용해 국가 차원의 말라리아 퇴치운동을 확립했다.

미국의 사르데냐 개입은 기생충 박멸제 디클로로디페닐트리클로로에탄dichlorodiphenyltrichloroethane, DDT을 유일한 무기로 선택하고 이것에만 의존하면서 이탈리아식 접근법을 거절하겠다는 의사 표명이었다. 이는 W. L. 해켓W. L. Hackett이 1930년대에 복잡한 사회·경제 문제를 다룰 필요 없이 모기 죽이는 기술만으로 말라리아를 근절할 수 있다는 이른바 '미국식 논리'를 구체화한 전략이었다. DDT가 등장하자 말라리아의 복잡한 미스터리를 '사회 문제라기보다는 곤충학 문제로' 치부하고픈 유혹에 빠져들었다. '곤충 세계의 핵폭탄'급인 이 무기 한 방이면 해결될 수 있는 문제라는 것이었다.[2]

넘볼 수 없는 DDT의 무지막지한 살충 속성은 화학자 파울 헤르만 뮐러Paul Hermann Müller에 의해 1939년에 발견되었다. 제2차 세계대전이 끝나자 DDT는 이탈리아의 카스텔볼투르노, 뒤이어 폰티노 습지와 티버 델타에서 실험적으로 사용되었다. 이러한 초기 실험의 성공은 범위를 확대해 사르데냐에 DDT를 살포하자는 여론을 조성했고, 특히 사르데냐섬이 본토에서 멀찌감치 떨어져 있고 적당한 크기라는 점이 실험자들에게 매력으로 다가왔다. 오지인 데다 경제적으로도 낙후된 섬이라는 점도 실험의 궁극적 목표가 제3세계 말라리아 방제책의 고안이었던 만큼 실험자의 구미를 더욱 당겼다. 사르데냐의 경험은 1955~1969년에 세계보건기구의 원조하에 실시된 말라리아 퇴치운동의 모델로서 국제적으로 중요한 의미가 있었다.

사르데냐에서의 승리는 사회적·교육적·환경적 결정 인자들에 역점을 둔 접근법을 취한, 한때 말라리아학을 지배하던 이탈리아 학파를 누르고 기술 중심의 '미국 학파'가 부상했음을 여실히 보여주었다. 사르데냐에서의 미국의 '승리'와 관련한 의기양양한 이야기가 5개년 살포 캠페인을 지휘하던 존 로건John Logan이 1953년에 쓴 《사르데냐 프로젝트: 토착 말라리아 매개체의 박멸 실험 *The Sardinian Project: An Experiment in the Eradication of an Indigenous Malarious Vector*》이라는 공식 역사서의 주된 내용이었다. 로건은 매개 모기를 박멸해 말라리아를 퇴치하고자 했던 혁신적인 시도를 상세히 기술했다. 그는 이 접근법이 영원히 공중보건 활동의 한계를 극복해낼 것이라고 장담했다.[3]

로건의 열의는 록펠러 재단 말라리아 학자들의 격려를 받으며 결실을 보았다. 그들은 이 분야의 권위 있는 과학자인 폴 러셀Paul Russell과 브라질, 이집트에서 모기를 퇴치했던 소퍼였다. 러셀은 DDT의 위력에 대한 로건의 설명을 되풀이하며 1955년에 출판한 본인의 책 제목처럼 '인간의 말라리아 정복'을 선언했고, 멕시코시티에서 열린 제8차 세계보건총회World Health Assembly에서 말라리아학의 'DDT 시대' 개막을 촉구했다. 마르콜리노 고메스 칸다우Marcolino Gomes Candau 세계보건기구 사무총장은 사르데냐의 경험을 되살려 DDT 한 방에 모든 것을 해결하는 전 세계 말라리아 퇴치운동을 열고자 총회를 소집했다. 그에 따라 세계보건기구의 퇴치운동을 지휘한 에밀리오 팜파나Emilio Pampana는 1963년 그의 책《말라리아 퇴치 교과서A Textbook of Malaria Eradication》에서 퇴치 전략을 '준비, 공격, 강화, 유지'라는 4단계로 요약했다.

사르데냐 프로젝트와는 달리 세계보건기구 퇴치운동은 결과적으로 좌초했고, 실패한 전략으로 1969년에 폐기되었다. 그러나 그 무렵 말라리아학은 감염병 분야를 지배하는 사상 유례없이 기고만장한 시대의 막을 올렸다. 1945년부터 1990년대 신종 질환들을 인식하기 전까지 감염병은 쉽게 근절될 수 있을 것이라 보았다. 말라리아학을 필두로 그 시대의 지배적인 논리는 기술에 의존해서 강력한 무기를 개발하면 감염병을 하나씩 제거할 수 있다는 것이었다. 사르데냐에서의 실험은 전 세계 모든 감염병 정복이 신속하고 고통 없이 이루어질 것이라는 기대감을 한껏 고조시켰다.

공중보건 정책을 세울 때는 역사에서 습득한 정보를 접목할 필요가 있다. 과거를 무시하거나 과거로부터 잘못된 교훈을 끌어내는 정책은 심각한 오류에 빠지기 쉽고, 막대한 재정 손실을 가져올 수 있다. 세계보건기구는 전 세계 감염병 박멸 프로그램을 계획하는 과정에서 사르데냐의 역사적 교훈을 잘못 해석함으로써 오판이 어떤 위험한 파장을 몰고 오는지 여실히 보여주었다. 이번 장에서는 사르데냐 프로젝트와 이에 고무되어 나타난 DDT에 대한 무한 신뢰를 살펴본다. 그들은 사르데냐에서의 DDT의 단독 활약만 극찬하다 보니 훨씬 복합적인 역사적 측면을 간과했다. 그 결과, 말라리아를 퇴치하기 위한 유일한 방법으로 매개체 통제와 '마법의 탄알'에 대한 신뢰만 키워갔다. 그러나 사르데냐에서의 성공은 로건, 소퍼, 러셀, 그리고 세계보건기구가 제안한 것보다 다양한 요인들의 결합에서 비롯된 것이었다. 살충제 DDT는 강력한 도구였지만, 그것은 다각적인 접근 방법에서 그저 하나의 도구였을 뿐이었다.

말라리아와 동의어가 된 사르데냐

말라리아는 오래전부터 사르데냐를 괴롭혀왔지만, 이탈리아 전체로 보면 말라리아로 인한 피해는 19세기 말에 절정에 이르렀다. 사르데냐의 한 저명한 말라리아 사학자가 썼듯이 "19세기 말 무렵 말라리아가 사르데냐에서 유난히 기승을 부렸던 것은 이탈리아 통일 이후 나타난 최근 현상"이었다.[4] 국가 통일, 철도, 인구 증가와 같은 근대성의 상징들은 삼림 파괴로 환경 재앙을 낳았고, 이는 다시 공중보건에서 끔찍한 결과로 나타났다. 수많은 언덕과 산맥이 수많은 계곡과 유곡으로 이어지는 험준한 자연 지형과 소농 경작지가 특징인 농업 지형을 갖춘 사르데냐는 삼림이 파괴되면 피해를 보기 쉬운 수문水文 체계를 갖추고 있었다.

인구 증가, 공유지의 사유지화, 부담스러운 역진세 압력에 견디다 못한 농부들은 침식되기 전까지 한동안 비옥했던 처녀지에 밀을 심기 위해 점점 고도가 높은 경사지까지 개간했다. 철로 증설과 내수 시장 성장은 목재를 내다 팔 수 있는 시장도 제공했지만, 동시에 나무를 제거할 구실도 제공했다. 그 결과, 도끼, 불, 곡괭이, 쟁기 할 것 없이 모두 동원해 언덕을 파고들었다. 염소 떼와 양 떼도 물의 흐름을 조절하는 데 다양한 기능을 해왔던 너도밤나무, 소나무, 밤나무, 참나무 숲을 심하게 훼손하는 데 일조했다. 지붕처럼 우거진 나뭇가지들은 비의 낙하력을 중간에서 끊어주었고, 넓은 잎 표면에 빗물을 머금었다 증발시켜 강수량을 줄여주었다. 동시에 뿌리와 덤불은 표토를 고정해주었고, 바람이나 빗물에 침식되지 않도록 밑바닥에 깔린 석회석을 보호했다. 이러한 보호막이 없이 폭우에 흠뻑 젖은 데다 점차 나무를 베어버린 경사지는 급류를 흘려보내 흙이며 돌이며 다 쓸어가 산사태를 일으키고, 하류 강바닥에 침니가 쌓이게 했다. 이런 식으로 물과 흙, 쓰레기들이 쏟아지듯 쓸려 내려와 강과 개천은 범람하기를 반복하고, 계곡이나 해안을 따라 고인 웅덩이가 생겼다. 오리스타노 보건위원회의 보고서는 1880년대의 이런 현상에 대해 다음과 같이 언급했다. "한때 고색창연한 숲 덕분에 부유했던 사르데냐는 탐욕스러운 투기꾼들의 마구잡이식 파괴로 이제 나무 하나 없는 대고원이 되어가고 있다. 돈만 밝히는 그들은 인내의 수 세기를 버텨 유산으로 거듭난 이 수많은 나무를 죄다 숯으로 바꾸어 놓고 있다."[5]

농업이 방대해졌지만 그에 반해 흙을 다지거나 배수를 조절해 토양 환경을 복원할 기회는 거의 마련되지 않았기 때문에, 여기저기에 고인 물이나 천천히 흐르는 물이 남아있어 모기 번식에 적합한 환경을 제공했다. 사르데냐 프로젝트에 따르면, 모든 고도에 모기 번식에 적합한 그런 장소가 100만 개도 넘는다고 기록되어 있지만, 그중에서도 모기 번식 장소가 가장 많은 곳은 계곡과 토양이 여전히 비옥해 농사짓기 좋은 해안 평원이며, 소작농과 농장 일꾼들이 말라리아가 기승을 부리는 시기와 맞아떨어지는 농사철에 밭을 일구는 그런 곳이었다. 훼손된 사르데냐의 환경은 말라리아의 주요 매개체인 얼룩날개모기에게는 이상적이었다. 이 모기 종은 해발 1㎞ 남짓한 높은 산 웅덩이에서도 번식하고, 개울가와 강가의 담수는 물론, 해안선을 따라 염수에서도 번식할 수 있었다. 낮에는 쉬다가 밤이 되면 신나게 사람 피를 빨았다.

얼룩날개모기는 또한 납, 아연, 철, 은, 구리, 안티몬, 망간 등 광물을 채굴하는 광업의 성장과 더불어 시작된 지하 개발의 기회도 잘 활용했다. 이 시기 광업이 성장하게 된 강력한 유인책이 있었다. 자유주의 체제의 법률이 제정되어 왕권이 그동안 독점하던 광산을 탐사하고 채취할 수 있도록 길이 열렸고, 이탈리아 본토에서 산업에 필요한 원자재의 수요가 증가했으며, 대륙 시장에 접근 가능한 운송 혁명이 일어났다. 따라서 광업은 19세기를 마무리하는 수십 년 동안 기하급수적으로 확대되었다. 수 톤으로 측정되는 생산량은 1860~1900년에 다섯 배나 뛰었고, 인력도 5,000명에서 1만 5,000명으로 세 배나 뛰었다. 광부들에게는 안 된 일이지만 모기들도 축축한 수직 갱도에서 번식했고, 가난하고 식사도 불충분하며 수준 이하의 주거 환경에서 거주하는 광부들은 질병에 매우 위험한 요인을 다 갖추고 있었다. 가령 몬테바르키 채광 센터에서는 말라리아가 다른 모든 질환을 제치고 의무실을 출입하는 가장 큰 이유였고, 1902년 조사에서는 광부의 70%가 이전 해의 말라리아로 고생했다고 답했다.

이는 광업 발전 이후에 황폐화된 환경과 더불어 말라리아와 인간의 불행이 긴밀히 연결되어 있다는 것을 보여주는 씁쓸한 예다. 사르데냐의 인구는 계곡이나 해안가 평야에서 말라리아가 기승을 부리는 계절에 주로 밖에서 작업하는 가난한 농부가 다수를 차지했다. 농부들은 날아다니는 곤충이 쉽게 들어올 수 있는 틈이 많고 뚫린 공간에서 생활했다. 그들의 면역계는 영양실조로 약해졌고, 그들의 의복은 그들을 충분히 보호하지 못했으며, 다수가 문맹인 데다 위생 관념이 없어서 지식을 통해 자신을 방어할 능력이 없었다.

말라리아와 가난 간의 공생 관계를 보건 관계자는 잘 알고 있었다. 예를 들어, 저명한 의사 주세페 자가리 Giuseppe Zagari 는 모든 사르데냐 사람들이 쇠약하고 비장이 고통스럽게 부풀어 오르는 비대증을 앓고 있는 것으로 보아 몸에 만성 말라리아의 흔적을 지니고 있는 것이라고 강조했다. 콩, 옥수수, 달팽이로 끼니를 때우는 가난한 이들은 잘 먹는 이웃들보다 훨씬 말라리아에 잘 걸렸다. 그들은 또한 말라리아로 인한 뇌 결함으로 주변에 무관심하고 일, 학습, 사회생활을 제대로 할 수 없게 되는 말라리아성 악액질을 겪었다.

새로 통합된 이탈리아 왕국이 추구하는 자유시장경제 정책도 불평등을 심화하고 빈곤을 조장해 사르데냐 사람들의 건강에 직접적으로 해를 끼쳤다. 통일과 현대 교통수단에 의해 지역이 국가, 더 나아가 국제시장에 통합되면서 경제적으로 심각한 결과를 가져왔다. 자본이 불충분한 남부 이탈리아의 농업은 북부 이탈리아나 미국 중서부의 근대식 농장과 경쟁할 수 없었다. 곡물 가격은 급락했고, 실업은 급증했으며, 영양실조가 만연했다. 이와 같은 농업 위기가 1880~1895년에 가장 심각해서 비교적 혜택을 받은 북부와 경제적으로 혜택을 받지 못한 남부 간의 불평등을 더욱 심화시켰다.

이러한 상황에 부닥친 남부 이탈리아 사람들의 불만이 이탈리아 역사에서 남부인들의 불평등 의식이 표출된 '남부 문제'를 등장하게 했다. 수많은 남부 이탈리아 대변인들에게 말라리아는 그 지역의 주요 공중보건 문제가 되면서 지역 갈등의 상징이 되었다. 특히 사르데냐는 이탈리아에서 가장 말라리아가 심각한 지역이라는 달갑지 않은 평판이 뒤따랐다. 사실 모든 사르데냐 사람들은 배가 불룩하며, '사르데냐'와 '말라리아'는 동의어라는 주장까지 번졌다.

1차 말라리아 퇴치운동: DDT 이전

말라리아는 19세기가 끝날 무렵 해마다 10만 명의 목숨을 앗아간 이탈리아의 주요 공중보건 문제였다. 상황이 이렇다 보니 말라리아학이 이 탈리아 의과학의 자긍심을 일깨우는 학문으로 부상한 것도 우연이 아니었다. 말라리아의 비밀을 풀어내는 데 주도적인 역할을 한 이들은 바로 이탈리아 과학자였고, 카밀로 골지Camillo Golgi, 안젤로 첼리, 조반니 바티스타 그라시를 축으로 하는 이탈리아 대학의 말라리아학이 이 분야에서 세계를 선도했다. 무엇보다도 1898년에 그라시와 첼리가 입증한 모기의 말라리아 전파설이 국제 시장에서 갑작스러운 퀴닌의 보급과 더불어 말라리아 퇴치운동의 방향을 제시했다.

퀴닌은 안데스산맥에서 자생하는 기나나무의 껍질에 함유된 천연 항말라리아 성분이었다. 퀴닌은 토착 주민들에게 오래전부터 알려져 있었지만, 그 성분은 17세기가 되어서야 유럽인들에게 발견되었다. 예수회 교인들이 유럽에 가지고 들어온 기나나무의 껍질은 혈류를 자유로이 돌아다니는 원충을 파괴하는 퀴닌의 원료로서 기나긴 행보를 시작했다. 퀴닌은 널리 알려진 대로 노출 전에는 예방제로, 열이 발생한 이후에는 치료제로 사용되었다. 19세기 말까지는 남미산 나무껍질의 공급이 제한적인 데다 기나나무가 워낙 키우기 까다롭고 저항성도 강해서 세계 다른 지역에 이식하기가 쉽지 않다는 문제가 있었다. 그러나 자바 섬에서, 그리고 자바섬만큼은 아니지만 인도에서도 '열나무'의 플랜테이션이 성공하면서 퀴닌을 대량 공급할 수 있게 되었고, 20세기에 들어서면서부터 이탈리아 말라리아 방제운동의 방향도 최초의 성공적인 항말라리아제에 크게 의존하게 되었다.

퀴닌에 대한 믿음과 더불어 질병으로 인한 경제적·사회적·인적 비용을 새롭게 인식하게 되면서 행동을 촉구하는 목소리가 높아졌다. 병에 걸려 생산력이 저하된 인력 때문에 사업상 손해를 보고 있는 지주, 광산 소유주, 철도 기업가들의 압력도 함께 작용했다.

적극적인 대응책을 요구하는 압력이 거세지자 이탈리아 의회는 1900~1907년에 세계 최초로 국가 차원의 말라리아 퇴치운동을 개시하는 여러 조치를 통과시켰다. 퀴닌이라는 '마법의 탄알'을 활용한 퇴치운동은 계속 진행되어 마침내 1962년 이탈리아는 승리를 선언하고 말라리아 청정 지역임을 선포했다. 퇴치운동 초반에는 퀴닌을 사용해 말라리아 시즌에 말라리아 고위험군 전체를 치료한다는 단 한 가지 전략만 내세웠다. 퀴닌이 혈류의 원충을 죽이기 때문에 전파의 연결고리를 끊기 위해 예방 및 치료 목적의 퀴닌을 배포할 생각이었다. 예방약으로 투약된 퀴닌은 감염된 모기에 물리더라도 사람들이 병에 걸리지 않도록 예방할 것이며, 동시에 치료제로 사용된 퀴닌은 감염된 환자의 피를 '멸균'해 모기가 피를 빨더라도 모기를 감염시키지 않을 것이었다. 따라서 화학적 보호 장벽으로 원충을 방어해 모기도 사람도 감염되지 않고 전파도 중단될 터였다. 그라시를 비롯한 이탈리아 학파의 가장 낙관적인 일원들은 그들의 방법이 몇 년 이내에 승리를, 다시 말해 그라시의 명확한 표현에 따르면 '말라리아 종식'을 맞이하게 될 것이라고 기대했다.

퀴닌을 방제에 활용한다는 이론상으로 단순해 보이는 전략을 실제로 적용해보니 퀴닌만 있다고 저절로 문제가 해결되는 게 아니었다. 치료를 바로 받을 수 없는 고립되고 외진 곳의 사람들에게 투약은 불가능했다. 말라리아 퇴치운동은 전 국민에게 퀴닌을 투약하기 위한 마지막 수단으로 시골 보건소라는 새로운 기관을 창설했다. 사르데냐섬에는 치료와 퀴닌 처방을 담당할 이탈리아 본토 의사, 의대생, 간호사들로 충원된 보건소가 군데군데 생겼다.

그러나 퀴닌 치료는 복용 기간이 길고 방법이 복잡하며 제때 꾸준히 복용하는 습관이 필요했다. 게다가 퀴닌은 현기증, 메스꺼움, 이명, 발진, 정신 혼란, 흐릿한 시야, 호흡 곤란, 두통 같은 불쾌한 부작용을 자주 유발했다. 이 모든 것이 치료를 계속하려는 의욕을 꺾었다. 대부분의 환자들은 열이 잦아들 때까지만 약을 먹다가 열이 내린다 싶으면 바로 중단했다. 복약 준수는 말라리아에 대한 이해도 부족하고 철저한 준수의 필요성도 느끼지 못하는 문맹에게는 기대하기 어려웠다. 이에 방제운동가들은 재빨리 무엇을 놓쳤는지 깨닫고 퀴닌이라는 항말라리아제 못지않게 교육이 중요하다고 역설했다. 이에 따라 시골 보건소 옆에는 곧이어 학교가 나란히 들어섰다. 시골 학교는 특히 말라리아에 관한 기본 지식과 '보건 의식' 증진에 역점을 두고 어른이나 아이 할 것 없이 문맹이라는 심각한 문제를 타결해 나갔다. 말라리아는 의사와 선생님이 연합 작전을 펼칠 때만 퇴치될 수 있다는 말도 공공연히 들렸다.

따라서 말라리아 퇴치운동도 처음의 단순한 마법의 탄알 전략에서 질병의 '결정적인 사회 요인들'을 다루는 쪽으로 방향을 전환했다. 첫 단계로 치료는 보건소, 교육은 시골 학교가 담당하는 식으로 퀴닌을 제대로 투약할 수 있는 환경을 조성했다. 곧이어 말라리아 환자 요양소와 아이들을 위한 여름 캠프 같은 기관도 창설해 말라리아 유행 시 가장 위험한 구역에서 주민들을 대피시키고, 이들에게 건강식과 의복, 지침을 제공하고자 했다. 마침내 '말라리아와의 전쟁'은 농장의 고인 물을 관리하고 제거하는 방안을 포함해 작업 환경, 임금, 주택, 지면 배수, 환경 위생에 초점을 맞추는 것까지 범위를 더욱 확대했다.

1922년 무솔리니Benito Mussolini의 정권 장악 이후, 자유주의 정권에서 파시스트 독재로의 이행은 이론적으로는 말라리아 퇴치 전략의 전환점이었다. 고질적인 말라리아 유행을 자유주의 정권의 실패를 입증하는 것으로 바라본 파시즘의 시각이 말라리아 퇴치 여부를 그런 주장의 정당성을 입증하는 실험대로 삼았다. 파시스트들에게 자유주의 이탈리아는 다른 모든 의회 민주주의 국가처럼 나약하고 우유부단했으며, 따라서 전체주의만이 말라리아 퇴치 계획을 성공적으로 이끌 수 있는 결단력이 있었다. 파시스트 이전의 이탈리아에 대해 "속이 옹졸하고 무기력하다"라고 일컬은 의학계 권위자 아킬레 스클라보Achille Sclavo는 파시즘만이 사르데냐에 내건 이탈리아의 약속을 지킬 것이라며 1925년 연설에서 청중을 안심시켰다.[6] 그는 새로운 정권은 나약한 민주주의 대신 모든 걸 정복하겠다는 일 두체(Il Duce, 파시스트 당수 무솔리니의 칭호_옮긴이)의 의지로 대체했다고 주장했다. 무솔리니가 이탈리아에서 낯부끄러운 후진성의 상징이자 위대한 '인종'을 약화시키는 지속적인 위협인 말라리아를 제거할 것이라는 주장이었다.

게다가 무솔리니는 새로운 로마 제국을 건설하려는 계획을 세우며 사르데냐에 특별한 지위를 주겠노라 약속했다. 인구 부족이라는 말로 묘사될 수 있는 유일한 이탈리아 지역 사르데냐를 의학적으로 구원한다면 인구나 영토 확장 측면에서 중요한 역할을 수행할 수 있을 것 같았다. 이탈리아에서 두 번째로 큰 이 섬은 정권에서 추진한 본토의 출산 장려 정책으로 탄생한 정착민들을 흡수할 수 있었다. 출산 장려와 영토 확장, 말라리아 퇴치 모두 단일 프로젝트에 포함된 내용이었다.

그러나 파시스트가 그렇게 호언장담했지만, 말라리아 퇴치 정책의 내용은 공허한 말장난에 지나지 않았다. 이론적으로 파시스트의 말라리아 접근 방식은 토지 매립과 정착, 농업 강화라는 종합개간사업(일명 보니피카 인테그랄레, bonifica integrale)을 통해 말라리아를 공략하는 것이었다. 이런 방식은 실제로 엄청난 규모의 기획과 자원이 동원되어야 하는 만큼 국가 차원에서 진지하게 이행된 적이 없었다. 그러나 이탈리아에는 광활한 습지와 낮은 인구 밀도라는 측면에서 종합개간사업 전략에 가장 잘 들어맞는 두 지역이 있었다. 무솔리니 계획을 선전하는 데 쓰일 폰티노 습지와 사르데냐섬이었다. 폰티노 습지는 파시스트 종합계획의 대대적인 성공작이었고, 사르데냐는 기존의 이해관계와 비용, 타성에 젖은 관료주의적 태도에 밀린 대대적인 실패작이었다.

제2차 세계대전 직전까지 폰티노 습지는 배수 작업을 성공리에 마치고, 흙을 매립하고, 말라리아를 상당 부분 억제했다. 반대로 사르데냐는 배수 시설과 집약재배의 오아시스 같은 곳이라는 말만 떠들어댔다. 섬 전체는 여전히 환경 악화, 규제되지 않는 수문 시설, 조방농업(경작 면적에 비해 자본과 노동력을 적게 들이면서 자연환경을 주로 이용하는 농업_옮긴이), 말라리아 성행으로 몸살을 앓고 있었다. 진척은 있었으나 더딘 데다 일 두체가 공약한 '전체주의적' 해결 방식보다는 전통적인 방법에 따라 진행되었다.

그러므로 사실상 파시스트 시대에 사르데냐섬에서 벌인 말라리아 퇴치운동은 퀴닌 배포, 시골 보건소, 시골 학교, 지역에 맞는 환경 위생 시설 등 자유주의 시대에 개척해 놓았던 방법을 계속해서 열심히 적용한 것에 지나지 않았다. '보니피카티온bonification'으로 명명된 토지 개간과 정착, 재배를 중점으로 한 종합계획만이 아니라 모기 유충을 잡아먹는 물고기를 풀어 놓거나 살충제 패리스 그린을 뿌려 유충을 퇴치하는 방법도 채택해 선별적으로 적용했다. 요란하게 떠들어댄 '파시스트 혁명'과는 어울리지 않게 퇴치 효과는 점진적으로 나타났다.

안타깝게도 이탈리아의 말라리아 퇴치운동 통계는 믿기 어렵기로 유명하고, 그중에서도 사르데냐의 통계는 최악이다. 거리, 통신 수단 부족, 열악한 의료 접근성, 연구 시설 부족, 다른 질병과 유사하여 이학적 진단을 어렵게 만드는 말라리아의 종합적 증상이 지닌 변화무쌍한 성격 등의 모든 요인이 말라리아에 대한 정확한 통계 산출에 방해가 되었으며, 특히 사망자보다는 환자 수에 대한 통계가 더 까다로웠다. 사망률

통계가 이환율 통계보다는 항상 더 믿을 만했다.

정확도에 대한 이런 한계에도 불구하고 지역별 인구 10만 명당 말라리아 열병과 습지 악액질로 인한 공식적인 연간 평균 사망률 수치를 바탕으로 세 가지 중요한 점이 규명되었다. 첫째, 말라리아 퇴치운동이 전국에 걸쳐서 상당한 규모로 지속적으로 이루어지며 성과를 거두었다. 둘째, 커다란 성과에도 불구하고 사르데냐의 말라리아는 퇴치운동 기간이 끝나가는 시점에도 중요하고도 고질적인 공중보건 문제로 남아있었다. 셋째, 사르데냐는 이탈리아에서 가장 피해가 심한 지역이라는 그 '통탄할 만한 최고의 지위'를 더욱 견고하게 다졌다.

이탈리아 전체와 특히 사르데냐에서 나타난 말라리아의 추가적인 특징은 사망률이 급감한다고 해서 이환율도 급감하며 그에 따라 전파 속도도 둔화되는 것은 아니라는 점이었다. 이는 말라리아 퇴치운동이 퀴닌에 의존한 결과였다. 항말라리아제 퀴닌을 이용할 수 있게 되었다는 것은 환자의 목숨을 일단은 살릴 수 있지만, 병을 완치시키거나 병의 전파를 막을 수 있다는 것을 의미하지는 않았다. 그러므로 말라리아로 인한 사망률은 하락해도, 이환율에 대한 믿을 만한 통계가 없기는 하지만 환자 수는 계속해서 훨씬 높은 수준을 유지했다.

제2차 세계대전 이후의 위기

말라리아 통제가 중단 없이 계속 전진만 해온 것은 아니었다. 오히려 매년 여름철이면 발생하는 이 감염병의 강도는 날씨에 따라 변화무쌍했다. 폭우가 잦고 여름철 기온이 유난히 높은 해가 모기에게는 커다란 즐거움이었다. 그러나 가장 심각하고도 지속적인 퇴보는 전쟁의 결과였다. 두 번의 세계대전은 수십 년간 끈기 있게 노력해 얻은 소득을 무위로 돌리며 말라리아라는 극적인 감염병을 뒤에 남기고 끝났다.

전쟁 이후에 나타난 공중보건 재난 사태의 원인은 다양하게 서로 맞물려 있었다. 전쟁으로 의료진이 징집되면서 사실상 말라리아 퇴치운동은 중단되었고, 국제 사회의 퀴닌 공급이 막히면서 퇴치운동의 주요 동력도 사라졌다.

또다시 밀려든 공중보건 재난 사태는 사르데냐 경제의 두 중추인 농업과 광업에 심각한 피해를 입혔다. 농업에 관한 한 세계대전은 자원의 방향을 조직적으로 시골 지역에서 산업과 군대로 돌렸다. 역축(짐수레 끄는 동물_옮긴이)과 기계가 징발되고, 남자들이 징집되었다. 비료와 부품, 연료, 장비는 무용지물이 되었고, 투자는 중단되었다. 농지 배수 작업도 중단되고, 면역력이 없는 여성과 아이들이 자리를 비운 남자들을 대신해 들판으로 나갔다.(여성과 아이들은 농사일을 하지 않고 말라리아가 성행하는 들판이나 계곡보다는 높은 언덕 위 소도시에서 지냈기 때문에 말라리아에 노출되는 경우가 드물어 면역력이 떨어졌다.) 그러나 역축은 그 자체가 보건의 척도였다. 역축이 사라지자 모기에게는 먹거리가 하나 줄어든 셈이 되어 대신 인간의 피를 마음껏 빨아댔다. 게다가 모든 게 부족해진 탓에 생산량은 급감하고 관개나 배수 시설 같은 기반 시설은 방치되었다. 또한 보트나 기차, 자동차, 마차 등 교통 체계의 붕괴로 유통망에 차질이 생기는 바람에 그렇지 않아도 부족한 식량이 점점 더 부족해졌다. 물가는 무자비하게 상승했고, 사재기와 암거래가 판을 쳐서 상황은 급격하게 나빠졌다.

전쟁은 채광 구역 전역에도 참담한 영향을 미쳤다. 공급과 장비, 수송이 모두 소용없게 되자, 유지 관리가 불가능해진 갱도가 무너지며 폐쇄되었다. 노동자들은 무더기로 해고되었고, 광업은 마비되었다. 일자리가 사라진 광부들의 생활 여건은 노예들과 다를 바가 없었다.

전쟁은 물론 말라리아 위기도 고조시켰다. 젊은 남자를 수없이 동원해 이탈리아와 발칸반도에서 말라리아가 성행하는 지역의 비좁고 비위생적인 환경에 배치함으로써 그들을 감염에 노출시켰다. 무솔리니의 군사 작전은 건강을 완전히 파괴하는 결과를 가져왔다. 1943년 9월 8일 이탈리아의 항복 이후, 이탈리아군은 패전의 책임을 지고 점령과 해체의 대상이 되었고, 이탈리아반도는 전쟁터로 바뀌었다. 농업과 공업, 교통 체계가 훼손되었고, 수많은 난민과 노숙자들이 속출했으며, 이탈리아는 피점령국이 되어 이탈리아를 원자재와 공업 시설과 노동력을 수탈당해도 싼 곳으로 바라보는 독일 정책의 제물로 전락했다. 연합군의 연이은 사르데냐 폭격도 광범위한 지역을 황폐화시키고 수많은 난민을 양산했다. 이 모든 일이 질병에 대한 저항력을 무너뜨린 온갖 요인으로 작용했다.

ERLAAS는 1945년 사업 개시부터 사르데냐 역사상 최악의 가뭄으로 농업 분야가 더욱 어려워진 만큼 상황도 극적이었다. 안타깝게도 1946년 역시 유난히 건조한 해였다. 모든 작물의 에이커당 소출은 전쟁 이전 수준의 몇 분의 1에 지나지 않았고, 토양이 쟁기질하거나 작물을 심지 못할 정도로 단단하고 건조해서 넓은 논은 아무것도 심지 못한 채 그대로 방치되었다. 사료 작물도 거두지 못해 경작용 동물들은 도살되거나 아사하기 직전이었고, 그나마 살아남은 소들도 뼈만 앙상해 쟁기질은 엄두도 내지 못했다. 숲에서 일어난 불길이 바짝 마른 들판을 가로질러 과수원과 포도밭, 농작물을 휩쓸었다. 메뚜기 떼가 덮쳐 성경에나 나옴 직한 재앙이 발생하기도 했다. 소비자들이 전쟁 이전 수준보다 아홉 배나 뛰어오른 막노동 임금과 스무 배나 뛰어오른 물가 사이에서 가위 사태(수요와 공급 곡선의 기울기를 가위에 빗댄 용어_옮긴이)에 몰림에 따라 인플레이션을 피해 갈 도리가 없었다.

사르데냐섬은 굶주림에 허덕였고, 나라에서 시행한 배급도 평균 사르데냐인의 건강 유지에 필요한 일일 섭취량 2,600칼로리 중 900칼로리를 공급하는 데 그쳤다. 1945~1946년 위기에는 일반 가정에서 수입의 90%를 식비로 지출하기도 했다. 상점은 텅 비고, 돈이 떨어진 사람들은 넝마를 걸치고 맨발로 다녔다. 그렇게 급락한 생활 수준이 공중보건 위기 속에 그대로 드러났다. 말라리아와 결핵이 단연 가장 심각한 문제였지만, 당국은 전염성 만성 결막염, 매독, 성인의 위장염, 옴, 비타민 부족, 아동의 백일해 등 심각해진 다른 질환의 발병 문제도 해결해야 했다.

범죄도 사르데냐 전 지역을 휩쓸었다. 섬에 돌아온 참전 용사와 게릴라 출신, 전쟁 포로들은 일자리가 없어 굶주림에 허덕였다. 그들은 실직한 농장 노동자들과 탈출한 재소자들과 함께 전쟁 때 빼돌린 수류탄과 소총, 자동소총으로 무장하고 약탈 조직을 만들었다. 이런 범죄 조직들이 강도, 유괴, 갈취, 살인을 일삼는 동안 인원이 부족한 경찰에서는 공권력을 재정비하느라 안간힘을 쓰고 있었다.

2차 말라리아 퇴치운동: ERLAAS와 DDT

미국의 대對사르데냐 정책은 사회적·경제적·의료적 재난 사태의 정도가 드러나면서 전개되었다. 첫 작업은 막대한 고통을 초래하고, 경제를 흐트러뜨리고, 안정된 정부로 복원하는 일을 복잡하게 할 소지가 있는 몇몇 감염병 때문에 공중보건 재난 사태가 발생하지 않도록 예방하는 일이었다. 발진티푸스나 장티푸스, 결핵이 하나같이 근심을 자아내고 개입을 촉구했지만, 말라리아의 위협 앞에서는 모두 아무것도 아니었다. ERLAAS는 전후 시기의 최대 공중보건 문제에 직면했다.

ERLAAS는 공중보건은 물론 정치적인 맥락에서 이해되어야 한다. DDT를 살포하는 논의가 진행되던 당시 냉전이 막 시작되었고, 얼룩날개모기 퇴치운동은 서구 사회와 공산주의의 갈등 논리를 대변했다. ERLAAS를 총괄하던 록펠러 재단은 진정한 인도주의적 차원의 관심에서 보건 문제를 촉구했다. 그러나 동시에 의료와 과학, 공중보건이 고통을 완화하는 단순한 수단이 아니라 미국의 패권을 강화하려는 '소프트 파워'라는 점도 충분히 인식하고 있었다. 처음에는 사르데냐, 그다음에는 지구촌 곳곳에서 DDT라는 방법을 통해 말라리아를 퇴치하려는 계획은 미국의 과학과 기술이 막강한 수준임을 드러내며 세상을 놀라게할 기회였을 것이다.

사리私利를 추구하는 계몽된 사고방식도 전후 세계의 시장 경제에 건강한 소비자와 생산자가 필요하며, 저렴하고 빠른 방법으로 보건 문제를 다루어야 그로 인한 혜택이 지속될 것임을 시사했다. 그러한 전망이 특히 매력적이었던 이유는 듀폰DuPont이나 몬산토Monsanto 같은 미국 기업들이 DDT를 공급하는 일에서 두드러진 역할을 할 것이기 때문이었다. 게다가 말라리아 문제에 대한 '미국식 해법'은 빈곤과 환경 파괴라는 난문제에 관심을 기울여야 할 필요성을 배제했다. 그런 문제점들을 제기한다는 것은 사회적 의료이자 사회주의적 태도라며 공격했다.

1945년에 마련되어 1946~1947년에 처음 시행된 ERLAAS 전략은 말라리아 퇴치에 대한 군사적 접근 방식이 중심이었다. 군사적 위계 원칙에 따라 내부 문건에서 전쟁 용어와 은유를 활용했고, 작업을 시행할 때도 군사 장비를 이용했다. 이런 '2차 노르망디 상륙'과 이후의 준군사적 점령은 사르데냐섬의 역사와 경제, 주민들의 생활 여건, 심지어는

1900년에 시작된 예전의 말라리아 퇴치운동 기록에는 일절 주의를 기울이지 않았다. 전략 입안자들은 대신 사르데냐를 지역과 구역, 부지역, 구, 지구 등 계층적 행정 단위로 나누었다. 단일 살포팀에서 일주일에 DDT로 처리할 수 있는 면적을 의미하는 지구는 가장 중요한 작전 단위였다.

5,299개 지구 각각에 대해 지도 작성자들은 정찰대원들에게 얼룩날개모기가 보금자리를 틀 수 있는 주택, 수직 갱도, 공공건물, 교회, 가게, 헛간, 교량, 돼지우리, 마구간, 닭장, 그리고 사르데냐의 특징적인 풍광인 누라기nuraghi라는 고대 석탑 등 모든 구조물을 조사하게 했다. 크고 작은 동굴들도 조사 대상으로 지정되었다. 이렇게 작업의 범위를 정한 ERLAAS는 지역 지리를 훤하게 꿰뚫고 있는 지역 주민을 상대로 살포팀을 모집했다. 한 지구당 팀 하나가 고용되어 손에는 살포기, 어깨에는 기름으로 현탁한 5% DDT 용액 통으로 무장했다. 그들은 각 구조물의 벽과 천장에 ㎡당 2g씩 DDT를 살포하라는 지시를 받았다. 이렇게 살포하면 DDT가 묻은 해충은 죽고, 다음 살포까지 몇 달간은 치명적인 잔여물이 모기를 박멸하는 효과가 있을 것이었다.

애당초 이런 전략은 DDT의 살충 효과가 전례 없이 뛰어나며 얼룩날개모기가 흡혈 이전과 흡혈 사이의 시간 대부분을 실내에서 지낸다는 가정을 토대로 삼았다. 살포 목표는 두 가지였다. 첫째, 적극적으로 피를 빨아 먹는 모기가 알을 낳기 전에 모조리 없애버리는 게 직접적인 목표였다. 둘째, 말라리아가 잠잠한 11월에서 2월까지 모기가 겨울을 지내는 안식처에 전부 약을 살포해 봄에 알을 까고 전파 순환을 재개할 모기가 없도록 하는 것이었다. 여기에 매주 살포 작업이 끝나면 정찰대가 찾아가 살포 작업이 매뉴얼대로 실시되었는지 여부를 살피고 모기를 찾아 개체 수를 확인했다. 이 계획의 감독들은 칼리아리의 '작전실'

에 모여 정보를 수집하고, 수집한 정보를 섬의 지도에 반영하고, 후속 작전을 수립했다. 그들은 살포와 정찰에 성공하면 상도 내리고, 태만한 자들에게는 벌도 주고, 팀 간의 경쟁심도 부추겼다.

그러나 얼룩날개모기가 계획 입안자들의 예상과는 달리 실내형이 아니라는 곤충학적 증거가 곧이어 드러났다. 사르데냐 모기는 대개가 실내에만 숨어있기보다는 야외에서 쉬다 어두워지면 먹이를 찾아 사람들 거주지로 들어오는 야생형이었다. 결과적으로 사르데냐 모기를 '실내 잔류 살포'라는 방법으로 근절하겠다는 생각은 문제의 소지가 있었다. 그래서 ERLAAS는 1947년부터 실내 살포를 부차적인 방법으로 활용하고, 봄과 여름철에 야외 번식지에 살포하는 대안 전략에 역점을 두었다. 이런 살포 방식은 환자가 5월에 처음 발생한 다음 6월과 7월에 가파르게 상승하다 8월에 정점을 찍은 뒤 11월이면 사라지는 상승 곡선을 따라 진행되었다.

살포팀은 고도에 따른 기후대 구분법을 따랐다. 모기가 해안선을 따라 처음 알을 낳는 3월에는 해수면에서 작업을 시작했고, 날씨가 점차 따뜻해질수록 고도를 높여가며 작업을 진행했다. 작업이 야외로 이동되었다고는 해도 이 프로젝트는 여전히 행정 단위와 살포팀과 정찰대에 의존했다. 그러나 작업의 초점은 성충에서 유충으로, 구조물에서 산속 웅덩이나 강바닥의 물웅덩이, 개천가, 습지, 호수, 관개 도랑, 우물 등으로 옮겨갔다.

야외 살포는 실내 잔류 살포보다 한층 노동 집약적인 일이었다. 야외 살포는 번식 철 내내 매주 재작업을 시행해야 했다. 게다가 번식 장소도 100만 개가 넘었고, 그중 상당수는 굵은 검은딸기나무 아래 숨겨져 있었다. 그러니 살포에 앞서 습지에서 물을 빼내고, 개천을 걷어내고, 폭파 작업을 하고, 유속을 높이는 강바닥 작업을 해야 했다. 이렇듯 야외 살포 작업에는 실내 작업에는 필요 없는 갈고리나 도끼, 삽, 곡괭이, 대형 낫, 보트, 뗏목, 트랙터, 도랑 파는 기계, 베는 기계, 펌프, 폭탄 등 많은 장비가 필요했다. 게다가 물 폭이 넓어 수작업만으로 효과를 내기 힘든 경우에는 대신 공중에서 살포하기도 했다. 이탈리아 공군 출신 조종사들은 날개 밑 연료통에 무기 대신 살충제를 가득 채운 개조된 폭격기를 조종했다.

야외 살포는 대중의 저항이라는 문제를 일으키기도 했다. ERLAAS 기록에는 자유주의 시대에 퀴닌 배포를 반대했던 만큼의 저항은 언급되어 있지 않다. 학교와 보건소는 말라리아 방역 대책의 필요성을 방송했다. DDT는 집에서 파리를 쫓아내고 침대에서 벌레를 몰아내는 역할을 함으로써 인기를 얻었다. 살포 작업자 모집은 강력한 재정적 유인책이 되었다. 그런데도 작업을 적극적으로 방해하는 일부 주민들도 있었다. 목양자와 어부들은 DDT가 그들의 생계가 달린 동물들을 죽이는 게 두려워 물이 고여있는 장소를 작업팀에 숨기고, 때로는 그들에게 소총으로 공격을 가하기도 했다. 노상강도들도 ERLAAS의 급여 전달 차량을 공격했고, 공산주의자들은 모든 계획이 미국 제국주의의 과시라고 비난했다. 그런 여러 가지 장애와 수천 km²씩 뻗어 있는 험난한 지형에서 진행된 고된 작업에도 불구하고 ERLAAS는 이내 사르데냐의 최대 고용주가 되어 무려 3만 명에 달하는 노동자들을 불러들였고, 그중 2만 4,000명은 살포 작업보다는 배수나 제거 작업 같은 힘든 육체노동을 했다.

이렇게 구성된 사르데냐 프로젝트는 실내와 실외를 비롯해 섬 전체에 걸쳐 대규모 살포 작업을 진행하며 1947~1948년에 정점에 다다랐다. 1948~1949년은 전환점이 되었다. 정찰대원들은 대규모 지역을 훑은 뒤 야외에서는 '유충 음성', 실내에서는 '성충 음성'이 나왔다고 보고

했다. 따라서 1949년부터는 작업이 전면적인 살포에서 정찰대에서 '양성' 조심이 보인다고 밝혀낸 지구들을 중점으로 살포하는 것으로 바뀌었다. 1951년까지 거의 모든 종의 모기가 박멸되었지만, 여기저기서 얼룩날개모기가 끈질기게 나타났다. 프로젝트의 초기 목표가 토착 모기종을 근절하는 계획이 실행 가능한지의 여부를 판단하는 것이었기 때문에 말라리아 퇴치운동은 엄밀한 의미에서 실패였다. 그러나 공중보건 차원에서 보면 전파의 연결고리는 끊어졌기에 사르데냐에서 말라리아가 사라졌고, 따라서 사르데냐 프로젝트는 마무리되었다. 록펠러 재단의 표현에 따르면, "퇴치 활동이 끝나도 여전히 얼룩날개모기가 발견되기도 했다. 그래서 혹자는 퇴치운동이 실패라고 할 수도 있다. …… 그러나 퇴치 문제에 대한 답은 부정적이지만, 공중보건 진전이라는 측면에서는 실험 결과가 긍정적이라는 데서 보람을 느낀다."[7] 공식적으로 보고된 환자 수는 1946년 7만 5,447명에서 1948년 1만 5,121명, 1951년에는 단 9명으로 급격한 하락세를 보였다. 존 로건은 사르데냐 프로젝트가 '세계적인 관심'을 끌었다는 점을 지적하며 일찍이 1948년에 이로 인해 "퇴치 기법을 지금까지는 불가능했던 대규모 방식으로 적용할 수 있는 길이 밝혀지게 될 것이다"라고 자신 있게 예견했다.[8]

박멸의 추가 요인들

DDT가 사르데냐에서 말라리아를 박멸한 잠재적 요인이었다는 데는 의견이 일치하지만, DDT가 독자적인 역할을 했다는 결론은 오해의 소지가 있다. 전후 살포 작업은 DDT와는 무관하게 개입된 일들이 서로 겹치는 가운데 실시되었는데, 이런 일은 로건의 공식적인 설명이나 차후 역사에서도 언급되지 않았다. 한 가지 너무 쉽게 간과한 요인은 ERLAAS의 설립이 사르데냐의 노동 시장을 바꾸어놓았다는 점이다. 살포 작업이 야외로 옮겨가자 ERLAAS는 수만 명의 근로자를 정부보다 더 높은 임금을 주며 고용했다. 그런 식으로 ERLAAS는 사르데냐를 말라리아에 취약하게 만든 주요 사회적 여건 중 두 가지, 즉 빈곤과 실업을 퇴치하는 데 중요한 역할을 했다. ERLAAS가 사르데냐에서 지출한 미화 총 1,100만 달러는 지역 경제를 살리는 데도 기여했다. 그런 의미에서 DDT 사업은 또 다른 주요 변수를 실험하게 했으며, 록펠러 재단의 이사들도 그런 사업 비용이 사르데냐의 '경제 부흥'에 일조했다는 점에 주목했다.

게다가 '말라리아학의 DDT 시대'의 지지자였던 폴 러셀도 살포 작업으로 또 다른 변수를 실험하게 되었다고 언급했다. 그의 견해에 따르면, 사르데냐 프로젝트로 모기 감소와 농업 개선이라는 문제가 상호 보완하며 꾸준히 상승 곡선을 그리기 시작했다. 일찍이 1949년에 러셀은 살포 작업으로 "사르데냐에 부차적인 혜택"이 나타났다는 글을 남겼다. 농부들이 "농사지을 새로운 땅을 개간"하고 "말라리아 때문에 예전에는 불가능했던 종합개간사업"을 진행할 수 있었다.' 그런 환경 위생과 농업 개선은 그 자체로 중요한 말라리아 방역 대책이 되었다.

ERLAAS와 록펠러 재단의 기록은 사르데냐 프로젝트 이전 반세기 동안 꾸준하게 진행된 말라리아 방제 활동의 길고 긴 역사를 인정하지 않았다. 그러한 기록은 미국의 개입으로 모든 게 처음부터 새로 시작되었다는 인상을 준다. 따라서 말라리아를 DDT에만 의존해서 근절하는 '미국식' 기술적 접근이 효과적이었음을 증명하는 문서에는 제도적 편견이 내재해 있다. 그러나 사실 ERLAAS의 성공은 토대가 미리 마련되어 있었기에 가능한 것이었다. 살포 작업자들이 작업을 수월하게 할 수 있었다는 점이 중요한 사례다. 그들은 노상강도, 목양자, 공산주의자들의 산발적인 반대에 직면하기도 했지만, 일반적으로는 사르데냐 주민들의 압도적인 환영을 받으며 그들의 들판이나 가정에 들어가 일할 수 있었다는 것이 공식 문서에 명확히 나타나 있다. 이러한 열렬한 환영은 의사들과 공중보건 관계자들이 퀴닌 캡슐을 배포하기 시작한 20세기 초에 일어났던 광범위한 적대감과는 현저하게 대비된다. 당시 말라리아 퇴치운동가들은 퀴닌 캡슐은 독이며, 국가가 빈곤층에게 묵은 원한을 갚는 식으로 빈곤 문제를 해결하려고 꾸민 사악한 음모의 일환이라는 국민적 의혹에 직면했다. 사르데냐인들은 건강도 몹시 나빴고 열병도 너무 자주 발병하던 터라 환자들은 말라리아를 특별히 중요하게 인식하지 못할 정도였고, 따라서 정부가 배포하는 정제약 복용을 꺼렸다. 예전에 페스트가 발병했을 때처럼 시골 지역에는 독살범과 극악무도한 음모에 대한 소문이 판을 쳤다.

이처럼 첫 말라리아 퇴치운동의 초기 최대 난제 중 하나는 운동의 혜택이 가장 시급하게 돌아가야 할 사람들의 고집스러운 저항이었다. 농부, 농장 인부, 광부, 목양자들은 새롭게 문을 연 진료소에 가지 않으려고 했다. 그들은 집에 틀어박혀서 찾아오는 의사와 간호사들을 물리쳤다. 그들에게 제공된 의심스러운 약을 받더라도 되팔거나 담배와 교환하려고 쟁여놓았다. 침입자들이 떠나고 나면 캡슐을 뱉어버리거나 그 불쾌한 알약을 돼지에게 먹이기도 했다. 보조금으로 만든 이탈리아 퀴닌 일부는 암시장으로 흘러 들어가 북아프리카 말라리아 지역의 수요를 채우기 위해 재수출되었으며, 그곳에서는 이탈리아 정부의 퀴닌이 순도가 보장된다는 이유로 고가에 팔려나갔다. 때로는 부모는 약을 먹고 자녀에게는 먹이지 않으려는 일도 있었다. 가장 흔한 일은 중증 환자들이 퀴닌을 복용하다가 증상이 조금 나아졌다 싶으면 복용을 중단하는 것이었다. 관리들은 1909년에 배포된 퀴닌 대다수가 복용되지 않았다고 추산했다.

이러한 의혹과 무지는 말라리아 퇴치운동 작업을 상당히 복잡하게 만들었고, 대다수 활동이 그런 문제를 극복하는 방안을 마련하는 데 할애되었다. 여기에는 교육, 보건소, 퀴닌을 옹호하는 설교, 마을의 유명인들이 약을 공개적으로 삼키는 모습을 통해 자신감을 보여주는 공중보건 전시 등이 포함되었다. 이런 식으로 1900년부터 1945년 ERLAAS의 설립까지 말라리아 퇴치운동을 쉴 새 없이 펼치며 공중보건 의식을 높인 결과, 록펠러 재단의 DDT 살포 작업자들을 열정적으로 환영하는 배경이 마련되었다. 어떤 의미에서 퀴닌은 사르데냐 주민들이 DDT의 필요성을 이해하게 된 준비 과정이 되었다.

사르데냐 프로젝트가 정찰대원과 살포 작업자들을 효과적으로 배치할 수 있었던 역량도 사르데냐 주민들에 대한 사전 교육에 따라 결정되었다. ERLAAS는 작업자들이 말라리아 전파에 관한 기초 지식과 자신들이 맡은 업무의 중요성을 이해하고 있다는 사실에 신뢰를 보냈고, 록펠러 재단은 퇴치 작업은 기계가 효율적으로 돌아가듯이 아주 체계적으로 진행되어야 한다는 점을 알고 있었다. 이런 메커니즘은 사르데냐 섬에서 말라리아에 관한 과학적 기본 지식을 이미 전수받은 인력이 충분히 확보되어야만 순조롭게 돌아갈 수 있었다.

이는 ERLAAS가 자발적으로 교육 사업을 수행함으로써 수십 년간 쌓인 유산을 발판으로 정립되었음을 시사한다. ERLAAS는 일주일마다 직원들을 대상으로 그라시의 모기 전염 '이론'을 다루는 강좌를 열고, 사르데냐의 모든 어린이를 위한 수업의 기본 교과 과정을 학교에 제공하고, 말라리아를 주제로 한 프로그램과 말라리아를 박멸해야 하는 사명을 방송하고, 사르데냐 지역 전체에 배포할 전단과 포스터와 회보를 인쇄했다. ERLAAS는 또한 섬에 방역선을 설정하는 등 공중보건 무기고에 있는 가장 오래된 무기 중 하나를 활용하기도 했다. 얼룩날개모기들이 퇴치운동이 끝나도 섬에 재유입되지 않도록 공중보건 담당자들은 도착하는 배와 항공기에 빠짐없이 탑승해 살포 작업을 시행했다.

따라서 전후 말라리아 퇴치운동을 위한 길을 닦아 놓은 공중보건의 길고 긴 역사를 무시한다면 사르데냐 프로젝트의 시행을 제대로 이해할 수 없다. 게다가 ERLAAS의 역사는 DDT 실험에 관한 기록에만 관심을 쏟아왔다는 식으로 왜곡되고 있다. 존 로건의 공식적인 설명처럼, 그러한 자료들은 사르데냐 프로젝트가 마치 ERLAAS 이외의 관계자들이 착수한 계획은 무시한 채 별도로 작업을 진행해온 것처럼 왜곡하고 있다. 그런 계획들은 표면적으로는 의료적 목적은 아니었지만, 말라리아에 대한 주민들의 취약성에 크게 영향을 미치는 목적은 갖고 있었다. 그러므로 사르데냐 프로젝트는 말라리아 위기의 의료적 차원뿐만 아니라 사회적·경제적 차원에서 진행된 작업이라는 보다 광범위한 맥락에서 이해하는 것이 좋다.

사르데냐 프로젝트와 동시에 유엔구제부흥사업국United Nations Relief and Rehabilitation Administration, UNRRA에서 개입했다는 점이 가장 중요했는데, 이곳은 1945년부터 1947년까지 미국의 재정 지원 아래 이탈리아에서 활동한 기구로, 이후 마셜 플랜Marshall Plan으로 이어졌다. 사르데냐 프로젝트와 마찬가지로 UNRRA와 마셜 플랜도 인도주의적 차원의 취지와 냉전의 우선순위 작업을 함께 고려했다. 사르데냐 프로젝트 측면에서 보자면, UNRRA는 말라리아와의 전쟁과 더 밀접하게 연계되어 있다는 점에서 결정적인 사업이었고, 마셜 플랜은 말라리아와의 전쟁이 승리로 끝난 후의 상황에 더 큰 영향을 미쳤다. 다시 말해, UNRRA는 사르데냐 프로젝트가 승리를 거둘 수 있도록 직접적인 도움이 되었고, 마셜 플랜은 그 승리를 공고히 했다.

UNRRA는 이탈리아에서 장기적인 목표와 단기적인 목표가 있었다. '구호救護'는 단기적인 목표였고, 여기에 '무질서'와 '질병'이라는 쌍둥이 병폐와의 전쟁이 수반되었다. '무질서'는 파업과 데모, 폭동, 이탈리아 좌파 정당들의 세력 상승, 노동자들과 농부들이 좌익 노조와 정당을 지지하도록 자극한 경제적 난국을 의미했다. UNRRA의 임무는 인도주의적인 '국제적 책임'이기도 했고, 혁명을 예방하는 일종의 '세계 보험' 이기도 했다.

무질서를 물리치기 위한 최우선적인 작업은 기아 문제를 해결하고 인플레이션을 억제하는 것이었는데, 미국 기획자들은 이탈리아 가정의 건강을 지키는 데 필요한 필수품을 대량으로 수입하면 그 두 가지 목표를 달성할 수 있을 것으로 생각했다. 이는 미국에서 상품을 싣고 온 배 세 척이 매일 이탈리아 항구에 정박해 필요한 물자를 내려놓는다는 '일일 배 세 척 정책'을 의미했다. 배 한 척은 물자를 가득 실은 이탈리아 객차 550량과 맞먹었다. 이렇게 실려 온 물품은 이탈리아를 여덟 개 지역으로 분할하여 각 지역으로 이송되었다.

물자가 특정 구역에 도착한 뒤에는 시장, 교구 사제, 의사, 교사, 기업주, 여타 관계자 등의 지역 유지로 구성된 위원회에서 어려운 사람들에게 배급했고, 후하게 나누어 줄수록 지역 유지의 지위나 정당성도 올라갔다. 굶주린 사르데냐 주민들에게 공급할 수 있던 물자로는 밀가루, 분유, 돼지기름, 채소, 세몰리나(파스타 등의 원료로 쓰이는 듀럼밀을 부순 밀가루_옮긴이), 설탕, 생선 통조림 등이 있었다. 식량 공급과 인플레이션 억제는 정치적인 안정과 고통의 경감뿐 아니라 주민의 질병 저항력 향상에도 확실히 중요한 영향을 미쳤다. 식사를 개선하고 빈곤한 사르데냐 주민들의 구매력을 증진하는 일이 사르데냐 프로젝트 활동과 서로 강력한 상승

작용을 일으켰으며, 섬 입장에서는 "죽어가는 등잔불을 살리는 기름과도 같았다"고들 했다.[10]

질병을 간접적으로 다루는 것 외에도 UNRRA는 말라리아 퇴치 활동과 직접적으로 연계되는 도움도 제공했다. 이런 지원에는 병원 및 의료 물자, 특히 전후 의료품에서 주로 퀴닌을 대체하게 된 합성 항말라리아 약물인 퀴나크린quinacrine도 포함되었다. 퀴닌은 중증도가 가장 심한 혼수상태 환자들의 정맥 내 투여용으로 남겨두었다. DDT로는 모기를 억제하고 이탈리아의 전통적인 방법인 퀴닌 공급도 재개해 혈류 속 말라리아 원충을 공략했다. 동시에 UNRRA는 말라리아 환자들을 위한 요양원과, 해안가와 산악 지대 어린이들을 위한 여름 캠프 설립에 자금을 지원했다. 그곳에서 환자들과 어린이들은 모기에 물리지 않고, 건강한 식사를 제공받고, 기본적인 말라리아 예방법을 교육받았다. 임산부와 간호사들도 특식에 옷과 신발을 제공받았다. 이와 동시에 파손된 주택을 복구하고 피난민들에게 거처를 제공하는 활동도 시작되었다. 가장 취약한 지구의 상당수 주민은 이런 식으로 부분적으로나마 감염으로부터 보호되었다.

'구호' 외에도 UNRRA의 임무는 '재건'에 역점을 두는 것이었는데, 이는 산산이 부서진 이탈리아 경제의 회복을 의미했다. 공업과 농업을 전쟁 이전의 생산 수준으로 회복시키려는 취지였다. 전후 미국인 기획자들은 양차 대전 사이 유럽의 전체주의 정권과 제2차 세계대전이 대공황과 전제적인 경제 정책의 근거가 된다고 확신했다. 따라서 미국은 공산주의 확산과 전쟁 재개를 막기 위해 이탈리아의 생산 수준을 회복하고 이탈리아가 지구촌의 자유시장경제로 복귀하도록 막대한 지원을 아끼지 않았다.

사르데냐에 관한 한 이러한 개입은 주로 농업에서 이루어졌다.

UNRRA는 종자와 비료, 연료, 기계 설비를 제공했고, 파손되거나 방치된 관개 시설과 배수 시설을 복구하는 사업도 지원했다. 농작물 위에 쌓여있던 메뚜기 퇴치용 살충제도 털어냈다. 직접적인 결과는 생산량을 회복하는 것이었다. 그러나 이런 개입들은 물을 통제하여 모기 번식처를 제거하는 방식으로 농업을 강화함으로써 간접적으로는 말라리아를 공격하는 효과를 낳았다.

UNRRA는 사르데냐의 말라리아 퇴치운동에 두 가지 방법으로 직접적으로 기여했다. 첫째, 이탈리아 정부에 제공한 미국 제품의 판매 수익금으로 공중보건 재정을 보증하는 리라 펀드Lire Fund를 설립했다. 사르데냐에서 리라 펀드는 ERLAAS의 재정적 기둥이나 마찬가지였다. 이렇게 사르데냐 프로젝트는 재정 지원을 맡은 UNRRA의 보다 광범위한 활동을 아우르는 맥락에서만 분명하게 이해할 수 있다. UNRRA의 재정 지원은 또한 전쟁 이전 말라리아 퇴치운동의 기반 시설을 복구해 지역 말라리아 퇴치 위원회와 보건소, 학교에서 작업을 재개하고 퀴나크린의 배포를 가능하게 했다. 이런 의미에서 사르데냐 프로젝트는 별도로 수행된 것이 아니라, 전쟁 전 기간에 이루어진 전통적인 작업과 연계해 이루어졌다.

결론 : 반세기에 걸친 퇴치 노력의 결과

사르데냐의 말라리아 퇴치 성공은 전 세계, 특히 사하라사막 이남 아프리카를 계속해서 괴롭혀온, 일상생활을 방해하는 치명적인 질병을 퇴치할 수 있다는 희망적인 사례를 의미한다. 오늘날 매년 백만 명에 가까운 사람들이 예방도 치료도 가능한 말라리아에 목숨을 잃고 있다. 말라리아는 여전히 가장 치명적인 열대성 질환이며, HIV/AIDS와 결핵이 동반되면 아마도 세계에서 가장 심각한 감염병으로 꼽힐 것이다.

그러므로 사르데냐에서의 경험을 바탕으로 정확한 결론, 다시 말해 역사적으로 타당한 해석을 도출하는 게 중요하다. 국제보건기구와 국제사회는 초기에 부정확한 교훈을 바탕으로 DDT 살포 이후에 말라리아가 박멸되었기에 말라리아 박멸은 살포 작업 때문이라는 논리적 오류가 있는 결론에 도달했다.

그러나 사르데냐 프로젝트의 현실은 더욱 미묘하다. 이 프로젝트는 물론 퀴나크린과 DDT의 역할로 충분히 확인된 대로 기술적 도구가 얼마나 중요한지 입증하고 있다. 말라리아를 통제하려면 지속적인 과학연구와 연구 결과의 실용화가 필요하다. 반면에 사르데냐와 이탈리아 시골 지역 보건소에서 활약했던 말라리아 퇴치운동가들은 과학적 무기 하나에만 의존한다는 것은 잘못된 판단임을 제1차 세계대전 이전에도 이미 알고 있었다. 그들은 말라리아는 인간과 환경, 인간과 인간의 관계를 총체적으로 가장 엄밀하게 반영하는 감염병이라고 보고했다. 말라리아는 빈곤과 환경 훼손, 영양 부족, 불충분한 주거 시설, 문맹률, 태만, 이재민의 질병이자 부적절한 재배 농법으로 인한 질병이라고도 주장했다.

최초의 마법의 탄알이었던 퀴닌은 주거와 임금, 문맹률의 개선, 적절한 영양, 국가의 도덕적 헌신이 이루어진 상황에서 무료로 배포되었다. 이러한 요인들은 그 중요성 면에서 퀴닌 자체에 못지않은 말라리아 퇴치 방법이었다. 말라리아는 강력한 기술적 도구는 물론 사회적 정의가 진전될수록 후퇴했다. 그러나 가장 강력한 기술들이 존재하는데도 문제는 여전히 남아있다. 이런 기술들을 활용하기 적절한 상황이란 어떤 상황일까?

말라리아 퇴치운동 창시자 중 한 명인 안젤로 첼리는 이 질문에 이 시대와도 잘 들어맞는 좌우명으로 대답했다. "한 가지를 하라. 그렇다고 다른 것들을 빠트리지는 마라."[11] 첼리가 시사한 대로, 사르데냐의 교훈은 말라리아 퇴치운동이 효과를 보려면 다각도로 문제의식을 지녀야 한다는 의미일 수 있다. 그러려면 파트너십이나 부유한 이해관계자들의 도덕적 양심, 사람들에게 건강을 스스로 지키도록 가르치는 교육, 의료 접근성, 적정한 치료비, 환경 위생, 기초과학 연구에서 제공하는 방법론 등이 필요하다. 덧붙여 첼리의 좌우명은 사르데냐의 또 다른 교훈, 즉 말라리아 퇴치는 '응급 처방'보다는 장기적인 노력을 바탕으로 진행되어야 한다는 의미이기도 하다. 사르데냐섬에서 말라리아가 박멸된 것은 반세기에 걸친 퇴치 노력의 결과다. 마지막으로, 사르데냐의 성공은 국제적인 지원의 중요성을 일깨워준다. 사르데냐는 미국의 재정적·기술적 지원과, 질병은 국제 사회의 이해관계가 걸려있을 수밖에 없는 세계 공통의 문제라는 명백한 인식이 있었기에 퇴치라는 목표를 달성했다. 말라리아는 다른 모든 감염병과 마찬가지로 한 국가가 아닌 인류의 위기다.

퇴치 문제의 복잡성에 관한 그런 숙연한 교훈에도 불구하고 사르데냐 프로젝트는 감염병을 퇴치하면 그 노력의 대가로 한 지역의 자원을 풍부하게 할 수 있다는 희망적인 사례기도 하다. 전후 사르데냐 개발은 말라리아가 더 이상 생산성을 저해하고, 교육을 제한하고, 자원을 소모하고, 빈곤을 강화하지 않는 환경을 전제로 했다. 오늘날 사르데냐는 말라리아가 사라지면 감지할 수 있는 사회적·경제적·문화적 가능성이 넘치는 하나의 실례로 자리 잡았다.

| 제18장 | 폴리오와 박멸의 문제

세계적인 회백질척수염poliomyelitis 또는 폴리오polio 퇴치운동은 제2차 세계대전 말에 시작된 '박멸론의 시대'라고 칭할 수도 있는 시대의 직접적인 결과물이다. 행복에 취해 있던 이 수십 년 동안 인간과 세균의 길고 긴 전쟁에 결정적으로 퇴치운동이 합류하여 최종적인 승리를 쟁취할 순간이 도래했다는 데 공감하는 분위기였다. 이런 시각이 전쟁에서의 승리가 과학과 기술의 위력에 대한 걷잡을 수 없는 자신감으로 이어진 미국에서 비롯되었다는 점은 놀라운 일이 아니다. 미국 국무 장관 조지 마셜George Marshall은 1948년에 전 세계가 이제 지구상에서 감염병을 박멸할 방법을 갖추게 되었다고 공표했다. 마찬가지로 1969년에는 미 연방 정부 위생보건국장 윌리엄 H. 스튜어트William H. Stewart도 감염병을 '종식'시킬 때가 되었다고 선언했다.

폴리오 퇴치운동은 새로운 정신을 반영했다. 폴리오와 싸우던 수많은 주요 인사들은 다른 퇴치운동 전력이 있는 베테랑들이었으며, 따라서 박멸론 관점을 견지했다. 프레드 소퍼와 알렉산더 랭뮤어(Alexander Langmuir, 1910~1993)는 말라리아 연구의 선도적 인물이었고, D. A. 헨더슨D. A. Henderson은 세계적인 천연두 퇴치운동의 의료 책임자로 활동했으며, 아이단 콕번Aidan Cockburn은 모든 감염병의 종식을 이론으로 정립했다.

게다가 폴리오 퇴치운동은 30대 후반에 회백질척수염이라는 마비성 질환을 앓은 바 있는 프랭클린 루스벨트Franklin Roosevelt 대통령의 독려에서 커다란 자극을 받았다. 루스벨트는 그가 산파 역할을 한 조지 웜 스프링스 재단George Warm Springs Foundation과 특히 국립소아마비재단National Foundation for Infantile Paralysis, 이렇게 두 자선단체를 통해 폴리오 퇴치운동에 활력을 불어넣었다. 마치 오브 다임스(March of Dimes, 10센트 동전인 다임을 기부하는 운동_옮긴이)로 알려져 결국 그렇게 이름이 바뀐 국립소아마비재단은 폴리오와 관련한 연구, 환자 치료, 홍보를 위한 모금 활동을 전개하는 데 크게 기여했다. 데이비드 오신스키David Oshinsky는 다음과 같은 글을 남겼다.

> "국립 재단은 사상 최대의 자선 보건 기관, 즉 미국의 민간 자선 활동의 역할과 방법을 재정립할 수 있는 기관으로서 민간 자선 활동을 위한 최고의 기준이 되었다."[1]

폴리오 질환

회백질척수염은 3종의 폴리오바이러스가 일으키는 감염력이 매우 높은 바이러스성 질환이다. 폴리오에서 완쾌한 환자는 이 질환을 일으킨 종에는 평생 강한 면역력을 지니지만, 나머지 2종에 대해서는 교차 면역이 생기지 않기 때문에 이들 종을 제각기 구별하는 일이 중요하다. 또한 폴리오바이러스 1형은 나머지 종보다 더 악성이고, 마비되거나 목숨을 잃는 환자 중 약 85%는 이 바이러스가 원인이다.

폴리오바이러스 1형은 오염된 식품이나 물을 섭취하거나, 오염된 물건을 만진 다음 씻지 않은 손을 입에 대면서 분변-경구 경로를 통해 주로 전파된다. 또한 가래나, 감염된 사람이 기침이나 재채기를 할 때 나온 점액에 노출되면 사람에게서 사람으로 직접 전파되기도 한다. 폴리오바이러스 1형은 목구멍이나 하부 위장관의 점막 조직에서 1~3주간 잠복기를 거치며 수가 크게 증가한다. 대부분 감염이 되어도 증상이 나타나지 않으며, 환자는 감염 자체를 인식하지 못한다. 그러나 바로 그런 사람들이 바이러스를 배출하는 무증상 보균자 역할을 한다는 게 폴리오 역학에서 간과해서는 안 되는 점이다.

폴리오는 감염된 사람의 약 4분의 1에서 증상과 병의 정도가 다양하게 나타난다. 폴리오바이러스는 장에서 림프계로, 그다음에는 혈류로 빠져나가며, 혈류를 통해 전신으로 퍼져나가 거의 모든 기관을 공격한다. 그러나 환자 대부분은 가벼운 감기처럼 보통은 길게 2주일까지 지속되는 열과 두통, 휴식을 취해도 나아지지 않는 피로감, 인후염, 구토, 복통 등을 겪는다. 이런 '불현성' 또는 '비마비성' 유형의 폴리오가 폴리오 전파에 큰 역할을 하는 까닭은 환자가 병의 중증도를 인식하지 못하므로 감염력이 높아 주변 사람들에게 심각한 위험이 되기 때문이다.

불현성 폴리오abortive polio 환자 200명당 한 명 정도는 한층 심한 마비성 유형으로 진전된다. 폴리오는 핀과 바늘로 사지를 찌르는 듯한 감각 이상증이라는 증상으로 시작된다. 이런 증상은 중추신경계, 즉 척수와 뇌가 연루되어 있다는 신호다. 바이러스가 척수의 운동핵에 침입하는 '척수 폴리오spinal polio'가 가장 흔하다. 사실 19세기에 만들어진 '회백질척수염'이란 말은 그리스어의 '회색polios'과 '골수myelos', '염증itis'에서 유래한 말이다. 따라서 이 질환은 원래 척수의 백골수에 생기는 질환이라는 개념이었다.

척수에 문제가 생기는 정확한 메커니즘을 아직 분명하게 이해하지는 못하지만, 폴리오바이러스가 일단 척수에 도달하면 전신 근육운동을 담당하는 운동핵에 침입해 이를 파괴하는 것으로 알려져 있다. 결과적으로 신경 자극으로 인한 전기 입력을 빼앗긴 근육은 기능이 상실되고 순식간에 위축되며, 사지와 호흡을 관장하는 흉부와 횡격막 근육에도 곧잘 마비 증세가 나타난다. 이런 증세는 종종 죽음이라는 결과로 이어진다. 그 같은 마비 증상은 갑자기 발생하며, 중증도는 다양하다. 마비 증상이 부분적이고 일시적일 수도 있지만, 전신에 영구적으로 나타나는 경우도 많다. 신체 한쪽이나 양쪽 사지가 늘어지고 헐렁해지며, 발목과 발뿐만 아니라 감염된 사지 자체가 변형되기도 한다. 이것이 '급성 이완성 마비'라고 알려진 증상의 시작이다.

뇌와 관련된 폴리오는 척수 폴리오보다는 발생 빈도가 떨어진다. 뇌간에 생기는 '구형 폴리오bulbar polio'는 시각과 목 넘김, 호흡, 혀의 움직임을 관장하는 근육을 제어하는 신경 중추에 영향을 준다. 이렇게 되면 기도 점막이 확장되어 질식 현상이 나타나는 등 고통스럽고 종종 목숨을 앗아가는 결과로 이어지기도 한다. 구형 폴리오에 걸리면 비정상적 반사운동, 극심한 두통, 경련, 정신장애, 집중력 상실도 나타난다.

그러나 환자들이 마비성 폴리오에서 회복되었다고 시련이 끝난 것은 아니다. 신체적 손상, 장애, 불구가 평생 따라다니는 경우가 많기 때문이다. 더욱이 초기 감염 이후 15~40년까지 다양한 간격으로 환자 중 3분의 1 정도는 중증도가 계속 진행되는 폴리오후증후군post−polio syndrome을 앓는다. 근육이나 관절의 약화, 피로감, 낮은 온도에 대한 과민증으로 시작하는 폴리오후증후군은 근위축, 관절 변형, 호흡과 목 넘김의 어려움, 골격 변형이나 급격한 감정 변화, 우울증, 기억상실 등의 정신적 증상으로 이어질 수 있다.

현대 폴리오

산업 사회의 경험

회백질척수염은 역사적으로 '소아마비 infantile paralysis'로도 알려졌으며, 특이한 유아기 질병으로 여겨졌다. 소아마비에 걸리면 죽기도 하고 불구가 될 수도 있지만, 다행히도 그런 경우는 거의 없었다. 그러나 1890년에서 제1차 세계대전 사이에 유럽과 북미에서 급격한 변화가 발생했다. 그 기간에 폴리오가 유아 이상의 어린이, 청소년, 청년층도 걸리는 악성 감염병으로 거듭나기 시작했던 것이다. 따뜻한 여름철 몇 개월 동안 산업 사회를 맹렬하게 휩쓴 폴리오가 결핵에 견줄 만한 우려의 원인이 되었다. 폴리오는 점점 '역병'이나 '절름발이병'으로 언급되었다. 사람들도 폴리오를 '신종 폴리오'나 '현대 폴리오'로 부르기 시작했다.

사상 최초의 폴리오 감염병은 1881년 스웨덴을 강타했고, 이어 1894년에는 미국 버몬트, 1905년에는 다시 스칸디나비아, 1907년에는 뉴욕, 1908년에는 빈에서 발생했다. 그러나 현대 폴리오가 미국의 뉴욕과 북동부 상당 지역에 큰 피해를 주며 주요 감염병으로 거듭난 때는 1916년이었다. 1916년 이후에는 회백질척수염이라는 대형 감염병이 산업 사회에서 여름이면 되풀이되는 특징이 되었다. 미국에서는 폴리오가 1949년에서 1954년 사이에 가장 극심했다.(표 18 - 1)

현대 폴리오에 느끼는 두려움은 대형 감염병의 급작스러운 출현, 치료약의 부재, 초래된 질병과 죽음이라는 부담 등 다양한 요인을 반영했다. 마찬가지로 폴리오가 목숨을 앗아가는 것은 물론, 몸을 마비시키고 불구로 만들 수 있는 점도 두려웠다. 1935년《레이디스 홈 저널*Ladies' Home Journal*》에 발표된 대표적인 반응을 보면, 폴리오가 "죽음보다 더

연도	환자 수	10만 명당 환자 수
1915	1,639	3.1
1916	27,363	41.4
1917	4,174	5.0
1918	2,543	2.9
1919	1,967	2.3
1920	2,338	2.4
1921	6,301	6.1
1922	2,255	2.0
1923	3,589	2.9
1924	5,262	4.6
1925	6,104	5.2
1926	2,750	2.2
1927	10,533	8.8
1928	5,169	4.2
1929	2,882	2.3
1930	9,220	7.5
1931	15,872	12.8
1932	3,820	3.0
1933	5,043	4.0
1934	7,510	5.9
1935	10,839	8.5
1936	4,523	3.5
1937	9,514	7.4
1938	1,705	1.3
1939	7,343	5.6
1940	9,804	7.4
1941	9,086	6.8
1942	4,167	3.1
1943	12,450	9.3
1944	19,029	14.3
1945	13,624	10.3
1946	25,698	18.4
1947	10,827	7.6
1948	27,726	19.0
1949	42,033	28.3
1950	33,300	22.0
1951	28,386	18.5
1952	57,879	37.2
1953	35,592	22.5
1954	38,741	24.0

출처: 국립소아마비재단, 《1957년 회백질척수염: 연도별 통계 리뷰(Poliomyelitis 1957: Annual Statistical Review)》

(발행지 불명, 1957)

표 18-1 1915~1954년 미국의 마비성 회백질척수염 환자 실태

한 불구"를 초래하며, 따라서 어떤 감염병보다 부모들을 공포에 떨게 했다고 강조했다.[2]

폴리오가 잠잠한 기간에도 팔다리가 쇠약해져 교정기나 금속 보조기에 기대고, 휠체어에 의지하거나 철제 호흡 보조 장치를 매달고 괴로워하는 어린이들이 많았기 때문에 폴리오를 까맣게 잊고 지내기란 불가능했다. 효과적인 폴리오 백신을 최초로 개발한 조나스 소크(Jonas Salk, 1914~1995)는 "우리는 모든 감염병 중에서 마비성 회백질척수염의 특이성을 너무도 잘 알고 있다. 이 특이한 조합의 감염병은 공격 빈도에 비해 너무 무시무시한 공포와 비극을 가하고 있다"[3]라고 말한다. 사상 처음으로 사회는 대체로 방치되어 왔던 불구라는 문제에 어쩔 수 없이 직면하게 되었다.

더욱이 현대 폴리오로 인한 공포는 이 감염병을 둘러싼 미스터리한 문제로 배가되었다. 현대 폴리오가 1916년 뉴욕을 강타했을 때 의사들조차 폴리오의 주요 특징들을 접하고는 당황스러워했다. 폴리오와 그 진행 과정에 대한 과학적이거나 의학적인 이해가 거의 없었기 때문이다. 의사들에게는 권할 만한 어떤 치료법도, 일시적인 처방도, 보호 차원의 예방법도, 불구가 된 환자들의 재활 전략도 없었다. 전파 방식이나 침입구, 병리학 등 모든 게 풀리지 않은 수수께끼였다.

서구 사회를 특히 당황스럽게 한 폴리오의 한 가지 특징은 희생자들의 사회적 측면이었다. 폴리오는 위생이나 사회 계층, 주거 수준이 감염과 아무런 상관관계가 없는 것 같았다. 《레이디스 홈 저널》은 이렇게 지적했다. "회백질척수염은 빈곤의 형벌이 아니다. 일단 공포가 퍼지면 재력만으로는 면역력을 살 수가 없다. 불가사의할 정도로 닥치는 대로 불구로 만들어버리는 이 조그만 감염병이 일단 날뛰기 시작하면 대로변의 잘 먹고 자란 아이들이 도랑가의 집 없는 아이들보다 더 안전한 것도 아니다. …… 아이들을 이렇게 괴롭히고 불구로 만들어버리는 인간 역병은 찾아보기 힘들다."[4]

이렇듯 다른 수많은 주요 감염병과는 달리 폴리오는 부유층이라고 피할 수 있는 '사회적 질병'이 아니었다. 오히려 부유층, 교외, 전원 지역을 주로 공략하는 경향을 보이며 빈곤의 질병과는 정반대의 심술을 부리는 것 같았다. 미국에서도 소수 민족 집단보다는 백인 아동들을 공격하는 경향이 두드러졌다. 1948년에 실시된 여론조사 결과, 미국인들이 폴리오보다 두려워하는 건 핵전쟁밖에 없는 것으로 드러났다.

회백질척수염 유행이 러시아와 미국에서 동시에 새로운 정점에 도달했다는 점이 중요했다. 이렇게 고통과 두려움이라는 짐을 공유함으로써 한쪽에는 미국의 앨버트 세이빈(Albert Sabin, 1906~1993)과 도로시 호스트만Dorothy Horstmann, 다른 한쪽에는 소련의 미하일 추마코프Mikhail Chumakov와 A. A. 스모로딘트세프A. A. Smorodintsev가 냉전의 장애물을 건너 이례적인 공동 연구를 진행하게 되는 배경이 마련되었다. 그들은 함께 힘을 모아 최초의 집단 경구 백신 실험을 추진했다. 1959년에 추마코프는 세이빈의 연구소에서 나온 약독화된 폴리오바이러스 종을 100만 명이 넘는 소련 시민들에게 투여하는 실험을 감독했다. 다음 여름철에 새로운 감염병이 돌지도 모른다는 우려가 일자 추마코프는 해당 백신이 예상되는 폴리오 유행을 미연에 방지할 뿐만 아니라 박멸하게 될 것이라고 러시아 과학아카데미Russian Academy of Sciences와 정치가들을 설득했다. 냉전이 심화되고 무력 충돌로 비화될 수 있는 분위기 속에서도 미국과 소련 과학자들은 미생물이라는 공통의 적과 맞서 싸우며 정보를 교환하고 평화롭게 협력하는 대규모 프로그램을 진행했다.

분변-경구 경로로 어디서든 발생하는 폴리오는 산업 사회가 위생 문제에서 진보를 거듭하면서 함께 변모했다. 방역선을 설정해 어린이들을 보호함으로써 유아기나 아동기에 폴리오바이러스를 피할 수는 있었지만, 그렇게 함으로써 후천적 면역력을 키우는 데는 실패했다. 결과적으로 인구집단 내에서 병에 취약한 사람들이 늘어나면서 나이 든 사람도 공격하는 대규모 감염병이 주기적으로 발생하는 토대가 형성되었다. 이것이 바로 예일대 유행병학자 존 폴John Paul이 더는 '소아마비'로 설명될 수 없다는 이유로 '현대 폴리오'라고 부르게 된 질환의 메커니즘이었다.

제3세계의 폴리오

현대 폴리오가 서구 사회를 유린하는 속도가 점점 빨라지는 한편, 자원이 부족한 열대 지역에서도 심각한 피해를 야기했다는 증거가 나타났다. 이는 상당히 놀라운 점이었다. 20세기 중반까지 팽배하던 기존의 신조에 따르면, 폴리오는 현대성과 위생의 질환이었고, 따라서 개발도상국에서는 가벼운 보건 문제에 지나지 않았다. 그러나 제2차 세계대전 중에 이집트와 필리핀 등 제3세계에 파병된 영국과 미국의 군인들이 예상과는 달리 폴리오에 걸렸다.(표 18-2) 이런 사실은 폴리오가 '가벼운' 문제가 아니라 개발도상국에 얼마나 만연해 있는지 그 실상을 그대

연도	환자 수
1942	48
1943	248
1944	350
1945	680

출처: R. 프렌티스(R. Prentiss), 앨버트 세이빈 수신 서한, 1949년 10월 17일
(앨버트 세이빈 자료보관소, 시리즈 3, 상자 번호 23, 품목 294, 오하이오주 신시내티)

표 18-2 1942~1945년 마비성 회백질척수염 환자로 확인된 미군 환자 수

로 드러냈다.

그런 결과는 혈청학적 실험과 직장 면봉법, 미생물이 풍부한 제3세계 하수관을 직접 연구실에서 분석해서 나온 증거로 확인되었다. 인도에서 1970년대와 1980년대에 실시된 '절름발이' 조사를 통해 인도의 이완성 마비 발생 빈도가 서구와 동일하다는 사실이 드러나 더욱더 커다란 충격을 던졌다. 실제로 앨버트 세이빈은 1983년에 열대 지역의 마비성 회백질척수염 발생 빈도는 백신 접종 이전 시대에 정점에 달했던 선진 사회보다도 훨씬 높다고 주장했다.

직접적인 접촉과 배설물을 통해 확산된 폴리오는 사실 도시의 열대성 환경에서 성행했다. 그러나 개발도상국에서 해마다 이완성 마비에 걸리거나 사망하는 사람들이 상당했는데도, 소아마비라는 말 그대로 아이들이 걸리는 '전통 폴리오'에 걸려 겪는 그들의 고통은 보고도 되지 않았고, 눈에 보이지도 않았다. 그런 실태는 열대 지역 빈곤층 아동은 병원 치료도 받기 힘들고, 의사들은 의학 정설에서 그런 환경에서는 존재하지도 않는다고 하는 질병을 진단할 훈련이 되어 있지 않았으며, 빈곤층에서 나타나는 질병은 쉽게 간과되는 경향 때문에 보고가 되지 않았던 것이다.

서구에서는 특히 국립 재단이 막대한 자원을 소아마비 어린이들의 어려움을 널리 알리는 데 쏟아부은 이후, 소아마비에 걸렸던 어린이들이 부목, 교정기, 목발, 휠체어, 철제 호흡 보조 장치를 한 모습이 쉽게 눈에 띄었다. 반면, 개발도상국 어린이들은 소아마비에 걸리면 목숨을 잃거나 절름발이가 되어 별 관심도 받지 못한 채 뉴델리, 카이로, 자카르타 등지의 길거리 거지로 전락했다. 가난한 사람들은 그들의 자녀들이 병에 걸리거나 죽는 일은 팔자려니 생각하고, 기존 의학계는 꾸준히 그런 어린이들의 상태를 부인하며 시선을 회피했기 때문에 그들의 어려움이 눈에 들어오지 않았다. 그러나 세이빈의 보고에서처럼, 폴리오가 제3세계 국가에 가한 부담이 갑자기 현실화되자 각국 정부와 보건 당국자들은 세이빈이 폴리오에 무감각하다고 주장한 상태에서 정신을 차리고 전 세계에서 폴리오를 퇴치한다는 생각을 기꺼이 받아들였다. 폴리오는 갑자기 서구 사회와 개발도상국 양측에서 화급을 다투는 사안으로 떠올랐다. 감염이 '암암리에 널리 퍼져있다'는 새로운 자각과, 박멸만 한다면 해마다 예방 주사와 치료에 들어가는 15억 달러의 비용을 국제 사회에서 절약할 수 있다는 판단이 주효했다.

새로운 과학적 이해: 희망에서 실망으로

산업 사회나 개발도상국에서 나타난 위기감과 더불어 전후 수십 년은 폴리오가 근절 가능한 현실적인 목표라는 낙관론을 갖게 한 근거가 되었다. 20세기에 접어들면서 폴리오가 크게 유행하고 그로 인해 수십만 명의 마비 환자가 발생하자 폴리오에 대한 의학계와 공중보건 당국의 관심이 크게 높아졌다. 그러나 '신종 폴리오'는 기세가 점점 강해지는데도 여전히 수수께끼 같은 질병으로 남아있었다. 1908년에 카를 란트슈타이너Karl Landsteiner가 폴리오바이러스를 발견하기는 했지만, 폴리오의 자연사自然史는 1948년이 되어서야 겨우 이해되기 시작했다. 정확한 전파 경로와 특히 폴리오바이러스의 침입구는 밝혀지지 않은 상태였고, 폴리오바이러스가 단일 혹은 다수의 혈청형이나 종으로 존재하는지의 여부도 밝혀지지 않았다.

마찬가지로 인체가 폴리오의 공격에 맞서 자신을 방어하는 면역 메커니즘도 여전히 알려지지 않았다. 실제로 원숭이를 폴리오에 걸리게 해 수십 년간 의학계를 오도한 사이먼 플렉스너Simon Flexner가 개척한 실험용 회백질척수염에서 교훈을 얻기도 했다. 여기서 범한 중요한 실수는 원숭이에서 나타난 실험용 회백질척수염의 병리학이 인간에게 나타난 자연적인 회백질척수염의 병리학과 동일하다는 가정이었다. 그 결과, 세 가지 그릇된 결론이 도출되었다. 폴리오는 대부분 신경계를 공격하고, 폴리오의 침입구는 소화관보다는 코이며, 폴리오바이러스는 코에서 신경계를 통해 척수와 뇌저腦底로 들어간다는 주장이었다. 백신 개발의 관점에서 이런 가정들이 막다른 골목에 부딪히게 된 것은 폴리오바이러스가 혈류보다는 신경계를 통해 전파되기 때문에 항체가 방어에 나설 기회가 없다는 당연한 귀결에 이르렀기 때문이다. 이러한 이해로는 백신 접종이 불가능했다.

1948년은 결정적인 돌파구가 마련된 해였다. 당시 존 엔더스John Enders 와 토머스 웰러Thomas Weller, 프레더릭 로빈스Frederick Robbins는 비신경성 인체 조직에서 폴리오바이러스의 체외 배양이 가능하다는 사실을 밝혀냈다. 그들에게 공동으로 노벨상을 안겨준 이러한 업적은 백신에 대한 희망을 되살려냈다. 이는 폴리오바이러스의 침입구를 코가 아닌 소화관으로 생각하고, 항체가 개방 혈류에 있는 바이러스를 공격할 수 있는 단계를 밝혀내고, 연구진에서 세 가지 폴리오바이러스 혈청형뿐 아니라 각 혈청형의 다양한 종도 밝혀낸 결과였다. 이러한 발견으로 백신에 필요한 근거가 마련되었고, 하나가 아닌 두 개의 백신이 빠르게 개발되었다. 첫 번째는 조나스 소크의 '불활성화 폴리오 백신(formalin-inactivated polio vaccine, IPV, 일명 사백신)'으로, 1954년에 실험을 끝내고 1955년 4월에 공식적으로 안전성과 유효성을 인정받았으며, 이후 즉시 미국에서 어린이에게 집단 처방했다. 두 번째인 앨버트 세이빈의 '경구용 폴리오 생백신live oral polio vaccine, OPV'은 1959~1960년에 광범위하게 실험을 한 후

1962년에 공인되었다.

그러나 한편 새로운 백신으로 세계적인 박멸이라는 목표를 성취할 수 있으리라는 자신감에 부풀어 합리적인 계산은 무시되었다. 회백질척수염의 완전한 퇴치에 대한 믿음이 과학계와 일반 국민 모두의 신념이 되었다. 사실 폴리오가 곧 근절될 것이라는 강력한 믿음에는 폴리오가 불어넣은 지독한 '얼음 같은 공포'가 반영되어 있었다. 결과적으로 소크의 백신 실험이 '안전하고 효과적'이라는 소식은 행복감에 취하게 하고, 조나스 소크에 대한 찬사로 이어졌다. 소크는 "순환 혈액에 존재하는 중화 항체가 회백질척수염 바이러스로 인한 마비 가능성을 줄여주는 효과적인 장벽 노릇을 한다는 가설을 입증했다."[5]

1955년 4월 12일은 공중보건 역사에서 찾아보기 힘든 독특한 날이었다. 그때까지 온 나라가 임상시험 결과를 그렇게 학수고대한 적은 없었다. 소크의 백신을 평가하는 책임을 맡았던 미시간주 앤아버의 '회백질척수염 백신 평가센터Poliomyelitis Vaccine Evaluation Center'에서 결과를 발표했다. 센터 소장 토머스 프랜시스Thomas Francis가 보고서를 읽었다. TV로 방송된 발표에서 프랜시스는 소크의 백신이 '안전하고 효과적이며 강력한' 것으로 최종 평가되었다고 밝혔다. 이 백신의 성공률은 80~90%였으며, 통계적으로 유의미한 부작용은 없었다.

신문에서는 이러한 과학적 판결을 '공포의 질병 이제 끝난 듯', '소크의 성공에 전 세계 환호', '회백질척수염 정복', '백신 성공에 교회 축사 기도 예정', '소크 박사 미 대통령 후보로 등극', '폴리오 정복' 등의 1면 톱 제목을 달아 발표했다. 대개는 조심스럽게 입장을 표명해오던《뉴욕 헤럴드 트리뷴New York Herald Tribune》도 폴리오가 종식되었으며 감기와 심장 질환과 암이 모두 '다음' 타자가 될 것이라는 결론을 내렸다.[6] 아이젠하워 행정부는 이러한 미국 과학의 승리를 '미국의 소리Voice of

America'를 통해 전 세계로 내보냈다. 심지어는 주식시장도 제약회사들의 주가 상승을 앞세운 주가 급등으로 환호해 마지않았다.

세이빈도 마찬가지로 폴리오의 즉각적인 종식을 자신했다. 소크의 사백신이 검증 중이었기 때문에, 세이빈은 회백질척수염을 '완전히 박멸하는' 공동의 목표를 함께 나누었다고 강조하는 글을 썼다. 그러나 세이빈은 그런 목표를 달성할 수 있는 것은 자신의 생백신밖에는 없다고 믿었다. 1960년대 실험을 통해 세이빈은 생백신 접종을 받은 사람들은 약독화 폴리오바이러스를 공동체 전체에 뿌리고도 남을 정도로 배출했고, 그렇게 함으로써 집단 면역력을 높이고 백신 접종을 하지 않은 사람들도 '무료로' 예방하는 효과를 얻게 된다는 점을 알았다. 그는 이렇게 설명했다. "수많은 장내 점막의 면역이 빠르게 생성되면 독성 바이러스가 증식할 자리가 사라져 자연적으로 발생하는 독성 바이러스가 제거된다."[7]

바이러스 학자들 사이에서는 '소크의 주사'와 '세이빈의 경구형' 중 어떤 백신이 더 효과적인지를 두고 의견이 분분했다. 곧이어 소크의 주사 백신으로 과연 폴리오를 퇴치할 수 있느냐 하는 회의론이 등장했다. 사백신이 항체 생성을 자극할 수는 있지만, 그것은 죽은 바이러스였고, 따라서 세이빈의 생백신 효과만큼 장에서 점막 면역을 생성하지 못했다. 더욱이 사백신을 상대로 실용적 측면에서의 반대도 진지하게 제기되었다. '소크의 주사' 처방을 하려면 자격을 갖춘 예방 접종 시행자가 필요하기 때문에 세계적으로 사용하기에는 노동력도 많이 필요하고 비용도 너무 많이 들었다. 가령 미국에서는 1960년대에 소크 백신 주사를 맞는 데 25~30달러의 비용이 든 반면, 각설탕에 몇 방울 떨어뜨려 삼키는 '세이빈의 경구형'은 3~5달러에 불과했다. 게다가 소크 백신은 2차 주사도 맞아야 했기에 상황은 훨씬 복잡했다.

1960년에 질병통제예방센터 역학 책임자 알렉산더 랭뮤어는 소크의 사백신이 전례 없는 노력과 긍정적인 결과에도 불구하고 미국을 예방의 막다른 길로 이끌었다는 결론을 내렸다. 대대적인 노력을 기울였음은 부인할 수 없었다. 1955년 이후 9,300만 명의 미국인이 불활성화 바이러스로 백신 접종을 받았다. 보건위생국장 르로이 버니Leroy Burney는 그러한 성취는 '기념비적'이며, 의학 역사상 유례가 없는 일이라고 선언하기도 했다. 게다가 미국의 회백질척수염 발생이 급격하게 감소한 만큼 소크 백신의 긍정적인 영향도 두드러져 보였다.(표 18-3) 또한 소크의 죽은 폴리오바이러스는 독성을 회복할 수 없었고, 따라서 면역이 손상된 환자들과 가족 접촉자들에게도 안전하게 투여할 수 있었다.

다른 한편으로, 미국의 회백질척수염 발생 빈도는 하락세를 타다 갑자기 멈춰 서더니 1959년에는 심지어 상승세로 접어들었고, 폴리오가 '역공'을 시작하며 독성이 더 강한 새로운 종이 유행하고 있다는 기사가 터져 나오기 시작했다. 소크의 사백신 집단 투여가 해마다 등장하는 이 감염병의 성격을 변화시켰다. 사백신의 압력을 받은 폴리오는 백신 시행자의 손길이 닿지 않는 취약한 사람들의 병원소로 물러나 있던 것

연도	환자 수	10만 명당 환자 수
1955	28,985	17.6
1956	15,140	9.1
1957	5,894	3.5
1958	5,787	3.3
1959	8,425	4.8
1960	3,190	1.8
1961	1,327	0.7

출처: 국립소아마비재단, 《통계 리뷰: 회백질척수염, 선천성 결손, 관절염(Statistical Review: Poliomyelitis, Congenital Defects, and Arthritis)》(발행지 불명, 1962년 6월)

표 18-3 1955~1961년 미국에서 보고된 회백질척수염 환자

으로 드러났다. 폴리오는 안전하고 깨끗한 사람들의 '신종 폴리오'로 남는 대신, 빈곤층과 소수 민족 집단, 백신 접종에 반대한 종교 집단(네덜란드 개척교회 등)의 질병으로 거듭났다.

그렇게 치료를 못 받거나 거부하는 사람들에게 다가갈 만한 방법도 마련되어 있지 않았다. 《뉴욕타임스》에서는 도심 지역 아프리카계 미국인들과 미 대륙 원주민 보호구역의 폴리오 발병률이 전국 평균의 4~6배에 이른다고 보도했다. 폴리오는 사라지기는커녕 가난한 미국이라는 '국내 제3세계'로 후퇴한 상태였다. 소문난 퇴치론자였던 랭뮤어는 이렇게 1960년에 회의주의자가 되었다. 랭뮤어는 깊은 고민 끝에 박멸은 비현실적인 목표라는 견해를 내놓았다.

소크 백신이 처음으로 사용 가능해졌던 5년 반 전에는 이 자리에 서있는 연사를 포함한 일부 역학자들은 폴리오가 곧 퇴치될 것이라는 희망에 차있었습니다. 그 후 대체로 이 소크 백신을 사용한 덕에 폴리오 발병률이 줄어들었습니다. 그러나 폴리오가 근절되기까지는 아직 요원한 듯합니다. 오랫동안 꿈꿔온 목표는 아직 달성되지 못했습니다. 실제로 이런 문제를 공부하는 수많은 학생이 사백신으로 회백질척수염 감염병을 박멸한다는 게 과학적으로 지지할 수 있는 개념인지 의문을 던지고 있습니다.

랭뮤어는 개탄했다. "결론은 백신 수용 가능성이 과대평가되었다는 것이다. 상당수 인구가 면역되지 않은 채 남아있다. …… 백신 접종을 받지 못한 인구집단이라는 커다란 '섬'들이 우리 도시 내 빈민가에, 고립되고 인종적으로 분리된 공동체 속에, 수많은 시골 지역 곳곳에 존재하고 있다." 그러므로 그는 "사멸한 바이러스 백신이 지금까지 면역이 없는 미국 국민 상당수에 접근하지 못했으니 어떤 새로운 접근법"이 필

요하다고 밝혔다.[8]

커터사 사고

폴리오 박멸의 꿈은 1955년 소크의 백신을 사용하는 첫 캠페인 기간에
재앙을 몰고 온 '커터사 사고'로 좌절되었다. 캘리포니아 버클리의 커
터 래보러토리스Cutter Laboratories는 폴리오 퇴치운동을 위해 폴리오 백신
을 생산하기로 계약했던 주요 제약회사 여섯 곳 중 하나였다.(나머지는
얼라이드 래보러토리스Allied Laboratories, 일라이 릴리Eli Lilly, 머크Merck, 파크-데
이비스Parke-Davis, 아메리칸 홈 프로덕츠American Home Products였다.) 경쟁을 뚫
고 1차 접종자들이 의기양양하게 백신 접종을 받은 지 겨우 2주 만에
국가적으로 가슴 아픈 소식을 접하게 되었다. 4월 27일 일리노이 공중
보건 책임자 롤런드 크로스Roland Cross 박사는 커터사에서 생산된 백신이
'안전하지 않을 수도 있으니' 의사들은 추후 공지를 받을 때까지 커터
사 제품을 사용하지 말라는 공문을 내렸다. 공중위생국Public Health Service
은 커터사에서 생산한 모든 백신에 대한 통상 금지령을 발동했다. 이어
5월 8일 공중위생국장 레너드 A. 셸레Leonard A. Scheele는 백신 접종을 전
면 중단하고 정부 조사에 착수했다.

《뉴잉글랜드 의학 저널*New England Journal of Medicine*》 기사에 따르
면, 질병통제예방센터는 다음과 같은 사실을 발견했다.

커터사가 생산한 두 제품(12만 회분에 해당)에 생 폴리오바이러스가 포함
되었다. 이러한 백신을 접종받은 아이 중 4만 명에게 불현성 폴리오(두
통, 뻣뻣한 목, 열, 근육 약화 증상이 특징)가 나타났고, 51명이 영구 마비되었

으며, 5명이 사망했다. 커터사의 백신으로 폴리오 감염병도 유행되기 시작해 아이들의 가족이나 지역 공동체에서 113명이 마비되었으며, 5명이 2차 감염으로 사망했다. 이는 미 역사상 가장 끔찍한 제약 사고 중 하나였다.[9]

비록 그 사고에 대한 질병통제예방센터 보고서에서는 조사관도 오염의 '정확한 이유'를 파악하기 어려웠다고 결론 내렸지만, 보고서 작성자들은 세 가지 요인이 가장 피해를 키웠다고 판단했다. 첫 번째는 백신 생산에 대한 세부적 규정을 짜지 않았던 공중위생국의 태만이었다. 공중위생국은 대신 제약회사가 적절한 안전 수칙을 각자 정하도록 허락했다. 상원 의원 웨인 모스Wayne Morse는 연방 정부가 "폴리오 백신보다는 도살장의 소고기 검사를 더 철저히 하더라"라며 신랄하게 꼬집었다.[10]

둘째, 이처럼 정부는 방관하는 가운데 커터사는 많은 양의 백신을 서둘러 생산하라는 강한 압력을 받았다. 수요를 맞추고자 하는 조급함에 안전은 뒷전으로 밀려났다. 구체적으로 커터사는 폴리오바이러스를 제대로 불활성화하지 않아서 백신 여섯 묶음을 오염시켰고, 접종을 받고 감염된 사람들은 이러한 오염된 백신을 맞은 이들이었다. 셋째, 거대 제약회사인 커터사는 최종 제품에서 생 폴리오바이러스의 존재 유무를 검사하는 재확인 절차를 소홀히 했다.

따라서 그 '사고'는 연방 정부의 감독 소홀, 회사의 탐욕, 인간의 비극이 결합된 일화로 언론에 보도되었다. 언론 보도에 이어 커터사의 이전 위법 행위들이 추가로 폭로되면서 불신은 더욱 증폭되었다. 1949년에 커터사는 제품안전위반 혐의로 기소된 바 있었고, 1955년에는 백신 계약 협상 과정에서 가격 담합 및 사기 혐의로 기소되었다. 이런 저급한 행태가 만천하에 드러나면서 사람들의 불신의 골은 깊어갔다. 실제로 그 사고가 터진 바로 다음 해인 1956년에 미국에서 다섯 가족 중 한 가족이 폴리오보다 백신 접종을 더 두려워한다고 답했고, 사백신 접종을 거부했다. 더욱이 아동 수십 명의 감염, 마비, 사망과 관련된 커터사 비극의 파장은 1955년과 1956년으로 끝나지 않았다. 의심은 수년간 지속되었다. 결과적으로 미국 어린이들은 계속해서 감염에 노출되었고, 폴리오의 위세가 약화되는 데도 한참이 걸렸다.

폴리오 근절을 위한 국제 공조 추진

쓰디쓴 좌절감을 맛본 후 두 가지의 새로운 전개 상황이 퇴치론자들을 다시금 희망으로 꿈틀거리게 했다. 하나는 의학의 발전, 다른 하나는 시행의 발전과 관계가 있었다. 소크의 사백신과 경쟁하던 세이빈의 경구용 생백신이 대규모 임상시험에서 잇달아 성공하면서 과학적인 돌파구가 마련되었다. 1954~1957년 오하이오 칠리코시 연방 교정센터에서 자원자들을 대상으로 세이빈의 경구 백신 시험 투약이 최초로 제한적으로 이루어졌다. 1958~1960년에는 미국 내 신시내티와 로체스터, 뉴욕과 더불어 소련, 헝가리, 체코슬로바키아, 싱가포르, 멕시코를 비롯한 해외에서도 대규모 시험 접종을 했다. 이러한 시도로 '세이빈의 약'이 안전하고 효과적일 뿐 아니라 소크의 접종 방식보다 훨씬 투약이 쉽다는 것이 입증되었다.

시행 면에서 새로운 캠페인 전략이 세이빈의 백신 효과를 극대화할 수 있는 틀을 제공했다. 이는 미국에서는 '세이빈 백신 맛보는 일요일Sabin Oral Sunday, SOS'로, 국제적으로는 '전국 면역의 날National Immunization

Days, NIDs'로 알려진 전체 공동체에 백신을 접종하는 행사였다. 예전에는 랭뮤어가 말한 '기존에 백신 접종을 받지 못한 인구집단'이라는 거대한 섬에 도달하는 데 실패했지만, 면역의 날 덕분에 이들에게 필요한 백신을 접종할 수 있는 길이 마련되었다. 그동안은 사설 병원을 찾는 아이들에게만 백신을 접종했지만, 면역의 날에는 폴리오 백신을 사람들에게 직접 가지고 가서 접종했다.

1962년에 쿠바가 이 전략을 선도했다. 피델 카스트로Fidel Castro 혁명의 풀뿌리 조직인 '혁명방어위원회'는 모든 쿠바 아이들의 위치를 알아내기 위해 집집마다 돌아다녔다. 이와 같은 인구 조사를 거친 다음, 혁명방어위원회는 확인된 모든 아이의 가정을 재차 방문했다. 재방문했을 때는 위원회가 모집해 30분 정도 교육한 백신 접종 담당자들이 약독화된 생 폴리오바이러스가 스며든 사탕이나 각설탕을 아이들에게 먹게했다. 쿠바의 모든 취약한 아이들에게 면역력을 주는 것이 목적이었다.

카스트로의 백신 접종의 날 제정은 세이빈의 경구약 사용과 맞물려 빠른 성공을 일구어내, 폴리오 전파를 막고 쿠바를 세계 최초로 폴리오를 퇴치한 나라로 만들었다. 쿠바가 성공을 거두자 과연 반공산주의 국가에서도 그와 같은 방식이 효과가 있을지에 관한 의문이 제기되었다. 미국은 긍정적인 답변을 내놓았다. '세이빈 백신 맛보는 일요일'이 투손과 피닉스가 위치한 애리조나 마리코파와 피마 카운티에서 시작되었다. 이 두 카운티는 미국의 모델이 되었다. 투손에서는 마리코파 카운티 의학협회와 지역 소아과협회가 선도했다. 협회 회원들은 지역 약사들, 카운티 보건부 관료, 간호사, 보이 스카우트, 학교 교사, 목사, 지역 신문사들과 더불어 자발적으로 서비스를 제공했다. 미국식 방법은 소아과 의료 인력이 집집마다 방문하는 대신 아이들이 학교에 마련된 지정 백신센터로 찾아간다는 점에서 쿠바식과는 달랐다.

그에 따라 언론 보도대로 1962년 1월과 2월 지정된 일요일마다 전례 없이 모든 도시 주민의 75%가 넘는 60만 명 이상이 백신 접종 행사에 참여하는 축제 분위기가 연출되었다. 일례로 투손 시민들은 보이 스카우트와 학부모회 자원봉사자들의 환영을 받으며 후 25센트를 주고 각설탕을 받으려고 줄을 섰다. 세이빈의 백신은 주삿바늘이 필요 없는 약이라서 특히 아이들이 더욱 좋아했다. 그날은 원칙적으로 아무도 빈손으로 되돌려 보내지 않는 날이었기에 돈을 낼 수 없는 아이들에게도 각설탕은 무료로 제공되었다. 세이빈도 마치 옷감을 팔듯이 약을 파는 것은 부도덕하다고 말한 바 있었다. '세이빈 백신 맛보는 일요일' 행사는 곧 지방 의료협회의 후원을 받으며 전국적으로 개최되었다.

1960년대 폴리오 퇴치 노력은 집단 백신 접종이라는 언뜻 똑같아 보이는 방법으로 천연두 퇴치에 성큼 다가선 터라 강력한 지지를 받았다. 1960년대 중반에 천연두를 몰아내겠다는 유혹은 뿌리칠 수 없게 되었고, 기술 혁신이 퇴치 목표를 좀 더 실현 가능한 수준으로 끌어올렸다. 1959년 세계보건기구는 국제적인 천연두 퇴치운동에 돌입했고, 다들 알다시피 1977년 세계의 마지막 천연두 환자를 끝으로 퇴치 노력은 결실을 보았다.

이와 같은 최초의 계획적인 인간 질병 퇴치 사례가 폴리오 퇴치운동도 마찬가지로 성공할 것이라는 희망에 불을 밝혔다. 세 가지 요인이 매우 중요한 듯했다. 첫째, 천연두처럼 폴리오도 인간 외에 다른 동물병원소가 없었다. 둘째, 전파를 차단하는 효과적이고 쉽게 처방할 수 있는 백신이 있었다. 셋째, 감염을 감지하는 현대 진단 도구를 이용할 수 있었다. 1997년에는 성공적인 퇴치를 위한 이런 전제조건들이 심지어 공식적으로 성문화되었다. 그해 베를린은 감염병 통제나 저지 같은 달성할 수 있을 법한 적당한 목표가 아닌 감염병 퇴치에 좋은 시기가 언제일지 결정하는 기준을 세우기 위해 '감염병 퇴치를 위한 달렘 워크숍Dahlem Workshop on the Eradication of Infectious Diseases'을 개최했다.

미국에서 들려오는 희소식이 퇴치론자들을 더욱 행복감에 젖어들게 했다. 세이빈의 백신과 '세이빈 백신 맛보는 일요일' 행사는 모든 미국인에게 면역력을 갖게 하겠다는 약속을 지켰다. 그 수가 워낙 많아 랭뮤어를 낙담시켰던 백신을 접종받지 못한 미국인들도 혜택을 보았다. 결국, 미국의 퇴치운동은 소크의 백신이 일구어낸 성과가 주춤하며 비관론이 고개를 들기 시작하던 바로 그 1960년대가 저물어가려 할 때 폴리오 확산을 막겠다는 목표를 달성한 셈이었다.

이렇듯 미국의 폴리오 퇴치와 세계적인 천연두 퇴치가 성공적으로 막을 내린 이후에 폴리오를 퇴치하려는 국제적인 노력이 시작되었다. 이를 위한 세 가지 예비 단계가 1984~1988년에 시행되었다. 1984년 3월에 실시된 첫 단계는 조나스 소크와 전 국방부 장관 로버트 맥나마라Robert McNamara의 계획에서 비롯되었다. 그들의 촉구로 유니세프, 세계보건기구, 세계은행, UN개발계획과 같은 후원 단체가 '아동 생존을 위한 대책위원회Task Force for Child Survival'를 마련했다. 대책위원장은 폴리오 퇴치운동이 아동을 구하는 임무의 핵심 역할을 하도록 촉구했다.

두 번째 단계는 앨버트 세이빈의 제안에서 비롯되었다. 세이빈은 전세계 폴리오 퇴치 노력을 지원하기 위한 자문위원회를 설립하도록 당대의 게이츠 재단Gates Foundation이나 마찬가지였던 로터리 인터내셔널Rotary International에 요청했다. 1984년에 구성된 자문위원회는 세계 모든 아이에게 백신을 접종하도록 요구하며 세이빈의 요청에 응했다. '폴리오플러스PolioPlus'라는 이름을 내건 자문위원회는 2005년을 폴리오 퇴치의 해로 정했다. 로터리 인터내셔널의 헌신이 결정적이었다. 로터리 클럽은 비즈니스, 재정, 전문 영역의 유명 인사들이 참여한 기관으로, 자금은 물론,

전 세계에 3만 2,000개의 클럽을 거느린 국제적인 기반 시설, 120만 회원, 각국 정부 및 보건 장관들과의 인맥, 박애주의를 바탕으로 한 봉사 등 퇴치운동을 전개하는 데 필요한 자원을 풍부하게 갖추고 있었다.

세 번째이자 마지막 단계는 1988년 3월에 프랑스 탈루아르에서 시행되었다. 새로 창설된 '아동 생존을 위한 대책위원회'는 탈루아르에서 회의를 소집했고, 거기서 탈루아르 선언Declaration of Talloires으로 최종 결의를 다졌다. 그 선언은 2000년까지로 기한을 명시하고 그때까지 폴리오를 퇴치하도록 촉구하는 것이었다. 이 권고안은 두 달 후 제41차 세계보건총회에서 받아들여져 166개 회원국이 세계보건기구의 운영 목표로 탈루아르 목표를 채택했다. 그들은 보건 역사에서 가장 야심 찬 계획이 될 국제폴리오퇴치계획Global Polio Eradication Initiative, GPEI을 발족하는 데 동의했다.

1988년에 시작된 국제폴리오퇴치계획은 공동체 면역 증진을 위해 쿠바가 선택했던 것과 마찬가지로 세이빈의 백신을 선택했다. 목표는 가장 취약한 사람들에게 적어도 2회분 경구 백신을 제공하는 것이었다. 신생아부터 6세 아동까지를 목표 대상으로 정한 백신 접종의 날은 매년 두 차례에 걸쳐 4~6주 간격을 두고 시행되었다. 충분히 보급되지 못했다 싶은 곳은 광역이나 지역 단위로 백신 접종을 추가로 시행할 수 있었다. 이런 추가 접종일에는 접근성이 떨어지는 이들이나 고위험군을 대상으로 접종했다. 지역 사투리로 홍보에 나서고, 운영 계획 작성과 시행에 공동체 대표들도 참여시키고, 백신 접종 요원을 배치해 쿠바처럼 집집마다 찾아가도록 했다. 이러한 노력에서 가장 핵심적인 요소는 교회, 여성회, 비정부기구, 지방 유력 인사들을 총동원해 공동체의 적극적인 참여를 유도하는 것이었다.

이에 덧붙여 폴리오 퇴치 전략은 천연두 경험에서 얻은 교훈을 받아들였다. 즉 실험실 감독을 통해 전파 추이를 확인하는 것이 중요했다. 자원이 부족한 환경에서 제대로 감독하기 위해 세계보건기구는 마비성 폴리오로 의심되는 모든 사람의 척수 표본의 분석을 담당할 전 세계 145개의 실험실로 구성된 '국제 폴리오 실험실 네트워크Global Polio Laboratory Network, GPLN'를 설립했다. 목표는 그 성과를 모니터링해 폴리오 전파가 지속되는 어디든 집집마다 '소탕' 작전을 체계화할 수 있도록 하는 것이었다.

이 모든 조치는 세계보건기구의 네 가지 방법론, 즉 '백신 접종의 정례화', '추가 집단 접종 시행', '폴리오바이러스 추적 감시', '발병 시 신속 대응'에 해당한다. 목표는 세이빈이 최초로 백신 실험을 할 때 내걸었던 것과 마찬가지로 강독성 야생 폴리오바이러스를 감염성은 있지만 독성이 약한 종으로 전환하는 것이었다. 이 목표 성취 과정에서 심지어 백신 접종을 받지 않은 사람들도 면역력이 생기게 될 터였다. 다시 말해, 백신 접종을 받은 사람들이 흘린 약화된 바이러스가 공동체로 스며들어 가벼운 감염을 유발하면서 면역성은 주지만 마비는 피하게 한다는 것이다.

이러한 임무를 수행하기 위해 국제폴리오퇴치계획은 로터리 인터내셔널뿐 아니라 각국 정부와 유니세프로부터 자금을 지원받겠다는 방대한 운영 계획을 세웠다. 국제폴리오 퇴치계획은 국제 실험실에서 생산한 세이빈 백신 종을 저온유통 기술을 통해 공동체에 전달했다. 세계보건기구와 질병통제예방센터의 기술 및 유통 지원을 통해 오지에 사는 사람들에게도 백신을 전달했고, 세계보건기구의 제네바 사무소와 다양한 국제기관, 중앙 정부, 공동체 지도자들이 마련한 공공 자료도 나누어 주었다. 또한 백신 접종 요원들을 배치했다. 전국 면역의 날은 특히 많은 인력이 필요한 사업이라 1,000만 명 이상이 참여해야 했다. 가령 인도의 전국 면역의 날에는 하루에 많게는 어린이 9,000만 명에게 백신을 접종했다. 이처럼 사상 유례없이 많은 아이를 접종하는 데 투약 방식이 단순한 세이빈 백신이 큰 도움이 되었다. 특정 의료 기술이나 주사기를 갖출 필요 없이 접종 요원이 경구 투여 백신을 두 방울만 입에 떨어뜨리면 되니 둘까지만 셀 수 있으면 충분했다.

시작부터 2003년까지 폴리오와의 전쟁은 비록 2000년까지 퇴치하겠다는 목표에는 미치지 못했지만 빠르고 놀라운 진전을 이루었다. 1988년에 세계보건기구는 급성 이완성 마비로 알려진 마비성 폴리오 사례가 35만 건이고, 125개국에서 폴리오가 지역적으로 발병하고 있다고 추산했다. 국제폴리오퇴치계획은 창립한 해에 이미 유럽에서 폴리오 전파를 막는 데 성공했다. 1991년에는 미 대륙에서, 1997년에는 태평양 지역에서 마찬가지로 성공을 거두었다. 2001년 세계보건기구는 폴리오가 세계적으로 최저치인 483건만 보고되었으며, 그것도 풍토병이 된 아프가니스탄, 파키스탄, 인도, 나이지리아, 이 4개국에서만 발병 사례가 나왔다고 밝혔다. 2002년에는 다시 1,918건으로 상승했지만, 이를 상쇄할 만한 진전도 있었기 때문에 세계보건기구는 2형 폴리오의 종식을 선언했다. 세계는 마침내 승기를 잡는 듯했다.

퇴행, 2003~2009년

그러나 2003~2009년 폴리오 퇴치운동은 여러 차례의 심각한 퇴행을 겪으면서 비관론을 불러일으키고, 천연두 퇴치가 유효한 선례가 아닌 본질을 호도하는 특별 사례가 아니었나 의구심이 들게 했다. 랭뮤어가 묘사한 1960년 미국이라는 한정된 공간과 2003년 전 세계라는 확장된 공간은 어찌 보면 닮아있었다. 미국에서 폴리오는 빠져나가나 싶더니 도심과 시골의 가난한 지역에 거주하는 소수 인종 집단만 붙들고 늘어졌다. 이와 마찬가지로 2003년 무렵 경제 선진국에서 빠르게 정복되던 폴리오가 지구상에서 가장 비위생적이고 가난하며 치안이 불안한 곳, 전쟁으로 찢긴 아프가니스탄 오지, 이슬람교가 지배하는 나이지리아 북부, 파키스탄의 북부 신드, 인도의 비하르와 우타르프라데시, 이 네 곳에서만 풍토병처럼 끈질기게 버티고 있었다.

나이지리아 북부 주들 중에서도 특히 카노가 가장 심각했다. 정치와 종교 문제가 복잡하게 얽혀있는 그곳에서는 퇴치운동이 2003년부터 13개월 동안 전면 중단되었다. 그 결과 폴리오가 기승을 부렸고, 그로부터 3년 만인 2006년에 마비 사례가 5,000건을 넘어섰다. 나이지리아에서 폴리오는 빠르게 퍼져나가 세계보건기구가 종전에 폴리오 종식을 선언했던 서아프리카와 중앙아프리카 국가들을 중심으로 18개 국가로 전파되었다. 이전에 일군 성과들이 쉽게 허물어질 수 있다는 게 자명했다.

2003~2009년에 나타난 문제들은 복잡하고 다각적이었다. 나이지리아의 핵심 사안은 종교 및 정치 갈등이었다. 카노에서 이슬람 지도자들은 아프가니스탄과 이라크 전쟁이 발발한 이후 서양의 의도를 의심하며 세이빈의 백신은 결코 공중보건 조치가 아니라고 설교했다. 백신에 불임을 유도하는 독을 넣어 이슬람 아이들의 생식 기능을 마비시키려는 사악한 계략이 담겨있다고 경고했다.

서양의 동기도 미심쩍어 보였다. 나이지리아에는 그보다 시급한 요구들도 많은데, 왜 국제 사회는 폴리오를 몰아내는 데만 급급한가? 나이지리아인들에게는 안전한 식수 및 빈곤 문제, 빈번히 발생하는 말라리아, 결핵, 에이즈 같은 질병들이 훨씬 우려되는 상황이라 폴리오 퇴치 운동의 진의가 의심스러웠다. 또한 퇴치운동에서 이른바 폴리오 백신이라는 것을 공짜로 배분하는 이유도 석연치 않았다.

게다가 카노의 족장은 많은 기독교 국가들이 자국민들을 위한 퇴치 전략으로 소크의 사백신 주사를 사용하면서 나이지리아 이슬람교도들에게는 독성으로 전환될 위험이 있는 세이빈의 생백신을 입에 떨어뜨리려 한다며 이들 국가에 음흉한 의도가 깔려있다고 주장했다. 실제로 나이지리아에서는 '백신에서 초래된 폴리오 발병' 사례가 산발적으로 발생해 독성으로 전환될 위험이 더욱 두드러졌다. 마지막으로 지역 갈등이 백신 접종 캠페인에 대한 종교적·정치적 반대를 더욱 부추겼다. 나이지리아 보건부는 비교적 특권을 누리는 기독교 계통의 남부 주들이 장악한 연방 정부를 대표했다. 따라서 집단적·정치적·종교적 불만에 가득 찬 가난한 북부 주들이 보건부를 상대로 분풀이를 했던 셈이다.

그 결과, 2003년부터 폴리오 퇴치운동을 반대하는 거부운동이 시작되어 여러 차례 퇴치운동의 진의를 재확인한 끝에 2004년이 되어서야 거부운동은 겨우 막을 내렸다. 우선 이슬람교도가 운영하는 인도 연구소에서 카노에 공급된 서구 폴리오 백신을 분석했더니 해가 없다는 것이 확인되었고, 인도네시아에서 이슬람교도가 감독하는 제약회사 연구소에서 세이빈 백신의 추가 선적분 모두를 책임지고 북부 나이지리아에 공급하기로 합의했으며, 세계 곳곳의 저명한 이슬람교 지도자들도 나이지리아의 신자들에게 국제 폴리오 퇴치 노력에 협조해달라고 당부했다.

그래도 거부운동은 2004년까지는 상당히 오랜 기간 퇴치운동에 타격을 입혔다. 백신 접종 요원의 자국 입국을 허용한다고 해서 얼마나 빠른 시일 내에, 또 어느 정도로 이슬람교도들이 마음을 바꿀지 분명치 않았고, 과연 나이지리아 국경 너머까지 확산된 폴리오바이러스의 기세를 다시 꺾을 수 있을지도 많은 보건 관계자들은 확신을 갖지 못했다. 실제로 폴리오로 인한 마비 환자 사례가 상승 국면으로 접어들었다. 2001년에 56명으로 저점을 찍었다가 2003년에 355명, 2005년에는

831명, 2006년에는 1,143명으로 급증했다. 세계보건총회의 2009년 초 나이지리아 상황보고서를 보면 전혀 고무적이지 않다. 아이들 60%가 백신 접종을 전혀 받지 못했다는 결과가 말해주듯이 백신 접종의 적용 범위에 상당한 편차가 있다고 보고서는 밝히고 있다. 게다가 혈청형 1· 2·3형 바이러스 모두 여전히 북부 나이지리아에 만연해 있고, 나이지리 아에서 시작된 바이러스는 베냉, 부르키나파소, 차드, 코트디부아르, 가 나, 말리, 니제르, 토고까지 퍼졌다. 다행히 폴리오 퇴치 성과의 반전은 일시적인 데 그쳤고, 국제폴리오퇴치계획은 노력을 배가했다. 2006~2016년에 전 세계 폴리오 환자 수의 전반적인 감소세가 말해주 듯이 가시적이고 고무적인 진전이 있었다.(표 18-4)

　그렇지만 인도 아대륙의 비하르와 우타르프라데시에서 곤란한 문제 가 발생했다. 폴리오 풍토병의 진원지인 이 지역은 접근성, 치안, 소수 이슬람교도의 두려움이 문제였다. 열대 환경에서 과학적으로 과연 퇴치 가 가능한지를 묻는 생물학적 문제도 제기되었다. 이것은 세이빈이 반

연도	환자 수
2006	2,233
2007	1,527
2008	1,903
2009	1,947
2010	1,377
2011	758
2012	319
2013	505
2014	458
2015	114
2016	46

표 18-4 2006~2016년 전 세계 폴리오 환자 수

세기 전에 제기했던 '방해'의 문제였다. 1950년대 장내 바이러스의 일종인 콕사키바이러스Coxsackie virus와 에코바이러스Echo virus가 발견되고 나서 폴리오바이러스의 세 가지 혈청형도 인간 소화관에 서식하는 장내 바이러스 과科에 속한다는 사실이 분명해졌다. 세이빈은 비위생적인 열대 환경에서는 장내 바이러스의 서식 상태가 너무 조밀하고 다양해서 백신 속에 담긴 폴리오바이러스가 감염을 일으키지 않을 수도 있을 것이라며 우려했다. 폴리오바이러스가 '방해'를 받아 결국 면역이 불가능하게 된다는 것이었다.

인도에서 심지어 열 번이나 백신을 맞았지만 보호막 역할을 하는 면역력이 생기지 않은 어린이가 나오면서 세이빈의 이론상 우려가 현실로 나타났다. 방해 문제는 아이들이 과도한 백신 접종을 받았을 경우 생길 수 있는 결과에 대한 우려도 낳았다. 퇴치운동을 시작할 때만 해도 수차례의 백신 접종은 미처 예상하지 못했던 일이었으나, 인도에서는 정기 백신 접종, 국가 및 지역 면역의 날, 소탕 작전이 전례 없이 겹치면서 생애 첫 5년 동안 백신 접종을 많게는 25번이나 받은 아이들도 있었다.

말 많고 탈 많던 2003~2009년에 또 다른 문제들이 부상했다. 그중 하나는 생백신인 약독화된 세이빈의 폴리오 백신 종이 언제든 변이를 일으켜 독성 및 향신경성 종으로 바뀔 수 있으며, 이에 따라 '백신과 연관된 마비성 폴리오'의 발병으로 이어질 가능성을 늘 안고 있었다는 점이다. 백신 자체가 감염병의 유행을 일으킬 가능성은 단순히 이론상의 문제가 아니었다. 백신과 연관된 폴리오가 필리핀(2001), 마다가스카르(2002), 중국(2004), 인도네시아(2005)에서 발병했다. 이처럼 폴리오 퇴치 노력의 성과를 뒤엎는 사건이 발생하자 생백신 없이 폴리오를 퇴치하는 것은 불가능하지만 생백신으로 폴리오를 퇴치하는 것도 불가능하다는 우스갯소리가 이따금 흘러나왔다. 이론적으로 볼 때 백신에서 초래된 폴리오 발병은 백신에서 비롯된 폴리오에 감염되지 않으려면 계속 백신 접종을 해야 하므로 백신운동이 끝없이 계속되리라는 것을 의미한다. 면역 결핍 장애가 있는 사람들의 경우는 길게는 10년 동안 백신 바이러스를 흘리고 다녔을 수 있는 만큼 더욱더 해결하기 어렵다. 백신운동이 중단된다면 백신 접종을 받지 않은 취약한 사람들 내에 축적된 바이러스가 면역력이 없는 이들 사이에서 무시무시한 유행을 일으킬 수도 있다.

백신과 관련된 폴리오 발병 중에서 가장 중요한 사례는 2018년 중반 까지도 콩고민주공화국에서 여전히 진행 중이다. 콩고에서는 세이빈의 생백신을 투여하는 캠페인을 하던 중 2형 바이러스가 독성으로 변이되어 멀리 떨어진 지역 세 곳에서 30명의 마비성 폴리오 환자가 발생했다. 유전자 분석에 따르면 세 지역의 발병이 수년간 조용히 전파되던 서로 다른 종에 의해 야기되었다는 점이 더욱 우려를 자아냈다.

콩고민주공화국의 발병으로 네 가지 고민이 제기된 상태다. 첫째, 서로 다른 종이 존재한다는 것은 백신 관련 2형 바이러스가 널리 퍼져있지만 감지되지 않고 콩고의 넓은 지형 곳곳에 돌고 있다는 의미다. 둘째, 그중 하나가 우간다 접경 지역에서 발병했다는 사실이 폴리오의 국제적인 전파 위험을 경고한다. 셋째, 폴리오의 콩고 귀환은 콩고의 보안 문제와 부족한 교통 기반 시설이 폴리오바이러스 추적 감시, 사례 추적, 백신 접종 임무를 어렵게 했다는 점에서 발생한 문제다. 마지막으로, 아이러니하게도 증가를 억제할 수 있는 유일한 수단이 아직은 2형1가 경구용 폴리오 생백신이라서 생백신이 독성으로 변환되면서 발병 위험을 키울 수 있다는 점이다.

세계보건기구 국제폴리오퇴치계획 담당 국장인 미셸 자프란Michel Zaffran은 콩고의 발병 급증이 퇴치 노력에 대한 '절대적으로' 가장 심각한 위기에 해당한다고 평가했다. 이는 아프가니스탄, 파키스탄, 나이지리아에서 '야생' 폴리오바이러스가 지역적으로 퍼지는 것보다 훨씬 심각한 문제다. 자프란의 관점에서 콩고의 발병은 국제적인 근절 노력을 한참 지연시키거나 심지어 막다른 길로 몰고 갈 위험이 있다.[11]

심지어 콩고 및 폴리오가 풍토병으로 남은 국가에서 퇴치운동이 확실한 승기를 잡는다고 해도 오랫동안 불확실성이 남을 것이다. 세계보건기구의 퇴치 정책은 전파의 끝을 급성 이완성 마비가 없는 상태라는 단 하나의 지침에만 의존하였다. 그러나 폴리오는 조용한 전파자로 악명이 높다. 감염자 대부분이 거의 무증상이거나 가벼운 감기 비슷한 증상만 보이기 때문이다. 이런 점에서 폴리오는 증상이 워낙 뚜렷해 환자 추적이 쉬워 근절도 가능했던 천연두와는 완전히 딴판이다. 폴리오는 감염 사례의 1% 이하만이 중추신경계와 관련이 있고 마비로 진전한다. 마비 증상이 없기에 심지어 수년이 지난 후에도 전파가 과연 끝났는지 제대로 파악하기 어렵다. 그래서 알바니아처럼 폴리오를 근절했다고 조기에 선언하는 국가가 나오기 십상이다. 그러나 급성 마비 환자가 마지막으로 발생한 지 거의 10년이 지난 후 알바니아에서 폴리오 환자가 다시 나타났고, 한 명이 나타났다는 것은 무증상 환자가 적어도 100명은 더 있다는 뜻이다.

게다가 폴리오에 걸리지 않더라도 길랑-바레 증후군Guillain-Barré Syndrome, 외상 신경염, 횡단척수염, 종양 같은 다양한 증상으로도 이완성 마비가 올 수 있기에 문제는 더욱 복잡해졌다. 세이빈이 지적했듯이 폴리오 증상과 똑같은 임상 증상이 그 밖의 17종의 장내 바이러스에 의한 감염으로도 나타날 수 있다. 다시 말해, 폴리오바이러스가 이완성 마비 증상을 일으키지 않고도 장기간 떠돌 수 있는 한편, 이완성 마비 증상은 폴리오바이러스 없이도 생길 수 있다는 점이 폴리오를 퇴치하고자 하는 시도를 더욱 만만치 않게 한다.

국제폴리오퇴치계획의 역사를 돌이켜보면 천연두와 비교해 무작정 낙관하는 것은 잘못이었다는 것을 여실히 보여준다. 천연두는 공격에 취약하다는 점에서 예외적이었다. 또 동물병원소도 없고, 교차 면역 문제를 일으키는 여러 종류의 혈청형도 없었다. 게다가 증상이 뚜렷해서 쉽게 눈에 띄었다. 천연두 생존자는 강력한 면역력을 평생토록 유지했다. 천연두 공격에 사용되는 백신은 한 방만 맞아도 효과적이면서도 백신과 관련된 감염병을 일으킬 위험도 없었다.

그보다 훨씬 막강한 적인 폴리오는 애당초 퇴치론자들의 인식이 그저 환영幻影에 불과하다는 것을 다시금 우리에게 일깨워준다. 질병에 대한 최종 승리는 세균 없는 에덴동산을 향한 기대에 찬 발걸음이라기보다는 예외적으로 일어날 수도 있는 축하할 만한 사건이다. 손에 잡힐 듯 잡히지 않는 폴리오를 정복한다면 인류는 두 번째로 감염병을 퇴치하게 되는 셈이다. 퇴치운동의 최종 결과가 어떻게 나올지 지금으로서는 알 수 없지만, 현재 떠오르는 난제들은 감염병 퇴치를 위해서는 적절한 방법론, 방대한 자금 지원, 세심한 기획, 꾸준한 노력, 행운이 필요하다는 것을 여실히 보여준다.

| 제19장 | HIV/AIDS

─남아프리카공화국의 소개와 사례

에이즈의 기원

에이즈 팬데믹은 원숭이와 영장류를 병들게 한 유인원면역결핍바이러스Simian Immunodeficiency Virus, SIV에 돌연변이가 나타나면서 시작했다. 이 돌연변이로 유인원바이러스가 동물에서 인간으로 종간 장벽을 뛰어넘어 인수공통 감염병을 일으켰다. 이 중대한 사건이 언제 처음 발생했는지는 알 수 없지만, 최근 가설에 따르면 미확인된 개별 사례들이 이르면 1930년대부터 있었을 것이라고 한다. 늦어도 1950년대 초에는 인간에서 인간으로 안정적으로 전파하는 과정에서 신종 인간면역결핍바이러스Human Immunodeficiency Virus, HIV가 출현해 현대 사회에서 그 행보를 시작하게 되었다.

이러한 면역결핍바이러스의 종간 교차는 아프리카의 서로 다른 두 환경에서 발생했고, 두 가지 서로 다른 유형의 HIV를 낳았다. 우선 중앙아프리카 부룬디, 르완다, 콩고민주공화국이 한데 모이는 접경지대에서 HIV는 계속 인간을 괴롭혀왔다. 이 지역의 유형은 HIV-1형으로, 훨씬 독성이 강하고 현대 에이즈 팬데믹을 일으킨 장본인이다. 한편, 비슷한 시기에 서아프리카에서는 HIV-2형이 나타났는데, 발병 속도도 비교적 느렸고 전염성도 그다지 높지 않았다.

원숭이나 영장류에서 인간으로 종간 장벽을 어떻게 뛰어넘었는지
는 수수께끼로 남아 있다. 유명한 가설 중 하나는 에드워드 후퍼Edward
Hooper가 1999년 저서 《강: HIV와 에이즈의 기원을 찾아서 *The River: A
Journey to the Source of HIV and AIDS*》에서 제기하고 있다. 후퍼는 1958년
에 아프리카에서 경구 폴리오 백신을 광범위하게 시험하다가 그런 빌
미를 제공하게 되었다고 보았다. 그는 제3세계 국가의 비윤리적인 생의
학 연구소를 지목하며 연구자들이 노벨상을 받을 욕심에 허겁지겁 서
두르다가 에이즈로 발전하게 된 것이라고 비판했다. 결론에 도달하는
과정에서 후퍼는 존 스노가 초기에 콜레라를 추적하던 방식 못지않게
방대한 역학 연구를 실시했지만, 그가 제시한 증거는 순전히 정황상 증
거일 뿐이다. 또 다른 널리 알려진 가설은 아마도 사람들이 감염된 중
앙아프리카의 침팬지와 서아프리카의 원숭이 같은 야생고기를 섭취하
는 과정에서 HIV가 인간에게 전파되었다는 주장이다.

HIV와 신체

바이러스를 살아있는 생물로 분류해야 하는지를 두고 엉뚱한 논란이
일고 있다. 확실히 HIV는 구조가 극히 단순해서 리보 핵산ribonucleic acid,
RNA 형태의 유전 물질 두 가닥으로만 구성되어 있다. RNA는 막 안에 단
열 개의 유전자만 담고 있으며, 그 표면에는 두 개의 당단백질이 있다.
이와는 달리 박테리아 하나에는 유전자가 5,000~1만 개나 있다. HIV
는 숙주세포에 침입해서 숙주세포가 바이러스를 생산하도록 변경하는
방법 외에는 독립적인 이동, 물질대사, 성장, 생식이 모두 불가능하다.
따라서 HIV는 살아있는 세포에 기생해 목적에 맞게 세포를 변형시켜

야만 살아가는 데 필요한 공정을 수행할 수 있다.

HIV가 일단 인간의 혈류로 진입하면 바이러스 표면의 당단백질 Gp21은 바이러스가 특정 세포, 특히 백혈구를 목표 대상으로 삼고 침입할 수 있도록 해준다. 특히 공격 대상이 되는 CD4라는 백혈구(또는 T도움세포)는 침입한 바이러스를 감지하면 신체 면역계를 가동해 통제하는 역할을 한다. HIV의 공격을 받은 숙주 CD4 세포 안에는 역전사reverse transcriptase라는 효소가 생겨 독성 RNA를 디옥시리보 핵산deoxyribonucleic acid, DNA으로 바꿔버린다. HIV가 '레트로바이러스'로 불리게 된 이러한 역전사 과정은 1970년대 하워드 마틴 테민Howard Martin Temin과 데이비드 볼티모어David Baltimore가 발견했고, 그들은 1975년에 노벨 생리의학상을 공동 수상했다. 1970년까지 진화생물학의 중심 신조는 DNA가 RNA를 창조한다는 주장이었다. 그러나 RNA 틀에서 DNA가 창조된다는 역전사 과정이 발견됨으로써 비로소 생물학적 측면에서 HIV/AIDS를 이해할 수 있게 되었다.

역전사는 우선 감염된 신체에 미치는 영향 때문에 매우 중요하다. 새로 변환된 DNA는 숙주세포의 유전체로 암호화된다. 그러면 침입자가 세포의 기계장치를 탈취해 그 세포를 새로운 미생물을 만드는 수단으로 바꾸고 세포 자체를 파괴할 수 있게 된다. 면역계를 통제하던 CD4 세포는 이제 HIV 비리온(virion, 바이러스의 최소 단위로, 핵산 분자와 단백질 분자로 구성됨_옮긴이)을 생산하는 '독성 공장'이 되고 만다. 그것은 다시 혈류로 들어와 추가로 CD4 세포들을 공격하고 같은 과정을 반복한다. CD4 세포가 이렇게 파괴되다 보면 신체 방어를 가동하는 분자들에게 신호를 보내는 네트워크가 제 기능을 못하게 된다. 이와 같은 방어 기능의 오작동이 에이즈의 면역억제의 근간이고, 많은 기회감염의 원인이다. 역전사는 감염된 신체에도 중요하지만, 역전사 과정은 오류가 나기 매우 쉽기 때문에 HIV/AIDS의 역학 관계를 살피는 데도 중요하다. 역전사 과정은 돌연변이를 자주 일으켜 HIV의 변종, 즉 '클레이드clade'를 만들고, 약제 내성을 발전시키는 근간이 된다.

HIV가 혈류에 침입해 6~8주 동안 잠복기를 거치고 나면 한 달 가까이 지속될 수 있는 '초기 감염'이 시작된다. 초기 감염은 종종 무증상인데다 환자 스스로도 모를 수 있지만, 그런데도 혈청 변환(seroconversion, 백신으로 투여한 항원에 응해 항체가 출현하는 것_옮긴이)을 겪게 되며, 이는 HIV 항체가 감지할 만한 수준에 도달해 환자가 HIV 양성이 되었음을 의미한다. 그러나 많은 환자들은 인플루엔자나 전염성 단핵증mononucleosis과 유사한 증상, 즉 발열, 통증, 무력감, 림프절 부종, 두통, 인후통, 설사, 그리고 가끔 발진 등을 경험한다. 최초 감염 이후 12주가 되면 증상은 사라진다.

그러나 증상이 해소된 후에도 질환은 조용히 진행되어 수년간 무증상 잠복기가 지속되기도 한다. HIV는 CD4 세포를 계속 침입해 HIV 비리온을 복제하고, 숙주 림프구를 파괴한 다음, HIV 비리온이 마침내 혈류로 복귀해 이 과정을 반복하는 생애 주기를 갖는다. 바이러스는 CD4 세포의 수를 점진적으로 감소시키는 한편, 혈액 1㎣당 바이러스의 수를 뜻하는 '바이러스 비중'을 늘린다. 바이러스는 날마다 혈류 내 약 5%의 CD4 세포를 파괴하는 한편, CD4 세포는 그보다 느린 속도로 복구된다. 그러다 마침내 바이러스와 T세포 간의 균형은 결정적으로 되돌릴 수 없이 바이러스 쪽으로 기운다.

한편 잠복기는 질병의 역학에 중요한 역할을 한다. 렌티바이러스lentivirus로 분류된 HIV는 신체에서 특히 느리게 감염을 진행한다. 이렇게 잠복기가 연장되다 보니 HIV에 감염된 사람이 본인 상태를 알지 못하고 수년간 건강해 보이는 모습으로 지내고 성생활도 왕성히 할 수 있다는 문제가 있다.

질병으로서 HIV/AIDS는 세계보건기구가 공인한 대로 4단계를 거치며(3단계로 보는 보건 기관도 있다), 각 단계는 혈액 1㎣당 CD4 세포의 개수로 결정된다. CD4 세포 개수가 800~1,200 범위에 있으면 정상으로 판단된다. 1차 감염 후에 첫 번째 두 단계가 잠복 단계에 해당한다. CD4 세포 개수가 떨어지면서 신체는 점점 기회감염에 취약해진다. 대개 3~4단계에서 나타나는 '활성 에이즈'의 시작을 알리는 그런 특징적인 증상들은 HIV 양성의 기저 상태에서 비롯된다기보다는 이러한 기회감염에서 비롯되는 것이다. 기회감염의 가능성의 범위는 사례별로 다양하다.

1단계

혈액 1㎣당 CD4 세포 수 500~1,000개. 이 잠복기에는 림프절 비대증이 종종 발생하긴 하지만, 대개는 나타나는 증상이 없다.

2단계

혈액 1㎣당 CD4 세포 수 350~500개. 면역억제 단계인 2단계에서 임상 증상은 다양하게 나타나지만, 정확한 신체 진단을 내릴 만큼 뚜렷하지는 않다. 잠복기의 기간과 심각한 기회감염의 시작은 HIV의 진행에 따라 결정되기도 하지만, 환자의 일반적인 건강 상태에 의해서도 좌우된다. 양호한 영양 섭취, 규칙적인 운동, 마약·술·담배를 피하는 습관이 활성 에이즈의 발병을 미연에 방지할 수 있다. 그러나 2단계에서 환자들은 체중 저하, 손톱 녹농균, 인후통, 기침, 재발성 구강 궤양, 기관지염과 축농증 같은 기도 감염을 자주 겪는다.

3단계

혈액 1㎣당 CD4 세포 수 200~350개. 면역억제가 한층 심화되며 에이즈 활성이 가시화된다. 일반적인 증상으로는 체중 감소, 밤에 식은땀을 동반한 간헐적 혹은 지속적 발열, 혀 양쪽 가장자리의 백태, 치아 흔들림, 만성 설사, 구강칸디다증, 치은염, 폐결핵, 폐렴, 뇌수막염을 포함한 박테리아 감염 등이 있다.

4단계

혈액 1㎣당 CD4 세포 수 200개 이하. 심각한 임상 증상으로는 마른기침, 숨 가쁨, 흉통, 연하 곤란, 망막염, 두통, 폐결핵, 주폐포자충 폐렴pneumocystis pneumonia, 카포지 육종Kaposi's sarcoma, 톡소플라즈마증, 인지 및 운동 장애, 뇌수막염 등이 있다. 세계적으로 에이즈의 가장 흔한 합병증은 폐결핵으로, 환자 대다수의 직접적인 사망 원인이다. 4단계 에이즈를 치료하지 않을 경우 대개 3년 이내에 사망한다.

전파

성 매개 전파

HIV는 네 단계에서 모두 감염성이 있고, 바이러스는 모든 체액에 존재한다. 땀, 눈물, 침에는 소량, 정액과 질액에는 상당량, 혈액에는 다량 존재한다. 역사적으로 HIV/AIDS는 두드러진 성 매개 질환이었다. 연구에 따르면, 전체 사례의 75% 이상이 성관계를 통해 발병했다.

처음에 HIV/AIDS에 대한 이해는 미국에서 감염병이 유행한 경로를 바탕으로 확대 해석되었다. 미국에서는 최초로 감염병 위기 경고가 발동되었고, 초기 수십 년 동안은 남자 동성애자들의 감염률이 과도하게 높았다. 사실 남자 동성애자들은 여러모로 HIV에 취약했는데, 우선 항문 성교는 찰과상을 입힐 가능성이 높고, 찰과상은 바이러스가 곧바로 혈류로 들어갈 수 있도록 문을 활짝 열어두는 역할을 했기 때문이다. 동성애자들은 또한 성 매개 질환의 확산을 촉진하는 문화가 발달한 샌프란시스코와 뉴욕 같은 도시 지역으로 대거 이주함으로써 감염에 취약해졌다. 불행하게도 기존의 헤르페스, 매독, 연성하감 같은 성병의 전파는 이미 출입구 역할을 하는 병변을 통해 HIV 확산을 더욱 용이하게 했다. 그러나 주요 위험 요인은 동성애가 아니라 다수와 성관계를 맺는 것이다. 최근 팬데믹의 진원지인 아프리카에서 다수와 성관계를 맺어 감염된 사례가 총 신규 감염의 3분의 2를 차지했다.

HIV는 세계적으로 이성 간의 성관계가 지배적인 전파 경로이며, 여성이 남성보다 감염에 더 취약하다. 여성의 두드러진 취약성은 생물학적·문화적·사회경제적 이유에서 비롯된다. 생물학적으로 HIV에 감염된 정액은 오랫동안 질에 머물러 있기 때문에 여성이 남성보다 취약하다. 여성은 또한 폭력과 학대가 동반된 성적 대상이 될 수 있고, 이런 관계에서는 남자 동성애자들의 경우에서처럼 찰과상이 일어나기 쉽다. 뿐만 아니라 여성이 기존에 걸린 성병이 궤양을 생기게 하기 때문에 HIV는 인체의 첫 번째 방어선인 피부를 우회해 쉽게 체내로 들어올 수 있다.

많은 사회에서 여성은 남성보다 상당히 이른 나이에 성관계를 갖기 시작한다. 또한 교육받을 기회도 훨씬 적은데, 이 점이 모든 성 매개 질환에서 주요한 위험 요인이다. 세계적으로 초등 교육을 끝마치지 못한 여성은 교육적인 성취도가 더 높은 여성보다 에이즈에 걸릴 가능성이 두 배는 높다. 여성의 불평등도 상대에게 건전한 성행위를 요구할 수 없게 하거나 원치 않는 성적 접근을 거부할 수 없는 상황을 만들기에 중요한 위험 요인이다. 평균적으로 여성의 성 상대는 그들보다 나이도 많고, 힘도 세며, 학력도 높고, 여성의 재정적 수단을 통제할 가능성이 크다. 상대적으로 높은 여성의 빈곤율이 여성을 성매매 산업으로 몰아간다. 성매매 산업에는 여성이 남성보다 훨씬 더 많이 종사하고, 그러므로 HIV/AIDS 위험도 더 클 수밖에 없다.

일부 문화권에서 널리 통용되는 남성성의 개념이 여성의 건강에 악영향을 미치기도 한다. 흔히들 다수의 성 상대를 갖는 것을 남성의 영예로운 훈장쯤으로, 콘돔을 사용하거나 성적으로 퇴짜를 맞는 것을 불명예로 생각한다. 그러한 관념들은 성관계의 규칙을 결정하는 데 남녀가 평등하다는 것을 거부하게 함으로써 여성들을 HIV/AIDS에 걸릴 위험이 큰 환경에 노출시키고 있다.

수직 전파

HIV/AIDS 전파에 가장 중요한 요인은 단연 성관계이긴 하지만, 다른 경로들도 경중을 일일이 수량화할 수는 없지만 전파에 중요하다. HIV/AIDS는 여러 방법을 통해 어머니로부터 태아 또는 영아로 전파된다. 그중 한 가지는 태반을 통한 전파이며, 또 하나는 분만 중에 일어나는 전파다. 마지막으로, 모유 수유를 통해 유아가 감염될 가능성도 있다. 이런 모든 상황에서 네비라핀Nevirapine 같은 HIV 약제를 사용하면 위험 수준을 상당히 줄일 수 있다.

혈액을 통한 전파

혈액은 다양한 방식으로 HIV에 중요한 전파 경로를 제공한다. 수혈이 필요한 수술 절차가 많아지면서 감염된 피를 수혈할 가능성이 배가되었다. 특히 혈액은행이 제대로 관리되지 않는 환경이나, 돈을 받고 헌혈을 하는 사람들에게 의존하면서 안전하지 않은 관습이 허용되는 상황에서는 더욱 위험하다. 그런 상황에서 특히 혈우병 환자들이 위험에 노출된다.

정맥주사로 마약을 이용하는 사람들이 주삿바늘을 돌려 쓰면서 병을 퍼뜨리기도 한다. 그런 위험은 공산주의 붕괴 이후 동유럽처럼 사회가 심각한 혼란을 겪을 때 증폭된다. 풍기문란과 자포자기한 분위기가 뒤따르는 그런 사회에서 헤로인 사용이 급증했고, 그에 따라 HIV에 감염되는 경우가 많았다. 한편 높은 감금률도 문제를 악화시킬 수 있는데, 많은 재소자가 위험한 성행위에 가담하기 때문이다. 건전한 의사결정과 안전한 성행위를 방해할 수 있는 과도한 음주 또한 병의 확산을 부채질했다. 주삿바늘 교환 프로그램과 관련해서는 실증주의적 역학을 무시하고 효과가 입증된 감염 예방책인 주삿바늘 교환 정책을 그저 그릇된 믿음 때문에 가로막은 것이 문제였다.

또한 주삿바늘은 병원, 치과, 진료소의 보건 관련 종사자들이 부주의, 과로, 부적절한 폐기 등으로 사고로 찔릴 경우 이들에게 HIV 감염을 유발하기도 한다. 자원이 부족한 환경에서 적절한 멸균 및 안전 훈련의 부재가 이 문제를 한층 불거지게 한다.

치료 및 예방

HIV/AIDS에는 특별한 치료법이 없다. 치료는 1987년에 ATZ(아지도티미딘azidothymidine 혹은 지도부딘zidovudine이라는 이름으로 상용화)라는 항레트로바이러스 약제를 최초로 개발한 이후 항레트로바이러스 치료제의 개발에 의존하고 있다. 항레트로바이러스제는 병을 치료하지는 못하지만,

바이러스 양을 급감시켜 면역계의 파괴 속도를 늦추고, HIV/AIDS를 만성 질환으로 전환해 수명을 연장한다.

항레트로바이러스제는 바이러스 양을 줄일 수 있는 만큼 HIV 양성 환자들로 인한 2차 감염을 예방하는 기능도 한다. 가령 산모에서 태아로 수직 전파될 확률과 출산 과정에서 산모에서 아기로 전파 감염될 가능성도 그만큼 크게 줄어든다. 이와 마찬가지로 성관계를 통한 전파 위험도 격감했다. 이처럼 항레트로바이러스제를 이용한 예방과 치료는 서로 긴밀히 연결되어 있기에 이 둘의 경계는 모호하다.

ATZ라는 돌파구를 찾은 이후 각 종에 여러 약이 선택적으로 포함되는 여섯 종류의 항레트로바이러스제가 개발되어 의사들이 이용할 수 있는 선택의 폭이 넓어졌다. 각 종은 바이러스의 생애 주기에서 특정 단계를 대상으로 삼는다. 임상적으로 다양한 종을 치료 옵션으로 이용할 수 있게 된 덕분에 의사는 약의 부작용, 특정 약에 대한 내성, 임신 여부, 중복 이환과 합병증 유무 등 다양한 변수에 따라 약제 선택과 여러 종의 조합을 조절할 수 있게 되었다.

불행히도 항레트로바이러스제의 장점에는 한계가 있다. 우선 현재 이용할 수 있는 모든 항레트로바이러스제는 독성이 있다. 발진, 설사, 빈혈, 피로감에서부터 골다공증, 간·신장·췌장 손상 등 부작용의 범위도 넓다. 게다가 항레트로바이러스제는 비싸고 복용 방법도 복잡한 데다 시간에 맞춰 평생 챙겨 먹어야 하는 부담도 따른다. 약물 복용 준수 문제는 집이 없거나, 인지 장애가 있거나, 술이나 마약 중독자거나, 가난하거나, 문맹이거나, 현재 이민자 신분이기 때문에 의료 서비스를 받을 수 없는 사람들에게는 심각한 문제다.

가난한 나라에서는 항레트로바이러스제를 이용하고 싶어도 넘을 수 없는 재정적 장벽에 자주 부딪힐 수밖에 없었다. 따라서 이 치료제는 불평등, 자원 이용의 우선순위, 보건 문제에서 시장주의 원칙의 윤리적 문제들을 제기했다. 게다가 항레트로바이러스 치료제는 생명을 연장하고 그만큼 HIV 양성 환자들의 성생활도 연장되므로 비록 치료제로 바이러스 수치는 낮아졌다고 해도 훨씬 오랜 기간 상대를 감염시킬 수 있다. 따라서 예방으로 생명이 연장되는 혜택은 얻을 수 있으나, 에이즈의 전파 기간도 연장되기 때문에 그만큼 혜택은 줄어드는 셈이다.

항레트로바이러스제는 빠르게 진행되는 약제 내성 문제로 더욱 복잡해지고 있다. 그러므로 내성을 극복하기 위해 세 가지 다른 약물을 조합한 3제 병용 요법을 사용해 치료하도록 하고 있다. 제약회사 실험실은 바이러스와 일종의 군비 확장 경쟁을 벌이고 있음을 깨닫는다. 개별약에 내성이 나타나는데 계속해서 새로운 약을 만드는 게 가능할까? 언젠가 항레트로바이러스제가 효과가 없을 날이 올 것이라는 두려움은 타당한 것일까?

HIV/AIDS에 대적하기 위한 또 다른 약제 전략은 '노출 전 예방요법Pre-Exposure Prophylaxis, PrEP'이다. 이 전략은 본인은 HIV 음성이지만 성관계 상대가 HIV 양성인 사람에게 적합하다. 약물은 바이러스 감염을 예방하는 두 가지 약제를 포함한 일일 복용약으로 구성되어 있고, 콘돔 사용과 병행하도록 권장된다. 질병통제예방센터는 노출 전 예방요법이 제대로만 사용된다면 90%의 예방 효과가 있다고 보고 있지만, 사용할 수 있는 대상이 제한되어 있으며, 복약 준수라는 중요한 문제도 해결해야 한다.

동시에 백신 연구도 계속되고 있으며, 현재 예방 노력의 마지막 보루는 행동 변화다. 여기에는 주삿바늘 교환 프로그램, 콘돔 사용 같은 '안전한' 성생활, 성생활 연령 상향, 여권 신장 등이 포함된다.

남아프리카공화국에서의 팬데믹

20세기 중반 무렵 종간 장벽을 넘은 후 HIV/AIDS는 하나는 병이 시작된 아프리카에서, 다른 하나는 병이 퍼진 산업 사회에서 유행되는 두 가지 서로 구분되는 유행병 양상을 따랐다. 아프리카에서 에이즈는 주로 이성애자들의 성관계를 통해 전파되는 일반인들의 질병이었다. 반면, 산업 사회에서 에이즈는 동성애자나 정맥주입 마약 중독자, 소수 인종 등 사회적으로나 경제적으로 소수에 속하는 사람들 사이에서 피해자가 '집중적'으로 생기는 유행병으로 발전했다. 남아프리카공화국이 당대 팬데믹의 중심에 있었기에 이 장에서는 그곳 사례를 살펴보기로 한다. 남아프리카공화국은 현재까지도 세계에서 HIV 보균자의 수가 가장 많아 4,800만 인구 중 700만이 HIV 양성으로 12.9%의 발병률을 보인다. 아이들을 제외하고 추산하면 18%까지 치솟는다.

게다가 남아프리카공화국은 산업 기반이 튼튼한 민주주의 국가인데도 피해가 극심한 국가라는 점에서 특히 중요하다. 사하라사막 이남 아프리카의 모든 국가 중에서도 남아프리카공화국은 에이즈 팬데믹에 맞설 자원이 가장 많다. 따라서 다른 아프리카 국가들은 위기에 맞설 해결책을 찾는 데 남아프리카공화국이 지도력을 발휘하기만을 바라고 있다.《뉴욕타임스》가 보도했듯이 남아프리카공화국은 "아프리카를 피폐하게 한 질병과의 전쟁에서 자연스럽게 지도자가 되었다."[1] 이런 이유로 제13차 국제에이즈회의International AIDS Conference가 2000년 남아프리카공화국 더반에서 열렸고, 이는 개발도상국에서 열린 첫 회의였다.

HIV/AIDS는 20세기 중반에 모습을 드러낸 후 남아프리카공화국에서 급속도로 퍼졌다. 초기 수십 년 동안 에이즈의 존재는 알려지지 않았다. 탈식민화, 아파르트헤이트, 냉전에서 비롯된 정치적 갈등, 흑인

다수를 위한 보건 관리 부재, 공중보건 감시 소홀, 알려지지 않은 침입자 에이즈에 관심 쏟을 틈을 안 주는 다른 질병들의 높은 발병률 때문이었다. 남아프리카공화국에서 진단된 첫 HIV/AIDS이자 첫 공식적인 사망은 1983년으로 거슬러 올라간다. 그러나 이미 1980년 무렵 4만 1,000명의 감염자가 속출하며 사하라사막 이남 아프리카는 거침없이 휘몰아치는 새로운 팬데믹의 핵으로 떠오르게 되었다. 이는 북미의 1만 8,000명, 유럽과 중남미의 각각 1,000명의 감염자와 확연히 비교되었다.

미국처럼 남아프리카공화국에서도 초기 에이즈 환자들은 동성애자, 혈우병 환자, 정맥주입 마약 중독자 가운데서 나왔다. 그러나 1989년 무렵 남아프리카공화국에서 이성애자들의 HIV 감염이 '집중적인' 감염 사례를 앞질렀다. 병원을 찾는 남자 동성애자의 수는 변동이 없는데 반해, 이성애자 환자의 수가 처음에는 도시 지역에서, 그다음에는 시골 지역에서도 기하급수적으로 늘어났다. 더욱이 여성이 남성을 수적으로 앞질렀다. 그 시기부터 남아프리카공화국의 HIV/AIDS는 미국과는 상당히 다른 경로를 따랐다.

식민주의 및 아파르트헤이트의 잔재

남아프리카공화국을 HIV/AIDS에 극도로 취약하게 만든 요인 중 하나는 식민주의와 아파르트헤이트의 잔재였다. 초기에 도시의 동성애자들 사이에서 전파된 이후 바이러스는 지리적으로 인종 차별 구역에 집중적으로 확산되며, 아프리카 흑인들을 유린했다. 2005년 발병률을 보면 백인의 0.6%, 인도인의 1.9%가 HIV 양성인 데 반해 흑인은 13.3%나 되었다. 인종에 따라 차등 양상을 보이는 HIV/AIDS 감염의 실상이 2003년에 출간된 수전 헌터Susan Hunter의 냉소적인 제목의 책《흑사병:

아프리카의 에이즈*Black Death: AIDS in Africa*》에 잘 포착되어 있다.

아파르트헤이트의 가장 두드러진 특징은 그 정책이 흑인 아프리카 가족에 미치는 영향이었다. 1948년부터 정권을 잡은 백인 우월주의 정당인 국민당National Party은 인종 집단별로 '분리 발전'이라는 목표를 지향했다. 1971년에 한 기자회견에서 영국 총리 알렉 더글러스 흄Alec Douglas-Home이 "평행선을 따라 서로 방해받지 않는 자기 결정의 원칙"이라고 말한 바 있는 이 목표는 '집단지구법Group Areas Act'(1950)과 '집단지구 개정법Group Areas Amendment Act'(1966)이라는 두 개의 법적 장치를 통해 신줏단지 모시듯 떠받들어졌다. 이 법률들은 백인 이외의 주민들에게 지정된 장소를 제외한 모든 부동산과 거주권을 박탈함으로써 사회 구조가 백인 중심으로 재편되도록 했다. 주요 도시의 중심가를 포함한 남아프리카공화국의 전 지역은 백인을 위해 남겨둔 것이었다. 인종에 따른 이 같은 지리적인 분리는 이른바 '직업 보존'이라는 고용에서의 아파르트헤이트에 의해 공고화되었다. 1956년에 제정된 산업조정법Industrial Conciliation Act은 직업이 인종별로 할당되어야 하며, 숙련직, 고임금 직업은 백인들을 위해 '보존되어야' 함을 법제화했다.

여당은 거주지와 고용 부문에서 명확한 인종 분리의 경계를 확정하기 위해 강제 재배치를 감행했다. 350만 명에게 궁극적으로 영향을 미친 이 조치는 아프리카인, 인도인, 유색인이 점유한 건물들을 허물어뜨리는 것에서부터 시작되었다. 당시 군대가 나서서 두 개의 지정 장소 중 한 곳으로 비백인들을 강제 이주시켰다. 첫 번째는 요하네스버그 인근 소웨토, 더반 인근 움라지, 켐튼 파크 인근 템비사 같은 주요 도시와 인접한 '거주구' 또는 타운십township들로 구성되어 있었다. 갑작스러운 인구 유입에 준비가 덜 된 이 흑인 거주지는 물, 하수, 전력, 교통, 위생 시설이 갖추어지지 않은 흑인들로 가득 찬 판자촌이 되었다.

쫓겨난 이들이 가게 될 또 다른 지정 구역은 자원이 부족하고, 작고 분할된 '홈랜드homeland' 또는 '반투스탄bantustan'이라는 이름이 붙은 '집단지구'였다. 여러 홈랜드를 모두 합해봐야 전 국토 면적의 14%밖에 차지하지 않는 이곳에 남아프리카공화국 인구의 75%를 수용하도록 했다. 홈랜드로 재배치된 이들은 정치 참여와 고용 기회가 제도적으로 허용되지 않았다. 철저한 배제 논리에 따라 아파르트헤이트 체제는 홈랜드를 아프리카의 부족별로 분할해 줄루족, 코사족, 소토족, 츠와나족, 스와지족이 모두 서로 다른 구역으로 할당되었다.

일단 재정착하고 국내용 여권에 따라 이동의 자유가 제한된 흑인들은 지정 홈랜드가 아닌 곳에서는 시민권을 행사할 수 없었다. 즉 흑인들은 고국에서 시민이 아닌 외국인 신분으로 전락한 것이었다. 국민당은 반투스탄이 궁극적인 '독립'국으로 나아가게 될 것이라고 그럴듯하게 떠들어댔다. 그러나 실상은 영토도 작고, 방어할 만한 국경선도 없고, 경제 자원도 부족하다 보니 사사건건 남아프리카의 눈치를 볼 수밖에 없었다.

국민당이 흑인에게 강요한 체제가 남아프리카공화국의 흑인들 눈에 부당해 보이는 것도 당연했다. 여권 발급과 '유입 통제' 정책을 지시한 반투 내무부가 아파르트헤이트 체제 쇠퇴기에 폭동의 첫 번째 목표물이 된 것도, 홈랜드의 흑인 행정관이 거주하는 건물이 조롱하듯 '톰 아저씨의 오두막'으로 알려진 것도, 홈랜드 독점 기업으로 수익금으로 홈랜드의 행정 자금을 대던 맥줏집들이 끝없는 집단 폭동의 공격 대상이 되었던 것도 모두 우연은 아니었다.

아파르트헤이트의 다양하고 복잡한 제도적 구조를 이끌어낸 비전은 국민당 총수 피터르 빌럼 보타(Pieter Willem Botha, 1916~2006)의 주장에 명확히 드러나 있다.

나는 …… 남아프리카공화국 백인 지역 내의 반투 구역에조차 영구적인 자택이나 어떠한 영속성도 있을 수 없다고 믿는다. 다시 말해, 남아프리카공화국의 백인들은 흑인 프롤레타리아들이 미래에 경제적인 주도권을 얻을 가능성을 점차 없애야 한다. 그렇지 않으면 이 도시의 흑인 프롤레타리아들이 유색 인종과 섞이면서 남아프리카공화국 전체에 대한 지배권을 얻을 것이기 때문이다.[2]

이 흑인 홈랜드에서 살아남기 위해 흑인 가족들은 남자들이 이주노동자 자격으로 백인들의 도시나 농장, 광산에서 일하는 오랜 기간 동안 서로 떨어져 지낼 수밖에 없었다. 흑인 여성들, 아이들, 노인들, 장애가 있는 남성들은 백인 구역에 필요한 인력이 아닌 잉여자들에 해당했기에 쓰레기 처리장 역할을 하는 반투스탄으로 추방당했다. 남아프리카공화국 광산에서 일하는 흑인 남자들의 조건이 새로운 일자리 체계의 전형이었다. 다른 고용 대안이 없었기에 광부들은 어쩔 수 없이 외국 이주노동자로서 일할 수밖에 없었다. 거기서 그들은 1년에 11개월을 광산 숙소에서 지내다 '집'에는 단 한 차례만 다녀갈 수 있었다.

대규모 재정착은 홈랜드의 주거 환경을 급속도로 낙후시켰다. 인구 밀도가 1955~1969년에 1제곱마일(2.59㎢)당 60명에서 100명으로 급증하면서 많은 시골 가족들은 일자리도 없는 홈랜드 경제 환경에서 땅마저 잃게 되었다. 따라서 젊은이들은 타운십, 광산, 백인 소유 농장으로 강제 이전할 수밖에 없었다. 1970년대 초에는 매해 8만 5,000명이 노동 시장에 진입했는데, 이 중 4만 명이 홈랜드 출신이라는 사실만 보더라도 문제가 얼마나 심각한지 분명히 드러난다.

이러한 체계는 성 매개 질환의 전파를 용이하게 하는 여러 행동 양식을 조성했다. 수용소나 빈민촌에 사는 남성들과 홈랜드에 갇혀 있거나 백인 도시에서 가사일을 하기 위해 '타운십'에서 출퇴근하는 여성들은 동시에 다수의 상대와 성관계를 맺는 경우가 많았다. 이러한 관계는 거래를 전제로 하거나 성매매인 경우가 많았다.

집단지구법으로 계획했던 거주 체제는 위압적이고 공중보건에 유해했다. 더욱이 시간이 지나면서 병리학적인 파급 효과를 배가시켰다. 가족들과 떨어져 가족의 영향을 받지 않는 젊은 아프리카 남자들은 온통 남자들뿐인 숙소, 도시 갱단, 교도소에서 남성성의 기준을 확립했다. 그 결과는 특권 의식, 지위를 나타내기 위한 성적 정복, 폭력을 조장하는 남성 위주의 성 문화로 나타났다. 이러한 경향은 폭력 문화에서 사회활동을 하도록 몰아넣은 억압적이고 인종 차별적인 체제라는 넓은 맥락에 의해 강화되었다.

아파르트헤이트와 그 여파가 남아 있던 기간에 남아프리카공화국은 1인당 강간율이 세계에서 가장 높은 국가가 되었다. 170만 건의 강간이 해마다 발생하고, 성폭력이 '보편화되었다'고 추정된다. 2015년 남아프리카공화국 법정에 제기된 소송 중 50% 이상이 성폭행 관련 소송이었고, 이 중 대부분이 집단 성폭행과 관련 있었다. 품라 디네오 지콜라Pumla Dineo Gqola의 2015년 저서《강간: 남아프리카공화국의 악몽Rape: A South African Nightmare》와 1999년 영화 〈케이프 오브 레이프Cape of Rape〉 (케이프타운 지칭)에 관련 이야기가 드러나 있다.《남아프리카 의학 저널South African Medical Journal》은 남아프리카공화국의 강간 비상사태에 맞서 행동 변화를 촉구하는 글을 게재했다. 이 글의 핵심은 여성에게 가하는 성폭력이 HIV 전파를 가속화한다는 것이다. 게다가 아파르트헤이트로 인한 풍기문란과 기회 축소가 과음을 부추겼고, 이것이 성범죄에 불을 지피는 역할을 했다는 것이다.

아파르트헤이트의 또 다른 특성은 타운십과 수용소에서 남자들이 오랜 시간을 보내는 동안 남자들끼리의 성관계가 조장된다는 것이었다. 그러나 이런 동성 간의 성관계가 이루어진 공간은 오히려 동성애자들을 혐오하고 종종 그들에게 신체 폭행까지 가하는 공격적인 '사내다운' 분위기가 지배했다. 그래서 동성애 관계를 숨기기 일쑤였고, 관련 질병 사례도 적어도 초기에는 의학적 관심을 끌지 못했다. 동성애는 HIV 전파의 위험 요인이었지만, 유행병 전파에서 수면 위로 드러나지 않았던 위험 요인은 주로 이성과의 성관계를 통한 것이었다.

아파르트헤이트는 여성의 건강에 특히 악영향을 미쳤다. 홈랜드와 타운십으로 추방된 아프리카 여성들은 가난했고, 교육 수준이 낮았으며, 의료 서비스를 받을 기회가 없었다. 따라서 그들은 안전한 성생활을 선택하기 위해 필요한 정보가 부족했다. 게다가 여성들은 성관계를 합의하는 데 상당히 불리한 위치에 있었다. 남아프리카공화국에서 여성들이 남성들보다 훨씬 많이 HIV/AIDS에 걸리고, 그것도 같은 나이의 남성 집단보다 5년이나 앞선 10대 때부터 에이즈에 걸린다는 것은 놀라운 일이 아니었다. 2014년에 남아프리카공화국 정부는 15~19세 소녀들이 동년배 소년들보다 HIV 양성일 가능성이 일곱 배 이상 높다고 보고했다. 소년들의 발병률이 0.7%인 데 반해 소녀들의 발병률은 무려 5.6%였다.

도시화 및 빈곤

HIV/AIDS 팬데믹의 특징 중 하나는 주요 도시 지역이 역학에서 두드러진 역할을 한다는 점이다. 성 매개 질환은 늘 도시에 넘쳐난다. 도시는 사교 네트워크의 장이자, 많은 젊은이를 불러 모으고, 마약과 술기운에 힘입은 현실 도피주의 문화를 조장한다. 부분적으로는 남아프리카공화국의 경제 발전과 그에 따른 이주노동자의 유입으로 남아프리카공화국에서 감염병이 유행한다는 것도 설득력이 있다.

여기서 아파르트헤이트는 도시 성장과 관련해 두 가지 역할을 했다. 첫째, 경제적으로 자립할 수 없는 홈랜드가 백인 타운에 계속 노동력을 제공했다. 둘째, '유입 통제'라는 인구 이동 제한 정책을 두어 자국 내 서비스 산업 및 제조업에 저임금 노동력을 제공할 수 있는 남녀로만 이동을 제한하며 흐름을 통제했다.

1994년에 백인 패권주의가 붕괴하자 이동의 자유가 허용되며 상황이 바뀌었다. 그러나 아이러니하게도 일자리가 제한된 상황에서 갑작스러운 대규모 이동이 질병의 확산을 용이하게 했다. 즉각적인 결과로 댐이 무너지듯 도시 지역으로 사람들이 쏟아져 들어왔고, 이에 HIV/AIDS 감염병도 세를 확장할 기회를 얻었다. 협치 및 전통문제 담당 부장관 안드리스 넬Andries Nel은 2015년에 이렇게 말했다.

> 남아프리카공화국은 급속도로 도시화되고 있다. 유엔은 2030년 무렵에는 남아프리카공화국 인구의 71.3%가 도시 지역에 살 것으로 보고 있다. …… 도시 인구는 점점 많아지고 젊어지는 추세다. 남아프리카공화국 젊은이의 3분의 2가 도시 지역에 산다. …… 도시 지역은 사람들, 천연자원 및 경제자원의 이동 측면에서 시골 지역과 역동적으로 연계되어 있다. 교통 및 통신이 발달하고 이주가 활발해지면서 도시 및 시골 지역은 점점 통합되고 있다.[3]

HIV는 군의 물자 수송과 시골에서 도시로의 자유로운 인구 이동에 따라 퍼지다가 타보 음베키Thabo Mbeki가 집권하며 HIV의 공중보건 지식과 관련해 과학적 결론을 무시하는 방향으로 나아가면서 전파 속도가 더욱 빨라졌다.

그러나 HIV가 남아프리카공화국의 타운십에서 창궐한 이유가 아파르트헤이트의 유산, 젠더 불평등, 빠른 도시화, 현대식 교통 네트워크 때문만은 아니었다. 대규모 빈곤도 문제였다. 남아프리카공화국이 국제적으로는 중간 소득 국가로 분류되었음에도 수백만 명이 가난에 허덕이며 영양실조로 질병에 대한 면역력이 떨어져 발병을 재촉했다. 절대적인 자원 부족이라기보다는 불평등한 분배와 실업이 문제의 근간이었다. 불평등은 또한 교육 기회마저 줄였기에 많은 이들이 자신을 보호하는 데 필요한 지식이 부족했다. 아파르트헤이트 몰락 직후 나온 1995년 보고서에 따르면, 빈곤율(월 소득 352랜드 기준, 2020년 11월 기준 환율로 약 2만 5,000원_옮긴이)은 흑인 아프리카인이 61%, 유색인이 38%, 인도인이 5%, 백인이 1% 순으로 나타났다. 조사관들은 특히 다른 중간 소득 국가들과 비교했을 때 칠레, 멕시코, 인도네시아의 빈곤율은 15%이고 자메이카, 말레이시아, 튀니지는 5%인 데 반해, 이 정도 수준의 흑인 빈곤율은 가히 '충격적'이라며 입을 모았다.[4]

'1인 1 투표권 행사' 원칙하에 민주 정부가 들어섰지만, 빈곤 문제가 저절로 해결되지는 않았다. 1994년에 투표로 당선된 아프리카 민족회의당African National Congress Party, ANC은 빈곤과 경제적 불공정을 일소할 부흥개발계획Reconstruction and Development Programme이라는 파격적인 계획을 발표했다. 부흥개발계획에 따라 정부는 사회 복지와 기반 시설 건설에 재정을 대거 투입해 '모두를 위한 더 나은 삶'을 보장하겠다고 공언했다. 그러나 국제 사업 공동체와 지역 엘리트의 압력에 못 이겨 아프리카 민족회의당은 경제적으로 180도 전향해 당초 계획을 폐기하고 사무실마저 폐쇄했다. 대신 넬슨 만델라(Nelson Mandela, 1918~2013) 정부는 시장 중심의 신자유주의가 우선적으로 내세우는 것들에 따라 재정 건전성, 인플레이션 억제, 긴축을 강조하며 성장, 고용, 재분배를 기치로 내건 완전히 다른 계획을 수행했다. 부의 재분배와 빈곤 감소는 더 이상 여당의 중심 안건이 아니었다.

그 결과, 2011년에 남아프리카공화국 통계청에서 빈곤을 '최저 생계비'를 제공할 수 없는 상태로 규정하고 빈곤율을 조사해보았더니 여전히 매우 높은 수준이었다. 다른 말로 빈곤은 생명을 유지할 수 있는 최저 수준으로 정의되었다. 이 측정치는 '식량 빈곤선'으로, 일일 에너지 섭취량인 2,100칼로리의 음식을 구매할 수 있는 능력을 가리킨다. 이 기준에 따르면, 남아프리카공화국 인구의 21.7%인 약 1,200만 명이 건강을 유지하는 데 필요한 영양 요건을 달성할 수 없는 셈이다.[5]

불가피하게 6세 미만의 어린이 23%가 영양실조로 성장이 더디고, 시골 지역일수록 그런 어린이의 비율이 치솟는다는 게 확인되었다. 2011년 여론조사는 인식 측면에서도 남아프리카공화국 흑인 절반 이상이 일상생활을 영위하는 데 필요한 적절한 식량이 부족하다고 생각한다는 것을 보여주었다. 조사의 결론은 '아파르트헤이트 체제의 극단적인 불평등'이 그에 못지않게 가혹한 '시장 불평등'으로 이동했을 뿐이라는 것이다.[6] 1980년대 HIV 감염병이 유행하기 시작한 이래로 전체 조사 기간 내내 남아프리카공화국은 처음에는 아파르트헤이트 체제에, 그다음에는 시장에 지배당하며 시민들은 영양실조에 시달리고 면역력 약화로 HIV가 전파되기 쉬운 조건이 형성되었다. 게다가 빈곤은 항레트로바이러스제를 구입할 형편이 안 되는 남아프리카 HIV/AIDS 환자들을 HIV 양성에서 활성 에이즈로 급진전하게 했다. 이렇듯 HIV/AIDS와 빈곤은 이른바 '빈곤과 에이즈의 악순환'이라고 불릴 만큼 서로에게 원인과 결과로 작용하고 있다.

남아프리카공화국 정부의 입장: 무관심에서 부인으로
질병이 초기에 도시 동성애자들을 중심으로 퍼졌을 때 정치 지도층의 우선순위가 다른 곳에 있었다는 사실이 치명적인 역할을 했다. 에이즈 집단 발병이 하필이면 보타가 이끄는 국민당이 집권하던 1980년대에 시작되었다는 것이 남아프리카공화국으로서는 그저 안타까울 따름이었다. 보타는 냉전주의자, 열성 백인우월주의자, 법치주의자였다. 그는 공산주의의 망령에 사로잡혀 이른바 '검은 프롤레타리아'라는 소외된 아프리카인들로 구성된 제5열(국내에서 이적행위를 하는 사람들_옮긴이)이 러시아, 쿠바, 중국 같은 외부의 공산주의 세력과 손을 맞잡고 다가온다고 보았다.

흑인과 공산주의라는 이중의 위협을 미연에 방지하기 위해 보타는 서둘러 북대서양조약기구NATO와 긴밀한 관계를 맺고 막대한 재정을 군에 쏟아부었다. 그의 목표는 고국은 물론 남부 아프리카에서 체제 전복 시도를 진압할 수 있도록 자국 군대의 역량을 키우는 것이었다. 그는 러시아가 아파르트헤이트 체제를 상대로 '맹공격'을 개시했고, 묵시록적인 마지막 결전이 임박했다는 확신이 들었다. 세계 제패를 위한 '원대한 계획'을 품은 소련이 그 계획의 일환으로 무너뜨리고자 한 백인 패권주의가 걸린 문제였다.

이러한 시험대에 오른 남아프리카공화국 태생의 백인인 보타는 겉으로는 아파르트헤이트 체제를 개혁하겠다는 모양새를 취했다. 그는 흑인들을 짜증나게 하면서 그렇다고 백인우월주의를 떠받치는 데도 큰 도움이 안 되는 '소小아파르트헤이트(인종 분리를 골자로 하는 제도_옮긴이)'의 부차적 문제들과 관련해 흑인들에게 기꺼이 양보하는 모습을 보임으로써 사회적 갈등을 누그러뜨리고자 했다. 그는 흑인 지도자들과의 대화에 응하겠다거나, 공공시설의 분리를 철폐한다거나, 다른 인종 간의 성관계를 처벌 대상에서 제외한다거나 하는 전례 없는 조치를 취하여 백인 지지자들을 어리둥절하게 했다.

그러나 보타는 정치권 및 경제권은 모두 백인들 차지라는 생각에서는 한 발도 물러서지 않았다. 파업과 데모로 사회적 긴장이 고조되자 그는 국가 비상사태를 선포했고, 금지법, 체포, 폭력 진압이라는 비상사태에 걸맞은 강경 조치를 앞세워 1980년대 내내 비상시국을 끌고 갔다. 집단지구법과 백인의 정치 지도부 장악 등 아파르트헤이트를 떠받치던 기둥들은 공권력을 동원해 굳건히 지켜나갔다.

정치적 생존을 위한 생사가 걸린 투쟁에 나선 국민당 체제는 공중보건 따위는 안중에도 없었다. HIV는 보타와 같은 근본주의자들에게는 중요하지 않았다. 그는 에이즈를 동성애자, 마약 중독자, 성매매업자와 같은 '이탈자'와 현재 외국인으로 정의된 흑인들, 이 두 집단에만 신이 분노해 고통을 가하는 병으로 보았다. 따라서 대중을 교육하고, 안전한 성생활을 하도록 지도하고, 새로운 치료법을 개발하고, 환자들을 치료하는 데 전혀 서두를 이유가 없었다.

보타는 HIV 확산을 통제할 조치를 마련하기는커녕 이를 빌미로 동성애자들을 남색男色 범죄자로 매도했다. 1985년에 그는 대통령 자문위원회에 동성애 행위를 불법화하는 부도덕법(Immorality Act, 백인과 흑인의 결혼 및 성관계를 금지하는 법, 1927년 제정_옮긴이) 집행을 권고하도록 요구했다. 자문위는 병 문제는 차치하고 동성애를 비난하기 바빴고, 처벌 대상을 레즈비언까지 확대 적용해야 한다고 목소리를 높였다. 한편 흑인들을 상대할 때 보타는 그 '외국인들'에게 아무런 책임도 느끼지 않았다. 흑인 광부들 사이에서 HIV가 돌았을 때도 아파르트헤이트의 논리에 따라 병들거나 일할 수 없다면 홈랜드로 쫓아버리면 해결될 일이라고 생각했다. 그보다는 밖으로는 외국 이주민들에, 안으로는 부도덕한 타락자들에 둘러싸인 건강한 백인 국가를 보호하는 것이 급선무였다. 1980년대 내내 국민당 체제는 HIV/AIDS에 관한 경고에 귀를 닫았다. 무너져가는 체제를 어떻게든 개혁으로 지탱해보려던 아파르트헤이트 체제의 마지막 대통령인 프레데리크 빌렘 데클레르크Frederik Willem de Klerk 재임기에 가서야 국민당은 경로 변경을 고려했다. 그때는 너무 늦었고, 구질서는 1994년에 완전히 끝장났다.

넬슨 만델라가 이끄는, 이론상으로는 야당인 아프리카 민족회의당은 에이즈와 관련해 전략적인 국가계획을 개발하는 데 강한 의지를 보였다. 아프리카 민족회의당은 1990년에 금지단체로 운영되던 동안에도 모잠비크에서 열리는 국제회의에 참석해 '마푸투 성명서Maputo Statement'의 초안 작성에 참여했다. 이 성명서는 남아프리카공화국에서 이미 6만 명을 감염시킨 HIV/AIDS에 대한 강력한 보건 정책을 촉구했다. 8개월마다 감염자 수가 배가하는 가운데 성명서는 정부의 대응이 '극도로 불충분하다'며, 지역 사회 기관들의 경험에서 비롯된 교훈을 그동안 적용하지 않았다는 것이 고스란히 드러났다고 비난했다.

모잠비크 국제회의는 HIV/AIDS를 사회적 질병으로 천명하면서 정부와 지역 공동체의 계획을 통합하도록 요구했다. 우선 회의석상에서 정부가 해야 할 일로 거론된 것은 HIV를 더욱 확산시키는 빈곤, 이주 노동, 인구 재배치, 노숙자 문제, 강제 퇴출, 실업, 교육 부족, 가난한 주거 환경과 같은 사회 조건을 개선하는 것이었다. 거기에 더해 정부는 대중의 인식을 제고하고, 차별과 편견 없는 건강 관리 서비스를 확대하고, 동성애자와 성매매업자를 억압하는 법률을 철폐하며, 콘돔을 널리 배포하도록 요청받았다.

동시에 마푸투 성명서는 시민사회의 각 기관에도 행동을 촉구했다. 종교 단체는 물론, 근로자, 청년, 여성을 대표하는 공동체에 기반을 둔 각 기관이 나서서 합의에 의한 안전한 성생활을 해나가게 행동 변화를 이끌 것을 요구했다. 마지막으로 마푸투 성명서 조인국들은 국가대책위원회National Task Force를 발족해 감염병을 감독하고 보건을 인권으로 인식해 더 많은 권고안을 내도록 노력해야 했다.

이론적으로는 그처럼 강력한 에이즈 퇴치 정책을 외쳤지만, 아프리카 민족회의당은 실상 권력을 잡고 나니 시들해졌다. 1994년에 최초로 남아프리카공화국의 모든 인종이 참여해 치러진 민주 선거는 자유주의 운동과 만델라에게 힘을 실어주었다. 만델라가 집권했을 때 국민의 HIV 발병률은 1%에 달했다. 국제적으로 공인된 '심각한 유행병 단계'의 문턱에 도달한 것이다. 아프리카 민족회의당은 강력한 에이즈 방역 정책을 정당의 핵심 강령으로 내세웠지만, 일단 집권하자 공중보건을 정책 프로그램의 중심에 두지 않았다. 1997년에 이르기까지 만델라는 에이즈에 관한 연설을 단 한 차례도 하지 않았고, 심지어 처음 그 주제를 꺼내 든 것도 해외 순방 중에서였다. 남아프리카공화국 대법원 재판관이자 에이즈 환자이기도 한 에드윈 캐머런Edwin Cameron은 만델라가 대통령에 선출된 지 10년이 지나고서 그가 느낀 실망감을 떠올렸다. 그가 보기에 만델라는 에이즈보다는 다른 우선순위에 마음을 빼앗겼고, 다음과 같은 이유에서 제대로 에이즈에 대처하지 못했다.

> 그에게는 긴박한 우선과제들이 있었고, 하나같이 에이즈보다 먼저 처리해야 하는 것들이었다. 줄어들고는 있지만 여전히 강력한 인종 차별주의적인 백인 소수 집단에 맞서 군사적·정치적 안정을 이루어야 하는 문제를 안고 있었다. ……
>
> 그에겐 경제 정책 문제들이 있었다. 그는 공산당, 아프리카 민족회의당, 남아프리카공화국노조연맹Congress of South African Trade Unions, COSATU의 연합 정권으로 구성된 정부 내에서 경제 정책들을 한데 녹여내고 있었다.

그는 300년 역사 동안 서로 등한시하던 온건파 백인들과 온건파 흑인들을 화해시켜야 하는 문제를 안고 있었다. 중요한 국제 관계 문제도 해결해야 했다. 30년 이상 세계의 긴털족제비(골칫거리를 빗댄 말_옮긴이)로 군림해온 남아프리카공화국을 만델라는 이제 새로운 국가로 소개하고 있었다. ……

이제 나는 그동안 대부분의 사람이 만델라에 관해 말했던 것과는 달리 듣기 거북할 만한 이야기를 하고자 한다. 국제적인 찬사에 그는 한껏 들뜨고 우쭐해 있었다. 그토록 황홀하고 매력적이며 유혹적인 찬사에 왜 안 그랬겠는가? 스파이스 걸스가 남아프리카공화국을 방문했던 때가 기억난다. 그때 나는 한 방 맞은 기분이었다. …… 만델라는 에이즈로 고민하는 시간보다 스파이스 걸스와 더 많은 시간을 보냈다![7]

만델라가 선택한 후임이자 1999년 정권을 잡은 타보 음베키는 훨씬 퇴보적인 입장을 취했다. 과학 신봉자라기보다는 이데올로그(실행력 없는 공론가_옮긴이)였던 음베키는 '아프리카 르네상스'를 꽃피우고자 했다. 남아프리카공화국은 아프리카 르네상스라는 명목하에 '식민지 시대'의 의과학을 멀리하고 토착 치유법에 의존했다. HIV/AIDS와 관련해 음베키는 에이즈에 관한 국제 과학계의 합의된 견해를 거부하고 에이즈를 부인한 UC 버클리의 피터 듀스버그Peter Duesberg의 견해에 고무되었다. 음베키는 특히 듀스버그가 서구 의과학에 의혹을 제기한 음모론 옹호론자라는 점에 끌렸다. 듀스버그는 생체의학이 비정통 견해는 모두 배제하는 국제 패거리들에 지배당했다고 믿었다. 그는 에이즈의 존재를 받아들였지만, HIV가 원인이라고 보지 않았다. 에이즈는 바이러스성 질병이 아니라 영양실조와 약물 남용이 바탕이 된 면역계의 무질서 때문이라고 그는 주장했다. 그는 "에이즈는 감염되지 않으며, HIV

는 단지 일회성 바이러스일 뿐이다"라고 썼다.[8] 그렇기에 서양 의학의
예방 및 치료제는 쓸모없고 오히려 치명적이라고 주장했다. HIV가 병
의 원인이 아니기 때문에 안전한 성행위와 콘돔은 전혀 예방에 도움이
안 되고, 항레트로바이러스제는 치료제가 아닌 독이나 마찬가지였다.
인터넷 검색을 통해 의학 지식을 습득한 음베키는 듀스버그의 가짜 과
학을 정부의 공식 정책으로 옹호하면서 비극적 결과만 낳았다.

그 첫 번째 결과로 HIV/AIDS와의 전쟁에서 제3세계의 '선구자' 자
리를 차지했던 남아프리카공화국은 이제 그 지위를 내려놓아야 했다.
재앙을 막을 전략을 앞서 마련하고 희망을 주는 대신, 국제 과학계에서
따돌림당하기 딱 좋게 행동했다. 세계의 유수 과학자들은 더반에서 열
리기로 오래전에 합의된 국제에이즈회의를 보이콧하겠다고 위협했다.
결국 과학자들은 참석하긴 했지만, 5,000명이 나서서 HIV 부인론이 비
과학적이고 무수한 죽음을 야기할 게 확실하다며 이를 규탄하는 내용
이 담긴 '더반 선언Durban Declaration'의 초안을 작성했다.

더욱 중요한 것은 남아프리카공화국 사람들에게 미친 영향이었다.
2000년에 남아프리카공화국 사람 여덟 명 중 한 명꼴인 600만 명이
HIV 양성이었고, 1,700명이 매일 새로 감염되었다. 이 같은 위기에 당
시 음베키 정부는 지도력을 발휘하거나 에이즈 퇴치운동을 지원하는
대신, 병을 부차적인 문제로 치부했다. 2001년 포트해어대학 연설에서
음베키는 에이즈가 유럽 중심의 인종주의자들이 남아프리카공화국 사
람들을 "세균 보균자, 열정을 추론에 쓸 수 없는 하류층 사람들"로 얕잡
아 보기 위해 퍼뜨린 허상일 뿐이라고 했다.[9] 음베키는 모두에게 '출사
표'를 꺼내 들 필요가 있다고 생각했는지 2000년 4월에 다섯 장 분량의
서신을 빌 클린턴Bill Clinton 미 대통령을 비롯한 다른 지도자들에게 보내
며 그들이 '인종주의 아파르트헤이트 독재'에 버금가는 '지능적인 협박

과 테러'를 가하고 있다고 비난했다.[10]

음베키는 모든 증거를 무시하고 에이즈로 죽은 사람은 단 한 명도 알지 못한다고 주장했고, 에이즈를 사인으로 결론 내린 검시관들을 비난했다. 이런 입장과 일관되게 남아프리카공화국 정부는 항레트로바이러스제를 배포하지 않겠다고 했고, 성교육이 에이즈 예방과는 무관하다고 주장했다. 게다가 병원과 진료소는 정부가 자금 지원을 보류했기 때문에 에이즈 환자를 돌려보내야 했다. 이의를 제기한 보건부 공무원들은 '불충'하다며 해고되었다.

논란의 중심에는 소아 에이즈라는 가슴 아픈 사안이 있다. 21세기가 시작된 후 남아프리카공화국에서는 모체에서 태아로 또는 출생 중에 아기에게 수직 전파시키면서 해마다 5만 명의 아기가 에이즈에 걸려 태어난다. 항레트로바이러스제는 모체의 바이러스 양을 급격히 떨어뜨려 수직 전파 비율을 절반으로 줄이고, 매년 2만 5,000명의 신생아를 살릴 수 있을 터였다. 그러나 음베키 정부는 HIV 양성인 산모에게 항레트로바이러스제를 배포하지 않기로 했다.

이러한 입장을 취한 남아프리카공화국은 약을 구할 수 없어서가 아니라 원칙론 때문에 산모에게 약을 배포하는 것을 거부한 세계 유일한 국가가 되었다. 여기저기서 격한 반응이 터져 나왔다. 당시 '남아프리카공화국 의학연구위원회South African Medical Research Council' 말레가푸루 맥고바Malegapuru Makgoba 위원장은 대통령이 '인종 학살'을 자행한다고 비난했다. 잠비아의 전 대통령 케네스 카운다Kenneth Kaunda는 음베키가 자국민에게 떨어진 '핵폭탄'급 위력을 무시하고 있다고 했다.[11] 국제에이즈협회International AIDS Society 회장 마크 와인버그Mark Weinberg도 마찬가지로 단호히 말했다. "HIV가 에이즈의 원인이 아니라고 주장하는 사람들은 형사상 직무유기에 해당하며, 공중보건을 위험에 빠뜨린 죄로 투옥되어야 한다. …… 피터 듀스버그 같은 자들 때문에 사람들이 죽어가고 있다."[12]

2005년부터 음베키에 등을 돌리는 분위기가 일기 시작했다. 만델라는 살아있던 유일한 아들마저 에이즈로 죽자 'HIV/AIDS를 널리 알리고 더는 숨기지 말자'며 공중보건 문제에서 음베키와 명확히 선을 그었다.[13] 당시 93세였던 만델라는 에이즈 퇴치라는 대의를 위해 그의 독보적인 권위를 활용해 아프리카 민족회의당을 결집하고, 에이즈 퇴치운동에 여생을 쏟아부었다.

한편 활동가들도 조직을 결성해 에이즈 퇴치를 위한 전략적인 계획을 개발하도록 아프리카 민족회의당을 압박했다. 그중에서도 남아프리카공화국 국립에이즈회의National AIDS Convention of South Africa와 치료행동캠페인Treatment Action Campaign이라는 시민단체의 활동이 두드러졌다. 그 결과, 아프리카 민족회의당 내에서 항레트로바이러스제 치료의 효능이라는 의료 현안과 관련한 논쟁을 중심으로 전례 없는 규모의 정치 격론이 벌어졌다.

에이즈 자체의 높은 사망률도 압박으로 다가왔다. 2008년 유엔합동에이즈계획Joint United Nations Program on HIV/AIDS, UNAIDS의 우울한 평가를 보면, "2007년에 HIV와 더불어 살아가는 남아프리카공화국인들은 약 570만 명으로, 남아프리카공화국은 전 세계에서 HIV의 최대 감염국이다. …… 남아프리카공화국에서 총사망자(모든 원인에 의한)는 1997~2007년 기간에 87% 증가했다. 이 기간에 20~39세 여성의 사망률은 세 배 이상 급증했고, 30~44세 남성의 사망률도 두 배 이상 증가했다."[14]

그 끔찍했던 2006년에 에이즈 감염병은 정점에 도달해 34만 5,185명의 남아프리카공화국인들이 에이즈 관련 원인으로 사망했고, 이는 총사망자 수의 거의 절반(49.2%)에 해당했다. 기대수명은 1998년 남녀 평균 68.2세에서 남성은 52.3세, 여성은 54.7세로 뚝 떨어졌다. 후향後向 평가는 남아프리카공화국에서 많게는 50만 명이 HIV/AIDS 부인 정책 이행의 결과로 사망했다고 분석했다.

처음에는 미온적인 정책을, 그다음에는 부인 정책을 쓰다가 마침내 2008년에 칼레마 모틀란테Kgalema Motlanthe가 이끄는 새 정부는 HIV/AIDS 관련 입장을 바꿨다. 바버라 호건Barbara Hogan 보건부 장관은 "HIV/AIDS의 존재를 부인하는 시대는 남아프리카공화국에서 완전히 끝났다"라고 분명히 밝혔다.[15] 더반이 2016년에 다시 국제에이즈회의를 주최했을 때 HIV/AIDS 대처에 대한 전체적인 구상도 급진적으로 바뀌었다. 그 무렵 남아프리카공화국은 에이즈 퇴치 총력전에 돌입했다. 세계 최대 규모의 에이즈 치료 프로그램을 실시해 340만 명이 항레트로바이러스제를 받을 수 있었고, 성교육도 확대했다.

그러나 2017년의 수치는 HIV/AIDS가 아직도 기승을 부리고 있다는 것을 보여준다. 남아프리카공화국 사람들의 12.6%인 706만 명이 HIV 양성이었다. 한편 에이즈 감염증의 확산세는 그래도 확실히 수그러드는 추세였다. 2017년에는 5,650만 인구 중에 에이즈 관련 사망자가 12만 6,755명으로 총사망자의 25.03%였다. 기대수명도 남성은 61.2세, 여성은 66.7세로 늘어났다. 새로운 HIV 감염 사례도 2005년 50만 건에서 2010년 38만 건, 2016년 27만 건으로 감소했다. 1,000명당 HIV 발병 건수도 2005년 11.78에서 2010년 8.37, 2016년 5.58로 떨어졌다. 재정을 투입하고 여러 방향으로 노력한 결과였다. 이제 남은 문제는 감염병을 저지하기는 했지만 물리치지는 못한 상황에서 그 노력을 언제까지고 계속 이끌어갈 수 있을지 여부다.

제20장

HIV/AIDS
―미국의 경험

남아프리카공화국의 에이즈 감염병은 '일반적인' 감염병의 극단적인 사례에 해당한다. 이제는 '집중적인' 감염병의 주요 사례가 되는 미국의 에이즈 감염병을 살펴보기로 한다. 미국의 에이즈 감염병은 1980년대 백인 남성 동성애자나 정맥주입 마약 중독자, 혈우병 환자 등 소외되고 감염 위험성이 높은 집단에서 발병하기 시작했다. 미국의 사례가 특히 중요한 이유는 에이즈가 미국에서 처음으로 확인된 것은 물론, 에이즈 병인론, 역학, 증상학, 치료 등의 메커니즘의 상당 부분이 미국에서 밝혀졌기 때문이기도 하다.

미국의 에이즈 유래

미국에서 에이즈 감염병이 공식적으로 시작된 것은 1981년이다. 말하자면 1981년은 에이즈가 처음으로 질병으로 공인되고 에이즈라는 이름을 얻은 해였다. 그러나 HIV는 이미 1976년부터 암암리에 존재해왔던 것이 거의 확실했고, 어쩌면 1960년대부터 존재해왔을지도 모를 일이었다. 당시에는 에이즈로 목숨을 잃어도 다른 원인으로 사망한 것으로 알았다.

북미에서의 HIV 발병은 중앙아프리카와 서아프리카에서 그물망처럼 연결되기 시작한 전파 경로에서 기원했다. 세계화 현상에 따라 두 대륙의 의학적 사건들이 밀접하게 연결되었다. 카를 마르크스는 《공산당 선언 *The Communist Manifesto*》(1849)에서 "어디서나 자리를 잡고, 어디서나 정착하고, 어디서나 연결되어 끊임없이 확장되는 시장의 필요성"을 예언이라도 하듯 기술했다. 이는 "외떨어진 국가와 지역의 생산품에 대한 새로운 수요가 필요하다는 의미였다. 케케묵은 지역 및 국가적 고립과 자급자족 대신 이제는 모든 나라가 상호 의존적인 관계를 맺고 모든 방면에서 교류하는 시대다."[1] 마르크스의 이 소책자가 무시무시한 고딕 소설 화법으로 구성된 걸 보면 그는 새로운 지구촌이 의도하지 않은 결과물들을 내놓을 것이며, 그중 일부는 결국 통제할 수 없으리라 생각했던 것 같다. 이렇듯 선진 산업 사회를 "거대한 생산 수단을 불러낸 사회"라고 묘사한 마르크스의 은유는 "자신의 마법으로 불러낸 지하세계의 힘을 더는 통제할 수 없는" 마법사에 대한 은유였다.[2] 비행기와 유람선은 그가 상상했던 과정을 완벽하게 만드는 기제였다.

중앙아프리카와 미 대륙과의 연결고리는 1960년 벨기에령 콩고(콩고민주공화국의 옛 이름_옮긴이)의 독립에 맞춰 조성되었다. 수많은 아이티 전문가가 콩고에서 일자리를 구했고, 때가 되자 그중 상당수는 본국으로 송환되었는데, 일부는 그들의 혈류 속에 신종 질환의 바이러스를 품고 있었다. 결국 아이티도 미국과 수많은 연결고리를 공유하게 되었다. 그중 하나는 '파파 독Papa Doc'이라고 불린 잔혹한 독재자 프랑수아 뒤발리에François Duvalier와 그의 악명 높은 준군사조직 '통통 마쿠트Tonton Macoutes'를 피해 정치적 망명을 꾀한 수천 명의 난민이었다. 뒤발리에는 1957년에 집권했고, 그의 후계자는 똑같이 억압정치를 펼친 그의 아들 '베이비 독Baby Doc' 장클로드 뒤발리에Jean-Claude Duvalier였다. 30년이 넘는 뒤발리에 집권기에 매년 7,000명이 넘는 아이티인이 미국으로 영구 이주했고, 임시 비자로 들어온 사람만 해도 2만 명이 넘었다. 게다가 필사적인 '보트 피플' 중 상당수가 플로리다 해안가에 발을 내디뎠다. 동시에 미국인 휴가객 인파가 '섹스 관광'의 천국으로 악명 높은 포르토 프랭스를 찾았다. 콩고와 아이티, 아이티와 미국 사이에서 이루어진 이런 모든 인구 이동이 치명적이지만 여전히 베일에 싸인 성 매개 질환의 완벽한 경로가 되었다.

통념상 북미에 에이즈 감염병을 초래해 한동안 비난의 대상이 된 '최초 감염자'는 프랑스계 캐나다인 승무원 가에탕 뒤가Gaëtan Dugas라고들 생각했다. 뒤가는 극도로 화려한 생활 방식으로 세간의 관심을 끌었다. 항공기로 북미 대륙을 종횡무진하며 1년에 성관계를 한 상대가 수백 명에 달했다고 자랑했다. 보건 관계자들로부터 다른 사람들에게 심각한 위험을 초래하려고 고의로 그랬냐는 항의성 질문을 받은 뒤가는 제 몸을 자기가 하고 싶은 대로 하는 것은 자기 권리라고 주장하며, 그런 일은 그들이 상관할 '빌어먹을 일'이 전혀 아니라고 분명히 밝혀 악명을 떨쳤다. 뒤가가 에이즈 유행에 일조한 것은 틀림없지만 그의 역할은 지나치게 과장되었다. 이제 막 시작된 대재앙에서 뒤가는 미미한 역할을 한 것에 불과했다.

최초의 공인 환자들

미국에서 에이즈 감염병의 공식적인 발병일은 질병통제예방센터에서 《이환율 및 사망률 주간 보고서Morbidity and Mortality Weekly Report》에 심란한 공고문을 발표한 1981년 6월 5일이다. 질병통제예방센터에서 발표한 내용에 따르면, 에이즈는 일반적으로 주폐포자충 폐렴과 카포지 육종이라는 면역억제 희소병에 걸린 환자에게서만 발생하던 기회감염군群이었다. 두 질환 모두 로스앤젤레스에서 다섯 명의 젊은 게이 사이에서 발생했다는 사실이 눈길을 끌었고, 이내 뉴욕과 샌프란시스코에도 유사한 집단이 발견되었다는 뉴스가 이어졌다. 7월이 되자 뉴욕과 샌프란시스코의 게이 집단에서 카포지 육종에 걸린 환자가 40명이나 나왔고, 연말에는 이 신종 질환으로 남성 121명이 사망했다.

HIV는 적어도 1950년대 이후 아프리카에서 존재해왔으며, 1970년대에는 미국에서도 존재했다는 게 거의 확실했다. 그러나 《이환율 및 사망률 주간 보고서》에서 HIV의 존재와 HIV가 공중보건에 미칠 수 있는 피해를 처음으로 공식 인정한 것은 1981년이었다. 《이환율 및 사망률 주간 보고서》에서 제시한 양상에 비추어 질병통제예방센터의 유행병학자 돈 프랜시스Don Francis 등의 일부 공중보건 관계자들은 곧바로 면역억제 바이러스가 주폐포자충 폐렴과 카포지 육종을 일으킨다는 것을 알게 되었고, 따라서 공중보건 재난 사태가 이미 진행 중이라는 사실을 우려했다. 당시 프랜시스는 간염 백신을 개발 중이었고, 오랫동안 레트로바이러스를 관심 있게 연구하고 있었다. 프랜시스는 《이환율 및 사망률 주간 보고서》를 읽는 순간 아직 알려지지 않은 어떤 레트로바이러스가 사람들을 희소 암이나 기회감염에 취약하게 만드는 면역억제의 원인이라는 것을 바로 파악했다. 실제로 바로 1년 전인 1980년에 국립암연구소National Cancer Institute의 로버트 갈로Robert Gallo 박사가 자신이 인간T세포림프종바이러스Human T-cell Lymphotropic Virus, HTLV라고 명명한 한 레트로바이러스가 일본에서 흔히 볼 수 있는 일종의 백혈병을 일으킨다는 사실을 증명하기도 했다. HTLV는 전염성이 있고, 무서울 정도로 잠복기가 길었다. 프랜시스는 곧바로 원인 병원균을 별도로 연구해야 한다고 주장했다.

한편, 해당 게이 집단의 구성원들도 사태를 파악하고 그 의미를 이해했다. 뉴욕에 거주하며 이미 병에 걸려 있던 마이클 캘런Michael Callen과 리처드 버코위츠Richard Berkowitz가 1982년《감염병 유행 속에서 성관계하는 방법: 한 가지 접근법How to Have Sex in an Epidemic: One Approach》이라는 제목의 소책자를 발표했다. 이 책은 콘돔 사용을 장려하고 어쩌면 안전한 성생활을 부르짖은 최초의 주장일 수도 있다.

생의학 기술

미국에서 HIV/AIDS가 확산하게 된 또 다른 요인은 아이러니하게도 생의학 자체였다. 말하자면 피하 주사침과 혈액은행, 침습적인 외과 기술을 통한 확산이었다. 에이즈로 진단된 첫 환자들 중 한 명은 1964년에 콩고에 가서 일하던 덴마크인 외과 의사 그레테 래스크Grethe Rask였다. 그녀는 수년간 수술 장갑도 부족한 시골 병원에서 일하느라 때로는 맨손으로 수술을 했다. 래스크는 1976년에 병에 걸렸고, 응급 상태로 본국으로 송환되어 1977년에 주폐포자충 폐렴으로 사망했다. 친구들은 그녀가 독신주의에다 오로지 일만 하며 살았기 때문에 수술을 시행하는 것 외에 또 다른 감염 경로는 없을 것이라고 했다.

의료원성 경로, 말하자면 의학적 치료나 처치를 통한 또 다른 HIV 전파 경로는 혈액은행이었다. 특히 혈우병 환자는 혈액 응고 단백질 제8인자Factor VIII가 있어야 출혈을 막을 수 있기 때문에 신종 질환에 걸리게 되었다고 보도된 첫 집단에 속하게 되었다. 당시에는 제8인자를 여러 단위의 혈액에서 모은 혈청을 농축해 만들었는데, 일부 혈액은 상업

성 헌혈이라 검사 대상이 아니었다. 1984년에는 미국 내 혈우병 환자의 50%에서 HIV 양성 반응이 나왔다.

마지막 요인은 현대 의학의 도구들이 병원 및 진료소에서 안전하게 관리되지 못했다는 사실이다. 주사기들이 거리로 흘러 들어가 곧 HIV 고위험군이 될 정맥주입 마약 중독자들의 손에 들어갔다.

초기 검사와 명명

돈 프랜시스가 울린 경종은 일부 과학자들만 관심을 기울였을 뿐 대다수 사람들은 귀 기울여 듣지 않았다. 국립암연구소의 갈로는 프랜시스의 의견이 옳다고 확신했고, 그 신종 병원균을 찾아 연구에 몰두했다. 마찬가지로 프랑스 파스퇴르 연구소의 뤼크 몽타니에Luc Montagnier와 샌프란시스코의 제이 레비Jay Levy는 불가사의하게 면역이 억제된 환자들에게서 특정 바이러스를 분리하는 작업에 착수했다.

최초의 돌파구가 두 연구소에서 순식간에 마련되었다. 갈로와 몽타니에는 1984년 거의 동시에 독자적으로 원인 바이러스를 확인했다고 발표했으며, 다음 해에는 HIV를 실험하는 효소면역측정법Enzyme-Linked Immunosorbent Assay, ELISA을 환자들에게 적용했다. 그 결과 갈로와 몽타니에 사이에도 우리가 파스퇴르와 코흐, 로스와 그라시를 갈라놓았던 적대감을 통해 익히 알고 있던 그 볼썽사나운 과학적·국가적 차원의 경쟁 관계가 형성되었다. 1987년에 이루어진 합의를 통해 그들은 공동 발견자라는 이름을 갖게 되었고, 혈액검사에서 나오는 수익금을 서로 나누어 가졌다. 그러나 노벨상은 2008년에 몽타니에한테만 돌아갔다.

갈로와 몽타니에가 개발한 효소면역측정법은 항체의 존재를 감지해

HIV 여부를 판단하는 최초의 진단 검사법이었으며, 지금도 HIV 감염을 차단하는 가장 일반적인 방법으로 남아있다. 효소면역측정법의 개발은 의사와 보건 관계자들이 고위험 인구집단을 검사해 감염자를 알아낼 수 있게 되었다는 점에서 획기적인 사건이었다. 결과적으로 그들은 보균자와 그들의 접촉자들을 확인하고, 그렇게 함으로써 전파를 차단해 감염병 재앙을 억제하는 도구를 보유하게 되었다. 효소면역측정법은 헌혈자들을 걸러내고, 혈우병 환자들과 혈액 투석을 하는 사람들에게 전파되지 않도록 함으로써 혈액은행을 안전하게 운영할 수 있게 했다.

위의 검사법과는 다른 'CD4 세포 수 측정법'이라는 방법 덕에 의사들은 에이즈의 진행을 파악할 수 있었다. 제19장에서 살펴보았듯이 HIV는 혈액 내 CD4 세포를 표적으로 삼는다. 연구원들은 CD4 세포 개수를 세고 그 파괴 정도를 추적함으로써 에이즈의 진행 상황을 파악할 수 있다는 점을 밝혀냈다. CD4 수가 ㎣당 200개 이하면, 환자는 면역 결핍 상태로 기회감염을 물리칠 수 없다고 간주한다.

1982년에 이 새로운 질환은 '게이 관련 면역결핍증gay-related immune deficiency, GRID'으로 명명되었고, 조롱의 의미로 '게이 역병'이라고도 불렸다. 두 이름은 아프리카에서 이 질병이 보였던 역학적 양상 측면에서 결코 정확한 이름이 아니었다. 아프리카에서는 이 감염병이 국민들 사이에서 만연했고, 이성애자들이 주된 전파자들이었기 때문이다. 더군다나 미국에서조차 보건 당국자들은 감염자들의 절반가량은 게이가 아니라는 사실을 이미 알고 있었다. 북미에서는 이 병에 혈우병 환자hemophiliac, 헤로인 사용자heroin user, 아이티 이민자Haitian immigrant, 동성애자들homosexual이 걸렸다는 이유로 '4H 병'이라는 또 다른 이름이 붙기도 했다. 그 후 1984년에 원인 병원균의 이름을 '인간면역결핍바이러스'라고 다시 지었다.

낙인

북미 에이즈 감염병에는 두드러지지는 않았지만 정말로 중요한 다른 두 가지 특징이 있었다. 첫째는 낙인 효과였다. 여기서 20세기 중엽의 특징인 편견과 억압적 분위기를 기억해둘 필요가 있다. 나치 독일이 극단적인 사례였는데, 독일의 동성애자들은 분홍색 삼각형을 달고 강제 수용소로 보내져 유대인과 공산주의자, 불구자, 집시들과 함께 몰살당했다. 영국의 앨런 튜링Alan Turing은 만연해 있던 동성애 혐오의 유해성을 떠올리게 하는 가슴 아픈 사례다. 튜링은 제2차 세계대전 중 에니그마Enigma라는 나치 기계의 암호를 해독해 결국은 연합군의 수많은 인명을 살려낸 수학 천재였다. 그는 조국에서 공로를 인정받기는커녕 1952년에 영국의 동성애 금지법에 따라 '외설죄'에 해당한다는 이유로 체포되어 재판에 넘겨져 유죄 판결을 받았다. 튜링은 1954년에 자살했다.

냉전시대의 미국도 반공산주의 광풍에 휩쓸리며 상원 의원 조지프 매카시(Joseph McCarthy, 1908~1957)와 FBI 국장 존 에드거 후버(John Edgar Hoover, 1895~1972), 경찰 소속 '레드 스쿼드Red squad' 등이 마녀사냥을 하기에 적합한 기름진 토양을 깔아주었다. 동성애자들을 겨냥한 '라벤더 패닉Lavender panic'도 '적색 공포(Red scare, 공산주의에 대한 공포를 빗댄 말_옮긴이)' 못지않았다. 실제로 매카시와 후버는 공산주의자와 동성애자를 미국의 안보를 위협하는 쌍둥이 같은 존재로 간주했다. 미국 우익 정당의 관점에서 동성애자는 공산주의자와 비슷했다. 둘 다 은밀하고, 믿을 수 없으며, 전복을 꾀하고, 협박에 능하다는 것이었다. 게다가 그 두 개의 위협이 한 사람에게서 구현되는 경우도 많았다. 공산주의자에서 전향한 휘태커 체임버스Whittaker Chambers를 비롯해 공산주의 운동에 참여했던 저명한 인물들이나 지도자 출신들에도 동성애자가 많았다. 그와 동시에 1950년대와 1960년대의 주요 게이 권리 수호 단체인 매터신 소사이어티Mattachine Society를 설립한 인물도 공산주의자 해리 헤이Harry Hay였다. 그러한 우려에 기름을 부은 앨프리드 킨제이(Alfred Kinsey, 1894~1956)의 남녀의 성적 행동에 대한 보고서가 미국 사회 전반에 동성애가 뜻밖에 널리 퍼져있다는 사실을 드러냈고, 그 사이 빨갱이 사냥꾼들은 동성애자들이 국가 공무원직에 잠입한 것은 물론 공산당 인터내셔널(Communist International, 공산당의 국제적 동맹_옮긴이)과 암암리에 결탁한 '동성애 인터내셔널Homosexual International'에 충성을 바친다며 주의를 촉구했다.

그런 우려에서 구성된 풍기 사범 단속반이 미국의 모든 주에서 남색을 불법으로 규정한 법을 적용하여 주요 도시에서 레드 스쿼드와 함께 동성애자들을 체포하였다. 통상적인 처벌은 투옥이 아니라 공개적인 모욕과 해고였다. 마찬가지로 연방 정부도 남녀 동성애자들을 공직에서 몰아내고, 게이들의 미국 이주를 금지했다. 자신이 게이임을 밝힌 사람들은 대중의 폭력에 시달렸다.

이런 위협적인 환경에 처한 게이들은 특히나 적대적인 도시에서, 자신들을 받아주거나 그나마 참아줄 것이라 생각한 지역으로 이동했다. 특히 뉴욕과 워싱턴 D. C., 샌프란시스코를 중심으로 게이 공동체들이 빠르게 생겨났다. 작가 랜디 실츠Randy Shilts는 이렇게 썼다. "자유의 열망이 골드러시 이후 샌프란시스코로 향한 이주자 최대의 엑소더스(탈출) 현상을 부추겼다. 1969년에서 1973년 사이에는 최소 9,000명이, 이후 1974년에서 1978년 사이에는 2만 명의 게이가 샌프란시스코로 이주했다. 1980년까지 매년 5,000명가량의 게이들이 금문교로 이동했다. 이러한 이주 현상으로 이제 성인 남성 다섯 명 중 두 명이 게이라고 밝힐 정도의 도시가 탄생했다."[3]

　이렇게 도시 중심부에 자리 잡은 게이 공동체들은 사회 문제에 적극 참여하고, 정치 문제에서는 하나로 똘똘 뭉쳤다. 게이 이주자들은 자신이 게이임을 밝히고, 게이 전용 교회, 술집, 대중탕, 복지관, 병원, 합창단 등을 만들어 그곳에 다녔다. 1977년에 하비 밀크Harvey Milk는 샌프란시스코 감리위원으로 당선되어 캘리포니아 최초로 공직에 선출된 게이가 되었다. 그러나 하비는 증오에 찬 역풍을 맞아 동료 감리위원 댄 화이트Dan White의 손에 시청에서 암살되었다.

전파

성 매개 질환을 위한 완벽한 진입로를 제공했다는 게 도시 게이 문화의 한 측면이었다. 게이 남성들은 오랫동안 자신들의 성 정체성을 밝히지 않은 채 은밀하게 표현하는 데 익숙했고, 따라서 그중 상당수에게 대중탕은 거대하고 새로운 성적 자유를 제공했다. 문란한 성관계로 B형 간염, 지아디아증(기생충에 감염되어 발병하는 병_옮긴이), 임질, 매독, 그리고 이제는 HIV를 포함한 성 매개 질환에 걸릴 기회가 많아졌다. 기존의 성병으로도 성교 도중 HIV를 전파할 가능성이 커졌는데, 성병의 병변들이 인체에서 가장 바깥쪽에 있는 방어 체계를 파괴해 감염자 성교 대상의 혈류 속에 진입할 수 있었기 때문이다.

　미국 내 HIV 전파의 또 다른 특징은 랜디 실츠의 1987년 저서《그래도 밴드는 계속 연주했다: 정치와 사람, 그리고 에이즈 감염병 And the Band Played On: Politics, People, and the AIDS Epidemic》에 구체적으로 드러나 있다. 실츠는 미국에서의 에이즈 역학을 설명하려면 HIV가 1981년

이 되기 훨씬 이전부터 미국 국민에게 내재해 있었다고 간주해야 할 필요가 있음을 인식했다. 그는 1976년 7월의 독립 200주년 기념행사가 에이즈 확산의 중요한 계기였다고 주장한다. 대형 범선이 세계 도처에서 뉴욕으로 속속 입항했고, 그곳에서 광란의 파티가 벌어졌다. 이후 공중보건 연구를 통해 선천적으로 HIV/AIDS에 걸린 최초의 미국 아기들이 그로부터 9개월 이후 태어났다는 사실이 입증되었다.

간단히 말하면, 1980년대 HIV/AIDS 감염병 출현에 필요한 전제조건에는 세계화, 외과적인 현대의 의료 기술, 동성애 혐오증으로 인한 영향 등이 있었다. 에이즈를 확산시킨 또 다른 요인은 미국의 정치 지도자들이 남아프리카공화국에서와 마찬가지로 불씨가 점점 커지고 있는 공중보건 비상사태에 맞서길 거부한 기간이 오랫동안 지속됐다는 점이었다.

'신의 노여움'과 에이즈 교육

초기에 HIV를 동성애자들이 걸리는 '게이 역병'으로 여긴 것이 이 감염병을 하나의 질환이 아닌 죄악으로 규정하는 데 일조했다. 수많은 보수 개신교 복음주의자와 가톨릭교도들이 이런 문제를 주도하며 게이를 반역죄와 연계하고, 동성애를 정신병으로 믿고, 미국의 모든 주에서 동성애를 불법화하는 법을 채택하도록 후원했다. 냉전에 대한 두려움에 사로잡힌 사람들에게 조국을 소련에 넘기려고 작당하는 게이 반역자들의 비밀스러운 동지애라는 무시무시한 상상은 그야말로 현실이었다. 그들의 시각에서 게이들은 공산주의자들과 결탁해 나라를 전복할 준비가 된 듯했다.

이러한 상황에서 '게이 역병'의 발생은 감염병은 분노한 신이 가하는 '죄의 대가'라는 가장 오래된 해석을 다시 떠올리게 했다. '남색자'의 죄악에 관한 성경의 비난을 떠올린 일부 보수 종교 지도자들이 이런 견해를 앞장서서 제기했다. '도덕적 다수'의 설립자 제리 폴웰은 에이즈는 동성애자는 물론 동성애를 용인한 사회에 대한 신의 징벌이라는 유명한 발언으로 순식간에 악명을 드높였는데, 이러한 견해는 빌리 그레이엄Billy Graham과 TV 복음 전도사 패트 로버트슨Pat Robertson을 통해 그대로 되풀이되었다.

마찬가지로 1980년대 에이즈를 다뤄 인기를 얻은 극단주의자들의 종교 작품들은 과학도 동정심도 모두 거부하며 에이즈 환자들을 비난하고, 그들의 고통을 신의 징벌로 규정했다. 앤서니 페트로Anthony Petro는 2015년 저서 《신의 분노 이후: 에이즈, 성적 취향, 미국의 종교After the Wrath of God: AIDS, Sexuality, and American Religion》에서 기독교인들은 HIV를 바이러스성 질환으로 간주하는 생의학적 이해에서 벗어나 HIV를 도덕적 재앙으로 여기는 개인적 신념을 좇았다고 설명한다. 기독교인들의 그런 견해는 에이즈에 대한 공중보건 대책이 그저 일시적인 처방일 수밖에 없다는 결론으로 이어지기 마련이었다. 에이즈를 퇴치할 진정한 방법은 작가들이 도덕적으로 선호하는 주제들, 즉 결혼 전까지는 금욕 생활을 하고, 결혼 후에는 이성애적, 일부일처 관계 내에서 충실한 삶을 사는 것뿐이었다.

그러나 또 다른 기독교적 견해도 있었다. 에이즈가 처음으로 많은 생명을 앗아간 샌프란시스코, 로스앤젤레스, 시카고, 뉴욕 등의 도시에서는 성직자들이 에이즈 환자들과 '죄인'들을 보살펴야 하는 성직자의 기독교적 의무에 직면했다. 즉 그런 질병에는 자비와 연민을 베풀어야 한다는 시각이었다. 개신교 목사 윌리엄 슬론 코핀William Sloane Coffin이 이런 입장을 주장한 것으로 유명했다. 그러나 그러한 해석은 산발적인 데다 HIV/AIDS 팬데믹 초기 몇 년 동안 아무 반응도 보이지 않은 기독교 주류의 태도나, 에이즈는 물론 에이즈에 대한 종교적·윤리적 반응을 규정할 권리가 있다고 주장한 기독교 우파의 요란한 선전에 비해 무게감이 떨어졌다.

HIV/AIDS가 그렇게 많은 사람에게 도덕적 질환으로 이해되었으니 에이즈가 미국에 기반을 잡은 그 중요한 시점인 1980년대 초에 로널드 레이건Ronald Reagan 대통령이 이끄는 공화당 지도부에서 HIV 비상사태에 맞서는 견실한 공중보건 대책을 마련하는 일에 열의가 없었던 것도 놀랄 일은 아니다. 남아프리카공화국의 피터르 빌럼 보타처럼 레이건도 냉전에서의 승리와 미국인들을 '사악한 제국(Evil Empire, 레이건이 소련을 지칭하던 말_옮긴이)'으로부터 보호하려는 일에 사로잡혀 있었다. 레이건의 견해로는 소외되고 멸시받는 집단만 골라 공격하는 질환은 그의 관심을 끌 만한 가치가 없었다.

더욱이 '사악한 행동'이 에이즈를 유발한다는 추론은 그에 걸맞은 적절한 치료법은 논리상 의학이 아니라 행동 치료라는 결론으로 이어졌다. 올바른 미국의 가치로 회귀해 에이즈를 종식할 책임은 '남색자들'에게 있다고 여겨졌다. 레이건 행정부는 그런 질병 문제를 근본적으로 파헤치려 하지 않는 과학적 공중보건보다는 도덕적 태도가 더 중요하고 효과적이라고 주장했다.

에이즈에 대한 생의학적 해석과 도덕적 해석 간의 갈등은 1987년 '헬름스 수정안Helms Amendment'으로 알려진 사안에서 가장 뚜렷하게 나타났다. 상원 의원 제시 헬름스Jesse Helms가 두 남성이 안전한 성관계를 하는 장면을 담은 만화책을 보고난 후 상원 원내에서 말을 꺼냈다. "이런 주제는 너무 외설적이고 역겨워서 이곳에서 입에 담기도 어렵습니다.

…… 토할지도 모르겠네요. 저는 성인군자인 척하는 사람은 아닙니다. 저는 …… 오랫동안 살아왔습니다. 하지만 모든 기독교 윤리가 제가 어떤 조치를 취하길 간절히 바라고 있습니다. 저는 삽을 삽이라 하고, 변태적인 인간은 변태적인 인간이라 부르겠습니다."[4] 이후 헬름스는 '안전한 성관계'와 콘돔 사용을 가르치는 것은 동성애 금지법과 도덕적 가치에 저촉되는 동성애를 장려하는 것이라는 근거를 들어 HIV/AIDS 예방 및 교육을 지원하는 데 연방기금을 사용하는 것을 금지하는 수정안을 지지했다. 그 결과, 연방 정부는 공중보건을 보호하는 조치를 취하지 못하게 되었다.

미국에서 HIV/AIDS 감염병이 공식적으로 발생한 1981년은 레이건이 대통령에 취임한 해였으며, 이후 에이즈에 관한 한 6년간의 침묵이 이어졌다. 공중보건 위기를 방지할 강력한 지도력이 필요한 시기에 레이건은 추가적인 고통과 죽음을 예방해야 한다는 질병통제예방센터와 게이 권리 수호 단체들의 지속적인 경고를 무시했다. 그는 에이즈와 맹렬히 싸우기는커녕 연방 예산을 삭감했다. 2만 849명의 미국인이 에이즈로 사망하고, 에이즈가 미국의 50개 주 전부와 푸에르토리코, 컬럼비아 특별구, 버진 제도로 확산된 뒤인 1987년 5월 31일에서야 레이건은 공식적으로는 처음 에이즈를 언급했으며, 이후 격렬한 압력에 못 이겨 마지못해 공중위생국장이던 찰스 에버렛 쿠프Charles Everett Koop 박사에게 에이즈 보고서를 준비하게 했다.

대통령이 예상했던 방식과는 다르게 쿠프는 철저하고 노골적이며 개인적 판단을 담지 않은 에이즈 분석 보고서를 준비했다. 이렇게 만들어진 《에이즈 이해하기Understanding AIDS》(1988)는 특히 쿠프가 이 책자를 미국의 1억 700만 가구에 전부 발송하기로 결정한 이후(미국 공중보건 관련 우편물 발송 사상 최대 건수) 국민들이 에이즈 위기를 이해하는 데 상당한 기여를 했다. 레이건이 우체통에서 이 책자를 받아 보기 전까지는 우편물 발송을 전혀 알지도 못했다는 소문이 무성했다.

안타깝게도 쿠프는 이후 행정부로부터 입막음을 당했다. 그는 질병통제예방센터와 보건복지부Department of Health and Human Services에 HIV 전파를 분명하게 설명하는 교육 자료를 준비하도록 촉구했다. 쿠프는 '감염 위험을 높이는 항문 성교', '감염 위험을 줄이는 콘돔 사용'과 같이 행위에 이름을 붙이는 작업을 지지했다. 그러나 쿠프의 정적이자 상관이었던 교육부 장관 윌리엄 존 베넷William John Bennett은 이렇게 중요한 공중보건 사안을 이념 문제로 다루었다. 베넷은 직설적이고 솔직한 정책을 터무니없는 것으로 여겼다. 그는 남색이나 혼외 성관계에서의 콘돔 사용을 노골적으로 언급하는 자료를 연방 정부에서 만든다는 것은 그런 자들을 도덕적으로 정당화하는 것이나 마찬가지라고 주장했다. 하원 의원 바니 프랭크(Barney Frank, 1987년에 자신이 게이임을 밝힘)의 생각으로는 베넷과 "어떤 사람들"은 가치관, 말하자면 "사실 베넷 씨의 가치관"을 심어주려는 것처럼 보였으며, "베넷 씨가 찬성하지 않는 행동을 언급하는 교육은 …… 잘못된 것이라 믿었다."[5]

따라서 연방 정부는 불쾌한 부분은 제외하고 일부러 모호하게 편집해, 사실을 오도하고 전혀 도움이 되지 않는 정보 자료를 만들어냈다. 1987년 의회 청문회에서 알게 된 내용에 따르면, '은밀한 성관계'와 '체액 교환'에 관한 포괄적인 경고의 글에는 "항문 성교와 질 성교는 잠재적으로 위험할 수 있고, 자위는 몇 명이 동시에 하든 안전하다"는 내용이 담겨있지만 표현이 너무 모호해서 이해할 수 없다는 것이었다.[6] '음란한' 말들과 '음란한' 행위에 대한 구체적인 명칭을 붙이지도 않았다.

에이즈 초기 몇 년간은 대중교육 캠페인의 성격이 특히 중요했다.(그림 20-1) 국립과학아카데미National Academy of Sciences는 1987년 봄에 에이즈

그림 20-1 1987년에서 1996년까지 실시된 '미국의 에이즈 대응(The America Responds to AIDS)' 캠페인에는 백인 게이 남성이나 정맥주입 마약 중독자만이 아닌 모든 사람이 HIV/AIDS에 걸릴 수 있으며, 이 질병에 정면으로 맞서며 교육과 예방 프로그램에 따라 행동하는 것이 매우 중요하다는 메시지를 전달하는 포스터도 포함되어 있었다.(질병통제예방센터 출간, 미국 국립의학도서관)

를 예방할 백신도, 에이즈 환자들을 치료할 효과적인 약물도 없다고 지적했다. 에이즈를 저지할 유일한 방법은 교육과, 교육으로 이루어지길 바라는 행동 변화밖에는 없었다. 안타깝게도 국립과학아카데미는 의회에서 다음과 같이 설명했다. "현재 에이즈 관련 교육 수준은 비참할 정도로 부적절하다. 교육을 광범위하게 확대하고 다양화해야 한다. 연방정부 활동에서 부족한 부분을 채워야만 한다."[7] 국립과학아카데미의 대표는 이렇게 강조했다.

우리는 성생활과 …… HIV 전파를 막는 행동들을 이야기하는 것이 괜찮은 그런 환경을 조성할 수 있다. 나는 그런 종류의 리더십을 연방 정부에서 보여줄 수 있어야 한다고 생각한다.

우리는 특정 행동들을 금할 수도 없고, 특정한 사람들을 배제할 수도 없다. 우리는 성행위와 성적 취향이 다양함을 인정하고, 위험에 처한 모든 사람에게 그런 교육을 해야 한다. 우리는 그런 사람들에게 도움이 되어야 한다. …… 우리는 어떤 행동을 비난하는 것이 아니라 도움이 되고자 하는 것이다.[8]

점점 위세를 떨치는 에이즈 감염병에 대한 정치 지도부의 실패는 국가적 차원이나 공화당에 국한된 일만이 아니었다. 뉴욕시 게이 운동가이자 희곡《노멀 하트*The Normal Heart*》의 저자이며 '힘을 발휘하는 에이즈 연합AIDS Coalition to Unleash Power, ACT UP'의 창설자인 래리 크레이머Larry Kramer는 에드워드 코흐Edward Koch 뉴욕시장의 민주당 행정부가 뉴욕에서 공중보건 캠페인을 추진하지 않겠다고 한 것을 계속해서 혹평했다. 크레이머는 코흐가 조치를 취하지 않겠다고 한 원인이 레이건과 폴웰, 헬름스의 동기와는 다르다고 보았다. 크레이머는 코흐 시장을 동성애혐오증의 피해자로 간주했는데, 말하자면 코흐를 자기혐오와 게이 집단을 방어하는 편에 설 경우 '동성애자임이 드러날지도 모른다'는 두려움에 무력해진 숨은 동성애자로 생각했다. 여러 사안에서 진보적인 성향을 보여왔던 코흐는 HIV/AIDS에 관해서는 입을 다물고 아무런 조치도 취하지 않기로 했다. 그가 에이즈 감염병의 중심지에서 그런 태도를 취한 것은 참으로 비극적인 일이었다.

스와스모어대학 총장이자 의학연구소Institute of Medicine 회원인 내과의 데이비드 프레이저David Fraser는 국민을 교육하는 적절한 대책을 실시한 후 콘돔 사용과 성교 대상을 줄이는 등 적절한 행동 변화가 나타난 유일한 도시가 샌프란시스코라고 생각했다. 그러나 이런 진전은 연방 정부 때문이 아니었다. 열정적으로 지역 교육 캠페인에 동참한 곳은 시장 다이앤 파인스타인Dianne Feinstein이 이끄는 샌프란시스코의 감독이사회Board of Supervisors, 샌프란시스코의 활동에 보조금을 지원한 캘리포니아주 의회, 적십자 등의 NGO, 조직력이 좋은 샌프란시스코의 게이 공동체 등이었다.

상부에서 정치 지도력을 발휘하지 못하자 뒤늦게나마 매스컴을 타고 국민적 논의를 끌어낸 가슴 아픈 두 사건이 있었다. 첫 사건은 1985년 7월 25일에 일어났다. 영화배우 록 허드슨Rock Hudson의 홍보 담당자가 록 허드슨이 에이즈를 앓고 있다고 발표했다. 당시 허드슨이 할리우드 최고의 로맨틱 남자 주연 배우 중 한 명이었기에 이 소식은 엄청난 파장을 일으켰다. 두 달이 막 지난 10월 초에 록 허드슨이 59세를 일기로 사망했다. 그는 에이즈에 걸려 사망한 사실이 대중들에게 알려진 최초의 유명인이었다. 록 허드슨의 사망은 언론과 국민들에게 에이즈의 의미와 에이즈에 붙은 낙인의 성격을 통렬하게 평가하도록 만든 계기가 되었다. 허드슨의 친구이기도 했던 레이건은 훗날 허드슨의 역경을 계기로 자신이 동성애를 도덕적으로 매도했던 점을 반성하게 되었다고 인정했다.

두번째 사건은 1991년에 미국인들이 가장 좋아하는 스포츠 스타이자 역사상 최고의 농구 선수 중 한 명이었던 어빈 '매직' 존슨Earvin 'Magic' Johnson이 HIV 양성 판정을 받았다는 발표였다. 존슨은 전미농구협회National Basketball Association, NBA 소속 로스앤젤레스 레이커스Los Angeles Lakers의 포인트 가드로 활약하며 NBA 올스타에 12차례, NBA 최우수 선수에 세 차례나 뽑힌 선수였다. 1992년에는 미국에 올림픽 금메달을 안긴 '드림팀'에서 뛰기도 했으며, 2002년에는 농구 명예의 전당에 입성했다. 1991년 11월 7일 텔레비전을 통해 전국으로 방송된 기자회견에 이어 공개 석상에 연이어 참석하는 그의 모습은 미국 언론과 국민들에게 커다란 충격을 안겼다.

2004년에 ESPN(미국의 오락 및 스포츠 전문 유료 채널_옮긴이)은 존슨의 발표를 지난 25년 동안 가장 영향력이 컸던 일곱 가지 미디어 사건 중 하나로 선정했다. 존슨의 발표가 일반인들의 HIV 인식 측면에서 이례적인 일로 평가받은 것은 그가 전 국민을 상대로 자신은 전적으로 이성애자이며 결코 정맥주입 마약 중독자는 아니라고 했기 때문이다. 게다가 대중들이 에이즈를 백인 게이 남성들의 병으로 인식하던 시절 아프리카계 미국인으로서 기존의 고정관념도 산산이 무너뜨렸다. 그는 "어느 누구에게도, 심지어는 나에게도 일어날 수 있는 일이다"라고 거듭 말했다. 존슨이 기자회견 이후 에이즈에 대한 또 다른 관점을 널리 알리는 대변인 역할을 수행했다는 점이 중요했다.

복합성 감염병

연방 정부와 뉴욕시가 에이즈 발병 초기 중요한 몇 년을 무대책과 침묵으로 일관하는 동안 이 질병의 역학적 양상은 완전히 달라졌다. 1980년대 초에는 HIV가 고위험군인 소외된 사회 집단에서 '집중적으로' 확산되었다. 그러나 1980년대 중반에는, 그렇게 집중화 현상을 보이던 질병이 아프리카계 이성애자들 사이에서 비슷한 숫자로 발병하기 시작하더니 이내 이들 숫자가 앞서가기 시작하는 또 다른 감염병 양상을 나타냈다. 이렇게 1980년대가 전개될수록 미국은 두 가지 다른 양상을 보여주는 '복합성' 감염병을 경험하게 되었다. 바로 고위험군 사회 집단에 '집중된' 감염병과, 특히 아프리카계와 중남미계 및 원주민 미국인들 같은 소수 인종 인구집단에서 발생하는 '일반적' 감염병이라는 모습이었다.

1993년 무렵 아프리카계 미국인들 사이에서 에이즈가 점점 확산되고 있다는 사실이 문서로 명확해졌다. 에이즈가 시작된 이후 누계로 따지면 약 36만 명의 환자가 발생했으며, 그중 미국 인구의 12%에 불과한 아프리카계 미국인들이 32%를 차지한 것으로 보고되었다. 에이즈 비율은 아프리카계 여성이 백인 여성의 15배, 아프리카계 남성이 백인 남성의 5배 더 높았다. 게다가 에이즈가 점점 거세질수록 환자 중 흑인 인구의 비율이 압도적으로 높아지는 게 뚜렷해졌다. 2002년에는 4만 2,000명의 미국인이 HIV 진단을 받았으며, 그중 50%인 2만 1,000명이 아프리카계였다. 아프리카계 미국인의 인구 분포 특징을 고려하면 그들의 에이즈 분포에는 지리적 특징이 있었는데, 그것은 북동부와 남부, 그리고 서부 해안 도시에서 에이즈가 주로 발생했다는 점이다.

　　2003년에 아프리카계 미국인의 HIV 발병률은 5%에 달했으며, 당시 1%는 '일반인들에게 중증 감염병이 널리 퍼져있다'는 사실을 나타내는 표준 지표였다. 아프리카계 미국인의 HIV 발생률이 사하라사막 이남 아프리카의 발생률과 비슷한 수준에 도달했다.

　　이런 차이가 흑인과 백인 사이에서 발생하는 이유는 무엇일까? 공중보건 관계자들이 이에 대한 대답을 내놓았다. 질병통제예방센터의 컬럼비아 특별구 부책임자의 말을 빌리자면, "우리 모두 인종과 민족성 자체가 HIV를 전파하는 위험 요인이 아니란 걸 알고 있다. 하지만 인종과 민족성은 보건에 영향을 미치는 사회적·경제적·문화적 요인의 저변에 깔린 표식이다."[9] 그렇다면 과연 그런 사회적·경제적·문화적 요인이란 무엇일까?

빈곤

2003년에 질병통제예방센터는 다음과 같이 보고했다. "높은 AIDS 발생률과 저임금 사이에 직접적인 관계가 있다는 연구 결과가 나왔다. 양호한 의료 서비스로의 접근 제한과 HIV 예방 교육 등 빈곤과 관련한 다양한 사회적·경제적 문제들이 HIV 위험을 직간접적으로 높이고 있다."[10] 아프리카계 미국인들의 주요 특징은 경제적 취약성이며, 질병통제예방센터는 흑인 네 명 중 한 명은 빈곤층이라고 보고했다. 이런 특징을 지닌 아프리카계 미국인들의 삶이 HIV 전파의 주요 동인으로 작용했는데, 영양부족이 대개 저항력을 떨어뜨릴 뿐 아니라 성 매개 질환에 대한 위험도를 높이기 때문이었다. 질병통제예방센터는 2009년 보고서에서 이렇게 결론 내렸다. "도시 내 빈곤 지역의 HIV 발병률은 연간 가계 수입과 반비례해, 수입이 떨어지면 HIV 발병률은 높아졌다. HIV 발병률과 사회경제적 지위socioeconomic status, SES 사이의 이러한 반비례 관계는 조사한 모든 SES 지표(교육, 연간 가계 수입, 빈곤 수준, 고용, 노숙자 신분)에서 관찰되었다."[11]

빈곤의 또 다른 영향은 그렇게 가시적으로 즉각 확인할 수 있는 정도는 아니었다. 뉴욕과 샌프란시스코에 있는 백인 게이 공동체의 중요한 특징은 교육 수준이 높고, 부유하고, 매우 조직적이라는 점이었다. 따라서 그들을 대변하는 단체들은 의료 의식과 성교육을 홍보하는 데 성공을 거두었고, 결국 전파 속도도 늦출 수 있었다. 반면에 아프리카계 공동체는 상대적으로 빈곤하고, 교육 수준이 낮고, 체계적이지도 않았다. 미국 의회에서 HIV 감염병을 조사할 때 아프리카계 공동체 대표들은 그들의 교회와 의회 의원, 권위 있는 자들이 HIV/AIDS에 침묵을 지키고 있다고 지적했다.

결국 빈곤은 HIV 감염 위험을 높였을 뿐만 아니라 HIV 양성 상태에서 활성 AIDS로 급속도로 진전되는 것과도 상관관계가 있었다. 3년 안에 활성 AIDS로 진전된 감염자 중에서 사회경제적 지위가 낮은 아프리카계 미국인들이 압도적으로 높은 비율을 차지했다.

가족 붕괴

노예제의 유산은 종종 가족 구성원이 팔려가 뿔뿔이 흩어지는 아픔을 겪은 아프리카계 미국인 가정에 큰 영향을 미쳤다. 그리하여 역사적으로 흑인 가족은 주로 여성이 가장 역할을 맡게 되었고, 노예 해방 이후 세대는 여기에 대항할 힘도 거의 없었다. 이와는 반대로 이주와 실직, 투옥은 균열과 부재를 더욱 강화하고 흑인 남성의 지위를 불안하게 했다. HIV가 시작될 무렵에는 자녀가 있는 아프리카계 미국인 가구 중 3분의 1은 어머니 혼자 생계를 책임졌다.

여기서 가장 확실하게 영향을 미친 것은 투옥이었다. 마약 소지와 마약 사용을 범죄로 규정하고 징역형을 의무화하는 엄격한 정책을 도입한 마약과의 '전쟁'이 결정적 요인이었다. 이와 같은 '범죄를 엄하게 다스리는' 정책 때문에 미국의 교도소 수감 인원은 1980년에서 2008년 사이에 50만 명에서 230만 명으로 네 배 이상 늘었고, 미국은 인구는 세계 인구의 5%에 지나지 않았지만 수감 인원은 세계 수감 인원의 25%를 차지하며 세계 최다의 교도소 수감 인원을 기록했다.

이런 거대한 교도소에 아프리카계 미국인들이 지나치게 많이 수감되었다. 미국 인구의 12%를 차지하는 아프리카계 미국인들이 마약사범 체포 건수의 48%를 차지했다. 미국 전체 230만 수감자 중 100만이 흑인이었으며, 이는 백인의 여섯 배가 넘는 수치였다. 전국흑인지위향상협회National Association for the Advancement of Colored People, NAACP는 "현 추세가 지속된다면, 최근 태어난 아프리카계 미국인 남성 세 명 중 한 명이 평생을 교도소에서 보낼 것으로 보인다"고 밝혔다.[12] 마약과의 전쟁은 민족 및 인종 집단 간의 차이를 극대화했는데, 아프리카계 미국인들이 마약

사범으로 투옥되는 비율은 백인의 열 배가 넘고 투옥 기간도 훨씬 길었다.

눈에 띄는 그런 높은 투옥률이 HIV/AIDS 감염병에 커다란 영향을 미쳤다. 그렇게 많은 수의 젊은 남성들이 감옥에 있다 보니 여러 사람이 동시에 성관계를 갖는 행위가 만연했고, 이런 현상은 그런 성관계를 갖는 사람들에게 주요 위험 요인으로 작용했다. 여러 명이 동시에 성관계를 갖는 행위는 경성하감, 임질, 헤르페스, 매독 등 여타 성 매개 질환의 전파도 촉진해 HIV 확산에 간접적으로 영향을 미쳤다. 이런 질병들은 아프리카계 미국인 사이에서 주로 발병했고, HIV 전파를 용이하게 하는 찰과상을 유발하기도 했다. 2003년에 질병통제예방센터는 다음과 같이 언급했다.

> 아프리카계 미국인들은 …… 미국에서 성 매개 질환 발병률이 가장 높다. 아프리카계 미국인들은 백인보다 임질에 걸릴 확률은 24배, 매독에 걸릴 확률은 8배나 높다. …… 특정 성병에 걸리면 HIV에 감염될 확률이 3~5배 높아지기도 한다. 마찬가지로 HIV와 또 다른 성병에 공동 감염되면 HIV 배출이 증가해, 공동 감염자 한 사람이 HIV를 다른 사람에게 전파할 확률도 높아진다.[13]

더욱이 아프리카계 미국인 남성들은 투옥되면 동성애를 하거나 마약이나 문신을 위해 주삿바늘 같은 날카로운 물건을 나누어 쓰는 경우가 많았다. 교도소에서의 성관계는 결코 안전하지 않았는데, 교도소와 같은 교정 시설에서는 동성애가 부도덕하다는 종교적 주장이 우세해서 콘돔을 나누어 주지 않았기 때문이다. 결국 악화 일로의 악순환 속에서 투옥은 가족 관계 해체를 가속화시키고, 이미 흑인 공동체에 만연해 있는 가난과 실업이라는 기존의 문제들을 더욱 악화시켰다.

마지막으로 가족 해체의 최종 단계라 할 수 있는 노숙자 신세는 무엇보다 도심 지역 아프리카계 미국인들의 문제다. 노숙자들의 HIV 감염률이 높은 까닭은 그들의 여건이 쉴 자리와 마약 또는 먹거리를 위해 매춘을 하는 등 여러 종류의 위험성 높은 성행위는 물론, 성교육 부족, 의료 접근성 제한, 영양 부족, 마약을 투여하거나 술에 취해 감염 위험이 높은 성행위를 하는 것 등과 연관성이 있기 때문이다.

문화적 요인

아프리카계 미국인들이 HIV에 취약해진 데는 문화적 영향도 컸다. 오랜 억압과 사회적 방치라는 역사적 유산 때문에 흑인들은 연방과 주, 지역 관리들이 그들의 복지에 관심을 갖게 되었다는 질병통제예방센터와 보건복지부의 갑작스러운 메시지를 믿기 어려워했다. 게다가 1999년 설문조사에서는 흑인 인구 절반이 정부에서 에이즈 감염병을 남아도는 골칫거리 인구를 제거하는 수단으로 간주하고 있다는 것을 '개연성' 있는 일로 받아들이는 것으로 나타났다. 흑인 복지 수당 수령자와 마약 사용자의 목숨은 소모품이었다. 이런 음모 수준의 견해는 가난한 흑인 매독 환자들의 신뢰를 조직적으로 악용한 1932~1972년의 터스키기 매독 연구 이후 더더욱 설득력을 얻었다.

게다가 교육계 및 정부의 메시지는 흑인 공동체가 이해할 수도 없고 더욱 역효과를 낳는 용어로 전달되는 경우가 잦았다. 국립소아HIV자원센터National Pediatric HIV Resources Center에서 정책분석관으로 근무한 22세의 아프리카계 미국인 여성 라켈 휘팅Raquel Whiting은 1993년 의회 청문회에서 이 점을 조심스럽게 설명했다. 그녀는 젊은 아프리카계 미국인들을 겪어본 자신의 경험을 바탕으로, 그들은 성관계 중에 자신을 보호하지 않으며, 그들이 그러는 이유 중 하나는 교육 자료를 통해 잘못 전달된 내용 때문이라는 점을 알게 되었다고 했다. 포스터, 잡지 기사, 책자, TV 광고 등은 모두 HIV/AIDS를 교육 수준이 높은 중산층 백인 동성애자들과 정맥주입 마약 중독자들이 걸리는 질병이라고 해석한 사회 통념을 그대로 전달했다. 휘팅의 말을 빌리면, HIV/AIDS가 대개 흑인 인구집단의 질병이 되기는 했지만, "언론이나 사회에서는 게이 백인 남성의 모습을 HIV의 얼굴로 묘사했다. 유색 인종은 그들의 성적 취향과 무관하게 그런 그림에서 제외되었다."[14] 그러므로 흑인 젊은이들은 자신들이 위험하지 않다는 결론을 내리게 되었다.

휘팅은 에이즈 퇴치 교육 캠페인이 '약에 취하고, 약에 절어, 에이즈에 걸려라Get High, Get Stupid, Get AIDS' 같은 슬로건을 내건 무시무시한 전략에 의존한 것이 또 다른 문제점이었다고 보고했다. 조직 폭력, 마약, 총격이 흔한 일상이 되어버린 아프리카계 미국인 거주 도심 지역에서 그런 슬로건은 행동 변화는커녕 어떤 신념도 전하지 못한 채 조소만 자아낼 뿐이었다.

마지막으로 그녀의 분석에 따르면, 에이즈 퇴치운동은 특히 학교를 중심으로 메시지를 전달했기 때문에 흑인 공동체와 피해를 입을 가능성이 가장 높은 흑인 젊은이들에게 다가가지 못했다. 그런 접근법은 결석률과 중퇴율이 높은 공동체에서 그런 메시지를 가장 필요로 하는 사람들에게 다가가지 못하는 경우가 다반사였다. 그녀는 "그런 예방 차원의 메시지는 이런 집단에 다가가지 못할 것이다"라고 냉정하게 말했다. 그런 메시지가 얼마나 효과를 보지 못했는지는 휘팅이 필라델피아 도심에서 겪은 여성 조직 폭력배와의 경험을 보면 명백했다. 그곳에서는 젊은 여성이 누구보다 강하고 건강하다면 에이즈에 걸리지도 않고 같은 무리의 존경도 받는다는 점을 증명하기 위해 HIV 양성인 남자 폭력배 두목과 잠자리를 하는 것이 관례였다. 휘팅은 그런 메시지 자체와 메시지를 전달하는 주체와 장소가 변하기 전까지는 "젊은 아프리카계 미국인들은 자신을 보호하지 않을 것이다"라고 말했다.[15]

결론 : 지역별 감염병 발병률의 차이

학술지 《사이언스Science》는 2018년 6월 15일 자에서 HIV/AIDS 현황을 평가하며 '요원한 종식'이라는 의미심장한 제목으로 에이즈 감염병을 요약했다. 에이즈가 아프리카계 미국인과 중남미계 남성들이 압도적으로 많이 걸리는 질병으로 자리 잡으면서 이 질병은 색다른 지리적 양상을 따라 남부 지역과 컬럼비아 특별구를 특히 무겁게 압박했다. 가장 우려되는 지역은 플로리다였다. 《사이언스》에 따르면, 플로리다는 "HIV 감염률이 놀라울 정도로 높은 데다, 그곳에는 미국 내 도시 중 신규 감염률이 가장 높아 미국의 HIV/AIDS 진원지로 꼽히는 마이애미가 있다. …… 마이애미의 감염률은 10만 명당 47명으로 샌프란시스코와 뉴욕시, 로스앤젤레스보다 두 배나 더 높다."[16]

마이애미와 포트로더데일, 잭슨빌, 올랜도 및 플로리다주의 여타 도시 지역은 에이즈 운동가들에게 이 현대의 미국 감염병을 촉진하는 모든 요인을 하나로 압축해놓은 현장이다. 이곳은 이민자들의 끊임없는 대규모 유입, 아프리카계 미국인의 높은 인구 비중에 비해 크게 부족한 의료 접근성과 그에 따른 희박한 항레트로바이러스 치료 성공률, 매춘 관광의 성업, 상당수의 노숙자, 곳곳에 밴 불평등과 도시 내 대규모 최하층민의 존재, 가장 위험한 집단이 진단도 못 받고 자신의 HIV 상태도 알지 못하도록 만드는 낙인찍기 현상의 만연, HIV/AIDS와 관련한

'기부자 피로 현상(donor fatigue, 과거에 기부 경험이 있는 기부자가 더 이상 기부를 하지 않는 현상)'에 시달리며 다른 공중보건 문제를 우선시하는 주 의회, 헤로인 중독이라는 심각한 문제, 질병통제예방센터의 말로 하자면 "동성애 혐오, 성전환 혐오, 인종 차별주의, 성생활 공론화를 대체로 불편해하는" 바이블 벨트 문화(미국 남부의 근본주의 중심의 신앙심이 두터운 지역_옮긴이) 등의 문제가 상존한 지역이다.[17] 도널드 트럼프Donald Trump 행정부가 이끄는 연방 정부도 지도력을 발휘하고, 그런 문제에 맞설 전략을 마련하고, HIV/AIDS 문제를 해결하는 기존 프로그램의 재정을 지원하는 일을 거부하고 있다.

제21장

신종 및 재출현 질환

오만의 시대

인간과 미생물의 오랜 경쟁 속에서 20세기 중반부터 1992년까지는 독특한 시대였다. 행복한 세월이 수십 년간 유지되는 동안 질병과의 전쟁에서 최후의 승리를 발표할 순간이 눈앞에 다가왔다는 공감대가 형성되었다. 마치 새로운 시대를 소개라도 하듯 미국 국무장관 조지 마셜은 1948년에 전 세계는 이제 감염병을 지구상에서 박멸할 도구를 손에 넣었다고 선언했다. 마셜의 견해는 결코 이례적인 것이 아니었다. 제2차 세계대전 직후에는 일부에서 그 의기양양한 견해를 주로 단일 질환에 적용했다. 자신감에 찬 목표가 말라리아 연구 분야에서 수립되었는데, 이 분야의 록펠러 재단 소속 과학자 프레드 소퍼와 폴 러셀은 자신들이 이 세상에서 고대의 저주를 영원히 없애버릴 수 있을 정도의 힘을 DDT에서 발견했다고 생각했다. 러셀은 1955년 섣부른 자신감으로 《인간의 말라리아 정복*Man's Mastery of Malaria*》을 출간했으며, 이 책에는 인간을 말라리아로부터 저렴한 비용으로, 신속하게, 큰 어려움 없이 해방시켜 줄 세계적인 살포 작전의 구상이 담겨있었다. 러셀의 낙관주의에 동참한 세계보건기구는 말라리아를 DDT로 근절하려는 국제 운동을 최상의 무기로 채택했다. 이 운동의 책임자 에밀리오 팜파나는 '준비, 공격, 강화, 유지'라는 교과서적인 네 단계를 통해 널리 적용하도록 만든 퇴치 프로그램을 자세히 설명했다. 러셀을 지지하던 이탈리아의 전후 퇴치운동 책임자 알베르토 미시롤리Alberto Missiroli와 정량역학quantitative epidemiology의 창시자 조지 맥도널드George Macdonald는 모기를 극복한 소중한 승리는 순조롭게 확대되어 다른 모든 매개체성 열대 질환도 퇴치하고, 미시롤리가 '감염이 없는 에덴'이라고 부른 세상, 말하자면 의학이 인간을 건강하게는 물론 행복하게도 만들어줄 세상이 도래하게 할 것이라고 추론했다.

국제 공중보건계를 장악했던 말라리아 학자들이 감염병 질환의 최종 정복이라는 개념을 도입했고, 그런 개념은 순식간에 정설로 널리 퍼졌다. 흉부 전문의들은 바실루스 칼메트-게링 백신과 스트렙토마이신 및 이소니아지드 같은 '마법의 약', 이렇게 두 기술 혁신의 결합으로 결핵을 근절할 수 있을 것으로 믿고, 그 예정 기한을 미국은 2010년, 전 세계는 2025년으로 설정할 정도였다. 테네시강 유역 개발공사Tennessee Valley Authority의 수석 말라리아학자이자 세계보건기구 말라리아 전문 위원회 회원인 E. 해럴드 힌먼E. Harold Hinman은 영향력 있는 1966년 저서 《감염병의 세계적 퇴치World Eradication of Infectious Diseases》에서 말라리아의 정복부터 모든 감염병에 대한 승리까지를 예견했다.

존스홉킨스대학의 저명한 유행병학자이자 세계보건기구 자문관인 아이단 콕번은 계시적인 제목을 붙인 저서 《진화와 감염병 퇴치The Evolution and Eradication of Infectious Diseases》(1963)에서 이 새로운 신조를 설명했다. 콕번이 지적한 대로 "공중보건에서 감염병의 '퇴치'라는 개념이 발전되어 온 게 20년이 채 지나지 않았지만, 이제는 '통제'를 대신한 목표가 되고 있다."[1] 콕번이 1960년대 초 저서를 집필한 시기까지 단 하나의 질병도 퇴치된 건 없었지만, 그는 퇴치는 개별 질병이 아닌 감염병 전체 범주에 대해 '전적으로 현실성 있는' 목표라고 믿었다. 실제로 그는 "100년 정도의 적당한 시간 내에 모든 주요 감염병이 사라지게 될 것이라고 예상하는 게 타당한 것 같다"라고 주장했다.[2] 그는 그때가 되면 "감염병은 교과서에서나 기억되고, 박물관의 표본으로만 남아 있을 것이다"라고 썼다. "과학이 그렇게 빠르게 진전됨에 따라 그러한 종식은 필연적인 결과이며, 최근의 주요 관심사는 필요한 조치를 언제 어떻게 취해야 하는지다"라고 콕번은 설명했다.[3]

2060년까지라는 콕번의 전반적인 퇴치 일정이 너무 느리다는 일부의 시각도 있었다. 정확하게 10년 뒤인 1973년에 호주의 바이러스 학자 겸 노벨상 수상자인 프랭크 맥팔레인 버넷Frank Macfarlane Burnet은 동료 데이비드 화이트David White와 함께 "적어도 풍요로운 서구 사회에서는" 그 웅대한 목표가 이미 달성되었다고 주장할 정도였다. 버넷은 "오늘날 심각한 감염병은 사실상 존재하지 않기 때문에 아득한 옛날부터 인류의 생존을 위협해온 위험 중 하나가 사라졌다"고 발표했다.[4] 세계보건기구도 20세기 말에는 전 세계가 새로운 시대에 진입할 것으로 보았다. 1978년에 알마아타(현재의 카자흐스탄 알마티)에서 열린 세계보건총회는 '2000년까지 모든 사람에게 건강을Health for All, 2000'이라는 목표를 채택했다.

과학과 기술, 문명이 감염병을 퇴치할 것이라는 지나친 자신감은 어디서 왔을까? 역사에서 그 한 가지 요인을 찾아볼 수 있다. 서구 산업 사회에서 감염병으로 인한 이환율과 사망률이 19세기 하반기에 급감하기 시작했는데, 이는 대체로 임금과 주거, 식사, 교육에서의 극적인 개선을 일컫는 '사회 향상'에서 비롯된 결과였다. 동시에 선진국에서는 위생 및 공중보건에 필요한 방어 시설을 단단히 구축했다. 여기에는 우리가 살펴본 대로 하수구, 배수구, 모래 여과, 콜레라와 장티푸스 예방책인 물의 염소 처리, 방역선, 검역, 림프절 페스트 예방을 위한 격리, 천연두 백신 접종, 말라리아를 예방하는 데 최초로 효과를 본 '마법의 탄알' 퀴닌 등이 해당되었다. 한편, 저온살균, 통조림 멸균 장치, 해산물 양식장의 위생 시설 등 식품 처리 개선으로 소결핵증, 보툴리눔 식중독 등 다양한 식품 매개 질병을 예방하는 수준이 크게 향상되었다.

그러므로 이미 20세기 초엽에는 가장 두려웠던 과거의 감염병 중 상당수가 과학을 적용해서라기보다는 경험에서 우러난 조치 덕분에 급격하게 쇠퇴하였다. 그러나 과학은 이내 새롭고 강력한 무기를 장착했다. 루이 파스퇴르와 로베르트 코흐는 인간의 이해를 전례 없이 끌어올리고 과학적 발견과 새로운 하위 전문 분야(미생물학, 면역학, 기생충학, 열대의학)를 봇물 터지듯 쏟아낸 질병의 생의학적 모형을 정립했다. 그러는 사이 페니실린과 스트렙토마이신을 앞세운 항생제 시대가 밝아오며 매독, 포도알균 감염, 결핵의 치료제들이 속속 등장했다. 백신의 개발도 천연두, 백일해, 디프테리아, 파상풍, 풍진, 홍역, 볼거리, 폴리오의 발병률을 급격하게 낮추었다. DDT는 말라리아나 여타 곤충 매개 병원균을 퇴치할 기세였다. 이처럼 1950년대까지 과학적 발견을 통해 가장 널리 퍼져있던 감염병 중 상당수를 예방하는 효과적인 도구들이 등장했다. 그런 극적인 발전을 바탕 삼아 많은 이들은 감염병이 한 번에 하나씩 제거되다 보면 결국 소실점에 도달하리라 기대하는 게 합리적이라는 결론을 내렸다. 실제로 세계적인 천연두 박멸운동으로 그러한 사례가 등장하자 세계보건기구에서는 1979년에 천연두가 인류의 조치로 박멸된 역사상 최초의 질병이 되었다고 선언했다.

감염병 정복론을 주창한 사람들은 미생물의 세계를 대체로 고정적이거나 진화해도 느리게 진화할 뿐이라고 보았다. 그렇기 때문에 인류가 미처 대비하지 못하고 면역 면에서도 무방비 상태인 신종 질환이 출현해 기존의 감염병들을 이겨낸 승리에 도전하리라는 걱정은 그리 하지 않았다. 지난 역사를 기억하지 못한 그들은 서구의 과거 500년이 1347년의 림프절 페스트, 1490년대의 매독, 1830년의 콜레라, 1918~1919년의 스페인 인플루엔자처럼 파괴적인 신종 질환이 거듭 출현했던 시기였다는 사실은 무시했다.

버넷이 그런 전형적인 인물이었다. 그는 이론적으로는 새로운 질병이 변이의 결과로 발생할 수 있는 가능성을 인정한 진화의학evolutionary medicine을 창시한 인물 중 한 명이었다. 그러나 실제로는 그런 출현은 무시해도 좋을 만큼 흔치 않은 일이라고 믿었다. 그는 "새롭고 위험한 감염병이 전혀 예기치 않게 출현하는 경우도 있을 수 있겠지만, 그런 종류의 감염병은 지난 50년간 나타나지 않았다"라고 썼다.[5] 우리가 현재 겪고 있는 질병이 우리가 앞으로 직면하게 될 질병이라는 '미생물 불변성microbial fixity'의 개념은 심지어 1969년 국제 사회에서 채택한 국제보건규칙의 근간이 되기도 했으며, 이 규칙은 19세기 최대의 치명적 감염병인 페스트와 황열, 콜레라가 '신고'해야 하는 유일한 질병이라고 명시했다. 신고란 해당 감염병으로 진단받으면 국가나 국제 공중보건 요건에 따라 즉시 보고해야 하는 법적 준수 사항이다. 이미 알려진 세 가지 질병을 기준으로 신고 요건을 마련한 국제보건규칙은 알려지지는 않았지만 치명적이고 전파 가능한 새로운 미생물이 등장할 경우 어떤 조치를 취해야 할 것인지에 대해서는 전혀 고려하지 않았다.

미생물 세계의 안정성을 믿는 신념이 박멸론자들의 시각을 뒷받침하는 신조 중 하나라고 한다면, 또 다른 엉뚱한 진화적 개념도 이에 일조했다. 말하자면, 시간이 흐르면 자연 선택이라는 압력으로 감염병은 모조리 독성이 약해지므로 자연은 근본적으로 온화한 성격이라는 신조였다. 치명적인 감염병은 숙주를 조기에 파괴함으로써 결과적으로 그들 자신의 전파를 차단하게 될 것이라는 주장이었다. 박멸론 옹호론자들은 장기적인 경향은 공생이나 균형을 향해 나아가는 것이라고 주장했다. 새로운 감염병이 독성을 나타내는 것은 일시적인 부적응 현상으로 우연히 그렇게 된 것이며, 감염병은 독성이 순한 쪽으로 진화하며 궁극적으로는 쉽게 치료 가능한 유아기 질병이 되리라는 것이다. 천연두가 중증형인 대두창에서 경증형인 소두창으로 진화하고, 매독이 16세기의 전격성 '그레이트폭스great pox'에서 오늘날의 완만한slow-acting 질환으로 변모하고, 전통적인 콜레라가 독성이 훨씬 약한 엘토르 혈청형으로 바뀐 것을 그런 사례들로 꼽았다.

마찬가지로 그런 신조에 따라, 인간이 걸리는 네 가지 말라리아 중 독성이 가장 강한 열대열 말라리아는 공생을 향해 진화했다는 독성이 덜한 삼일열 말라리아와 난형열 말라리아, 사일열 말라리아보다 진화적으로는 새롭게 등장한 질병이라고 주장한다. 이런 배경에서 박멸론 시대의 내과학internal medicine의 표준 교과서로 꼽히는 1974년 《해리슨의 내과학 원리Harrison's Principles of Internal Medicine》 7판에는 감염병은 모두 "한 종류로서 어떤 다른 주요 질병 군보다 쉽게 예방하고 쉽게 치료될 수 있다"라는 주장이 실려있다.[6]

새로운 시대의 이론 중에는 존스홉킨스대학 감염병학 교수 압델 옴란으로 대변되는 '역학적 변천' 혹은 '보건 변천' 개념이 가장 밀도 있게 기술되고 가장 많이 인용되는 이론이었다. 옴란과 그의 동료들은 1971년에서 1983년 사이에 영향력 있는 저술을 잇달아 발표하며 근대에 이루어진 인간 사회와 질병과의 접촉을 분석했다. 그들의 저널 《보건 변천 리뷰Health Transition Review》에 따르면, 인류는 근대에 이르러 건강과 질병 면에서 세 가지 시대를 통과했다. 첫 번째 시대인 '역병과 기근의 시대'의 정확한 연대표를 두고 옴란이 애매한 태도를 취하고는 있지만, 이 시대는 서구에서 18세기까지 지속되며 맬서스가 주장한 인

648

구 억제책인 감염병과 기근, 전쟁이 특징이었던 것만은 분명하다.

두 번째 시대는 선진 서구 사회는 18세기 중엽부터 20세기 초까지, 비서구 사회에서는 그 이후까지 이어진 '감염병 팬데믹의 쇠퇴기'였다. 이 시기에는 감염병으로 인한 사망률이 계속 감소했으며, 이는 결핵의 쇠퇴가 주도적 역할을 한 것으로 보인다.

마지막으로 서구에서는 제1차 세계대전이 끝난 뒤, 그 밖의 지역에서는 제2차 세계대전이 끝난 뒤에 인류는 '퇴행성 질환 및 인간이 야기한 질환의 시대'에 진입했다. 사회적·경제적 여건이 건강과 감염 위험을 결정하는 데 주도적인 역할을 했던 질병 진화의 초기 시대와는 달리, 마지막 단계에서는 의학 기술과 과학이 그 역할을 맡았다. 의학 기술과 과학의 영향으로 감염병으로 인한 이환율과 사망률은 다른 사망 원인으로 계속해서 대체되었다. 여기에는 심혈관 질환, 암, 당뇨병, 대사 장애와 같은 퇴행성 질환들과, 직업병이나 환경성 질환처럼 인간이 야기한 질환, 그리고 사고 등이 포함되었다. 미국의 공중위생국장 줄리어스 B. 리치먼드Julius B. Richmond는 1979년에 '보건 변천' 이론의 관점을 채택하며 감염병들은 단순하고 단일한 방향으로 그 뒤를 잇는 퇴행성 질환들의 '전임자'일 뿐이라고 지적했다.[7]

공중보건과 과학의 힘에 대한 기억은 변천론자들의 오만을 부추겼지만, 망각도 오만을 부추기는 데 일조했다. 공중위생국장 윌리엄 H. 스튜어트가 1969년에 표현했던 "감염병을 다룬 책을 덮을 때가 되었다"라는 말은 지극히 유럽 중심적인 생각이었다. 유럽과 북미의 의학 전문가들이 감염병에 대한 승리를 주장했을 때조차 감염병은 세계적으로, 특히 아프리카와 아시아, 중남미에서 가장 가난하고 취약한 국가들의 주요 사망 원인으로 남아있었다. 결핵이 특히 그랬다. 선진화된 북반구에서는 결핵 요양원이 문을 닫는 추세였지만, 남반구에서는 여전히 결핵이 기승을 부렸고, 노숙자, 수감자, 정맥주입 마약 중독자, 이주자, 소수 인종 등 북미의 소외계층에서 계속 환자가 발생하고 있었다. 폴 파머Paul Farmer는 2001년 저서 《감염과 불평등: 현대의 전염병Infections and Inequalities: The Modern Plagues》에서 결핵은 결코 사라지지 않았으며, 결핵에 걸린 환자들이 시야에서 멀리 떨어져 있거나 보이지 않기 때문에 그런 착각이 지속되는 것뿐이라고 주장했다. 실제로 세계보건기구의 추산에 따르면, 2014년은 인류 역사상 어느 때보다도 결핵에 걸린 사람이 많은 해였다. 세계보건기구는 2016년에는 1,040만 명이 결핵이 걸려 그중 170만 명이 사망해 결핵이 세계적으로 아홉 번째 주요 사망 원인이자 감염병으로 인한 사망 원인에서는 HIV/AIDS를 제치고 1위에 올라섰다고 밝혔다.

경종 울리기

1990년대 초가 되자 박멸론자들의 입장을 옹호하기는 이미 힘들어졌다. 선진 서구 사회는 과학과 기술이 감염병 전체를 이 세상에서 제거할 것이라는 예견이 빠르게 실현되는 모습을 지켜보기보다는 서구 사회가 여전히 감염병에 상상할 수 없을 정도로 취약하다는 사실을 깨달았다. 결정적인 사건은 물론 1981년에 신종 질환으로 처음 인정받은 HIV/AIDS의 도래였다. 1980년대 말에는 HIV/AIDS가 박멸론자들이 생각할 수도 없는 일이라고 여기던 모든 것을 상징하게 된 것이 명확해졌다. HIV/AIDS는 치료제가 없는 신종 감염병으로, 개도국과 산업 사회에서 모두 발생했고, 뒤이어 외래 기회 감염병을 추가로 연달아 촉발했으며, 이환율과 사망률뿐만 아니라 HIV/AIDS가 미치는 심각한 사회적·경제적·안보적 영향까지 종합해보면 역사상 최악의 팬데믹 감염병이 될 가능성이 컸다.

1980년대에는 에이즈와의 전쟁 최전방에서부터 새로운 위협의 심각성에 경종을 울리는 목소리들이 연이어 들려왔다. 미국의 공중위생국장 찰스 에버렛 쿠프의 사례가 가장 유명했다. 우리가 살펴보았듯이 쿠프는 1988년에《에이즈 이해하기》책자를 미국의 모든 가정에 발송했다. 또한 사하라사막 이남 아프리카에서 활동하며 훗날 유엔합동에이즈계획을 이끌었던 피터 피오트Peter Piot는 1983년에 아프리카에서 에이즈는 '게이 역병'이 아니라 이성 간의 성교로 전파되기도 하고 남성보다는 여성이 더 잘 걸리는 일반적인 국민의 감염병이라고 경고했다.

그러나 1980년대의 이러한 경고들은 HIV/AIDS에 국한되었을 뿐 박멸론이라는 더 커다란 사안을 직접적으로 겨냥하지도 않았고, 의학과 공중보건의 새 시대가 열렸다고 공표하지도 않았다. 그런 일은 대신 국립과학아카데미 산하 의학연구소Institute of Medicine, IOM와 1992년에《신종 감염병: 미국의 건강에 대한 미생물의 위협*Emerging Infections: Microbial Threats to Health in the United States*》으로 시작된 그 연구소의 기념비적인 신종 질환 전문 간행물에 맡겨졌다. 의학연구소에서 일단 경종을 울리자 여러 기관도 즉각 동참했다. 질병통제예방센터는 1994년에 자체 위기 대응책을 마련하고 새로운 학술지《신종 감염병*Emerging Infectious Diseases*》을 창간하며 이 사안에 집중했다. 국가과학기술심의회National Science and Technology Council도 1995년에 합류했고, 세계 유수의 의학 학술지 36곳은 그들이 '신종 질환의 달'이라 명명한 1996년 1월에 전례 없이 학술지 호별 주제를 '신종 질환'으로 잡는 데 동의했다. 같은 해 빌 클린턴 대통령은 '신종 감염병 예방 전략Addressing the Threat of Emerging Infectious Diseases'이라는 제목의 자료표를 발표하며 그런 질환들을 "국제 사회가 직면한 가장 중요한 보건 및 안보 문제 중 하나"라고 선언했다.[8] 미국 의회의 노동 및 인적자원 상원 위원회에서 신종 감염병 관련 청문회가 열렸으며, 청문회 도중 위원회 의장 낸시 카세바움Nancy Kassebaum은 다음과 같이 언급했다. "미래를 위한 새로운 전략은 미국과 세계를 재무장해 우리가 이미 정복했다고 여겼던 적들을 무찔러야 한다는 인식을 제고하는 것에서 시작됩니다. 우리가 지난 15년간 에이즈를 겪어온 경험에 비추어보면 이런 투쟁은 쉽지도, 자금이 적게 들어가지도, 순식간에 해결되지도 않을 것입니다."[9] 마지막으로 세계적인 관심을 불러일으키기 위해, 이미 매년 4월 7일을 세계 보건의 날World Health Day로 지정한 세계보건기구는 '지구촌' 어느 나라도 예외일 수 없다는 교훈을 담아 1997년의 주제를 '신종 감염병: 세계적 유행 경보와 세계적 대응Emerging Infectious Diseases: Global Alert, Global Response'으로 선포했다.

과학계와 선출직 관료, 공중보건 공동체의 목소리 외에 언론에서도 이 새롭고 예기치 않은 위험을 대대적으로 조명했다. 그들은 특히 세계적 관심을 사로잡은 1990년대 3대 사건에서 교훈을 얻었다. 첫째는 중남미에서의 아시아 콜레라 감염병의 대규모 발생이었다. 아시아 콜레라는 1991년에 페루에서 시작해 16개국에서 감염자 40만 명에 사망자 4,000명을 기록하며 남미 대륙 전체로 순식간에 확산되었다(제13장 참고). 미주 대륙에서 1세기 동안 아시아 콜레라가 발생하지 않았기 때문에 이 반갑지 않은 손님의 등장은 전 세계인에게 공중보건의 발전이 얼마나 부질없는 일인지를 새삼 깨닫게 했다. 콜레라는 배설물에 오염된 식품이나 물을 통해 전파되기 때문에 사회적 방치와 수준 이하의 생활 여건을 나타내는 절대적인 지표인 '빈곤의 체온계'나 마찬가지다. 그러므로 20세기 후반에 서구 사회에서 콜레라가 발생한 일은 충격적인 사건일 뿐만 아니라 그들의 취약함을 갑작스레 각성하게 된 계기가 되었다.

실제로《뉴욕타임스》는 독자들에게 리마 등의 도시 주민들이 식수를 "오물로 가득한 리막강"이나 오염된 수원지에서 직접 길어 오는 "디킨스 소설에 나올 법한 남미의 빈민가"가 실제로 존재함을 알렸다.[10]

감염병 문제에서 뉴스가 될 만한 두 번째 사건은 1994년 9월과 10월에 인도의 구자라트주와 마하라슈트라주에서 발병한 페스트였다. 감염자 700명과 사망자 56명으로 최종 사상자 수는 많지 않았지만, 림프절 페스트나 폐페스트 형태로 페스트가 발생했다는 소식은 수십만에 달하는 주민들을 성경 속 대탈출처럼 수라트라는 산업 도시로부터 달아나게 했다. 이 일로 인도는 교역과 관광산업에서 약 18억 달러의 손실을 보며 전 세계에 공포의 파문을 일으켰다.《뉴욕타임스》는 그런 과도한 두려움은 '페스트'가 유럽 인구 4분의 1의 목숨을 앗아가고, 이후 500년간의 재앙으로 이어진 독특한 기억을 떠올리게 하는 자극적인 단어라는 사실 때문이라고 설명했다. 인도의 페스트는 "한때 정복되었다고 여겼던 케케묵은 질병이 언제 어디서든 예기치 않게 들이닥칠 수 있다는 점을 생생하게 상기시킨다"라고《뉴욕타임스》는 덧붙였다.[11]

1990년대에 발생한 세 번째 주요 감염병 쇼크는 1995년에 자이르(현재의 콩고민주공화국)의 키크위트시에서 에볼라 출혈열(Ebola hemorrhagic fever, 나중에는 에볼라바이러스병 혹은 그냥 에볼라로 칭함)이 발생한 사건이었다. 에볼라 발병은 대규모 감염병을 촉발해서가 아니라(1월에서 7월까지 318명만이 걸렸다), 세계보건 비상사태에 대비한 국제 사회의 준비 부족을 여실히 드러내고, 밀림과 길들지 않은 자연에 대한 서구 사회의 원초적 두려움을 일깨우고, '암흑의' 아프리카에 관한 인종적 불안을 조성함으로써 공포를 불러일으켰다. 결과적으로 키크위트에서의 에볼라 발생으로《감염병 저널 *Journal of Infectious Diseases*》에서 인간의 고통과 "국민적 강박관념"을 상업적으로 "착취"할 정도에 이른 "이례적이고", "전례가 없는" 언론 보도라고 일컫는 행태가 등장했다.[12] 퀼루강 강둑 위로 몰려온 전 세계 타블로이드 신문들은 과장법을 실감 나게 써가며 숯꾼과 야생 동물 사냥꾼들이 원숭이들과 접촉한 결과 에볼라가 아프리카 정글에서 출현해 이제 서구 사회를 위협하고 있음을 강조했다. 가령 호주 시드니의 《데일리 텔레그래프 *Daily Telegraph*》는 '정글 밖으로 나온 괴물'이라는 흥미로운 표제를 실었다. 그러나 에볼라바이러스로 중환자 및 사망자들이 속출하는데도 1월 6일의 지침 증례에서 4월 10일의 국제 사회 신고까지 12주 동안 에볼라가 공중보건 당국의 관심을 끌지 못한 사실을 밝혀내기 위한 적절한 조사조차 이뤄지지 않았다. 감독 체계가 그렇게 허술하게 작동하고 있었기 때문에 에볼라는 키크위트에서 킨샤사까지 480km 이상 눈에 띄지 않게 퍼져나가다가 자이르의 수도에 위치한 국제공항을 통해 전 세계로 확산되었을 수 있다. 《뉴욕 데일리 뉴스 *New York Daily News*》의 표현대로 "공기 매개 시한폭탄이 째깍"거리며 탑승했을 수 있는 것이다.

그러나 무엇보다 키크위트에서 발생한 에볼라가 독성이 매우 강해서 인체에서 림프절 페스트와 마찬가지로 고통스럽고 비인간적이며 극적으로 진행된다는 점에서 관심을 끌었다. 작가 리처드 프레스톤_{Richard Preston}은 자이르에서 목격한 장면을 실감 나게 과장하며 에볼라에 대한 우려를 부추겼다. 그는 TV에 등장해 에볼라의 사례치명률이 90%에 달하지만, 아직 나와있는 치료제나 예방책이 없다고 설명하며 말을 이었다.

환자들은 생물학적으로 완전히 녹아버리는 것과 같은 고통을 겪는다. …… 에볼라에 걸려 죽는다면, 엄청난 피를 쏟아낸다는 것인데, 그런 건 몽둥이질을 당하거나 간질 발작을 하고 난 뒤에나 볼 수 있는 모습이다.

결국, 쇼크에 크게 빠지고 나면 몸에 있는 모든 구멍에서 피를 쏟으며 죽는다. 이러한 발병이 현재 진행 중인 아프리카에는 의료 시설이라는 게 그리 대단치가 않다. 나는 의사들이 …… 말 그대로 팔꿈치까지 피에 담근 채, 쏟아낸 피와 검은 토사물과 토마토 수프처럼 보이는 적리(피가 섞인 설사)에 담근 채 고군분투하고 있다는 믿을 만한 보고를 받았으며, 의사들은 그들이 죽을 거라는 걸 알고 있다.[13]

남미와 인도, 자이르에서 발생한 이런 사건들은 전 세계가 그런 새로운 감염병 팬데믹에 상당히 노출되어 있다는 과학자들의 발표와 맞물려 '살인자 탈주', '벌레와의 전쟁', '지구 최후의 바이러스 공포', '위험지역에서 온 열', '미생물의 복수' 등의 자극적인 기사 제목을 양산했다. 이는 폭발하는 화산 아래 비탈에 자리한 문명사회, 눈에 보이지 않는 큰 무리에 포위된 서구 사회, 인간의 오만에 복수하는 자연 등 종말이 다가온 듯한 장면을 떠올리게 했다. 1995년 2월에 포레스트 소이어Forest Sawyer는 ABC 뉴스에서 서구 세계는 그런 보이지 않는 살인자들로부터 문명사회는 안전하다고 생각해왔지만, 이제는 문명사회가 기생충, 박테리아, 바이러스, 그중에서도 특히 에볼라바이러스에 '과거와 마찬가지로 취약'하다는 사실을 깨닫게 되었다고 보도했다.

게다가 감염병의 세계적 유행으로 대재앙을 주제로 한 영화와 책들도 봇물 터지듯 쏟아졌다. 볼프강 페테젠Wolfgang Petersen의 〈아웃브레이크Outbreak〉(1995), 라스 폰 트리에Lars von Trier의 공포 영화 〈에피데믹Epidemic〉(1987), 스티븐 소더버그Steven Soderbergh의 〈컨테이젼Contagion〉(2011), 리처드 프레스톤의 베스트셀러 《더 핫 존The Hot Zone》(1994), 로리 개릿Laurie Garrett의 논픽션 《역병의 도래: 균형을 잃은 세계에서 새롭게 출현하는 질병들The Coming Plague: Newly Emerging Diseases in a World

Out of Balance》(1994), 외과의 윌리엄 T. 클로즈William T. Close의 보고서《에볼라: 자이르에서의 첫 폭발을 그곳에 있던 한 의사가 그려낸 다큐멘터리*Ebola: A Documentary Novel of Its First Explosion in Zaire by a Doctor Who Was There*》(1995) 등이 그런 작품들이다. 질병통제예방센터 국장 데이비드 새처David Satcher의 말을 빌리자면, 그런 결과는 'CNN 효과'였다. 즉 위험이 실제로는 작은데도 당장이라도 위험한 것처럼 여기는 대중의 인식이었다.

위험이 가중된 시기

이러한 근심스러운 분위기에서 노벨 생리의학상 수상자 조슈아 레더버그Joshua Lederberg는 새로운 시대를 특정하기 위해 '신종 및 재출현 질환'이라는 용어를 만들었다. 그는 "신종 감염병은 지난 20년간 인체 내 발병 빈도가 증가했거나 가까운 미래에 증가할 위험이 큰 감염병"이라고 썼다.[14] 에이즈, 에볼라와 같은 신종 감염병이 인간을 병들게 하고 있다는 게 전에는 알려지지 않았다. 콜레라와 페스트 같은 재출현 감염병은 익히 아는 재앙으로 발병이 증가하거나 지리적인 발병 범위도 확대되고 있었다.

레더버그가 질병의 새로운 범주를 고안한 것은 박멸론자의 희망찬 시대가 끝났음을 알리기 위해서였다. 감염병은 점차 줄어들다 종적을 감추는 대신 "전 세계에서 여전히 주요 사망 원인이며, 우리가 살아있는 동안에는 정복되지 않을 것이다. …… 우리는 또한 개별 질병의 출현 시간과 장소까지는 예측할 수 없겠지만, 새로운 질병이 출현하리라고 확신한다"라고 그는 공언했다.[15] 사실 인간과 미생물의 경쟁은 미생물이 우위를 점하고 있는 다윈식 생존 경쟁이었다. 의학연구소의 엄중한 메시지에 따르면, 우위를 다잡기는커녕 미국과 서구에서 역사상 그 어느 때보다 감염병의 위험이 더 커진 상황이었다.

이렇게 다시 인류가 감염병에 취약하게 된 중요한 이유는 박멸론이 남긴 유산 그 자체에 있다. 감염병에 관한 책을 덮을 시간이 왔다는 믿음 때문에 비평가들이 다양하게 표현한 '자기만족적인', '낙관론적인', '지나치게 확신하는', '오만한' 분위기가 사회 곳곳에 스며들고 말았다. 승리가 임박했다는 확신이 문명 사회를 너무 이른 일방적인 무장 해제의 길로 이끌었다. 위험은 이제 옛말이라는 의료계 최고 권위자들의 공감대가 50년 동안 형성되었고, 미국 연방 정부 및 주정부는 이에 힘입어 감염병을 다루는 공중보건 프로그램을 해체하고 공공 지출을 삭감했다. 의료 산업에서 사기업들의 새로운 백신과 신종 항생제 개발에 대한 투자도 말라붙었다. 공중보건 직원들의 훈련도 신지식을 따라가는 데 실패했다. 백신 개발 및 제조는 소수 실험실에 집중되었다. 감염병학과는 더 이상 적정 연구비와 우수한 인재를 유치하지 못했다. 1992년은 최악의 해로서, 공중보건 관료들이 만성 질환, 흡연, 노인 질환, 환경의 질적 저하 등 다른 중요한 부문을 우선시하면서 미국 연방 정부는 감염병 감독에 고작 7,400만 달러만 할당했다. 이러한 이유로 예상치 못한 감염병 출현 위기에 맞서기 위한 미국의 준비 상태는 한심한 수준으로 평가되었다. 1994년에 질병통제예방센터는 다음과 같은 말로 사태의 심각성을 표출했다.

이 나라의 공중보건 기반 시설만으로는 급변하는 세계의 신종 질병 문제에 제대로 대처할 수 없다. 감염병을 추적 관찰하는 현 체계는 국내외적으로 현재와 미래의 신종 감염병 위기에 대응하기에 불충분하다. 많은 식중독과 수인성 질병이 부지불식간에 발병하거나 뒤늦게 감지된다. 항바이러스제의 내성 문제가 어느 정도인지도 밝혀진 바 없다. 전 세계의 감염병 감독도 단편적일 뿐이다.[16]

미네소타의 유행병학자 마이클 오스터홈Michael Osterholm은 1996년에 의회에서 좀 더 단호하게 다음과 같이 말했다. "나는 여러분께 안타깝고 불행한 소식을 전하고자 합니다. 이 나라에서 건강을 위협하는 감염병을 추적 관찰하는 우리의 능력은 한심하기 짝이 없습니다. …… 12개 주나 자치구에 식중독과 수인성 질병 담당자가 전무한 실정입니다. 여러분이 그들의 뒤뜰에서 타이타닉호를 침몰시켜도 그들은 물이 있는지도 몰랐을 것입니다."[17]

레더버그와 다른 신종 및 재출현 질환의 이론가들은 경계 소홀에 대한 단순한 항의가 아니라 박멸론자들의 오만함에 대해 신랄한 비평을 이어갔다. 그들은 박멸론자들이 눈뜬장님으로 보낸 사이 제2차 세계대전 이후 사회는 여러모로 감염병이 활성화되는 방식으로 변모했다고 주장했다. 가장 흔히 인용되는 주요 특징은 물자와 인구의 급속한 대규모 이동의 형태로 나타나는 세계화의 여파였다. 윌리엄 맥닐William McNeill이 《전염병의 세계사Plagues and Peoples》(1976)에서 지적했듯이 역사적으로 사람의 이동은 미생물과 인간 간의 균형에서 역동적인 요인이 되어왔다. 인간이 만들어낸 사회생태학적 조건들이 미세 기생체에 진화 압력을 강력히 행사하면서 인간은 영원히 투쟁에 관여하고 있다. 세계화는 종종 미생물이 번식하기 좋은 조건에서 유전자 풀pool을 뒤섞고 미생물로 하여금 면역력이 없는 사람들에게 접촉할 수 있도록 함으로써 미생물에게 매우 적합한 여건을 제공했다.

20세기를 마무리하는 마지막 수십 년 동안 비행기 탑승객 수만 해도 한 해 20억 명을 훌쩍 넘을 정도로 세계화의 속도와 규모는 비약적으로 상승했다. 그러나 원해서 가는 비행기 여행은 큰 현상의 일부일 뿐이다. 이에 더해 원치 않는 이동에 해당하는 이민자들과 전쟁, 기근, 종교적·인종적·정치적 박해 등을 피해 살 곳을 잃고 이주하는 사람들도 수없이 많다. 레더버그와 의학연구소에 따르면 이러한 빠른 대규모 이동이 "우리를 100년 전의 모습과 매우 다른 종으로 규정지으면서" 상황이 미생물에게 유리한 방향으로 기울어지게 했다. "이제 우리는 그때와는 다른 기술들을 제법 갖추었다. 그러나 백신, 항생제, 진단 도구 등 많은 잠재적인 방어책에도 불구하고 적어도 팬데믹과 감염병에서는 전보다 훨씬 취약하다."[18]

세계화 이후 가장 빈번하게 강조되던 또 다른 요인은 인구 성장인데, 특히 미생물과 그들을 전파하는 곤충들이 환호할 만한 환경에서 인구가 급증하는 경우가 많았다. 인구는 전후 시대에 유입자들을 수용할 기반 시설이 부족한 도시와 세계에서 가장 가난하고 낙후된 지역에서 가장 많이 늘었다. 세계의 도시 인구가 시골 인구보다 네 배가량 빠른 속도로 급증하면서 마구잡이식 개발과 서비스 부족에도 주민 1,000만 명이 넘는 초대형 도시들이 탄생했다. 2017년 기준으로 인도의 뭄바이, 아프리카의 라고스와 카이로, 파키스탄의 카라치 같은 거대 도시들이 47개나 되었다. 이들의 전형적인 특징으로는 위생, 교육, 기타 서비스가 제공되지 않는 도시 주변 빈민가와 사람들이 바글거리는 도시의 모습을 들 수 있다.

수백만이 하수 시설과 배수 시설도 없고 안정적인 식수 공급이나 적절한 쓰레기 관리가 이루어지지 않은 환경에서 사는 그런 장소들은 질병의 전파를 위한 환경이 이미 다 조성된 셈이다. 앞서 살펴보았듯이 역사적으로 19세기 질병들은 유럽과 북미에서 혼란스러운 도시화로 조성된 환경에서 창궐했다. 20세기 마지막 수십 년과 21세기 첫 수십 년에 세계적인 추세였던 도시화는 전과 마찬가지로 비위생적인 환경을 조성했다. 이러한 비위생적인 환경은 리마, 멕시코시티, 리우데자네이루, 뭄바이 같은 도시의 판자촌에서 쉽게 접할 수 있다.

뎅기열과 콜레라의 교훈

도시 빈곤은 매년 25억 명을 위험에 빠뜨리고, 5,000만~1억 명을 감염시키며, 1950년을 시작으로 좀처럼 줄어들지 않는 뎅기열의 전 세계적 팬데믹에 사회적 결정 요인을 제공했다. 뎅기열은 신종 질병의 이상적 유형이다. 주로 도시에서 낮에 집 안에서 활동하는 *이집트숲모기*에 의해 전이되는 아르보바이러스arbovirus인 뎅기는 어디에나 고인 물을 볼 수 있는 북적대는 열대 및 아열대 빈민가에서 자주 창궐한다. *이집트숲모기*는 지붕의 홈통, 덮개 없는 수조, 폐타이어, 고인 웅덩이, 플라스틱 통에 많은 알을 낳고, 사회적 방치와 질병 매개체 통제 프로그램의 부재나 중단을 기회로 삼아 활개를 친다.

신종 질병의 이론가에게 특히 와 닿았던 것은 감염균이 숙주와 공생해야 하기 때문에 독성이 점차 약화되는 방식으로 진화할 수밖에 없다는 생각이 얼마나 공허한지 뎅기가 몸소 입증한 방식이었다. 뎅기바이러스는 18세기 이래 인간을 감염시킨다고 알려진 네 가지 긴밀하게 연관된 혈청형으로 구성된 복합체다. 그러나 1950년대까지 지리적으로 특정한 장소에서 발생하는 뎅기 감염은 해당 지역에 토착형인 단 하나의 혈청형에 의해서만 발생했다. 단 하나의 혈청형에서 유발된 '전통적인' 뎅기는 고열, 발진, 두통, 구토, 설사, 탈진과 '뼈마디가 쑤시는 열병'

이라는 별명을 얻을 정도로 심한 관절통 등의 증상이 두드러진 고통스러운 병을 일으킨다. 그러나 전통적인 뎅기는 앓고 나면 평생 면역력이 생기는 자가회복 질환이다.

세계화의 물결은 네 가지 혈청형이 마구잡이로 세상에 퍼지게 하며 뎅기 위험 지역을 확대했을 뿐만 아니라, 한 가지 이상의 혈청형의 상호 작용이 두드러진 뎅기 감염병을 야기했다. 한 가지 혈청형에서 다른 혈청형으로 교차 면역이 없기 때문에 전통적인 뎅기(네 가지 뎅기 혈청형 중 한 가지에 의해서만 감염된 결과)에서 회복되더라도 나머지 세 가지 혈청형 중 한 가지 이상에 의해 재차 감염될 수 있다. 아직도 작용 방식이 명쾌하게 규명된 것은 아니지만, 뎅기열은 다른 혈청형에 재차 감염되는 환자의 경우에 독성이 훨씬 강해진다. 따라서 뎅기열은 완화되는 대신 이제 훨씬 심각하고 날로 더 위협적인 뎅기 출혈열Dengue Hemorrhagic Fever, DHF과 그 치명적인 합병증인 뎅기 쇼크 증후군Dengue Shock Syndrome, DSS이라는 심한 감염병으로 유행하고 있다.

미 대륙에서는 1983년에 쿠바에서 처음으로 하나 이상의 혈청형이 결합한 뎅기열 유행병이 발병했다. 발병 사례는 총 34만 4,000건이었는데, 그중 2만 4,000건은 뎅기 출혈열, 1만 건이 뎅기 쇼크 증후군이었다. 게다가 뎅기 매개·모기인 *이집트숲모기*와 *흰줄숲모기*가 미국에도 존재하기 때문에 국립 알레르기·감염병 연구소National Institute of Allergy and Infectious Disease 소장 앤서니 파우치Anthony Fauci를 포함한 연구소 과학자들은 뎅기와 뎅기 출혈열이 세계적으로 세를 넓혀가는 가운데 미 대륙에서도 조만간 유행할 것으로 예측했다.

따라서 뎅기는 다음과 같은 중요한 진화론적 가설을 입증한다. 첫째, 전파를 위해 숙주의 기동력에 의존하지 않는 감염병은 그들이 매개체, 물, 음식에 의해 전파되므로 굳이 독성을 약화시키는 방법을 선택해야 한다는 압력을 받지 않는다. 둘째, 인구 과잉 및 무계획 도시 또는 도시 주변 빈민가는 미생물과 그들의 매개체가 살기에 이상적인 장소다. 셋째, 현대 교통과 여행객, 이주자, 난민, 순례자의 이동은 미생물과 매개체가 생태학적 틈새에 접근하는 과정을 용이하게 한다.

아시아 콜레라에 관한 최근 연구는 제13장에서 살펴보았듯이 미생물의 독성에 관한 논쟁에서 폭넓은 시각을 갖게 해준다. 처음에는 높은 사례치명률을 가진 '전통적인' *비브리오 콜레라균*에서 비브리오 콜레라 엘토르형으로 진화하는 것이 공생 관계를 염두에 둔 진화 경향이라는 낙관적 결론을 뒷받침하는 것 같았다. 전통적인 비브리오 콜레라는 높은 치명률과 심한 증상을 일으키지만, 엘토르는 치명률도 낮고 비교적 심하지 않은 증상이 뒤따랐기 때문이다. 반면, 그다음에 전개된 역사와 독성으로 회귀하는 방식의 엘토르의 진화는 낙관론이 기대했던 것보다 훨씬 심각하고 맹렬한 감염병을 낳는 돌연변이도 있을 수 있다는 것을 보여준다. 2010년에 아이티, 파키스탄, 방글라데시에서 아시아 콜레라가 이례적으로 무서운 기세로 발병했던 사례가 이를 뒷받침한다. 그 이유는 엘토르가 자연환경의 병원소에서 살아가는 데 적응이 되어 그 환경에서 살아남고 복제하기 때문으로 추정된다. 그 결과, 미생물은 생존과 번식을 위해 인간 대 인간 전파에 의존하지 않게 되고, 기후나 사회 조건이 인간에게 전파되기 적합한 조건에서만 발생한다. 인간이 아니라도, 심지어 무생물 환경에서도 그토록 잘 적응하는 병원균이라면 인간 숙주 몸 안에서는 독성을 약화해야 한다는 진화적 압박을 더 이상 받지 않게 된다. 따라서 미래의 콜레라는 더욱 충격적인 존재가 될 것이다.

병원 내 감염과 미생물 내성

현대 의과학의 성공 자체가 신종 감염병에 길을 터주었다는 점은 아이러니하다. 의학은 생명을 연장함으로써 면역력이 저하된 노인 인구의 증가를 가져왔다. 이 과정에서 의료적 개입은 화학 요법을 받는 당뇨·암·이식 환자, 항레트로바이러스제 치료로 만성 질환으로 바뀐 에이즈 환자처럼 심지어 이른 나이에도 면역력이 저하된 코호트 집단을 다수 양산했다. 게다가 그와 같이 면역력이 약화된 이들은 병원, 노인 시설, 교도소 같은 미생물의 대인 전파가 증폭되는 환경에 집중적으로 포진되어 있다. 수술 급증도 미생물이 체내로 들어올 수 있는 문을 확대한다. 전에는 드물었던 병원 내 감염이 이런 환경에서 증가하여 경제적 부담을 가중시킬 뿐만 아니라 주요 보건 문제로 떠올랐다. 이러한 감염 중에서도 병원성 폐렴, 수술 부위 감염, 병원성 혈류 감염의 주요 원인인 이른바 슈퍼버그라는 황색포도알균staphylococcus aureus은 가장 중요하고 잘 알려져 있다. 최근 연구에 따르면, 2008년 무렵 미국에서 "매해 입원 건수가 약 200만 건에 이르며, 이로 인해 병원성 감염이 발생한다. 한 대형 대학 병원의 중환자 연구에 따르면, 병원성 박테리아로 인한 질병이 집중 치료실 입원을 평균 8일, 병원 입원을 14일 연장시켰으며, 사망률도 35%까지 끌어올렸다. 최근 연구에서는 수술 후 상처 감염이 병원 입원 기간을 평균 7.4일 늘렸다고 밝히고 있다."[19]

진보하는 의과학의 또 다른 위협적인 부작용은 계속해서 증가하는 항생제 내성이다. 알렉산더 플레밍은 1945년 노벨상 수락 연설에서 일찌감치 예언 같은 경고를 한 바 있다. 그는 페니실린에 취약한 박테리아가 내성을 강화시킬 가능성이 있으므로 페니실린을 투약할 때는 주의를 기울여야 한다고 조언했다. 그토록 강력한 약에 맞서 살아남으려는 선택압이 작용하는 만큼 항생제 내성은 불가피한 것이었다.

신종 질병 이론가들은 플레밍의 경고를 다시금 상기하며 항생제는 생물학적으로 효력을 발휘하는 기간이 제한되어 있는 '재생 불가능한 자원'이라고 주장했다. 20세기 말 무렵 이러한 예측이 실현되고 있었다. 이와 동시에 새로운 종류의 항생제 개발은 주춤하면서 어쩌다 하나씩 개발되는 데 그쳤고, 제약 시장은 이윤이 적을 것 같은 의학 연구를 꺼려하면서 아예 그마저도 틀어막았다. 경쟁, 돈이 많이 드는 대규모 임상시험을 의무화하는 규정들, 위기에 대한 규제 기관의 인내심 부족이 그 문제를 악화시켰다.

그러나 항미생물제 개발이 지지부진한 동안 미생물은 내성을 대폭 강화시키고 있었다. 그 결과, 세계는 후기 항생제 시대로 진입할 기로에 서게 되었다. 내성을 갖는 미생물 종 중에서 가장 골치 아픈 것들로는 모든 합성 항말라리아제에 내성을 보이는 말라리아 원충, 페니실린과 메티실린에 내성이 있는 *황색포도알균*, 1차 약제에 내성을 보이는 *다제 내성 결핵*, 2차 약제에 내성이 있는 광범위 약제 내성 결핵이 있다. 항미생물제 내성은 세계적인 위기를 불러일으킬 조짐을 보이고 있으며, 많은 과학자들은 어떤 치료에도 끄떡없는 HIV, 결핵, 황색포도알균, 말라리 종이 출현할 것으로 예상하고 있다.

항미생물제 내성의 출현은 일정 부분 다윈의 진화론에 따른 단순한 결과다. 바이러스 수만 종과 박테리아 30만 종이 인간을 감염시킬 수 있다고 이미 알려져 있으며, 그들 중 많은 종이 인간이 한평생 사는 동안 복제를 거듭하며 수십억 번 진화한다. 이런 점에서 진화 압력은 장기적으로 인간에게 불이익을 주는 방향으로 나아가고 있다. 무분별한 인간의 행동이 그 과정을 극적으로 앞당기고 있다. 농부들은 농작물에 살충제를 뿌리고 과실수에 항생제를 투입한다. 질병을 예방하고, 성장을 촉진하며, 사육장에서 크는 닭, 돼지, 소의 생산성을 높이고자 사료에 항생제를 집어넣는다. 전 세계 항생제 생산량의 절반은 농업에 사용되고 있다.

이와 동시에 미생물이 화학약품 세례에 굴복하리라는 자신감에 휩싸여 사람들은 그다지 지속적인 효과가 없는 가정에서도 항미생물제를 과용했다. 또한 병원에서 의사들은 장기적인 이익보다는 개별 환자들에게 당장 닥친 위기를 우선시하고 환자의 기대치를 충족시켜야 한다는 압박을 받으면서 항생제가 불필요하거나 소용없는 비세균성 질환조차 항생제를 투여하는 처방을 내리곤 한다. 이와 관련한 전형적인 사례가 중이염에 대한 소아과의 치료로, 1990년대 소아과 의사 대다수가 아이 중 3분의 2가 항생제로 전혀 효과를 보지 못했음에도 중이염에 계속 항생제를 처방했다. 규정은 거의 없고, 아무런 제약 없이 인터넷 치료법에 접근할 기회는 많은 나라에서 자가 치료가 널리 가능해진 것도 어려움을 더했다. 장기적이고 복잡한 치료법이 요구되는 말라리아와 결핵 같은 질환의 경우, 일부 환자들은 기저 질환이 완치될 때까지 복용을 준수하는 대신, 증상이 다소 완화되면 치료를 중단한다. 여기서 문제가 되는 것은 항생제의 과다 사용이 아닌 미달 사용이다.

또한 질병의 개념을 지나치게 엄격히 구분한 것도 문제였다. 박멸론자들은 만성 질환과 감염 질환의 경계를 자로 잰 듯 명확히 구분해 문제를 키웠다. 1990년대에 윤곽을 드러내기 시작한 감염병은 과학자들이 전에 알던 것보다 훨씬 광범위한 범주의 질병이다. 오랫동안 비감염병으로 생각되던 많은 질병이 사실은 감염성에 바탕을 두고 있기 때문이다. 이러한 인과적인 연결고리를 입증하는 데 호주 출신 노벨상 수상자 배리 J. 마셜Barry J. Marshall과 로빈 워런Robin Warren의 1980년대 위궤양에 관한 연구가 결정적이었다.

위궤양은 미국의 경우 살아생전 열 명 중 한 명꼴로 발병해 고통과 비용 부담을 유발하고, 심지어 사망에도 이르게 하는 주요 원인중 하나다. 100만 명 이상이 해마다 궤양으로 입원하고, 6,000명이 사망한다. 마셜과 워런의 연구가 나올 때까지는 위궤양의 만성적 병인학이 과학적 진리로 보편적으로 받아들여졌지만, 사실은 잘못된 것이었다. 마셜의 말에 따르면, "나는 궤양에 대한 의학적 이해가 종교와도 비슷하다는 것을 깨달았다. 아무리 논리적으로 추론해본들 사람들 마음속에서 이미 진실로 자리 잡은 것에서 조금도 벗어나게 할 수 없었다. 그들 마음속에 궤양은 스트레스, 나쁜 식습관, 흡연, 음주, 취약한 유전자에 의해 발생하는 것이었다. 박테리아가 원인이라는 것은 허무맹랑한 소리였다."[20] 마셜과 워런은 부분적으로 헬리코박터 파일로리Helicobacter pylori가 궤양의 감염 원인임을, 그리고 식습관 개선, 생활 변화, 수술보다는 항생제가 적절한 치료법임을 실험으로 입증했다. 이는 의학적인 분수령이나 다름없었다.

이와 같은 통찰은 특정 형태의 암, 만성 간 질환, 신경 질환과 같은 많은 비급성 질환들도 감염에서 비롯되었음을 깨닫게 해주었다. 가령 인간 유두종 바이러스가 자궁경부암을, B형 간염과 C형 간염 바이러스가 만성 간 질환을, 캠필로박터 제주니Campylobacter jejuni가 길랑-바레 증후군을, 특정 대장균 종이 신장병을 일으킨다는 것을 발견하는 계기를 마련해주었다. 감염이 아테롬성 동맥 경화증과 관절염의 중요한 유발 인자로 작용하며 감염병과 감염병에 뒤따르는 공포가 외상후 스트레스 장애와 같은 심리학적 후유증을 남긴다는 것도 점차 인식하게 되었다. 이러한 과정에 대한 이해가 이른바 '비감염성 질환의 감염성'이라는 새로운 인식이다.

신종 및 재출현 질환이라는 개념에서 핵심은 가장 심각한 위협, 즉 인간이 대적하는 병의 스펙트럼이 전례 없이 빠른 속도로 확장되고 있다는 것이다. 예전에는 알려지지 않았으나 1970년 이후 등장해 인간을 괴롭혀온 질환이 무려 40개에 달해 새로운 질환이 한 해에 한 개꼴로 출현하는 실정이다. 목록을 보면, HIV, 한타바이러스, 라사열, 마버그열, 레지오넬라증, C형 간염, 라임병, 리프트밸리열, 에볼라, 니파바이러스, 웨스트나일바이러스, 사스, 광우병, 조류인플루엔자, 치쿤구니야바이러스, 노로바이러스, 지카, 이른바 식육세균이라는 A군 사슬알균 등이 여기에 포함된다. 회의론자들은 질병이 빠른 속도로 출현하고 있는 것처럼 보이지만 잘못 판단한 것이라고 주장한다. 그보다는 주로 강화된 감독과 향상된 진단 기술의 결과일 뿐이라고 강조한다. 세계보건기구는 질병이 전후 세계의 변화된 사회경제적 상황에서 예상대로 매우 신속히 출현하고 있을 뿐만 아니라, 2002~2007년에 무려 1,100건의 세계적인 감염병 '유행 현상'을 일으켰다며 반박했다. 2008년 《네이처Nature》에 실린 연구 자료는 이 문제를 자세히 들여다보기 위해 1940~2004년에 335개의 신종 감염병 발병 사례를 조사하였다. 연구의 결론은 다음과 같았다. "신종 감염병 발병은 1940년 이래 계속 증가해 1980년대에 정점에 이르렀다. …… 신종 감염병의 발병 건수는 시간과 상당히 유의미한 관계를 보인다. 신종 감염병이 세계 보건에 가하는 위협이 커지고 있다는 기존의 제안을 처음으로 분석적으로 지지한 것이다."[21]

공중보건 공동체의 결론은 미래에 신종 질병이 속속 출현하더라도 그 어떤 질병도 HIV나 1918~1919년의 스페인 인플루엔자만큼 독성과 전염성이 강하지는 않을 것이라는 예상에는 합리적인 근거가 없다는 것이다. 따라서 논의는 신종 질병의 출현과 기존 질병의 재유행 여부에 관한 문제에서 벗어나, 질병이 나타날 때 국제 사회가 어떻게 그런 질병에 맞설 것인지의 문제로 극적으로 넘어간다. 미 국방부의 냉혹한 말마따나 "새천년의 사학자들은 아마도 20세기의 가장 큰 오류가 감염병 종식이 머지않았다는 믿음이었음을 알게 될 것이다. 그런 믿음에서 비롯된 안일함이 사실상 위험을 키운 것이다."[22]

| 제22장 | **21세기 예행연습**

―사스와 에볼라

재무장

신종 및 재출현 질환의 위협에 대한 공식적인 대응은 주로 미생물을 국가 안보와 국제 질서를 위협하는 것으로 간주하는 것이었다. 공중보건 당국뿐만 아니라 정보기관 및 보수 진영 싱크탱크들도 감염병을 처음으로 국내 및 세계 안보에 대한 '비전통적 위협'으로 분류했다. 2000년에 중앙정보국CIA이 국가 정보 보고서에서 주요 안보 문제로 인식하게 된 감염병의 위험을 주로 다루면서 이러한 전환점을 맞이했다.

중앙정보국은 '대안 시나리오'라는 제목의 보고서 첫 번째 장에서 향후 20년 동안 감염병의 향방을 가늠해볼 만한 시나리오를 세 가지로 요약했다. 첫째, 감염병 퇴치에 꾸준한 진전을 보일 것이라는 낙관적인 고찰, 둘째, 미생물이든 인간이든 결정적인 소득이 없는 교착 상태 전망, 셋째, 세계 인구가 계속 증가하고, 거대 도시들이 이에 수반되는 인구 과밀, 열악한 위생 상태, 무방비 상태의 식수 문제를 안고 계속 성장하면서 인간의 지위가 하락할 것이라는 가장 비관적인 예상이 그것이었다. 불행히도 중앙정보국은 낙관적인 첫 번째 전망이 현실화될 가능성이 가장 희박하다고 보았다.

이러한 배경에서 보고서의 다음 장인 '영향'과 '시사점'에서는 질병에 대한 부담이 가중되는 새로운 시대에 발생할 법한 경제적·사회적·정치적 결과를 요약하고 있다. 보고서는 세계에서 가장 많은 피해를 보는 사하라사막 이남 아프리카 같은 지역에서의 '경제적 쇠락, 사회 분열, 정치적 불안정'을 예상했다. 이러한 전개에 따라 국제적으로 점차 부족해지는 자원을 장악하기 위해 점점 고군분투하게 될 것이며, 이 과정에서 범죄, 퇴거, 가족 결속의 와해가 뒤따르게 될 것이다. 따라서 질병은 국제적 긴장 관계를 고조시킬 것이다. 개발도상국에서 감염병에 대한 부담이 가중되며 경제 발전을 저해하는 확실한 결과로 나타났고, 이로 인해 민주주의가 위태로워지고 내란과 비상사태가 증가하며, 북반구와 남반구 간의 갈등의 골도 깊어질 것으로 예측했다.[1]

3년 후, 영향력 있는 연구 기관인 랜드 코퍼레이션RAND Corporation은 중앙정보국의 보고서에 자극을 받아 "질병과 보안을 모두 아우르는 지금까지 나온 분석들보다 훨씬 종합적인 분석을 내놓고자" 질병과 안보의 서로 중첩되는 문제에 초점을 맞추었다.[2] 《신종 및 재출현 감염병의 국제적 위협 The Global Threat of New and Reemerging Infectious Diseases》이라는 이 보고서는 중앙정보국 보고서보다 향후 새로운 국제 환경이 훨씬 침울할 개연성이 높을 것으로 점쳤다. 랜드 코퍼레이션의 정보보고서의 두 가지 중심 주제는 다음과 같다. 첫째, 전후 시대 안보의 측면에서 직접적인 군사 위협의 비중이 급락하고 있다. 둘째, '비전통적 위협들', 그중에서도 주요 요소인 질병의 영향은 그에 반해 계속 상승하고 있다. 신종 및 재출현 질환의 시대는 국가가 제 기능을 다하고 사회 질서를 유지하는 능력에 감염병이 심각한 영향을 미칠 수 있는 시대의 개막을 의미했다.

질병통제예방센터, 국립 알레르기·감염병 연구소, 백악관이 예상하는 신종 질병에 맞서기 위한 계획은 의학연구소가 묘사한 인간과 미생물 간의 다원식 투쟁에서 시작하는 것이었다. 의학연구소의 분석에 따르면 미생물은 가공할 만한 강점이 있다. 미생물은 수적으로 인간보다 수십억 배는 많다. 또 시시각각 돌연변이를 일으키고, 인간보다 수십억 배 빠르게 번식한다. 진화적 적응력 측면에서도 미생물은 유전적으로 경쟁에 유리하다. 조슈아 레더버그가 통찰했듯이 "미생물 유전자와 맞붙게 된 우리는 지혜를 무기로 삼아야 한다."[3] 미생물의 새로운 도전에 대한 미국의 대응은 미생물의 공격에 맞서기 위해 의학연구소의 분석을 출발점으로 삼고, 새로 마련된 재정 지원에 힘입어 인간의 지혜를 체계화하고 활용하려는 시도로 볼 수 있다.

1996년 백악관의 신종 감염병 위협에 관한 '자료표'는 "감염병 관리, 예방, 대응에 관한 국내외 체계는 미국 시민의 건강을 보호하기에는 불충분하다"며 명확하게 경종을 울렸다. 이 상황을 바로잡기 위해 백악관은 6대 정책 목표를 수립했다.

1. 민간 부문과 공중보건 및 의료 공동체와 협력해 연방과 주, 지방 차원에서는 물론 미국으로 들어오는 항구마다 국내 감염병 관리와 대응 체계를 강화한다.

2. 지역 거점을 중심으로 현대식 통신 체계로 연계해 국제 감염병 관리 및 대응 체계를 확립한다.

3. 진단, 치료, 예방책 개선과 감염병 인자에 대한 생물학적 이해를 높이기 위해 연구 활동을 강화한다.

4. 민관 부문의 협력을 통해 감염병 비상사태 대비와 감염병 퇴치에 필요한 약제, 백신, 진단 검사 장비를 사전에 확보한다.

5. 전 세계 감염병 관리·예방·대응 네트워크에 기여할 정부 유관 기관들의 권위를 확립하고 임무를 확대한다.

6. 비정부기구와 민간 부문과 협력해 신종 감염병에 대한 대중의 인식을 제고한다.[6]

2·3·4번 목표의 완수를 위해 국립 알레르기·감염병 연구소는 감염병 퇴치를 위한 새로운 방법 개발을 연구 의제로 정했고, 이에 각종 지식의 물꼬가 트였다. 예산은 1994년 5,000만 달러에서 1995년에 네 배가 뛰더니 10년이 지난 2005년에는 10억 달러를 넘었고, 감염병에 대한 책도 봇물 터지듯 쏟아져 나왔다. 실제로 연구소 소장 앤서니 파우치는 2008년에 특히 HIV/AIDS가 인류 역사에서 가장 광범위한 연구가 진행된 병이 되었다고 주장했다. 게다가 연방 기관의 업무는 민간 기관의 활동으로 보완되었으며, 가장 대표적인 '빌 앤드 멜린다 게이츠 재단Bill and Melinda Gates Foundation'을 비롯해 대학 및 제약 산업 연구소 등이 민간 부문에서 활약했다.

의학연구소가 기초 연구에 역점을 두었다면, 질병통제예방센터는 백악관 지침의 첫 번째 목표에 맞춰 신종 병원균에 대한 방어 전략을 개발했다. 1994년과 1998년에 출간된 영향력 있는 두 권의 연구서에서 질병통제예방센터는 '연방, 주, 지방, 국제 차원에서의 감독', '응용 연구', '예방과 통제', '기반 시설 개선 및 진단 실험실에 필요한 훈련된 인재'라는 네 가지 주요 분야에서의 목표를 제시했다. 뿐만 아니라 질병통제예방센터는 국제 공중보건 공동체 및 식약청과 국방부 같은 기타 감독 기관들과 공조를 강화했고, 발병을 대비한 대응 역량을 키웠으며, 감염병에 대한 정보를 수집하고 의견을 나누기 위해 《신종 감염병》이라는 학술지를 창간하고, 신종 및 재출현 질환을 주제로 하는 여러 차례의 주요 국제회의를 후원했다.

국가정보위원회National Intelligence Council, NIC와 토론을 거친 후 조지 W.

부시_{George W. Bush} 대통령은 단일 질병 퇴치를 위해 가장 방대한 재정이 투입된 두 개의 계획을 수립하는 추가 단계에 돌입했다. 첫 번째는 2003년에 조성되었고 2018년에 재개된 '에이즈 구호를 위한 대통령 긴급계획_{President's Emergency Plan for AIDS Relief, PEPFAR}'으로, 국무부 국제 에이즈 조정관_{Global Aids Coordinator}이 감독을 맡고 있다. PEPFAR은 사하라사막 이남 아프리카 12개국과 베트남, 아이티, 가이아나를 중심으로 보건 기반 시설을 구축하고, 에이즈 고아를 지원하는 한편, 의료 인력을 훈련시키고, 예방 조치와 항레트로바이러스 치료를 위해 수십억 달러를 원조한다. 에이즈 조정관의 감독하에 PEPFAR은 미국 국제개발처, 보건복지부, 국무부, 국방부, 상무부, 노동부, 평화봉사단과 같은 여러 연방 기관들의 관련 업무를 감독한다.

특정 감염병을 대상으로 하는 두 번째 주요 프로그램은 '대통령의 말라리아 구상_{President's Malaria Initiative, PMI}'으로, 부시 대통령이 재임 중이던 2005년에 티머시 지머_{Timothy Ziemer} 제독의 감독하에 수립했다. PEPFAR처럼 PMI에도 인본주의와 자국의 이익이 절충되었다. PMI의 목적은 사하라사막 이남 아프리카 국가에 보건 기반 시설을 구축하고, 아르테미시닌 기반의 복합 치료법, 살충 처리된 모기장, 보건 교육, 매개체 통제 같은 말라리아 방제 수단의 활용을 지원하기 위해 거금을 투자해 말라리아 확산을 막는 데 있었다.

국제적인 차원에서 세계보건기구는 미생물 병원균에 계속 위협을 당하는 것에 대한 국제 준비 태세를 강화하기 위해 중요한 조치를 취했다. 첫 사업으로 1996년에 에이즈에 특화된 유엔합동에이즈계획을 창설해 인식 제고, 재원 동원, 팬데믹 추적 관찰을 담당하도록 했다. 에이즈 퇴치에 투입된 자금 규모는 1996년 3억 달러에서 10년이 지난 후에는 거의 90억 달러로 증가했다. 더 나아가 미국처럼 유엔도 감염병을 국제 안보에 대한 위협으로 보고 있다고 선언했다. 이 새로운 전개 방향을 인식한 유엔 안전보장이사회UN Security Council는 2001년 6월 HIV/AIDS 위기에 특별 회기를 할애하는 과단성을 보였다. 특별 회기에서 에이즈를 '국제 비상사태이자 인간의 생명과 존엄을 위협하는 가장 큰 도전 중 하나'로 명시한 'HIV/AIDS에 대한 헌신 선언: 국제 위기·국제 행동Declaration of Commitment on HIV/AIDS: Global Crisis—Global Action'을 채택했다.[5] 5년 후인 2006년 6월 유엔 총회는 퇴치운동에 대한 의지를 재확인했고, 간호와 치료 접근성 향상을 위한 국가적 캠페인 확립을 최우선 목표로 삼는 '2006년 HIV/AIDS에 대한 정치적 선언2006 Political Declaration on HIV/AIDS'을 채택했다.

세 번째로 1969년에 제정된 국제보건규칙을 대체하는 신 국제보건규칙IHR 2005을 2005년에 새로 제정했다. 1969년 규칙은 페스트, 황열, 콜레라 발병만 신고하도록 한 반면, 신규칙은 알려지지 않은 병원균과 신종 감염병을 포함해 국제적으로 우려할 만한 보건 비상사태를 신고할 것을 의무화했다. 2005년 국제보건규칙은 국제적 우려를 촉발하는 사건의 본질을 명시하고, 193개 세계보건기구 전 회원국들이 감독과 대응 역량을 향상시키는 데 힘을 다하도록 했다. 또한 2005년 국제보건규칙은 미생물이 정치적인 국경에 구애받지 않는다는 것을 인식하고 국경 방역에 애쓰는 대신, 실시간 역학 증거를 기반으로 발병을 진압해야 할 필요성이 있는 곳이라면 어디든 효과적으로 공동 대응할 것을 촉구했다.

마지막으로 세계보건기구는 신속한 대응 역량을 모아 조직을 구성했다. 이렇게 2000년에 설립된 '국제 감염병 발생 경보와 대응 네트워크Global Outbreak Alert and Response Network, GOARN'는 자원이 극도로 부족한 나라에 감염병 비상사태에 대응하는 데 필요한 수단과 전문 인력의 접근성을 확보해주는 게 목표였다. 이를 위해 GOARN은 60개국에서 자원을 끌어모으고 이 분야 전문가 500명을 모집했다. 뿐만 아니라 백신과 치료제를 비축하고 감염병이 유행하는 동안 의료 자원 분배를 감독했다.

중증급성호흡기증후군: 사스

새롭게 구성된 기관들의 첫 시험대는 21세기에 처음 등장한 신종 질병인 중증급성호흡기증후군Severe Acute Respiratory Syndrome, 줄여서 사스SARS의 2002~2003년 팬데믹이었다. 사스는 2002년 11월에 중국 광둥성에서 처음 나타난 이후 2003년 3월에 발병 통보를 받은 세계보건기구가 전 세계에 여행 경보를 발령하면서 국제적인 위협으로 부상했다. 2003년 3월부터 세계보건기구가 사스 종식을 선포한 2003년 7월 5일까지 사스로 인해 총 8,098명의 환자와 774명의 사망자가 발생했고, 세계 전역에서 해외여행이 중단되었으며, 아시아 국가에서만 총지출 및 사업 손실로 600억 달러에 달하는 비용을 치러야 했다.

후향 연구에서 확인되었듯이 사스는 글로벌 시스템의 취약성을 가장 심각하게 드러내는 여러 특징을 나타냈다. 사스는 매개체 없이 사람 대 사람으로 퍼질 수 있는 호흡기 질병이고, 무증상 잠복기가 일주일 이상 지속되며, 증상이 다른 질병의 증상들과 매우 유사하고, 간병인과 병원 관계자들에게 심각한 피해를 주고, 비행기를 통해 쉽게 조용히 퍼지고, 사례치명률은 10%에 달한다. 게다가 사스가 발병할 당시 원인균(사스 관련 코로나바이러스)이 알려지지 않았고, 진단 검사나 특정 치료법도 없었다. 이러한 모든 이유를 보더라도, 모든 국가가 그 어느 때보다도 신종 감염병에 더 취약할 수 있다는 의학연구소의 1992년 예상은 적중했다. 사스는 특정 지역만 선호하는 것도 아니었고, 부, 교육, 기술, 보건 의료의 접근성 등도 특별히 가리지 않았다. 사실 중국에서 발병한 이후 사스는 비행기를 타고 싱가포르, 홍콩, 토론토 같은 부유한 도시에 주로 퍼졌고, 가난하고 소외당하는 사람들보다는 부유한 여행객과 그들의 접촉자, 병원 직원, 환자, 병문안 오는 사람들을 주로 덮쳤다. 알려진 사례 중 절반 이상이 홍콩의 프린스 오브 웨일스 병원Prince of Wales Hospital, 토론토의 스카버러 병원Scarborough Hospital, 싱가포르의 탄톡셍 병원Tan Tock Seng Hospital 같은 장비도 충분히 잘 갖추고 기술적으로도 뛰어난 선진 병원 환경에서 발생했다.

위기 대응과 관련해 사스 발병은 국내외적으로 취해진 개혁의 정당성을 입증했다. 사스 유행이 시작되고 나서 중국이 우왕좌왕하며 사태를 악화시킨 이후에 각국 정부 기관들은 1969년의 국제보건규칙을 충실히 준수했다. 세계에서 가장 장비를 잘 갖춘 실험실과 유행병학자들은 인터넷으로 실시간으로 공조하며 전례 없는 속도로 단 2주 만에 사스 코로나바이러스의 실체를 알아내는 데 성공했다. 이와 동시에 새로 창설된 GOARN도 캐나다 공중보건청Public Health Agency, 미국 질병통제예방센터, 세계보건기구의 국제 인플루엔자 감시 네트워크Global Influenza Surveillance Network 같은 협력 기관들과 함께 국제 경보를 발동하고, 질병의 진척 상황을 추적하며, 질병 자체가 지역 내에서 자리를 잡기 전에 봉쇄 전략을 감독하기 위해 발 빠르게 움직였다. 아이러니하게도 진단 및 모니터링은 최첨단 장비를 동원한 반면, 봉쇄 정책은 사례 추적, 격리, 검역, 군중집회 취소, 여행객 감시, 개인위생 준수 권고, 마스크·가운·장갑·눈보호장구 착용 등 17세기 림프절 페스트에 맞선 공중보건 전략과 19세기에 하나의 학문 분야로 정립된 역학에서 비롯된 전통적인 방법들에 의존했다. 사스가 29개국과 5대륙에 영향을 주긴 했지만,

봉쇄 작전은 성공적으로 집단 발병을 통제, 병원 환경에 국한해 발병이 집중되었고, 공동체에는 산발적으로만 나타났다. 그리하여 2003년 7월 5일에 세계보건기구는 팬데믹이 막을 내렸다고 발표할 수 있었다.

비록 국제 위생 방어 체계가 사스의 도전을 저지했다고는 하지만 의구심을 떨칠 수 없었다. 2002년 11월에서 2003년 3월까지 중국의 은폐 정책이 지구촌 보건을 위험에 빠뜨렸고, 대응 네트워크에서 고리 하나만 약해져도 국제 비상대응 체계를 송두리째 약화시킬 수 있었다는 것이 드러났다. 11월 광둥성에서 처음 사스가 발병해 베이징으로 퍼지는 4개월 동안 중국 당국은 은폐 정책을 펴며 혼선을 빚었다. 중국이 홍콩, 타이완과 무역, 투자, 가족, 여행 등으로 광범위하게 연결되어 있다는 것을 고려할 때 새로운 질병에 대한 소식이 바깥세상으로 전달되지 못하게 막을 수는 없는 노릇이었다. 지금이 인터넷과 소셜 미디어 시대이기도 하거니와 중국 내에서 이동 인구가 가장 많은 시기인 2월 춘절에 뉴스 보도를 철벽 통제한다는 것은 가당치도 않은 일이었다. 한편 중국의 공산당 체제는 자국민이나 외부 세계에 국가가 상황을 잘 통제하고 있다는 이미지를 심어주었다. 중국 공산당은 과도한 정보로 가난한 생활 수준, 불충분한 보건 체계, 공중보건 비상사태에 대한 준비 부족이라는 중국의 실상이 드러날까 봐 두려웠다.

이러한 이유로 원자바오溫家寶 총리가 이끄는 공산당 체제는 정확하고 시의적절한 정보를 공개하라는 모든 국제적 압력에 2003년 3월까지 계속 저항했다. 오히려 중국은 위기의 정도를 축소하고, 내수 진작을 위해 통계를 조작하고, 좋지 않은 모든 소식이 언론에 나가지 못하도록 입단속을 했으며, 해당 피해 지역에 대한 세계보건기구의 접근을 거부했다. 세계보건기구가 내부 고발자 입장을 취하며 가지고 있던 부분적인 정보를 공개한 3월이 되어서야 중국은 마지못해 방향을 전환했다.

4월 17일 중앙정치국은 정책을 바꿔 사스 현황을 제때 공지하겠다고 약속하고, 세계보건기구가 광둥성과 베이징을 조사할 수 있도록 허용했으며, 우이吳儀 부총리의 지휘하에 사스 대책위원회를 발족했다. 동시에 《인민일보》는 국가가 제대로 준비하지 못했음을 인정했고, 중국의 질병 통제예방센터장은 사과했다.

공산정권이 그렇게 좀 더 개방적인 태도를 보였다고 해서 가혹하고 권위적인 면이 줄어든 것은 아니었다. 사실, 공산당은 격리 및 검역 등의 준군사적인 조치를 취했으며, 위반자를 사형에 처하는 등 가혹하게 처벌했고, 당국의 명령을 위반하는 자들을 고발하는 정보 제공자에게는 보상을 했다.

따라서 이와 같은 중국의 정책들로 미루어 볼 때 사스가 진압될 수 있었던 것은 순전히 운이 좋아서였던 것 같다. 사스는 인플루엔자와 천연두를 비롯한 전통적인 공기 매개 감염병과는 달리 비말을 통해 전염되므로 확산되려면 잦은 밀접 접촉이 필요하다는 게 세계 각국으로서는 다행이었다. 물론 여전히 충분히 이해되지 않는 이른바 슈퍼전파자 사례도 있긴 하지만, 사스는 사람 대 사람으로 곧바로 감염되는 것은 아니라서 진압하기 비교적 수월했다. 대부분의 사스 환자들은 2차 접촉이 있다 해도 2차 접촉으로는 거의 감염되지 않는다. 모든 환자들이 다소 비슷한 감염력을 지니고 있다는 역학 가설이 그동안 별다른 이의 제기 없이 수용되었다. 그러나 사스의 경우, 일부 환자가 과도하게 많은 접촉자를 감염시켜 슈퍼전파자라는 이름까지 얻게 될 정도로 이들이 사스 전파에 미치는 역할은 유난히 컸다. 감염된 소수의 사람에 의존해 전파되는 특성이 사스의 파급력이 지닌 의미 있는 한계였다.

그러나 사스가 파급력에 한계를 보이기는 했지만, 사스의 영향을 받은 부유하고 자원을 잘 갖춘 국가의 병원 및 보건 체계도 '밀려드는 환자를 수용할 능력'이 없었다는 사실을 드러냈다. 따라서 2003년 사스 유행은 가령 사스가 팬데믹 인플루엔자였다면, 또는 사스가 제도가 잘 정비되고 의료 인력이 충분한 현대식 병원과 공중보건 체계를 갖춘 도시에 출현하는 대신 안타깝게도 자원이 부족한 국가에 퍼졌다면 어떻게 되었을지 생각만 해도 몸서리치게 했다. 다행히 사스는 전쟁이나 자연재해로 파괴와 퇴거가 한창 벌어지는 도중이 아닌 평상시에 유행했다. 그런 점에서 제1차 세계대전 중에 군대와 함께 이동하며 광범위하게 퍼져나간 1918~1919년의 '스페인 인플루엔자'의 사례를 반복하지는 않았다. 또한 사스는 그런 비상사태를 추적하고 대응하는 세계보건기구 감시 체계가 마련되어 있던 동남아시아에서 호흡기 질병으로 발생했다. 그러나 토론토 스카버러 병원 최전방에서 사스 감염병과 사투를 벌인 의사 폴 콜포드Paul Caulford는 이러한 문제들을 제기했다. 2003년 12월 비상사태가 지나간 후 그는 회고했다.

> 사스를 계기로 우리는, 우리가 지구를 대하는 방식과 우리의 보건 관리 방식을 영원히 바꿔야 했다. 사스가 돌아오면 우리는 준비가 되어 있을까? 사스는 단 몇 주 만에 세계에서 가장 많은 공적 재원을 투입한 보건 체계 중 한 곳을 무릎 꿇게 했다. 우리 같은 자원과 기술이 없는 공동체에 그 질병이 무슨 짓을 할지 생각하면 몹시 불안해진다. 국내나 전 세계나 보건 관리 방식에 구체적인 변화를 가하지 않는 한 우리는 사스 바이러스나 다음 바이러스로부터 사람들을 보호하지 못하고 수백만의 사람들을 죽음으로 몰아갈 위험이 있다.[6]

그래서인지 사스에 승리를 거두고 나서도 계속 머릿속을 맴도는 질문이 있다. 1992년 이후 감염병에 맞서기 위해 이토록 열심히 재무장한 지금, 국제 사회는 다가올 신종 질병에 얼마나 준비된 것일까? 우리는 '완전히 바뀐' 것일까?

에볼라의 도전

2013년 12월에 기니의 남동쪽 숲속 마을에 살던 꼬마 에밀 오우아모우노Emile Ouamouno가 에볼라로 죽었다. 에밀의 집은 마노강 유역에 위치했는데, 그곳은 서아프리카의 기니, 라이베리아, 시에라리온, 세 국가가 만나는 접경 지역이었다. 수개월 후에 에밀의 사인이 에볼라로 밝혀지자 에밀의 사망 지역이 국제 공중보건계를 어리둥절하게 했다. 1976년 이후 소규모 집단 감염이 계속 발병하긴 했지만, 모두 중앙아프리카, 특히 콩고민주공화국을 중심으로 발생했기 때문이다. 심지어 '에볼라'라는 병명도 1976년 집단 발병한 장소인 콩고를 관통하며 흐르는 강 이름에서 따온 것이었다.

처음 등장했을 때 전 세계를 공포에 빠뜨린 독성이 매우 강한 감염병은 다소 진정이 되는 양상을 보였다. 콩고와 우간다에서 전에는 무섭게 치솟던 에볼라는 국제 신문의 말마따나 '정글에서' 불현듯 출몰했다가 매번 금세 소리 소문 없이 사라졌다. 2013년 이전에 나타난 것으로 알려진 발병 건수를 모두 합해도 환자는 2,427명, 사망자는 1,597명에 불과했다. 그중에서 가장 규모가 큰 발병은 2000년 10월에서 2001년 1월 사이에 우간다에서 유행한 것으로, 425건이 발생해 226명이 사망했다.

따라서 중앙아프리카에 초점이 맞춰진 국제 및 지역 감염병 관리 체계는 허를 찔린 셈이었다. 예상치 않게 에볼라는 마노강 유역을 관통하며 기니의 산림 지대에서 확산되었다. 2014년 3월에 에볼라는 3개국의 사람이 붐비는 수도와 도시 지역에서 대인 접촉에 의해 전파되는 주요 국제 감염병이 되었다. 말리, 나이지리아, 세네갈 같은 인접 국가에서도 짧은 기간 동안 에볼라가 번지며 소수가 감염되었다. 이 중에서는 세네갈이 20명 감염으로 가장 많았다. 에볼라 감염병은 아무리 통제해도 빠져나갈 수 있다고 으름장을 놓으며 2년 동안 유행하다가 2016년 12월 세계보건기구의 종식 선언으로 마침내 종지부를 찍었다. 그때까지의 재앙의 규모를 아주 낮춰 잡은 공식 통계에 근거하더라도 에볼라의 감염 건수는 2만 8,652건, 사망자 수는 1만 1,325명(40%)에 이르렀다.

이러한 공중보건 비상사태는 에볼라에 대한 의학적·역학적 이해를 급격히 바꾸어놓았다. 또한 사스로 인해 드러난 부적절한 대응 이후에 신종 감염병에 대처하기 위해 마련된 비상대응 체계를 점검하게 했다. 앞서 언급한 토론토의 의사 콜포드는 2003년에 세계가 '완전히 변화되어야 할' 필요가 있다고 언급했다. 그는 설령 집단 발병이 일어난다고 하더라도 국제 공중보건 체계가 준비가 안 된 채로 이를 맞이하는 일은 다시는 없었으면 한다는 희망을 내비쳤다. 물론 결의안이 통과되었고, 개혁도 다짐받았다. 그러나 안타깝게도 2013~2016년 서아프리카는 질병과 보건 문제에서 비용을 삭감하고 근시안적으로 대처하는 관행이 여전히 횡행한다는 것을 보여주었다. 기니, 라이베리아, 시에라리온 현지에서 실제로 이행된 정책들은 흑사병이 돌 때 서둘러 급조한 정책을 묘하게 떠올리게 했다.

증상

에볼라바이러스는 필로바이러스Filoviridae 과에 속하며, 이 바이러스가 유발한 질병은 출혈이 주된 증상이자 주요 사망 원인으로 보였기 때문에 원래는 출혈열로 분류되었다. 그러나 수많은 사례를 분석한 결과, 병명은 '에볼라 출혈열'에서 '에볼라바이러스병'으로 바뀌었다. 병이 진행되는 과정에서 출혈이 전혀 나타나지 않는 경우가 많았기 때문이다. 설령 출혈이 발생하더라도 다량이 아닌 소량의 피가 잇몸과 코, 주사 맞은 자리에서 새어 나오거나, 구토나 설사를 하다가 섞여 나올 뿐이다. 게다가 특히 취약한 임산부들을 제외하고는 그런 출혈이 과다출혈로 진행되는 경우가 드물기 때문에 부정적인 예후와도 관련이 없다.

짧게는 2일, 길게는 21일의 잠복기 이후에 에볼라의 '건乾 단계'가 시작된다. 건 단계의 증상들은 에볼라 감염 기간의 시작을 알리지만, 그렇다고 특별하지는 않고 열, 두통, 근육통, 피로, 인후통 등 계절성 인플루엔자의 증상들과 유사해서 오인하기 쉽다. 며칠 후 눈에 띄는 에볼라의 주요 증상이 시작된다. 이는 '습濕 단계'이며, 구토, 설사 등을 통해 체액이 멈추지 않고 쏟아져 나오고, 대부분의 경우 몸에 있는 온갖 구멍에서 출혈이 계속되는 특징이 있다. 환자는 가슴과 복부 통증이 심하고, 딸꾹질이 멈추지 않고, 결막염으로 괴로워한다. 대다수의 경우, 체액 손실은 탈수, 신장병, 호흡 장애 및 질식, 심한 심동 간혈증, 심부전 등 다양한 증상을 일으키며 환자를 죽음에 이르게 한다. 또한 이 같은 바이러스를 품은 체액 손실로 '습 단계'와 사망 직후의 환자는 감염력이 매우 높다. 바이러스 종에 따라, 또 도움이 되는 치료 및 간호를 받을 수 있는지 여부에 따라 에볼라의 사례치명률은 60~90%에 이르기 때문에 단계와 상관없이 환자의 예후는 좋지 않다. 환자의 대다수는 7일이 지나면 혼수상태에 빠지다가 사망에 이른다. 그러나 극소수의 환자는 고통과 체액 손실도 점차 줄고, 활기를 되찾으며, 단계적으로 서서히 회복되기 시작한다.

그러나 심지어 생존자들도 그렇게 고통의 시간이 끝나지 않는다. 회복은 더디기만 하고, 종종 후기 에볼라 증후군에 해당하는 관절통, 두통, 기억 상실, 청력 감퇴, 이명, 우울, 악몽과 환영이 뒤따르는 외상후 스트레스 장애를 겪는다. 그러나 가장 흔한 증상은 안구의 포도막에 생기는 염증으로, 이는 시력 저하, 광光 민감성, 영구적인 시력 상실로까지 진행되기도 한다. 회복된 후에도 바이러스가 수개월간 인체에 숨어 지내기 때문에 생존자들은 모유, 정액, 질 분비물, 눈물, 척수액 등 특정 체액을 통해 계속 상대방을 감염시킬 수 있다. 이러한 이유로 에볼라에서 회복되더라도 많은 환자가 신체적 고통을 겪을 뿐만 아니라 공포에 떠는 주변인들에게 집단 따돌림을 당한다. 많은 이들이 직장을 잃고 친구와 가족들로부터 외면을 당하고 애인에게 버림받기도 한다.

2014~2016년에 에볼라의 공포를 더욱 부추겼던 것은 이렇다 할 효과적인 예방 및 치료 수단이 없었다는 점이었다. 자원이 풍부한 병원에서 시행하는 표준 치료법은 기계적 환기, 혈액 투석, 정맥주사로 수액 보충, 설사를 진정시키고 고통을 완화해주는 약물 보충을 비롯한 '고급 생명 구조술advanced life support therapies'이었다. 서아프리카에서 다급한 마음에 실험적인 치료법들을 사용해보았으나 번번이 실망감만 안겼다. 이러한 치료법으로는 첫째, 에볼라바이러스 증식을 예방할 것이라는 지지자들의 바람이 담긴 항바이러스 지맵ZMapp과 항레트로바이러스제 라미부딘Lamivudine, 둘째, 감염된 후 면역계를 '진정시켜줄' 것으로 기대를 모았던 리피토Lipitor 같은 스타틴(statin, 혈관 내 콜레스테롤 억제제_옮긴이), 셋째, 작용 방식이 이해되지는 않지만, 잠재적 효과가 있을 것 같았던 항말라리아제 아모디아퀸amodiaquine, 넷째, 회복된 환자의 혈액 속 항체가 면역 반응을 높여줄 것이라 기대했던 수혈 등이 있었다. 불행히도 이러한 전략들은 생명을 구하거나 연장하는 데 실패했고, 많은 환자를 치료하기에는 공급량도 충분치 않았다.

인간 숙주로 전이

에볼라가 과일을 먹는 박쥐pteropodidae를 자연 숙주로 삼는 인수공통 감염병이며, 에볼라바이러스가 과일박쥐 몸에서 쉽게 복제되지만 박쥐에게는 병을 유발하지 않는다는 것은 이제는 잘 알려진 사실이다. 그러나 박쥐 몸을 숙주로 삼다가 인간 숙주로 넘어오는 전이 현상은 인간의 삼림 사용과 인간과 환경의 상호 작용이라는 본질로 결정되는 드문 현상이다. 원칙적으로 전이 현상은 감염된 야생 동물 고기 때문에 발생할 수 있다. 숲에 거주하는 주민들이 박쥐나 감염된 다른 동물들을 사냥하고, 도살하고, 식용하면서 바이러스가 인간으로 넘어올 수 있는 것이다. 그렇게 전파된 사례가 몇 차례 있었다는 게 문서로 남아있다. 그러나 서아프리카에서는 아프리카 원주민들의 기괴한 관습, 정글에서의 이상한 관습, 구운 박쥐 날개와 박쥐 국을 즐겨 먹는 식습관과 관련해 식민지 신화 같은 이야기들이 언론에 줄기차게 등장했다. 심지어 피해국 보건 장관들도 에볼라 유행의 시작과 관련해 이런 시각을 받아들였다. 유행 초기 몇 달 동안 그들은 공중보건을 명목으로 주민들을 설득해 식습관을 바꾸도록 하는 데 온갖 에너지와 자원을 쏟아부었다. 의료 비상사태에 관한 미 의회 청문회장에서 위기 시 비상대응팀으로 봉사했던 인류학자이자 내과 의사인 폴 파머는 이 점을 단호히 지적했다. "야생 동물 고기를 먹는 광풍을 1만 5,000번을 재생한들 에볼라가 그 때문에 빠르게 확산하는 것은 분명 아니다."[7]

사실 에밀 오우아모우노를 희생시킨 전이가 이뤄지기까지는 훨씬 복잡한 과정을 거쳤다. 그러한 과정을 이해하기 위해서는 서아프리카의 에볼라 확산 사태의 본질을 가리고 있는 또 다른 고정관념을 버려야 한다. 언론 보도에서 에볼라가 폭발적으로 발생한 '그라운드 제로(폭탄이 떨어지는 지점, 시작 지점이라는 뜻_옮긴이)'인 열대 밀림을 묘사하는 표현으로 자주 등장하는 단어는 '오지'와 '접근 불가'다. 이 단어들은 은연중에 그 지역이 도시 지역이나 더 넓은 세상과는 단절된 처녀림에 가까운 곳임을 내비친다. 그런 묘사만 들으면 키시족이 부족끼리 왕래했을 뿐인데 어떻게 각국의 수도인 기니의 코나크리, 시에라리온의 프리타운, 라이베리아의 몬로비아에 에볼라가 퍼진 건지 고개를 갸우뚱하게 된다. 키시족이 사는 숲이 감염된 3개국에 걸쳐 있어서 그들이 '친족 방문'을 하거나, 친척들을 보러 잠시 들르면서 에볼라가 키시 주민들과 함께 이동했을 것이라고도 한다.

사실 3개국에 걸친 밀림은 '오지'라는 단어의 의미에 전혀 부합하지 않았다. 오히려 3개국은 20세기가 저무는 시기부터 상업, 투자, 채광, 벌목, 농업 관련 산업이 중첩되는 두터운 네트워크를 통해 세계 시장에 깊숙이 발을 담그고 있었다. 에볼라가 퍼진 3개국이 삼림 자원의 국제 수요를 맞추고자 삼림 벌채와 개간이 부산하게 진행되던 곳이었다는 점은 우연이 아니었다. 1990년대 이후 세계 농업의 가장 역동적인 부문인 기름야자 산업만 보더라도 이는 분명하게 드러난다. 그 시기 기름야자 생산량은 세 배나 급증했고, 그 중심지는 서아프리카와 중앙아프리카 삼림이었다. 2016년에 출간된 한 책자에서는 대두와 더불어 기름야자 생산의 급증을 '가장 최근에 일어난 세계적인 농업혁명'으로 묘사했다.[8]

기름야자는 서아프리카가 원산지로 엘라이스 기니엔시스Elaeis Guineensis라는 학명처럼 기니에 기원을 두고 있다. 숲에 살던 주민들은 오래전부터 기름야자를 다양하게 활용했다. 전통 치료사들이 치료약을 만드는 데 쓰기도 하고, 길게 갈라진 잎을 잘라서 지붕이나 울타리를 엮기도 하고, 먹을 수 있는 야자 순을 수확하기도 하며, 음식 재료로 활용하기도 했다. 20세기 말에 새로워진 것이 있다면 기름야자만 단일 재배하는 대규모 농장을 조성하기 위해 숲을 모두 갈아엎는 사업이었다. 사업 자금을 댄 곳은 세계은행, 아프리카개발은행African Development Bank, 국제통화기금과 그들의 '동반자'인 관련 3개국 정부들이었다. 토지가 근근이 먹고살 양만 겨우 생산하는 소농들 차지였기 때문에, 이를 수익성 있는 사업으로 바꾸어놓을 대규모 '외부 경제(개인의 경제 활동과 관계없이 사회간접자본의 도움이나 산업 전체의 발전으로 생기는 이익_옮긴이)' 중 하나는 법적으로 인정받는 소유권 없이 그저 점유하고 있을 뿐인 주민들의 땅을 서아프리카 국가들이 나서서 몰수하는 일이었다. 일부 소식통이 '토지 강탈'이라고 묘사한 이 대규모 사유지화는 값싸고 넓은 땅을 대농장 주인들에게 제공했고, 이 과정에서 군대가 대지주 편에 서서 대대적인 몰수에 저항하는 주민들과 맞섰다. 졸지에 제 땅에서 쫓겨나 이주할 것인지, 아니면 농장에서 저임금 노동자로 일할 것인지를 두고 선택할 수밖에 없었던 농민들은 무턱대고 밀고 들어오는 '개발'에 완강히 반대했다.

기름야자는 지방 정부에 매우 매력적이었다. 고수익 작물인 기름야자를 수출 시장에 내다 팔면 외채 부담을 덜고 외화를 벌어들일 수 있었다. 상당한 이익을 창출한 관련 회사들은 거래를 중개하던 관료들의 공을 기꺼이 인정하고 후한 사례금으로 독려했다. 게다가 기업 안내 책자, 사업 계획서, 보고서만 보면 토종 나무를 많이 심겠다는 점에서 환경 친화적이고, 일자리를 창출한다는 점에서 경제적으로 진취적이며, 기술과 경영 방식이 '현대적인' 산업이었다. 회사의 문서에는 모든 우려에 대한 해답이 친절하게 제시되어 있었다. 대규모 농장은 일자리, 기반 시설, 직업 훈련, 교육을 제공할 것이었다. 해당 산업 홍보가들의 현란한 언변에 따르면, 야자유는 각국의 개발을 돕는 '흘러넘치는 황금'이나 다름없었다.

단일 작물 재배 계획을 사실상 이행한 주체는 1987년에 설립된 '기니

야자유 및 고무나무 협회Société Guinéenne de Palmier à huile et d'Hévéa, SOGUIPAH'를 비롯한 대기업들이었다. 이 회사는 준국영기업으로 코나크리에 기반을 두고 있었다. 야자유는 산업용은 물론 소비자용으로 널리 쓰일 수 있어 농산업에 매력적이었다. 야자핵에서 추출한 기름은 바이오디젤 연료의 성분이자 화장품, 비누, 초, 세제, 윤활유 생산에 사용되었다. 야자열매의 기름은 먹을 수 있었고, 마가린, 아이스크림, 쿠키, 피자 등 다양한 가공식품을 생산하는 식품 산업에서 각광을 받았다. 가정 내에서도 야자유를 식용유로 많이 이용했다. 현대식 대형 할인점에서 판매 중인 품목 중 절반은 야자유가 주성분으로 함유되어 있을 것으로 추산된다. 마지막으로 남은 찌꺼기 덩어리인 야자유박은 가축용 고단백 사료로 이용되었다.

서아프리카에서는 농업 관련 산업에 대한 자본, 노동, 토지, 정권 친화적 접근성 측면에서 유혹적인 보조금이 있었고, 이러한 서아프리카의 우호적인 정치 상황도 SOGUIPAH 같은 농장 경영자를 끌어모으는 원인이 되었다. 마찬가지로 결정적이었던 것은 마노강 유역에 넓게 펼쳐진 열대우림이 기름야자가 잘 성장할 수 있는 최적의 서식 조건을 제공한다는 사실이었다. 엘라이스 기니엔시스 종은 열대우림 지역의 온도, 습도, 바람, 흙에서 가장 빠르게 성장하고 가장 풍부한 열매를 생산한다. 이러한 상황들을 종합해볼 때 야자유 산업은 그 지역 주요 삼림 지역과의 충돌이 불가피했다.

야자유 회사들은 그들이 맞닥뜨린 지형을 그곳 주민의 건강이나 환경에 도움이 되지 않는 방식으로 완전히 바꾸어놓았다. 그들은 방화나 불도저로 기존의 주요 삼림을 파괴하는 일부터 시작했다. 숲을 밀어버린 다음, 대농장에 단일 종자, 기름야자만 심었다. 새로운 기름야자 단일종 재배가 사회와 경제, 환경에 미칠 부정적인 영향에 대한 비판의 글들이 봇물 터지듯 했고, '세계열대우림운동World Rainforest Movement', '걱정하는 과학자들의 모임Union of Concerned Scientists, USC', '그린피스Greenpeace' 같은 '녹색' 비정부기구들을 중심으로 반대의 물결이 일었다. 그들은 단일종 재배가 생물 다양성을 훼손하고 삼림을 파괴해 온실효과와 지구온난화에 일조한다고 지적했다. 또 원주민이 퇴출당하고, 대농장은 저임금과 가혹한 근로 조건을 제시하고, 원자재 생산에만 의존한 국가들은 국제 시장에서 장기적인 위상이 추락하고, 기름야자 같은 여러해살이식물은 시장의 변동에 대처하기 부적합하다는 등 부정적인 특징들을 제시했다.

뿐만 아니라 에볼라의 출현은 삼림 훼손이 건강과 질병에 직접적으로 시사하는 바가 있음을 여실히 보여준다. 1976년부터 에볼라가 발병했던 지역들은 중앙아프리카와 서아프리카에서 삼림이 훼손된 지역과 지도에서 완벽하게 들어맞았다. 아프리카 숲의 파편화가 과일박쥐의 서식지를 조각조각 갈라놓았다는 점에서 삼림 훼손은 에볼라와 연관되어 있다. 농업 관련 산업이 도래하기 전 박쥐들은 인간의 활동 영역과는 거리가 먼 숲의 맨 꼭대기에 주로 보금자리를 틀었다. 그러나 개벌 작업이 시작되자 그 지역에서 통용되는 표현에 따르면 '날아다니는 여우들'은 사람들이 사는 마을을 들락이며 먹을 것을 찾아다니고, 가정집 앞마당의 몇 안 되는 나무나 곡물에 의존해 성장했다. 마노강 유역 주요 삼림의 4분의 3 이상이 1990년 이후 훼손되어가던 터라 박쥐들은 점차 마을에 더 가까이, 더 자주 출몰했다. 2009년의 한 보고서에 따르면, "3개국은 국토의 75% 이상의 삼림을 훼손하며 에볼라 보균 박쥐들과 사람들 간의 불가피한 접촉이 이루어졌다."[9]

이와 같은 삼림 훼손에서 비롯된 변동이 서아프리카에서 에볼라바이러스가 박쥐에서 인간으로 '전이되게' 했다. 그리고 그 사건은 선진국 아이들이 근처 과일나무에 올라타듯 집 근처에 있는 속 빈 과일나무에서 놀던 막 걸음마를 뗀 에밀 오우아모우노에게 치명적인 것으로 입증되었다. 에밀이 운이 없었던 것은 하필 그 나무가 멜리안두 마을의 맨 끝자락에 있었다는 것이다. 그 마을은 더 이상 원시림에 위치한 게 아니라 '대농장이 바꾸어놓은 풍경' 안에 들어와 있었다.[10] 삼림에서 기름야자 농장으로 뒤바뀐 결과, 집에서 겨우 45m 정도 떨어진, 에밀이 놀이터로 삼은 속 빈 나무가 수천 마리의 과일박쥐를 품게 되었고, 그들의 배설물이 확실히 감염의 원인이 되었다.

게다가 고해상 위성 데이터가 2004년 이후 모든 에볼라 집단 발병의 지침 증례와, 같은 시기 발생했던 토지 사용 양식의 변화 사이에 상호 연관 관계가 있다는 것을 보여주었다. 에밀의 불운이 중앙아프리카와 서아프리카에서 벌어지고 있는 거대한 추세의 일부였다는 것을 데이터 결과가 말해준다. 2004~2016년에 발생했다고 알려진 12건의 에볼라 집단 감염의 지침 증례는 지난 2년 동안 숲이 파편화되고 훼손된 지역의 가장자리에서 일관되게 나오고 있다. 지침 증례로 확인된 12건 중 8건은 산림 훼손이 자주 일어난 지역에서 발생했다. 게다가 예외처럼 보이는 남은 3건 중에서도 첫 번째 건은 산림 훼손 지역과 매우 가까운 곳에서 발생했고, 두 번째 건도 사냥 및 밀렵 등 숲과 연관이 있었다. 12건의 지침 증례 중 단 한 건만 예외적인 사례에 불과했다.

산림 훼손이 가져온 또 다른 결과 또한 명확해졌다. 주요 삼림의 맨 꼭대기에 사는 박쥐 개체군들을 비교해보니 에볼라바이러스의 병원소인 과일을 먹는 종이 다른 종에 비해 산림 훼손 지역에 과도하게 많았다. 에볼라를 옮기지 않는 벌레를 먹는 종이 훼손된 서식지로 따라 들어가지 않았기 때문인데, 이는 아마도 벌목하는 과정에서 곤충의 서식지가 파괴되면서 새로운 서식지에 곤충이 드물었기 때문일 수 있다. 결론적으로 산림 훼손은 인간을 박쥐와 더욱 자주 접촉하게 했을 뿐만 아니라, 그것도 감염병을 옮기는 박쥐 종과 밀접 접촉하게 했다. 2017년의 한 보고서는 다음과 같이 요약하고 있다.

> *에볼라바이러스*가 야생 동물 병원소에서 인간 숙주로 넘어오는 현상이 우선적으로 잘 발생하는 지역은 비교적 사람도 나무도 많았으나 벌목으로 숲이 훼손되면서 숲의 경계가 재설정된 지역이라는 게 우리의 결론이다. …… 산림 훼손의 진행 범위가 점점 넓어지고 강도도 높아짐에 따라 인간이 야생 동물과 마주칠 기회가 많아졌다는 것을 잘 보여준다. …… 그 덕에 일부 병원소 종의 서식지에게는 더 좋은 기회가 되었다.[11]

인간 대 인간 전파

에볼라는 대인 감염성이 상당히 높지만, 건강한 사람이 감염된 사람의 체액을 직접 접촉한 경우에만 그렇다. 환자가 아플 때 머물렀던 환경은 그들이 만졌던 표면, 침구 및 옷, 차 내부, 개인 소지품 등을 비롯해 바이러스로 득실댄다. 게다가 중증이 아닌 감기 비슷한 증상을 보이는 초기부터 감염성이 있기 때문에, 환자가 위험을 과소평가해 쉬지 않고 계속 여기저기 돌아다니다 보면 감염병이 퍼져나갈 여지가 충분하다. 또한 환자가 회복된 후에도 몇 달씩 성 접촉에 의한 전파와 모유를 통한 부모와 자식 간의 수직 전파가 가능하다. 이러한 전파 경로를 고려할 때 2013~2016년 에볼라는 특정 접점지에서 가장 자주 발생했다. 그중에서도 가장 중요한 접점지는 집, 묘지, 병원이었다.

집 안의 환자들은 가족과 친구는 물론 그들을 돌보거나 오염된 방 안으로 들어온 모든 이들에게 치명적인 위험을 안겼다. 따라서 처음에 에볼라는 원거리가 아닌 환자들과 좁은 집 안 공간을 함께 쓰는 가족들과 간병인을 중심으로 퍼져나가기 시작했다. 마찬가지로 에밀 오우아모우노의 죽음은 곧바로 그의 엄마와 세 살 난 누이와 할머니와 마을 간호사와 산파의 죽음으로 이어졌다. 그런 다음, 할머니 장례식에 온 조문객들과 그녀를 돌보던 간병인들도 에볼라에 걸렸다.

이와 같은 맥락에서 장례식장과 묘지는 2013~2016년 에볼라의 두 번째로 중요한 전파 장소였다.(그림 22-1) 에볼라 환자는 그 어느 때보다도 죽음 직후에 가장 많은 바이러스 입자를 배출한다. 그러나 바로 그 시간에 지역 풍습이 친척들과 공동체 일원들을 매우 오염된 병실로 초대하는 셈이다. 기니 키시족의 전통과 종교는 에볼라가 퍼지는 한복판에서 상당히 위험한 여러 장례 의식을 요구한다. 공동체 일원이 사망하면 조문객들이 방문해 죽은 자의 머리를 만지거나 키스하며 마지막 경의를 표할 시간을 주기 위해 시신을 며칠간 집 안에 보관한다. 그런 다음 가족들은 시신을 씻기고 수의에 감싼 다음, 지인과 함께 무덤까지 동행한다.

이런 관행을 지키지 못하면 죽은 자의 영혼이 사후 세계로 평화롭게

그림 22-1 2015년 3월 장례 전문가 사이두 타라알리(Saidu Tarawally), 에볼라 유행의 진원지에 있는 시에라리온 봄발리 공동묘지(Bombali Cemetery). 사망 직후에 바이러스 양이 가장 높은 만큼 장의사와 무덤 파는 사람들이 특히 에볼라에 걸릴 위험이 컸다.[사진: 대니얼 스토웰(Daniel Stowell), 공중보건학 석사(MPH), 미 질병통제예방센터 공중보건 영상 도서관]

진입할 수 없고, 고통스러운 영혼이 이승을 계속 떠돌 것이라고 생각한다. 에볼라의 메커니즘이 널리 알려진 후에도, 죽은 자의 보복이나 죽은 친구, 이웃, 친척들에게 입힐 상처에 대한 후회에 비하면 차라리 에볼라는 덜 두려웠다. 안전한 장례 관행을 뿌리내리기 어렵다는 점이 한편으로는 질병 통제 노력을 가로막고 있었다. 초기 대응에 참여한 힐데 드 클레르크Hilde de Clerck 박사는 "종종 가족 한 명을 확신시키는 것으로는 충분치 않다. 전파의 연결고리를 끊기 위해서는 환자의 가족 모두의 신뢰를 얻어야 할 것 같다. 이는 만만치 않은 일이다. 종교 및 정치 권위자들이 에볼라에 관한 인식 제고에 적극적으로 관여하는 것이 중요하다"라고 언급했다.[12] 그렇기 때문에 인류학자와 다민족 언어에 능통한 이들이 맡은 공중보건 운동의 자문위원이라는 역할이 그만큼 중요했다.

세 번째 주요 에볼라 전파 장소는 치료 센터나 병원이었다. 서아프리카에서 감염병이 유행하는 동안 병원 잡역부, 간호사, 의사 같은 보건의료 종사자만큼 위험한 직업도 없었다. 에볼라와의 전투에서 최전방에 투입된 의료진들은 에볼라와 맞서다 감염되거나 죽는 이들이 많아, 마노강 유역의 3개국에서 에볼라 환자의 20%가 의료진이었던 것으로 추정될 정도였다. 그러나 간병인도 공포, 과로, 사기 저하로 상당히 힘들었다. 순전히 감염과 치사율 때문에도 힘들었고, 다른 이유도 있었다. 환자들과의 모든 직접 접촉은 위험했다.

그러나 서아프리카와 관련된 특수한 보건 체계 상황들이 에볼라와 관련한 내재적 위험을 더욱 키웠다. 기니와 라이베리아, 시에라리온은 세계에서 가장 가난한 국가들이었다. 2016년 《유엔 인간개발 보고서UN Human Development Report》의 추산에 따르면, 여러 지표를 종합적으로 평가해 매년 내놓는 경제 복지 척도인 '인간개발지수Human Development Index, HDI'에서 라이베리아는 188개국 중 177위였다. 국민

소득이라는 한 항목만 보더라도, 기니 주민들의 1인당 연소득은 미화 1,058달러에 불과했다. 라이베리아는 1인당 연간 683달러를 벌어 177위를 차지했고, 시에라리온은 1인당 1,529달러로 179위였다. '여러 측면에서 극심한 빈곤' 속에 살고 있다고 추정되는 인구 비율은 각각 49.8%, 35.4%, 43.9%였다.[13]

그 정도로 극심한 빈곤은 서아프리카의 보건 기반 시설 구축 역량에 상당한 영향을 미쳤다. 문제를 더욱 복잡하게 하는 것은 그 지역 국가들이 다른 곳에 우선순위를 두고 있다는 사실이었다. 2001년에 나이지리아 수도 아부자에서 열린 아프리카 보건 장관 회담에서 모든 참가국이 국내총생산의 15%를 보건에 지출하는 방향으로 신속히 나아가기로 약속하며 결의안을 채택했다. 그러나 2014년 지출 명세를 보면 시에라리온이 1.9%, 기니가 2.7%, 라이베리아가 3.2%로 목표치에 한참 뒤져 있었다. 교육, 복지, 주거, 교통도 마찬가지로 도외시했고, 그나마 상대적으로 재정이 충분히 투입된 부문은 각국의 군대였다. 기니, 시에라리온은 아부자 회의의 목표를 향해 나아가기는커녕 회의가 개최된 이듬해에 보건부 예산을 삭감했다. 비록 야자유 산업 등의 확대가 경제 성장을 가져왔고, 빈곤이 만연한 가운데 부자들의 주머니는 두둑해졌지만 말이다. 에볼라 이야기에는 빈곤에 관한 내용뿐만 아니라 자원의 불공평한 분배, 기존의 도덕적 우선순위에 대한 의구심도 그 핵심에 자리 잡고 있었다.

에볼라가 창궐했을 때 3개국은 모두 전혀 준비가 되어 있지 않았다. 사실상 보건부 직원조차 없었다. 서아프리카는 인구 1인당 전문 의사, 간호사, 산파의 수가 세계에서 가장 적었다. 라이베리아는 인구 1만 명당 의사가 0.1명, 시에라리온은 0.2명, 기니는 1.0명에 불과했고, 이와는 대조적으로 프랑스는 인구 1만 명당 의사의 수가 31.9명, 미국은 24.5명이었다. 라이베리아에서는 그렇지 않아도 심각한 의료 인력난이 21세기에 접어들며 내전으로 사정이 더욱 악화되어 라이베리아의 전체 의사 수보다 캐나다의 한 대형 병원 내과 의사 수가 더 많을 정도였다. 전쟁으로 인해 많지도 않은 라이베리아 의사들은 국외로 대거 도피했다. 그러므로 에볼라가 시작되었을 때 라이베리아 출신 의사들은 고국보다 미국에 사는 경우가 더 많아서 라이베리아에 남은 의사 218명과 간호사 5,234명이 430만 명이나 되는 라이베리아인들을 돌보았다. 더욱이 이러한 의료인들이 수도 몬로비아에 집중되어 있어서 나머지 지역들은 전통 치료사들의 기술 외에는 의료 서비스 제공을 기대할 수 없었다.

병원들 사정도 별반 다를 게 없었다. 병원이라고 해봤자 개별 병동도 없었고, 전력과 수돗물도 쓸 수 없었으며, 진단 시설과 직원용 보호 장비도 구비되어 있지 않았고, 공중보건 비상사태에 대한 대응 훈련도 실시된 적이 없었다. 이미 사람들로 가득한 병원은 환자들이 한꺼번에 밀려드는 비상사태에 속수무책이었다. 그런 상황이다 보니 사기가 떨어진 의료진들은 쥐꼬리만 한 급료에다 두려움, 과로에 시달려 비상사태에 병원을 버리고 떠났다. 그들은 또한 환자에게 별 도움을 주지 못한다는 절망감에 사로잡히고, 병원에 가면 죽는 것으로 생각하는 대중의 불신에 좌절했다. 그래서 에볼라바이러스가 출현했을 때 《뉴욕타임스》의 한 기사는 피해 3국의 보건의료 체계가 "보이지 않는다"고 꼬집었다.[14]

그런 환경에서 근무에 충실하던 의료 종사자들이 에볼라에 감염되는 것은 어쩔 수 없는 일이었다. 지역 의료진은 어떤 도구나 시설, 장비도 없었고 자신을 보호하는 교육도 받지 못했기에 의료진의 높은 에볼라 감염률은 이미 무너지고 있던 의료 체계를 더욱 흔들어댔다.

그러나 에볼라가 삼림 지대에만 국한된 채 남아있었더라면 에볼라에 걸릴 위험 요소를 전부 합쳐도 대규모 유행으로 번지지는 않았을 것이다. 역학적 측면에서 에볼라의 역사에 큰 변화를 가져온 것은 서아프리카 삼림지가 도시 지역과 긴밀하게 연결되어 있다는 사실이었다. 멜리안두에서 에볼라에 걸린 아이와 그 가족 속에 진원지를 마련한 에볼라바이러스는 기니를 비롯해 18개월 된 에밀이 감염되었던 지역과 인접한 두 이웃 국가 전역으로 퍼져나가기 일보 직전이었다. 2013년까지는 야자유를 계기로 밀림 지역과 외부 세계가 광범위하게 연결되었다. 재산을 빼앗긴 농부들과 농장 인부들의 이주, 회사 관계자와 정부 관료, 코나크리에서 파병 온 부대의 이동, 강 상류와 하류를 이용한 상품의 신속한 운송, 비포장 도로망의 개설 등 모든 요인이 사람과 상품, 장비가 국경선을 넘어 도시로 이동하는 흐름을 마노강 유역의 특징으로 자리 잡게 했다.

더욱이 밀림과 서아프리카 도시 지역은 야자유만이 아닌 다양한 산업으로 상호 연결되었다. 2013년 에볼라 발생 이전 수십 년 동안 수많은 산업이 기니와 라이베리아, 시에라리온의 밀림을 침범했다. 벌목 업체와 고무 농장주들은 땅을 찾아왔고, 광산 업체들은 다이아몬드와 금, 보크사이트와 철에 이끌려 왔다. 건설회사들은 대규모 이주와 도시 성장으로 싹트기 시작한 목재 수요에 부응하며 밀림에서 제 몫을 챙겼다. 이 모든 세력이 작용해 사람과 상품의 교역이 삼림이 위치한 지역 내에서는 물론 삼림과 외부 세계 사이를 오가게 했다. 머나먼 정글에 야생 동물 사냥꾼들이 산다는 이야기가 지배적이었지만,《아이리시 타임스*Irish Times*》만이 예외적으로 에볼라 급증은 그 정반대의 현실을 드러낸다고 지적했다. 한 기자는 이렇게 언급했다. "정말 최근 몇 십 년 사이에 삼림 벌채가 속도를 내다 보니 광범위한 기니 상부의 우림 지역에서 개발 안 된 곳이라고는 땅 몇 조각밖에 남아있지 않다. 그러자 박쥐 개체 수에 상당한 변화가 일어나 감염병 발생에 필요한 전제조건이 조성된 것 같다."[15]

그러한 삼림 지역에 자리한 에볼라의 최전선에 자원봉사 차원에서 도착한 아일랜드의 바이러스 학자 크리스토퍼 로그Christopher Logue는 그곳이 기대하던 훼손되지 않은 울창한 목가적인 숲은 아니라는 것을 깨달았다. 오히려 전체적으로 부산하게 움직이는 교역의 현장 같은 흔적이 곳곳에 남아있었다. 그는 이 지역에 대해 "밝은 녹색 식물 지대에 이리저리 적갈색 흙길을 내어 거대한 조각보를 짜깁기한 것처럼 보였는데, 나중에 보니 그런 흙길이 이런 삼림 지대 안과 주변을 이어주며 작은 마을들을 서로 연결하고 촘촘히 엮여 있는 여러 강어귀 및 강으로 이어지는 도로 역할을 하고 있었다"라고 썼다.[16] 특히 광산은 사람의 발길이 떼 지어 몰리는 곳이었다. 광산은 갈수록 삼림 속으로 깊이 파 들어가며, 일자리에 굶주린 젊은이들과 모험을 즐기는 젊은이들의 활발한 이동에 불을 지폈다.

2013년 12월에 에밀 오우아모우노가 죽은 뒤 12주 동안 에볼라는 보건 체계의 눈을 피해 삼림 지역을 조용히 순회했다. 수도의 보건 관계자들이 사망률이 소폭 상승한 것에 주목하기는 했지만, 그저 그 지역의 고질적인 위장염이나 콜레라 탓이려니 생각했다. 이렇게 에볼라는 진단이 잘못된 상태로 어떤 제지도 당하지 않고 코나크리와 몬로비아, 프리타운에 당도했다. 이후 소급 조사를 해보니 에볼라가 멜리안두에서 400km가량 떨어진 곳에 위치한 인구 200만의 코나크리에 도착한 것은 2014년 2월 1일이었다. 에볼라바이러스가 밟은 경로, 말하자면 에밀의 가족 구성원 중 감염자가 수도 코나크리까지 이동한 경로를 살펴보면 삼림과 도시와의 연결고리들이 드러난다. 이후 에볼라는 빈민가 내 병원과 마찬가지로 위생 시설이나 적정한 공간, 온갖 시설이 부족한 빈민가에서도 폭발적으로 늘어났다. 삼림 환경 변화로 에볼라가 발생했다고 한다면, 에볼라가 기하급수적으로 확산된 것은 서아프리카 도시의 훼손되고 과밀한 기존 환경 때문이었다.

비상사태 초기 대응

코나크리에서 처음으로 에볼라로 진단받은 환자들이 관심을 끌면서 공식적인 차원은 아니었지만 그래도 2014년 3월에 에볼라에 대한 대응이 시작되었다. 3월에 감염병 확산에 개입을 시도한 것은 민간 구호단체 '사마리아인의 지갑Samaritan's Purse'과 '국경없는의사회'였다. 기니 보건부에서 보고한 '불가사의한 사례'가 사실상 에볼라라는 사실이 연구소에서 확인됨에 따라 국경없는의사회는 즉각 대응에 나섰다. 3월 25일에 파리에 본부를 둔 이 비정부기구는 즉시 60명의 의료 종사자들을 파견하고, 이들을 지원하는 수 톤의 의료 장비와 의료품을 공수했다.

국경없는의사회는 에볼라 감염병이 종식될 때까지 자원을 총동원하는 바람에 자원이 한계점에 달하기도 했다. 2014년에 접어들면서 국경없는의사회는 수단과 시리아, 중앙아프리카공화국의 인도주의적 위기에 맞설 필요성을 우선적으로 다루었다. 갑자기 국제 구호사업이 전례 없는 규모로 공중보건 비상사태를 억제할 필요성과 직면하게 되었던 것이다. 국경없는의사회는 서아프리카에서 다음의 네 가지 주요 과업을 설정하고 신속하게 이에 전념했다. 첫째, 에볼라 치료센터 네트워크를 개설해 장비 갖추기, 둘째, 센터에 해외에서 자원한 의료진 배치하기, 셋째, 에볼라 환자 치료하기, 넷째, 에볼라 확산을 억제하는 동시에 세계보건기구 및 각국 정부가 개입하도록 촉구하기 등이었다. 환자 수가 감당할 수 없을 정도에 이르자 국경없는의사회는 한여름에 또다시 전례 없는 조치를 취했다. 서아프리카에서 병원이 없는 지역을 '비상사태 중에서도 비상사태'인 곳으로 간주하고, 자원봉사자들이 접수대와 감염자 분류소, 진단실, 격리 병동, 회복실(전부 주변 울타리 내 목재 창고나 텐트 안에서 운영되는)을 운영하는 대규모 치료센터를 지어 장비를 들여놓았다.

국경없는의사회 의사들은 에볼라가 걷잡을 수 없이 급증할 것이라는 위험을 금방 감지했다. 치료가 어려운 이 맹독성 질환이 서아프리카 3개국의 수도에 도달하며 위험이 임박했음을 알렸다. 에볼라는 처음에 발생한 3개국에서 이미 급속도로 확산되었고, 이제는 국제공항을 통해 아프리카는 물론 해외 각국으로 퍼질 기세였다. 국경없는의사회는 이런 비상사태를 홀로 맞서게 되리라고는 상상해본 적도 없었지만, 진행 중인 재앙이 그들의 자원과 경험의 수준을 벗어났다는 점은 알고 있었다. 국경없는의사회는 자체 웹사이트에서 밝히고 있듯이 "무력 분쟁, 감염병, 의료 서비스 부족과 자연재해나 인재에 피해를 본 사람들에게 긴급 지원"을 제공하기 위해 1971년에 설립되었다. 국경없는의사회의 사명은 인도주의적 위기에 맨 처음 개입하는 동시에 현지 정부와 세계보건기구, 부유한 선진국들이 주요 책임을 맡도록 촉구하는 데 있다.

그러나 서아프리카의 상황은 달랐다. 국경없는의사회가 마노강 유역에서 에볼라를 연구한 첫해에 내놓은 보고서의 제목처럼 국경없는의사회는 '한계 또는 그 이상의 상황에 몰려 있었다.' 임무가 끝나갈 무렵 국경없는의사회에서 치료한 에볼라 환자는 세계보건기구가 보고한 전체 에볼라 환자의 4분의 1인 5,000명이 넘었다. 국경없는의사회의 제도적인 문제는, 위기에 신속하게 집중하기는 했지만, 국경없는의사회에서 울린 경종에 대한 국제 사회의 반응은 개탄스러울 만큼 더디고 열의도 없고 체계도 없었기에 실행 가능한 '출구 전략'도 없었다는 점이다.

이론적으로 에볼라를 억제하고 퇴치할 운동을 주도할 책임은 세계보건기구에 있었다. 그러나 사실상 세계보건기구가 그런 과업을 맡기에는 역부족임이 드러났다. 에볼라가 처음 발생한 후 3개월이 지난 2014년 3월 31일에 국경없는의사회는 서아프리카의 위기가 즉각적이고 조직적인 국제 사회의 지원이 필요한 '전례 없는 비상사태'임을 선언했다. 세계보건기구는 그런 역할을 수행하기는커녕 듣기 싫은 나쁜 소식을 전해오는 전령과 말싸움을 해댔다. 제네바 소재 세계보건기구의 대변인 그레고리 하틀Gregory Hartl은 악화일로의 재난 사태를 축소하기 바빴다. 하틀은 스위스의 책상에 편안하게 앉아 국경없는의사회의 평가서와 전문가들이 내놓은 견해에 반박하며 이렇게 발표했다. "에볼라의 다행스러운 점은 전파가 아주 어렵다는 것이다. 우리가 누군가를 접촉해야 감염된다. 나머지 대다수 세계인들은 다행스럽게도 걸릴 위험이 크지 않다."[17] 게다가 세계보건기구는 모든 증거를 무시한 채 에볼라가 5월말에 시에라리온의 도시에 도달하지 못했으며, 따라서 국제 보건의료 인력을 시에라리온에 주둔할 하등의 이유가 없다고 발표했다.

하틀의 이례적인 발언과 이후의 무대책은 세계보건기구가 사스의 위기에서 어떤 교훈도 얻지 못했다는 점을 입증했다. 대신 산업 사회의 관점을 채택해 더 이상 감염병을 우선적으로 처리하지 않기로 결정했다. 따라서 감염병 관리 및 대응 예산을 대폭 삭감하고, 해당 분야의 경험 많은 고급 전문가들을 해고했다. 그렇게 되니 세계보건기구는 에볼라에 맞설 능력도, 인력도, 의지도 부족해졌다. 더욱이 제네바 본부와 콩고의 브라자빌에 있는 지역 사무소 관료들 간 세력 다툼으로 모든 게 마비된 상태였다. 스위스 본부와 마찬가지로 아프리카 지역 사무소도 감염병 예방을 위한 예산이 2010~2011년 회계 연도의 2,600만 달러에서 2014~2015년 회계 연도의 1,100만 달러로 절반 이상 줄었다. 이제 자문을 해줄 노련한 전문가도 없는 브라자빌 직원들이 서아프리카의 감염병이 앞서 콩고에서 발생했을 때만큼 심각하지 않으며 곧 저절로 사라질 것이라고 믿음에 따라 제네바 본사 역시 어떤 조사도 없이 그들의 의견을 따랐다.

아프리카 3개국에서 수천 명씩 사망자가 속출하며 에볼라가 확산되는데도 그러한 무대응 전략은 여전했다. 국경없는의사회는 2014년 6월에 감염이 심각한 지역이 60곳 이상으로 늘어나 에볼라가 "통제를 벗어났다"라고 발표하며, 이미 3월에 비난한 바 있는 대상을 또다시 "국제 무대책 연합"이라고 혹평했다.[18] 이에 대해 세계보건기구는 가나의 수도 아크라에서 서아프리카 보건장관 회의를 주최해 안심시키려는 말들로 상황을 무마하려고 했다. 또한 아무 근거도 없이 UN 대변인은 "이건 특별한 상황이 아니다. 우리는 이런 상황을 수도 없이 직면해왔고, 따라서 이번에도 잘 처리할 수 있을 것이라 자신한다"라는 의견을 내놓았다.[19] 국경없는의사회 관계자들은 아연실색했다. 국경없는의사회 운영국장 브라이스 드 라 비뉴Brice de la Vigne 박사는 "국제 사회의 대응이 거의 제로라는 사실"에 기겁했다.[20] 이제는 국경없는의사회 밖에서도 목소리가 나오기 시작했다. 가령 《뉴욕타임스》는 에볼라가 7월과 8월 사이에 더욱 악화되자 세계보건기구의 '지도력'을 두고 혹독한 논평을 내놓았다. 이 국제기구는 "몇 달간 낮잠을 청하며 구경만 했고", 대응은 "수치스러울 정도로 더디며", 아프리카 지역 사무소는 "무능력하고 정치화되었으며 능력이 떨어지는 직원들이 형편없이 운영하고 있다"라고 지적했다.[21]

피해 지역이나 해외 각국 정부도 더는 앞으로 나서지 않았다. 3개국 당국자들은 세계보건기구의 호언장담과 콩고의 에볼라 사례에 주의를 기울이기는 했지만, 그건 과학이나 국민 보건에 대한 관심이라기보다는 경제와 관련한 이유가 훨씬 크게 작용했기 때문이다. 이들 국가가 가장 두려워하는 문제들이 있었다. 서아프리카에서 끔찍한 질병이 발생하면

투자가들이 진행 중인 개발 계획 약속을 재고하지는 않을지, 국제 항공사에서 서아프리카행 항공편을 취소해 관광산업에 지장을 초래하지는 않을지, 광산 업체와 기업식 농업에서 나오는 짭짤한 리베이트가 고갈되지는 않을지, 감염된 국가에 후진성과 부족의 관행이라는 낙인이 찍히지는 않을지 하는 문제였다. 그러므로 얼버무리고 은폐하는 것만이 선택할 수 있는 유일한 전략이었다.

이런 생각에서 기니의 알파 콩데Alpha Condé 대통령은 광산과 야자유 업체에 경고를 하는 대신, 장밋빛 전망으로 사태를 무마하려고 했다. 기니 정부는 감염되었다고 알려지거나 의심되는 환자 중 극소수만 발표했다. 대신 야생 동물 고기의 판매와 소비를 금지해 마을 사람들의 식습관을 바꾸도록 독려하는 캠페인을 시행했다. 그런 식으로 비상사태에 대한 국민적 관심은 낮추었지만, 접촉을 추적 관찰하는 표준 공중보건 전략도 제외하는 꼴이 되고 말았다. 더욱이 콩데는 병원과 치료센터에 파견할 인원을 모집하는 데도 심혈을 기울이지 않았다. 오히려 감염병 발생 초기 몇 달 동안 그는 에볼라를 격리하는 것이 아니라, 에볼라를 취재하는 언론인들을 검열하는 전략을 택했다. 경찰은 의료 문제를 정직하게 다루는 기자들을 검열하고 그들에게 경고했다. 콩데는 세계보건기구만큼이나 흔들림 없이 긍정적이고 낙관적이었다. 국경없는의사회에서 세계적인 비상사태를 선포한 4월 말에 제네바를 방문한 콩데는 언론에도 그의 무관심한 태도를 그대로 드러냈다. 그는 "상황이 어떤지 잘 파악하고 있다. 우리는 더 이상 환자가 나오지 않기를 염원하고 있다"라고 공언했다.[22]

좀 더 멀리 떨어져 있는 선진 사회의 의료 당국과 정치 지도자들은 자유방임 정책을 채택했다. 예를 들어, 유럽연합European Union과 러시아, 중국은 팔짱을 끼고 있었고, 그러는 동안 우울한 통계는 쌓여만 가고 최전방에 있는 의사들은 도움을 호소했다. 어디서나 정치가들은 미국의 눈치를 보고 있었다. 미국이 남아있는 유일한 초강대국인 데다 마노강 유역에 필요한 자원을 풍부하게 보유하고 있었기 때문이다. 게다가 의료 차원의 감독과 감염병 비상사태 대응을 수행하는 모든 단체에 적용되는 국제 기준을 마련한 것도 애틀랜타 소재 질병통제예방센터였다.

　미국 측에서 어떤 조치도 취하지 않은 것은 일종의 공중보건 고립주의 때문이었다. 미국은 서아프리카의 감염병이 몬로비아나 코나크리가 아닌 대서양을 건너 뉴욕이나 휴스턴, 로스앤젤레스에서 목숨을 앗아가는 직접적인 위협이 되는지 파악하고자 했다. 2014년 7월까지 그 질문에 대한 답은 '절대 아니다!'였다. 서아프리카 공항에서 검역을 통해 에볼라를 차단했고, 미국에서는 감염병 관리 체제를 강화하여 차단했다. 의사와 간호사들은 수도 없이 안심하라는 말을 했다. 미국은 위생 기반 시설이 견실하므로 국민들에게 미국은 안전하다는 느낌을 주었다. 《뉴욕타임스》에서는 데이비드 쾀멘David Quammen이 미국의 현대성과 과학, 문명의 방어벽 뒤에 편히 앉아 안전하다고 느끼는 사람들을 대변하며 '에볼라는 차기 팬데믹 감염병이 아니다'라는 제목의 안일한 기사를 썼다. 쾀멘은 에볼라가 피해자에게 끔찍하고 잔혹한 질병이라는 점은 인정했지만, 미국과는 거의 관계가 없다고 자신했다. "선택의 여지가 없어서 산 채로 잡거나 죽은 박쥐와 원숭이와 여타 야생 동물들을 잡아먹어야 하는" 소수 아프리카인들이 견뎌야 하는 "암울한 국지적 고통"으로 촉발된 희귀병이라는 것이었다.[23]

　그러나 두 명의 미국 의료 봉사자인 켄트 브랜틀리Kent Brantly와 낸시 라이트볼Nancy Writebol이 에볼라에 감염된 이후인 2014년 7월에 분위기가 급변하며 아프리카발 질병과는 동떨어져 있다는 미국의 자신감은 산산조각이 났다. 그들은 에볼라에 걸린 최초의 외국인으로 애틀랜타 에머리 대학병원으로 송환되어 첨단 장비를 갖춘 의료센터에서 가능한 '고급 보조 요법advanced supportive therapy'으로 치료를 받았다. 그들은 우선적으로 치료를 받았는데, 실험 중인 항바이러스 약물도 투여받고, 열을 떨어뜨리고 고통을 누그러뜨리고 구토와 설사를 줄여주는 증상 치료도 받았다. 두 사람 모두 살아났지만, 그들의 역경은 국제적 관심을 줄기차게 불러 모았다. 브랜틀리와 라이트볼은 말 그대로 미국이 에볼라의 심각성을 깨닫는 계기가 되었고, 백인도 치명적인 질병인 에볼라에 취약하다는 점을 드러냈다.

미국도 에볼라의 위험에 노출되어 있다는 점을 깨닫는 동시에 두려움이 삽시간에 미국 전역으로 확산되면서 브랜틀리와 라이트볼의 발병은 정치적 변화를 몰고 왔다. 국경없는의사회 국제회장 조앤 리우Joanne Liu 박사는 "미국인이 감염되었다는 사실에 많은 관심이 쏠렸죠. 사람들이 갑자기 '아, 맙소사, 그게 지금 우리 집 문을 두드리고 있잖아요'라고 하더군요. 갑자기 사람들이 관심을 보이는 거예요"라고 말했다.[24] 8월 중순에 실시한 여론조사도 국민적 태도가 급변했음을 입증했다. 그 시점을 기준으로 여론조사에 응한 미국인 중 39%는 대규모 발병이 미국에서도 일어날 것이며, 25%는 자신이나 가족 구성원이 에볼라에 걸릴 것이라고 확신했다. 그러한 메시지는 여름과 가을을 거치며 더욱 강화되었다. 9월과 10월에는 서아프리카에서 자원봉사 활동을 하고 있던 의료 종사자 여덟 명이 추가로 에볼라에 감염되었다. 그러자 미국인들이 하나같이 가장 두려워하던 일들이 2014년 9월에 현실로 나타났다. 여행객인 라이베리아인 토머스 에릭 던컨Thomas Eric Duncan이 서아프리카에서 항공편으로 댈러스에 도착했다. 댈러스에서 발병이 된 그는 축농증으로 오진을 받고, 텍사스 헬스 프레스비테리언 병원Texas Health Presbyterian Hospital에 입원해 있다가 퇴원했다. 재입원한 뒤 10월 8일에 사망했지만,

그를 치료하던 간호사 두 명이 감염된 후였다.(두 사람 모두 완쾌되었다.) 게다가 유럽 의료 봉사자 30명이 감염되어 치료차 스페인, 영국, 프랑스, 독일, 이탈리아로 이송되었다.

질병통제예방센터 소장 토머스 프리든Thomas Frieden도 여론의 흐름이 개입 쪽으로 기우는 데 일조했다. 프리든은 8월 말에 실태 파악을 위해 라이베리아로 떠났다. 그가 알아낸 내용에 관한 그의 설명은 충격적이었다. 상황은 절대적으로 비상사태에 속했고, 즉각적인 대규모 외부 지원만이 참사를 막을 수 있었다.

해외 지원

2014년 8월에는 상황이 180도 달라졌다. 에볼라가 발생한 지 8개월 만이었다. 8월 1일에 당시 세계보건기구 사무총장 마거릿 챈Margaret Chan이 기니와 라이베리아, 시에라리온의 대통령들과 모임을 가졌다. 그녀는 에볼라가 에볼라 억제 활동보다 더 빨리 확산되고 있다고 전하며 '비극적인' 결과를 초래할 수 있다고 경고했다. 이후 세계보건기구는 최고 단계의 경고이자 그에 따른 조치를 요구하는 '국제적 공중보건 비상사태Public Health Emergency of International Concern, PHEIC'를 사상 세 번째로 선포했다. 6주간의 추가 준비 기간이 끝난 후 세계보건기구는 정책을 조율하고 에볼라 퇴치운동을 관리할 '유엔 에볼라 긴급대응단UN Mission for Ebola Emergency Response'을 창립했다. 적어도 공식적으로는 세계보건기구가 책임을 맡았다.

여타 국가들도 그 뒤를 따랐다. 직접적으로 관련된 서아프리카 3개국 대통령들이 마음을 바꾸고 국가 비상사태를 선포했다. 해외 지원도 호소했다. 라이베리아의 대통령 엘런 존슨설리프Ellen Johnson-Sirleaf는 미국의 버락 오바마Barack Obama 대통령에게 직접 도움을 요청하기도 했다. 오바마 대통령은 그의 행정부가 '우왕좌왕'하고 '무능'하다는 의회와 언론의 비난에 충격을 받았다.[25] 9월 초에 《워싱턴 포스트*Washington Post*》는 미국의 대응이 '미미하고' '무책임'하게 보인다고 비난했다. 이 일간지는 어떤 나라도 효과적이고 즉각적인 퇴치운동에 돌입할 자원과 조직을 갖추고 있지 않기 때문에 미국이 무언가 행동을 취해야 할 도덕적 의무가 있다고 주장했다.[26]

한편 오바마 대통령은 에볼라가 미국 해안에 도착할 가능성이 있는 (실제로 도착했다) 의료적 위협으로 미국에 위험을 초래할 것이라고 확신했다. 게다가 그는 에볼라가 서아프리카 3개국의 정치적 몰락을 촉발할 수도 있고, 어쩌면 이웃 국가들도 그렇게 될 수 있다는 사실을 알고 있었다. 그러므로 심각한 외교와 의료, 안보 문제가 복잡하게 얽힌 상황이 곧 불어닥칠 것처럼 보였다. 에볼라는 더 이상 머나먼 이국땅에서 벌어진 단순한 인도주의적 위기가 아닌 국가 안보의 문제였다. 9월의 첫 주가 끝나갈 무렵 오바마는 에볼라를 국가 안보 위기로 선언하고 기술 및 수송 지원 임무를 맡은 미군 3,000명을 라이베리아에 파병하도록 국방부에 지시했다. 일명 '통합 원조 작전Operation United Assistance'으로, 미군이 에볼라 진원지까지 안전하게 의료용품을 수송하고 대형 치료 시설들을 세워 장비를 갖추게 하는 임무를 맡았다.

그러는 사이 질병통제예방센터는 앨라배마에서 자원한 의료진에게 의사들이 흑사병에 걸리지 않으려고 입었던 페스트 방호복의 현대판이라 할 수 있는 장갑, 고글, 안면 보호대, 고무 가운, 방호복, 고무 부츠 등 개인 보호 장비personal protective equipment, PPE 사용법에 대한 훈련 과정을 시작했다.(그림 22-2) 작업복을 입는 것 자체가 어렵기 때문에 이런 장비를 사용하는 방법을 집중적으로 훈련해야 했다. 자원한 의료 종사자이자 질병통제예방센터 직원인 캐런 웡Karen Wong은 방어 장비를 갖추고 일

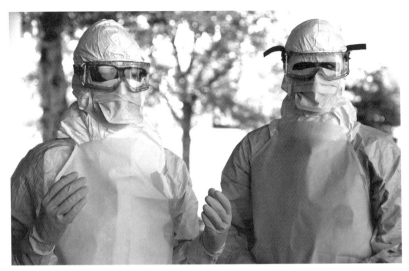

그림 22-2 질병통제예방센터는 의사와 간호사, 기타 의료 종사자에게 에볼라 환자들과 안전하게 접촉할 수 있도록 개인 보호 장비 사용법을 가르쳤다.[나히드 바델리아(Nahid Bhadelia) 의료 책임자가 찍은 사진, 질병통제예방센터 공중보건 영상 도서관]

하는 것을 다이빙 전에 신중하게 계획을 짜야 하는 스쿠버 다이빙에 비유했다. 장비를 정확한 순서에 따라 올바르게 입고 벗어야 바이러스에 노출되는 일을 예방할 수 있었다. 더욱이 방호복 안에 갇혀있는 의료 종사자들은 더위에 지쳐서 탈수나 탈진, 산소 부족 증상으로 위험에 처할 수도 있었다. 따라서 현대판 페스트 방호복은 한 번에 15분씩만 입어야 안전했다. 그렇게 장비를 갖추고 나면 소리가 잘 들리지 않아 환자나 동료들과 의사소통하는 데 어려움이 따랐고, 서로 충돌하는 걸 피해야 하는 어려움도 따랐다. 질병통제예방센터는 에볼라 환자의 진단과 치료에 대한 교육 과정도 제공했다.

한편 세계은행과 국제통화기금, 유니세프는 구호 활동을 지원하는 자금을 마련했다. 질병통제예방센터는 미 국방부보다는 좀 더 조용하게 서아프리카에 직접적으로 개입하며 감염병과의 전쟁에서 사상 초유의 대규모 활동을 시작했다. 대응팀을 동원해 배치하고, 진단 및 관리 시설을 세우고, 통계 자료를 수집하고 분석하도록 유행병학자들을 파견하고, 의료진과 공중보건 인력을 위한 에볼라 관련 교육 강좌를 개설했다. 수송 지원을 하고 서아프리카 공항에 출국 검역 시스템을 도입하기도 했다.

다른 나라들도 이와 유사한 개입에 돌입했다. 영국이 시에라리온에 대응팀을 배치한 것처럼 프랑스는 기니에 대응팀을 배치했다. 캐나다는 물자와 의료 인력을 지원했고, 쿠바와 에티오피아, 중국은 의사와 간호사 팀을 보냈다. 놀랍게도 서구 사회의 지원은 식민지 시대의 연결고리와 현재의 국가적 이해라는 지형을 따라 진행되었다. 즉, 미국은 미국 노예 출신들이 건국한 라이베리아를 지원했고, 영국은 식민지였던 시에라리온을, 프랑스는 프랑스령이었던 기니를 지원했다. 자원이 부족한 쿠바는 강대국과는 별도로 의사와 간호사 4,651명을 파견했다. 2015년 초까지 총 176개 단체가 국제 구호 활동에 참가했다.

해외 원조가 더디게 도착한다는 문제 외에도 해외 원조가 서아프리카에 기반을 두고 진행되는 활동에 초점을 맞추기보다는 워싱턴과 런던, 제네바, 파리에서 결정된 우선순위에 따라 이행된다는 점을 두고 비난이 쏟아졌다. 가장 오래 에볼라와 맞서 싸워온 국경없는의사회는 미국이 상의하달식 개입을 진행하고, 국경없는의사회에서 에볼라를 다양하게 겪으며 깨닫고 그에 따라 필요로 하는 것에는 별 관심이 없다고 느꼈다. 가령, 2014년 봄에 국경없는의사회는 서아프리카의 병원 체계 부족과 그나마 있던 체계도 업무 과중으로 와해되었다는 점에 주목했다. 실제로 당시 국경없는의사회는 라이베리아의 에볼라 진원지 근처에 카일라훈 에볼라 치료센터를 비롯해 자체 임시병원 단지를 조성하는 일에 돌입했다.

그러나 여름과 가을이 되자 국경없는의사회의 우선순위가 바뀌었다. 그 무렵 감염병 유행 지역이 여러 지역에서 확산되는 추세에 놀란 탓이 컸다. 국경없는의사회는 거리감, 불신, 통신 부족으로 환자들이 치료 시설에 아예 못 가거나 병이 상당히 진전되어 다른 사람에게 전파된 뒤에야 겨우 가는 경우가 많다는 사실도 알게 되었다. 그러므로 국경없는의사회에서는 카일라훈 등의 대형 병원 같은 센터가 아닌 선진 진단 연구소와 인터넷으로 연결되어 빠르게 대응할 수 있는 의료팀을 많이 구성할 필요가 있음을 실감했다. 국경없는의사회는 그런 팀이야말로 감염병이 발생해 계속 확산되기 전에 집중적으로 퇴치할 수 있는 최고의 수단이 될 것이라고 주장했다. 그러므로 미국의 개입은 10월에 들어온다 해도 어설플 것이고, 계속해서 변하는 현장 상황에 제대로 대응하지 못할 것이며, 따라서 거의 한물간 대응이 될 것이라고 항의했다. 의료계에서도 마치 장군들이 예전에 싸우던 식으로 새로운 전투에 임하는 것과 같은 상황이 벌어진 것이다. 그 당시 미국은 칼만 달랑 쥐고 총격전에 뛰어들었다는 풍자 섞인 말도 나돌았다.

에볼라 퇴치운동

가을로 접어들어 에볼라 퇴치운동이 서아프리카 3개국을 통과하는 광범위한 궤적을 따라 활발히 전개되기 시작하자 서아프리카 정부들은 부득이하게 에볼라 퇴치운동의 성격을 정립할 수밖에 없었다. 어떤 대응을 전개할지 결정하는 주요 요인은 즉시 활용할 수 있는 수단의 질과 효용성이었다. 3개국이 모두 사용한 것 중 하나는 소통 수단이었다. 기니, 라이베리아, 시에라리온 정부는 모두 방송 전파(공중파), 언론(신문), 옥외 광고판, 전단, 확성기, 메가폰 등 온갖 소통 수단을 활용해 사람들이 모이는 시장에서나 시내 거리를 따라 메시지를 전달하고자 했다. 이런 방법으로 전달된 메시지는 엄격하고, 과장되고, 서아프리카의 현실에 근거한 인식보다는 부유한 선진국들의 인식에 맞추어져 있었다.

이렇듯 초기의 의료 사업 선전은 에볼라가 현실이며 진행 중이고 위험하다는 내용을 국민들에게 설득하는 게 목표였다. 안타깝게도 이런 메시지는 주로 두려움을 조장했다. 초기에는 '에볼라는 순식간에 퍼져 사람을 죽인다!'라는 내용의 현수막들이 아무 도움도 되지 않는 광적인 에볼라 혐오증을 널리 퍼뜨렸다. 공포는 사람들로 하여금 치료센터를 회피하게 하는 역효과를 낳았다. 환자나 완쾌된 사람이나 의료 종사자들에게 낙인을 찍도록 부추기는 역할도 했다. 정부의 메시지도 이제는 야생 동물 고기를 먹는 악명 높은 식습관을 포기해야 한다고 강조했다. 그런 공식 메시지들이 정말로 유용한 정보는 별로 제공하지 못했기 때문에 주민들은 그들 나름대로 악수 하지 않기, 가능한 한 장갑 착용하기, 작은 병에 세정제를 넣어 갖고 다니기 등의 안전 대책을 강구했다.

정부 역시 위기를 극복하는 의료 체계보다는 상당수 논객들이 가장 믿을 수 있는 수단이라고 여겼던 군대에 의존했다. 그러므로 에볼라 퇴치운동이 처음부터 철저하게 군대식으로 진행되었다는 것은 놀랄 일이 아니었다. 채택된 강압적인 방법 중 상당수는 막강한 집행력, 방역선, 격리, 통행금지, 출입 통제 등 초기 근대 유럽의 림프절 페스트 방역 활동을 상기시켰다. 부대가 둘러싼 의무 치료 시설은 심지어 라자레토와 흡사했다. 대니얼 디포라면 어디서 많이 보았던 반응이라는 걸 알아챘을 것이다.

흥미롭게도 콩데와 존슨설리프, 어니스트 바이 코로마_{Ernest Bai Koroma} 대통령은 보건 부처의 충고와 에볼라 전문가들의 공통된 의견과는 상반되는 정책들을 시행했다. 보건부 장관들과 의사들은 페스트와 콜레라 시대의 의사들이 했던 것과 똑같은 주장을 펼치며, 강압적인 대책은 가족 구성원을 보호하려고 사람들이 은폐를 시도함에 따라 국민과 정부 사이의 소통을 단절시키고, 사람들의 탈출을 부추기고, 시민들의 소요와 폭동을 조장하고, 공동체와 의료진 사이의 신뢰를 무너뜨려 에볼라 확산을 촉발하게 될 것이라고 판단했다. 그러나 에볼라에 포위당한 국가의 원수들에게 에볼라의 위협은 특이하게도 그들이 전권을 과시할 수 있는 역동적인 대책에 정당성을 부여하는 듯했다. 그 밖에는 달리 무엇을 해야 할지 확신이 없는 것도 이해할 만했으며, 장군들은 대통령들에게 상황을 통제할 수 있는 방법이 있다고 확언했다. 시에라리온에 주재하고 있던 한 《뉴욕타임스》기자의 말을 빌리자면, "정부가 여기서 마음껏 사용할 수 있는 방법이라고는 강압밖에 없었다."[27]

라이베리아의 존슨설리프는 8월 초 마거릿 챈의 무시무시한 경고와 세계보건기구의 PHEIC(국제적 공중보건 비상사태) 선포 직후 무력 사용을 주도했다. 사람들 대부분이 이 당황스러운 두자어가 무슨 뜻인지 몰랐지만, 비상사태를 선포하고 있는 건 분명한 것 같아서 심란해했다. 마거릿 챈의 경고를 받은 존슨설리프는 국가 비상사태를 선포하고 경찰과 군장을 갖춘 군을 대거 배치했다. 그러고는 시민의 자유를 축소하고, 학교를 폐쇄하고, 집회를 금지하고, 주 3일 근무제를 시행하고, 언론의 자유를 제한하고, 라이베리아의 국경선을 봉쇄했다. 이것이 바로 그녀의 '실행 계획'의 시작이었는데, 어느 기자가 명명한 것처럼 이는 "사상 최악의 에볼라 발병을 막기 위해 서아프리카 정부가 도입한 가장 가혹한 대책들이었다."[28]

라이베리아는 당시 웨스트포인트West Point라고 불린 몬로비아의 빈민가를 전략적으로 격리한 것으로 유명했다. 그곳에서 에볼라바이러스는 슬레이트 지붕 판잣집에 덕지덕지 붙어 사는 7만 명의 주민 틈에서 널리 유행하고 있었다. 이런 구조물들은 수돗물이나 수세식 화장실 등의 위생 시설이 하나같이 부족했고, 온갖 쓰레기로 뒤덮인 비포장도로에 면해 있었다.

동시에 웨스트포인트는 존슨설리프 소속 정당을 반대하는 여론의 본 거지였다. 그들은 8월 20일에 그곳에 군 경계선을 설치하고, 해역을 순찰할 연안 경비정을 보내고, 웨스트포인트를 외부 세계와 차단해 공포와 저항을 불러일으켰다. 일부에게는 정치적 보복의 증표였지만, 주민 전체로서는 물자 부족이나 생필품 가격의 급등, 배고픔이 수반되는 조처였다. 대통령 집무실에서 군 경계선을 90일 동안 시행할 것임을 발표하고 난 뒤로 그러한 경계선은 특히 더 가혹한 것처럼 보였다. 격리에 이어 몬로비아의 다른 지역에서 웨스트포인트로 이송해 올 환자들을 위한 '수용소', 사실상 라자레토를 열자 분위기는 폭발 일보 직전이었다. 웨스트포인트가 희생양으로 선택되었다는 인식이 팽배했다. 주민들이 뇌물이나 정계 인맥을 통해 군 경계선을 수도 없이 넘어갈 수 있다 보니 부패도 갈등을 더욱 고조했다.

그러한 상황은 페스트와 콜레라의 역사에서도 유사한 일들이 있었음을 상기시킨다. 당시에도 공중보건 문제를 군사적으로 해결하려던 방식은 폭력을 불러왔고, 이는 19세기 후반과 20세기 초에 인도에서도 마찬가지였다. 모스크바에서 나폴리까지 콜레라 퇴치를 위한 군사적 수단이 시도되는 곳마다 대격변이 일어났다. 그러니 겁에 질리고 굶주린 주민들이 군 경계선 뒤에 갇혀 있던 2014년 여름에 웨스트포인트에서 폭동이 일어난 건 그리 놀라운 일이 아니다.

특히 비상식량이 군대 트럭에 실려 웨스트포인트로 들어오던 배급 지역들이 위험천만한 화약고였다. 뜨거운 열기 속에 군중이 모여들었고, 사람들이 혹여 공급이 떨어질까 식량을 먼저 받겠다고 서로 거칠게 밀치고 앞으로 쏠리면서 감정이 들끓기 시작했다. 그러는 동안에도 사람들은 서로를 건드리면 눈에 보이지도 않고 제대로 파악되지도 않는 에볼라의 위험에 노출되지는 않을까 걱정하기도 했다. 쌀값이 한 봉지에 0.3달러에서 0.9달러로 세 배나 뛰었기 때문인지, 아니면 소중한 생필품 공급이 부족하다는 사실을 알게 되었기 때문인지, 갑자기 군중이 술렁거렸다. 그때 일부 군중이 군인들에게 돌멩이와 병을 던지기 시작했고, 총격 소리가 크게 울렸다. 젊은이들은 군인들을 자신들을 괴롭힌 자들로 인식하고는 분개하며 뭐든 무기가 될 만한 것들을 찾아 군인들에게 퍼부어댔다. 주민들도 수용소를 급습해 환자들을 풀어주고, 장비를 파괴하고, 오염된 매트리스와 침구와 도구들을 강탈하여 나눠주었다. 에볼라는 이렇게 새로운 확산 방법을 찾아냈다. 치안 부대가 다시 통제에 나서며 경찰봉을 휘두르고, 최루가스를 쏘고, 갑작스러운 총격을 가해 사람들이 부상을 당하고 피를 흘리며 쓰러졌다.

갈등은 웨스트포인트나 더 넓은 몬로비아에만 국한된 일이 아니었다. 정부는 국경없는의사회와 마찬가지로 감염병 성행 지역이 확산되는 것을 우려해 당국에 신고하지 않은 의심 환자들을 색출해 격리하기로 결정했다. 이런 방안을 시행하기 위해 존슨설리프 대통령은 9월 19일부터 전국적인 출입 통제와 해 질 녘에서 새벽까지의 통행금지를 선포했다. 그런 실행 계획을 집행하려는 길고 긴 호송대가 전국으로 퍼져나가 방어벽과 검문소를 설치해 모든 사람을 멈춰 세우고, 체온을 재고, 체온이 37℃를 넘는 사람은 무조건 구금했다. 무장한 군인들이 거리를 순찰하며 출입 통제를 어기고 집 밖으로 나온 사람들을 모조리 잡아 가두었다. 그러고는 공중보건 관리와 지역 사회 활동가들로 구성된 '건강 감광제health sensitizers'라는 냉소적인 이름이 붙은 7,000개 팀에서 임무에 돌입했다. 그들은 경찰을 대동하고 집집마다 수색해가며 은신처에 숨어 있는 미신고 환자들을 색출했다. 한편, 군에서는 환자들과 강제로 감시를 받게 된 사람들이 달아나지 못하도록 치료 시설에 경비를 세웠다.

시골 지역의 저항은 몬로비아 빈민가의 폭동보다 규모도 더 작고 언론의 관심도 별로 끌지 못했지만, 그렇다고 결연한 분위기가 그만큼 높지 않았던 것은 아니었다. 국제 언론은 종종 현대 의학과 과학에 대한 문맹자들의 퇴영적 저항이나 오래된 의례와 부족의 관습에 대한 그들 본연의 애착을 비판적으로 묘사하기도 했다. 그러나 수도에서 급파한 무장 군인들의 도착은 사유지를 둘러싼 갈등에서 비롯된 일이었다. 관료 집단과의 불행한 조우의 긴 역사, 그리고 최근의 내란과 관련한 아픈 기억을 고려하면 외부인들, 특히 무장한 외부인들은 주민들에게 대단히 의심스러운 존재였다. 웨스트포인트에서처럼 시골 지역에도 유난히 민감한 화약고들이 있었다. 무엇보다 매장 문제가 중요했다. 새로운 법령에는, 죽은 자는 장례 의식 없이 소독해 시신 운반용 부대에 넣어 보호 장비를 갖춰입은 허가 받은 무덤 파는 일꾼들이 서둘러 매장(대개 무덤에 아무런 표시도 하지 않고)해야 한다는 규정이 포함되어 있었다. 이 새로운 규정으로 가족과 친지들은 사랑하는 사람을 기릴 수 없었고, 종교의식도 금지되었다. 따라서 이와 유사한 법령이 1897~1898년에 페스트가 창궐한 봄베이에서 충돌로 이어졌던 것처럼, 수색팀에서 시체 한 구를 찾아낼 때마다 물리적 충돌의 가능성은 높아졌다.

이런 긴장된 분위기는 수많은 음모론으로 더욱 격앙되었다. 한 캐나다 기자는 사람들이 내게 "주술, 에볼라 마녀의 총, 이웃에게 에볼라를 주입하는 미친 간호사들, 정부의 음모 등에 관한 이야기들을 전해준다"라고 썼다.[29] 알레산드로 만초니가 흑사병이 창궐했던 시절에 그랬다고 묘사했던 것처럼 페스트 *전파자*Untori들이 손을 쓰고 있다고들 했다. 의료 종사자들을 인육을 먹거나 인간 장기를 암시장에서 거래하려고 신체 부위를 긁어모으는 자들로 간주하기도 했다. 국가에서 가난한 사람들을 제거하기 위한 비밀 작전에 돌입한 것이라는 소문도 돌았다. 주민들은 에볼라는 어쩌면 질병이 아니라 불가사의하고 치명적인 화학 물질일지도 모른다고 생각했다. 아니면 토지 수탈을 위한 기발한 방법은 아닐까 하는 생각이 들기도 했다. 아마 백인들이 아프리카 흑인들을 죽일 계획을 꾸미고 있거나, 광부들이 근처에서 깊은 광맥을 발견해 주변 지역을 깨끗이 정리하고 싶어 하는 것인지도 모른다고 생각다.

이러한 배경에서 저항은 웨스트포인트의 대격전 형태가 아닌 작은 시골 공동체의 게릴라전처럼 여러 형태로 불꽃처럼 타올랐다. 마을 사람들은 군 차량이 진입하지 못하도록 방어벽을 세우고 접근하는 자들에게는 모조리 총격을 가했다. 다른 지역에서는 겁에 질려 마체테로 무장한 농부들이 치료 시설을 습격해 친지들을 빼내 오고, 직원 및 저항하는 자들을 죽이거나 부상을 입혔다. 죽은 자들의 영혼보다는 격리를 더 두려워한 사람들이 죽은 환자와 접촉한 것으로 추적당하지 않도록 빼내 온 시체를 거리에 그냥 버리는 지역도 있었다. 주민들이 매장팀을 공격해 시신 운반용 부대를 내려놓게 한 뒤 쫓아내는 지역은 수도 없이 많았다. 어디서나 사람들은 의학적 치료를 받으려 하지 않았고, 격리당하지 않도록 어떤 병에 걸리든 병에 걸렸다는 걸 숨겼다.

대중의 저항이 널리 퍼져있다는 증거는 두 가지 점에서 뚜렷했다. 첫째, 국가가 에볼라의 실상을 예전보다 잘 파악하고 있는 상태인데도 '실행 계획'에서 벗어나지 못했다. 둘째, 실행 계획은 90일 동안 진행된 것이 아니라 역효과를 낸다는 인식 때문에 10월에도 방치된 채로 있었다. 강압은 정부의 일을 복잡하게 했고, 감염병을 억제하는 가시적인 효과도 전혀 없었다. 9월과 10월에는 에볼라가 감소하기는커녕 정점에 도달함으로써 이환율과 사망률 그래프도 높이 치솟았다.

10월 이후에는 강압이 존재 이유를 잃었다는 게 훨씬 설득력이 있었다. 뒤늦은 감이 있지만, 붕괴된 현지 보건 체계를 지원하고 대체할 대규모 국제구호단이 때마침 도착했다. 8월과 9월에는 서아프리카 에볼라를 평가하는 기관들이 에볼라가 걷잡을 수 없이 급증해 세계적으로 널리 유행하게 될 임계점에 도달했다는 합의된 의견을 내놓았다. 치료센터들은 이미 초만원 상태라 감염 환자들을 외면할 수밖에 없는 지경이었다. 조앤 리우는 이렇게 말했다. "시설로 엄청나게 쏟아져 들어오는 환자들을 전부 감당한다는 것은 불가능하다. 시에라리온에서는 감염된 시신들이 거리에서 썩어가고 있다. 라이베리아에 새로운 센터를 짓기보다는 화장터를 지어야 할 형편이다."[30]

주요 강대국들이 전문 의료진과 진단 시설, 보호 장비, 물품과 직원을 제대로 갖춘 치료센터들을 앞세워 갑자기 개입하면서 상황이 바뀌었다. 10월에는 강압 정책을 포기하고, 신속한 진단, 접촉자 추적 조사, 격리 등 과학에 근거한 전략으로 방향을 돌릴 수 있었다. 더불어 '안전하고 품위 있는 장례'라는 용어를 써가며 특별팀에 장례 절차를 맡기는 게 현명하다는 식으로 공동체를 설득하는 일이 중요한 일임이 입증되었다. 개인 보호 장비를 갖춘 특별팀은 시신을 소독하고 포대에 담았다. 국경없는의사회는 처음부터 이런 역할을 해왔지만, 자원이 비상사태 규모에는 못 미쳤다.

결과는 빠르게 나타나기 시작했다. 2015년 11월이 되자 국제 구호 활동이 감염의 고리를 끊기 시작했다는 게 분명해졌다. 신규 환자 발생 빈도가 처음으로 하락세를 나타내더니 더불어 사망률도 감소했다. 이런 하락세는 계속 이어졌다. 2015년 봄에는 퇴치운동이 확산일로의 감염병을 억제하기보다는 주로 잔불을 끄는 일이 되었다. 5월이 되자 라이베리아는 에볼라에서 벗어난 첫 서아프리카 나라가 되었다고 자평했다. 안타깝게도 그런 발표는 다소 이른 감이 있었는데, 이후에도 몇몇 환자 집단이 갑자기 발생하고 연말이나 되어서야 에볼라가 근절되었기 때문이다. 2016년 1월 14일에 라이베리아는 에볼라 종식을 선언했다. 나머지 두 나라도 그 뒤를 따랐다. 시에라리온은 3월 7일에, 기니는 6월에 에볼라 종식을 선언했다. 세계보건기구가 공중보건 비상사태를 해제한 3월 29일에 역사에 이정표로 길이 남을 에볼라 사태가 종식되었다. 그 후 2016년 12월에 유럽연합에서 에볼라의 종식을 공식 선언했다.

에볼라의 영향

1976년에서 2014년까지 에볼라는 서아프리카와 중앙아프리카의 여러 지역에서 출현했다.(그림 22-3) 그러나 서아프리카에서 2014년에 발생한 에볼라는 수많은 지역에 커다란 피해를 입혔는데, 가장 많은 환자와 사망자를 낸 아프리카 3개국이 특히 그랬다. 생존한 환자들은 종종 에볼라 감염의 후유증으로 여전히 고통 속에 살아가며, 남편과 아내, 부모 등 가족을 잃은 사람도 수천에 이르렀다. 그러나 에볼라가 전부터 부실했던 3개국의 의료 체계를 무너뜨렸기에 간접적인 의료 비용은 아마 훨씬 클 것이다.

　에볼라가 마노강 유역에 도착했을 때 기존에 있던 몇몇 병원과 진료소는 문을 닫을 수밖에 없었다. 에볼라가 지역에서 보유하고 있던 소수의 전문 의료 인력을 모조리 살상하고, 모든 의료 인력의 시간과 에너지를 완전히 독식했기 때문이다. 결과적으로 에볼라를 겨냥한 서비스 이외의 모든 의료 서비스가 중단되고 말았다. 아동에 대한 백신 접종도 시행되지 않았고, 그로 인해 무려 1만 6,000명의 어린이가 목숨을 잃었을 것으로 추산된다. 동시에 교통사고나 산업 재해로 인한 정신적 외상 환자들은 외면을 당했고, 산모들도 출산 전후는 물론 출산 중에도 의료 서비스를 조금도 받지 못했다. 다른 감염병들, 특히 말라리아와 결핵,

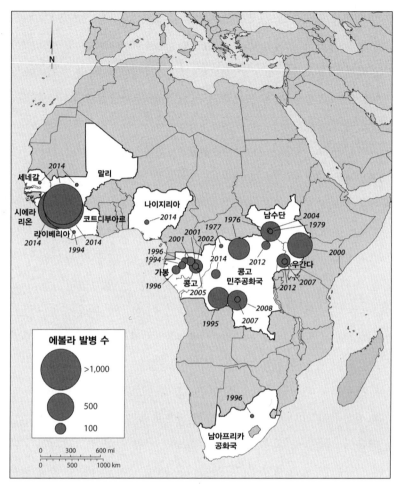

에볼라 발병 수

>1,000

500

100

0   300   600 mi
0   500   1000 km

그림 22-3 1976~2014년 아프리카의 에볼라(빌 넬슨 편집)

HIV/AIDS 같은 병을 퇴치하는 운동도 중단되었다. 이미 서아프리카에 만연해 있던 그런 대형 감염병들은 에볼라가 유행하던 2년 동안 무서울 정도로 급증했다. 에볼라와 에볼라를 퇴치하기 위한 강압 대책으로 인한 혼란으로 농업이 약화되고, 세계 최빈국에 속하는 3개국의 실질 임금이 크게 줄어든 탓에 굶주림과 영양실조에 시달리고, 결국은 면역 체계를 심각하게 훼손해 정상적인 아동기 발달에 지장을 초래했다. 이러한 비용을 정확하게 산출할 수는 없지만, 보건 관계자들은 직접적인 에볼라 퇴치 비용의 몇 배는 될 것으로 보고 있다. 의료 서비스 부족으로 인한 산모 사망률만 해도 에볼라가 직접 초래한 사망률보다 몇 배나 높을 것으로 추정된다.

그러나 에볼라로 인해 치러야 할 비용이 분명 의료비만은 아니었다. 에볼라로 인한 경제적 피해도 매우 심각했다. 경제학자들은 2013~2016년에 에볼라 억제와 퇴치에 들어간 직접비용을 대략 43억 달러로 추산하고 있다. 그러나 이는 중요한 부차적 비용까지 산출해 포함한 수치는 아니다. 일부 경제 분야도 심한 타격을 받았는데, 그중 관광산업이 가장 큰 피해를 입은 분야였다. 에볼라가 유행하는 동안 브리티시항공, 에미레이트항공, 케냐항공을 비롯한 항공사들이 한동안 운행을 중단했고, 여행객들도 정부 권고와 상식선에서 여행을 자제했다. 마찬가지로 투자가 고갈되며 고용과 성장, 외환에 심각한 영향을 미쳤다. 사업체는 직원보호 차원에서 폐쇄되었고, 소매점은 고객을 잃었다. 농업의 피해도 심각해 생산량이 2015년에는 예년의 절반으로 떨어졌고, 빈곤과 불평등과 더불어 실업률도 치솟았다. 기존의 의료 기반 시설이 파괴되었기 때문에 정부는 병원을 새로 짓고, 에볼라를 피해 달아났거나 목숨을 잃은 의료진을 대체할 인력을 교육하고, 여전히 빈곤과 영양부족과 여러 감염병에 시달리고 있는 국민의 필요에 부응하는 비용을 마련해야 하는 문제에 직면해 있었다. 3개국 소재 학교들이 1년 동안 문을 닫았기 때문에 해당 정부는 또한 교육 적자를 감당해야 하는 문제에 처해 있었다.

정치 안정, 시민사회의 발전, 관련 국가의 내전 취약성, 감염병의 지속적인 도전 등 추가적으로 고려해야 할 사항에 관해 장기적인 결과를 예측한다는 것은 아직은 시기상조다. 2018년의 에볼라 재발생은 특히 심각한 피해를 입었던 국가에서 에볼라의 지속적인 공격은 불가피한 일임을 새삼 상기시켰다. 사실 그러한 상황에서 에볼라 퇴치 비용이 의료 기반 시설을 제대로 갖추는 데 소요되는 비용의 세 배로 추산된다는 점이 2013~2016년 위기의 쓰디쓴 역설 중 하나다. 그런 기반 시설이 있었더라면 전체적으로 에볼라의 급증을 막으면서 동시에 다른 질환도 치료할 수 있었을 것이다. 불꽃이 이미 활활 타오른 다음에 진압하는 작금의 비상사태 대응은 비용도 많이 들고, 비효율적이며, 비인도적이다.

결론 : 국민의 건강은 최상위 법

에볼라는 사스에게서 이미 경고를 받았음에도 전 세계가 감염병의 도전에 얼마나 무방비 상태인가를 뼈아프게 드러냈다. 그러나 서아프리카가 짊어진 고통의 짐이 상당히 무겁기는 하지만, 재앙이 세계 곳곳에서 더 크게 확산되지 않아 그나마 다행이었다. 사정에 정통한 사람들은 에볼라가 통제할 수 없이 전 세계로 확산되기 직전, 따라서 헤아릴 수 없는 결과를 초래하며 아프리카 전역과 그 너머로 전파되기 직전이었다고 했다.

대응 준비가 그 정도로 역부족이었던 까닭은 여러 상황이 복합적으로 작용한 탓이 크며, 그런 상황들은 오늘날까지 여전히 지속되고 있다. 그중 하나는 치료를 인권이라기보다는 시장에 나온 상품으로 취급하는 현실이다. 에볼라가 발생하기 훨씬 전부터 시장 중심의 의사결정으로 서아프리카는 비상사태에 맞설 수단을 마련하지 못했다. 제약회사들은 빈곤 국가의 감염병 퇴치에 필요한 약이나 백신 개발보다는 수익이 생기는 선진 국가의 만성질환 치료를 우선시한다. 결과적으로 에볼라 같은 질환에 대처하는 수단이 개발되기에는 아직 요원한 상태다.

이윤을 위한 보건이라는 관점이 초래한 또 다른 결과가 2013~2016년에 뼈아프게 드러났다. 바로 모든 사람에게 혜택이 돌아가도록 제 기능을 다하는 보건 체계의 부재였다. 에볼라는 작동하는 감시 체제가 없었기에 수개월씩 서아프리카에서 조용히 유행할 수 있었다. 공중보건 기반 시설과 그에 대한 접근 보장은 임박한 위기에 경종을 울리고, 시기적절한 정보를 제공하고, 감염 환자를 격리하고, 치료제를 투여하는 데 필요한 근본적인 수단이다. 기니와 라이베리아, 시에라리온에서는 어떤 파수병도 배치되지 않았기에 에볼라는 몇 개월간 발각되지 않고 마음대로 돌아다닐 수 있었다.

보건을 상품화한다는 것은 수백만 명의 삶과 건강에 영향을 미치는 결정이 발전과 교역, 수익의 창출에 따라 권력이 좌우되는 정치인의 손에 달려 있다는 의미다. 서아프리카 국가들은 이론적으로는 '2000년 밀레니엄 개발 목표Millennium Development Goals of 2000' 등과 같은 이상적인 선언들 속에 구현되어 있는 '만인을 위한 건강'이라는 고결한 목표를 지지했으며, 2001년 아부자 회의에서는 보건 기반 시설을 건설하겠다고 공약했다. 공중보건을 대변하는 사람들과 의료적·인도적 목적을 가진 사람들에게는 소중한 목표들이었다. 그러나 정치 지도자들에게는 세계은행과 국제통화기금, 선진 8개국이 밝힌 사뭇 다른 원칙들, 말하자면 공공 지출보다는 경제 성장과 민영화, 규제 없는 시장이 우선이었다. 따라서 사실상 공중보건이 방치되었다. 군비 지출의 유혹은 견실한 보건 기반 시설 건설에 들어갈 자원을 유용하게 하여 서아프리카를 위험할 정도로 취약한 상태로 만들었다.

마지막으로, 전 세계와 관련한 의료 상황에서도 국경선이 중요하다는 착각이 팽배했기에 에볼라가 크게 유행할 수 있었다. 감염병이 '머나

먼' 마노강 유역에서 발생했으므로 선진 사회는, 아프리카의 질병은 기껏해야 인도주의적 차원의 문제지 지역과 무관하게 모든 사람의 생명을 직접적으로 위협하는 암울한 전망을 불러일으키는 질병은 아니라는 안일한 믿음에 빠져 있었다. 그러나 감염병은 인간으로서 피할 수 없는 것인 데다 방대한 인구, 바글거리는 도시, 도시 간의 빠른 교통수단으로 인한 현대성도 감염병이 한 나라가 아닌 모든 나라에 영향을 미칠 가능성이 있음을 시사한다. 서아프리카의 공중보건 재난 사태는 보건 문제를 개별 국가의 지속 불가능한 이해관계보다는 인류 전체의 지속 가능한 복지라는 관점에서 판단하지 못한 의사결정에 근거한다. 감염병의 도전에서 살아남으려면 인류는 우리가 어쩔 수 없이 서로 연결되어 있음을 인정하는 국제주의적 관점을 채택해야 한다.

그러한 분석은 우리를 당혹스럽게 하는 필연적인 결과로 이어진다. 중앙아프리카 및 서아프리카의 열대 밀림에 대한 에볼라의 지속적인 공격이, 에볼라가 1976년에 출현한 이후 점점 발병 빈도도 잦아지고 규모도 커졌다는 사실의 배경이 된다. 에볼라 진행이 중단되었다는 어떤 조짐도 아직까지는 없다. 실제로 2018년 가을에 이 책이 결론 부분에 다다랐을 때도 콩고는 콩고 역사상 가장 광범위하게 확산된 에볼라에 또다시 시달리고 있었다. 이번 에볼라는 2018년 8월 1일에 콩고 국경선이 르완다와 부룬디, 우간다의 국경선과 교차되는 북부 키부 지역에서 급증하기 시작했다.

의료진과 심각한 위기에 처한 사람들에게 투여 중에 있는 시험 백신의 가용성이 에볼라 퇴치 대응의 희망이다. 그러나 유용성이 상당할 그런 도구들의 개발이 지속적인 삼림 파괴와 인도주의적 차원의 비상사태에 대한 콩고의 준비 부족과 지극히 비관적인 상황에 부딪히며 힘을 잃어 안타까울 다름이다. 그중 하나가 민중 봉기로 발생한 백만 명에 달하는 난민이 키부 지역에 존재한다는 사실이다. 이렇게 대규모 인구가 여기저기로 이동하며 감염병에 몹시 취약해진 상태인 데다 제 기능도 못하고 와해 중인 보건 체계의 감시에서 멀리 벗어나 있는 것이다. 키부가 민병대 간의 갈등으로 점철된 전쟁 지역이라 의료 서비스를 제공하는 것조차 위험하고 실행도 거의 불가능하다는 사실이 또 다른 비관적인 요인이다. 실제로 질병통제예방센터는 비상대응 인력이 공격을 당해도 그들의 안전을 보장할 수 없는 처지가 되면서 그들을 철수시킬 필요성을 절감했다. 이런 이유들 때문에 2018년 말에 질병통제예방센터 국장인 바이러스학자 로버트 레드필드Robert Redfield는 두 가지 결과를 배제할 수 없다는 점을 우려하고 있다고 경고했다. 하나는 모든 통제를 벗어난 에볼라가 처음으로 중앙아프리카에 풍토병으로 자리를 잡았을지도 모르고, 그에 따라 어떤 결과가 생길지도 모른다는 것이었다. 또 다른 하나는 에볼라가 콩고를 넘어 확산될 수 있으며, 따라서 국제적으로 심각한 파장을 일으킬 수 있다는 점이었다. 에볼라바이러스 질환을 겪는 인간의 경험이 종식되기까지는 아직 요원한 듯하다.

이런 이유들 때문에 에볼라의 경험은 에볼라바이러스든 전혀 다른 미생물이든 부득이하고 어쩌면 훨씬 강력할, 공중보건에 대한 다음번 도전에 대비하려면 서둘러 세 가지 전제 조건이 확립되어야 한다는 점을 시사한다. 첫째, 제 기능을 다할 수 있는 보건 체계를 곳곳에 마련해야 한다. 질병통제예방센터 국장을 역임한 윌리엄 포이지는 공중보건은 만인의 건강을 보호한다는 의미에서 사회 정의를 구현하는 방책이라고 주장한다. 둘째, 충분한 재정과 능력 있는 인력, 경계심을 늦추지 않는 세계보건기구를 통해 세계주의적 관점에서 에볼라 대응의 방향성과 조직화가 보장되어야 한다. 서아프리카 감염병은 아직 어떤 대책도 시행되지 않았으며, 대책의 부재 속에서 전 세계가 비극적이고 피할 수 없는 고통에 시달릴 심각한 위험에 처해 있음을 드러냈다.

마지막으로, 전 세계를 아우르는 국제 체계와 공중보건과의 관계를 무시해서는 안 된다. 경제학자들이 완곡하게 '부정적 외부 효과negative externalities'라고 명명한 것을 방치한 경제 체제는 궁극적으로 공중보건 측면에서 막대한 비용을 지불하게 될 것이다. 이런 외부 효과 중에서도 인간과 인간을 둘러싼 자연 및 사회적 환경과의 관계를 바탕으로 한 특정 개발 모형의 부정적 효과들이 그러하다. 서아프리카와 중앙아프리카에서 확고하게 뿌리를 내린 기름야자 단일 재배와 혼란스럽고 무계획적인 도시화는 수많은 사례에서 뽑은 두 가지 사례일 뿐이다. 감염병은 뜬금없이 발생하는 사건이 아니다. 이 책을 통해 살펴보았듯이 감염병은 환경 훼손과 인구 과잉, 빈곤의 단층선을 따라 확산된다. 감염병이라는 대재앙을 피하고 싶다면 공중보건의 취약점들을 충분히 고려한 결정을 내리고, 차후에 그런 결정을 내린 사람들이 예견 가능했던 보건상의 결과에 책임을 지도록 해야 한다. 고대로부터 내려온 '국민의 건강은 최상위 법이다'라는 말은 시의적절한 지혜이며, 따라서 공중보건은 시장의 법칙보다 더 중요한 법이다.

|제23장| 세계를 뒤덮은 코로나19

신종 질환이 계속해서 밀려드는 시대

《감염병과 사회》 초판 출간 이후, 중증급성호흡기증후군의 일종인 코로나바이러스coronavirus가 전 세계로 일파만파 퍼져나갔다. 코로나바이러스감염증-19Coronavirus disease-19, 일명 코로나19COVID-19는 너무 새롭고 아직 알려진 게 적은 질병이라서 궁극적인 영향력을 평가할 수는 없지만, 전체적인 윤곽이 점차 뚜렷해지고 있으며, 그 특징 중 일부는 이 책의 주제와도 밀접한 관련이 있다.

　모든 팬데믹이 그렇듯이 코로나19도 우연히 발생한 질병이 아니다. 감염병은 인간이 사는 환경, 다른 종 및 다른 사람들과의 접촉과 생활 속에서 형성된 취약한 구석을 파고들며 우리 사회에 엄청난 고통을 안겨준다. 팬데믹에 불을 붙인 미생물들은 우리가 마련해놓은 생태학적 틈새를 메우기 적합한 방식으로 진화했다. 코로나19는 우리가 조성한 사회에 잘 들어맞았기에 순식간에 불길이 타오르며 번졌다. 80억에 달하는 세계 인구 중 상당수가 인간들로 빼곡한 도시에 살고, 그 모두가 빠른 항공 여행으로 서로 연결되는 이 세계는 호흡기 바이러스가 전파될 기회를 무수히 만들어낸다. 동시에 인구 증가와 도시화 열풍은 동물들의 서식지를 침범하고 파괴해 인간과 동물과의 관계를 악화시켰다.

특히 무수히 많은 바이러스의 자연 병원소인 박쥐와의 접촉이 잦아지면서 바이러스는 여러 종과 종 사이의 장벽을 뛰어넘어 인간으로 넘어올 기회를 얻게 되었다.

이 같은 전이 현상의 빈도는 점점 높아지고 있지만 파급력은 대개 제한적이다. 그러나 2013년 12월 에볼라 유행이 입증했듯이 조건만 맞으면 첫 번째 인간 숙주에서 다음 인간 숙주로 꼬리에 꼬리를 물고 퍼져나가기도 한다. 당시 아프리카 기니에 살던 꼬마 아이는 집 앞마당 근처에 있는 속이 빈 나무에서 놀고 있었다. 거침없는 개벌伐 사업으로 숲이 훼손되면서 나무 맨 꼭대기를 보금자리 삼던 수천 마리의 과일박쥐들이 갈 곳을 잃고 빈 나무속을 채웠다. 보금자리를 빼앗긴 박쥐들의 배설물에서 나온 바이러스를 하필 네 살 된 꼬마가 숨 쉬다 들이마셨다는 것이 그저 안타까울 따름이었다. 이후 2014~2016년 서아프리카 전역에서 기승을 부린 에볼라로 희생된 이들은 모두 이 '지침 증례(역학조사 개체군에서 나타나는 최초의 증례_옮긴이)'의 끊어지지 않은 전파의 연결 고리와 얽혀있었다.

이와 연장선상에 있는 사건이 도시로 장소만 바뀌어 2019년 12월에 야생 동물 고기를 취급하는 중국 우한 '수산물도매시장'에서 재발했다. 여러 요인이 결합해, 냉장 시설도 없고, 좁고 비위생적인 통로 양쪽에 다닥다닥 붙은 토끼굴 같은 상점들은 코로나바이러스의 거대한 배양 접시가 되었다. 주변 환경이 미생물의 종간 이동을 더욱 용이하게 한 셈이다. 박쥐를 포함해 다양한 종의 가축과 야생 동물이 우리에 갇힌 채 지근거리에 있었다. 그들의 배설물과 도살 후 나온 피가 한데 섞여 있었으며, 가공식품들이 오염되었고, 시장은 사람들로 바글거렸다. 이 같은 환경에서 시장에 매일 들락거리는 단골이었던 코로나19 '최초 감염자'가 바이러스를 밀접 접촉자에게 퍼뜨렸을 것이다. 코로나19가

지역 사회에서 급속히 퍼진 이유는, 인구집단 중 충분히 많은 사람들이 백신 접종 등을 통해 면역력을 얻어 질병 확산의 고리를 끊을 수 있을 때 비로소 확산된 질병에 맞설 보호막이 생기는데, 새로운 병원균이 출현하다 보니 집단 면역력을 미처 얻을 수 없었기 때문이다.

코로나19가 제기한 가장 중요한 문제는 바로 준비성이다. 노벨상 수상자 조슈아 레더버그의 유명한 말처럼, 인간과 미생물 간의 대립에서 인간이 소유한 유일한 방어 무기는 우리의 지혜다. 우리가 공동으로 맞서기로 한다면, 레더버그의 무기에 우리의 역량까지 추가할 수 있을 것이다. 그렇지만 안타깝게도 코로나19가 출현했을 때 코로나바이러스가 마주친 세상은 오래전부터 예상했을 법한 도전에 맞설 만큼 결집되어 있지 않았다.

우리는 제2차 세계대전 이후 신종 질환이 계속해서 밀려드는 시대에 살고 있다. 2008년에 학자들은 이미 1960년에서 2004년 사이에 새로 출현한 인간 질환이 335개나 되며, 그중 대부분이 동물에서 유래된 질환이라고 확인했다. 병명만으로도 조류인플루엔자_{Avian flu}에서 지카바이러스_{Zika virus}까지, 알파벳의 시작부터 끝까지 채우고도 남을 정도고, 과학자들은 잠재적으로 위험한 병원균이 지금까지 밝혀진 것보다 훨씬 많을 것이라며 경고하고 있다. 특히 1997년에 H5N1형 고병원성 조류인플루엔자의 발생 이후, 공중보건계는 계속해서 경종을 울렸다. 이들의 메시지는 앞으로도 감염병 발병, 특히 우리 사회가 매우 취약한 폐바이러스성 질환의 발병이 불가피하다는 것이다. 문제는 과연 발병할지 말지 여부가 아닌 발병 시기다. 바이러스 학자 브라이언 버드_{Brian Bird}의 말마따나 "우리는 만성 비상사태의 시대에 살고 있다." 게다가 바이러스 학자들은 머지않아 1918년의 이른바 '스페인 인플루엔자'에 버금가는 끔찍한 팬데믹이 닥칠 것으로 볼 만한 충분한 이유가 있다고 강조한다. 2012년에 데이비드 쾀멘은 과학 문헌을 종합한 자신의 저서《인수공통 모든 전염병의 열쇠*Spillover: Animal Infections and the Next Human Pandemic*》에서 '인류의 다음 팬데믹'을 예고했다.

아니나 다를까 우리의 지혜를 무기로 삼고 조직력과 자금력을 총동원해 일사불란하게 대응해야 할 도전이 발생했다. 2003~2016년에 닥친 도전으로는 조류인플루엔자, 중증급성호흡기증후군, 중동호흡기증후군Middle East respiratory syndrome, MERS, 마버그열, 에볼라 등이 있다.

하지만 안타깝게도 집단 발병과 더불어 매번 반복되는 집단 망각도 여전히 우리 사회에 만연하다. 미생물이 한 번씩 도전할 때마다 국내외에서 민간 가릴 것 없이 한동안 부산스럽게 움직이지만, 시간이 흐르면 언제 그랬냐는 듯 까맣게 잊고 만다. 2003년 사스 사태 이후 에볼라가 유행하기 전까지의 공백 기간만 보더라도 알 수 있다. 사스 사태를 겪고 난 직후 세계보건기구는 2005년에 '국제 인플루엔자 준비 계획Global Influenza Preparedness Plan'을 마련해 국가별 대응 지침을 확립했고, 국제보건규칙International Health Regulations을 개정해 신종 질환의 위협을 신고 대상에 포함했으며, 자체적인 신속 대응 역량을 강구했다. 같은 해 미국 정부는 '인플루엔자 팬데믹 대비 국가 전략National Strategy for Pandemic Influenza'을 공표하고 예산을 할당했다. 국방부, 보훈부, 50개 주, 민간 부문의 주요 회사들도 연달아 유사한 계획을 내놓았다.

하지만 비상사태가 물러가고 두려움이 가라앉자 시민이나 각국 정부역시 일상으로 돌아갔다. 세계보건기구와 미국 질병통제예방센터와 해외 자매기관들, 보건 부처와 각국 정부, 민간 연구소들이 지원하던 긴급사태 대응 자금이 삭감되었다. 국제적으로, 또 연방 및 각 주 차원에서 대응 전략을 조율하던 기관들이 해체되고 책임자들도 자리를 떠났다.

이러한 양상이 서아프리카 에볼라 비상사태 이후 예견대로 다시 등장했다. 2018년 콩고민주공화국에서 에볼라 감염병이 다시 유행하기 시작한 바로 그날, 트럼프 대통령은 국립보건안보회의National Health Security Council 의장을 경질하고 기관을 해체했다. 세계보건기구 사무총장의 지적대로, 국제 사회는 감염병 문제에 관한 한 주기적으로 호들갑을 떨면서 승리를 거머쥘 것이라는 상상에 취해 잔치와 기근을 번갈아 겪고 있다. 이런 경우 보건 비상사태에 대한 국제 대응을 조율할 책임이 있는 세계보건기구의 역할이 특히 중요하다. 세계보건기구는 사스 이후 느슨해진 방제 활동을 재정비하는 차원에서 2018년에 위원단을 구성하여 앞으로 닥쳐올 미생물의 도전에 대한 국제 사회의 준비 태세를 평가했다. 2019년에 발표된 이 평가보고서는 국제 사회나 개별 국가 모두 오래전부터 예상되어왔던 미생물의 도전에 전반적으로 준비가 부족한 상태라는 결론을 내놓았다. 보고서 제목은 섬뜩하게도《위기에 처한 세계A World at Risk》였다.

코로나19의 세계적인 확산을 초기에 잡지 못한 것은 어떻게 보면 감시할 파수병도 자리에서 물러났고 국제 사회도 잠든 상태였기 때문이다. 여기서 미국이 어떤 태도를 취하느냐가 중요하다. 미국은 여전히 초강대국이자 경제 부국으로서 세계보건기구 활동에 상당한 자금을 지원하며, 미국 질병통제예방센터는 국제 사회의 대응에 필요한 최적의 표준을 세우는 기관이다. 1997년 이후 감염병에 대한 경고가 되풀이되었지만, 전 세계에서 코로나19가 걷잡을 수 없이 악화되는 상황에서도 "누가 생각이나 했겠느냐?"라고 되묻는 미국 대통령의 태도가 우리가 겪고 있는 고통의 주요 원인이다. 이제 그보다는 코로나19가 잦아든 이후에 국제 사회가 다시 무사안일한 태도를 보일 것인지, 아니면 발생 가능성 높은 감염병을 지속적·장기적으로 평가해 대응 방안을 마련할 것인지를 진지하게 물을 때다. 우리가 우리 문명을 보호하려면 전 세계적으로 과학 연구에 매진하고, 의료 기반 시설을 개선하고, 국제 사회가 긴밀하게 공조하고, 보건 교육을 실시하고, 생물 다양성을 보호하고, 재정을 튼튼하게 확보해야 한다.

코로나19의 진원지 롬바르디아: 2020년 1월에서 5월까지

나는 2019년 10월에 《감염병과 사회》를 출간한 후 '냉전의 기원'이라는 전혀 다른 주제를 연구할 생각으로 미국을 떠나 이탈리아로 향했다. 로마 교황청에서 교황 비오 12세Pius XII의 문서를 막 공개한 뒤라 이 주제에 특히 마음이 끌렸다. 비오 12세가 제2차 세계대전과 이후 냉전 초기에 교황으로 있었기에 그와 관련한 교황청의 문서는 서구의 냉전 정책을 기획한 주요 설계자 중 한 명을 살펴보는 데 필요한 매우 흥미로운 자료였다.

그러나 내가 이탈리아에 도착한 때는 2020년 1월부터 중국 우한에서 성행하기 시작한 코로나19에 감염된 이탈리아의 첫 환자들이 검역도 받지 않고 활보하던 시기였다. 이탈리아에서는 첫 공식 감염자들이 2월 말이 되어서야 확인되었고, 이후 감염이 폭발적으로 확산하면서 이탈리아는 이내 중국을 앞서 국제적인 우려의 대상이 되었다. 감염병을 40년이나 연구하고 난 이후에 본의 아니게 세계적 팬데믹의 진원지에 있게 된 내 입장이 아이러니하기도 했다. 전 세계 대다수 사람처럼 나도 세워 놓은 계획이 불시에 엎어지고 말았다. 따라서 원래의 연구 계획은 일단 접어두고, 예기치 않은 그 기회를 살려 이탈리아의 의료 현황을 살펴보며 코로나19에 오롯이 매달리기 시작했다. 이탈리아가 중국에 이어 두 번째로 코로나19가 크게 확산한 국가로 부상했기에 특히

나 이탈리아의 의료 상황에 관심이 쏠렸다. 국제 언론과 각국의 공중보건 당국은 이탈리아의 난국을 앞으로 닥칠 사태에 전 세계적 주의를 촉구하는 암울한 경고로 손꼽았다.

그런 상황이다 보니 내가 직접 관찰할 영역이 부득이 로마의 단일 지역으로 한정되기는 했지만, 그래도 감염병에 관한 경험들을 읽고 사람들과 인터뷰하고 자료를 취합할 수는 있었다. 실은 이처럼 연구의 신뢰성을 좀 더 확보하려다가 코로나19에 감염되기까지 해서 이탈리아의 확진자 통계에 적게나마 기여도 했다. 나는 이 장을 통해 2020년 초에 이탈리아가 겪은 코로나19에 관해 알게 된 내용과 세계적으로 유행하는 코로나19의 성격, 그리고 코로나19 유행에 신속하고 일관되게 대응하는 일의 중요성을 이해할 수 있도록 이탈리아의 교훈을 전하고 싶다. 그러나 코로나19가 여전히 새롭고 파악하기 아직 요원한 감염병이니만큼 앤서니 파우치 박사가 우리에게 상기시킨 대로 '겸손한' 태도로 결론을 내려야 한다는 점은 명심하도록 하자.

이탈리아의 코로나19 사태에서 가장 의외로 생각되는 부분은 아마 이 감염증의 지리적 특색일 것이다. 감염병이라는 것이 빈곤의 단층선을 사회를 관통하는 통로로 악용하는 경우가 허다한 만큼 코로나19도 당연히 시칠리아나 사르데냐 같은 거대 섬들과 함께 남부 이탈리아를 덮쳤을 것으로 생각했을 것이다. 어쨌거나 이 지역들이 이탈리아 역사에서 '남부 문제'로 알려진 그 유명한 지역 문제의 표상이니 말이다. 다시 말해, 이탈리아 남부는 다른 지역과 비교해볼 때 줄곧 상대적으로 경제적·사회적 불이익을 당해온 곳이다. 남부의 이런 박탈 현상은 보다 높은 빈곤율과 실업률, 저조한 교육적 성과, 부실한 보건 인프라, 짧은 수명 같은 기준 지표를 보면 알 수 있다. 역사적으로 콜레라나 말라리아 등의 감염병이 성행할 때마다 이탈리아 남부는 이탈리아의 전체 이환율과 사망률에서 압도적으로 높은 비중을 차지했다.

그러나 코로나19는 부유한 북부 지역인 롬바르디아주를 강타하며, 주도州都인 밀라노를 비롯해 크레모나와 베르가모 같은 인근 지방 도시에서 최고조에 달했다. 인구 300만이 넘는 밀라노는 이탈리아에서 가장 부유한 도시이자 산업과 금융, 패션의 중심지이며, '세리에 A'로 알려진 이탈리아 프로축구 최상위 리그에서 경쟁하는 축구 팀 두 개를 보유하고 있다. 밀라노와 그 주변 지역에는 섬유, 화학, 전자, 제약, 식품, 엔지니어링, 출판 분야의 주요 산업체들이 들어서 있다. 또한 밀라노는 이탈리아 증권거래소 보르사Borsa, 독보적인 이탈리아 일간지 《코리에레 델라 세라 Corriere della sera》, 세계적인 브랜드 피렐리Pirelli, 에디슨Edison, 알파 로메오Alfa Romeo, 구찌Gucci, 프라다Prada 등의 본거지다. 2018년에는 밀라노를 대표하는 비아 몬테나폴레오네Via Montenapoleone 지구가 유럽에서 가장 값비싼 쇼핑 거리로 뽑히기도 했다.

그러한 자산 외에도 롬바르디아는 감염병 발생을 막을 수 있는 강력한 방역 체계를 보유하고 있으며, 유럽 최고 수준의 의료 및 교육 체계를 자랑한다. 이곳의 사코Sacco와 폴리클리니코Policlinico 같은 공립 의대 부속병원과 의료진, 과학 연구 실적은 하나같이 세계 최상급이다. 그 결과, 이탈리아는 2019년에 일본에 이어 세계 최장수국 2위에 올랐다. 게다가 중국에서 성행하는 감염병은 머나먼 나라의 이야기인 것 같았다. 베이징은 8,000㎞가량 떨어져 있고 비행기로도 열두 시간이나 가야 할 만큼 먼 곳이었다. 중국이 우한을 폐쇄한 지난 2월에 정치인이나 논객들은 코로나19는 이탈리아에 어떤 위협도 가할 수 없는 감염병이라고 자신 있게 주장했다.

그러나 되돌아보면 코로나바이러스 감염증이 중국을 휩쓸자마자 곧 롬바르디아도 커다란 의료적 도전에 직면할 게 불 보듯 뻔했다. 감염병은 뜬금없이 발생하는 게 아니라 사회가 만들어낸 통로를 따라 이동하는데, 우한과 밀라노를 연결하는 고속도로는 점점 늘어나고 더욱더 북적이고 있었다. 물론 질병 전파에 이런 특색이 있다고 해서 병원균이 확산하는 데 우발성이라는 요인이 없어지는 것은 아니다. 어쩌다 적절치 못한 시기에 적절치 못한 장소에 있을 수도 있는 법이다. 하지만 핵심은 대체로 병원균은 통계적 확률이라는 사회적 기본 논리를 따른다는 점이다. 이 중요한 특징만으로도 감염병에 대한 대비와 역학 연구가 가능해진다. 이런 점에서 중국과 북부 이탈리아의 근세사에는 두 사회가 경제나 문화, 인적·물적 이동 면에서 서로 밀접하게 연결되었다는 중요한 특징이 존재한다. 다시 말해, 2020년 중국과 롬바르디아는 세계화를 통해 경제뿐 아니라 의료 분야에서 떼려야 뗄 수 없는 공동 운명체가 되었고, 특히나 비말과 에어로졸(연기나 안개처럼 기체 중에 부유하는 고체 또는 액체 미립자의 총칭_옮긴이)로 전파되는 호흡기 바이러스와 직면한 상황에서는 더 말할 것도 없었다. 그래서 코로나19가 세계화 시대 최초의 초대형 감염병으로 부상하게 되었다는 점을 이제 우리는 잘 알고 있다.

세계화

중국과 이탈리아가 양국 간 외교 관계를 인정한 지 50년 만인 지난 2017년 2월에 시진핑習近平 중국 주석과 세르지오 마타렐라Sergio Mattarella 이탈리아 대통령이 베이징에서 만났다. 두 정상은 양국 경제를 협력, 통상, 개발 계획으로 통합한 상호 협정을 체결했다. 이 체결에 따른 양측의 이점은 무궁무진해 보였다. 야심 찬 중국의 목표는 경제와 기반시설의 현대화를 일구어내겠다는 '일대일로(2013년에 착수한 실크로드 경제 벨트 및 21세기 해상 실크로드)'의 일환이었고, 이는 중국의 경제적·정치적 고립을 타개해야 달성할 수 있는 전략이었다. 이 중국의 계획은 전 세계를 아우르는 것이었지만, 그중에서도 특히 이탈리아는 중요한 상대였다. 중국은 이탈리아의 디자인, 기술, 연구, 경영 기술을 직접 접해보고자 했다. 시진핑은 녹색경제를 입안하고 최종적으로 구축하는 과정에서 이탈리아의 도움을 받으려고 했다. 이탈리아로서는 급성장하고 있는 중국 소비시장에 진입할 수 있는 특권을 얻는 게 커다란 목표였다. 밀라노 시장 주세페 살라Guiseppe Sala는 향후 밀라노의 발전은 중국 시장에서는 보기 어려운 밀라노 명품들을 수출하고 중국 관광객을 수백만 명씩 끌어들여 롬바르디아에서 돈을 쓰게 하는 데 달려 있을 것이라고 주장했다.

양국 정상 간의 협정은 즉각 이행되었고, 협력과 교류는 정치적인 정상회담에서뿐만 아니라 의회, 정당, 각료, 대학, 연구소, 개별 기업들이 독자적으로 맺은 상호 협정을 통해서도 지속적이며 광범위하게 이루어졌다. 이탈리아 중국 재단Italy and China Foundation이 양국의 조정 기구로서 맡은 바 임무를 수행하고 있었다. 말하자면 이탈리아에서는 중국어를, 중국에서는 이탈리아어를 가르치는 등 언어 교육을 촉진하고, 사업가나 금융인들이 상대국에서 사업을 하다 법률적 문제가 생겼을 때 도움을 주고, 투자 및 마케팅 기회를 홍보하는 차원에서 전문가들의 정례 회의를 주최하고, 제작자와 예술인들이 상대국에서 자신들의 문화, 과학, 제품을 전시할 수 있는 순회 박람회를 활성화하고, 학생과 연구원과 기업 임원들의 교류 프로그램을 장려했다. 재단의 지원으로 '중국-이탈리아 문화 공원'이 쓰촨성 청두시에 조성되어 이탈리아인들이 예술 작품을 전시하고, 오페라를 공연하고, 패션쇼를 열었다. 마찬가지로 밀라노에서 열린 '중국-이탈리아 과학, 기술, 혁신 주간'에서도 엔지니어와 과학

연구원들이 인공 지능, 로봇 공학, 항공우주 산업, 예술 보존, 지속 가능한 에너지 등의 분야에서 아이디어를 서로 주고받았다.

이와 동시에 항공업체 여섯 곳은 밀라노 말펜사공항 및 로마 피우미치노공항과 베이징, 상하이, 난징 등 중국의 여러 도시를 잇는 일일 직항 노선을 개설했다. 매주 양국을 오가는 화물열차의 운행도 시작되어 각기 수출입 기계 부품과 소비재용 컨테이너를 실은 트레일러를 매번 40대씩 운행했다. 밀라노 당국은 중국 모바일 애플리케이션 위챗WeChat에 자체 소통 채널인 예스밀라노YesMilano를 열어 밀라노가 중국 관광객들에게 특별히 좋은 여행지임을 소개하는 홍보 수단으로 활용했다. 예스밀라노는 베네치아와 피렌체, 로마와는 결이 다른 밀라노를 관광에서 결코 빠트려서는 안 되는 도시라고 강조했다. 밀라노는 휘황찬란한 현대식 건물, 고급 패션, 지하철, 혁신적 도시라는 명성을 갖춘 현대성의 상징과도 같은 도시였다. 게다가 주민이 2만 5,000명에 달하는 차이나타운도 있었다. 결국 그런 메시지가 통했고, 2019년에는 중국 관광객 350만 명이 밀라노를 찾아 평균 약 1,500유로를 쇼핑하는 데 썼다. 2020년에는 목표 중국 관광객 수를 다른 어떤 이탈리아 관광지보다 많은 600만 명으로 높여 잡았다. 이를 달성하기 위해 밀라노는 2020년을 '중국-이탈리아 문화와 관광의 해'로 정했다.

이렇게 다양한 방면에서 코로나19는 우한에서 밀라노와 베르가모에 이르는 여정에 필요한 경로를 수도 없이 찾아냈다. 그런 면에서 코로나19는 걸핏하면 비교되는 1918~1919년 인플루엔자와는 확연하게 달랐다. 스페인 인플루엔자는 전 세계를 휩쓸었지만, 그 여정은 최초의 대서양 횡단 항공편이 있기 훨씬 오래전에 시작되었고, 전쟁과 그에 따른 대규모 병력 이동과 배치로 인해 확산된 측면이 많았다. 이에 반해 코로나바이러스는 대규모 항공 여행으로 승객과 화물이 대대적으로 이동하며 서로 밀접하게 맞물린 사회 간에 전파되었다. 국제 사회를 하나로 연결하는 세계화 현상은 21세기에 들어 비약적으로 확장되었다. 코로나19는 이런 색다른 시대의 산물이다. 코로나19는 롬바르디아가 경제적으로 발전한 지역임에도 불구하고 발생한 것이 아니라, 바로 그 경제 발전 때문에 발생했다.

인구 분포

그런 경로를 따라 전파된 신종 감염증의 원인 바이러스인 사스 코로나바이러스-2(SARS-CoV-2, 코로나19 바이러스의 명칭_옮긴이)는 무증상 환자들을 매개로 롬바르디아에 도착했다. 빠르면 지난 12월경이거나 늦어도 2월 초 이전이었을 게 분명하다. 밀라노 하수에서 채취한 표본을 검사해보면 코로나바이러스가 2019년 크리스마스 훨씬 이전에 존재한 것으로 나타난다. 일단 그곳에 도착한 코로나바이러스를 주변 환경은 환영해 마지않았다. 감염병 전파에 박차를 가한 주요인은 인구 증가였다. 2020년 초에 세계 인구는 80억 명에 달했다. 같은 시기에 이탈리아의 인구는 6,000만 명을 넘었고, 그중 1,000만 명 이상이 롬바르디아에 살았다. 이런 절대적 다수의 인구가 토지 사용 양상을 변화시키고, 도시 팽창과 교통, 스모그 등 환경에 미치는 영향들을 쏟아냈기에 코로나바이러스에 중요한 요인으로 작용했다. 이 모든 요소가 코로나19 역학과 관련되어 있다.

그러나 무엇보다 1㎢ 안의 인구수를 일컫는 인구 밀도가 중요하다는 점을 금방 알 수 있다. 최소한의 인구 밀도는 공기 전염의 전제 조건이며, 인구 밀도가 이 최소 기준을 넘어서면 바이러스가 지역 사회에서 더 빨리 전파된다. 롬바르디아 인구 분포의 중요한 특색은 높은 인구 밀도다. 롬바르디아는 1㎢당 420.5명의 인구 밀도로 이탈리아 20개 주 가운데 캄파니아에 이어 2위에 올랐는데, 이는 캄파니아의 주도 나폴리의 인구 밀도가 유독 높았기 때문이다. 이탈리아의 주별 인구 밀도는 다음 표와 같다.

주	㎢당 인구수
아브루초	121.1
바실리카타	55.9
칼라브리아	127.9
캄파니아	424.4
에밀리아로마냐	198.7
프리울리베네치아줄리아	153.2
라치오	341.0
리구리아	290.0
롬바르디아	420.5
마르케	162.2
몰리세	68.5
피에몬테	171.6
풀리아	206.2
사르데냐	68.0
시칠리아	193.6
토스카나	162.2
트렌티노알토아디제	78.8
움브리아	104.2
발레다오스타	38.5
베네토	267.4

출처: https://ugeo.urbistat.com/AdminStat/en/it/demografia/dati–sintesi/piemonte/1/2

표 23-1 이탈리아의 주별 인구 밀도

롬바르디아주의 밀라노 역시 인구 밀도가 높았다. 밀라노 대도시권의 인구 밀도는 km²당 7,519명으로, 암스테르담(5,135), 마드리드(5,490), 더블린(4,811), 베를린(4,090), 팔레르모(4,164), 코펜하겐(6,711) 등의 주요 유럽 도시보다 훨씬 높았다.

인구 규모와 밀도 외에 롬바르디아를 코로나19에 취약하게 만든 특색이 하나 더 있다. 바로 인구의 연령 구성이다. 코로나바이러스가 65세이상의 고령자들을 선호한다는 것은 근거가 확실한 특징이다. 어느 지역에서든 노인들의 이환율과 사망률이 압도적으로 높다. 이는 노인들이 허약하고, 당뇨병, 고혈압, 심혈관 질환 등의 기저 질환을 많이 앓고 있으며, 이 연령대 상당수는 암이나 류머티즘성 관절염 같은 질병으로 면역억제 치료를 받고 있기 때문이다. 이탈리아는 이 모든 면에서 특히 취약하다. 이탈리아는 2018년 국민의 기대수명이 83.3세에 이를 정도로 커다란 성과를 거두고 이후 일본에 이어 세계 2위의 장수국가가 되었는데, 아이러니하게도 이런 성취에는 국가의 '고령화'라는 단점이 따라붙는다. 롬바르디아에서는 230만 2,500명이 이 계층에 속해 전체 인구의 22.8%를 차지한다. 이는 2016년 기준으로 인구의 15.2%가 65세 이상이던 미국과 대조되는 수치다.

《파이낸셜 타임스*Financial Times*》 기사에서 지적했듯이 가족 구조와 가족 간의 결속력 때문에 이 고령의 노인들이 다른 유럽 국가에서보다 코로나19와 중증 질환에 노출될 위험이 더 컸다. 한 집에 여러 세대가 거주하는 비율이 유럽 표준보다 높았기 때문이다. 18~34세의 젊은 층이 부모와 함께 사는 비율은 유럽연합이 평균 48%인 데 반해 이탈리아는 66%다. 따라서 중증 질환에 걸리거나 사망할 위험이 적은 어린아이와 젊은이들이 그럴 위험이 훨씬 큰 부모와 조부모에게 감염병을 전파할 가능성이 크다.[1]

설상가상으로 롬바르디아는 요양원에 거주하는 인구도 2만 4,000명으로 많아서 이탈리아 전체 요양원 입소 인구의 20%를 차지할 정도였다. 코로나19의 역학을 살펴보니 이런 요인이 더욱 두드러졌다. 산업 사회 곳곳의 요양원들은 사망률을 높이는 가장 강력한 단일 요인으로, 롬바르디아를 포함한 이탈리아 전역뿐만 아니라 미국, 영국, 스웨덴, 호주, 프랑스의 코로나 관련 총 사망자의 40~50%를 차지했다. 집단 주거 환경에서는 면역 체계가 손상된 사람들이 사회적 거리두기를 실천하기 어렵거나 불가능하므로 코로나바이러스는 장기 요양 시설에서 들불처럼 확산했다. 마찬가지로 같은 이유에서 코로나바이러스는 교도소와 노숙자 보호소, 비상사태를 대비하지 못한 병동들도 휩쓸었다.

대기 오염

세계화가 롬바르디아에 코로나19 감염병을 초래했고, 이 지역 인구 구성이 감염병 확산에 일조했다면, 환경 악화는 코로나19의 중증도나 치명도를 크게 높인 또 다른 요인이었다. 포강Po River 계곡에 자리 잡은 주들이 다 그렇듯, 롬바르디아도 이탈리아 산업화, 도시 개발, 상업형 농업의 중심지다. 이런 탐욕스러운 공정들은 규제도 받지 않고 미세먼지와 유독한 온실가스가 뒤섞인 물질, 그중에서도 특히 오존, 이산화황, 이산화질소를 대기로 배출한다. 이들 물질이 바람에 실려 대기 상층부로 확산하면 장기적으로 인간 건강에 커다란 영향을 미치는 지구온난화나 기후 변화의 원인이 된다. 그러나 이런 기체들이 상층부로 올라가지 못하고 대류권 내에 갇히면 사람들이 들이마셔 심각하고 즉각적인 의학적 결과로 이어진다. 코로나19 발생 이전에도 과학자들은 대기 오염이 천식이나 심혈관 질환, 암, 뇌졸중, 치매 등의 질병과 깊은 상관관계가 있다고 주장했다. 실제로 세계보건기구에서는 대기 오염이 전 세계 사망률의 주요 원인이며, 이로 인해 매년 900만 명이 조기 사망하는 것으로 추정한다. 이는 사고, 전쟁, 결핵, HIV/AIDS, 말라리아로 인한 사망자 총수보다 많은 수치다.

미세먼지와 온실가스는 떨어지지 않고 서로 포개지며 도시 스모그를 형성한다. 그러나 두 물질의 발생 원인은 다르다. 미세먼지는 크기를 반드시 따져보아야 한다. 크기가 제일 작은 미세먼지가 가장 눈여겨볼 만한데, 그런 미세 입자는 모래알 크기의 40분의 1, 사람 머리카락 지름의 3%에 해당한다. 그 같은 미세 입자는 화재, 화산 폭발, 화석 연료 연소, 비포장도로나 농사지을 때 나오는 비산 먼지, 빌딩 건축과 철거, 특정 제조 및 산업 공정, 타이어 마모, 가정 난방 등에서 배출된다. 지름이 2.5㎛(마이크로미터)보다 작기 때문에 PM2.5라고 알려진 미세먼지가 특히 위험하다. 이런 입자를 사람이 들이켜면 호흡기계에서 가장 깊은 통로인 기관지와 허파꽈리라는 작은 공기주머니에 도달하는데, 이곳이 혈관계와 산소의 가스 교환이 이루어지는 장소다. 그곳에 들어간 미세먼지는 폐 내벽 조직에 염증을 일으켜 회복 불가능한 손상을 입힌다. 또는 작은 크기 탓에 모세혈관계에 진입한 다음 전신으로 퍼져나가 심혈관 질환, 혈전, 심각한 장기 손상을 일으키기도 한다. 게다가 이들 미세먼지는 수은이나 납 등의 중금속 독소를 실어 나를 수도 있다. 미세먼지가 개별 운반하는 중금속이 소량이긴 하지만, 장기간 노출되어 축적되면 건강에 심각한 치명타를 가할 수도 있다.

이산화탄소, 이산화황, 오존, 이산화질소 같은 온실가스는 다양한 발생원에서 대기로 배출된다. 정유 공장, 도로 교통, 발전소, 산업 공정 등에서 온실가스를 배출한다는 사실이 밝혀진 지도 오래되었다. 농작물을 키울 때는 질소가 풍부한 비료나 가축 배설물이 빠질 수 없다. 농업적인 요인들이 포 계곡의 대기질과 특히 관련이 깊다. 파르메산 치즈와 파르마 햄의 인기를 보면 쉽게 알 수 있듯이, 포 계곡은 집약 농업과 정육 및 낙농업용 가축 사육의 주요 거점이다. 대기 오염과 관련해서 유럽 국가들은 유럽연합이 연소할 때 이산화탄소와 지상 오존을 다량 방출하는 디젤 연료를 수용함에 따라 건강상 심각한 대가도 치르고 있다.

최근에는 온실가스가 도로, 진입로, 지붕을 포장하는 데 쓰이는 일반 아스팔트에서도 발생한다는 사실이 밝혀졌다. 일반 대도시는 도시 지표면의 무려 45%가 아스팔트로 포장되어 있다. 날씨가 따뜻하고 햇볕이 내리쬐면 아스팔트가 달아올라 이산화질소와 오존을 통행 차량보다 더 많이 공중으로 내뿜기도 한다. 이런 가스가 호흡을 통해 직접 폐로 들어가면 호흡 통로에 염증을 일으켜 기침이나 숨 막힘, 심지어는 질식으로 인한 사망에까지 이르기도 한다. 또한 대기 중에 부유하던 온실가스가 햇빛과 열을 접하면 복잡한 화학 반응이 일어나 미세 물질로 변한다.

올봄과 여름에 환경론자들은 미세먼지 및 온실가스와 코로나19에 대한 취약성의 상관관계를 연구했다. 이들은 19세기 중엽 존 스노가 창시한 전통적인 역학을 따랐다. 스노는 런던에서 콜레라 사망률이 높은 집중 지점(핫스폿)을 런던에서 성업 중이던 여러 물 공급업체의 식수 공급망과 연계해 지도를 만들었다. 그는 일부 물 공급업체가 '극미생물'에 오염된 물을 공급하고 있다고 강하게 의심했다. 그는 당시의 현미경으로는 확인할 수 없었지만 그런 극미생물이 궁극적으로는 콜레라의 발병 원인으로 밝혀지리라 생각했다. 마찬가지로 현대 역학자들은 코로나19 전파의 '핫스폿'을 대기 오염이 심한 지역과 연계해 지도로 제작했다. 코로나19의 분자 메커니즘이 아직은 확인되지 않았지만, 코로나19

전파, 중증도, 사망률과 대기 오염 노출 양상과의 상관관계를 입증하는 확실한 증거를 내놓는 데 성공했다. 그러한 상관관계는 인종, 빈곤, 도시와 시골의 인구비와 같은 기타 관련 변수들을 통제한 이후에도 유효했다.

이런 연구를 지원한 유럽연합 집행위원회European Commission는 유럽 대륙 전역의 행정구역 66곳을 선택해 대기 측정 장비를 실은 위성에서 보내온 영상을 활용해 대기 오염 실태를 조사했다. 위원회 소속 과학자들은 유럽 대륙에서 대기의 질이 최악인 행정구역 다섯 곳 중 네 곳이 포 계곡에 위치한다는 사실을 밝혀냈다. 오염 물질을 터무니없이 많이 배출하는 곳이 이곳만은 아니라 해도 코로나19의 피해가 가장 심한 구역 네 곳 가운데 한 곳이 바로 롬바르디아주라는 점도 알아냈다.

롬바르디아의 코로나19 사태와 관련해서는 롬바르디아 지역이 위치한 포 계곡의 지형이 커다란 위험 요인으로 작용한다. 포 계곡은 북쪽과 서쪽은 알프스산맥, 남쪽은 아펜니노산맥, 이렇게 3면이 산맥으로 둘러싸여 거대한 사발 형태를 이루고 있는 탓에 편서풍이 오염 물질을 일소해 대기를 맑게 만들지 못한다. 그런 지형은 또한 따뜻한 공기층이 대류권 하층부에 있는 찬 공기 위에 형성되는 '기온 역전' 현상이 더 자주 지속해서 나타나는 원인이기도 하다. 그렇게 되면 스모그가 낮게 머물며 제자리에 갇혀 위로 올라가지 못한다. 이런 환경이다 보니 롬바르디아 상공의 스모그는 정체되어 있는 경우가 많다. 미국 항공우주국의 위성 영상에는 거대한 검은 오염 물질 구름이 포 계곡 상공에 꼼짝도 하지 않고 떠있는 모습이 담겨있다. 이런 더럽고 유독한 덩어리가 걸핏하면 이탈리아의 서부 국경선에서 동쪽 아드리아 해안까지 장장 652㎞에 걸쳐 떠있는 것이다.

바람의 하강 기류가 오염 물질에 미치는 영향을 조사한 연구 결과도 우려스럽기는 마찬가지다. 상승 기류로 인해 오염 물질이 대기 상층부로 이동하면 사방으로 흩어질 가능성이 높다. 오염 물질이 포 계곡 상공에 정체되어 있더라도 대류권에서는 아주 높이 떠있는 상태라 호흡을 통해 질병을 유발하지 못한다. 하강 기류가 계속되면 그와는 반대로 스모그를 지상에 가까이 묶어두어 사람들에게 미치는 오염 물질의 영향을 극대화한다. 안타깝게도 마침 코로나19가 롬바르디아 지역에서 조용히 전파되기 시작한 지난 1월과 2월에 하강 기류는 미세먼지와 가스를 사람들의 건강에 심각한 영향을 미치게 되는 지상까지 밀어붙였다. 대기오염 수치는 1월에는 23일간, 2월에는 11일간 법정 허용 수치를 초과했다.

2020년이 시작되면서 롬바르디아 주민들이 들이마신 대기 오염 물질은 주민들이 코로나19에 걸리고, 특히 중환자와 사망자 비율이 높아지게 된 중요한 요인이었다. 과학자들은 미세먼지에 노출되면 특정 바이러스성 질환에 대한 면역 반응이 일어나지 않는다는 사실을 밝혀냈으며, 일부 과학자들은 이런 면역억제 현상이 코로나19에 취약한 중요한 요인이라고도 주장한다. 따라서 이미 스모그 때문에 기침을 하거나 숨이 막히기도 하는 노인의 비중이 높은 인구집단이 호흡기 장애가 가장 공통적인 증상으로 나타나는 바이러스성 질환의 완벽한 먹잇감이 되었다. 이탈리아 노인층에 흡연자가 상당수 포함되어 있다는 사실도 상황을 악화시켰다. 담배 연기에서 미세 물질이 잔뜩 배출되기 때문이다. 여기 그로 인한 결과를 설명할 수 있는 통계가 있다. 2020년 8월 말까지 이탈리아는 코로나19로 총 3만 5,000명이 사망했는데, 롬바르디아에서만 그중 절반인 1만 7,000명이 사망했다.

팬데믹의 시작

풍향과 기온이 바뀌는 1월과 2월에 코로나19는 지역의 환대를 받으며 무증상 대인 감염을 중심으로 서서히 퍼지기 시작했다. 그러나 증상을 보이는 환자들조차 그다지 관심을 끌지 못했다. 새로 출현한 감염병일 수도 있다고 미처 생각하지 못한 의사들은 유증상 환자조차 잡아내지 못했다. 보건 당국과 임상의들은 폐 질환이 급증하는 현상을 두고 예기치 못한 중국발 미지의 코로나19라기보다는 계절성 독감으로 진단했다.

상황이 바뀐 계기는 대재난의 불쏘시개 역할을 한 극적인 '슈퍼전파' 사건이었다. 2월 19일에 밀라노에 위치한 이탈리아 최대 경기장인 산시로 경기장에서 롬바르디아주 베르가모의 축구팀 아탈란타와 스페인 축구 클럽 발렌시아 간의 챔피언스리그전이 열렸다. 오랫동안 특별한 성적을 내지 못했던 아탈란타가 챔피언스리그에 오르자 이탈리아 축구 팬들과 연고지 베르가모 주민들은 하루아침에 화려하게 변신한 이 신데렐라 팀에 열렬히 지지를 보냈다. 이 경기는 아탈란타 축구사에서 가장 중요한 경기였다.

아탈란타를 응원하는 4만 명에 이르는 베르가모 열성 팬들은 만원 열차를 타고 밀라노에 도착한 다음, 버스와 지하철로 산시로 경기장까지 이동했다. 그들은 개찰구에서 입장을 기다리는 수많은 축구 광팬들과 합류했다. 경기장을 가득 메운 관중들은 어깨를 맞대고 앉아 하이파이브를 주고받고 응원가를 부르며 후끈 달아오른 공기를 다 함께 들이마셨다. 이 같은 행동이 경기장을 거대한 배양 접시로 바꿔놓았다. 축구로만 보자면 아탈란타가 한 수 위인 스페인 팀을 상대로 4 대 1로 압승하며 이탈리아에 행복을 안겼지만, 보건으로 치면 불행의 시작이었다. 승리에 취한 팬들은 붐비는 실내에서는 바이러스가 급속도로 퍼질 수 있다는 것을 아는지 모르는지 인근 술집과 음식점에 죽치고 앉아 시간 가는 줄 모르고 노닥거렸다. 흥에 겨운 이들은 술자리를 파하고 난 다음 다시 만원 버스에서 기차로 갈아타고 고향으로 돌아왔다. 산시로 경기장은 물론 그 인근 지역과 교통 중심부가 팬데믹의 '그라운드 제로'가 되었다. 베르가모 시장은 축구 경기가 주민들의 건강에 어떤 영향을 미쳤는지 깨닫고 "경기가 감염의 도화선이 되었다"라며 통탄했다.

이탈리아의 첫 공식 코로나19 확진자는 2020년 2월 21일 롬바르디아의 작은 마을 코도뇨에서 진단을 받은 주민으로, 언론은 그에게 '최초환자'라는 이름을 붙였다. 통상 코로나19의 잠복기를 고려하면 이 첫 확진자가 아탈란타 경기와 관련이 있다고 볼 수는 없었다. 이름이 밝혀지지 않은 이 38세의 남성은 어디서 코로나에 감염되었는지 알 수 없었다. 그는 아파서 지역 병원 응급실을 찾았다가 독감으로 오진되어 독감 치료를 받고 병원을 나왔다. 그 후 며칠이 지나도 숨 쉬기가 곤란하자 다시 병원을 찾은 그는 그제야 코로나19 검사를 받고 격리되었지만, 이미 병원과 지역 사회에 코로나19를 전파한 뒤였다.

공중보건 초동 조치

코도뇨의 첫 환자 발생 소식보다 훨씬 위협적인 것은 베르가모에서 코로나19 확산세가 심상치 않다는 것이었다. 3월로 접어들자 지역 내에서 확산을 차단할 수 있는지 여부가 긴급 타진되었다. 잇따른 국제 사회의 경험을 통해 코로나19가 시작되면 강력하고 즉각적인 보건 대응이 필요하다는 게 드러났다. 이 점에서 한국의 대응이 국제 사회의 모범이

될 만하다. 미국《월스트리트 저널Wall Street Journal》은 "한국은 코로나바이러스 대응의 암호를 풀어낸 것으로 보인다"라고 평했다.[2] 한국에서는 첫 사망자가 나온 2월 20일을 기점으로 코로나19의 불길이 타올랐고, 이맘때 롬바르디아에서는 코로나19 발병이 시작되었다.

한국이 잘 대응할 수 있었던 이유는 2015년에 중동 외 지역에서 유일하게 메르스MERS 대유행을 겪은 나라였다는 데 있었다. 메르스 사태로 호되게 당한 한국의 보건 당국은 코로나바이러스의 위협을 재빨리 인지했고, 코로나19를 진압하기 위한 강도 높은 조치를 발 빠르게 취했다. 한국의 성공적인 정책으로는 대규모 진단 검사, 추적 관찰, 사회적 거리 두기, 의심 환자 자가 격리, 누구나 무료로 치료받을 수 있는 공중보건 서비스, 지역 주민에게 확진자 동선을 알려주는 알림 문자 등을 들 수 있다. 전 국민에게 방역 조치를 알리기 위해 보건 공무원들은 공중보건 전문가와 바이러스 학자의 도움을 받아 하루 두 차례 기자회견도 열었다. 이처럼 통일된 메시지를 전달하고 견실한 조치를 즉각적으로 이행한 결과, 한국은 몇 주 만에 코로나19를 통제할 수 있었다. 한국에서는 확산 범위도 제한적이고, 경제에 미치는 영향도 최소화되었으며, 사망률도 낮아 5월 30일까지 집계된 사망자는 총 269명에 그쳤다. 당국의 추가 조치가 더는 필요하지 않았다.

그러나 이탈리아는 세 가지 실질적인 이유로 한국과 유사한 긴급 조치를 취하지 못했다. 첫 번째 이유가 아마 가장 쉽게 이해될 법하다. 이탈리아 지방 정부와 중앙 정부는 팬데믹을 먼저 겪은 나라를 살펴본 다음 정책 결정에 참고하는 후발국이 누릴 수 있는 혜택을 누리지 못했다. 3월 초 코로나19를 먼저 겪었다고 볼 수 있는 나라는 중국뿐이었고, 중국의 재앙도 제대로 알려지지 않았다. 더욱이 증상을 보이는 심각한 사례가 나타날 때까지 무증상 보균자들과 더불어 명백히 증상을 보이는 환자들마저 독감으로 진단되는 바람에, 이미 수 주간 코로나19의 지역 사회 전염이 조용히 진행되고 있었다. 그러다 보니 위험이 만연할 때까지 시간을 허비했다. 한 논객에 따르면, "코로나는 이미 한동안 머물러 있었다. …… 사람들이 병원 밖으로, 도시로, 도시 밖으로, 지방으로 병을 옮겼다. 젊은이들은 부모나 조부모에게 옮겼다. 빙고 게임장에서, 커피숍에서 코로나는 퍼져나갔다."[3]

그러나 그 정도는 약과였다. 백신도 치료제도 없는 가운데 의료 당국이 사용할 수 있는 수단이라고는 격리 조치, 밀접 접촉자 추적, 사회적 거리두기, 마스크 착용뿐이라는 것이 3월에 알려졌다. 우한에서 취해졌던 이러한 조치들을 이탈리아 전문가들도 논했으며, 롬바르디아의 노조 간부들은 조합원의 안전을 우려하며 이행을 촉구했다. 그러나 이는 경제를 위협하는 가혹한 정책이었다. 따라서 논쟁의 반대편에 강력한 이해관계자들이 버티고 있었다. 재계는 미국의 전미제조업자 협회National Association of Manufacturers나 영국의 영국산업연맹Confederation of British Industry과 비견될 수 있는 최상의 기업가 기구인 이탈리아 산업총연맹Confindustria 이 주도했다. 이들은 강력한 로비를 벌여 생산 둔화나 공장 폐쇄의 가능성을 제기하는 모든 조치를 단호히 거부했다. 주세페 살라 밀라노 시장은 그들의 입장을 밝히고, 우한과는 달리 도시 봉쇄 조치는 취하지 않겠다며 "밀라노는 절대 잠들지 않는다"라고 도전적으로 선언했다.

마찬가지로 산업총연맹 베르가모 지부 스테파노 스칼리아Stefano Scaglia 회장은 2월 29일까지도 사태를 철저히 낙관했다. 그날 연맹은 '베르가모는 달리고 있다Bergamo is running'라는 영어 제목의 글을 게재했다. 그 글은 '감염 위험이 낮다'는 근거 없는 자신감을 드러내며 발표되었다. 더욱이 스칼리아는 당국이 상황을 잘 통제하고 있다며 걱정하는 독자들을 다독였다.[4]

한편, 정치 지도자들은 의료 수준을 오만하게 과신했다. 그들은 유럽의 문명, 부, 위생, 과학이라는 강건한 성벽이 유럽인들을 감염병으로부터 안전하게 보호한다는 논리를 폈다. 유럽연합 국가가 멀찌감치 떨어져 있는 개발도상국인 중국을 떠도는 한낱 바이러스에 초토화된다는 것은 생각할 수도 없는 일이었다. 미국 NBC 뉴스 보도처럼 "이탈리아 북부는 서구 사회에서 최고의 공중보건 시스템을 갖추고 있다. 이탈리아 의사들과 의료 전문가들은 우수한 훈련을 받았다. 그들은 코로나19가 부유하고 교육 수준이 높은 북부 지역에 돌기 시작했을 때 자신들이 준비된 상태라고 생각했다."[5]

이와는 대조적으로 세계보건기구 사무총장 테드로스 아드하놈Tedros Adhanom은 스위스 제네바에서 코로나19만을 주제로 매일 기자회견을 열었다. 어디서나 누구에게나 코로나19가 퍼질 수 있는 위험하고 심각한 상황이라고 경고했다. 더 나아가 시진핑 중국 주석이 강력한 조치를 취하는 동안 다른 국가들은 시간을 벌어 효과적으로 대비하도록 경고했다. 그의 경고를 귀담아듣지 않은 이탈리아는 아드하놈이 거듭 강조한 귀중한 '기회의 창'을 열지 못했다.

우선순위 지정의 지연과 실패가 국민의 건강을 위험에 빠뜨린 이탈리아 초동 대응의 두 가지 특징이라고 한다면, 이후 내린 두 가지 추가 결정은 위험을 가중시켰다. 두 가지 결정 모두 과학 연구 및 공공병원 시스템 지원 예산을 삭감해 '사회 복지'에 대한 정부 재정을 줄이겠다는 이탈리아 정치인의 정치 공약과 오만에서 비롯되었다. 그렇기에 코로나19가 롬바르디아에서 발병했을 때 보건 당국은 이탈리아 병원이 코로나19의 시험대에 오르게 되면 도전을 감당할 수 없으리라는 것을 알고 있었다. 병원은 최대 수용 한계, 적절한 수의 병상, 중환자실, 개인 보호 장비 공급 및 의료 규정과 관련해 적절한 의료진 교육이 부족한 상태였다. 일례로 이탈리아는 독일의 4분의 1밖에 되지 않는 1인당 중환자실로 코로나19에 맞서야 했다. 한때 우수한 치료 성과와 보편적인 이용 가능성으로 국가적 자부심을 안겨주었던 이탈리아 병원은 2020년 현재 감염병과 관련해서 자금난에 허덕이고 있다.

병원 시스템의 이러한 약점을 통감한 관료들은 코로나19 환자를 집에서 치료하면 부담을 줄일 수 있다고 결론 내렸다. 이 결정은 코로나19 전파와 환자가 받는 표준 치료에 모두 영향을 미쳤다. 전파와 관련해 가정에서 감염증 환자를 치료하려는 시도는 코로나19가 가족 구성원 사이에 전파되어 지역 사회 전파로 뻗어 나갈 수 있음을 의미했다. 게다가 치명적이고 잘 알지 못하는 감염병에 걸린 중증 환자가 응급실 의사와 감염병 전문가의 감독에서 벗어나 비전문가의 손에 맡겨질 수밖에 없음을 의미했다.

두 번째 치명적인 결정은 첫 번째 결정과 긴밀히 연관되어 있었다. 보건 당국은 65세 이상의 고령자는 입원할 수 없다는 결정을 내렸다. 여기서도 목표는 병원의 수용 인원에 대한 부담을 줄이자는 것이었지만, 결과적으로는 코로나19 확산은 물론, 사망률도 높았다. 이 규정대로라면 가장 취약한 환자들이 그들 상태에 맞는 최첨단 치료를 받을 수 없게 뻔했다. 의료 윤리 및 환자 분류에 대한 이 같은 새로운 접근 방식을 설명하기 위해 당국이 사용한 전문 용어로 말하자면, '환자 중심 치료'가 '지역 사회 치료'로 전환된다는 것이었다. 다시 말해, 가뜩이나 치료가 절박한 환자들은 대의를 위해 희생될 터였다.[6]

위기

뒤늦은 초동 조치가 혼란만 부추기자 더욱 힘을 받은 코로나19는 3월 초에 롬바르디아 전역에서 최고조로 극성을 부렸고, 다소 수그러들긴 했지만 이웃 지역인 베네토까지 위세를 떨쳤다. 산시로 경기장에서 축구 경기가 끝난 후 2주 동안 코로나19에 걸린 사람들이 속출했다. 롬바르디아 전역에서 발열, 기침, 호흡 곤란을 호소하는 환자들이 응급실을 찾았다. 《랜싯》의 보고에 따르면, 코로나19가 기승을 부리던 3월에서 5월 사이에 실제 사망자 수가 공식 통계보다 40% 가까이 많은 것으로 알려졌다. 이탈리아 전국으로 따지면 이 기간 코로나19 관련 실제 사망자 수는 '공식' 입장인 3만 3,386명을 한참 뛰어넘은 4만 4,000명을 넘어섰다는 말이었다. 이처럼 차이가 나는 까닭은 혼란스럽기만 하던 이 몇 달 동안 수많은 이들이 코로나19 치료도, 검사도 받지 못한 채 사망했기 때문이다.

그중에서도 가장 극적인 장면은 베르가모에서 연출되었다. 이탈리아에서 가장 많은 사망자와 환자가 발생한 베르가모의 12만 시민들은 다른 지역과 비교할 수 없는 트라우마를 겪었다. 베르가모 중심지에서 3~4월은 보이지 않는 적, 사스 코로나바이러스-2와 '전쟁'을 치르는 시기였다. 신규 확진자가 폭증하자 며칠간 구급차들이 교황 요한 23세의 이름을 딴 파파 조반니 병원Papa Giovanni XXIII Hospital에 환자들을 호송하기 시작했다. 구급차의 사이렌 소리가 밤낮없이 요란하게 파고들며 공포를 한층 부추겼다. 주민들은 사이렌 소리가 모두 치명적인 위험에 처해 있다고 전하는 공습경보를 상기시킨다고 했다. 노인들은 직접 겪은 제2차 세계대전을 기억에서 소환했으며, 젊은이들은 책에서 읽었거나 영화에서 보았거나 생존한 조부모의 이야기를 통해 들었던 제2차 세계대전과 진배없는 모습을 떠올렸다.

베르가모 주민들이 이탈리아 현대사의 가장 어두운 시절을 떠올렸다니 참으로 가슴 아프다. 제2차 세계대전이 이탈리아 전선에서 절정으로 치달으면서 포 계곡은 국제전, 독일 점령을 둘러싼 당파전, 이탈리아인들 간의 내전이 동시다발로 일어나는 전쟁터가 되었다. 시민들은 그때처럼 2020년에도 강력하게 중무장한 침략자를 상대로 여러모로 '비무장' 상태로 맞서야 하는 데 무력감을 느꼈다. 일상생활은 중단되고, 미래는 불투명하며, 사방에 쓰러진 자와 죽은 자들이 누워있었다. 구급차는 사이렌 소리 때문에, 또한 전투에서 부상당한 병사들을 돌보기 위해 설립된 적십자사의 자원봉사자들이 타고 있었기 때문에 전시 상황을 떠올리게 했다.

다른 고통스러운 장면들도 지금이 전시 같다는 생각을 더욱 굳혔다. 감염병 재앙에 늘 등장하는 말처럼, 죽은 자를 묻어줄 산 사람의 수가 부족해 보일 정도였다. 구급차마저 모자라 환자들과 시신이 오랜 기간 집에 방치되어 있었다. 지역 장례식장, 화장터, 묘지 등도 마찬가지로 수요가 웃도는 터라 관계 당국은 군대에 절실히 의존했다. 이탈리아군은 어둠이 내리자 베르가모까지 진군하는 긴 수송 차량을 급파했다. 군인들은 더는 베르가모에 매장할 수 없는 시신을 수거해 군용 트럭에 싣고 다른 12개 자치구에 흩어져 있는 화장터로 향했다.

코로나19 희생자 다수가 사랑하는 사람들과 떨어져 종교의식도 없이 낯선 땅에 비참하게 안치되었다. 《뉴욕타임스》는 3월 27일 자 기사에서 베르가모를 "세계에서 가장 많은 코로나19 사망자가 안치된 암울한 심장부"라 칭하며, 베르가모의 사망자 수가 공식 수치의 네 배인 8,000명에 육박하고 있다고 보도했다.[7] 베르가모의 지역 일간지 《에코 디 베르가모L'Eco di Bergamo》는 달랑 1면에 불과하던 부고란이 10면, 13면으로 늘어나는 것을 통해 사망자 수를 실감 나게 전했다.

수준 높은 진료로 유명한 950개 병상의 최신식 병원인 파파 조반니 23세 병원은 의료진 말마따나 '전장' 그 자체였다. 병원에서 의료진은 그들을 둘러싸고 포위망을 점점 좁혀오는 적과의 '전투'에 직접 가담했다. 병동, 중환자실, 수술실은 모두 코로나19 병동으로 급조되어 혼란과 절망의 장면을 연출했다. 용도 변경된 병실을 더해도 병실은 턱없이 부족했기에 환자들과 입원을 기다리는 사람들은 복도를 가득 메운 들것에 누울 수밖에 없었다. 한 의사는 병원이 '완전히 포화 상태'이며, 병상이며 개인 보호 장비, 인공호흡기, 의료 및 간호 인력, 영안실 등 필요한 모든 것이 부족하다고 했다. 무엇보다 의사들이 절실히 필요한 응급 상황이었기에 종양 전문의, 심장 전문의, 소아과 의사, 안과 의사들마저도 전문 분야에 관계없이 코로나19 치료에만 매달렸다. 마지막 연수 과정에 있는 의대생과 간호대생도, 은퇴한 의료진들도 모두 치료에 투입되었다. 러시아 출신 군사 바이러스 학자와 간호사 팀도 자체 통역사, 개인 보호 장비, 인공호흡기로 무장하고 자원군으로 속속 도착했다.

한편 베르가모에서 가장 크고 유명한 병원이라는 전장에서 의료진들은 방호복을 입어 덥고 폐소공포증을 느낄 만한 환경에서 교대하기 전 최장 16시간까지 길고도 지친 치료를 이어 가며, 자신의 목숨도 위태로운 건 아닌지, 자녀와 배우자, 동료, 이웃들에게 코로나19를 전파하지나 않을지 우려했다. 그들은 치료제도 없고, 거의 알려진 것도 없는 치명적인 병이라는 적과 싸워야 했다. 통증을 줄이고 생명을 구하려고 애쓰면서 좌절감도 맛보았다. 무엇보다도 이처럼 자원이 부족한 시기에 중환자실을 차지하고 인공호흡기를 달 수 있는 중증 환자를 선별해야만 한다는 책무가 그들을 더욱 옥죄었다. 어떤 환자는 완화 치료만 받을 수 있고, 어떤 환자는 입원이 전면 거부될 터였다. 한편, 환자를 돌보던 의료진도 코로나19에 걸렸다. 베르가모에서는 집에서 환자를 치료한 수많은 일반 의사을 포함해 병원 의사와 간호사의 약 25%가 코로나19에 걸렸다. 많은 이들이 이른바 '베르가모 대학살'이라는 전투에서 전사했다. 이들은 영웅의 참모습을 보여준, 최전방에서 전쟁의 위험을 무릅쓰고 싸우다 '쓰러진 군인들'이었다.[8]

그러나 전체적으로 사망자 대다수는 노년층이었다. 베르가모의 보고서마다 집계된 사망자가 '빙산의 일각'에 불과하다고 하는 만큼 코로나19 공식 집계는 신뢰하기가 힘들다. 지역 언론의 보도대로 공식 사망자 수는 검진을 통해 확인된 사례만 포함한 것이다. 그러나 코로나19 팬데믹기에 죽은 자는커녕 "산 자를 위한 진단 키트도 모자랄 지경이었다. 지난 수 주간 베르가모시는 사인도 확인할 수 없는 시신을 매장하는 중"이라고 언론은 밝혔다. 그러나 표본으로 잡은 수치들까지 살펴보면 베르가모 환자의 대다수가 65세 이상이며, 80세 이상은 치사율이 월등히 높다는 것을 알 수 있다.[9]

정확한 사망자 수치를 알 수 없다 해도 코로나19 팬데믹의 가장 두드러진 특징은 고령층이 가장 극심한 고통을 받는 것이라고 지역 주민, 언론인, 의사를 비롯한 모든 관찰자들이 이구동성으로 밝히고 있다. 베르가모에서 65세 이상 노인의 사망률이 높은 원인은 부분적으로는 기저 질환 때문인데, 고령층 환자들에 대한 병원 치료 유보 결정이 사망률을 한층 끌어올렸다. 파파 조반니 23세 병원 소속 의사 16인은 《뉴잉글랜드 의학 저널》에 보낸 공개서한에서 자신들이 목격한 '인본주의의 위기'에 경각심을 표했다. 의사들은 중증 노인 환자들 대다수가 치료는 물론 완화 치료도 받지 못한 채 고통을 겪거나 홀로 죽을 수밖에 없다는 것을 알면서도 마지못해 그들을 돌려보냈다. 종종 사망한 노인들의 가족들은 살아생전 환자와 접촉하지도 않았던 지친 의사들이 걸어온

전화 통화로 사망 소식을 접하게 된다고 서한은 밝혔다.

롬바르디아 노인층의 피해가 막대하다는 것은 요양원 입소 노인들이 비극적인 운명을 맞았다는 의미나 마찬가지였다. 이탈리아 노동조합총연맹Confederazione Generale Italiana del Lavoro, CGIL 간부들은 그 지역 65개 장기 요양 시설의 비극적 실태를 공개했다. 노총의 추정치에 따르면, 팬데믹이 시작한 시점부터 4월 7일까지 요양원 총 입소자의 25%에 해당하는 1,500명이 코로나19로 사망했다.

허약하고 늙은 몸을 더 선호하는 코로나19의 특징과 65세 이상의 환자에 대한 집중 치료를 거부하는 지역의 환자 분류 규정으로 인해 자행된 세대 대학살을 돌아보며 베르가모 출신 인류학자 루이자 코르테시Luisa Cortesi는 물었다.

> 노인들이 없는 이탈리아는 어찌 될까? 지혜의 보고, 제2차 세계대전 생존자, 이야기꾼, 부모이자 할아버지, 할머니인 그들이 없으면 어떻게 될까? 노인들이 한 분 두 분 돌아가시고 있다. 다 묻을 수도 없을 만큼 많은 관들이 추모관이며 교회, 호송차, 거리에 줄지어 있다. …… 거기서 우리의 노인들은 한 줌 재가 되기만을 기다리며 누워있다. 화장터의 불길은 하루 24시간 내내 시신을 태우며 연거푸 연기를 뿜어낸다. 타닥거리며 뼈와 레이스 칼라, 콧수염, 추억들을 모두 소각한다. 관 안에는 내가 태어난 장소에 대한 지혜가 소독 처리한 수의에 감싸진 채 담겨있다. 노인들 없이 우리는 어찌 될까?[10]

사회 계층과 직업이 이환율 및 사망률과 어느 정도 상관관계가 있는지 알면 도움이 될 것이다. 롬바르디아에서 코로나19는 보편적으로 인구 전체를 괴롭히는 '공평한 기회 질병'이었을까, 아니면 취약층과 빈곤층만 골라 불공평하게 공물을 요구하는 '사회적 질병'이었을까? 2020년 봄에 발생한 코로나바이러스 감염증의 가장 두드러진 특징은 이탈리아에서 가장 부유한 지역을 초토화했다는 것이다. 더 나아가 베르가모의 중심부에서는 의사들이 코로나19를 '부자들의 에볼라l'Ebola dei ricchi'로 부르며 상대적 빈곤이 감염의 주요인은 아니라고 했다. 그런 표현이 어느 정도 과장되었다고는 해도 관찰 일지와 공식 보고서에서 강조되고 있듯이 코로나19라는 특수 환경에서 의사들이야말로 코로나19로 심한 고통을 받는 집단이라는 게 일부 확인되었다. 안타깝게도 지금까지 모은 증거를 토대로 롬바르디아에서 확산된 코로나19의 사회적 특징에 관해 이보다 확실하고 정확한 분석은 나오기 어렵다. 공식 통계는 재난의 실제 규모를 심각하게 오도했고, 연령과 성별 외에 직업이나 거주지별 자료를 수집하려는 시도조차 하지 않았다. 그러나 기자들과 지역 주민들은 적어도 베르가모에서는 너나 할 것 없이 코로나19에 취약했다는 인상을 강하게 받았다.

전국 봉쇄

북부 지역이 겪은 난데없는 참극에 놀란 이탈리아 정부는 코로나19의 전국적인 확산 가능성을 우려해 3월 8일 북부 이탈리아에 대한 지역 봉쇄 조치를 내렸다. 다음 날 주세페 콘테Giuseppe Conte 총리는 더욱 분명하고 단호하게 대응했다. 3월 9일에 콘테 총리는 전국을 적용 대상으로 하는 초강수 긴급 칙령을 발표했고, 이탈리아는 코로나19에 맞서 전국 봉쇄령을 선언한 최초의 국가가 되었다. 그는 새로운 조치를 발표하기 위해 주최한 기자회견에서 "더는 시간이 없다. 이러한 조치에 책임

질 것이다. 우리의 미래는 우리 손에 달려있다"라고 말했다.[11]

총리는 이탈리아 전역을 단일 '보호 구역'으로 선포하며, '집에 머물러 달라'는 것이 국민들에게 전달하고자 하는 이동제한령의 핵심이라고 했다. 이를 위해 필수 서비스를 제공한다고 생각되는 노동자를 제외한 모든 이탈리아 국민들은 식료품을 위한 장보기와 약품 구매라는 단 두 가지 목적을 위해 외출하는 것을 제외하고는 집에 머물러야 한다고 내용을 안내받았다. 집 밖에 나갈 때도 마스크 착용과 사회적 거리두기를 의무화했다. 더 나아가 허가된 두 가지 활동을 위해 외출하기 전에 모든 시민은 외출 목적과 목적지가 명시된 '자가 확인서'라는 공문서를 인쇄해 서명해야 했다. 자가 확인서에 명시된 목적과 일치하지 않는 장소에서 당국에 적발당한 사람은 무거운 벌금형을 받을 수 있다.

콘테 총리는 봉쇄 조치의 세부 사항으로 이동 금지와 집합 금지를 명령했고, 이에 따라 필수 장소로 지정되지 않은 모든 상점, 기업, 공장을 비롯해 학교, 대학, 교회, 박물관, 극장, 카페, 식당이 모두 문을 닫았다. 공원의 공식 폐장과 같은 가벼운 추가 조치들과 특정 범주의 사업체는 4월 14일에 재개한다는 합의 등을 명시한 봉쇄령은 5월 4일까지 효력을 유지했다. 하지만 5월 4일 이후에도 지역 간 이동이 허용되지 않았고, 학교는 문을 닫았으며, 술집, 식당, 미용실, 이발소 등 일부 고위험 업소는 여전히 셔터를 내렸다.

콘테 총리의 봉쇄령 중 특히 눈여겨봐야 할 특징은 전달하고자 하는 본질적인 내용이었다. 봉쇄령에 따라 이탈리아 보건 정책은 전국에 걸쳐 획일적으로 시행되었다. 단 하나의 목소리로 봉쇄령을 발표하고, 그 근거를 설명했다. 국가, 가족, 친구, 자신을 지키기 위해 할 수 있는 유일한 수단을 구현하는 것이 봉쇄령이라는 것이었다. 발표 후 뉴스 매체, 벽보, 버스정류장의 현수막, 식료품점과 약국에 붙은 공지를 통해 코로나19의 의심 증상과 의심 시 연락을 취해야 할 지역 의료 당국 등 세부 정보를 국민에게 알렸다. 그 정도로도 모자라 일부 지자체에서는 확성기가 장착된 승합차들이 인근 지역을 돌며 시민들에게 실내 체류 의무를 일깨워주었다. 공인들이 개별적으로 봉쇄령의 구체적 사항을 비난하거나 적용 범위에 의문을 제기하기도 했지만, 콘테 총리의 정책은 모든 정당과 보건 당국, 의료진의 지지를 받았다.

여러모로 이탈리아 정책은 미국의 메시지와는 극명히 대비되었다. 미국의 보건 정책은 대통령이 코로나19의 심각성을 무시하고 백악관 고문과도 의견이 엇갈린 만큼 연방 정부 차원에서 방향성을 잃었다. 50개 주가 저마다 서로 다른 정책을 내놓고 있고 심지어는 상충하기까지 하며, 각 주의 카운티, 지자체, 학교 이사회는 저마다 자체 규정을 채택하고 있다. 음악에 비유하자면, 이탈리아는 단일 지휘자 아래 연주자 모두가 공동 프로젝트에 참여한 심포니 오케스트라와 비슷하다. 반면 미국은 지휘자도 없이 연주자들이 각기 다른 악보를 보고 연주하는 오케스트라 같았다. 결과는 불협화음이었다.

이처럼 메시지의 전달 방식이 다르다 보니 국민의 협조를 이끌어내는 메시지의 힘에도 두드러진 차이가 나타났다. 미국의 경우, 상당수의 미국인이 마스크 착용과 사회적 거리두기 같은 공중보건 권고 사항에 저항하는 등 혼란과 불신으로 가득했다. 이 같은 비협조적인 태도는 백악관 관료와 공화당 지도부에서부터 시작되었고, 그런 다음 그들의 지지자에게로 확대되었다.

반면 이탈리아에서는 협조하는 시민들이 압도적으로 많았다. 로마 일간지《일 메사제로_il Messaggero_》가 봉쇄령이 내려진 수 주 동안 관찰한 결과, 3천 년 역사에서 로마인들이 이토록 복종한 적은 처음이라고 했다. 로마의 한 지역에 머무르면서 관찰한 것이긴 하나 나도 이 결론을 지지한다. 콘테 총리의 공표는 분명했고, 정신을 바짝 차리게 했다. 시민들에게 자신과 이웃을 보호하기 위해 따라야 할 행동 수칙도 제시했다. 그리고 모든 사람이 국가라는 한배에 타고 있음을 확실히 알렸다. 봉쇄령은 매우 가혹한 조치였지만, 콘테 총리와 그의 의료 고문들이 그 비상사태를 책임지고 있고 그들이 무엇을 하고 있는지 알고 있다고 국민들을 심리적으로 안심시켰을 수 있었다.

국민 대다수의 협조가 뒷받침된 국가 봉쇄는 북부 이탈리아를 넘어 코로나19의 대규모 확산을 막는 효과적인 정책으로 입증되었다. 또한 코로나19의 전파 속도를 늦추고 소규모 감염으로 통제하는 데 성공적인 정책이었다. 이탈리아 정부는 3월 말에 코로나19 확산세가 정점에 달했고, 이후 신규 환자 수가 감소하며 사망자의 증가 속도가 전보다는 둔화했다고 발표했다. 5월 18일에 영업이 재개되고, 6월 3일에 이탈리아 국민들은 전국을 자유롭게 이동할 수 있게 되었다. 신규 확진자 수와 사망자 수를 낮은 수준으로 유지하며 사실상 봉쇄령이 종결된 것이다. 콘테 총리의 정책은 민주주의 국가라도 정치적 의지를 확고히 하고, 일관된 메시지를 전달하고, 과학적인 공중보건 원칙을 따른다면 코로나19를 억제하는 데 필요한 가혹한 조치도 취할 수 있음을 보여주었다.

그러나 2020년 여름을 맞으면서 두 가지 큰 걱정거리가 가시지 않고 있다. 첫째, 코로나19가 진정되고는 있지만 사라지지는 않았다는 데서 오는 걱정이다. 지금은 마스크 착용이나 사회적 거리두기를 할 필요성을 느끼지만, 날씨가 바뀌고 '코로나19 피로감'으로 경계심이 누그러지면서 주의를 덜 기울이게 되고, 경제·교육·사회 활동을 재개하려다가 나중에 다시 급증세로 돌아서는 것은 아닐까?

둘째, 코로나19를 앓은 다음 오랜 기간 아물지 않을 신체적·정신적 후유증에 충분히 관심을 기울일지도 걱정이다. 일부 환자들은 몸이 회복된 후에도 장기적인 치료와 보호가 필요하다는 게 확인되었다. 특히 중증 환자는 폐, 심장, 신장, 혈관, 뇌 등 주요 장기가 심각하게 손상되고, 피로감 등의 증상이 지속된다고 알려져 있다. 게다가 신체적인 유행병이 휩쓸고 간 다음에는 불확실성의 장기화, 일자리 손실, 사회적 고립, 죽은 친구와 친척에 대한 슬픔으로 촉발된 심리적 고통과 같은 2차 유행병이 돌지 않을까 싶다. 신체 질환을 앓고 난 지 한참이 지나도 정서적·심리적 타격이 너무 커서 한동안 얼얼함은 쉬 가시지 않을 것이다.

주

제2장 체액 의학—히포크라테스와 갈레노스의 유산

1 호메로스, 《일리아드》 1권, 새뮤얼 버틀러(Samuel Butler) 번역, http://classics.mit. edu/Homer/iliad.1.i.html, 2017년 9월 20일 접속.

2 〈제리 폴웰 목사(The Rev. Jerry Falwell)〉, 《가디언》, 2007년 5월 17일, http://www. theguardian.com/media/2007/may/17/broadcasting.guardianobituaries.

3 〈루터의 탁상 담화(Luther's Table Talk)〉, 바틀비닷컴(Bartleby.com), http://www. bartleby.com/library/prose/3311.html, 2018년 8월 16일 접속.

4 히포크라테스, 《신성한 질병에 관하여 *On the Sacred Disease*》, 프랜시스 애덤스(Francis Adams) 번역, http://classics.mit.edu/Hippocrates/sacred.html, 2017년 9월 17일 접속.

5 찰스 에드워드 윈즐로(Charles‑Edward Winslow), 《감염병의 정복: 사상의 역사 속 한 장 *The Conquest of Epidemic Disease: A Chapter in the History of Ideas*》(프린스턴: 프린스턴대학 출판부, 1943), 55~56.

6 비비안 뉴튼(Vivian Nutton), 〈치유사와 고대 그리스에서의 치유법(Healers and the Healing Act in Classical Greece)〉, 《유로피언 리뷰 *European Review*》 7, 1호(1999년 2월): 31.

7 비비안 뉴튼, 〈갈레노스의 성쇠(The Fortunes of Galen)〉, R. J. 핸킨슨(R. J. Hankinson), 《갈레노스의 케임브리지 동반자 *The Cambridge Companion to Galen*》(케임브리지: 케임브리지대학 출판부, 2008), 361.

8 위의 책, 355.

제3장 3대 페스트 팬데믹의 개요─541~1950년경

1 중세 자료집의 프로코피우스 편, 프로코피우스의 전쟁사(History of Wars) 시리즈 중
   《페스트*The Plague*》, 542, [H. B. 듀잉(H. B. Dewing)이 번역한《전쟁사》2권 21~33장
   스캔, 뢰브도서관의 그리스와 로마 고전 시리즈(Loeb Library of the Greek and Roman
   Classics(1914)], http://sourcebooks.fordham.edu/source/542procopius - plague.asp,
   2017년 9월 20일 접속.

2 윌리엄 체스터 조던(William Chester Jordan),《대기근: 14세기 초 북유럽*The Great
   Famine: Northern Europe in the Early Fourteenth Century*》(프린스턴: 프린스턴대학 출판
   부, 1997), 24.

3 페르 라게로스(Per Lagerås),《환경과 사회와 흑사병: 스웨덴의 중세 후기 위기에 대한
   학제 간 접근법*Environment, Society and the Black Death: An Interdisciplinary Approach to
   the Late-medieval Crisis in Sweden*》[옥스퍼드: 옥스보우, 2016], 8.

4 위의 책, 7.

제4장 질병으로 본 페스트

1 중세 자료집의 프로코피우스 편, 프로코피우스의 전쟁사(History of Wars) 시리즈 중
   《페스트*The Plague*》, 542, [H. B. 듀잉(H. B. Dewing)이 번역한《전쟁사》2권 21~33장
   스캔, 뢰브도서관의 그리스와 로마 고전 시리즈(Loeb Library of the Greek and Roman
   Classics(1914)], http://sourcebooks.fordham.edu/source/542procopius - plague.asp,
   2017년 9월 20일 접속.

2 앤드루 커닝햄(Andrew Cunningham)·올레 피터 그렐(Ole Peter Grell),《종말의 네
   기사: 종교개혁 시기 유럽의 종교, 전쟁, 기아, 죽음*The Four Horsemen of the Apocalypse:
   Religion, War, Famine and Death in Reformation Europe*》(케임브리지: 케임브리지대학 출
   판부, 2000), 283.

3 1903년 자일스 F. 골즈브로(Giles F. Goldsbrough),《영국 동종요법협회*British
   Homeopathic Society*》11(런던, 1903), 256 참고;《소아 감염병의 원리 및 실습*Principles
   and Practice of Pediatric Infectious Disease*》4판[엘스비어(Elsevier), 2012] 중 2012년에

테레사 J. 오초아(Theresa J. Ochoa), 미구엘 오라이언(Miguel O'Ryan)이 쓴 〈감염병의 병인론적 물질(Etiologic Agents of Infectious Diseases)〉 참고[《사이언스다이렉트*ScienceDirect*》, 〈종창(Bubo)〉 참고, http://www.sciencedirect.com/topics/medicine – and – dentistry/bubo, 2018년 8월 17일 접속].

4   제인 스티븐스 크로셔(Jane Stevens Crawshaw), 《페스트 병원: 근대 초기 베니스의 도시 공중보건*Plague Hospitals: Public Health for the City in Early Modern Venice*》[파넘: 애쉬게이트(Farnham: Ashgate), 2012], 143.

5   로드리고 J. 곤잘레스(Rodrigo J. Gonzales)·버지니아 L. 밀러(Virginia L. Miller), 〈죽음의 길: 림프절 페스트 유행기 동안의 박테리아 전파(A Deadly Path: Bacterial Spread during Bubonic Plague)〉, 《미생물학 동향*Trends in Microbiology*》 24, no. 4(2016년 4월), 239~241, http://doi. org/10.1016/j.tim.2016.01.010.

6   레이철 C. 애벗(Rachel C. Abbott)·토니 E. 록(Tonie E. Rocke), 《페스트*Plague*》, 미국 지질조사국(US Geological Survey) 안내문 1372, 국립야생보건센터(National Wildlife Health Center) 2012, p. 7, http://pubs.usgs.gov/circ/1372/, 2016년 11월 23일 최종 수정.

7   광장의 미카엘(Michael of Piazza)은 다음 책에서 발췌했다. 수잔 스콧(Susan Scott)·크리스토퍼 J. 던컨(Christopher J. Duncan), 《흑사병의 귀환: 세계 최악의 연쇄 살인마*Return of the Black Death: The World's Greatest Serial Killer*》[치체스터: 와일리(Chichester: Wiley), 2004], 14~15.

8   로저 D. 페하우스(Roger D. Pechous)·비자이 시바라만(Vijay Sivaraman)·니콜라스 M. 스타술리(Nikolas M. Stasulli)·윌리엄 E. 골드만(William E. Goldman), 〈폐페스트: 예르시니아 페스티스의 약점(Pneumonic Plague: The Darker Side of Yersinia pestis)〉, 《미생물학 동향》 24, 3호(2016년 3월): 194, 196.

9   M. 드랜쿠트(M. Drancourt), 〈결국 페스트는 페스트다(Finally Plague Is Plague)〉, 《임상 미생물학과 감염*Clinical Microbiology and Infection*》 18, no. 2(2012년 2월): 105.

10 중세 자료집의 보카치오 편, 조반니 보카치오(Giovanni Boccaccio), 데카메론 – 도입[《데카메론》에서 스캔, M. 리그(M. Rigg) 번역(런던, 1921)], https://sourcebooks.fordham.edu/source/boccacio2.asp, 2018년 8월 18일 접속.

제5장 페스트에 대한 반응

1 대니얼 디포,《전염병 연대기》[케임브리지: 채드윅 - 힐리(Chadwyck - Healey), 1996], 111~112.

2 로즈마리 호록스(Rosemary Horrox)가 편집한《흑사병 *The Black Death*》(맨체스터: 맨체스터대학 출판부, 1994), 125쪽에서 인용한 중세 말 초급 독본 기도문.

제6장 에드워드 제너 이전의 천연두

1 마이클 B. A. 올드스톤(Michael B. A. Oldstone),《바이러스와 페스트와 역사 *Viruses, Plagues, and History*》(옥스퍼드: 옥스퍼드대학 출판부, 2000), 8.
  이 구절의 원문은 다음과 같다. "a piece of nucleic acid surrounded by bad news" 피터 메더위의 원래 표현은, 바이러스는 단백질로 포장된 한 나쁜 소식이다(virus as "a piece of bad news wrapped in protein)이다. 그러나 여행관련 작가 빌 브라이슨(Bill Bryson)이 'a piece of nucleic acid surrounded by bad news'라고 잘못 인용한 것으로, 이 책의 저자가 빌 브라이슨의 오류를 인용했다. – 옮긴이

2 도널드 R. J. 홉킨스(Donald R. J. Hopkins),《왕자와 농부: 역사에서의 천연두 *Princes and Peasants: Smallpox in History*》(시카고: 시카고대학 출판부, 1983), 3.

3 C. W. 딕슨(C. W. Dixon),《천연두 *Smallpox*》[런던: J. A. 처칠(J. A. Churchill), 1962], 8~11.

제7장 천연두의 역사적인 영향

1 토머스 매콜리(Thomas Macaulay),《매콜리경의 작품 전집 *The Complete Works of Lord Macaulay*》, 8권(보스턴: 호턴 미플린(Houghton mifflin), 1900), 272.

2 찰스 디킨스(Charles Dickens),《황폐한 집 *Bleak House*》[런던: 브래드버리 앤드 에반스 (Bradbury and Evans), 1953], 354.

3 윌리엄 새커리(William Thackeray),《윌리엄 메이크피스 새커리 작품집 *The Works of*

William Makepeace Thackeray》14권《헨리 에즈먼드 이야기*The History of Henry Esmond*》
[뉴욕: 조지 D. 스프럴(George D. Sproul), 1914)], 91.

4 위의 책, 103.

5 에드워드 제너,《백신 접종의 기원*On the Origin of the Vaccine Inoculation*》[런던: D. N. 셔리(D. N. Shury), 1801], 8.

6 샘 킨(Sam Kean), 〈도시의 두창: 소에서 논쟁으로, 천연두 백신의 승리(Pox in the City: From Cows to Controversy, the Smallpox Vaccine Triumphs)〉,《휴머니티스*Humanities*》34, no. 1(2013), https://www.neh.gov/humanities/2013/januaryfebruary/feature/pox‒in‒the‒city.

7 미국 의회, 세출위원회, 노동보건복지, 교육 및 관련 기관 소위원회 주관,《국제 폴리오 및 홍역 퇴치운동*Global Eradication of Polio and Measles*》, 미 상원 청문회 일지, 105~883, 미 상원 105대 의회 제2회기 특별 청문회(워싱턴 D.C.: 미국정부인쇄국, 1999), 2.

제8장 전쟁과 질병 — 나폴레옹, 황열, 아이티 혁명

1 〈1804년 아이티 독립 선언(The Haitian Declaration of Independence: 1804)〉, 듀크 뉴스 및 커뮤니케이션 사무소(Duke Office of News & Communications), https://today.duke.edu/showcase/haitideclaration/declarationstext.html, 2018년 8월 21일 접속.

2 플라비아 플로렌티노 바렐라(Flávia Florentino Varella)의 글 〈새로운 인종, 새로운 질병: 로버트 사우디의《브라질 역사(1810~1819)》에 나타난 인종 혼합을 통한 식민화 가능성(New Races, New Diseases: The Possibility of Colonization through Racial Mixing in History of Brazil(1810~1819) by Robert Southey)〉에서 인용한《로버트 사우디의 삶과 서신*Life and Correspondence of Robert Southey*》, 2권, 1850. 바렐라의 글은 학술지《과학보건의 역사 ‒ 망긴요스*História, Ciencias, Saúde‒Manguinhos*》23호, 부록 1(2016)에 수록, http://www.scielo.br/scielo.php?pid=S0104‒59702016000900015&script=sci_arttext&tlng=en.

3 로빈 블랙번(Robin Blackburn), 〈아이티, 노예제, 민주주의 혁명의 시대(Haiti, Slavery, and the Age of the Democratic Revolution)〉,《윌리엄 앤드 메리 쿼털리*William and Mary Quarterly*》, 63, no. 4(2006): 647~648.

4 필립 지라르(Philippe Girard), 〈캐리비안 인종 학살: 아이티의 인종 전쟁(Caribbean Genocide: Racial War in Haiti, 1802–4)〉, 《편견의 양상*Patterns of Prejudice*》 39, no. 2(2005): 144.

5 로랑 뒤부아(Laurent Dubois), 《신세계의 어벤저스: 아이티 혁명의 이야기*Avengers of the New World: The Story of the Haitian Revolution*》(케임브리지, MA: 하버드대학 출판부, 2004), 113.

6 '1794년 2월 4일 국민공회 모든 식민지에서 노예제 폐지 선언(Decree of the National Convention of 4 February 1794, Abolishing Slavery in All the Colonies)', 자유, 평등 박애(Liberty, Equality, Fraternity), https://chnm.gmu.edu/revolution/d/291/, 2018년 8월 21일 접속.

7 필립 지라르, 〈캐리비안 인종 학살: 아이티의 인종 전쟁〉, 145~146.

8 필립 지라르, 〈나폴레옹 보나파르트와 생도맹그 노예 해방 쟁점 사안, 1799~1803*Napoléon Bonaparte and the Emancipation Issue in Saint-Domingue, 1799~1803*〉, 《프랑스 역사 연구*French Historical Studies*》 32, no. 4(2009년 가을호): 604.

9 존 S. 마르(John S. Marr)·존 캐시(John T. Cathey), 〈1802년 생도맹그 황열 유행과 루이지애나 구매(The 1802 Saint-Domingue Yellow Fever Epidemic and the Louisiana Purchase)〉, 《공중보건관리실무 저널*Journal of Public Health Management Practice*》 19, no. 1(2013): 79.

10 '1492~1805년 아이티의 역사: 생도맹그에서 총사령관 르클레르(History of Haiti, 1492–1805: General Leclerc in Saint-Domingue),' https://library.brown.edu/haitihistory/9.html, 2015년 10월 27일 접속.

11 니콜라 피에르 질베르(Nicolas Pierre Gilbert), 《10년 동안 생도맹그의 프랑스군의 병력: 황열의 기억*Histoire médicale de l'armée française à Saint-Domingue, en l'an dix; ou mémoire sur la fièvre jaune*》[파리: 길레미넷(guilleminet), 1803], 55.

12 필립 지라르, 〈나폴레옹 보나파르트와 생도맹그 노예 해방 쟁점 사안, 1799~1803〉, 614.

13 필립 지라르, 《나폴레옹을 격퇴한 노예들: 투생 루베르튀르와 아이티 독립전쟁*The Slaves Who Defeated Napoleon: Toussaint Louverture and the Haitian War of Independence*》(터스컬루사: 앨라배마대학 출판부, 2011), 165.

14 필립 지라르, 〈나폴레옹 보나파르트와 생도맹그 노예 해방 쟁점 사안, 1799~1803〉, 615.

15 필립 지라르, 《나폴레옹을 격퇴한 노예들: 투생 루베르튀르와 아이티 독립전쟁》, 272.

제9장 전쟁과 질병 — 1812년 러시아에서의 나폴레옹과 이질, 발진티푸스

1 유진 타를, 《나폴레옹의 러시아 침공, 1812년 *Napoleon's Invasion of Russia, 1812*》(뉴욕: 옥스퍼드대학 출판부, 1942), 3.

2 위의 책, 54.

3 위의 책, 46~47.

4 J. 크리스토퍼 헤럴드(J. Christopher Herold), ed., 《나폴레옹의 정신: 그의 말과 글 모음집 *The Mind of Napoleon: A Selection of His Written and Spoken Words*》(뉴욕: 컬럼비아대학 출판부, 1955), 270.

5 필리프 드 세귀르, 《1812년 나폴레옹 황제가 감행한 러시아 원정의 역사 *History of the Expedition to Russia Undertaken by the Enperor Napoleon in the year 1812*》, 1권(런던, 1840), 135.

6 레몽 A. P. J. 드 몽테스키외페젠삭, 《1812년 러시아 원정 일지 *A Journal of the Russian Campaign of 1812*》, W. 놀리스(W. Knollys) 번역(런던, 1852), 38.

7 필리프 드 세귀르, 《1812년 나폴레옹 황제가 감행한 러시아 원정의 역사》, 258.

8 카를 폰 클라우제비츠, 《1812년 러시아 원정 *The Campaign of 1812 in Russia*》[런던: 그린힐(Greenhill), 1992], 11~12.

9 레몽 A. P. J. 드 몽테스키외페젠삭, 《1812년 러시아 원정 일지》, 39.

10 필리프 드 세귀르, 《1812년 나폴레옹 황제가 감행한 러시아 원정의 역사》, 258.

11 위의 책, 233.

12 도미니크 장 라레(Dominique Jean Larrey), 《라레 남작의 회고록 *Memoir of Baron Larrey*》(런던, 1861), 120.

13 조지 볼링걸(George Ballingall), 《인도에 주둔한 유럽군 진영에서 발생한 열병, 이질, 간 질환에 관한 실제 관찰*Practical Observation on Fever, Dysentery, and Liver Complaints as They Occur among the European Troops in India*》(에든버러, 1823), 49.

14 필리프 드 세귀르, 《1812년 나폴레옹 황제가 감행한 러시아 원정의 역사》, 195.

15 위의 책, 184.

16 스테판 탈티(Stephan Talty), 《유명한 죽음: 어떻게 발진티푸스가 나폴레옹의 가장 위대한 군대를 죽였지에 대한 무서운 이야기*The Illustrious Dead: The Terrifying Story of How Typhus Killed Napoleon's Greatest Army*》(뉴욕: 크라운, 2009), 156.

17 레오 톨스토이, 《전쟁의 생리: 나폴레옹과 러시아 원정*The Physiology of War: Napoleon and the Russian Campaign*》, 헌팅턴 스미스(Huntington Smith) 번역(뉴욕, 1888), 41~43.

18 필리프 드 세귀르, 《1812년 나폴레옹 황제가 감행한 러시아 원정의 역사》. 339.

19 레몽 A. P. J. 드 몽테스키외페젠삭, 《1812년 러시아 원정 일지》, 53.

20 유진 타를, 《나폴레옹의 러시아 침공, 1812년》, 201.

21 레오 톨스토이, 《전쟁의 생리》, 56~57.

22 필리프 드 세귀르, 《1812년 나폴레옹 황제가 감행한 러시아 원정의 역사》, 79.

23 장바티스트 프랑수아 부르고뉴(Jean-Baptiste François Bourgogne), 《부르고뉴 부사관의 회고록*Memoirs of Sergeant Bourgogne*》(1812~1813), 폴 코틴(Paul Cottin)과 모리스 헤놀트(Maurice Henault) 번역[런던: 컨스테이블(Constable), 1996], 56~57.

24 레오 톨스토이, 《전쟁의 생리》, 84.

25 도미니크 장 라레, 《라레 남작의 회고록》, 135.

26 필리프 드 세귀르, 《1812년 나폴레옹 황제가 감행한 러시아 원정의 역사》, 231.

27 스테판 탈티, 《유명한 전사자들: 발진티푸스가 휘두른 독검에 쓰러진 나폴레옹 정예부대의 끔찍한 이야기》, 205.

28 아담 자모이스키(Adam Zamoyski), 《1812년: 나폴레옹의 치명적 모스크바 행군*1812: Napoleon's Fatal March on Moscow*》[런던: 하퍼 콜린스(Harper Collins), 2004], 51.

29 도미니크 장 라레,《라레 남작의 회고록》, 167.

30 D. 캠벨(D. Campbell),《감염성 낮은 열병인 발진티푸스의 독성과 발진티푸스의 발생 및 전염성 예방 수단 고찰*Observations on the Typhus, or Low Contagious Fever, and on the Means of Preventing the Production and Communication of This Disease*》(랭커스터, 1785), 35.

31 스테판 탈티,《유명한 죽음: 어떻게 발진티푸스가 나폴레옹의 가장 위대한 군대를 죽였지에 대한 무서운 이야기》, 167.

32 루돌프 피르호(Rudolf Virchow),《기근열과 발진티푸스 관련 다른 형태 관찰*On Famine Fever and Some of the Other Cognate Forms of typhus*》(런던, 1868), 9.

33 레몽 A. P. J. 드 몽테스키외페젠삭,《1812년 러시아 원정 일지》, 88, 126.

34 위의 책, 148~149.

35 장바티스트 프랑수아 부르고뉴,《부르고뉴 부사관의 회고록》, 77.

36 찰스 에스데일(Charles Esdaile),《나폴레옹의 전쟁: 세계사, 1803~1815 *Napoleon's Wars: An International History, 1803~1815*》[런던: 알렌 레인(Allen Lane), 2007], 13~14

제10장 파리 의과대학

1 애스베리 서머빌(Asbury Somerville), 〈유행병학자 토머스 시드넘(Thomas Sydenham as Epidemiologist)〉,《캐나다 공중보건 저널*Canadian Public Health Journal*》 24, no. 2(1933년 2월), 81

2 찰스 에드워드 윈즐로,《감염병의 정복: 사상의 역사 속 한 장》, 166.

3 조지 와이즈(George Weisz), 〈파리 의학의 재건: 에세이 리뷰(Reconstructing Paris Medicine: Essay Review〉,《의학사 회보*Bulletin of the History of Medicine*》 75, no. 1(2001): 114

4 '치료학과 구블러 교수의 파리 의과 대학 취임 강연'에서 발췌,《랜싯*Lancet*》 93, no. 2382(1869): 564~565.

5 외젠 쉬(Eugène Sue),《파리의 미스터리 *The Mysteries of Paris*》 3권(런던, 1846), 291~292.

제11장 위생개혁운동

1 에드윈 채드윅(Edwin Chadwick), 《대영제국 노동 인구의 위생 상태에 대한 보고서*Report on the Sanitary Condition of the Laboring Population of Great Britain*》(에든버러: 에든버러대학 출판부, 1965년; 초판 1842), 210.

2 토머스 사우스우드 스미스(Thomas Southwood Smith), 《열병에 관한 소회*A Treatise on Fever*》(필라델피아, 1931), 205, 212.

3 위의 책, 206.

4 에드윈 채드윅, 《대영제국의 노동 인구의 위생 상태에 대한 보고서》, 80.

5 위의 책, 81.

6 위의 책, 84~85.

7 위의 책, 266~267.

8 위의 책, 268.

9 소크라테스 리트시오스(Socrates Litsios), 〈찰스 디킨스와 위생개혁운동(Charles Dickens and the Movement for Sanitary Reform)〉, 《생물학적·의학적 시각*Perspectives in Biology and Medicine*》, 46, no. 2(2003년 봄): 189.

제12장 질병의 세균론

1 존 스노(John Snow), 《콜레라의 전파 방식에 관하여(On the Mode of Communication of Cholera)》(1855), http://www.ph.ucla.edu/epi/snow/snowbook.html.

2 위의 책, 〈골든 스퀘어 브로드스트리트 지역에서 오염된 물로 콜레라가 전파된 사례(Instances of the Communication of Cholera through the Medium of Polluted Water in the Neighborhood of Broad Street, Golden Square)〉, http://www.ph.ucla.edu/epi/snow/snowbook2.html.

3 에밀리 C. 파케(Emily C. Parke), 〈고기에는 파리, 나무에는 말벌: 프란체스코 레디의 즉흥적인 세대 실험의 재평가(Flies From Meat and Wasps from Trees: Reevaluating

Francesco Redi's Spontaneous Generation Experiments)〉,《역사철학 연구 C: 생물학 및 생의학 과학의 역사와 철학 연구*Studies in History and Philosophy Science, Part C: Studies in History and Philosophy of Biological and Biomedical Sciences*》, 45 (2014년 3월): 35.

4 로버트 게인스(Robert Gaynes),《세균론: 감염병의 의학계 선구자들*Germ Theory: Medical Pioneers in Infectious Diseases*》(워싱턴 D.C.: ASM, 2011), 155.

5 낸시 톰스(Nancy Tomes),《세균의 복음: 1870~1930년 미국 공중보건의 역사*The Gospel of Germs: Men, Women, and the Microbe in American Life*》(케임브리지, MA: 하버드 대학 출판부, 1998), 26~27.

6 토마스 슈리히(Thomas Schlich), 〈무균법과 세균학: 수술 및 실험실 과학의 재편 (Asepsis and Bacteriology: Realignment of Surgery and Laboratory Science)〉,《메디컬 히스토리*Medical History*》 56, no. 3(2012년 6월), 308~334. https://www.ncbi.nlm.nih.gov/pcm/articles/PCM3426977/에서도 확인.

7 낸시 톰스,《세균의 복음: 1870~1930년 미국 공중보건의 역사》, 184.

제13장 콜레라

1 A. J. 월(A. J. Wall),《아시아 콜레라: 역사, 병리학, 현대 치료법*Asiatic Cholera: Its History, Pathology and Modern Treatment*》(런던, 1893), 39.

2 프랭크 스노든(Frank Snowden),《콜레라 시대의 나폴리*Naples in the Time of Cholera*》(케임브리지: 케임브리지대학 출판부, 1995), 17.

3 마크 트웨인,《철부지의 해외 여행기*Innocents Abroad*》(하트퍼드, 코네티컷, 1869), 316.

4 악셀 문테(Axel Munthe),《애도의 도시에서 온 편지*Letters from a Mourning City*》[런던: J. 머리(J. Murray), 1887], 35.

5 〈나폴리의 위생 상태(The Sanitary Condition of Naples)〉,《런던 타임스》, 1884년 9월 27일.

6 '1881년 예산 보고서(Report on the budget of 1881)', 1881년 7월 14일,《나폴리시 의회 활동*Atti del consiglio comunale di Napoli*》, 1881, 371.

7 주세페 솜마(Guiseppe Somma),《항구 지역에서 발생한 콜레라와 관련한 1884년의 건강 보고서 Relazione sanitaria sui casi di colera avvenuti in sezione Porto durante la epidemia dell'anno 1884》(나폴리, 1884), 4;〈나폴리의 페스트 현황(Plague Scenes in Maples)〉,《뉴욕타임스》, 1884년 9월 14일.

8 〈1884년 콜레라가 확산했을 때 나폴리에서 보낸 한 달(Un mois à Naples pendant l'épiémie cholérique de 1884)〉,《몽펠리 의학 학술지 7 Gazette hebdomadaire des sciences médicales de Montpellier 7》(1885), 125.

9 〈남부 이탈리아(Southern Italy)〉,《런던 타임스》, 1884년 9월 4일.

10 로저 애트우드(Roger Atwood),〈페루에서 콜레라 하루에 1,500건 발생(Cholera Strikes 1500 a Day in Peru)〉,《로스앤젤레스 타임스》, 1991년 3월 24일, p. A8.

11 〈리마 빈민가를 관통한 페루의 콜레라 유행(Peruvian Cholera Epidemic Spreading through Lima Slums)〉,《글로브 앤드 메일 Globe and Mail》, 1991년 2월 15일, p. A12.

12 나다니엘 C. 내시(Nathaniel C. Nash),〈모델 리마 병원에 광란과 즉흥성을 가져온 콜레라: 빈곤 속에서 질병이 빠르게 확산하고 있다(Cholera Brings Frenzy and Improvation to Model Lima Hospital: Amid Poverty, a Disease Is Growing Fast)〉,《뉴욕타임스》, 1991년 2월 17일, p. 3.

13 미 의회, 외교 하원위원회, 서반구 산하위원회, "중남미의 콜레라 감염병(The Cholera Epidemic in Latin America)", 하원의원 산하 외교 서반구 위원회 청문회, 102대 의회 제1회기, 1991. 5. 1.(워싱턴 D.C.: 미국정부인쇄국)

14 나다니엘 C. 내시,〈콜레라 시대의 후지모리: 페루의 자유낙하(Fujimori in the Time of Cholera: Peru's Free Fall)〉,《뉴욕타임스》, 1991년 2월 24일, p. E2.

15 로저 애트우드,〈페루에서 콜레라 하루에 1,500건 발생〉,《로스앤젤레스 타임스》, 1991년 3월 24일.

16 세계보건기구, "자료표: 콜레라(Fact Sheet: Cholera)", 2018년 2월 1일, http://www.who.int/en/news - room/fact - sheets/detail/cholera.

17 유엔 인도주의업무조정실(UN Office for the Coordination of Humanitarian Affairs), "아이티: 콜레라 수치(Haiit: Cholera Figures)(2018년 4월 27일 기준)", 2018년 4월 27일, ReliefWeb, http://reliefweb.int/report/haiti/haiti - cholera - figures - 27 -

april – 2018.

18 J. 글렌 모리스 Jr.(J. Glenn Morris, Jr.), 〈콜레라 – 현대의 유서 깊은 팬데믹 질병 (Cholera – Modern Pandemic Disease of Ancient Lineage)〉,《신종 감염병*Emerging Infectious Diseases*》, 17, no. 11(2011년 11월): 2099~2104, http://wwwnc.cdc.gov/eid/article/17/11/11 – 1109_article.

제14장 낭만주의 시대의 결핵—소모성 질환

1 모리스 피시버트(Maurice Fishbert),《폐결핵*Pulmonary Tuberculosis*》, 3rd ed.[필라델피아: 리아 & 페비거(lea & febiger), 1922], 68.

2 존 버니언(John Bunyan),《악인 씨의 삶과 죽음*The Life and Death of Mr. Badman*》(런던, 1808).

3 모리스 피시버트,《폐결핵》, 72, 92.

4 위의 책, 397.

5 찰스 L. 마이너(Charles L. Minor), 〈결핵의 증상학(Symptomatology of Pulmonary Tuberculosis)〉, 아놀드 C. 클렙스(Arnold C. Klebs), ed.,《결핵*Tuberculosis*》[London: D. 애플턴(D. Appleton), 1909], 172.

6 프랜시스 포텐저(Francis Pottenger),《폐결핵 진단과 치료*The Diagnosis and Treatment of Pulmonary Tuberculosis*》[뉴욕: 윌리엄 우드(William Wood), 1908], 77.

7 애디슨 더처(Addison Dutcher),《폐결핵: 병리학, 자연, 증상, 진단, 예후, 원인, 위생 및 치료*Pulmonary Tuberculosis: Its Pathology, Nature, Symptoms, Diagnosis, Prognosis, Causes, Hygiene, and Medical Treatment*》(필라델피아, 1875), 168.

8 모리스 피시버트,《폐결핵》, 523.

9 애디슨 더처,《폐결핵: 병리학, 자연, 증상, 진단, 예후, 원인, 위생 및 치료》, 293.

10 존 키츠(John Keats), 〈무자비한 미인: 낭만시(La Belle Dame sans Merci: A Ballad)〉, https://www.poetryfoundation.org/poems/44475/la – belle – dame – sans – merci – a – ballad, 2018년 8월 10일 접속.

11 캐럴린 데이(Day Carolyn), 《파괴적 세련미: 아름다움, 패션, 질병의 역사*Consumptive Chic: A History of Beauty, Fashion, and Disease*》(런던: 블룸즈버리, 2017), 86.

12 위의 책, 108.

13 해리엇 비처 스토(Harriet Beecher Stowe), 《톰 아저씨의 오두막 또는 비천한 자들 사이의 삶*Uncle Tom's Cabin or Life among the Lowly*》(뉴욕: 펭귄, 1981; 1판. 1852), 424.

14 아서 C. 야콥슨(Arthur C. Jacobson), 《결핵과 창조 정신*Tuberculosis and the Creative Mind*》[뉴욕 브루클린: 앨버트 T. 헌팅턴(Albert T. Huntington), 1909] 3, 5, 38.

15 애디슨 더처, 《폐결핵: 병리학, 자연, 증상, 진단, 예후, 원인, 위생 및 치료》, 271.

16 찰스 존슨(Charles S. Johnson), 《미국 문명의 검둥이들*The Negro in American Civilization*》에서 인용[뉴욕: 홀트(Holt), 1930], 16.

17 존 키츠, "내가 존재하기를 그만둘지도 모른다는 두려움이 생길 때(When I Have Fears that I May Cease to Be)", https://www.poets.org/poetsorg/poem/when-i-have-fears-i-may-cease-be, 2017년 9월 10일 접속.

18 캐서린 오트(Katherine Ott), 《열병 환자의 삶: 1870년 이후 미국 문화에서 결핵*Fevered Lives: Tuberculosis in American Culture since 1870*》(매사추세츠 케임브리지: 하버드대학 출판부, 1996), 31.

19 안톤 체호프(Anton chekhov)의 《다섯 편의 희곡 작품》 중 《벚꽃 동산*The Cherry Orchard*》, 마리나 브로드스카야(Marina Brodskaya) 옮김(스탠퍼드, 스탠퍼드대학 출판부 2011), 236.

20 O. 암레인(O. Amrein), 〈고도 치료의 생리학적 원리와 결핵 치료에서의 중요성(The Physiological Principles of the High Altitude Treatment and Their Importance in Tuberculosis)〉, 《소모성 질환 예방을 위한 영국 의회의 결핵 처리 과정*Transactions of the British Congress on Tuberculosis for the Prevention of Consumption*》, 1901, 3권[런던: 윌리엄 클로즈 앤 선즈(William Clows and Sons), 1902], 72.

제15장 낭만이 사라진 시대의 결핵─감염병

1 앙드레 지드(André Gide), 《부도덕한 사람*The Immoralist*》, 리처드 하워드(Richard

Howard) 옮김[뉴욕: 알프레드 크노프(Alfred A, Knopf, 1970], 21~22, 24~45

2　린다 브라이더(Linda Bryder), 《마법의 산 아래에서: 20세기 영국 결핵 사회사*Below the Magic Mountain: A Social History of Tuberculosis in Twentieth Century Britain*》(뉴욕: 옥스 퍼드대학 출판부, 1988), 20.

3　〈책에 묘사된 질병(Disease from Books)〉, 《뉴욕 트리뷴*New York Tribune*》, 1906년 2월, p. 4.

4　〈허영, 탐욕, 위생이 함께 몰아낸 수염(Vanity, Greed and Hygiene Combine to Banish the Beard)〉, 《애틀랜타 컨스티튜션》, 1902년 2월 23일, A4.

5　〈결핵 환자 배척(Exclusion of Consumptives)〉, 《뉴욕 트리뷴》, 1901년 12월 22일, p. 8.

6　국립결핵협회(National Tuberculosis Association)에서 논의된 내용을 인용, 《미국의 결 핵 치료를 위한 요양원, 병원, 주간 캠프, 예방 요양원 안내 책자*A Directory of Sanatoria, Hospitals, Day Camps and Preventoria for the Treatment of Tuberculosis in the United States*》, 제9판(뉴욕: 리빙스턴, 1931).

7　시가드 아돌퍼스 크노프(Sigard Adolphus Knopf), 《폐결핵*Pulmonary Tuberculosis*》(필 라델피아, 1899), 35~36.

8　위의 책, 58.

9　위의 책, 213.

10　찰스 레인하트(Charles Reinhardt) · 데이비드 톰슨(David Thomson), 《열린 공기 치 료법 핸드북*A Handbook of the Open - Air Treatment*》[런던: 존 베일, 선스 앤드 다니엘슨 (John Bale, Sons & Danielsson, 1902)], 19.

11　프랜시스 포텐저, 《폐결핵의 진단과 치료》, 216.

12　토머스 스피스 캐링턴(Thomas Spees Carrington), 《결핵 병원 및 요양원 건 설*Tuberculosis Hospital and Sanatorium Construction*》[뉴욕: 국립 결핵 예방 및 연구 협회 (National Association for the Study and Prevention of Tuberculosis), 1911], 14.

13　프랜시스 포텐저, 《폐결핵의 진단과 치료》, 216.

14　시가드 아돌퍼스 크노프, 《폐결핵》, 211.

15 F. 루페나흐트 월터스(F. Rufenacht Walters), 《세계 곳곳의 소모성 질환 요양원 *Sanatoria for Consumptives in Various Parts of the World*》(런던, 1899), 2.

16 A. E. 엘리스(A. E. Ellis), 《고문대 *The Rack*》(보스턴: 리틀 브라운, 1958), 342.

17 위의 책, 142.

18 엘리자베스 크로웰(Elisabeth Crowell), 《결핵 진료소와 처치 *Tuberculosis Dispensary Method and Procedure*》[뉴욕: 베일 발루(Vail-Ballou), 1916], 10~11.

19 신시아 앤 코널리(Cynthia Anne Connolly), 《병든 어린이 구하기: 미국의 결핵 예방 요양원 *Saving Sickly Children: The Tuberculosis Preventorium in American Life, 1909~1970*》(뉴브런즈윅: 러트거즈대학 출판부, 2008), 27.

20 진 E. 에이브럼스(Jeanne E. Abrams), 〈침 뱉기는 위험하고, 천박하고, 위법한 짓이다!: 미국 결핵 운동 기간에 건강한 행동 법제화(Spitting Is Dangerous, Indecent, and against the Law!: Legislating Health Behavior during the American Tuberculosis Crusade)〉, 《의학 및 의료 과학사 저널 *Journal of the History of Medicine and Allied Sciences*》 68, no. 3(2013년 7월): 425.

21 메릴랜드주 결핵위원회(Tuberculosis Commission of the State of Maryland), 《1902~1904년 보고서 *Report of 1902~1904*》[볼티모어: 선 직무 인쇄국(Sun Job Printing Office), 1904], n.p.

22 《결핵 예방을 위한 영국 의회의 결핵 처리 과정》, 3권, (런던: 윌리엄 클로즈 앤드 선즈, 1902), 2~4.

23 엘리자베스 크로웰, 《결핵 진료소와 처치》, 59.

24 미 하원 에너지통상위원회 산하 보건 및 환경 위원회의 청문회, 103대 의회 제1회기, "결핵 감염병(The Tuberculosis Epidemic)", 1993년 3월 19일, 1993(3), Serial No. 103-36(워싱턴 D.C.: 미국정부인쇄국, 1993), 1.

25 위와 같음.

26 크리스티안 W. 맥밀런(Christian W. McMillen), 《결핵 발견하기: 세계사, 1900년부터 현재까지 *Discovering Tuberculosis: A Global History, 1900 to the Present*》(뉴 헤이븐: 예일대학 출판부, 2015), 131.

제16장 3차 페스트 팬데믹─홍콩과 봄베이

1 〈오포르투의 페스트 우려(Concerning Plague in Oporto)〉, 《공중보건 보고서*Public Health Reports*》 14, no. 39(1899년 9월 29일): 1655~1656.

2 프랭크 G. 카펜터(Frank G. Carpenter), 〈흑사병(The Black Death)〉, 《로스앤젤레스 타임스》, 1894년 7월 15일.

3 〈중국의 흑사병(The Black Death)〉, 《인테리어*The Interior*》 25, no. 1266(1894년 8월 30일): 1095.

4 위의 잡지.

5 《림프절 페스트*(The Bubonic Plague)*》(워싱턴 D.C.: 미국정부인쇄국, 1900), 10.

6 〈중국의 흑사병(The Black Death in China)〉, 《뉴욕 트리뷴》, 1894년 6월 26일, p. 6.

7 〈홍콩에서의 삶(Life in Hong Kong)〉, 《오스틴 데일리 스테이츠맨*Austin Daily Statesman*》, 1894년 10월 8일, p. 7.

8 〈흑사병(Black Plague)〉, 《세인트루이스 포스트-디스패치*St. Louis Post-Dispatch*》, 1894년 7월 29일, p. 21.

9 〈홍콩의 페스트(The Plague in Hong Kong)〉, 《영국 의학 저널》 2, no. 1758(1894년 9월 8일): 539~540.

10 위의 저널.

11 크리스토스 린테리스(Christos Lynteris), 〈적합한 토양: 3차 팬데믹 초기 페스트의 도시 번식지(A 'Suitable Soil': Plague's Urban Breeding Grounds at the Dawn of the Third Pandemic)〉, 《의학사*Medical History*》 61, no. 3(2017년 7월): 348.

12 〈흑사병과의 전쟁(Fighting the Black Plague)〉, 《글로브》, 1894년 9월 12일, p. 6.

13 〈페스트 출몰: 빈곤층이 죽는 이유(Plague Haunts: Why the Poor Die)〉, 《타임스 오브 인디아》, 1903년 5월 1일, p. 4.

14 〈영국, 페스트와의 전투 포기(British Give Up Fight on Plague)〉, 《시카고 데일리 트리뷴》, 1903년 11월 29일, p. 15.

15 〈봄베이 페스트 위원회(Plague Commission in Bombay)〉,《타임스 오브 인디아》, 1899년 2월 15일, p. 3.

16 〈인도의 림프절 페스트(The Bubonic Plague in India)〉,《서토쿼 *Chautauquan*》, 1898년 3월 26일, p. 6.

17 〈인도 페스트위원회의 보고서(The Report of the Indian Plague Commission)〉,《영국 의학 저널》1, no. 2157(1902년 5월 3일): 1093.

18 위의 저널.

19 〈유동 인구: 새로운 페스트 발병(A Floating Population: Novel Plague Specific)〉,《타임스 오브 인디아》, 1903년 6월 4일, p. 5.

20 〈인도의 심상찮은 기근(India's Fearful Famine)〉,《뉴욕타임스》, 1905년 7월 1일, p. 5.

21 〈화산 같은 인도: 불만 폭발 직전(India Like a Volcano: Widespread and Threatening Discontent)〉,《뉴욕 트리뷴》, 1897년 7월 3일, p. 7.

22 〈봄베이 최근 폭동(The Recent Riots in Bombay)〉,《타임스 오브 인디아》, 1898년 6월 8일, p. 5.

제17장 말라리아와 사르데냐 — 역사의 활용과 오용

이 장은 프랭크 스노든과 리처드 뷰칼라(Richard Bucala)의 《말라리아의 세계적 도전: 과거의 교훈과 미래 전망 *The Global Challenge of Malaria: Past Lessons and Future Prospects*》에 근거하며, 출판사의 동의를 얻어 사용한다. 저작권 ⓒ 2014 월드사이언티픽퍼블리싱(World Scientific Publishing Co. Pte. Ltd.).

1 조반니 베르가, 〈말라리아〉,《시칠리아의 소설 *Little Novels of Sicily*》, D. H. 로런스(D. H. Lawrence) 번역[뉴욕, 그로브프레스(Grove Press), 1953], 73~74.

2 W. L. 해켓(W. L. Hackett),《유럽의 말라리아: 생태연구 *Malaria in Europe: An Ecological Study*》(옥스퍼드: 옥스퍼드대학 출판부, 1937), 15~16, 108; '원자 폭탄'은 마거릿 험프리스(Margaret Humphreys),《말라리아: 빈곤, 인종, 미국의 공중보건 *Malaria: Poverty,*

Race, and Public Health in the United States》에서 인용-(볼티모어: 존스홉킨스대학 출판부, 2001), 147.

3 존 로건(John Logan), "1949년 말라리아 통계(Estimates 1949, Malaria)", 1948년 10월 25일, 록펠러 아카이브 센터(Rockefeller Archive Center), 기록군 1.2 시리즈 700 유럽, 상자 번호 12, 폴더 101, "록펠러 재단 보건 위원회: 발진티푸스, 말라리아 1944(Rockefeller Foundation Health Commission: Typhus, Marlaria, 1944)"(2~10월).

4 에우제니아 토뇨티(Eugenia Tognotti), 《이탈리아 말라리아의 역사: 사르데냐 사례*Per una storia della malaria in Italia: Il caso della sardegna*》 2판[밀라노: 프랑코 안젤리(Franco Angeli), 2008], 23.

5 상원의원 판탈레오니(Pantaleoni), 몰레쇼트(Moleschott), 베르개 토렐리(Vergae Torelli) 작성 중앙사무국 보고서, 〈이탈리아 철로를 따라 말라리아가 퍼진 지역의 치료 과정(Bonificamento delle regioni di malaria Lungo le ferrovie d'Italia)〉, 《이탈리아 상원 의회 활동: 회기 1880 - 81 - 92 문서*Atti parlamentari: Senato del Regno, sessione del 1880 - 81 - 92 documenti*》, n. 19 - A, 부록 13(저자 번역).

6 에우제니아 토뇨티, 《이탈리아 말라리아의 역사: 사르데냐 사례》, 230~231.

7 〈모기 근절과 말라리아 통제(Mosquito Eradication and Malaria Control)〉, 《이사회의 기밀 보고서*Trustees' Confidential Report*》, 1954년 1월 1일, 록펠러 아카이브 센터, 기록군 1.2, 시리즈 700 유럽, 상자 번호 12, 폴더 101, p. 17.

8 존 로건의 편지, "사르데냐 얼룩모기 근절 프로젝트(Sardinia Anopheles Eradication Project)", 1948년 8월, 록펠러 아카이브 센터, 기록군 1.2, 시리즈 700 유럽, 상자 번호 13, 폴더 113.

9 폴 러셀이 알베르토 미시롤리에게 보낸 편지, 1949년 11월 3일, 록펠러 아카이브 센터, 기록군 1.2, 시리즈 700 유럽, 상자 번호 14, 폴더 116.

10 실비오 시리구(Silvio Sirigu), 〈프레스 다이제스트: UNRRA의 사르데냐에 원조 (Press Digest: UNRRA Assistance to Sardinia)〉, 《이탈리아 신 저널*Il Nuovo Giornale d'Italia*》, 1946년 12월 12일, 유엔 아카이브, 유엔 구제부흥사업국, 1943~1949, PAG - 4/3.0.14.0.0.2:1.

11 B. 팬티니(B. Fantini), 〈이탈리아의 말라리아 방역 전략, 1880~1930(Unum facere

et alterum non omittere: Antimalarial Strategies in Italy, 1880~1930)〉, 《기생충학*Parassitologia*》 40, nos. 1 - 2(1998): 100.

제18장 폴리오와 박멸의 문제

1 데이비드 오신스키(David Oshinsky), 《폴리오: 어느 미국인의 이야기*Polio: An American Story*》(뉴욕: 옥스퍼드대학 출판부, 2005), 53.

2 폴 드 크루이프(Paul De Kruif), 〈폴리오는 사라져야 한다(Polio Must Go)〉, 《레이디스 홈 저널》 52, no. 7(1935년 7월 1일): 22.

3 조나스 E. 소크(Jonas E. Salk), 〈회백질척수염 바이러스 백신의 준비와 사용 시 고려사항(Considerations in the Preparation and Use of Poliomyelitis Virus Vaccine)〉, 《미국 의학협회 저널》 158(1955년 8월 6일): 1239~1240.

4 폴 드 크루이프, 〈폴리오는 사라져야 한다〉, 《레이디스 홈 저널》 52, no. 7, 22.

5 조나스 소크, 〈회백질척수염 바이러스 백신의 준비와 사용 시 고려사항〉, 《미국 의학협회 저널》 158, 1239.

6 〈폴리오 승리, 모든 바이러스성 질환의 종말이 될 수도(Polio Victory May Spell End of All Virus Diseases)〉, 《뉴욕 헤럴드 트리뷴》, 1955년 4월 17일, p. A2.

7 보니 앤젤로(Bonnie Angelo), 〈소크와 세이빈, 폴리오 퇴치법 논하다(Salk, Sabin Debate How to Fight Polio)〉, 《뉴스데이*Newsday*》, 1961년 3월 18일, p. 7.

8 알렉산더 랭뮤어, 〈역학적 고려사항(Epidemiological Considerations)〉, 미 보건교육복지부, '회백질척수염의 현재 상태와 회백질척수염 면역에 관한 심포지엄(Symposium on Present Status of Poliomyelitis and Poliomyelitis Immunization)', 워싱턴 D.C., 1960년 12월 30일, 앨버트 세이빈 자료보관소, 시리즈 7, 상자 번호 7.5, 폴더 10.

9 폴 오핏(Paul A. Offit), 〈커터사 사고, 50년 후(The Cutter Incient, 50 Years Later)〉, 《뉴잉글랜드 의학 저널》, 352(2005년 4월 7일): 1411~1412.

10 엘리슨 데이(Alison Day), 〈미국인의 비극: 커터사 사고와 뉴질랜드에서 1955~1960년 소크 폴리오 백신에 대한 그 파장(An American Tragedy: The Cutter Incient and Its

Implications for the Salk Polio Vaccine in New Zealand, 1955~1960)〉,《보건과 역사*Health and History*》II, no. 2(2009): 46

11 자프란은 레슬리 로버트(Leslie Roberts)의 말을 인용했다. 〈콩고의 폴리오 발병 확산 경고, 국제적인 퇴치 노력 위협(Alarming Polio Outbreak Spreads in Congo, Threatening Global Eradication Efforts)〉,《사이언스》, 2018년 7월 2일, http://www.sciencemag.org/news/2018/07/polio-outbreaks-congo-threaten-global-eradication.

제19장 HIV/AIDS — 남아프리카공화국의 소개와 사례

1 수잔 데일리(Suzanne Daley), 〈남아프리카공화국의 에이즈: 대통령이 살인자를 오해하다(AIDS in South Africa: A President Misapprehends a Killer)〉,《뉴욕타임스》, 2000년 5월 14일, p. WK4.

2 "피터르 빌럼 보타의 의회 연설(Parliamentary Speeches of Mr. P. W. Botha)", 국립아카이브, 영국, FCO 45/2369/73, p. 2.

3 〈새로운 수치가 남아프리카공화국에서 급격한 도시화 비율을 보여준다(New Figures Show Staggering Rate of Urbanization in SA)〉,《랜드 데일리 메일*RAND Daily Mail*》, 2015년 5월 26일.

4 제러미 시킹스(Jeremy Seekings),《남아프리카의 정책, 정치, 빈곤*Policy, Politics and Poverty in South Africa*》[런던: 팔그레이브 맥밀런(Palgrave Macmillan), 2015], 2.

5 그레그 니컬슨(Greg Nicolson), 〈남아프리카공화국: 1200만 명이 빈곤층인 나라(South Africa: Where 12 Million Live in Poverty)〉,《데일리 매버릭*Daily Maverick*》, 2015년 2월 3일, http://www.dailymaverick.co.za/article/2015-02-03-south-africa-where-12-million-live-in-extreme-poverty/#.V5zS7I5ErVo.

6 제레미 시킹스,《남아프리카의 정책, 정치, 빈곤》(런던: 폴그레이브 맥밀런, 2015), 2 7.

7 제이슨 M. 브레스로(Jason M. Breslow), 〈넬슨 만델라의 HIV/AIDS에 관한 혼재된 유산(Nelson Mandela's Mixed Legacy on HIV/AIDS)〉,《프론트라인*Frontline*》, 2013년 12월 6일, http://www.pbs.org/wgbh/frontline/article/nelson-mandela-mixed-

legacy‑on‑hivaids/.

8 피터 듀스버그(Peter Duesberg)·클라우스 코에흔레인(Claus Koehnlein)·데이비드 래스닉(David Rasnick), 〈다양한 에이즈 감염병의 화학적 기반: 레크리에이션 약물, 항바이러스 화학요법, 영양실조(The Chemical Bases of the Various AIDS Epidemics: Recreational Drugs, Anti‑Viral Chemotherapy and Malnutrition)〉, 《생명과학 저널Journal of Biosciences》, 28, no. 4(2003년 6월): 383.

9 디클랜 왈시(Declan Walsh), 〈비트와 시금치 남아프리카공화국에서 에이즈 치료제로 둔갑(Beetroot and Spinach the Cure for AIDS Say Some in S Africa)〉, 《아이리시 타임스》, 2004년 3월 12일, http://www.irishtimes.com/news‑beetroot‑and‑spiniach‑the‑cure‑for‑aids‑say‑some‑in‑s‑africa‑1.1135185.

10 이 서신은 PBS 《프론트라인》에서도 확인할 수 있다. "타보 음베키의 서신(Thabo Mbeki's Letter)", 2000년 4월 3일, http://www.pbs.org/wgbh/pages/frontline/aids/docs/mbeki.html.

11 맥고바(Makgoba): 크리스 맥그릴(Chris McGreal), 〈음베키는 어떻게 남아프리카공화국의 에이즈 사태를 파국으로 몰고 갔나(How Mbeki Stoked South Africa's Aids Catastrophe)〉, 《가디언》, 2001년 6월 11일, http://www.theguardian.com/world/2001/jun/12/aids.chrismcgeal; 카운다(Kaunda): 안드레 피카르드(André Picard), 〈그라운드 제로에서 에이즈 정상 회의 소집(AIDS Summit Convenes at Ground Zero)〉, 《글로브 앤드 메일》, 2000년 6월 8일. p. A2.

12 안드레 피카르드, 〈에이즈 부인론자는 투옥해야 한다: 에이즈 바디슬램 프린지 운동 회장(AIDS Deniers Should Be Jailed: Head of AIDS Body Slams Fringe Movement)〉, 《글로브 앤드 메일》, 2000년 5월 1일, p. A3.

13 〈만델라의 살아 있는 유일한 아들, 에이즈로 사망(Mandela's Only Surviving Son Dies of AIDS)〉, 《아이리시 타임스》, 2005년 1월 6일, p. 10.

14 유엔합동에이즈계획, 《2008년 세계 에이즈 감염 보고서Report on the Global AIDS Epidemic 2008》, 2008년 8월, http://www.unaids.cor/sites/default/files/media_asset/jc1510_2008globalreport_en_0.pdf.

15 셀리아 듀거(Celia W. Dugger), 〈남아프리카공화국의 에이즈 실책으로 참사 키웠다(Study Cites Toll of AIDS Policy in South Africa)〉, 《뉴욕타임스》, 2008년 11월 25일,

http://www.nytimes.com/2008/11/26/world/africa/26aids.html.

제20장 HIV/AIDS — 미국의 경험

이 장은 마거릿 스노든 박사가 2010년 예일대에서 강의했던 내용을 바탕으로 작성한 것이며, 이에 스노든 박사에게 감사를 표한다.

1 카를 마르크스와 프리드리히 엥겔스, 《공산당 선언》(1848), https://www.marxists.org/archive/marx/works/download/pdf/Manifesto.pdf, p. 16, 2016년 6월 접속.

2 위의 책

3 랜디 실츠, 《그래도 밴드는 계속 연주했다: 정치와 사람, 에이즈 감염병》[뉴욕: 세인트 마틴 출판사(St. Martin's press), 1987], 15.

4 마를린 시몬스(Marlene Cimons), 〈노골적인 에이즈 교육자료 금지 해제 예정(Ban on Explicit ADIS Education Materials to End)〉에서 인용, 《로스앤젤레스 타임스》, 1991년 12월 15일, http://articles.latimes.com/1991 - 12 - 15/news/mn - 993_1_aids - educational - materials.

5 《연방 정부의 에이즈 감염병 대응: 정보와 대중교육 *The Federal Response to the AIDS Epidemic: Information and Public Education*》, 하원 정부감사위원회 분과위원회, 100대 의회, 제1회기, 1987년 3월 16일(워싱턴 D.C.: 미국정부인쇄국, 1987), 18~19.

6 위의 책, 4.

7 위의 책, 2.

8 위의 책, 16, 19.

9 하원 정부감사위원회 인적자원 및 정부 간 관계 분과위원회 청문회, 103대 의회, 제2회기, "아프리카계 미국인 공동체에서의 AIDS와 HIV(AIDS and HIV Infection in the African American Community)", 1994년 9월 16일(워싱턴 D.C.: 미국정부인쇄국, 1995), 14.

10 질병통제예방센터, "아프리카계 미국인 사이의 HIV/AIDS(HIV/AIDS among

African Americans)", 2003, http://permanent.access.gpo.gov/lps63544/afam.pdf.

11 폴 데닝(Paul Denning)과 엘리자베스 니넨노(Eliazbeth NiNenno), "위기의 공동체: 미국 도시 빈곤지역에서는 HIV 감염병이 일반적인 질병인가?(Communities in Crisis: Is There a Generalized HIV Epidemic in Impoverished Urban Areas of the United States?)", 질병통제예방센터, 2017년 8월 28일에 마지막 업데이트, https://www.cdc.gov/hiv/group/poverty.html.

12 전국흑인지위향상협회(NAACP), "형사사법제도 자료표(Criminal Justice Fact Sheet)", http://www.naacp.org/pages/criminal-justice-fact-sheet, 2016년 8월 16일 접속.

13 질병통제예방센터, "아프리카계 미국인 사이의 HIV/AIDS".

14 하원 정부감사위원회 인적자원 및 정부 간 관계 분과위원회 청문회, 75

15 위의 책, 76, 80.

16 존 코헨(Jon Cohen), 〈선샤인 스테이트(플로리다주의 애칭)의 먹구름: 플로리다의 놀라울 정도로 높은 HIV 감염률을 억제하기 위한 새로운 움직임(The Sunshine State's Dark Cloud: New Efforts Aim to Curb Florida's Startlingly High HIV Infection Rate)〉, 《사이언스》 360, no. 6394(2018년 6월 15일): 1176~1179, http://science.sciencemag.org/content/360/6394/1176.

17 위의 글.

제21장 신종 질환 및 재출현 질환

이 장은 주로 나의 초기 출간물인 〈신종 및 재출현 질환: 역사적 관점(Emerging and Reemerging Diseases: A Historical Perspective)〉, 《면역학 리뷰Immunological Reviews》 225(2008): 9~26에 근거한다. 저작권 ⓒ 2008 저자

1 아이단 콕번,《진화와 감염병 퇴치》(볼티모어: 존슨홉킨스대학 출판부, 1963), 133.

2 위의 책, 150.

3 아이단 콕번, ed.,《감염병: 감염병의 진화와 근절*Infectious Diseases: Their Evolution and Eradication*》(스프링필드, 일리노이주, C. C. 토머스, 1967), xi~xiii.

4 프랭크 맥팔레인 버넷(Frank Macfarlane Burnet),《감염병의 자연사*Natural History of Infectious Disease*》, 제4판(케임브리지: 케임브리지대학 출판부, 1972; 초판 1953), 1.

5 위의 책, 263.

6 로버트 G. 피터스도프(Robert G. Petersdorf),〈감염병 접근법(An Approach to Infectious Diseases)〉,《해리슨의 내과학 원리*Harrison's Principles of Internal Medicine*》, 7th rev. ed.[뉴욕: 맥그로힐(McGraw‑Hill), 1974], 722.

7 미국 보건교육복지부,《건강한 사람들: 공중위생국장의 건강 증진과 질병 예방 보고서 1979*Healthy People: The Surgeon General's Report on Health Promotion and Disease Prevention 1979*》(워싱턴 D.C.: 미국 공중보건국, 1979).

8 백악관 과학 기술 정책실, "자료표: 신종 감염병 예방전략", 1996년 6월 12일, http://fas.org/irp/offdocs/pdd_ntsc7.htm.

9 미국 의회, 노동인적자원 상원위원회,《신종 감염병: 국민 보건에 대한 중대 위협 *Emerging Infections: A Significant Threat to the Nation's Health*》(워싱턴 D.C.: 미국정부인쇄국, 1996), 3.

10 J. 부르크(J. Brooke),〈19세기 여건을 먹고 사는 콜레라가 중남미에서 확산하다 (Feeding on 19th Century Conditions, Cholera Spreads in Latin America)〉,《뉴욕타임스》, 1991년 4월 21일, sec. 4, p. 2.

11 L. K. 알트만(L. K. Altman),〈30년간의 유예 기간 종식: 인도 최대의 도시들에서 보고된 페스트 환자(A 30‑year Respite Ends: Cases of Plague reported in India's Largest Cities)〉,《뉴욕타임스》, 1994년 10월 2일, sec. 4, p. 2.

12 C. J. 피터스(C. J. Peters)·J. W. 리덕(J. W. LeDuc),〈에볼라 입문: 바이러스와 질병〉,《감염병 저널*Journal of Infectious Diseases*》 179, 부록 1(1999): x.

13 〈저자 리처드 프레스톤 자이르에서 발생한 치명적 에볼라바이러스에 대해 논하다(Arthor Richard Preston Discusses the Deadly Outbreak of the Ebola Virus in Zaire)〉, CBS 뉴스 원고, 1995년 5월 15일,《감염병 저널》 179, suppl. 1(1999): 1.

14 J. R. 데이비스(J. R. Davis), 조슈아 레더버그, eds.,《공중보건 체계 및 신종 감염병: 공

공부문 및 민간부문의 역량 평가*Public Health Systems and Emerging Infections: Assessing the Capabilities of the Public and Private Sectors*》(워싱턴 D.C.: 국립 아카데미 출판사, 2000), 1.

15 의학연구소, 《신종 감염병: 미국의 건강에 대한 미생물의 위협*Emerging Infections: Microbial Threats to Health in the United States*》(워싱턴 D.C.: 국립 아카데미 출판사, 1992), 2.

16 질병통제예방센터, 《신종 감염병 위협: 미국의 예방 전략*Addressing Emerging Infectious Disease Threats: A Prevention Strategy for the United States*》(애틀랜타: 질병통제예방센터, 1994), 3.

17 미국 의회, 《신종 감염*Emerging Infections*》, 30

18 조슈아 레더버그, "진화 패러다임으로서의 감염병(Infectious Disease as an Evolutionary Paradigm)", 음식 유래 병원균 출현에 관한 국회 연설, 알렉산드리아, 버지니아, 1997년 3월 24~26일; 《신종 감염병*Emerging Infections Disease*》 3, no. 4(1997), http://nc.cdc.gov/eid/article/2/3/97‑0402_article.

19 R. J. 루빈(R. J. Rubin)·C. A. 해링턴(C. A. Harrington)·A. 푼(A. Poon)·K. 디에트리히(K. Dietrich)·J. A. 그린(J. A. Greene)·A. 몰두딘(A. Molduddin), 〈뉴욕시 여러 병원에서 황색포도알균 감염의 경제적 여파(The Economic Impact of staphylococcus aureus infection in New York City Hospitals)〉, 《신종 감염병》 5, no. 1(1999), 9.

20 B. J. 마셜(B. J. Marshall), "헬리코박터 연관성(Helicobacter Connections)", 노벨상 강의(Nobel Lecture), 2005년 12월 8일, http://nobelprize.org/nobel_prizes/medicine/laureates/2005/marshall‑lecture.html.

21 케이트 E. 존스(Kate E. Jones)·니키타 G. 패털(Nikkita G. Patel)·마크 레비(Marc A. Levy)·애덤 스토리가드(Adam Storeygard)·드보라 볼크(Deborah Balk)·존 기틀먼(John L.Gittleman)·피터 다작(Peter Dazak), 〈신종 감염병의 국제 동향(Global Trends in Emerging infectious Diseases)〉, 《네이처》, 451(2008): 990~993.

22 미국 국방부, 《신종 감염병 위협: 국방부의 전략 계획*Addressing Emerging Infectious Disease Threats: A Strategic Plan for the Department of Defense*》(워싱턴 D.C.: 미국정부인쇄국, 1998), 1.

제22장 21세기 예행연습―사스와 에볼라

1　중앙정보국, "세계 감염병 위협과 감염병이 미국에 시사하는 점(The Global Infectious Disease Threat and Its Implications for the United States)", NIE 99‑17D, 2000년 1월, http://permanent.access.gpo.gov/websites/www.cia.gov/www.cia.gov/cia/reports/nie/report/nie99‑17d.html.

2　제니퍼 브라운(Jennifer Brown)·피터 초크(Peter Chalk), 《신종 및 재출현 감염병의 세계 위협: 미국 국가 안보 및 공중보건 정책의 조화 The Global Threat of New and Reemerging Infectious Diseases: Reconciling U.S. National Security and Public Health Policy》 (산타 모니카: 랜드 코퍼레이션, 2003).

3　조슈아 레더버그, 〈감염병: 세계 건강 및 안보에 위협(Infectious Disease: A Threat to Global Health and Security)〉, 《미국 의학협회 저널》 275, no. 5(1996), 417~419

4　백악관 과학 기술 정책실, "자료표: 신종 감염병 예방전략(Fact Sheet: Addressing the Threat of Emerging Infectious Diseases)", 1996년 6월 12일, http://www.fas.org/irp/offdocs/pdd_ntsc7.htm.

5　유엔, "HIV/AIDS에 헌신 선언: 국제 위기·국제 행동(Declaration of Commitment on HIV/AIDS: Global Crisis‑Global Action)", HIV/AIDS 유엔 특별 회기, 2001년 6월 25~27일, http://un.org/ga/aids/conference.html.

6　폴 콜포드(Paul Caulford), 〈사스: 집단 발병 이후(SARS: Aftermath of an Outbreak)〉, 《랜싯》 362, suppl. 1(2003): 2

7　《에볼라 감염병: 국제 대응의 성공 열쇠 The Ebola Epidemic: The Keys to Success for the International Response》, 외교관계에 관한 아프리카 국무 위원회 부위원회 청문회, 2014년 12월 10일. 미 상원 청문회 일지, 113~625, p. 13, https://www.foreign.senate.gov/imo/media/doc/121014_Transcript_The%20Ebola%20Epidemic%20the%20Keys%20to%20Success%20for%20the%20International%20Response.pdf.

8　데릭 바이얼리(Derek Byerlee)·월터 팰컨(Walter P. Falcon)·로자먼드 네일러(Rosamond L. Naylor), 《다차원적 열대 기름 혁명 The Many Dimensions of the Tropical Oil Revolution》, (옥스퍼드: 옥스퍼드대학 출판부, 2016), 2.

9　제임스 그룬빅(James Grundvig), 〈에볼라 박쥐: 삼림 벌채는 어떻게 치명적인 발병을

개시했나(The Ebola Bats: How Deforestation Unleashed the Deadly Outbreak)〉, 《에
포크 타임스*Epoch Times*》, 2014년 10월 23일, p. A17.

10 위의 기사.

11 마리아 크리스티나 룰리(Maria Cristina Rulli)·모니아 산티니(Monia Santini)·데
이비드 헤이만(David T. S. Hayman)·파올로 도도리코(Paolo D'Odorico), 〈아프리
카의 숲 파편화와 에볼라바이러스 감염병 발병 간의 관계(The Nexus between Forest
Fragmentation in Africa and Ebola Virus Disease Outbreaks)〉, 《사이언티픽 리포
트*Scientific Reports*》 7, 기사번호 71613, 2017년 2월 14일, http://doi.org/10.1038/
srep41613.

12 스테판 그레고리 불러드(Stephan Gregory Bullard), 《2013~2016년 에볼라 집단 발병
일지*A Day - by - Day Chronicle of the 2013~2016 Ebola Outbreak*》(챔: 스프링거 국제 출판
부 AG, 2018), 32.

13 UN개발계획, 《유엔 인간개발 보고서 2016: 모두를 위한 인간 개발*UN Human
Development Report, 2016: Human Development for Everyone*》, 표 6, '다차원적인 빈곤지수:
개발도상국(Multidimentional Poverty Index: Developing Countries)', p. 218, http://
hdr.undp.org/sites/default/files/2016_human_development_report.pdf.

14 애덤 노시터(Adam Nossiter), 〈에볼라 감염병 악화, 시에라리온 격리 규정 확대(Ebola
Epidemic Worsening, Sierra Leone Expands Quarantine Restrictions)〉, 《뉴욕타임스》,
2014년 9월 26일, p. A10.

15 앨리슨 힐리(Alison Healy), 〈에볼라 치료비 의료 서비스 예상 건설비의 세 배(Cost of
Treating Ebola Three Times What It Would Cost to Build a Health Service)〉, 《아이
리시 타임스》, 2015년 3월 26일, p. 11.

16 크리스토퍼 로그(Christopher Logue), 〈모두가 과소평가한 발병: 에볼라는 사라지
지 않을 것이다(Everyone Has Underestimated This Outbreak: Ebola Is Not Going
Away)〉, 《아이리시 타임스》, 2014년 9월 14일, p. B6.

17 애덤 노시터, 〈에볼라 기니 수도에 도착하며 두려움을 불러일으키다(Ebola Reaches
Guinea Capital, Stirring Fears)〉, 《뉴욕타임스》, 2014년 4월 2일, p. A4.

18 국경없는의사회, "에볼라: 한계점 이상으로 몰리다(Ebola: Pushed to the Limit and
Beyond)", 2015년 3월 23일, https://www.msf.org/ebola-pushed-limit-and-

beyond.

19 나나 보아케 – 이아돔(Nana Boakye – Yiadom, 〈UN 서아프리카의 에볼라 우려 잠재
   울 방법 모색(UN Seeks to Calm Ebola Fears in West Africa)〉, 《글로브 앤드 메일》,
   2014년 7월 3일, p. A6.

20 리사 오캐롤(Lisa O'Carroll), 〈서구 사회 서아프리카 에볼라 위기에 '거의 제로'에 가
   까운 대응으로 비난받다(West Blamed for 'Almost Zero' Response to Ebola Outbreak
   Crisis in West Africa)〉, 《아이리시 타임스》, 2014년 8월 20일, 10.

21 〈고통스러울 정도로 더딘 에볼라 대응(A Painfully Slow Ebola Response)〉, 《뉴욕타임
   스》, 2014년 8월 16일, p. A18.

22 〈기니 대통령, 에볼라 발생 통제되고 있다고 말하다〉, 보르네오 포스트 온라인(Borneo
   Post online), 2014년 5월 1일, http://www.theborneost.com/2014/05/01/.

23 데이비드 쾀멘, 〈에볼라는 차기 팬데믹 감염병이 아니다〉, 《뉴욕타임스》, 2014년 4월
   10일, p. A25.

24 켈리 그랜트(Kelly Grant), 〈캐나다 의사가 묘사한 가슴 아픈 에볼라 발생 현장
   (Canadian Doctor Describes Heartbreaking Scene of Ebola Outbreak)〉, 《데일
   리 앤드 메일》, 2014년 8월 20일, 2018년 5월 12일 마지막 업데이트, https://www.
   theglobeandmail.com/life/health – and – fitness/health/canadian – doctor – describes –
   heart – breaking – scenes – of beola – outbreak/article20148033/.

25 앤드루 시돈스(Andrew Siddons), 〈미국과 세계 각국의 에볼라 억제 노력이 의회
   청문에서 비난받다(U.S. and Global Efforts to Contain Ebola Draw Criticism at
   Congressional Hearing)〉, 《뉴욕타임스》, 2014년 8월 8일, p. A11.

26 〈에볼라 미국의 긴급한 조치 필요(Ebola Demands Urgent US Action)〉, 《워싱턴 포스
   트》, 2014년 9월 5일, p. A20.

27 애덤 노시터, 〈에볼라 감염병 악화: 시에라리온 격리 규정 확대〉, 《뉴욕타임스》, 2014년
   9월 26일, p. A10.

28 데이비드 루이스(David Lewis) · 엠마 파지(Emma Farge), 〈라이베리아 학교 폐쇄, 격
   리로 에볼라 억제 고려(Liberia Shuts Schools, Considers Quarantine to Curb Ebola)〉,
   로이터, 2014년 7월 30일, https://www.reuters.com/article/us – health – ebola –

29 스티븐 더글러스(Stephen Douglas), 〈시에라리온에서 우리는 악수를 금했다(In Sierra Leone, We've Stopped Shaking Hands)〉, 《글로브 앤드 메일》, 2014년 8월 5일, p. A9.

30 스테판 그레고리 불러드, 《2013~2016년 에볼라 집단 발병 일지》, 82.

제23장 세계를 뒤덮은 코로나19

1 마일스 존슨(Miles Johnson)·다비드 길리오네(Davide Ghiglione), 〈코로나바이러스, 이탈리아의 사회적 모델을 강타하다(Coronavirus hits Italy's social model hard)〉, 《파이낸셜 타임스》, 2020년 3월 13일.

2 티머시 W. 마틴(Timothy W. Martin)·윤다슬, 〈한국은 어떻게 성공적으로 코로나바이러스를 다루었나?(How South Korea Successfully Managed the Coronavirus)〉, 《월스트리트 저널》, 2020년 9월 25일.

3 제이슨 호로위츠(Jason Horowitz), 〈우리는 아침부터 밤까지 시신을 옮긴다(We Take the Dead from Morning Til Night)〉, 《뉴욕타임스》, 2020년 3월 27일.

4 안나 보날루메(Anna Bonalume), 〈코로나바이러스로 파괴된 베르가모의 직업 윤리도 불리하게 작용했나?(Devastated by coronavirus, did Bergamo's work ethic count against it?)〉, 《가디언》, 2020년 4월 6일.

5 데니스 차우(Denise Chow)·에마뉘엘 살리바(Emmanuelle Saliba), 〈세계적인 보건 체계를 갖춘 이탈리아, 코로나바이러스가 그 한계점까지 밀어붙였다(Italy has a world-class health system. The coronavirus has pushed it to the breaking point)〉, NBC 뉴스, 2020년 3월 18일.

6 샤론 베글리(Sharon Begley), 〈이탈리아 의사들의 탄원서: 코로나19 재앙을 막으려면 더 많은 환자가 집에서 치료받아야(A plea from doctors in Italy: To avoid Covid-19 disaster, treat more patients at home)〉, 스탯뉴스(Statnews), 2020년 3월 21일.

7 〈이탈리아 베르가모, 세계에서 가장 많은 코로나19 사망자가 안치된 암울한 심장부(This is the bleak heart of the world's deadliest coronavirus outbreak: Bergamo Italy)〉, 《뉴욕타임스》, 2020년 3월 27일.

8 〈베르가모 대학살과 남은 질문들(The Massacre of Bergamo & the Questions that Remain)〉, 작성일 불명.

9 벤저민 도드먼(Benjamin Dodman), 〈포기하지 마라: 바이러스로 파괴된 베르가모에서 병원을 일으켜 세우며 힘을 북돋우는 자원봉사자들(Never give up: volunteers raise hospital, and spirits, in Italy's virus-wracked Bergamo)〉, 프랑스 24(France 24), 2020년 4월 13일.

10 루이자 코르테시(Luisa Cortesi), 〈노인들 없이 이탈리아는 어떻게 될까?(What Will Italy Become Without Its Elders?)〉,《사피엔스 *Sapiens*》, 2020년 4월 9일.

11 로렌초 톤도(Lorenzo Tondo), 〈이탈리아 코로나19 현황: 총리, 전국으로 봉쇄 확대 결정(Coronavirus Italy: PM extends lockdown to entire country)〉,《가디언》, 2020년 3월 10일.

참고문헌

Ackernecht, Erwin H., *History and Geography of the Most Important Diseases* (New York: Hafner, 1965).

Bynum, William F., *Science and the Practice of Medicine in the Nineteenth Century* (Cambridge: Cambridge University Press, 1994).

Creighton, Charles, *A History of Epidemics in Britain* (Cambridge: Cambridge Univer-sity Press, 1891–1894).

Crosby, Alfred W., *The Columbian Exchange: The Biological and Cultural Consequences of 1492* (Westport, CT: Greenwood, 1972).

Diamond, Jared, *Guns, Germs, and Steel : Th e Fate of Human Societies* (New York: Norton, 1997).

Ewald, Paul W., *Evolution of Infectious Disease* (New York: Oxford University Press, 1994).

Farmer, Paul, *Infections and Inequalities: The Modern Plagues* (Berkeley: University of California Press, 2001).

Foucault, Michel, *The Birth of the Clinic: An Archaeology of Medical Perception*, trans. A. M. Sheridan Smith (New York: Pantheon, 1973).

———, *Discipline and Punish : The Birth of the Prison*, trans. Alan Sheridan (New York: Vintage, 1995).

Garrett, Laurie, *The Coming Plague: Newly Emerging Diseases in a World Out of Balance* (New

York: Penguin, 1994].

Harkness, Deborah E., *The Jewel House: Elizabethan London and the Scientific Revolution* [New Haven: Yale University Press, 2007].

Harrison, Mark, *Climates and Constitutions: Health, Race, Environment and British Imperialism in India, 1600–1850* [New Delhi: Oxford University Press, 1999].

Hays, J. N., *The Burdens of Disease: Epidemics and Human Response in Western History* [New Brunswick: Rutgers University Press, 2009].

Keshavjee, Salmaan, *Blind Spot: How Neoliberalism In filtrated Global Health* [Oakland: University of California Press, 2014].

Krieger, Nancy, *Epidemiology and the People's Health: Theory and Practice* [New York: Oxford University Press, 2011].

Magner, Lois N., *A History of Infectious Diseases and the Microbial World* [Westport: Praeger, 2009].

McNeill, William H., *Plagues and Peoples* [New York: Anchor, 1998; 1st ed. 1976].

Miller, Arthur, *The Crucible* [New York: Penguin, 1996].

Nelson, Kenrad E., Carolyn Williams, and Neil Graham, *Infectious Disease Epidemiology : Theory and Practice* [Boston: Jones and Bartlett, 2005].

Pati, Bisamoy, and Mark Harrison, *Health, Medicine, and Empire: Perspectives on Colonial India* [Hyderabad: Orient Longman, 2001].

Ranger, Terence, and Paul Slack, eds., *Epidemics and Ideas* [Cambridge: Cambridge University Press, 1992].

Rosenberg, Charles E., *Explaining Epidemics and Other Studies in the History of Medicine* [Cambridge: Cambridge University Press, 1993].

Watts, Sheldon J., *Epidemics and History: Disease, Power and Imperialism* [New Haven: Yale University Press, 1997].

Winslow, Charles - Edward Amory, *The Conquest of Epidemic Disease: A Chapter in the History of Ideas* (Princeton: Princeton University Press, 1943).

Zinsser, Hans, *Rats, Lice and History* (Boston: Little, Brown, 1935).

체액 이론과 고대 의학

Bliquez, Lawrence J., *The Tools of Asclepius: Surgical Instruments in Greek and Roman Times* (Leiden: Brill, 2015).

Cavanaugh, T. A., *Hippocrates' Oath and Asclepius' Snake: The Birth of a Medical Profession* (New York: Oxford University Press, 2018).

Edelstein, Ludwig, *Ancient Medicine: Selected Papers* (Baltimore: Johns Hopkins University Press, 1967).

Eijk, Philip J. van der, *Hippocrates in Context: Papers Read at the XIth International Hippocrates Colloquium, University of Newcastle upon Tyne, 27–31 August 2002* (Leiden: Brill, 2005).

Galen, *Selected Works* (Oxford: Oxford University Press, 1997).

Grmek, Mirko D., ed., *Western Medica l Th ought from Antiquity to the Middle Ages* (Cambridge, MA: Harvard University Press, 1939).

Hankinson, R. J., ed., *The Cambridge Companion to Galen* (Cambridge: Cambridge University Press, 2008).

Hart, Gerald D., *Asclepius, the God of Medicine* (London: Royal Society of Medicine Press, 2000).

Hippocrates, *The Medical Works of Hippocrates* (Oxford: Blackwell, 1950).

Horstmansho ff, Manfred, and Cornelius van Tilburg, *Hippocrates and Medical Educa - tion: Selected Papers Presented at the XIIth International Hippocrates Colloquium, University of Leiden, 24–26 August 2005* (Leiden: Brill, 2010).

Jouanna, Jacques, *Hippocrates* (Baltimore: Johns Hopkins University Press, 1999).

King, Helen, *Hippocrates' Woman: Reading the Female Body in Ancient Greece* (London: Routledge, 1998).

Langholf, Volker, *Medical Theories in Hippocrates' Early Texts and the "Epidemics"* (Berlin: Walter de Gruyter, 1990).

Levine, Edwin Burton, *Hippocrates* (New York: Twayne, 1971).

Lloyd, Geoffrey Ernest Richard, *In the Grip of Disease: Studies in the Greek Imagination* (Oxford: Oxford University Press, 2003).

————, *Magic, Reason, and Experience: Studies in the Origin and Development of Greek Science* (Cambridge: Cambridge University Press, 1979).

————, *Principles and Practices in Ancient Greek and Chinese Science* (Aldershot: Ashgate, 2006).

Mitchell-Boyask, Robin, *Plague and the Athenian Imagination: Drama, History and the Cult of Asclepius* (Cambridge: Cambridge University Press, 2008). Nutton, Vivian, Ancient Medicine (Milton Park: Routledge, 2013).

————, "The Fatal Embrace: Galen and the History of Ancient Medicine," *Science in Context 18*, no. 1 (Marc h 2 005): 111–121.

————, ed., *Galen: Problems and Prospects* (London: Wellcome Institute for the History of Medicine, 1981).

————, "Healers and the Healing Act in Classical Greece," *European Review 7*, no. 1 (February 1999): 27–35.

Oldstone, Michael B. A., *Viruses, Plagues, and History* (Oxford: Oxford University Press, 2000.)

Schiefsky, Mark John, *Hippocrates on Ancient Medicine* (Leiden: Brill, 2005).

Shakespeare, William, *The Taming of the Shrew* (Guilford: Saland, 2011).

Smith, W. D., *The Hippocratic Tradition* (Ithaca, NY: Cornell University Press, 1979).

Temkin, Owsei, *Galenism: Rise and Decline of a Medical Philosophy* (Ithaca: Cornell University Press, 1973).

————, *Hippocrates in a World of Pagans and Christians* (Baltimore: Johns Hopkins University Press, 1991).

————, *Views on Epilepsy in the Hippocratic Period* (Baltimore: Johns Hopkins Univer - sity Press, 1933).

Thucydides, *The Peloponnesian War* (Oxford: Oxford University Press, 2009).

Tuplin, C. J., and T. E. Rihll, eds., *Science and Mathematics in Ancient Greek Culture* (Oxford: Oxford University Press, 2002).

Wear, Andrew, ed., *Medicine in Society: Historical Essays* (Cambridge: Cambridge University Press, 1992).

감염병

Advisory Committee Appointed by the Secretary of State for India, the Royal Society, and the Lister Institute, "Reports on Plague Investigations in India," *Journal of Hygiene 11*, Plague Suppl. 1, Sixth Report on Plague Investigations in India (December 1911): 1, 7–206.

————, "Reports on Plague Investigations in India," *Journal of Hygiene 6*, no. 4, Reports on Plague Investigations in India (Septembe r 1 906): 421–536.

————, "Reports on Plague Investigations in India Issued by the Secretary of State for India, the Royal Society, and the Lister Institute," *Journal of Hygiene 10*, no. 3, Reports on Plague Investigations in India (Novembe r 1 910): 313–568.

Alexander, John T., *Bubonic Plague in Early Modern Russia: Public Health and Urban Disaster* (Baltimore: Johns Hopkins University Press, 1980).

Archaeologica Medica XLVI, "How Our Forefathers Fought the Plague," *British Medical Journal*

2, no. 1969 (September 24, 1898): 903–908.

Ariès, Philippe, *The Hour of Our Death*, trans. Helen Weaver (New York: Knopf, 1981).

───────, *Western Attitudes toward Death from the Middle Ages to the Present*, trans. Patrici a M. Ranum (Baltimore: Johns Hopkins University Press, 1974).

Arnold, David, *Colonizing the Body: State Medicine and Epidemic Disease in Nineteenth - Century India* (Berkeley: University of California Press, 1993).

Bannerman, W. B., "The Spread of Plague in India," *Journal of Hygiene 6*, no. 2 (April 1906): 179–211.

Barker, Sheila, "Poussin, Plague and Early Modern Medicine," Art Bulletin 86, no. 4 (December 2004): 659–689.

Benedictow, O. J., "Morbidity in Historical Plague Epidemics," *Population Studies 41*, no. 3 (November 1987): 401–431.

Bertrand, J. B., *A Historical Relation of the Plague at Marseilles in the Year 1720*, trans. Anne Plumptre (Farnborough: Gregg, 1973; 1st ed. 1721).

Biraben, Jean Noel, *Les hommes et la peste en France et dans les pays européens et méditerranéens*, 2 vols. (Paris: Mouton, 1975).

Blue, Rupert, "Anti - Plague Measures in San Francisco, California, U.S.A.," *Journal of Hygiene 9*, no. 1 (April 1909): 1–8.

Boccaccio, *The Decameron*, trans. M. Rigg (London: David Campbell, 1921). Also available at Medieval Sourcebook: Boccaccio: The Decameron, https:// sourcebooks.fordham.edu/source/ boccacio2.asp, accessed August 22, 2018.

Boeckl, Christin e M., "Giorgio Vassari 's *San Rocco Altarpiece*: Tradition and Innovation in Plague Iconography," *Artibus et Historiae 22*, no. 4 3 (2001): 29–40.

Boelter, W. R., *The Rat Problem* (London: Bale and Danielsson, 1909).

Bonser, W., "Medical Folklore of Venice and Rome," *Folklore 67*, no. 1 (Marc h 1 956): 1–15.

Butler, Thomas, "Yersinia Infections: Centennial of the Discovery of the Plague Bacillus," *Clinical Infectious Diseases 19*, no. 4 (October 1994): 655–661.

Calmette, Albert, "The Plague at Oporto," *North American Review 171*, no. 524 (July 1900): 104–111.

Calvi, Giulia, *Histories of a Plague Year : Th e Social and the Imaginary in Baroque Florence* (Berkeley: University of California Press, 1989).

Camus, Albert, *The Plague*, trans. Stuart Gilbert (New York: Knopf, 1948).

Cantor, Norman F., *In the Wake of the Plague: The Black Death and the World It Made* (New York: Free Press, 2001).

Carmichael, Ann G., *Plague and the Poor in Renaissance Florence* (Cambridge: Cambridge University Press, 1986).

Catanach, I. J., "The 'Globalization' of Disease? India and the Plague," *Journal of World History 12*, no. 1 (Spring 2001): 131–153.

Centers for Disease Control and Prevention, "Human Plague—United States, 1993–1994," *Morbidity and Mortality Weekly Report 43*, no. 13 (April 8, 1994): 242–246.

———, "Plague—United States, 1980," *Morbidity and Mortality Weekly Report 29*, no. 31 (August 1980): 371–372, 377.

———, "Recommendation of the Public Health Service Advisory Committee on Immunization Practices: Plague Vaccine," *Morbidity and Mortality Weekly Report 27*, no. 29 (July 21, 1978): 255–258.

Chase, Marilyn, *Barbary Plague : Th e Black Death in Victorian San Francisco* (New York: Random House, 2003).

Cipolla, Carlo M., *Cristofano and the Plague: A Study in the History of Public Health in the Age of Galileo* (Berkeley: University of California Press, 1973).

———, *Faith, Reason, and the Plague in Seventeenth-Century Tuscany* (New York: Norton, 1979).

—————, *Fighting the Plague in Seventeenth-Century Italy* (Madison: University of Wisconsin Press, 1981).

Cohn, Samuel Kline, *The Black Death Transformed: Disease and Culture in Early Renaissance Europe* (London: Arnold, 2002).

Condon, J. K., *A History of the Progress of Plague in the Bombay Presidency from June 1896 to June 1899* (Bombay: Education Society's Steam Press, 1900).

Crawford, R. H. p., *Plague and Pestilence in Literature and Art* (Oxford: Clarendon, 1914).

Crawshaw, Jane L. Stevens, *Plague Hospitals: Public Health for the City in Early Modern Venice* (Farnham: Ashgate, 2012).

Creel, Richard H., "Outbreak and Suppression of Plague in Porto Rico: An Account of the Course of the Epidemic and the Measures Employed for Its Suppression by the United States Public Health Service," *Public Health Reports* (1896–1970) 28, no. 22 (May 3 0, 1913): 1050–1070.

Defoe, Daniel, *Journal of the Plague Year* (Cambridge: Chadwyck-Healey, 1996).

Dols, Michael W., *The Black Death in the Middle East* (Princeton: Princeton University Press, 1977).

Drancourt, Michel, "Finally Plague Is Plague," *Clinical Microbiology and Infection 18*, no. 2 (February 2012): 105–106.

Drancourt, Michel, Gérard Aboudharam, Michel Signoli, Olivier Dutour, and Didier Raoult, "Detection of 400-year-old *Yersinia pestis* DNA in Human Dental Pulp: An Approach to the Diagnosis of Ancient Septicemia," *Proceedings of the National Academy of Sciences of the United States of America 95*, no. 21 (October 13, 1998): 12637–12640.

Echenberg, Myron J., "Pestis Redux : Th e Initial Years of the Third Bubonic Plague Pandemic, 1894–1901," *Journal of World History 13*, no. 2 (Fall 2002): 429–449.

—————, *Plague Ports: $The Global Urban Impact of Bubonic Plague, 1894–1901* (New York: New York University Press, 2007).

Ell, Stephen R., " Three Days in October of 1630: Detailed Examination of Mortality during an

Early Modern Plague Epidemic in Venice," *Reviews of Infectious Diseases 11*, no. 1 (January–February 1989): 128–139.

Gilman, Ernest B., *Plague Writing in Early Modern England* (Chicago: University of Chicago Press, 2009).

Gonzalez, Rodrigo J., and VirginiaL. Miller, "A Deadly Path: Bacterial Spread during Bubonic Plague," *Trends in Microbiology 24*, no. 4 (April 2016): 239–241.

Gregory of Tours, *History of the Franks*, trans. L. Thorpe (Baltimore: Penguin, 1974).

Herlihy, David, *The Black Death and the Transformation of the West* (Cambridge, MA: Harvard University Press, 1997).

Hopkins, Andrew, "Plans and Planning for S. Maria della Salute, Venice," *Art Bulletin 79*, no. 3 (September 1997): 440–465.

Jones, Colin, "Plague and Its Metaphors in Early Modern France," *Representations 53* (Winter 1996): 97–127.

Kidambi, Prashant, "Housing the Poor in a Colonial City : Th e Bombay Improvement Trust, 1898–1918," *Studies in History 17* (2001): 57–79.

Kinyoun, J. J., Walter Wyman, and Brian Dolan, "Plague in San Francisco (1900)," *Public Health Reports* (1974–) 121, suppl. 1, Historical Collection, 1878–2005 (2006): 16–37.

Klein, Ira, "Death in India, 1871–1921," *Journal of Asian Studies 32*, no. 4 (August 1973): 639–659.

———, "Development and Death: Bombay City, 1870 –1914," *Modern Asian Studies 20*, no. 4 (1986): 725–754.

———, "Plague, Policy and Popular Unrest in British India," Modern Asian Studies 22, no. 4 (1988): 723–755.

Lantz, David E., *The Brown Rat in the United States* (Washington, DC: US Government Printing Office, 1909).

Ledingham, J. C. G., "Reports on Plague Investigations in India," *Journal of Hygiene 7*, no. 3, Reports on Plague Investigations in India (Jul y 1 907): 323–476.

Link, Vernon B., "Plague on the High Seas," *Public Health Reports* (1896–1970) 66, no. 45 (November 9, 1951): 1466–1472.

Little, Lester K., ed., *Plague and the End of Antiquity: The Pandemic of 541–750* (Cambridge: Cambridge University Press, 2007).

Lynteris, Christos, "A 'Suitable Soil': Plague's Urban Breeding Grounds at the Dawn of the Third Pandemic," *Medical History 61*, no. 3 (July 2017): 343–357.

Maddicott, J. R., "The Plague in Seventh - Century England," *Past & Present 156* (August 1997): 7–54.

Manzoni, Alessandro, *The Betrothed*, trans. Bruce Penman (Harmondsworth: Penguin, 1972).

————, *The Column of Infamy*, trans. Kenelm Foster and Jane Grigson (London: Oxford University Press, 1964).

Marshall, Louise, "Manipulating the Sacred: Image and Plague in Renaissance Italy," *Renaissance Quarterly 47*, no. 3 (Autumn 1994): 485–532.

McAlpin, Michelle Burge, "Changing Impact of Crop Failures in Western India, 1870–1920," *Journal of Economic History 39*, no. 1 (March 1979): 143–157.

Meiss, Millard, *Painting in Florence and Siena after the Black Death* (Princeton: Princeton University Press, 1951).

Meyer, K. F., Dan C. Cavanaugh, Peter J. Bartelloni, and John D. Marshall, Jr., "Plague Immunization: I. Past and Present Trends," *Journal of Infectious Diseases 129*, suppl. (May 1974): S13 — S18.

Moote, A. Lloyd, and Dorothy C. Moote, *The Great Plague: The Story of London's Most Deadly Year* (Baltimore: Johns Hopkins University Press, 2004).

National Institutes of Health, US National Library of Medicine, "Plague," MedlinePlus, http://www.nlm.nih.gov/medlineplus/ency/article/000596.htm, last updated August 14, 2018.

Newman, Kira L. S., "Shutt Up: Bubonic Plague and Quarantine in Early Modern England," *Journal of Social History 45*, no. 3 (Spring 2012): 809–834.

"Observations in the Plague Districts in India," *Public Health Reports* (1896–1970) 15, no. 6 (February 9, 1900): 267–271.

Orent, Wendy, *Plague: The Mysterious Past and Terrifying Future of the World's Most Dangerous Disease* (New York: Free Press, 2004).

Palmer, Darwin L., Alexander L. Kisch, Ralph C. Williams, J r., and William P. Reed, "Clinical Features of Plague in the United States: The 1969–1970 Epidemic," *Journal of Infectious Diseases 124*, no. 4 (October 1971): 367–371.

Pechous, R. D., V. Sivaraman, N. M. Stasulli, and W. E. Goldman, "Pneumonic Plague: The Darker Side of Yersinia pestis," *Trends in Microbiology 24*, no. 3 (March 2016): 194–196.

Pepys, Samuel, *The Diary of Samuel Pepys*, ed. Robert Latham and William Matthews, 10 vols. (Berkeley: University of California Press, 2000).

Petro, Anthony M., *After the Wrath of God: AIDS, Sexuality, and American Religion* (Oxford: Oxford University Press, 2015).

"The Plague: Special Report on the Plague in Glasgow," *British Medical Journal 2*, no. 2071 (September 8, 1900): 683–688.

Pollitzer, Robert, *Plague* (Geneva: World Health Organization, 1954).

"The Present Pandemic of Plague," *Public Health Reports* (1896–1970) 40, no. 2 (January 9, 1925): 51–54.

The Rat and Its Relation to Public Health (Washington, DC: US Government Printing Office, 1910).

Risse, Guenter B., *Plague, Fear, and Politics in San Francisco's Chinatown* (Baltimore: Johns Hopkins University Press, 2012).

Ruthenberg, Gunther E., "The Austrian Sanitary Cordon, and the Control of the Bubonic Plague, 1710-1871," *Journal of the History of Medicine and the Allied Sciences 28*, no. 1 (January 1973):

15–23.

Scasciamacchia, S., L. Serrecchia, L. Giangrossi, G. Garofolo, A. Balestrucci, G. Sammartino et al.,
"Plague Epidemic in the Kingdom of Naples, 1656–1658," *Emerging Infectious Diseases 18*,
no. 1 (January 2012), http://dx.doi.org/10.3201/eid1801.110597.

Shakespeare, William, *Romeo and Juliet* (London: Bloomsbury Arden Shakespeare, 2017).

Shrewsbury, John Findlay Drew, *A History of Bubonic Plague in the British Isles* (Cambridge:
Cambridge University Press, 1970).

Slack, Paul, *The Impact of Plague on Tudor and Stuart England* (Oxford: Clarendon, 1985). Steel,
D., "Plague Writing: From Boccaccio to Camus," *Journal of European Studies 11* (1981): 88–110.

Taylor, Jeremy, *Holy Living and Holy Dying: A Contemporary Version by Marvin D. Hinten*
(Nashville, TN: National Baptist Publishing Board, 1990).

Twigg, G., *The Black Death: A Biological Reappraisal* (New York: Schocken, 1985).

Velimirovic, Boris, and Helga Velimirovic, "Plague in Vienna," *Reviews of Infectious Diseases 11*,
no. 5 (September–October 1989): 808–826.

Verjbitski, D. T., W. B. Bannerman, and R. T. Kapadia, "Reports on Plague Investigations in
India," *Journal of Hygiene 8*, no. 2, Reports on Plague Investigations in India (May 1908):
161–308.

Vincent, Catherine, "Discipline du corps et de l'esprit chez les Flagellants au Moyen Age," *Revue
Historique 302*, no. 3 (July–September 2000): 593–614.

Wheeler, Margaret M., "Nursing of Tropical Diseases: Plague," *American Journal of Nursing 16*,
no. 6 (March 1916): 489–495.

Wyman, Walter, *The Bubonic Plague* (Washington, DC: US Government Printing Office, 1900).

Ziegler, Philip, *The Black Death* (New York: Harper & Row, 1969).

천연두

Artenstein, Andrew W., "Bifurcated Vaccination Needle," *Vaccine 32*, no. 7 (February 7, 2014): 895.

Basu, Rabindra Nath, *The Eradication of Smallpox from India* (New Delhi: World Health Organization, 1979).

Bazin, H., *The Eradication of Smallpox: Edward Jenner and the First and Only Eradication of a Human Infectious Disease* (San Diego: Academic Press, 2000).

Carrell, Jennifer Lee, *The Speckled Monster: A Historical Tale of Battling Smallpox* (New York: Dutton, 2003).

Dickens, Charles, *Bleak House* (London: Bradbury and Evans, 1953).

Dimsdale, Thomas, *The Present Method of Inoculating of the Small-pox. To Which Are Added Some Experiments, Instituted with a View to Discover the Effects of a Similar Treatment in the Natural Small-pox* (Dublin, 1774).

Fenn, Elizabeth Anne, *Pox Americana: The Great Smallpox Epidemic of 1775–1782* (New York: Hill and Wang, 2001).

Fielding, Henry, *The Adventures of Joseph Andrews* (London, 1857).

————, *The History of Tom Jones, a Foundling* (Oxford: Clarendon, 1974).

Foege, William H., *House on Fire: The Fight to Eradicate Smallpox* (Berkeley: University of California Press, 2011).

Franklin, Benjamin, *Some Account of the Success of Inoculation for the Small-pox in England and America. Together with Plain Instructions, by Which Any Person May Perform the Operation, and Conduct the Patient through the Distemper* (London, 1759).

Glynn, Ian, *The Life and Death of Smallpox* (London: Profile, 2004).

Henderson, Donald A., *Smallpox: The Death of a Disease* (Amherst, NY: Prometheus, 2009).

Herberden, William, *Plain Instructions for Inoculation in the Small-pox; by Which Any Person*

May Be Enabled to Perform the Operation, and Conduct the Patient through the Distemper (London, 1769).

Hopkins, Donald R., *The Greatest Killer: Smallpox in History* (Chicago: University of Chicago Press, 2002).

———, *Princes and Peasants: Smallpox in History* (Chicago: University of Chicago Press, 1983).

James, Sydney Price, *Smallpox and Vaccination in British India* (Calcutta: Thacker, Spink, 1909).

Jenner, Edward, *An Inquiry into the Causes and Effects of the Variolae Vaccinae, A Disease Discovered in Some of the Western Counties of England, Particularly Gloucestershire, and Known by the Name of the Cow Pox* (Springfield, MA, 1802; 1st ed. 1799).

———, *On the Origin of the Vaccine Inoculation* (London, 1801).

Koplow, David A., *Smallpox: The Fight to Eradicate a Global Scourge* (Berkeley: University of California Press, 2003).

Langrish, Browne, *Plain Directions in Regard to the Small-pox* (London, 1759).

Mann, Charles C., *1491: New Revelations of the Americas before Columbus* (New York: Knopf, 2005).

———, *1493: Uncovering the New World Columbus Created* (New York: Knopf, 2011).

Ogden, Horace G., *CDC and the Smallpox Crusade* (Atlanta: US Dept. of Health and Human Services, 1987).

Reinhardt, Bob H., *The End of a Global Pox: America and the Eradication of Smallpox in the Cold War Era* (Chapel Hill: University of North Carolina Press, 2015).

Rogers, Leonard, *Small-pox and Climate in India: Forecasting of Epidemics* (London: HMSO, 1926).

Rowbotham, Arnold Horrex, *The "Philosophes" and the Propaganda for Inoculation of Smallpox in Eighteenth-Century France* (Berkeley: University of California Press, 1935).

Rush, Benjamin, *The New Method of Inoculating for the Small-pox* (Philadelphia, 1792).

Schrick, Livia, Clarissa R. Damaso, José Esparza, and Andreas Nitsche, "An Early American Smallpox Vaccine Based on Horsepox," *New England Journal of Medicine 377* (2017): 1491–1492.

Shuttleton, David E., *Smallpox and the Literary Imagination, 1660–1820* (Cambridge: Cambridge University Press, 2007).

Thakeray, William Makepeace, *The History of Henry Esmond* (New York: Harper, 1950).

Thomson, Adam, *A Discourse on the Preparation of the Body for the Small-pox; And the Manner of Receiving the Infection* (Philadelphia, 1750).

Waterhouse, Benjamin, *A Prospect of Exterminating the Small-pox; Being the History of the Variolae vaccinae, or Kine-Pox, Commonly Called the Cow-Pox, as it Appeared in England; with an Account of a Series of Inoculations Performed for the Kine-pox, in Massachusetts* (Cambridge, MA, 1800).

Winslow, Ola Elizabeth, *A Destroying Angel: The Conquest of Smallpox in Colonial Boston* (Boston: Houghton Mifflin, 1974).

World Health Organization, *The Global Eradication of Smallpox: Final Report of the Global Commission for the Certifi cation of Smallpox Eradication* (Geneva: World Health Organization, 1979).

———, *Handbook for Smallpox Eradication Programmes in Endemic Areas* (Geneva: World Health Organization, 1967).

———, *Smallpox and Its Eradication* (Geneva: World Health Organization, 1988).

나폴레옹: 아이티와 황열

Blackburn, Robin, "Haiti, Slavery, and the Age of the Democratic Revolution," *William and Mary Quarterly 63, no. 4* (October 2006): 643–674.

Dubois, Laurent, *Avengers of the New World: The Story of the Haitian Revolution* (Cambridge, MA: Belknap, 2005).

Dunn, Richar d S., *Sugar and Slaves* (Chapel Hill: University of North Carolina Press, 1972).

Geggus, David Patrick, *Haitian Revolutionary Studies* (Bloomington: Indiana University Press, 2002).

Gilbert, Nicolas Pierre, *Histoire médicale de l'armée française, à Saint-Domingue, en l'an dix: ou mémoire sur la fi èvre jaune, avec un apperçu de la topographie médicale de cette colonie* (Paris, 1803).

Girard, Philippe R., "Caribbean Genocide: Racial War in Haiti, 1802–4," *Patterns of Prejudice 39, no. 2* (2005): 138–161.

———, "Napoléon Bonaparte and the Emancipation Issue in Saint-Domingue, 1799–1803," *French Historical Studies 32, no. 4* (September 2009): 587–618.

———, *The Slaves Who Defeated Napoleon: Toussaint Louverture and the Haitian War of Independence* (Tuscaloosa: University of Alabama Press, 2011).

Herold, J. Christopher, ed., *The Mind of Napoleon: A Selection of His Written and Spoken Words* (New York: Columbia University Press, 1955).

James, Cyril Lionel Robert, *Black Jacobins: Toussaint L'Ouverture and the San Domingo Revolution* (New York: Vintage, 1963).

Kastor, Peter J., *Nation's Crucible: The Louisiana Purchase and the Creation of America* (New Haven: Yale University Press, 2004).

Kastor, Peter J., and François Weil, eds., *Empires of the Imagination: Transatlantic Histories and the Louisiana Purchase* (Charlottesville: University of Virginia Press, 2009).

Lee, Debbi, *Slavery and the Romantic Imagination* (Philadelphia: University of Pennsylvania Press, 2002).

Leroy-Dupré, Louis Alexandre Hippolyte, ed., *Memoir of Baron Larrey, Surgeon-in-chief of the Grande Armée* (London, 1862).

Marr, John S., and Cathey, John T., "The 1802 Saint-Domingue Yellow Fever Epidemic and the Louisiana Purchase", *Journal of Public Health Management Practice 19*, no. 1 (January–February 2 013): 77–82.

———, "Yellow Fever, Asia and the East African Slave Trade, *Transactions of the Royal Society of Tropical Medicine and Hygiene 108,* no. 5 (May 1, 2014): 252–257.

McNeill, John Robert, *Mosquito Empires: Ecology and War in the Greater Caribbean, 1620–1914* (New York: Cambridge University Press, 2010).

Rush, Benjamin, *An Account of the Bilious Remitting Yellow Fever as It Appeared in the City of Philadelphia, in the Year 1793* (Philadelphia, 1794).

Scott, James, *Weapons of the Weak: Everyday Forms of Peasant Resistance* (New Haven: Yale University Press, 1985).

Sutherland, Donald G., *Chouans: The Social Origins of Popular Counter-Revolution in Upper Brittany, 1770–1796* (Oxford: Oxford University Press, 1982).

Teelock, Vijaya, *Bitter Sugar: Sugar and Slavery in Nineteenth-Century Mauritius* (Moka, Mauritius: Mahatma Gandhi Institute, 1998).

Tilly, Charles, *The Vendée* (Cambridge, MA: Harvard University Press, 1976).

Napoleon: Typhus, Dysentery, and the Russian Campaign

Alekseeva, Galina, "Emerson and Tolstoy's Appraisals of Napoleon," *Tolstoy Studies Journal 24* (2012): 59–65.

Armstrong, John, *Practical Illustrations of Typhus Fever, of the Common Continued Fever, and of Inflammatory Diseases, &c.* (London, 1819).

Austin, Paul Britten, *1812: Napoleon in Moscow* (South Yorkshire: Frontline, 2012).

Ballingall, George, *Practical Observations on Fever, Dysentery, and Liver Complaints as They Occur among the European Troops in India* (Edinburgh, 1823).

Bell, David Avrom, *The First Total War: Napoleon's Europe and the Birth of Warfare as We Know It* (Boston: Houghton Mifflin, 2007).

Bourgogne, Jean Baptiste François, *Memoirs of Sergeant Bourgogne* (1812–1813), trans. Paul Cottin and Maurice Henault (London: Constable, 1996).

Burne, John, *A Practical Treatise on the Typhus or Adynamic Fever* (London, 1828).

Campbell, D., *Observations on the Typhus, or Low Contagious Fever, and on the Means of Preventing the Production and Communication of This Disease* (Lancaster, 1785).

Cirillo, Vincent J., "'More Fatal than Powder and Shot': Dysentery in the U.S. Army during the Mexican War, 1846–48," *Perspectives in Biology and Medicine 52*, no. 3 (Summer 2009): 400–413.

Clausewitz, Carl von, *The Campaign of 1812 in Russia* (London: Greenhill, 1992).

————, *On War, trans*. J. J. Graham (New York: Barnes and Noble, 1968).

Collins, Christopher H., and Kennedy, David A., "Gaol and Ship Fevers," *Perspectives in Public Health 129, no. 4* (July 2009): 163–164.

Esdaile, Charles J., "De - Constructing the French Wars: Napoleon as Anti - Strategist," *Journal of Strategic Studies 31* (2008): 4, 515–552.

————, *The French Wars, 1792–1815* (London: Routledge, 2001).

————, *Napoleon's Wars: An International History, 1803–1815* (London: Allen Lane, 2007).

Fezensac, Raymond A. P. J. de, *A Journal of the Russian Campaign of 1812*, trans. W. Knollys (London, 1852).

Foord, Edward, *Napoleon's Russian Campaign of 1812* (Boston: Little, Brown, 1915).

Hildenbrand, Johann Val de, *A Treatise on the Nature, Cause, and Treatment of Contagious Typhus*, trans. S. D. Gross (New York, 1829).

Larrey, Dominique Jean, *Memoir of Baron Larrey* (London, 1861).

Maceroni, Francis, and Joachim Murat, *Memoirs of the Life and Adventures of Colonel Maceroni*, 2 vols. (London, 1837).

Palmer, Alonzo B., *Diarrhoea and Dysentery: Modern Views of Their Pathology and Treatment*

(Detroit, 1887).

Rose, Achilles, *Napoleon's Campaign in Russia Anno 1812: Medico-Historical* (New York: Published by the author, 1913).

Rothenberg, Gunther E., *The Art of Warfare in the Age of Napoleon* (Bloomington: Indiana University Press, 1978).

Ségur, Philippe de, *History of the Expedition to Russia Undertaken by the Emperor Napoleon in the Year 1812*, vol. 1 (London, 1840).

Talty, Stephan, *The Illustrious Dead: The Terrifying Story of How Typhus Killed Napo-leon's Greatest Army* (New York: Crown, 2009).

Tarle, Eugene, *Napoleon's Invasion of Russia, 1812* (New York: Oxford University Press, 1942).

Tolstoy, Leo, *The Physiology of War: Napoleon and the Russian Campaign*, trans. Huntington Smith (New York, 1888).

————, *War and Peace*, trans. Orlando Figes (New York: Viking, 2006).

Virchow, Rudolf Carl, *On Famine Fever and Some of the Other Cognate Forms of Typhus* (London, 1868)

————, "Report on the Typhus Epidemic in Upper Silesia, 1848," *American Journal of Public Health 96*, no. 12 (December 2006): 2102–2105 (excerpt from R. C. Virchow, *Archiv für pathologische Anatomie und Physiologie und für klinische Medicin*, vol. 2 [Berlin, 1848]).

Voltaire, *History of Charles XII, King of Sweden* (Edinburgh, 1776).

Xavier, Nicolas, Hervé Granier, and Patrick Le Guen, "Shigellose ou dysenterie bacillaire," *Presse Médicale 36, no. 11, pt. 2* (November 2007): 1606–1618.

Zamoyski, Adam, *1812: Napoleon's Fatal March on Moscow* (London: HarperCollins, 2004).

파리 의과대학

Ackerknecht, Erwin H., *Medicine at the Paris Hospital, 1794–1848* (Baltimore: Johns Hopkins University Press, 1967).

————, "Recurren t Th emes in Medical Thought," *Scientific Monthly 69, no. 2* (August 1949): 80–83.

Cross, John, *Sketches of the Medical Schools of Paris, Including Remarks on the Hospital Practice, Lectures, Anatomical Schools, and Museums, and Exhibiting the Actual State of Medical Instruction in the French Metropolis* (London, 1815).

Foucault, Michel, *The Birth of the Clinic: An Archaeology of Medical Perception*, trans. A. M. Sheridan Smith (New York: Pantheon, 1973).

Hannaway, Caroline, and Ann La Berge, eds., *Constructing Paris Medicine* (Amsterdam: Rodopi, 1998).

Kervran, Roger, *Laennec: His Life and Times* (Oxford: Pergamon, 1960).

Locke, John, *Essay Concerning Human Understanding* (Oxford: Clarendon, 1924).

Paracelsus, Theophrastus, *Four Treatises of Theophrastus von Henheim, Called Paracelsus*, trans. Lilian Temkin, George Rosen, Gregory Zilboorg, and Henry E. Sigerist (Baltimore: Johns Hopkins University Press, 1941).

Shakespeare, William, *All's Well That Ends Well* (Raleigh, NC: Alex Catalogue, 2001).

Somerville, Asbury, "Thomas Sydenham as Epidemiologist," *Canadian Public Health Journal 24, no. 2* (February 1933): 79–82.

Stensgaard, Richard K., "All's Well That Ends Well and the Gelenico - Paraceslian Controversy," *Renaissance Quarterly 25*, no. 2 (Summer 1972): 173–188. Sue, Eugène, Mysteries of Paris (New York, 1887).

Sydenham, Thomas, *The Works of Thomas Sydenham, 2 vols.*, trans. R. G. Latham (London, 1848–1850).

Temkin, Owsei, "The Philosophical Background of Magendie's Physiology," *Bulletin of the History of Medicine 20*, no. 1 (January 1946): 10–36.

Warner, John Harley, *Against the Spirit of System: The French Impulse in Nineteenth-Century Medicine* (Baltimore: Johns Hopkins University Press, 2003).

위생운동

Barnes, David S., *The Great Stink of Paris and the Nineteenth-Century Struggle against Filth and Germs* (Baltimore: Johns Hopkins University Press, 2006).

Chadwick, Edwin, *Public Health: An Address* (London, 1877).

————, *The Sanitary Condition of the Labouring Population of Great Britain*, ed. M. W. Flinn (Edinburgh: Edinburgh University Press, 1965; 1st ed. 1842).

Chevalier, Louis, *Laboring Classes and Dangerous Classes in Paris during the First Half of the Nineteenth Century*, trans. Frank Jellinek (New York: H. Fertig, 1973).

Cleere, Eileen, *The Sanitary Arts: Aesthetic Culture and the Victorian Cleanliness Campaigns* (Columbus: Ohio State University Press, 2014).

Dickens, Charles, *The Adventures of Oliver Twist* (London: Oxford University Press, 1949).

————, *Dombey and Son* (New York: Heritage, 1957).

————, *Martin Chuzzlewit* (Oxford: Oxford University Press, 2016).

Douglas, Mary, *Purity and Danger: An Analysis of the Concepts of Pollution and Taboo* (London: Routledge & K. Paul, 1966).

Eliot, George, *Middlemarch* (New York: Modern Library, 1984).

Engels, Friederich, *The Condition of the Working Class in England*, trans. Florence Kelly Wischnewetsky (New York, 1887).

Finer, Samuel Edward, *The Life and Times of Sir Edwin Chadwick* (London: Methuen, 1952).

Foucault, Michel, *Discipline and Punish: The Birth of the Prison*, trans. Alan Sheridan (New York: Vintage, 1979).

Frazer, W. A. *A History of English Public Health, 1834–1939* (London: Baillière, Tindall & Cox, 1950).

Gaskell, Elizabeth Cleghorn, *North and South* (London: Smith, Elder, 1907).

Goodlad, Lauren M. E., "'Is There a Pastor in the House?': Sanitary Reform, Profession-alism, and Philanthropy in Dickens's Mid-Century Fiction," *Victorian Literature and Culture 31*, no. 2 (2003): 525–553.

Hamlin, Christopher, "Edwin Chadwick and the Engineers, 1842–1854: Systems and Antisystems in the Pipe-and-Brick Sewers War," *Technology and Culture 33*, no. 4 (1992): 680–709.

————, *Public Health and Social Justice in the Age of Chadwick* (Cambridge: Cambridge University Press, 1998).

Hanley, James Gerald, "All Actions Great and Small: English Sanitary Reform, 1840–1865," *PhD diss.*, Yale University, 1998.

Hoy, Sue Ellen, *Chasing Dirt: The American Pursuit of Cleanliness* (New York: Oxford University Press, 1995).

La Berge, Ann F., "Edwin Chadwick and the French Connection," *Bulletin of the History of Medicine 62, no. 1* (1988): 23–24.

Lewis, Richard Albert, *Edwin Chadwick and the Public Health Movement, 1832–1954* (London: Longmans, 1952).

Litsios, Socrates, "Charles Dickens and the Movement for Sanitary Reform," *Perspectives in Biology and Medicine 46*, no. 2 (Spring 2003): 183–199.

Mayhew, Henry, *London Labour and the London Poor* (London, 1865).

McKeown, Thomas, *The Modern Rise of Population* (London: Edward Arnold, 1976).

————, *The Role of Medicine: Dream, Mirage or Nemesis?* (Princeton: Princeton Univer - sity Press, 1976).

Pinkney, David H., *Napoleon III and the Rebuilding of Paris* (Princeton: Princeton University Press, 1958).

Richardson, Benjamin Ward, *Hygeia: A City of Health* (London, 1876).

Rosen, George, *A History of Public Health* (Baltimore: Johns Hopkins University Press, 1993).

Ruskin, John, *Modern Painters*, 5 vols. (London, 1873).

Sivulka, Juliann, "From Domestic to Municipal Housekeeper: The In fluence of the Sanitary Reform Movement on Changing Women's Roles in America, 1860–1920," *Journal of American Culture 22, no. 4* (December 1999): 1–7.

Snowden, Frank, *Naples in the Time of Cholera, 1884–1911* (Cambridge: Cambridge University Press, 1995).

Southwood Smith, Thomas, *A Treatise on Fever* (Philadelphia, 1831).

Tomes, Nancy, *The Gospel of Germs: Men, Women, and the Microbe in American Life* (Cambridge, MA: Harvard University Press, 1988).

질병의 세균론

Bertucci, Paola, *Artisanal Enlightenment: Science and the Mechanical Arts in Old Regime France* (New Haven: Yale University Press, 2017).

Brock, Thomas D., *Robert Koch: A Life in Medicine and Bacteriology* (Washington, DC: ASM, 1999).

Budd, William, *Typhoid Fever: Its Nature, Mode of Spreading, and Prevention* (London, 1873).

Clark, David p., *How Infectious Diseases Spread* (Upper Saddle River, NJ: FT Press Delivers, 2010).

Conant, James Bryant, *Pasteur's and Tyndall's Study of Spontaneous Generation* (Cambridge, MA: Harvard University Press, 1953).

Dobell, Clifford, *Antony van Leeuwenhoek and His "Little Animals"* (New York: Russell & Russell, 1958).

Dubos, René, *Pasteur and Modern Science* (Garden City, NY: Anchor, 1960).

————, *Pasteur's Study of Fermentation* (Cambridge, MA: Harvard University Press, 1952).

Cheyne, William Watson, *Lister and His Achievement* (London: Longmans, Green, 1925).

Gaynes, Robert p., *Germ Theory: Medical Pioneers in Infectious Diseases* (Washington, DC: ASM, 2011).

Geison, Gerald, *The Private Science of Louis Pasteur* (Princeton: Princeton University Press, 1995).

Guthrie, Douglas, *Lord Lister: His Life and Doctrine* (Edinburgh: Livingstone, 1949).

Harkness, Deborah, *The Jewel House: Elizabethan London and the Scientific Revolution* (New Haven: Yale University Press, 2007).

Kadar, Nicholas, "Rediscovering Ignaz Philipp Semmelweis (1818–1865)," *Journal of Obstetrics and Gynecology* (2018), https://doi.org/10.1016/j.ajog.2018.11.1084

Knight, David C., *Robert Koch, Father of Bacteriology* (New York: F. Watts, 1961).

Koch, Robert, *Essays of Robert Koch*, trans. K. Codell Carter (New York: Greenwood, 1987).

Laporte, Dominique, *History of Shit* (Cambridge, MA: MIT Press, 2000).

Latour, Bruno, *The Pasteurization of France*, trans. Alan Sheridan and John Law (Cambridge, MA: Harvard University Press, 1988).

Lehoux, Daryn, *Creatures Born of Mud and Slime: The Wonder and Complexity of Spontaneous Generation* (Baltimore: Johns Hopkins University Press, 2017).

Long, Pamela O., *Artisan/Practitioners and the Rise of the New Sciences, 1400–1600* (Corvallis: Oregon State University Press, 2011).

Metchniko ff, Elie, *Founders of Modern Medicine: Pasteur, Koch, Lister* (Delanco, NJ: Gryphon, 2006).

Nakayama, Don K., "Antisepsis and Asepsis and How They Shaped Modern Surgery," *American Surgeon 84, no. 6* (June 2018): 766–771.

Nuland, Sherwin B., *Doctors: The Biography of Medicine* (New York: Random House, 1988).

————, *The Doctors' Plague: Germs, Childbed Fever, and the Strange Story of Ignác Semmelweis* (New York: W. W. Norton, 2004).

Pasteur, Louis, *Germ Theory and Its Applications to Medicine and Surgery* (Hoboken, NJ: BiblioBytes, n.d.).

————, *Physiological Theory of Fermentation* (Hoboken, NJ: BiblioBytes, n.d.).

Radot, René Vallery, *Louis Pasteur: His Life and Labours*, trans. Lady Claud Hamilton (New York, 1885).

Ruestow, Edward G., *The Microscope in the Dutch Republic: The Shaping of Discovery* (Cambridge: Cambridge University Press, 1996).

Schlich, Thomas, "Asepsis and Bacteriology: A Realignment of Surgery and Laboratory Science," *Medical History 56, no. 3* (July 2012): 308–334.

Semmelweis, Ignác, *The Etiology, the Concept, and the Prophylaxis of Childbed Fever*, trans. F. p. Murphy (Birmingham, AL: Classics of Medicine Library, 1981).

Smith, Pamela H., *The Body of the Artisan: Art and Experience in the Scientifi c Revolution* (Chicago: University of Chicago Press, 2004).

Tomes, Nancy, *The Gospel of Germs: Men, Women, and the Microbe in American Life* (Cambridge, MA: Harvard University Press, 1998).

콜레라

Andrews, Jason R., and Basu Sanjay, "Transmission Dynamics and Control of Cholera in Haiti: An Epidemic Model," *Lancet 377*, no. 9773 (April 2011): 1248–1255.

Belkin, Shimson, and Rita R. Colwell, eds., *Ocean and Health Pathogens in the Marine Environment* (New York: Springer, 2005).

Bilson, Geoffrey, *A Darkened House: Cholera in Nineteenth-Century Canada* (Toronto: University of Toronto, 1980).

Colwell, Rita R., "Global Climate and Infectious Disease: The Cholera Paradigm," *Science 274, no. 5295* (Decembe r 2 0, 1996): 2025–2031.

Delaporte, François, *Disease and Civilization : The Cholera in Paris, 1832* (Cambridge, MA: MIT Press, 1986).

Durey, Michael, *The Return of the Plague: British Society and the Cholera, 1831–1832* (Dublin: Gill and Macmillan, 1979).

Echenberg, Myron, *Africa in the Time of Cholera: A History of Pandemics from 1817 to the Present* (Cambridge: Cambridge University Press, 2011).

Evans, Richard J., *Death in Hamburg: Society and Politics in the Cholera Years* (New York: Penguin, 2005).

―――, "Epidemics and Revolutions: Cholera in Nineteenth-Century Europe," *Past and Present*, no. 120 (August 1988): 123–146.

Eyler, J. M., "The Changing Assessment of John Snow's and William Farr's Cholera Studies," *Soz Praventivmed 46*, no. 4 (2001): 225–232.

Fang, Xiaoping, "The Global Cholera Pandemic Reaches Chinese Villages: Population Mobility, Political Control, and Economic Incentives in Epidemic Prevention, 1962–1964," *Modern Asian Studies 48*, no. 3 (May 2014): 754–790.

Farmer, Paul, *Haiti a ft er the Earthquake* (New York: Public A ff airs, 2011).

Fazio, Eugenio, *L'epidemia colerica e le condizioni sanitarie di Napoli* (Naples, 1885).

Giono, Jean, *The Horseman on the Roof*, trans. Jonathan Griffin (New York: Knopf, 1954).

Hamlin, Christopher, *Cholera: The Biography* (Oxford: Oxford University Press, 2009).

Howard‑Jones, Norman, "Cholera Therapy in the Nineteenth Century," *Journal of the History of Medicine 17* (1972): 373–395.

Hu, Dalong, Bin Liu, Liang Feng, Peng Ding, Xi Guo, Min Wang, Boyang Cao, p. R. Reeves, and Lei Want, "Origins of the Current Seventh Cholera Pandemic," *Proceedings of the National Academy of Sciences of the United States of America 113*, no. 48 (2016): E7730 –E7739.

Huq, A., S. A. Huq, D. J. Grimes, M. O'Brien, K. H. Chu, J. M. Capuzzo, and R. R. Colwell, "Colonization of the Gut of the Blue Crab (Callinectes sapidus) by Vibrio cholerae," *Applied Environmental Microbiology 52* (1986): 586–588.

Ivers, Louise C., "Eliminating Cholera Transmission in Haiti," *New England Journal of Medicine 376* (January 12, 2017): 101–103.

Jutla, Antarpreet, Rakibul Khan, and Rita Colwell, "Natural Disasters and Cholera Outbreaks: Current Understanding and Future Outlook," *Current Environmental Health Report 4* (2017): 99–107.

Koch, Robert, *Professor Koch on the Bacteriological Diagnosis of Cholera, Water‑Filtra‑ tion and Cholera, and the Cholera in Germany during the Winter of 1892–93*, trans. George Duncan (Edinburgh, 1894).

Kudlick, Catherine Jean, *Cholera in Post‑Revolutionary Paris: A Cultural History* (Berkeley: University of California Press, 1996).

Lam, Connie, Sophie Octavia, Peter Reeves, Lei Wang, and Ruiting Lan, "Evolution of

the Seventh Cholera Pandemic and the Origin of the 1991 Epidemic in Latin America," *Emerging Infectious Diseases 16, no. 7* (July 2010): 1130–1132.

Longmate, Norman, *King Cholera: The Biography of a Disease* (London: H. Hamilton, 1966).

McGrew, Roderick E., *Russia and the Cholera, 1823–1832* (Madison: University of Wisconsin

Press, 1965].

Mekalanos, John, *Cholera: A Paradigm for Understanding Emergence, Virulence, and Temporal Patterns of Disease* (London: Henry Stewart Talks, 2009).

Morris, J. Glenn, Jr., "Cholera—Modern Pandemic Disease of Ancient Lineage," *Emerging Infectious Diseases 17, no. 11* (November 2011): 2099–2104.

Morris, Robert John, *Cholera 1832: The Social Response to an Epidemic* (London: Croom Helm, 1976).

Munthe, Axel, *Letters from a Mourning City, trans. Maude Valerie White* (London, 1887).

Pelling, Margaret, *Cholera, Fever, and English Medicine, 1825–1865* (Oxford: Oxford University Press, 1978).

Pettenkofer, Max von, *Cholera: How to Prevent and Resist It*, trans. Thomas Whiteside Hine (London, 1875).

Piarroux, Renaud, Robert Barrais, Benoît Faucher, Rachel Haus, Martine Piarroux, Jean Gaudart, Roc Magloire, and Didier Raoult, "Understanding the Cholera Epi- demic, Haiti," *Emerging Infectious Diseases 17*, no. 7 (July 2011): 1161–1168.

Pollitzer, R., *Cholera* (Geneva: World Health Organization, 1959).

Ramamurthy, T., *Epidemiological and Molecular Aspects of Cholera* (New York: Springer Science and Business, 2011).

Robbins, Anthony, "Lessons from Cholera in Haiti," *Journal of Public Health Policy 35*, no. 2 (May 2014): 135–136.

Rogers, Leonard, *Cholera and Its Treatment* (London: H. Frowde, Oxford University Press, 1911).

Rosenberg, Charles E., *The Cholera Years: The United States in 1832, 1849, and 1866* (Chicago: University of Chicago Press, 1987).

Seas, C., J. Miranda, A. I. Gil, R. Leon-Barua, J. Patz, A. Huq, R. R. Colwell, and R. B. Sack, "New Insights on the Emergence of Cholera in Latin America during 1991: The Peruvian Experience," *American Journal of Tropical Medicine and Hygiene 62* (2000): 513–517.

Shakespeare, Edward O., *Report on Cholera in Europe and India* (Washington, DC, 1890).

Snow, John, *Snow on Cholera* (New York: The Commonwealth Fund; and London: Oxford University Press, 1936).

Snowden, Frank, *Naples in the Time of Cholera: 1884–1911* (Cambridge: Cambridge University Press, 1995).

Somma, Giuseppe, *Relazione sanitaria sui casi di colera avvenuti nella sezione di Porto durante l'epidemia dell'anno 1884* (Naples, 1884).

Twain, Mark, *Innocents Abroad* (Hartford, CT, 1869).

United States Congress, House Committee on Foreign Affairs, Subcommittee on Western Hemisphere Affairs, The Cholera Epidemic in Latin America. Hearing before the Subcommittee on Western Hemisphere Affairs of the Committee on Foreign Affairs, House of Representatives, One Hundred Second Congress, First Session, May 1, 1991 (Washington, DC: US Government Printing Office, 1991).

Van Heyningen, William Edward, *Cholera: The American Scientific Experience* (Boulder, CO: Westview, 1983).

Vezzulli, Luigi, Carla Pruzzo, Anwar Huq, and Rita R. Colwell, "Environmental Reservoirs of Vibrio cholerae and Their Role in Cholera," *Environmental Microbiology Reports 2*, no. 1 (2010): 27–35.

Wachsmuth, I. K., p. A. Blake, and Ø. Olsvik, eds., *Vibrio cholerae and Cholera: Molecular to Global Perspectives* (Washington, DC: ASM, 1994).

Wall, A. J., *Asiatic Cholera: Its History, Pathology and Modern Treatment* (London, 1893).

World Health Organization, Guidelines for Cholera Control (Geneva: World Health Organization, 1993).

결핵

Abel, Emily K., Rima D. Apple, and Janet Golden, *Tuberculosis and the Politics of Exclusion: A History of Public Health and Migration to Los Angeles* (New Brunswick: Rutgers University Press, 2007).

Barnes, David S., *The Making of a Social Disease: Tuberculosis in Nineteenth-Century France* (Berkeley: University of California Press, 1995).

Bryder, Linda, *Below the Magic Mountain: A Social History of Tuberculosis in Twentieth-Century Britain* (Oxford: Oxford University Press, 1988).

Bulstrode, H. Timbrell, *Report on Sanatoria for Consumption and Certain Other Aspects of the Tuberculosis Question* (London: His Majesty's Stationery Office, 1908).

Bynum, Helen, *Spitting Blood: The History of Tuberculosis* (Oxford: Oxford University Press, 2012).

Carrington, Thomas Spees, *Tuberculosis Hospital and Sanatorium Construction* (New York: National Association for the Study and Prevention of Tuberculosis, 1911).

Chekov, Anton, *Five Plays*, trans. Marina Brodskaya (Stanford, CA: Stanford University Press, 2011).

Comstock, George W., "The International Tuberculosis Campaign: A Pioneering Venture in Mass Vaccination and Research," *Clinical Infectious Diseases 19, no. 3* (September 1, 1994): 528-540.

Condrau, Flurin, and Michael Worboys, *Tuberculosis Then and Now: Perspectives on the History of an Infectious Disease* (Montreal: McGill–Queen's University Press, 2010).

Connolly, Cynthia Anne, *Saving Sickly Children: The Tuberculosis Preventorium in American Life, 1909–1970* (New Brunswick: Rutgers University Press, 2008).

Crowell, F. Elizabeth, *Tuberculosis Dispensary Method and Procedure* (New York: Vail-Ballou, 1916).

Day, Carolyn A., *Consumptive Chic: A History of Beauty, Fashion, and Disease* (London:

Bloomsbury, 2017).

Dubos, René, and Jean Dubos, *The White Plague: Tuberculosis, Man, and Society* (Boston: Little, Brown, 1952).

Dutcher, Addison p., *Pulmonary Tuberculosis: Its Pathology, Nature, Symptoms, Diagnosis, Prognosis, Causes, Hygiene, and Medical Treatment* (Philadelphia, 1875).

Ellis, A. E., *The Rack* (Boston: Little Brown, 1958).

Fishbert, Maurice, *Pulmonary Tuberculosis, 3rd ed.* (Philadelphia: Lea & Febiger, 1922).

Gide, André, *The Immoralist*, trans. Richard Howard (New York: Alfred A. Knopf, 1970).

Goffman, Erving, *Asylums: Essays on the Social Situation of Mental Patients and Other Inmates* (Chicago: Aldine, 1961).

Hearing before the Subcommittee on Health and the Environment of the Committee on Energy and Commerce, House of Representatives, One Hundred Third Congress, First Session, "The Tuberculosis Epidemic," March 9, 1 993 (3) (Washington, DC: US Government Printing Office, 1993).

Jacobson, Arthur C., *Tuberculosis and the Creative Mind* (Brooklyn, NY: Albert T. Huntington, 1909).

Johnson, Charles S., *The Negro in American Civilization* (New York: Holt, 1930).

Jones, Thomas Jesse, "Tuberculosis among the Negroes," *American Journal of the Medical Sciences 132, no. 4* (October 1906): 592–600.

Knopf, Sigard Adolphus, *A History of the National Tuberculosis Association: The Anti-Tuberculosis Movement in the United States* (New York: National Tuberculo-sis Association, 1922).

————, *Pulmonary Tuberculosis* (Philadelphia, 1899).

Koch, Robert, "Die Atiologie der Tuberkulose," *Berliner Klinische Wochenschrift 15* (1882): 221–230.

Laennec, René, *A Treatise of the Diseases of the Chest*, trans. John Forbes (London, 1821).

Lawlor, Clark, *Consumption and Literature: The Making of the Romantic Disease* (New York: Palgrave Macmillan, 2006).

Madkour, M. Monir, ed., *Tuberculosis* (Berlin: Springer-Verlag, 2004).

Mann, Thomas, *The Magic Mountain*, trans. H. T. Lowe-Porter (New York: Modern Library, 1992).

McMillen, Christian W., *Discovering Tuberculosis: A Global History, 1900 to the Present* (New Haven: Yale University Press, 2015).

Muthu, C., *Pulmonary Tuberculosis and Sanatorium Treatment: A Record of Ten Years' Observation and Work in Open-Air Sanatoria* (London: Baillière, Tindall and Cox, 1910).

National Tuberculosis Association, *A Directory of Sanatoria, Hospitals, Day Camps and Preventoria for the Treatment of Tuberculosis in the United States*, 9th ed. (New York: Livingston, 1931).

———, "Report of the Committee on Tuberculosis among Negroes" (New York: National Tuberculosis Association, 1937).

———, *Twenty-five Years of the National Tuberculosis Association* (New York: National Tuberculosis Association, 1929).

New York City Department of Health, *What You Should Know about Tuberculosis* (New York: J. W. Pratt, 1910).

Ott, Katherine, *Fevered Lives: Tuberculosis in American Culture since 1870* (Cambridge, MA: Harvard University Press 1996).

Pope, Alton S., "The Role of the Sanatorium in Tuberculosis Control," *Milbank Memo-rial Fund Quarterly 16*, no. 4 (October 1938): 327–337.

Pottenger, Francis M., *The Diagnosis and Treatment of Pulmonary Tuberculosis* (New York: William Wood, 1908).

Ransome, Arthur, *Researches on Tuberculosis* (London, 1898).

———, "Tuberculosis and Leprosy: A Parallel and a Prophecy," *Lancet 148, no. 3 802* (July 11,

1896]: 99–104.

Reinhardt, Charles, and David Thomson, *A Handbook of the Open-Air Treatment* (London: John Bale, Sons & Danielsson, 1902).

Rothman, Sheila M., *Living in the Shadow of Death; Tuberculosis and the Social Experience of Illness in American History* (New York: Basic, 1994).

Sontag, Susan, *Illness as Metaphor* (New York: Vintage, 1979).

Stowe, Harriet Beecher, *Uncle Tom's Cabin, or Life among the Lowly* (New York: Penguin, 1981; 1st ed. 1852).

Trudeau, Edward Livingston, *An Autobiography* (Garden City, NY: Doubleday, Page, 1916).

Tuberculosis Commission of the State of Maryland, *Report of 1902–1904* (Baltimore: Sun Job Printing Office, 1904).

Vickery, Heather Styles, "'How Interesting He Looks in Dying': John Keats and Consumption," *Keats-Shelley Review 32, no. 1* (2018): 58–63.

Villemin, Jean Antoine, *De la propagation de la phthisie* (Paris, 1869).

———, *Études sur la tuberculose* (Paris, 1868).

Walksman, Selman, *The Conquest of Tuberculosis* (Berkeley: University of California Press, 1964).

Walters, F. Rufenacht, *Sanatoria for Consumptives* (London: Swann Sonnenschein, 1902).

World Health Organization, *Global Tuberculosis Control: WHO Report 2010* (Geneva: World Health Organization, 2010).

———, *Global Tuberculosis Report 2015* (Geneva: World Health Organization, 2015).

말라리아

Carson, Rachel, *Silent Spring* (Greenwich, CT: Fawcett, 1962).

Clyde, David F., *Malaria in Tanzania* (London: Oxford University Press, 1967).

Cueto, Marcos, *Cold War, Deadly Fevers: Malaria Eradication in Mexico, 1955–1975* (Washington, DC: Woodrow Wilson Center Press, 2007).

Desowitz, Robert S., *The Malaria Capers: Tales of Parasites and People* (New York: W. W. Norton, 1993).

Faid, M. A., "The Malaria Program: From Euphoria to Anarchy," *World Health Forum 1* (1980): 8–22.

Farley, John A., "Mosquitoes or Malaria? Rockefeller Campaigns in the American South and Sardinia," *Parassitologia 36* (1994): 165–173.

Hackett, Lewis Wendell, *Malaria in Europe: An Ecological Study* (London: Oxford University Press, 1937).

Harrison, Gordon, *Mosquitoes, Malaria, and Man: A History of the Hostilities since 1880* (New York: E. p. Dutton, 1978).

Humphreys, Margaret, *Malaria: Poverty, Race, and Public Health in the United States* (Baltimore: Johns Hopkins University Press, 2001).

Litsios, Socrates, *The Tomorrow of Malaria* (Karori: Paci fi c Press, 1996).

Logan, John A., *The Sardinian Project: An Experiment in the Eradication of an Indigenous Malarious Vector* (Baltimore: Johns Hopkins University Press, 1953). MacDonald, George, *The Epidemiology and Control of Malaria* (London: Oxford University Press, 1957).

Packard, Randall M., *Making of a Tropical Disease: A Short History of Malaria* (Baltimore: Johns Hopkins University Press, 2007).

Pampana, Emilio J., *A Textbook of Malaria Eradication* (London: Oxford University Press, 1963).

Ross, Ronald, *Malarial Fever: Its Cause, Prevention and Treatment* (London: Longmans, Green, 1902).

Russell, Paul, *Man's Mastery of Malaria* (London: Oxford University Press, 1955).

Sallares, Robert, *Malaria and Rome: A History of Malaria in Ancient Italy* (Oxford: Oxford University Press, 2012).

Sherman, Irwin W., *Magic Bullets to Conquer Malaria from Quinine to Qinghaosu* (Washington, DC: ASM, 2011).

Slater, Leo B., *War and Disease: Biomedical Research on Malaria in the Twentieth Century* (New Brunswick: Rutgers University Press, 2009).

Snowden, Frank M., *The Conquest of Malaria: Italy, 1900–1962* (New Haven: Yale University Press, 2006).

Soper, Fred L., and D. Bruce Wilson, *Anopheles Gambiae in Brazil, 1930–1943* (New York: Rockefeller Foundation, 1949).

Tognotti, Eugenia, *La malaria in Sardegna: Per una storia del paludismo nel Mezzo-giorno, 1880–1950* (Milan: F. Angeli, 1996).

Verga, Giovanni, *Little Novels of Sicily*, trans. D. H. Lawrence (New York: Grove Press, 1953).

Webb, James L. A., Jr., *Humanity's Burden: A Global History of Malaria* (Cambridge: Cambridge University Press, 2009).

폴리오

Aylward, R., "Eradicating Polio: Today's Challenges and Tomorrow's Legacy," *Annals of Tropical Medicine & Parasitology 100*, nos. 5/6 (2006): 1275–1277.

Aylward, R., and J. Linkins, "Polio Eradication: Mobilizing and Managing the Human Resources," *Bulletin of the World Health Organization 83, no. 4* (2005): 268–273.

Aylward, R., and C. Maher, "Interrupting Poliovirus Transmission: New Solutions to an Old Problem," *Biologicals 34, no. 2* (2006): 133–139.

Closser, Svea, *Chasing Polio in Pakistan: Why the World's Largest Public Health Initiative May*

Fail (Nashville, TN: Vanderbilt University Press, 2010).

Flexner, Simon, *Nature, Manner of Conveyance and Means of Prevention of Infantile Paralysis* (New York: Rockefeller Institute for Medical Research, 1916).

"Global Poliomyelitis Eradication Initiative: Status Report," *Journal of Infectious Diseases 175, suppl. 1* (February 1997).

Jacobs, Charlotte, *Jonas Salk: A Life* (New York: Oxford University Press, 2015).

National Foundation for Infantile Paralysis, Infantile Paralysis: A Symposium Delivered at Vanderbilt University, April 1941 (New York: National Foundation for Infantile Paralysis, 1941).

New York Department of Health, *Monograph on the Epidemic of Poliomyelitis* (Infantile Paralysis) in New York City in 1916 (New York: Department of Health, 1917).

Offit, Paul A., *The Cutter Incident: How America's First Polio Vaccine Led to the Growing Vaccine Crisis* (New Haven: Yale University Press, 2005).

Oshinsky, David M., *Polio: An American Story* (New Haven: Yale University Press, 2005).

Paul, John., *History of Poliomyelitis* (New Haven: Yale University Press, 1971).

Renne, Elisha p., *The Politics of Polio in Northern Nigeria* (Bloomington: Indiana University Press, 2010).

Roberts, Leslie, "Alarming Polio Outbreak Spreads in Congo, Threatening Global Eradication Efforts," *Science* (July 2, 2018), http://www.sciencemag.org/ news/2018/07/polio - outbreaks - congo - threaten - global - eradication.

Rogers, Naomi, *Dirt and Disease: Polio before FDR* (New Brunswick: Rutgers University Press, 1992).

Sabin, Albert, "Eradication of Smallpox and Elimination of Poliomyelitis: Contrasts in Strategy," *Japanese Journal of Medical Science and Biology 34, no. 2* (1981): 111–112.

———, "Field Studies with Live Poliovirus Vaccine and Their Signifi cance for a Program of Ultimate Eradication of the Disease," *Academy of Medicine of New Jersey Bulletin 6, no. 3*

(1960): 168–183.

————, "Present Status of Field Trials with an Oral, Live Attenuated Poliovirus Vaccine," *JAMA 171* (1959): 864–868.

Salk, Jonas E., "Considerations in the Preparation and Use of Poliomyelitis Virus Vaccine," *Journal of the American Medical Association 158* (1955): 1239–1248.

————, *Poliomyelitis Vaccine in the Fall of 1955* (New York: National Foundation for Infantile Paralysis, 1956).

Seytre, Bernard, *The Death of a Disease: A History of the Eradication of Poliomyelitis* (New Brunswick: Rutgers University Press, 2005).

Shell, Marc, *Polio and Its Aftermath: Th e Paralysis of Culture* (Cambridge, MA: Harvard University Press, 2005).

Wilson, Daniel J., *Living with Polio: The Epidemic and Its Survivors* (Chicago: University of Chicago Press, 2005).

Wilson, James Leroy, *The Use of the Respirator in Poliomyelitis* (New York: National Foundation for Infantile Paralysis, 1940).

World Health Organization, *Seventy - First World Health Assembly* , "Eradication of Poliomyelitis: Report by the Director - General," March 20, 2018, http://apps.who.int/gb/ebwha/pdf_ fi les/ WHA71/A71_26 - en.pdf.

HIV/AIDS

Antonio, Gene, *The AIDS Cover - Up? The Real and Alarming Facts about AIDS* (San Francisco: Ignatius Press, 1986).

Baxen, Jean, and Anders Breidlid, eds., *HIV/AIDS in Sub - Saharan Africa: Understanding the Implications of Culture and Context* (Claremont: UCT Press, 2013).

Berkowitz, Richard, *Stayin' Alive: The Invention of Safe Sex, a Personal History* (Boulder, CO: Westview, 2003).

Berkowitz, Richard, and Michael Callen, *How to Have Sex in an Epidemic: One Approach* (New York: News from the Front Publications, 1983).

Bishop, Kristina Monroe, "Anglo American Media Representations, Traditional Medicine, and HIV/AIDS in South Africa: From Muti Killings to Garlic Cures," *GeoJournal 77* (2012): 571–581.

Bonnel, Rene, *Funding Mechanisms for Civil Society: The Experience of the AIDS Response* (Washington, DC: World Bank, 2012).

Buiten, Denise, and Kammila Naidoo, "Framing the Problem of Rape in South Africa: Gender, Race, Class and State Histories," *Current Sociology 64, no. 4* (2016): 535–550. Decoteau, Claire Laurier, *Ancestors and Antiretrovirals: The Bio-Politics of HIV/AIDS in Post-Apartheid South Africa* (Chicago: Chicago University Press, 2013).

Dosekun, Simidele, "'We Live in Fear, We Feel Very Unsafe': Imagining and Fearing Rape in South Africa," *Agenda: Empowering Women for Gender Equity, no. 74* (2007): 89–99.

Duesberg, Peter, Claus Koehnlein, and David Rasnick, "The Chemical Bases of the Various AIDS Epidemics: Recreational Drugs, Anti-Viral Chemotherapy and Malnutrition," *Journal of Biosciences 28*, no. 4 (June 2003): 383–422.

"The Durban Declaration," *Nature 406*, no. 6791 (July 6, 2000): 15–16.

Farmer, Paul, *AIDS and Accusation: Haiti and the Geography of Blame* (Berkeley: University of California Press, 2006).

Fourie, Pieter, *The Political Management of HIV and AIDS in South Africa: One Burden Too Many?* (New York: Palgrave Macmillan, 2006).

Gevisser, Mark, *Thabo Mbeki: The Dream Deferred* (Johannesburg: Jonathan Balo, 2007).

Gqola, Pumla Dineo, *Rape: A South African Nightmare* (Auckland Park: MF Books Joburg, 2015).

Grmek, Mirko, *History of AIDS: Emergence and Origin of a Modern Pandemic* (Princeton:

Princeton University Press, 1990).

Gumede, William Mervin, *Thabo Mbeki and the Battle for the Soul of the ANC* (London: Zed Books, 2007).

Holmes, King, *Disease Control Priorities: Major Infectious Diseases* (Washington, DC: World Bank, 2016).

Hunter, Susan, *Black Death: AIDS in Africa* (New York: Palgrave Macmillan, 2003).

Johnson, David K., *The Lavender Scare: The Cold War Persecution of Gays and Lesbians in the Federal Government* (Chicago: University of Chicago Press, 2004).

Karim, S. S. Abdool, and Q. Abdool Karim, *HIV/AIDS in South Africa* (Cambridge: Cambridge University Press, 2010).

Koop, C. Everett, *Understanding AIDS* (Rockville, MD: US Department of Health and Human Services, 1988).

Kramer, Larry, *The Normal Heart and the Destiny of Me* (New York: Grove, 2000).

———, *Reports from the Holocaust: The Story of an AIDS Activist* (New York: St. M artin's, 1994).

Larson, Jonathan, *Rent* (New York: Rob Weisbach Books, William Morrow, 1997).

McIntyre, James, and Glenda Gray, "Preventing Mother - to - Child Transmission of HIV: African Solutions for an African Crisis," *Southern African Journal of HIV Medicine 1*, no. 1 (July 25, 2000): 30–31.

Naidoo, Kammila, "Rape in South Africa — A Call to Action," *South African Medical Journal 103*, no. 4 (April 2013): 210–211.

Patton, Cindy, *Globalizing AIDS* (Minneapolis: University of Minnesota Press, 2002).

Pépin, Jacques, *Origins of AIDS* (Cambridge: Cambridge University Press, 2011).

Piot, Peter, *No Time to Lose: A Life in Pursuit of Deadly Viruses* (New York: W. W. Norton, 2012).

Powers, T., "Institutions, Power and Para - State Alliances: A Critical Reassessment of HIV/

AIDS Politics in South Africa, 1999–2008," *Journal of Modern African Studies 12, no. 4* (December 2013): 605–626.

Rohleder, Poul, *HIV/ADS in South Africa 25 Years On: Psychosocial Perspectives* (New York: Springer-Verlag, 2009).

Sangaramoorthy, Thurka, *Treating AIDS: Politics of Difference, Paradox of Prevention* (New Brunswick: Routledge, 2014).

Shilts, Randy, *And the Band Played On: Politics, People, and the AIDS Epidemic* (New York: St. Martin's, 1987).

Statistics South Africa, "Statistical Release P0302: Mid-Year Population Estimates, 2017" (Pretoria, South Africa, 2017).

UNAIDS, Global AIDS Update 2016 (Geneva: Joint United Nations Programme on HIV/AIDS, 2016), http://www.unaids.org/sites/default/files/media_asset/global-AIDS-update-2016_en.pdf.

————, Report on the Global AIDS Epidemic 2008 (Geneva: Joint United Nations Programme on HIV/AIDS, 2008), http://www.unaids.org/sites/default/files/media_asset/jc1510_2008globalreport_en_0.pdf.

————, UNAIDS Data 2017 (Geneva: Joint United Nations Programme on HIV/AIDS, 2017), http://www.unaids.org/sites/default/files/media_asset/20170720_Data_book_2017_en.pdf.

Vale, Peter, and Georgina Barrett, "The Curious Career of an African Modernizer: South Africa's Thabo Mbeki," *Contemporary Politics 15*, no. 4 (December 2009): 445–460.

Verghese, Abraham, *My Own Country: A Doctor's Story* (New York: Vintage, 1994).

Weinel, Martin, "Primary Source Knowledge and Technical Decision-Making: Mbeki and the AZT Debate," *Studies in History and Philosophy of Science 38*, no. 4 (2007): 748–760.

Whiteside, Alan, *HIV/AIDS: A Very Short Introduction* (New York: Oxford University Press, 2008).

신종 및 재출현 감염병: 사스와 에볼라

Adams, Lisa V., *Diseases of Poverty: Epidemiology, Infectious Diseases, and Modern Plagues* (Hanover, NH: Dartmouth College Press, 2015).

African Development Fund, Agriculture and Agro - Industry Department, "Republic of Guinea: Completion Report on Diecke Oil Palm and Rubber Project, Phase III, SOGUIPAH III," April 2008, https://www.afdb.org/fileadmin/uploads/afdb/Documents/Project - and - Operations/ADF - BD - IF - 2008 - 123 - EN - GUINEA - PCR - SOGUIPAHIII.PDF.

Atlim, George A., and Susan J. Elliott, "The Global Epidemiologic Transition," *Health Education & Behavior 43*, no. 1 suppl. (April 1, 2016): 37S–55S.

Badrun, Muhammad, *Milestone of Change: Developing a Nation through Oil Palm 'PIR'* (Jakarta: Directorate General of Estate Crops, 2011).

Barani, Achmad Mangga, *Palm Oil: A Gold Gift from Indonesia to the World* (Jakarta: Directorate General of Estate Crops, 2009).

Beltz, Lisa A., *Bats and Human Health: Ebola, SARS, Rabies, and Beyond* (Hoboken, NJ: John Wiley & Sons, 2018).

——————, *Emerging Infectious Diseases: A Guide to Diseases, Causative Agents, and Surveillance* (San Francisco: Jossey - Bass, 2011).

Brown, J., and P. Chalk, *The Global Threat of New and Reemerging Infectious Diseases: Reconciling U. S. National Security and Public Health Policy* (Santa Monica: RAND, 2003).

Bullard, Stephan Gregory, *A Day - by - Day Chronicle of the 2013–2016 Ebola Outbreak* (Cham: Springer International, 2018).

Burnet, Frank Macfarlane, *Natural History of Infectious Diseases*, 4th rev. ed. (Cambridge: Cambridge University Press, 1972; 1s t e d. 1953).

Centers for Disease Control and Prevention, *The Road to Zero: CDC's Response to the West African Ebola Epidemic, 2014–2015* (Atlanta: US Department of Health and Human Services, 2015).

Childs, James E., ed., *Wildlife and Emerging Zoonotic Diseases: The Biology, Circum - stances, and*

Consequences of Cross - Species Transmission (Heidelberg: Springer - Verlag, 2007).

Close, William T., *Ebola: A Documentary Novel of Its First Explosion* (New York: Ivy Books, 1995).

Cockburn, Aidan, ed., *The Evolution and Eradication of Infectious Diseases* (Baltimore: Johns Hopkins, 1963).

————, ed. *Infectious Diseases: Their Evolution and Eradication* (Spring field, IL: C. C. Thomas, 1967).

Corley, R. H. V., and p. B. H. Tinker, *The Oil Palm, 5th ed* . (Chichester: John Wiley, 2016).

Davis, J. R., and J. Lederberg, eds., *Public Health Systems and Emerging Infections: Assessing the Capabilities of the Public and Private Sectors* (Washington, DC: National Academy Press, 2000).

Evans, Nicholas G., and Tara C. Smith, eds., *Ebola's Message: Public Health and Medicine in the Twenty - First Century* (Cambridge, MA: MIT Press, 2016).

Fidler, David P., *SARS: Governance and the Globalization of Disease* (New York: Palgrave Macmillan, 2004).

Fong, I. W., *Antimicrobial Resistance and Implications for the Twenty - First Century* (Boston: Springer Science and Business Media, 2008).

————, *Emerging Zoonoses: A Worldwide Perspective* (Cham, Switzerland: Springer International, 2017).

Garrett, Laurie, *The Coming Plague: Newly Emerging Diseases in a World Out of Balance* (New York: Hyperion, 2000).

Green, Andrew, "Ebola Outbreak in the DR Congo: Lessons Learned," *Lancet 391, no. 1 0135* (May 26, 2018): 2096, https://doi.org/10.1016/S0140 - 6736(18)31171 - 1.

Gross, Michael, "Preparing for the Next Ebola Epidemic," *Current Biology 28* , no. 2 (January 22, 2018): R51–R54.

Hinman, E. Harold, *World Eradication of Infectious Diseases* (Spring field, IL: C. C. Thomas, 1966).

Institute of Medicine, *Emerging Infections: Microbial Threats to Health in the United States*

(Washington, DC: National Academy Press, 1992).

Knobler, Stacey, Adel Mahmoud, Stanley Lemon, Alison Mack, Laura Sivitz, and Katherine Oberholtzer, eds., *Learning from SARS: Preparing for the Next Disease Outbreak* (Washington, DC: National Academies Press, 2004).

Lo, Terence Q., Barbara J. Marston, Benjamin A. Dahl, and Kevin M. De Cock, "Ebola: Anatomy of an Epidemic," *Annual Review of Medicine 68* (2017): 359–370.

Loh, Christine, *At the Epicentre: Hong Kong and the SARS Outbreak* (Baltimore: Project MUSE, 2012).

Maconachie, Roy, and Hilson, Gavin, "'The War Whose Bullets You Don't See': Diamond Digging, Resilience and Ebola in Sierra Leone," *Journal of Rural Studies 61* (July 2018): 110–122, https://doi.org/10.1016/j.jrurstud.2018.03.009

Malaysian Palm Oil Board, *Going for Liquid Gold: The Achievements of the Malaysian Palm Oil Board* (Kuala Lumpur: Ministry of Plantation Industries and Commodities, 2010).

McLean, Angela, Robert May, John Pattison, and Robin Weiss, eds., *SARS: A Case Study in Emerging Infections* (Oxford: Oxford University Press, 2005).

Médecins Sans Frontières, *Pushed to the Limit and Beyond: A Year into the Largest Ever Ebola Outbreak*, March 23, 2015, https://www.msf.org/ebola-pushed-limit-and-beyond.

Mehlhorn, Heinz, *Arthropods as Vectors of Emerging Diseases* (Berlin: Springer, 2012).

Mol, Hanneke, *The Politics of Palm Oil Harm: A Green Criminological Perspective* (Cham: Springer, 2017).

Monaghan, Karen, *SARS: Down but Still a Threat* (Washington, DC: National Intelligence Council, 2003).

Mooney, Graham, "Infectious Diseases and Epidemiologic Transition in Victorian Britain? De fi nitely," *Social History of Medicine 12*, no. 3 (December 1, 2007): 595–606.

Nohrstedt, Daniel, and Erik Baekkeskov, "Political Drivers of Epidemic Response: Foreign Healthcare Workers and the 2014 Ebola Outbreak," *Disasters 42*, no. 1 (January 2018): 412–

461.

Olsson, Eva - Karin, *SARS from East to West* (Lanham, MD: Lexington Books, 2012).

Omran, Abde l R., "A Century of Epidemiologic Transition in the United States," *Preventive Medicine 6* , no. 1 (Marc h 1 977): 30 –51.

———, "The Epidemiologic Transition: A Th eory of the Epidemiology of Population Change," *Milbank Quarterly 83* , no. 4 (2005): 731–757.

———, "The Epidemiologic Transition Theory: A Preliminary Update," *Journal of Tropical Pediatrics 29* , no. 6 (December 1983): 305–316. Preston, Richard, Hot Zone (New York: Kensington, 1992).

Qureshi, Adnan I., *Ebola Virus Disease* (London: Academic Press, 2016).

Rulli, Maria Cristina, Monia Santini, David T. S. Hayman, and Paolo D'Odorico, "The Nexus between Forest Fragmentation and Ebola Virus Disease Outbreaks," *Scientific Reports 7*, 41613, doi: 10.1038/srep41613 (2017).

Satcher, David, "Emerging Infections: Getting Ahead of the Curve," *Emerging Infectious Diseases 1*, no. 1 (January–March 1995): 1–6.

United Nations Development Programme, Human Development Reports, 2016 Human

Development Report, http://hdr.undp.org/en/2016 - report.

United States Congress, Senate Committee on Health, Education, Labor and Pensions and Subcommittee on Labor, Health and Human Services, Education and Related Agencies of the Senate Committee on Appropriations, *Joint Hearing Examining Ebola in West Africa, Focusing on a Global Challenge and Public Health Threat*, September 2014 (Washington DC: US Government Printing Office, 2017).

United States Congress, Senate Committee on Labor and Human Resources, Emerging Infections: A Significant Threat to the Nation's Health (Washington, DC: US Government Printing Office, 1996).

United States Department of Defense, *Addressing Emerging Infectious Disease Threats: A Strategic*

Plan for the Department of Defense (Washington, DC: US Government Printing Office, 1998).

Wallace, Robert G., and Rodrick Wallace, eds., *Neoliberal Ebola: Modeling Disease Emergence from Finance to Forest and Farm* (Cham, Switzerland: Springer International, 2016).

Washer, Peter, *Emerging Infectious Diseases and Society* (New York: Palgrave Macmillan, 2010).

World Bank, *The Economic Impact of the 2014 Epidemic: Short and Medium Estimates for West Africa* (Washington, DC: World Bank, 2014).

World Rainforest Movement, "Oil Palm and Rubber Plantations in Western and Central Africa: An Overview," WRM Briefing, December 15, 2008, https://wrm.org.uy / wp - content/ uploads/2013/01/Western_Central_Africa.pdf.

Zuckerman, Molly, "The Evolution of Disease: Anthropological Perspectives on Epidemiologic Transitions," *Global Health Action 7* (2014): 1–8.

찾아보기

옮긴이

이미경 _ 건국대학교 영문학과와 이화여자대학교 통·번역대학원 한영번역학과를 졸업했다. 옮긴 책으로는《적응력》,《오이디푸스 왕, 안티고네, 엘렉트라》,《어서 와, 이런 이야기는 처음이지》,《아메리칸 노트》,《폴 매카트니》,《패션과 정신분석학》,《어부의 무덤》,《플루이드 아트》등이 있다.

홍수연 _ 이화여자대학교 영문학과와 이화여자대학교 통·번역대학원 한영번역학과를 졸업했다. 옮긴 책으로는《홀리데이 로맨스》가 있으며, 공역으로는《폴매카트니》가 있다.

감수

노동욱 _ 서울대학교 대학원에서 영문학 박사학위를 받았다. 현재 삼육대학교 스미스학부 교수로 재직 중이다. 저서로는《미국문학으로 읽는 미국의 문화와 사회》(공저)가 있고, 옮긴 책으로는《행복한 결혼생활을 위한 7원칙》(공역),《위험한 책읽기》(공역)가 있다. 주요 논문으로는〈문화번역의 번역(불)가능성: 탈식민주의 번역 연구〉등이 있다.

감염병과 사회

ⓒ 프랭크 M. 스노든, 2020

1판 1쇄 발행일	2020년 12월 1일
1판 2쇄 발행일	2020년 12월 21일
2판 1쇄 발행일	2021년 2월 22일

지은이	프랭크 M. 스노든
옮긴이	이미경, 홍수연
감수	노동욱

펴낸이	임지현
펴낸곳	(주)문학사상
주소	경기도 파주시 회동길 363-8, 201호(10881)
등록	1973년 3월 21일 제1-137호

전화	031)946-8503
팩스	031)955-9912
홈페이지	www.munsa.co.kr
이메일	munsa@munsa.co.kr

ISBN 978-89-7012-485-8 (03900)